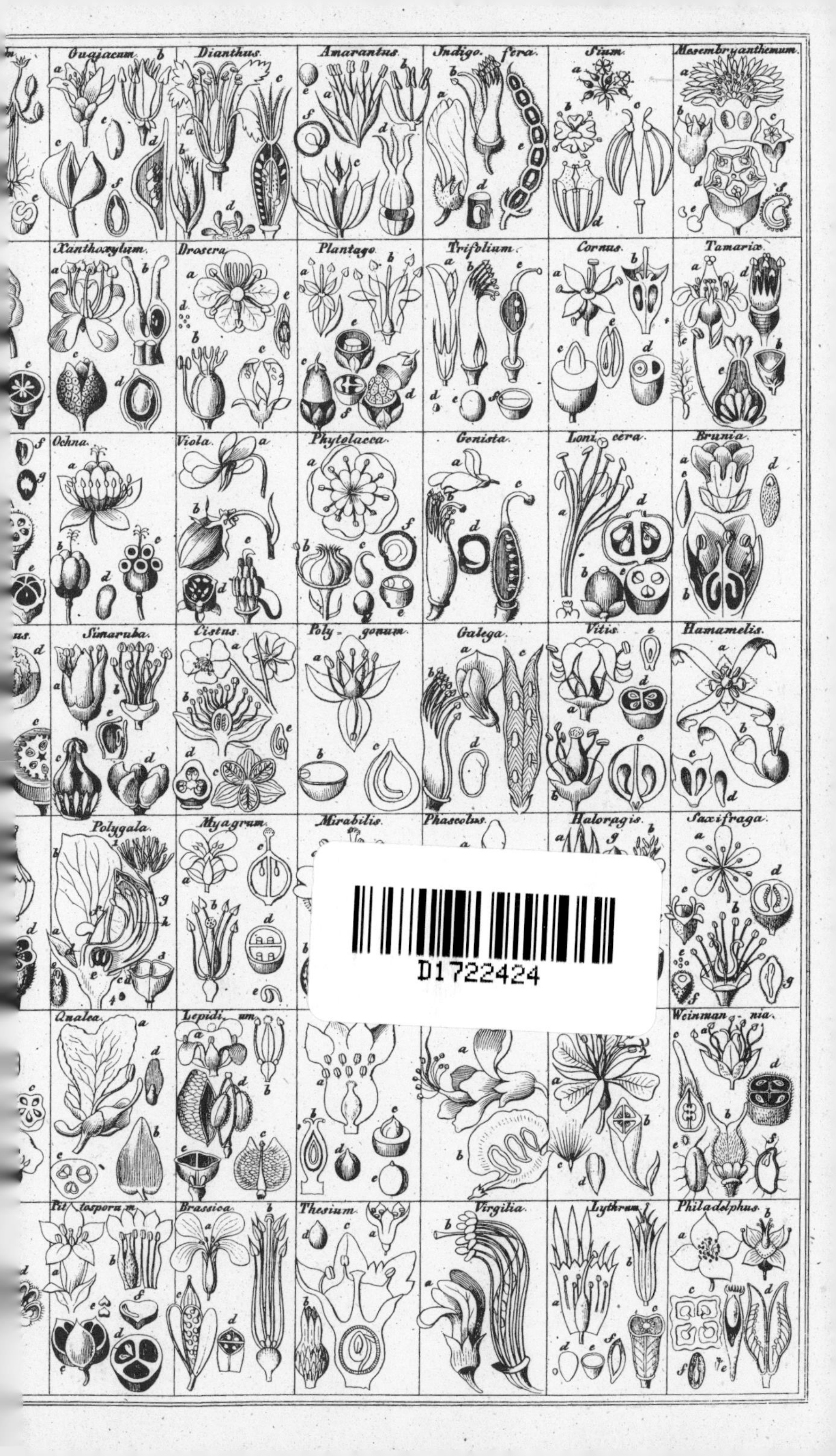
Guajacum
Dianthus
Amarantus
Indigo fera
Sium
Mesembryanthemum
Xanthoxylum
Drosera
Plantago
Trifolium
Cornus
Tamarix
Ochna
Viola
Phytolacca
Genista
Loni cera
Brunia
Simaruba
Cistus
Poly gonum
Galega
Vitis
Hamamelis
Polygala
Myagrum
Mirabilis
Phaseolus
Haloragis
Saxifraga
Qualea
Lepidi um
Weinman nia
Pittosporum
Brassica
Thesium
Virgilia
Lythrum
Philadelphus
D1722424

R&B

Leslie Marmon Silko

GÄRTEN IN DER WÜSTE

Roman

Aus dem Amerikanischen
von Bettina Münch

Rogner & Bernhard
bei Zweitausendeins

Die vorliegende Übersetzung wurde
durch den deutschen Übersetzerfond gefördert.

1. Auflage, Juni 2000.

Erstmals 1999 erschienen unter dem Titel »Gardens in the Dunes«
by Simon & Schuster, New York, N.Y.

ISBN 3-8077-0217-2

Lektorat: Käthe Fleckenstein, Frankfurt am Main.
Umschlaggestaltung: Philippa Walz, Stuttgart.
Illustrationen im Buch: Leslie Marmon Silko.
Herstellung: Eberhard Delius, Berlin.
Satz: Theuberger, Berlin.
Gesetzt aus der Janson.
Druck: Gutmann + Co, Talheim.
Einband: G. Lachenmaier, Reutlingen.
Printed in Germany.

Dieses Buch gibt es nur bei Zweitausendeins im Versand,
Postfach, D-60381 Frankfurt am Main, Telefon 01805-23 2001 oder
069-420 8000, Fax 01805-24 2001 oder 069-41 5003.
Internet www.zweitausendeins.de, E-Mail info@zweitausendeins.de.
Oder in den Zweitausendeins-Läden in Berlin, Düsseldorf, Essen,
Frankfurt, Freiburg, 2x in Hamburg, in Köln, Mannheim, München,
Nürnberg, Saarbrücken, Stuttgart.

In der Schweiz über buch 2000,
Postfach 89, CH-8910 Affoltern a.A.

Besonderen Dank an
Robert und Caz, für ihre Liebe und Geduld,
Larry McMurtry, für all die Bücher und die Ermutigung,
Laura Coltelli für die Gärten und
die vielen Postkarten

Für Wendy und Gigi

Erster Teil

Sister Salt rief sie nach draußen. Der Regen roch himmlisch. Überall auf den Sandhügeln verbreiteten Stechapfelblüten, rund und weiß wie Monde, ihren magischen Duft. Indigo kam aus dem Erdhaus in die Hitze heraus. Der Boden unter ihren nackten Füßen war immer noch warm, aber der Regen im Wind fühlte sich kühl an – so kühl – und frisch auf ihrem Gesicht. Sie holte tief Luft und rannte den Hügel hinauf, wo Sister Salt nackt im Regen stand. Sie zog das zerlumpte Sackkleid über den Kopf und spürte Regen und Wind kühl und duftend auf ihrem ganzen Körper. In der Ferne ertönte dumpfes Donnergrollen, und der Wind frischte auf. Die Regentropfen wurden schwerer. Sie legte den Kopf in den Nacken und machte den Mund weit auf, genau wie Sister Salt. Der Regen, den sie schluckte, schmeckte wie der Wind. Sie rannte, sprang, wälzte sich im warmen Sand, immer und immer wieder, es war herrlich. Sie griff mit beiden Händen in den Sand und ließ ihn sich über Beine, Bauch und Schultern rieseln – der Regen war jetzt richtig kalt, und der warme Sand fühlte sich wunderbar an. Mit wildem Gelächter ließ Sister Salt sich vom höchsten Punkt des Hügels hinunterrollen, und Indigo rannte ihr nach, sprang und rollte ebenfalls, die Augen zusammengekniffen, damit kein Sand hineinkam. Kugelnd und kullernd, hinunter, hinunter, hinunter, die Leichtigkeit der Bewegung, das Gefühl des warmen Sandes und des kalten Regens waren berauschend. Indigo quietschte vor Vergnügen, als sie gegen Sister Salt stieß, die sich nicht mehr halten konnte vor Lachen, sie lachten und lachten, wälzten sich hinab, immer eine über die andere. Und dann lagen sie mit geöffneten Mündern nebeneinander und schluckten Regentropfen, bis das Gewitter vorüber war. Ringsherum lagen alte Gartenterrassen in den Sandhügeln.

Sister Salt erinnert sich genau. Am Morgen, als die Soldaten und die Indianerpolizei kamen, um den Messias zu verhaften, befahl Grandma Fleet ihr, wegzulaufen. Lauf! Lauf und hol deine kleine Schwester! Geht zurück zu den alten Gärten! Sister Salt war groß und stark. Sie trug Indigo huckepack, wenn ihre kleine Schwester müde wurde. Viel ist Indigo nicht in Erinnerung geblieben von diesem Morgen, außer dem Rufen und Schreien.

Indigo erinnert sich daran, daß sie vor der Bahnstation in Needles Körbe verkauft hatten, während ihre Mutter in Bottichen mit heißem Wasser hinter dem Hotel Bettwäsche wusch. Grandma Fleet suchte auf der Müllkippe der Stadt nach Wertgegenständen und weggeworfenen Samenkörnern. Sie schliefen in einer Hütte aus alten Kisten und Blech in der Nähe des Flusses. Englisch lernten sie, während sie vor der Station Körbe an die Touristen verkauften.

Hier in den alten Gärten leben die Mädchen allein in Grandma Fleets Haus. Grandma war einen Tag nach ihnen angekommen. Sie hatte gesehen, wie Mama mit den anderen Tänzern nach Norden geflohen war, immer auf der Flucht vor den Indianerpolizisten, die aufgriffen, wen sie erwischen konnten, während die Soldaten die Weißen verhafteten, hauptsächlich Mormonen, die gekommen waren, um für den Messias zu tanzen. Die Regierung der Vereinigten Staaten fürchtete sich vor dem Tanz für den Messias.

Der tiefe Sand hielt die kostbare Feuchtigkeit des Sickerwassers, das die Pflanzen ernährte; aus den Spalten der Sandsteinfelsen über den Dünen sickerte Wasser. Am Fuß der Dünen wuchs Amarant im Überfluß. Wenn nichts mehr zu essen da war, hatten sie immer noch Amarant. Morgens und abends brühte Sister Salt ihn frisch auf, genau wie Grandma Fleet es ihr beigebracht hatte.

Später, als der Amarant Samen abwarf, wechselten sie sich am Mühlstein ab, und dann buk Sister Salt Tortillas. Sie teilten sich ein Stück einer Honigwabe, die Indigo in einer Felsspalte unweit der Quelle entdeckt hatte. Indigo weinte, als die Bienen sie stachen, aber Sister Salt rieb ihr nur kräftig die geschwollenen Arme und Beine, lachte und sagte, das sei eine gute Arznei, gut gegen alle Beschwerden. Grandma Fleet hatte Sister Salt und Indigo alles über diese Dinge beigebracht.

Nach den Regenfällen kümmerten sie sich um die Pflanzen, die aus dem tiefen Sand sprossen. Jede von ihnen hatte ihre eigenen Pflanzen, die sie wie Säuglinge umsorgte. Auch das hatte Grandma Fleet ihnen beigebracht. Die Pflanzen hören zu, erzählte sie ihnen. Ihr müßt jeder Pflanze respektvoll begegnen. Streitet und prügelt euch nicht in deren Nähe – böse Gefühle lassen sie verkümmern. Garten- und Riesenkürbisse schickten leuchtend grüne Stengel mit großen, runden Blättern aus, die den Boden beschatteten, während die sehnigen, grüngelben Ranken sich im nahestehenden Unkraut und im hohen Dünengras verhakten. Die großen orangefarbenen Kürbisblüten konnte man direkt vom Stiel pflücken und essen. Im Schatten der großen Kürbisblätter sprossen Buschbohnen.

Grandma Fleet hatte ihnen erzählt, daß die alten Gärten in den Dünen schon immer da waren. Die Alten hatte die Gärten schon vollständig angelegt vorgefunden. Sand Lizard hatte sie gepflanzt, eine Verwandte von Großvater Snake, der seiner Nichte anbot, sich dort niederzulassen und ihre Samen anzupflanzen. Sand Lizard hielt ihre Kinder dazu an, zu teilen: Seid nicht geizig. Die erste reife Frucht jeder Ernte gehört den Geistern unserer geliebten Ahnen, die als Regen zu uns kommen. Die zweite reife Frucht soll den Vögeln und wilden Tieren zukommen, als Dank dafür, daß sie Samen und Sprößlinge nach der Saat verschont haben. Die dritte reife Frucht gebt den Bienen, Ameisen, Heuschrecken und anderen, die die Pflanzen umsorgten. Ein paar ausgewählte Kürbis- und Bohnenfrüchte ließ man einfach im Sand unter den Mutterpflanzen liegen, wo sie vertrockneten und zur Erde zurückkehrten. Im nächsten Jahr, nachdem der Regen gekommen war, sprossen Bohnen, Garten- und Riesenkürbisse zwischen den vertrockneten Stengeln und Blättern des Vorjahres. Old Sand Lizard hatte darauf bestanden, daß ihre Gärten auf diese Weise neu besät wurden, denn auf die Menschen war kein Verlaß; womöglich vergaßen sie, zur richtigen Zeit zu säen, oder sie waren im nächsten Jahr gar nicht mehr am Leben.

Für regenarme Zeiten gab Sand Lizard ihnen Amarant und Sonnenblumen. Für Trockenzeiten saftige kleine Wurzeln und Stengel, die tief unter dem Sand wuchsen. Das Volk nannte sich »Kinder der Sandechse«, und sie lebten dort lange Zeit. Als es zahlreicher wurde, zogen einige Sand Lizards zu ihren Verwandten an die Ufer des großen Flußes, bis die alten Gärten schließlich ganz verlassen waren. Von Zeit zu Zeit besuchten Grandma Fleet und andere ihre alten Häuser noch, um den Ahnengeistern Essen zu bringen. In Notzeiten konnten sie auf die alten Gärten als Zufluchtsort zurückgreifen.

Schon lange vor ihrem Auftauchen hörten die Sand Lizards Gerüchte über die Fremdlinge. Die Berichte waren besorgniserregend, und den Menschen fiel es schwer, das Blutvergießen und die Grausamkeiten zu glauben, die man den Unbekannten zuschrieb. Aber die Berichte stimmten. Zur Erntezeit verlangten und nahmen die Fremdlinge alles. Das geschah vor langer, langer Zeit, aber die Menschen vergaßen nie den Hunger und das Leid in jenem ersten Winter, als die Eindringlinge auftauchten. Es waren schmutzige Menschen, die Krankheit und Fieber brachten. Die Sand Lizards wußten, daß es an der Zeit war, zu den Hügeln jenseits des Flusses aufzubrechen, in die alten Gärten zurückzukehren.

Die Sand Lizards flohen gerade rechtzeitig, denn später in jenem Jahr tötete ein Fieber Dutzende von Weißen und fast alle Menschen, die am Fluß geblieben waren. Die Menschen waren am Verhungern, als sie zu den alten Gärten kamen. Von weitem konnten sie die Hänge der höchsten Dünen sehen, und sie trauten ihren Augen kaum. Die Dünenkämme waren übersät von den leuchtendsten Farben: vogelgrün, moosgrün, grasgrün, blütenorange, blütengelb und blütenweiß. Als sie näherkamen, zogen sie durch Felder von Sonnenblumen, welche die Sandhügel auf allen Seiten umgaben. Es waren nur wenige Sand Lizards übrig, aber diese lebten viele Jahre lang ungestört in den alten Gärten, jederzeit bereit, beim ersten Anblick von Fremden sofort in die hohen Berge zu flüchten.

In Jahren großer Trockenheit schleppten die Menschen in Kürbisbehältern Wasser von der Quelle im Sandsteinfelsen zu den verwelkten Pflanzen. Jeder war für bestimmte Pflanzen verantwortlich, obwohl die Ernte von allen geteilt wurde. Die einzelnen Pflanzen hatten Kosenamen. Buschel, Dickerchen, Stengelchen, Winzling, Mutter und Kindchen waren beliebte Namen.

Hunderte von Jahren lebte das Sand Lizard-Volk friedlich in den alten Gärten, denn die Eindringlinge fürchteten die Wüste jenseits des Flusses. Dann, wenige Jahre vor Sister Salts Geburt, als die Leute im Herbst gerade von der Piñonernte hoch oben in den Bergen zurückkehrten, wurden sie von einer Gruppe Goldsucher überrascht. Wer nicht getötet wurde, wurde gefangengenommen. Grandma Fleet verlor ihren jungen Ehemann durch eine Kugel. Nur die Frauen und Kinder überlebten – als Gefangene in Fort Yuma.

Das alles geschah vor der Geburt der Mädchen. Grandma Fleet war damals noch nicht so alt. Sie entkam in der ersten Nacht, zerbiß die Fesseln an ihren Handgelenken, band ihre Füße los und kroch durch den Krapp davon. Sie floh in die Berge, wo sie unter Kiefernnadeln schlief und sich von Eicheln, Piñons und Piniennüssen ernährte. Der Schnee trieb sie zurück zu den alten Gärten, wo der rote Amarant hoch stand und die Köpfe der Sonnenblumen schwer von Samen waren. Sie hoffte, dort ihre Tochter, die Mutter der Mädchen, zu finden, oder andere, die vielleicht entkommen waren, aber es war niemand dort. An den Flanken der großen Sandhügel leuchteten Garten- und Riesenkürbisse dick und reif in der Sonne. Wie einsam sie damals war, in ihrer Trauer um den Ehemann und die anderen, während ringsum die Pflanzen, die sie gehegt hatten, und die Häuser ihre Namen zu rufen schienen. Grandma Fleet war zuversichtlich, daß die Mutter der Mädchen oder ein paar andere in ein oder zwei Wochen auftauchen würden, aber niemand kam.

Ihre Mutter entkam nicht. Weil sie noch jung war, wurde sie einer Offiziersgattin zum Arbeiten zugeteilt, die ihr beibrachte, wie man Kleidung wusch und bügelte und Fußböden schrubbte. Ihre Mutter lernte Englisch. Sie war eine Gefangene, also wurde sie nicht bezahlt. Als die Offiziersfrau fortzog, blieb sie, wusch und putzte weiter für das Fort, bis zum Eintreffen eines Missionars. Der Reverend warf einen einzigen Blick auf die junge Indianerin und verlangte vom Fortkommandanten, man solle ihm erlauben, ihre Seele vor der Versuchung zu retten. Also lebte Mama von da an in der Protestantischen Mission, wo sie bald lernte, daß auch der Reverend vor der Versuchung nicht gefeit war. Als ihr Bauch mit Sister Salt anschwoll, schickte die Frau des Reverends sie weg. Eines Tages hörte Grandma Fleet das Gezeter der Felsenschwalben, hob den Kopf und erblickte ihre Tochter. Wenige Wochen später wurde Sister Salt geboren.

Die Sand Lizards waren niemals zahlreich gewesen, aber jetzt waren Grandma, Mama und die kleine Sister Salt die einzigen in den alten Gärten. Einige wenige verbliebene Sand Lizards heirateten im Reservat von Parker in andere Stämme ein. Grandma Fleet aber meinte, sie würde eher sterben, als in einem Reservat zu leben. Dort gab es nichts zu essen, und das beste Farmland entlang des Flusses hatten sich die Weißen genommen. Reservatsindianer hockten immer nur auf einem Fleck, sie aßen die Nahrung der Weißen – weißes Brot, weißen Zucker und weißes Schweinefett. Reservatsindianer hatten kein Mesquitemehl für den Winter, weil sie das Reservat nicht verlassen konnten, um im August Mesquitebohnen zu sammeln. Im Frühling durften sie nicht zu den Sandhügeln ziehen, um Leckerbissen zu sammeln – Schößlinge und Wurzeln. Die armen Menschen! Wenn sie nicht umherziehen durften, mal hierhin, mal dorthin, konnten sie unmöglich genug Nahrung finden. Und wenn Menschen zu lange an einem Ort blieben, hatten sie bald alles aufgegessen. Die Regierung kaufte Schafe und Rinder, um die Reservatsindianer über den Winter zu bringen, aber der von der Regierung eingesetzte Indianeragent und seine Kumpanen sahen mehr von dem Fleisch als die Indianer.

Sister Salt lernte laufen, und Grandma Fleet hielt sie an der Hand und führte sie auf dem feinen Sand vor dem Erdhaus auf und ab. Mama nahm die große Kürbisflasche, um von der Quelle oberhalb der Dünen Wasser zu holen. Stundenlang spielte Grandma mit Sister Salt, die ganz stolz darauf war, laufen zu können. Grandma Fleet hörte nichts Ungewöhnliches an diesem Morgen, aber Mama kam von der Quelle nicht mehr zurück. Später, als Grandma Fleet sich dort umsah, fand sie die leere Kürbisflasche, die Spuren beschlagener Pferde und Stiefelabdrücke im Sand, der vom Kampf aufgewühlt war. Vier Jahre vergingen, und Grandma Fleet nahm an, daß ihre Tochter von ihren Entführern getötet worden war, sonst wäre sie inzwischen geflüchtet und hätte zu den alten Gärten zurückgefunden.

Eines Tages, etwa um die gleiche Jahreszeit, in der sie verschwunden war, kehrte Mama zu den alten Gärten zurück. Zwei Frauen, die flußabwärts gelebt hatten, begleiteten sie. Am folgenden Tag kamen weitere Leute und am Tag danach wieder welche. Die hungernden Menschen begannen, den grünen Amarant zu ernten und nach Wurzeln zu graben. Eine Woche nach Mamas Rückkehr kamen weitere Menschen. Es war, als sei in der Ferne ein großer Sturm losgebrochen, von dem man in den alten Gärten weder etwas sehen noch hören konnte. Aber plötzlich suchte ein Tropfen, dann ein Rinnsal und schließlich eine Flut von Menschen Zuflucht in den alten Gärten. Die Leute flohen vor der Indianerpolizei und den Soldaten, die von der Regierung geschickt worden waren. Die neue Verordnung besagte, daß alle Indianer ihre Heimat verlassen und im Reservat von Parker leben mußten.

Mama kehrte mit einem Sack Mesquitebohnen auf dem Rükken und Baby Indigo im Bauch zurück. Sister Salt war alt genug, um sich an Indigos Geburt zu erinnern. Wie komisch es war, den Kopf des Babys zwischen den Beinen der Mutter hervorlugen zu sehen.

Immer mehr Flüchtlinge trafen ein. Grandma Fleet sah ihre Zahl täglich anwachsen – erschöpfte, verängstigte Frauen und Kinder. Ihre Männer waren schon lange verschwunden – in die Berge oder ins Gefängnis. Wasser gab es im Frühjahr genug für alle, aber die Nahrung wurde immer knapper. Noch ehe der Sommerregen kam, litten die Menschen Hunger. Sie aßen die vertrockneten Saatkürbisse, die sie im Vorjahr als Erntegaben liegengelassen hatten; sie aßen das Saatgut, das für die nächste Aussaat beiseite gestellt worden war. Sie aßen alles, was sie finden konnten. Sie plünderten die wilden Kürbisgewächse und kochten die Wurzeln von Unkraut und Sträuchern. Grandma und Mama fürchteten, daß sie alle verhungern würden, ehe die Sonnenblumen und der rote Amarant im Oktober ihren Samen austrugen.

Der Gedanke an ein Leben in der Stadt gefiel Grandma Fleet nicht, aber da sie einen Säugling und ein kleines Mädchen versorgen mußten, hatten sie keine Wahl. In den alten Gärten zu bleiben, bedeutete den Hungertod. Die anderen waren bereits fort. In der kleinen Eisenbahnstadt Needles gelang es ihnen, jeden Tag eine Kleinigkeit zu essen aufzutreiben. Mama wusch schmutzige Bettwäsche für das Hotel neben der Bahnstation. Grandma Fleet trug Indigo auf dem Rücken, während sie und Sister Salt Holz sammelten, um auf dem Überschwemmungsstreifen des Flusses eine Unterkunft zusammenzuzimmern. Auch andere Frauen und Kinder lebten dort, aus Orten, von denen selbst Grandma Fleet noch nie gehört hatte. Sie waren von weißen Siedlern von ihrem Land vertrieben oder von Soldaten und Indianerpolizisten gejagt worden. Die ersten Jahre waren sehr schwer, aber die Walapai- und die Paiute-Frauen teilten das wenige Essen, das sie hatten, und eine gutherzige Mormonenfrau brachte ihnen alte Kleidung. Solange es keinen Ärger gab, ließen die Behörden sie in Ruhe, aber sie wußten, daß man sie jederzeit in das Reservat nach Parker bringen konnte. Die Leute in der Stadt ließen sie bei sich im Garten arbeiten, putzen und waschen.

Die älteren Frauen hüteten die Kinder und lauschten auf die Züge. Sie brachten die Kinder zur Bahnstation, damit sie die Reisenden trafen, die ihnen manchmal Pennys zusteckten, nachdem sie die Kinder photographiert hatten. Die Zugreisenden wollten vor allem Bilder von süßen kleinen Indianerkindern, die sie »Papooses« nannten. Manchmal gaben weiße Frauen durch Handzeichen zu verstehen, daß sie Indigo auf den Arm nehmen wollten. Eine Frau hatte Grandma Fleet sogar ein paar Geldscheine in die Hand gedrückt und ihr bedeutet, daß sie Indigo mitnehmen wollte. Noch ehe Grandma Fleet das Geld auf den Boden werfen konnte, hatte die Frau Indigo bereits an sich gerissen. »Nein«, war das einzige englische Wort, daß Grandma Fleet sich angeeignet hatte, aber das wußte sie auszusprechen, wußte, wie sie den Ton aus der Tiefe ihres Brustkorbes heraufholen und seinem Klang Schärfe verleihen mußte, ehe sie der weißen Frau das Wort ins Gesicht schleuderte. »Nein!« schrie sie, und die weiße Frau taumelte mit dem Kleinkind im Arm rückwärts. »Nein! Nein!« Jedesmal, wenn Grandma Fleet das Wort wiederholte, zuckte die weiße Frau mit angstverzerrtem Gesicht zusammen. Alle Leute auf dem Bahnsteig hielten inne und beobachteten Grandma Fleet und die Frau. Die Tür des Stationsbüros flog auf, und der Stationsvorsteher kam mit einem Gewehr in der

Hand auf sie zugerannt. Der Ehemann der Frau und andere Reisende eilten neugierig herbei. Der Mann riß ihr Indigo aus den Armen und drückte sie Grandma Fleet wütend an die Brust. Der Stationsvorsteher schüttelte drohend das Gewehr hinter Grandma Fleet und den anderen Indianerfrauen und Kindern, die von der Bahnstation wegrannten.

Danach ging Grandma nicht mehr mit den anderen zu den Zügen. Manchmal stöberte sie auf der Müllkippe herum, an anderen Tagen saß sie in der Hütte und sah Indigo beim Spielen zu, während sie die Yuccablätter, die sie mit Sister Salt auf den trokkenen Hügeln über dem Fluß holte, wässerte und in faserige Streifen riß. Grandma brachte Sister Salt bei, Teufelskralle zu sammeln und so einzuweichen, daß sich die tiefschwarzen Fasern leicht abziehen ließen. Sie half ihr, die geflochtenen Yucca-Stränge mit den schwarzen Fasern zu umwickeln, so daß sie Augen für Hunde- und Froschgestalten ergaben. Während Sister Salt für die Touristen kleine Körbe anfertigte, die wie Frösche oder Hunde aussahen, flocht Grandma Fleet große Korbtruhen mit Deckeln, um darin ihre Schätze aus dem Müll aufzubewahren, hauptsächlich bunte Glasscherben und alle möglichen Samen, vor allem Aprikosen- und Pfirsichkerne.

Grandma weigerte sich nach dem Vorfall, weiter zur Bahnstation zu gehen, aber Sister Salt konnte auch nicht allein dorthin. Also verließ ihre Mutter den Waschzuber hinter dem Hotel, sobald sie in der Ferne den Zug pfeifen hörte, um Sister Salt mit den Körben zu holen. Sister trug in der einen Hand ein Hundekörbchen und in der anderen ein Froschkörbchen; Mama lehrte sie zu lächeln und zu sagen: »Hallo! Möchten Sie einen Korb kaufen?« Während Mama in der Nähe achtgab, verkaufte Sister Salt die Körbe.

Später, als Indigo ihrer Schwester Fragen über die Mutter stellte, erinnerte sich diese daran, wie gern sie mit den anderen Kindern losgezogen wäre, um die Bonbons und Pennys aufzusammeln, die Reisende ihnen manchmal aus den Zugfenstern zuwarfen, aber die Mutter befahl ihr, bei den Körben zu bleiben, die sie auf dem Bahnsteig anboten. Mama war in diesen Dingen sehr streng. Das Lächeln der Reisenden beim Anblick der bettelnden Kinder, die sich um alles balgten, was aus den Zugfenstern geworfen wurde, machte sie wütend. Von den Soldatenfrauen in Fort Yuma hatte Mama Englisch gelernt, aber sie zog es vor, auf die Fragen der Touristen nach den Körben und nach ihr selbst nicht zu antworten. Sister Salt war für das Reden zuständig, während Mama das Geld nahm und es sich schnell in den Ausschnitt stopfte. Die Hunde- und Froschkörbe verkauften sich fast immer; im Sommer besser als im Winter, wenn die Reisenden wenig Lust verspürten, auf dem vereisten Bahnsteig stehenzubleiben.

Bevor der große Schnee kam, zog Grandma Fleet mit den anderen in die Berge, um Piñons, Piniennüsse und Eicheln zu sammeln. Trotzdem hatten sie im Winter oft nicht genug zu essen. Das Hotel hatte weniger Gäste, die Bettwäsche schmutzig machten, daher gab es auch für Mama weniger Arbeit. Der weiße Hotelmanager gestattete ihr, Gemüsesteigen und andere Holzstücke mit nach Hause zu nehmen, mit denen sie an kalten Abenden heizen konnten. Wenn Bettlaken oder Handtücher zu verschlissen oder fleckig wurden, zeigte Mama sie dem Hotelmanager, und wenn er einverstanden war, durfte sie die Lumpen mitnehmen. Hatte jemand im Bett geraucht und ein Laken verbrannt, nahm Mama die verbleibende Hälfte mit und fertigte mit einer Nähnadel aus angespitztem Draht und mit Faden, den Grandma Fleet auf der Müllkippe gefunden hatte, aus dem angesengten Laken und den alten Handtüchern eine Steppdecke für sie alle.

An den kältesten Tagen, wenn der peitschende Wind aus Schnee und Hagel einen Blizzard machte, kauerten sich die vier unter der Steppdecke in ihrer Hütte zusammen. Grandma Fleet und Mama erzählten den Mädchen alte Geschichten aus dem Land des ewigen Sommers, weit unten im Süden, wo der Boden an ganz heißen Tagen richtig glühte. Mama berichtete von ihrer Gefangenschaft in Fort Yuma, wo sich die Armeezelte mittags mit glühender Hitze füllten und mitunter Feuer fingen. Sister Salt und Indigo träumten von der Sommerhitze, und die kalten Winde waren weniger grausam. Wie wunderbar sich die Wärme des Feuers anfühlte, aber Feuer war in der Nähe der aus trockenen Weidenzweigen und Holzstücken zusammengezimmerten Hüttenwände auch gefährlich. Zur Schlafenszeit wurde das Feuer daher mit getrocknetem Flußsand gelöscht, dann grub Grandma Fleet in der Mitte der Hütte eine Kuhle in den Sandboden und begrub die heiße Asche unter dicken Sandschichten, die sie wärmen sollten, wenn sie zusammen unter der großen Steppdecke schliefen. Die kalten Winter machten Grandma Fleet krank vor Heimweh nach dem Süden, nach ihrem Erdhaus in den alten Gärten. Die Flüchtlinge mochten in und um die alten Gärten herum alles vertilgt haben, aber das Erdhaus mit seinem soliden Dach aus Palmwedeln war viel wetterfester und schöner als die leeren Holzkisten, die sie in Needles ihr Zuhause nannten. Die harten Jahre vergingen nur langsam.

Eines Tages liefen ein Weißer und zwei Indianerpolizisten zwischen den Hütten herum. Die Polizisten riefen; und wenn jemand an der Tür erschien, schrieb der Weiße etwas in sein schwarzes Buch und sie gingen zur nächsten Hütte. Mama arbeitete noch, aber Grandma Fleet wußte sofort, was die Männer im Schilde führten. Sie befahl Sister Salt und Indigo, sich schnell unter der großen Steppdecke zu verstecken. Egal, was geschieht, sagte sie zu ihnen, ihr rührt euch nicht und gebt keinen Mucks von euch. Grandma Fleet sah die Regierungsmänner von Hütte zu Hütte gehen. Als nur noch zwei andere Hütten übrigblieben, setzte sie sich mitten auf die Decke. Fast hätte sie sich auf Sister Salts Kopf gesetzt, doch die rutschte zur Seite, und Indigo zog den Fuß weg, auf dem Grandma saß. Sie arrangierten sich, dann verteilte Grandma ihre Flechtutensilien und einen halbfertigen Korb um sich herum. Als die Indianerpolizisten sie nach draußen riefen, tat sie, als wäre sie verkrüppelt. Sie bat die Männer hereinzukommen, weil sie wußte, daß diese ablehnen würden – der Weiße aus Angst vor Krankheiten und die Indianer aus Angst vor Hexerei. Sie verlangten die beiden Kinder zu sehen, die angeblich hier lebten. Grandma Fleet tat, als ob sie weine; ach je, jammerte sie, sie sei jetzt ganz allein, eine alte Frau und ganz allein. Die Indianerpolizisten waren mit ihren Antworten nicht zufrieden und flüsterten miteinander. Sie wollten wissen, was mit den anderen war. Sie wußten, daß diese Paiute-Frauen logen, denn es hatte Beschwerden über Paiute-Kinder gegeben, die an der Bahnstation die Reisenden um Geld anbettelten. Die Paiute-Kinder gehörten in eine Schule. Alle Indianerkinder mußten die Schule besuchen; so wollte es das Gesetz. Grandma Fleet tat, als habe sie Angst vor den Paiute und wisse nichts von ihnen. Die Indianerpolizisten berieten sich mit ihrem Chef.

»Altes Sand Lizard-Weib, du Dreckwühlerin! Du lügst! Wir schleifen dich mit der ganzen restlichen Bande ins Gefängnis!« murrte einer der Indianerpolizisten beim Gehen.

Für den Fall, daß alles nur eine Trick war und sie zurückkehrten, rührte sich Grandma nach dem Verschwinden der Polizisten lange Zeit nicht vom Fleck. Indigo wand sich, weil Grandmas Bein ihrem linken Fuß das Blut abdrückte. Sister Salt kniff sie, damit sie still lag, also trat Indigo ihr gegen das Schienbein. Schließlich erhob sich Grandma Fleet, ging zur Tür und sah sich nach allen Richtungen um, ehe sie die Decke zurückzog.

»Gut, daß sie schon weg waren, als ihr beiden losgelegt habt«, sagte sie und schüttelte streng den Kopf. Als ihre Mutter an diesem Abend nach Hause kam, brachte sie Neuigkeiten mit. Der Regierungsmann und die Indianerpolizisten hatten sechs Walapai-Kinder zu Schulen fortgebracht. Grandma Fleet fand, es sei an der Zeit, zu den alten Gärten zurückzukehren. Sister Salt war fast eine junge Frau und Indigo gerade im richtigen Alter, um in die Schule geschickt zu werden. Mama stimmte ihr zu, wollte aber noch ein wenig länger im Hotel arbeiten, damit sie Vorräte kaufen und mitnehmen konnten. Wenn sie nur noch eine Weile dort arbeitete, würden sie genug Geld haben.

Jeden Tag, wenn Mama und Sister Salt in der Stadt ihrer Arbeit nachgingen, nahm Grandma Fleet Indigo mit. An manchen Tagen durchstreiften sie die Arroyos, um Weidenruten zum Körbeflechten zu sammeln; an anderen Tagen suchten sie in den Sand- und Beifußhügeln außerhalb der Stadt nach Grassamen, die sie zu Mehl vermahlen konnten. Zum Schluß gingen Grandma und Indigo meist zur Müllkippe, wo sie die Abfälle durchsuchten und Indigo an den Grubenrändern hinunterkletterte, um Wertgegenstände aufzulesen, die die Stadtmenschen achtlos weggeworfen hatten. Schnur, Papier, Stoffstreifen, Einmachgläser und Flaschen, Konservendosen und Drahtstücke – sie wuschen die Fundsachen im seichten Flußwasser und nahmen sie wieder in Gebrauch. Grandma Fleet sammelte weggeworfene Obst- und Gemüsesamen, um sie in den alten Gärten anzupflanzen, wenn sie wieder dort waren. Sie stocherte mit ihrem Stock durch die

Abfallhaufen hinter dem Café und dem Hotel. Die Samen bewahrte sie in verschlossenen Einmachgläsern auf, die sie auf der Müllkippe gefunden hatte, und versteckte diese in ihrem Bettzeug. Aprikosensteine hatte sie am liebsten, weil diese sie an die Aprikosenbäume in den alten Gärten ihrer Kindheit erinnerten. Grandma hielt das Glas dicht vor ihr Gesicht und sprach mit den Samen: »Mmmm! Ihr werdet meine kleinen Lieblinge, meine kleinen Aprikosenbäumchen!«

Grandma Fleet hatte vor, Sister Salt und Indigo mitzunehmen, wenn sie nach der Ankunft des Winterregens in die alten Gärten zurückkehrte; ihre Mutter würde ihnen Verpflegung schikken und sie von Zeit zu Zeit besuchen. In diesem Winter kamen mehr Menschen aus dem Norden. Versprengte vieler Wüstenstämme, meist Frauen und Kinder, kamen nach Needles, weil der Winter so hart und sie so arm waren.

Die Paiute, die zu Besuch kamen, erzählten eine merkwürdige Geschichte. Ihr Volk hungerte, aber die Menschen fürchteten sich nicht, weil sie auf jemanden warteten, einen, der Messias hieß. Ein Paiute-Prophet namens Wovoka war gestorben und hatte den Messias besucht, der ihm Anweisungen gab, die er den Menschen überbringen sollte. Die Frau beschrieb Lager mit Hunderten von Menschen, die allesamt im Kreis tanzten, wie Wovoka sie geheißen hatte. Die Paiute sprachen nicht gern über Wovoka, weil viele Weiße ihn fürchteten und haßten. Sobald die Behörden der Weißen die Indianer seinen Namen nennen hörten, gab es Schwierigkeiten. Weit oben im Norden kursierten Gerüchte, daß Soldaten Dutzende von Tänzern getötet hatten.

An kalten Tagen zog der Rauch der Lagerfeuer morgens über den Himmel am Fluß. Die Hütten und Baracken erstreckten sich auf der Westseite jetzt entlang des ganzen sandigen Schwemmlandes. Ihr Leben hatte sich verändert, seit mehr Menschen um sie herum waren. Sie gewöhnten sich an den Geruch von gebratenem Fleisch und auch an den Klang von Stimmen und Gelächter in der Nacht. Später tauchten ein paar Jungen und alte Männer der Paiute auf, die im Lager blieben oder in den Flußdünen auf Hasenjagd gingen. Die Männer vermieden es, sich in der Stadt blicken zu lassen.

Mama freundete sich mit einer Paiute-Frau an, die von Wovoka erzählte. Wovoka hatte ein ganz normales Leben geführt, bis er eines Tages gestorben und im Himmel Jesus begegnet war. Jesus war traurig und wütend über das, was man der Erde, den Tieren und den Menschen angetan hatte. Er versprach Wovoka, wenn die Paiute und alle anderen Indianer seinen Tanz tanzten, würde das kranke Land geheilt werden und die abgeschlachteten Wapitis und Büffelherden würden zurückkehren. Es war ein friedlicher Tanz, und die Paiute wünschten den Weißen nichts Böses, aber Jesus war sehr wütend auf die Weißen. Während die Menschen tanzten, würden sich über der ganzen Erde große Sturmwolken bilden. Und am Ende, wenn alle Indianer tanzten, würden bei klarem Himmel gewaltige Sturmwinde aufkommen, wie man sie noch nie gesehen hatte. Wochenlang und ununterbrochen würden die Winde die oberen Erdschichten abtragen und die Bäume entblättern. Die Winde würden alle Weißen und all jene Indianer austrocknen, die die Art der Weißen angenommen hatten, und sie mit dem Staub davonwehen.

Die Paiute-Frau hatte Jesus gesehen, umgeben von Hunderten von Paiute, Shoshone und anderen Indianern, die von seiner Ankunft erfahren hatten. Jesus trug einen weißen Umhang mit leuchtend roten Streifen, und er trug Mokassins an den Füßen. Sein Gesicht war dunkel und schön, seine Augen schwarz und leuchtend. Er hatte keinen Bart oder Schnurbart, aber buschige Augenbrauen. Die Menschen errichteten ein großes Feuer, um Helligkeit auf ihn zu werfen. Dann, als Jesus sang, begannen Hunderte und Aberhunderte von Menschen um ihn herumzutanzen. Sie tanzten, bis Jesus ihnen spät in der Nacht gebot, aufzuhören. Am nächsten Morgen sprach er zu ihnen und redete den ganzen Tag. Alle Indianer sollten tanzen, sagte er ihnen, überall, und nicht damit aufhören. Wenn sie tanzten, würden sie ihre Lieben und ihre verehrten Ahnen besuchen können. Die Ahnengeister waren da, um ihnen zu helfen. Sie mußten weitertanzen. Sie durften nicht streiten und sollten einander freundlich behandeln. Wenn sie immer weitertanzten, würden gewaltige Stürme die Erde von ihren Zerstörern reinwaschen. Das klare Flußwasser, die Bäume und die grasbedeckten Ebenen voller Büffelherden und Wapiti würden zurückkehren.

Wenn die Tänzer ihre toten Freunde und Verwandten erblickten, berichtete die Paiute-Frau, stürzten sie zitternd und zuckend zu Boden und lagen dann still. Wenn sie erwachten, waren sie glücklich und aufgeregt, weil sie die wiedergeborene Erde gesehen hatten.

Grandma Fleet meinte, das sei alles gut und schön, aber warum waren die Paiute dann vor ihrem Christus und seinem Tanz davongerannt? Mama schüttelte den Kopf. Es gab Gerüchte, die besagten, daß Soldaten unterwegs waren, um den Messias und alle seine Tänzer zu töten. Grandma Fleet schüttelte den Kopf. Sie wünschte, die Paiute hätten oben im Norden bleiben können, aber sie hatten keine Wahl. Jetzt, wo so viele Indianer am Fluß lebten, sahen die Weißen genauer hin. Grandma Fleet kannte die Weißen gut genug, um zu wissen, daß sie gegen ein paar Frauen und Kinder nichts einzuwenden hatten, solange diese sich ruhig verhielten. Aber wenn sich eine größere Zahl Indianer am gleichen Ort einfand, wurde es den Weißen unheimlich.

An einem kalten Morgen erwachte Sister Salt vom Geschrei Hunderter von Krähen. Mama und Indigo schliefen noch, aber Grandma war wach. Sie hatte bereits ein kleines Feuer angezündet und hockte daneben. Die Luft roch feucht. Dichte graue Schneewolken verhängten den Himmel und schirmten das Sonnenlicht ab. Sister Salt kniff die Augen zusammen und sah zu den Pappeln hinüber, die sich am Flußufer erhoben. Dutzende von Krähen verdunkelten die blattlosen lichten Äste. In ausgelassener Verfolgungsjagd zogen die Vögel am Himmel ihre Kreise. Grandma gab Sister eine Blechdose mit warmem Tee aus Wildblumen, die sie beide Anfang Herbst gesammelt hatten. Grandma Fleet beobachtete die Krähen; normalerweise lebten hier nur zehn oder zwölf Krähenpaare, brüteten in den Pappeln über dem Fluß und stöberten auf der Müllhalde herum, wo sie auf der Suche nach Leckerbissen mit ausgebreiteten Flügeln herumhüpften. Später an diesem Tag sprach Grandma Fleet mit der Paiute-Frau und erfuhr, daß die Krähenschwärme ein Zeichen für die Ankunft von Wovoka und dem Messias waren.

Eines Abends nach Sonnenuntergang fanden Sister Salt und Indigo bei ihrer Rückkehr vom Körbeverkaufen an der Bahnstation ein merkwürdiges Spektakel vor. Nur wenige Schritte vom

Lager entfernt hatte man Unrat und Steine aus dem Sand gelesen. Indigo blieb nach dem ersten Blick wie angewurzelt stehen. In der Mitte der gesäuberten Fläche war ein Feuer errichtet worden, um das sich langsam einige Tänzer bewegten. Die Erde unter ihren Füßen hatte die Farbe alten Blutes. Indigo wollte nicht näher herangehen. Haare und Gesichter der Tänzer waren ganz und gar weiß gefärbt, und alle hatten sich weiße Tücher umgeschlungen. Die Mädchen erkannten niemanden. Sister Salt zog Indigo am Arm von den Tänzern weg und wollte nach Hause, aber nichts sah mehr so aus wie vorher. Irgend jemand war von Hütte zu Hütte gegangen und hatte dicke ockerrote Streifen um die Eingänge gemalt, kein getrocknetes Blut, sondern feingemahlene, rote Tonerde. Indigo betupfte die rote Tonerde vorsichtig mit dem Finger und wollte sie gerade schmecken, als Sister Salt ihr auf die Finger schlug. Der rote Ton gehörte den Geistern.

Die Mädchen eilten zu ihrer Hütte. So viele Menschen waren gekommen. Ihre kleinen Bündel und die zerschlissenen, aufgerollten Decken lagen sauber aufeinandergelegt vor ihren notdürftigen Unterkünften aus Weidenzweigen. Sie kamen an einer Feuerstelle vorbei, an der die Leute Schlange standen und darauf warteten, von einem Fremden und seinen beiden Helfern bemalt zu werden. Als sie zu ihrer Hütte kamen, sahen sie, daß man auch dort rote Tonerde auf den Holzabfällen im Eingang geschmiert hatte, und selbst drinnen lag roter Staub auf dem Boden, aber von Mama und Grandma Fleet war nichts zu sehen. Die Asche im Feuerloch war kalt. Sister Salt versteckte die Körbe unter der Steppdecke, dann gingen sie wieder hinaus, um Mama und Grandma Fleet zu suchen.

Die Wintersonne stand schwach und tief am Himmel, und ein kalter Wind wehte von den Bergen herunter und wirbelte durch das Lager. Indigo griff nach Sister Salts Hand. Windböen trieben ihnen Sandkörner in die Augen. Grandma und Mama hatten oft von den Festen in früheren Zeiten gesprochen, als alle kamen, um zu tanzen, zu feiern und für ein gutes Jahr dankzusagen. Die Menschen hatten schon seit Jahren nicht mehr gefeiert, nicht, seit Sister Salt ein Baby war. An einem einzigen Nachmittag waren Hunderte von Fremden angekommen, aber sie sahen keine bekannten Gesichter. Wo waren Mama und Grandma?

Langsam näherten sie sich der Menschenschlange, die auf das Bemalen wartete, und suchten nach einem vertrauten Antlitz – die Nachbarin, irgend jemand, der ihnen etwas über den Verbleib von Mama und Grandma sagen konnte. Indigos Kleid reichte nicht bis zu ihren Knöcheln hinab, deshalb kauerte sie sich hin, damit ihr der kalte Wind nicht um die Beine pfiff. Sister Salt hatte sich ein Stück einer alten Decke umgelegt, die der Hotelmanager Mama überlassen hatte. Die Menschen machten Platz, damit sich die Mädchen am Feuer wärmen konnten, und Sister Salt erkannte die Paiute-Frau von nebenan.

»Hast du Mama oder Grandma gesehen?« fragte sie. Die Frau nickte und deutete auf den Kreis der Tänzer. Die Mädchen wollten darauf zugehen, aber die Frau schüttelte den Kopf und winkte sie zu sich.

»Ihr dürft eure Mutter und Großmutter jetzt nicht stören«, sagte sie ihnen. »Sie tanzen. Sie würden euch nicht erkennen.« Die Frau betrachtete die zitternde Indigo und gab einem der Männer, die weiße Farbe auftrugen, ein Zeichen. Der Mann griff in ein weißes Bündel bei seinen Füßen und zog ein weißes Leinwandtuch hervor. Die Frau half Indigo dabei, es umzulegen. Der weiße Schal reichte ihr bis zu den Knöcheln, und seine Wärme war himmlisch. Mit Hilfe der Frau legte Indigo sich den Schal um, wie die Tänzer es getan hatten.

»Siehst du«, sagte sie, »jetzt wirst du nicht mehr frieren, während wir auf die heilige Farbe warten.«

Das Bemalen und das Anziehen der weißen Schals dauerte sehr lange, aber die Menschen waren froh und aufgeregt. Später, als die beiden Schwestern gerade zu den anderen Tänzern hinübergehen wollten, gab eine alte Frau der Paiute jeder von ihnen eine Handvoll Piñons, die heilige Nahrung der Tänzer, und eine Schöpfkelle mit warmem Wasser, das sie sich teilen sollten. Die weiße Paste in Indigos Haaren und Gesicht fühlte sich merkwürdig an, wenn sie Mund oder Augen bewegte; die Haare waren steif. Der weiße Leinwandschal drückte Sister Salts Arme eng an ihren Körper, so daß sie Indigo an eine große weiße Krähe erinnerte. Die Dämmerung nahm zu und machte langsam der Dunkelheit Platz.

Nun ruhten die Tänzer im Sand rings um das Feuer, tranken

Wasser und aßen Piñons. Indigo hielt zwischen ihnen Ausschau nach Mama und Grandma, aber sie erkannte niemanden. Sister Salt deutete über den Kreis hinweg in die Dunkelheit, wo sich eine kleine Gruppe von Tänzern um eine Gestalt versammelt hatte, die sich unter Stöhnen auf dem Boden wand. War das Mama? War es Grandma Fleet? In diesem Moment begannen einige leise zu singen, und die Tänzer standen auf. Sie rückten dicht um das Feuer zusammen und gaben sich die Hände. Die Stimmen der Tänzer waren zunächst tief und leise, aber nach und nach schien sich der Gesang aus der Erde zu erheben, um sie ganz zu umgeben. Indigo drückte Sister Salts Hand so fest, daß sie erwartete, diese würde sich gleich von ihr losmachen, aber Sister Salt schien es gar nicht zu bemerken. Indigo fühlte sich etwas beklommen dabei, die Hand der Paiute-Frau zu halten, aber sie hatte keine Angst. Schließlich hatten ihr die Paiute bereits einen warmen Schal, warmes Wasser und Piñons zu essen gegeben.

Sie beobachtete die Füße der Paiute-Frau. Sie beobachtete die Füße von Sister Salt. Beide achteten darauf, sie ganz leicht über den Boden zu ziehen, um die Verbindung mit Mutter Erde nicht zu lösen. Sie bewegten sich von rechts nach links, weil dies der Weg war, den die Sonne beschrieb. Wovoka wollte, daß sie tanzten, weil das Tanzen die Toten anrührt. Nur durch das Tanzen konnten sie hoffen, den Messias herbeizubringen, den Christus, der alle ihre geliebten Verwandten und Freunde mitbringen würde, die in die Geisterwelt hinübergegangen waren, als der Hunger und die Traurigkeit zuviel für sie wurden. Die Eindringlinge brachten die Erde dazu, daß sie alterte und sterben wollte.

Indigo fragte sich, wie die Vorfahren wohl aussahen – Mamas Schwestern und Brüder, Grandma Fleets blutjunger Ehemann und Mamas Baby, das gestorben war. Sie tanzten immer weiter im Kreis herum und sangen vom Schnee: »Dort liegt der Schnee«, sangen sie, »dort liegt der Schnee. Dort liegt die Milchstraße, dort liegt die Milchstraße.« Indigo sah zu den Sternen hinauf, die die Straße der Toten in die Geisterwelt waren. Sie meinte, auf dem Weg der Sterne eine leichte Bewegung erkennen zu können.

Nach dem ersten Lied hielten die Tänzer inne, um sich auszuruhen. Indigo und Sister Salt lehnten sich mit dem Rücken gegen den Windschutz, dort, wo das Feuer die kalte Nachtluft abhielt. Warmes Wasser und Piñons wurden von Tänzer zu Tänzer weitergereicht. Sister Salt sah ihre Schwester an, sagte aber nichts. Als Indigo den Mund öffnete, um nach Mama und Grandma Fleet zu fragen, schüttelte Sister Salt den Kopf.

Neues Holz wurde aufs Feuer gelegt, während sich die Tänzer zum zweiten Lied zusammentaten. Die Paiute-Frau erzählte Indigo den Text des Liedes, aber diese war nicht sicher, ob sie die Worte richtig verstanden hatte. Warum sollten sie »Der schwarze Stein, der schwarze Stein« singen, wenn sie auf weißem Flußsand tanzten? Warum »der Stein ist zerbrochen, der Stein ist zerbrochen« singen? Indigo war müde, und der Gesang war so laut, daß sie die Frau nicht genau verstehen konnte. Sie würde Sister Salt später nach allem befragen. Indigo sang weiter mit den anderen. Es war gemütlich warm zwischen Sister Salt auf der einen Seite und der Paiute-Frau auf der anderen. »Der schwarze Stein, der schwarze Stein, der schwarze Stein ist zerbrochen«; sie sang es und sah es mit geschlossenen Augen. »Der schwarze Stein ist zerbrochen, und heraus strömt frisches, klares Wasser und fließt in kleinen Bächen dahin.«

Als Indigo die Augen wieder öffnete, lag sie allein in der Hütte unter der Steppdecke. Dutzende von Tänzern umkreisten das Feuer, die Flammen schlugen hoch, knackten und krachten laut. »Der Wind wiegt die Weiden«, sangen sie, »der Wind wiegt die Gräser.« Indigo wollte die Ankunft des Christus und seiner Familie mitansehen. Sie kamen von weither und würden kurz vor der Morgendämmerung eintreffen. Sie fühlte sich so wohlig, daß sie noch ein wenig schlafen wollte. Als sie wieder aufwachte, hörte sie die Stimmen von Mama und Grandma Fleet. Auch Sister Salt sprach, aber als sie die Augen öffnete, sah sie nur fremde, weißgekleidete Gestalten. Dann fielen ihr die weißen Tänzer und die weiße Tonfarbe wieder ein.

»Wir konnten dich nicht finden, Mama!« rief Indigo.

»Sie ist wach«, hörte sie ihre Schwester sagen. Eine Tänzerin in weißem Gewand kam auf sie zu. Mama sah sich überhaupt nicht ähnlich mit der komischen weißen Farbe im Gesicht und auf den Händen, aber Indigo hatte sie noch nie so glücklich gesehen. Sie kniete sich hin und umfaßte Indigos Gesicht.

»Du solltest dich sehen«, sagte sie. »Grandma Fleet und ich

dachten, wir würden euch nie finden.« Sie mußten sich bereitmachen, denn der Christus würde bald eintreffen. Grand Fleet mußte urinieren, also gingen sie alle zu den Tamarisken, um sich zu erleichtern. Indigo zog fröstelnd das Tuch enger um sich. Der Wind wurde stärker, Wolken fegten über den Himmel und verdunkelten immer wieder das Mondlicht. Als sie zum Kreis zurückkehrten, nahmen die Tänzer ihre Plätze ein. Alle flüsterten aufgeregt: »Er ist da! Er ist da!« Indigo stellte sich auf die Zehenspitzen, konnte aber nichts erkennen. Hier und da kümmerte sich ein Tänzer um jene, die vor Freude zu Boden gefallen waren, als ihre geliebten Ahnen die Milchstraße herunterkamen, um sie zu besuchen.

Die Sänger begannen, und die anderen stimmten ein. »Der Wind wiegt die Weiden, der Wind wiegt die Weiden. Welch ein süßer Duft! Der Wind wiegt das Sandgras!« sangen die Tänzer. Sie mußten tanzen. Tanzen, oder der Messias und die Ahnengeister konnten nicht zu ihnen herabkommen.

Der weiße Lehm schützte ihr Gesicht und ihre Hände vor dem Wind; der heilige weiße Lehm ließ den Wind wie eine warme Brise erscheinen. Sister Salt fühlte sich weder müde noch schläfrig. Sie hatte sich noch nie so glücklich gefühlt. Sogar die kranke Frau aus ihrem Lager und die alte Havasupai, die bei ihr wohnte, tanzten und waren fröhlich in dieser Nacht. Sie waren im Begriff all jene wiederzusehen, die in die Geisterwelt hinübergegangen waren – geliebte Familienmitglieder und alte Freunde. Aber das war noch nicht alles: Die Versammlung der Geister bedeutete zugleich auch die Ankunft der Sturmwolken.

Der Wind legte sich, und Sister Salt roch Feuchtigkeit; warmer, weicher Schnee fiel auf die Tänzer nieder. Sie ließ die großen Schneeflocken, die in die Flammen fielen, nicht aus den Augen. Die Stimmen der anderen um sie herum schienen zu verebben, als sie in die Stille des Schnees eintauchte. Die einzelnen Schneeflocken glänzten und drehten sich im Fallen. Sie konnte ihre körnige Oberfläche erkennen, jede schimmernde Ecke, jede leuchtende Kante des Eises. Sie war umgeben von Licht, und dann war sie selbst das Licht. Sie spürte sie, die Geister, spürte, wie sie liebkost und geliebt wurde; sie sah sie nicht, aber sie kannte sie alle – die Ahnengeister liebten sie; ihre Liebe war unendlich.

Später unterhielten sich Sister Salt und Indigo immer wieder über den Tanz. So viel war geschehen, so viele wunderbare Augenblicke. Sister Salt erzählte Indigo von den Schneeflocken: »Sie haben mir gesagt, wie schön wir sind, wie schön wir einmal sein werden.« Noch später erzählte sie Indigo, daß sie in dieser Nacht gestorben war, deshalb hatte sie nun keine Angst mehr vor dem Sterben. Indigo war enttäuscht, daß keiner der Ahnen Sister Salt sein Gesicht gezeigt hatte – nur die Schneeflocken. Aber Grandma Fleet meinte, die Familiengeister hätten sich nicht die Mühe gemacht, menschliche Gestalt anzunehmen, weil Sister Salt sie ohnehin nicht erkannt hätte – sie waren alle bereits vor ihrer Geburt gegangen oder ermordet worden. Sie habe gar nichts gesehen, beklagte sich Indigo.

»Du bist zu jung, um solche Dinge zu sehen«, sagte Grandma Fleet. »Wenn du erst eine junge Frau bist wie Sister Salt, wirst du das verstehen.«

Die Tänzer erhoben sich wieder. Indigo wollte sie begleiten, aber Mama schüttelte lächelnd den Kopf, während sie die Steppdecke um Indigo herum festzog.

»Es ist zu kalt. Und in der Dämmerung wird es eisig. Du bleibst hier, wo es schön warm ist«, meinte sie.

Als Indigo erwachte, schliefen die anderen. Die Sonne war schon hoch hinaufgeklettert, und Indigo war es unter der Decke zwischen Sister Salt und Mama zu warm. Das Feuer, um das herum die Tänzer getanzt hatten, war bis auf weißlich-rote Schlacke in der Asche heruntergebrannt und einige Lehmhäufchen, in die sich heiliger roter Ockerstaub mischte. Indigo prüfte noch einmal den Stand der Sonne. Es war fast Zeit, die Körbe zu nehmen, um sie an die Fahrgäste der Züge nach Westen zu verkaufen. Sie weckte ihre Mutter, aber diese meinte, der Tanz sei viel wichtiger als das Körbeverkaufen. Indigo brauche die Erholung, um auch die nächste Nacht durchtanzen zu können. Sie alle mußten vier Nächte lang tanzen, um die Toten anzurühren, um ihnen zu helfen, zurückzukehren.

Während die anderen schliefen, ging Indigo im Lager herum und betrachtete die Fremden, die aus allen Himmelsrichtungen zum Tanz herbeigekommen waren. Sie hatte Grandma Fleet sagen hören, die meisten von ihnen wären Walapai und Havasupai und natürlich Paiute. Aber einige waren auch von weither aus Norden und Osten gekommen, weil sie vom Eintreffen des Messias gehört hatten. Indigo erreichte das Ende des Lagers und wollte gerade umkehren, als sie die Stimmen von Weißen vernahm. Sie sah zuerst die Pferde, die auf einer von Weiden und Tamarisken umstandenen Lichtung angebunden waren und grasten. Dann sah sie den Planwagen mit ausgebreitetem Bettzeug darunter und Menschen, die noch schliefen. Doch neben einem kleinen Lagerfeuer erblickte sie eine weiße Frau und einen weißen Mann. Also stimmte die Geschichte der Paiute-Frau über die Mormonen! Kleine Gruppen von Mormonen trafen ein, weil sie auf die Rückkehr des Messias gewartet hatten. Die Predigt von Wovoka hatte sie in große Aufregung versetzt. Hand in Hand begannen die Mormonen mit den anderen Tänzern zu tanzen. Diejenigen von ihnen, die an Wovoka glaubten, waren sehr großzügig und spendeten Fleisch für die Tänzer. Der weiße Leinwandstoff für die Schals stammte ebenfalls von den Mormonen.

In der zweiten Nacht umrundeten mehr Tänzer das Feuer. Indigo zählte acht Mormonen – sechs Männer und zwei Frauen; mit weißer Farbe bemalt und in weiße Schals gehüllt, sahen sie aus wie alle anderen. Indigo beobachtete sie in dieser Nacht und fragte sich, ob die Mormonen auch ihre Ahnen sahen, wenn sie tanzten. Ihre Beobachtungen hielten Indigo wach; sie wollte einen von ihnen niederfallen sehen und stöhnen hören über den Besuch eines alten Mormonengeists. Allen Anstrengungen zum Trotz schlief sie trotzdem nach wenigen Stunden ein und mußte sich von Sister Salt erzählen lassen, was sich alles ereignet hatte.

Früh am letzten Abend bekam Indigo dennoch zu sehen, was mit einem Mormonen geschah, der von seinen Ahnen besucht wurde. Der junge Mann fiel plötzlich auf die Knie, hielt das Gesicht in den Händen, brabbelte und weinte, ehe er langsam zusammensank und still auf der Seite lag, genauso wie all die anderen Tänzer, die mit ihren Geistern zusammentrafen. Indigo war hellwach. Diese letzte Nacht war die Nacht, in der Messias und die Heilige Mutter erscheinen würden.

»Der Sturmwind! Der Sturmwind! Die schneebedeckte Erde schwebt vor mir! Die schneebedeckte Erde schwebt vor mir!« Grandma Fleet sang auch nach vier durchtanzten Nächten noch laut. Fest drückte sie ihre verschränkten Finger – Sister Salt auf der einen Seite, Indigo auf der anderen. Sie mußten beharrlich weitersingen, wenn sie wollten, daß Christus und seine elf Kinder in der Dämmerung von den Bergen herunterkamen.

Sie tanzten immer im Kreis, streichelten mit ihren Füßen dabei ganz sanft Mutter Erde. »Staub des Wirbelwinds, Staub der Berge im Wirbelwind, sogar die Steine erklingen! Wirbelwind in den Bergen, Felsstaub erklingt. Felsstaub erklingt«, sangen sie. Der Sturmwind würde die Erde verwandeln, hatte die Paiute-Frau gesagt. Wenn der Wind alle Unreinheiten verweht hatte, würde die Wiedergeburt der Erde folgen.

In dieser letzten Nacht wurden mehr Tänzer von den Geistern besucht als in den vorangegangenen Nächten. Indigo sah ihre Mutter erstarren, den Kopf zurücklegen und zitternd, ohne ein einziges Wort, zu Boden sinken. Vorsichtig schritten sie um Mama herum, und vorsichtig tanzten sie weiter. »Pappel! Pappel! Mächtiger Baum! Üppiges Grün! Üppiges Grün! Pappel, mächtiger Baum!« Die Stimmen der Tänzer erschollen über den Fluß. Indigo schloß die Augen: Der Klang der aberhundert Stimmen hatte nichts Menschliches mehr, sondern war wie ein Bergmassiv, als erhebe sich aus dessen Tiefen ein mächtiges Summen. Die Erde verkündete ihre Wehen. Der Boden mußte erzittern und erbeben, ehe sie wiedergeboren werden konnte. Durch die Fußsohlen spürte Indigo, wie die Erde atmete. Der Klang trieb sie zärtlich vorwärts, so daß sie nicht müde wurde, zu tanzen. Sie war entschlossen, wach zu bleiben. Alle wirkten jetzt lebhafter. Der Messias und seine Familie seien ganz in der Nähe, sagte Sister Salt, sie warteten auf den richtigen Moment, um zu ihnen zu kommen.

Als die Tänzer das letzte Lied anstimmten, frischte der Wind auf, und die Luft roch feucht. Der abnehmende Mond ging auf, verschwand aber bald hinter den Wolken. Große Schneeflocken begannen zischend in die Flammen zu fallen. Wolken und Nebel reflektierten den Schein des großen Lagerfeuers, erhellten die Hügel über dem Fluß und warfen große, bizarre Schatten auf die Tänzer. Grandma Fleet gab später jenen merkwürdigen Schatten die Schuld an der Angst der Stadtleute, die die Soldaten und die Indianerpolizisten herbeibrachte.

Obwohl noch vereinzelte Schneeschauer einsetzten, zog die

Masse der Sturmwolken nach Osten. Der Büffelhornmond war immer noch zu sehen, als der Morgenstern am Horizont erschien. Während die anderen mit auf das Feuer gerichteten Blicken weitertanzten, beobachtete Indigo das Spiel der seltsamen Schatten auf den Hügeln, daher war sie eine der ersten, die den Messias und seine Familie aus der Dunkelheit in den Glanz der wirbelnden Schneeflocken treten sahen. Wie ihre weißen Gewänder leuchteten! Schnell sah Indigo sich um, um festzustellen, ob die anderen es auch bemerkt hatten. Sie beobachtete den Messias und die anderen, die den steilen Sandhügel zum Flußufer fast hinaufzuschweben schienen. Wie schön er war, genau wie die Paiute-Frau gesagt hatte. Kein Wunder, daß er sich selbst Morgenstern nannte!

Auch die anderen sahen ihn jetzt, aber alle tanzten weiter, wie es gefordert war, bis der Christus die Mitte ihres Kreises erreichte. Wovoka, der Prophet, kam ebenfalls. Er ging neben der Mutter des Messias. Ihnen folgten die elf Kinder des Messias. Alle trugen weiße Gewänder, aber ihre dunklen Gesichter waren nicht bemalt. Nun sammelten sich die Tänzer um den Messias und seine Familie. Indigo hielt Sister Salts Hand fest umklammert und stand auf den Zehenspitzen, um zwischen den zusammengedrängten Tänzern hindurchsehen zu können.

»Ihr seid hungrig und müde, denn dieser Tanz dauert schon sehr lange«, sagte die Heilige Mutter. Dann öffnete sie ihren Schal, und auch die Frau des Messias öffnete ihren Schal, und Indigo sah zu ihrem großen Erstaunen dicke, orangefarbene Kürbisblüten zu Boden fallen. Die Heilige Mutter bedeutete den Tänzern herbeizukommen und die Kürbisblüten zu nehmen.

Inzwischen war es so still geworden, daß nur noch das Knakken des Feuers zu hören war. Niemand sprach, als sie nacheinander darauf warteten, eine Kürbisblüte aufzuheben. Als Indigo und Sister Salt sich später über diese Nacht unterhielten, erinnerten sie sich mit Erstaunen daran, daß, wann immer der Messias und die Heilige Mutter sprachen, alle Tänzer sie verstehen konnten, egal, von welchem Volk sie stammten. Die Paiute schworen, der Messias spreche Paiute, aber eine Frau der Walapai schüttelte lachend den Kopf – wie albern, der Messias sprach ihre Sprache. Als Grandma Fleet und Mama sich nach den Blüten bückten, segnete die Heilige Mutter sie in ihrer Sand Lizard-Sprache. Als sich die Mormonen dem Messias näherten, blieb Sister Salt in der Nähe, um es selbst mitanzuhören; sie war verblüfft. Als der Messias die Mormonen segnete, hörte Sister Salt seine Worte klar und deutlich in der Sand Lizard-Sprache, nicht auf Englisch, und dennoch verstanden ihn die Mormonen und murmelten leise ihren Dank.

Als Sister Salt aufgeregt Mama und Grandma das Gehörte berichtete, nickte in der Nähe ein Paiute und lächelte. In der Gegenwart des Messias und der Heiligen Mutter gab es nur eine Sprache – die Sprache der Liebe – die alle Menschen verstanden, sagte er, denn sie alle waren Kinder der Mutter Erde.

Als die Dämmerung anbrach, wurde der dunkle Himmel hellgrau, dann milchig weiß und schließlich fahlgelb. Indigo verließ die anderen und ging zur Hütte zurück, die Morgenröte färbte den Himmel rot, gelb und golden. Jenseits der Menschen und des Feuers war die Luft kalt und feucht, auch wenn der meiste Schnee geschmolzen war. Indigo zog das weiße Tuch eng um ihren Körper. Sie achtete darauf, die Kürbisblüte nicht zu zerdrücken; sie wollte sie so lange wie möglich behalten.

Zu Hause saß sie mit der großen wärmenden Steppdecke um sich herum aufrecht im Bett und sah nach Osten. Das rotgoldene Licht der aufgehenden Sonne leuchtete durch das Geflecht der Weiden und Tamarisken. Drinnen in der Hütte wurde alles, was die Sonnenstrahlen berührten, warm und glänzend. Indigo nahm die große orangefarbene Blüte in die Hände und hielt sie sich mit geschlossenen Augen vor das Gesicht. Sie roch die alten Gärten nach einem Regen, wenn die Kämme der Dünen von leuchtendem Grünen überzogen waren – moosgrün und grasgrün und dem Grün der großen Kürbisblätter.

Beim Einschlafen hörte Indigo erst eine Stimme, dann eine andere zu den Tänzern sprechen. Wovoka führte sie durch die letzten Rituale des Tanzes. Alle mußten in die Hände klatschen und ihre Schals heftig schütteln und herumschwenken, um Krankheit und Leiden zu vertreiben, vor allem die Grippe. Gerade hatten sie die letzten Rituale beendet, als der Warnruf ertönte. Die Tänzer blieben ruhig, denn der Christus war bei ihnen und seine Mutter hatte ihnen bereits gesagt, daß die Soldaten kommen würden.

Gleich darauf spürte Indigo, wie Sister Salt sie schüttelte und ihr befahl, aufzustehen. Sie hörte Hufgetrappel, das Knarren von Planwagen, aufgeregte Stimmen und Schreie. Indigo war so müde, daß ihr schon vom Aufrichten schlecht wurde, aber Sister Salt zerrte sie auf die Füße. Sie atmete schwer, als wäre sie gerannt.

»Los! Los! Nein, die kannst du nicht mitnehmen! Wir müssen rennen!« Sister Salt zog sie an der Hand mit sich fort, während Indigo sich umzudrehen versuchte, um zu sehen, was vor sich ging. Sie sah, wie weiße Männer zu Fuß und auf Pferden Jagd auf Mormonen machten, die keine Gegenwehr leisteten. Sie sah Tänzer in alle Himmelsrichtungen davonlaufen, die Indianerpolizisten auf den Fersen.

Die Mädchen rannten nach Süden in die Tamarisken und Weiden am Flußufer. Im hohen Sand war das Laufen mühsam, und sobald die Rufe schwächer wurden, hielten sie im Schutz einer Weide an, um zu verschnaufen. Indigo kannte die Regeln. Keine von ihnen durfte auf der Flucht auch nur den geringsten Laut von sich geben; trotzdem wollte sie wissen, was mit Mama und Grandma Fleet geschehen war. Und mit dem Messias und seiner Familie – konnten sie fliehen?

Als Indigo sich ausgeruht hatte, stand Sister Salt auf und zog die Schwester auf die Füße. Es ging weiter, diesmal ohne zu rennen, aber immer noch in schnellem Tempo. Sie hörten nun keine Schreie mehr hinter sich. Sister Salt folgte einem Wildpfad hinunter zum Fluß, wo das Schilfrohr sie beim Trinken verbarg.

Sie liefen ununterbrochen weiter, bis die Sonne unterging. Dann kam die kalte Schneeluft aus den Bergen zum Fluß herab. Mit den Händen gruben sie ein Loch in die sandige Uferböschung, und wickelten sich dann gemeinsam in ihre beiden Tücher. Sie lachten über ihr komisches Aussehen – zwei Köpfe mit vier Beinen, lachten darüber, wie unbeholfen sie sich derart zusammengebunden bewegten. Sie setzten sich in das Loch und machten es sich dort bequem, ehe sie anfingen, sich als Schutz vor der Kälte Sand auf die Beine zu schaufeln.

Vor Einsetzen der Morgendämmerung, als die Luft am kältesten war, weckte Indigo Sister Salt mit ihren zitternden Versuchen, sich enger an sie zu kuscheln. Sie rieben sich abwechselnd über Hände und Arme; Sister Salt tat so, als seien Indigos Hände

Reibhölzchen, die Feuer fangen würden, wenn sie sie nur schnell genug rieb. »Schneller-schneller-schneller« sangen sie zusammen, bis sie beide laut loslachten. Sie beobachteten, wie sich das Licht den Horizont hinauftastete – zuerst als fast unsichtbares Leuchten in der Dunkelheit. Gestern noch hatten sie alle zusammen für die Dämmerung getanzt, die ihnen den Messias brachte, und dann war plötzlich alles anders geworden.

Grandma Fleet und Mama würden sie in den alten Gärten wiedertreffen. Das war das letzte, was Grandma Fleet Sister Salt an diesem Morgen gesagt hatte, Sekunden nach dem Warnruf. Die Mädchen wußten, wie sie dem Fluß nach Süden bis zu der großen Auswaschung folgen mußten, die sie zur Schlucht der Dünen bringen würde.

Der Messias und seine Familie waren entkommen; Sister Salt hatte sie gesehen. Seine Frau und Kinder stiegen zuerst in den Fluß, dann die Heilige Mutter und schließlich folgte er selbst; die wilde Strömung des schlammigen Flußwassers umschloß sie, aber sie wurden nicht davongeschwemmt. Ihre Schultern und Köpfe blieben über dem schlammigen Wasser, und sie durchquerten den Fluß so mühelos, als wären sie Rauch. Auf der anderen Seite erklommen der Messias und seine Familie eilig den Sandhügel jenseits des Flusses. Die Sonne beschien ihre weißen Gewänder, als sie auf der Kuppe anhielten, in voller Sichtweite der Soldaten und der Indianerpolizisten, die ihr Lager überrannten. Aber die Soldaten und Indianerpolizisten wurden sie nie gewahr. Der Messias und seine Familie waren entkommen.

Sister Salt fertigte aus einem Stück Treibholz einen Grabstock und grub damit nach Schilfrohrwurzeln, die sie essen konnten. Schilfrohrwurzeln schmeckten eigentlich nur nach Wasser und ein bißchen Salz, aber Indigo zwang sich zum Kauen und Schlucken, um den Schmerz in ihrem leeren Magen zu betäuben. Drei Tage lang folgten sie dem Fluß nach Süden. Gegen Ende des vierten Tages bemerkte Indigo, daß die Luft sich plötzlich wärmer anfühlte. Am Morgen des fünften Tages kamen sie an die Stelle, wo die große Auswaschung und der Fluß zusammentrafen.

Den ganzen Morgen gruben sie nach Schilfrohrwurzeln, die sie in die alten Gärten mitnehmen wollten. Sie wickelten sie in ihre Leinwandschals und trugen diese als Bündel auf dem Rükken. Ehe sie den Fluß verließen, pflückten sie wilde Kürbisse und machten daraus kleine Behälter, die sie mit Wasser füllten und sich mit Stoffstreifen, die von ihren Röcken stammten, um die Hüften banden.

Den ganzen Tag wanderten sie durch Sand und Büschelgras. Die Luft war kühl, aber der Sand wärmte sie. Indigo sah die grünen Knospen und das frische Grün durch den Sand nach oben drängen. Wenige Meilen westlich des Flußes wand sich die große Auswaschung nach Südwesten, und als sie um eine Biegung kamen, rief Indigo: »Sieh mal!« Auf beiden Seiten der Auswaschung standen silbriggrüne Enceliasträucher voller gelber Blüten.

Als sie sich in dieser Nacht zum Schlafen zusammenkauerten, war die Luft kalt, aber nicht mehr eisig. Sie hatten das Land des Sommers erreicht. Gegen Mittag des nächsten Tages deutete Sister Salt auf einen großen Felsen, an dem eine kleinere Auswaschung abzweigte. Sie verließen die große Auswaschung und folgten für einige Stunden der kleineren, bis Sister Salt auf einen Trampelpfad abbog, der das brüchige Lehmufer hinaufführte. Der Weg war steil, und Indigo war außer Atem, als sie oben ankam, und mußte sich erst den Schweiß abwischen, ehe sie sich umsehen konnte.

Indigo war noch so klein gewesen, als sie zuletzt in den alten Gärten gelebt hatten, daß sie sich an nichts mehr erinnerte. Sie hatte Mamas und Grandmas Geschichten gelauscht und wußte, daß sie die alten Gärten verlassen mußten, nachdem Flüchtlinge dorthin gekommen waren und alles aufgegessen hatten. Trotz der Beschreibungen über die Verheerungen durch die hungernden Menschen, die die Dünen förmlich kahlgefressen hatten, stellte sich Indigo die alten Gärten so vor, wie sie vor dem Auftauchen der Flüchtlinge ausgesehen hatten: hohes Getreide, das sich geschmeidig im Wind bog, umgeben von Bohnenschoten und schwarzgesprenkelten Erbsen, deren golden-grüne Ranken sich um saftige Kürbispflanzen wanden.

Indigo hielt sich die Hand vor die Augen, während sie die Sandsteinschlucht absuchte. Sie sah nichts Grünes, nichts, was wuchs, nur sandige, von trockenem Gestrüpp bedeckte Felsabsätze.

Sister Salt ging nun schneller, folgte dem Pfad die Schlucht hinauf. Sie hatten noch einen Rest Flußwasser in ihren Kürbisbehältern, aber Meile für Meile träumte Sister Salt davon, wie gut das Quellwasser schmecken würde. Sie war froh, daß sie auf ihrer Reise das Flußwasser hatten, aber es war schlammig, dagegen war das Wasser, das die Felsspalten hinabtropfte, kühl und klar.

Grandma Fleet hatte Sister Salt Anweisungen gegeben: Als erstes sollten sie zur Quelle gehen und nach Fußspuren und anderen Hinweisen Ausschau halten, die anzeigten, daß Menschen in der Nähe waren. Grandma Fleet hatte sie angewiesen, für sich zu bleiben, wenn sie feststellten, daß Fremde in den alten Gärten lebten. Wenn sich zu viele Menschen am gleichen Ort niederließen, liefen sie Gefahr, die Behörden auf sich aufmerksam zu machen, hatte sie gewarnt.

Geschwärzte Steine und Kohlenreste von alten Lagerfeuern lagen teilweise unter Sand begraben, trotzdem konnte Sister Salt erkennen, daß irgendwann mindestens dreißig Zelte das obere Ende der Schlucht unterhalb der Quelle bevölkert hatten.

Das kühle Quellwasser schmeckte sogar noch besser, als Sister Salt es in Erinnerung hatte; sie und Indigo tranken und gossen sich dann das Wasser über den Kopf, um den Staub abzuwaschen. Sie saßen neben der Quelle und aßen die letzten Schilfrohrwurzeln. Die Sonne war warm und das Geräusch des Wassers, das den Sandstein hinuntertropfte, beruhigend. Sie breiteten im feinen Sand neben dem Tümpel ihre Tücher aus und legten sich nebeneinander. Sister Salt lag auf dem Rücken und sah die Sandsteinfelsen bis in den Himmel hinauf, aber ihre Gedanken waren bei Mama und Grandma Fleet. Ob die Indianerpolizei sie gefangengenommen hatte? Sie konnte nicht aufhören, daran zu denken, wie die Soldaten und die Indianerpolizisten auf die Tänzer losgestürmt waren, um sie zu umzingeln. Zu Pferd und in den dunklen Uniformen hatten sie nicht wie Menschen, sondern wie riesige Insekten ausgesehen, die die Hügel hinab auf das Ufer zuschwärmten.

Indigo lag auf dem Bauch, hatte die Ellenbogen aufgestützt, den Kopf in die Hände gelegt und starrte ins Wasser. Sie sah zu, wie die Wasserwanzen im gelblichen Sand auf dem Grund durch ihre Dörfer eilten. Die großen bewegten sich würdevoll, aber die kleineren Käfer schossen umher, als spielten sie Fangen. Kiesel und Steine waren Hügel und Berge, die grünen Sprossen der Wasserpflanzen die Wälder. Wie schön das war. Sie hatten soviel Wasser und Nahrung, wie sie nur brauchten.

Aus den Augenwinkeln heraus bemerkte Indigo auf der anderen Seite des Wassers das Zittern eines Grashalmes, obwohl sich kein Lüftchen regte. Indigo verharrte bewegungslos. Weitere Grashalme bewegten und teilten sich schließlich, als der Kopf einer großen Klapperschlange vorsichtig hindurchlugte, ihre Zunge fuhr langsam durch die Luft, um Gefahren auszumachen. Als sie den Menschengeruch wahrnahm, verhielt die Zunge. Für einen kurzen Moment sah die Schlange zur schlafenden Sister Salt herüber und dann zu Indigo, die den Atem anhielt. Grandma Fleet hatte oft von der großen Schlange gesprochen, denn sie war fast ebenso alt wie sie selbst und die Quelle gehörte ihr. Alle Wüstenquellen werden von einer solchen Schlange bewohnt. Wenn die Menschen die Schlangen töteten, verschwand das kostbare Wasser. Egal, was ihr tut, hatte Grandma Fleet gesagt, stört mir nicht die alte Schlange, die bei der Quelle lebt.

»Kennst du uns noch? Wir tun dir nichts, Schlange«, flüsterte Indigo sanft. »Du kennst unsere Mutter und Großmutter.« Die Schlange schien über ihre Worte nachzudenken, ehe sie zum Rand glitt. Indigo war erstaunt, wie anmutig die Schlange das Maul ins Wasser tauchte und dann den Kopf zurücklegte, um das köstliche Naß zu schlucken. Die Schlange war durstig und tauchte ihren Kopf viele Male ins Wasser, ehe sie ihren Durst gestillt hatte, dann züngelte sie noch einmal zu Indigo und anschließend zu Sister Salt hinüber, zog sich zurück und verschwand im Gras.

Später, als Sister Salt aufwachte und vom Besuch der Schlange erfuhr, meinte sie, das sei ein gutes Zeichen. Wenn sich Soldaten oder andere in der Nähe herumtrieben, wäre die Schlange nicht da.

In der ersten Nacht schliefen sie neben der Quelle, aber die ganze Nacht hindurch strichen Vögel und kleine Tiere an ihnen vorbei, um ans Wasser zu gelangen. Am nächsten Tag arbeiteten sie an Grandma Fleets Haus. Das alte Erdhaus war nicht leicht zu finden, denn das Dach befand sich dicht über dem Boden und war teilweise von Sand bedeckt. Sister Salt kniete sich hin und kroch durch den Eingang. Indigo folgte ihr, erleichtert, daß ihre

Schwester vor ihr Grandma Fleets verlassenes Haus betrat. Das alte Erdgebäude schien wie ein idealer Aufenthaltsort für Hundertfüßler und Skorpione. Drinnen gab es einen schmalen Absatz und drei große Steinstufen, die in den Raum hinunterführten. Indigo saß auf der untersten Stufe, bis sich ihre Augen an das Dämmerlicht gewöhnt hatten. Die Luft war kühl und roch nach sauberem Sand. Sister Salt stocherte in den Ecken herum. Der Raum war viel größer, als es von außen den Anschein hatte. Über ihrem Kopf gab es viel Platz, und die Dachbalken waren intakt, auch wenn der Wind auf dem Dach die oberste Schicht aus Palmwedeln beschädigt hatte.

Sie beendeten die Dachreparaturen und badeten gerade in der Quelle, als sie in der Ferne ein merkwürdiges Geräusch vernahmen. Irgend jemand sang. Zuerst war das Singen noch zu weit entfernt, um die Melodie zu erkennen. Sie wurde schwächer, dann wieder lauter, als habe der Sänger eine Auswaschung überquert. Beide lauschten angestrengt. Dann erkannte Sister Salt das Lied.

»Grandma!« rief sie und rannte in die Richtung, aus der das Singen kam. Indigo wollte ihr folgen, aber Sister Salt lief viel zu schnell. Indigo sah ihre Schwester durch die Sonnenblumenstauden am Fuß der Sandhügel auf den Eingang der Schlucht zulaufen, bis sie außer Sicht war. Indigo lauschte. Das Singen dauerte an, dann brach es ab. Plötzlich fühlte sie sich von einer merkwürdigen Furcht überfallen, dem beklemmenden Gefühl, verlassen zu werden, von Grandma Fleet und sogar von Sister Salt.

So schnell sie konnte, rannte Indigo durch den tiefen Sand, die Hügel hinauf und hinab, bis ihr die Seiten wehtaten und die Kehle brannte. Sie blieb stehen und lauschte, aber ihr keuchender Atem war alles, was sie hörte. Sie rannte, und wenn sie stolperte, rappelte sie sich wieder auf und rannte weiter, aus Furcht, sie zu verlieren.

Am Eingang der Schlucht fand sie die beiden. Sister Salt kniete neben Grandma Fleet, die sich im Schatten einer großen Yuccapalme ausruhte und mit dem Rücken an einem Jutesack voller Stoffsäckchen lehnte. Mit wild klopfendem Herzen rannte Indigo zu ihnen. Keuchend sah sie sich um, und die Tränen traten ihr in die Augen, als ihr klar wurde, daß Grandma allein zurückgekehrt war.

»Wo ist sie?« fragte Indigo. »Wo ist Mama? Warum ist sie nicht gekommen?«

»Ist das meine Begrüßung?« scherzte Grandma Fleet, als sie für Indigo die Arme ausbreitete, die ihr Gesicht an die knochige Brust der Großmutter drückte und zu weinen begann.

Während sich Grandma Fleet im Schatten ausruhte, wechselten sich Sister Salt und Indigo dabei ab, den Jutesack mit den Säckchen den sandigen Pfad vom Eingang der Schlucht bis zum Erdhaus hinaufzuschleppen. Grandma Fleet und eine alte Mormonenfrau waren aus dem Gewahrsam entlassen worden. Auf ihrem Weg flußabwärts hatten sich die beiden Frauen angefreundet. Obwohl sie kaum miteinander gesprochen hatten, machten sie sich unterwegs doch immer wieder gegenseitig auf Dinge aufmerksam und nickten sich dann lächelnd zu.

Später, als sie den Sack auspackte, erzählte Grandma Fleet von Mrs. Van Wagnens Keller unter dem Fußboden des kleinen Steinhauses bei Mormon Crossing. Soviel Essen in Gläsern, ordentlich nebeneinander aufgereiht in Holzregalen! Aus in Steinguttöpfen aufbewahrten Baumwollsäckchen hatte Mrs. Van Wagnen getrocknete Äpfel, Aprikosen und sogar getrocknetes Wildbret hervorgeholt.

Hin und wieder gab Grandma Fleet den Mädchen ein Baumwollsäckchen, damit sie daran riechen und sich an dem süßen, trockenen Duft der Früchte erfreuen konnten. Bohnen. So viele Bohnen! Mrs. Van Wagnen hatte großen Erfolg im Anbau von Bohnen, denn ihr Garten lag ganz in der Nähe des Flusses. Grandma Fleet hatte nicht soviel Essen mitnehmen wollen, aber Mrs. Van Wagnen hatte darauf bestanden. Sie könne selbst längst nicht alles essen, hatte sie gesagt und dann zu weinen begonnen, weil ihr Mann und die anderen Frauen gefangen waren und man die Kinder fortgegeben hatte, um sie bei Pflegefamilien der neuen Mormonenkirche unterzubringen. Als sie von der neuen Mormonenkirche sprach, hörte Mrs. Van Wagnen auf zu weinen und wurde wütend. Die alte Kirche sei von Dämonen beseitigt worden, meinte sie. Aber Grandma Fleet dachte, daß die anderen Mormonen den Widerstand gegen die US-Regierung vielleicht leid geworden waren. Die Regierung ordnete an: nur eine Frau, und nun sagte auch die neue Kirche: nur eine Frau, also zogen sich die alten Mormonen an entlegene Orte zurück. Jahrelang verfolgten die US-Soldaten Mormonen, wenn sie nicht gerade Jagd auf Indianer machten.

Jedesmal, wenn sie von den süßen getrockneten Aprikosen aßen oder einen Topf Bohnen kochten, dachten sie an Mrs. Van Wagnen und hofften, daß es ihr gutging. Es kamen so viele Fremde über den Fluß bei Mormon Crossing, daß eine alleinstehende Frau dort nicht sicher war. Arme Mrs. Van Wagnen! Sie war die erste und nun einzige Ehefrau ihres Mannes, aber jetzt wußte sie nicht einmal, ob sie ihn jemals wiedersehen würde. Indigo mußte bei all den Gesprächen über verlorene Angehörige weinen. Würde sie je ihre Mama wiederbekommen? Grandma Fleet tröstete sie.

»Ich würde es merken, wenn etwas nicht stimmt«, sagte sie. »Ich würde es in den Knochen spüren.« Selbst wenn man ihre Mutter verhaftet hatte, hielt die Regierung indianische Frauen meist nur für ein oder zwei Monate gefangen.

»Ehe es heiß wird, werde ich meine Mormonenfreundin besuchen«, sagte Grandma Fleet eines Tages. Sie hatten gerade eine große Menge saftiger kleiner Pflanzen gesammelt, die am Fuß der Felsen tief im Sand wuchsen. Mehr als zwei Monate waren vergangen, und sie hatten nichts gehört. Vielleicht wußte Mrs. Van Wagnen Neuigkeiten.

»Ich werde nur über Nacht wegbleiben. Ihr beide werdet mich gar nicht vermissen«, sagte Grandma Fleet.

»Wir könnten doch mit dir gehen«, meinte Indigo hoffnungsvoll.

»Oh, nein.« Grandma Fleet schüttelte energisch den Kopf. »Das Herumziehen ist für junge Mädchen viel zu riskant. Wenn die Indianerpolizisten uns finden – wer weiß, was sie mit euch machen?« Grandma Fleet legte sich zwei große Kürbisflaschen mit Quellwasser über die Schulter und nahm ihren Wanderstab. Sister Salt trug den Leinensack voller Wurzeln, Samen und Blätter – Gewürze und Arznei, die Mrs. Van Wagnen vielleicht gebrauchen konnte. Nach all dem vielen Essen, das sie ihnen gegeben hatte, war dies das mindeste, was sie tun konnten.

»Eine alte Frau bemerkt niemand, aber ein junges Mädchen fällt jedem auf«, meinte Grandma Fleet, als sie sich energisch auf den Weg machte. Die Mädchen durften sie bis zu dem großen

Felsen an der Gabelung begleiten, an der die kleine Auswaschung mit der großen zusammentraf. Indigo versuchte, nicht zu weinen, aber der Kloß in ihrem Hals drückte die Tränen heraus; still lief sie neben ihrer Schwester her. Bei der großen Auswaschung lud Sister Salt Grandma Fleet den Jutesack auf den Rücken.

Sie sahen ihr nach, bis sie um die erste Biegung verschwand. Indigo fiel auf die Knie und begann laut zu schluchzen. Sister Salt gefiel der Lärm nicht, der von beiden Seiten der Sandsteinfelsen widerhallte. Jeder – die Indianerpolizei ebenso wie ein Minenarbeiter oder Cowboy – konnte sie hören.

»Heulsuse!« zischte Sister Salt der kleinen Schwester ins Gesicht, als sie diese am Arm in die Höhe und hinter sich herzog. »Sei still, bevor dich jemand hört! Grandma ist gegangen, um etwas über Mama zu erfahren«, sagte sie und weinte nun ebenfalls.

Als sie wieder beim Erdhaus ankamen, hatte die Sonne den Zenit bereits überschritten, und es war heiß. Nachdem sie Wasser getrunken und gebadet hatten, krochen sie in die Kühle des Erdhauses und deckten sich mit den feuchten Leinwandtüchern zu, die sie im Wasser getränkt hatten. Indigo lag auf dem Bett und starrte hinauf in das Weidengeflecht über den Mesquitepfosten. Warum war Mama noch nicht weggelaufen?

Indigo träumte davon, in Mamas Armen zu liegen, fest und sicher, das Gesicht an ihre Brust gepreßt und ihren warmen Geruch nach Beifuß und Erde atmend. Die Liebe ihrer Mutter umgab sie und wiegte sie zärtlich. Als Indigo erwachte, suchte sie nach ihrer Mutter, ehe ihr alles wieder einfiel und tief in ihr irgend etwas aufbrach. Sie weinte so laut, daß Sister Salt davon erwachte. Indigo rechnete damit, daß Sister sie schelten würde, aber diese legte die Arme um sie, wiegte sie zärtlich und sagte: »Weine nicht, Schwesterchen, weine nicht. Mama kommt wieder, bestimmt.« Indigo spürte etwas Nasses auf ihren Arm fallen und merkte, daß auch Sister Salt weinte. Während Indigo sich langsam etwas hoffnungsvoller fühlte und zu weinen aufhörte, weinte Sister Salt nun stärker. Indigo umarmte ihre große Schwester, so fest sie nur konnte.

»Weine doch nicht!« flüsterte sie und tätschelte ihrer Schwester den Rücken. Sister nickte und fuhr sich mit dem Handrücken über die Augen.

Indigo ging hinaus, um Wasser zu lassen. Auf dem Weg zur

Latrine unterhalb der Dünen stellte sie überrascht fest, wie hell es noch war. Die heißen Tage würden im Handumdrehen da sein.

Als Indigo zurückkehrte, kauerte Sister Salt in der hintersten Ecke, wo Grandma Fleet die großen tönernen Vorratstöpfe aufbewahrte. Sie hörte, wie Sister Salt die Tondeckel abnahm, hörte das Rascheln von getrockneten Äpfeln und getrockneten Fleischstreifen in Baumwollsäckchen.

Zuerst wollten sie Äpfel und Dörrfleisch nur probieren. Indigo rollte das getrocknete Apfelstückchen im Mund herum, bis es richtig feucht war, dann saugte sie daran, bis es sich zu weich und zu süß anfühlte, um ihm länger zu widerstehen, und schluckte es hinunter. Sie nahmen nur die kleinsten Stücke und Fleischstreifen, kauten und kauten und wetteiferten darum, wer sie am längsten im Mund behalten konnte. Indigo warf Sister Salt einen Blick zu, und ehe diese sie davon abhalten konnte, nahm sie sich ein weiteres Stückchen Apfel und einen Streifen Dörrfleisch. Dann stopfte sie beides in den Mund. Sister Salt zog ihr das Fleisch aus dem Mund und aß es selbst. Indigo lachte und nahm sich noch etwas. Sie teilten sich eine Kürbisflasche voll Wasser und speisten nach Herzenslust weiter, bis Indigo so vollgestopft war, daß ihr ein wenig übel wurde und sie Sister Salt den halbaufgegessenen Dörrfleischstreifen reichte. Grandma Fleet würde außer sich sein, wenn sie herausfand, daß sie beide an einem Abend so viel gegessen hatten, daß drei Menschen eine Woche lang davon leben konnten. Sister Salt aß Indigos Dörrfleisch auf und griff in das Baumwollsäckchen nach einem weiteren Stück und noch einem, bis das Säckchen leer war. Indigo sah, wie Sister Salt sich umsah, dorthin blickte, wo die Vorratstöpfe standen. Sie hatte ihre Schwester noch niemals so essen sehen, nicht einmal nachdem sie tagelang gehungert hatten. Sister Salt schien nicht sie selbst zu sein. Ihr ungewöhnliches Benehmen beunruhigte Indigo. Morgen um diese Zeit würde Grandma zurücksein. Aber vielleicht merkte sie gar nicht, daß sie die Deckel von den Vorratstöpfen genommen hatten, dachte Indigo beim Einschlafen.

Sister Salt wartete, bis Indigo tief und gleichmäßig atmete, ehe sie zu den Vorratstöpfen zurückschlich. Ihr Magen war so voll, daß er sich geschwollen anfühlte, aber der Hunger wütete immer noch in ihr und verlangte nach Essen. Sie griff nach dem Deckel, doch dann hielt sie inne. Sie stand lange bewegungslos da. Eigentlich war sie satt und mußte nichts mehr essen. Woher kam dann dieser Hunger? Wenn Grandma Fleet oder Mama zur Stelle gewesen wären, hätten sie ihr vielleicht erklären können, woran es lag. Sie schlich zu ihrem Bett, griff nach der Kürbisflasche und trank, bis sich der Hunger kaum noch bemerkbar machen konnte.

Am nächsten Tag sprachen sie nicht mehr über die Vorräte, die sie aus den Töpfen genommen hatten. Den ganzen Vormittag sammelten sie am Fuß der Felsen saftige grüne »Sandnahrung« und hoben genügend für Grandmas Rückkehr am Abend auf. Es war warm. Grandma hatte gesagt, sobald der erste gute Regen fiel, würden sie mit dem Säen beginnen.

Gegen Mittag gingen sie zur Quelle, um abzuwaschen und sich im Schatten auszuruhen. Von der Quelle am oberen Ende der Schlucht konnte man auf die Kämme und Hügel aus feinem Sand hinabsehen, die sanft zu dem kleinen Arroyo abfielen, der zur großen Auswaschung in Richtung Fluß führte. Sister Salt wollte Packrattennester aufstöbern, aber Indigo mochte lieber bei der Quelle bleiben und nach Grandma Ausschau halten. Von diesem Aussichtspunkt aus würde sie Grandma sehen können, sobald diese um die Biegung der Auswaschung kam.

»Sie kommt nicht vor dem späten Nachmittag. Du mußt bestimmt lange warten.« Sister Salt wollte, daß Indigo mit ihr käme. »Ich zeige dir den Palmenhain.« Sie wußte, daß Indigo gern dorthin wollte.

Widerstrebend folgte Indigo ihrer Schwester. Sie wollte gern die wilden Palmen in der Nachbarschlucht sehen, aber sie wollte auch zu Hause sein, wenn Grandma Fleet zurückkam. Indigo sah immer wieder in die Richtung, aus der sie gekommen waren, und kontrollierte von Zeit zu Zeit den Stand der Sonne, weil sie fest vorhatte, rechtzeitig zurückzusein, um Grandma zu begrüßen und alles zu hören, was sie über Mama erfahren hatte.

Der Pfad folgte ein kurzes Stückweit dem Grat des Felsenkamms, ehe er eine scharfe Biegung machte und in einer schmalen Felsspalte verschwand. Sister Salt zeigte Indigo, wie sie sich mit Beinen und Schultern so gegen die Spaltenwände abstützen konnte, daß sie die Tritte und Haltegriffe erreichte, die dort im Laufe der Zeit entstanden waren. Kurz darauf waren sie auf dem

Grund angekommen. Indigo war verblüfft. Fahlgelbe Sandsteinfelsen ragten rings um sie auf; die Schlucht hatte keinen Ausgang, und die Spalte, die sie hinuntergeklettert waren, war der einzige Weg hinein und hinaus, es sei denn, man konnte fliegen.

Indigo hätte nie geglaubt, daß die Palmen so groß sein könnten. Sie standen dicht zusammen, manche berührten einander fast. Die größeren, älteren Bäume wirkten schäbig mit ihren herabhängenden abgestorbenen Fächern unter den frischen grünen Zweigen. Herabgefallene und verdorrte Palmwedel bedeckten den Boden. Von hier stammte Grandma Fleets Palmdach. Indigo fuhr mit der Hand über die alten Schuppen und die knotige Rinde der Baumstämme. Sie suchte in den Baumkronen nach den kleinen Früchten, die süßer als Honig sein sollten, wie Sister Salt ihr gesagt hatte, aber sie sah keine.

Sister Salt beachtete die Palmen kaum. Statt dessen stocherte sie mit einem kurzen Stock in der Hand zwischen Felsen und großen Steinen herum. Indigo sah ihr zu. Sister benutzte den Stock, um damit mächtige Barrikaden aus Kaktusstacheln aus dem Weg zu räumen, die ein Erdloch verbergen sollten. Sie öffnete die Futterkammer des Eichhörnchens, und Indigo erkannte die auf zerrissenen Blättern aufgehäuften Eicheln und Piñons, aber was waren all diese schwärzlichen Klumpen, die aneinanderklebten?

»Ooch!« machte Sister Salt, als sie in einen der schwarzen Klumpen hineinbiß; die verdorrte Dattel war steinhart. Sie nahm die Frucht aus dem Mund und griff nach der Kürbisflasche an ihrer Hüfte. Dann warf sie zwei vertrocknete Datteln hinein, um sie aufzuweichen. Sie sammelten alle Datteln ein, ließen dem Eichhörnchen aber die Eicheln und Piñons. Der Nachmittag war warm genug, daß sie aus den Kleidern schlüpfen und diese als behelfsmäßige Säcke verwenden konnten, um damit die getrockneten Datteln nach Hause zu transportieren.

Die Sonne ging bereits unter, als sie die Sandsteinformationen oberhalb der Quelle erreichten. Sister Salt blieb stehen und bedeutete Indigo, still zu sein. Sister Salt lauschte aufmerksam. Soldaten und Indianerpolizisten waren Schreihälse, die man auch aus weiter Ferne hören konnte. Sister Salt hörte die Grillen im feuchten Sand bei der Quelle. Sie hörte den Abendruf einer Trauertaube, dann den Schrei eines Nachtfalken; je dunkler es wurde, desto zahlreicher wurden die Grillen. Sie lauschte auf ein Zeichen von Grandma Fleet, ob sie vielleicht laut mit sich selbst sprach oder ein Lied sang, das sie gerade erfunden hatte, wie das Lied über die kleine Tarantel, das Grandma letzten Sommer gesungen hatte. Sister Salt lauschte, bis sie glaubte, alles zu hören – Gleiten, Knistern, Rascheln, Klappern, Zirpen, Pfeifen, Bellen, überall um sie herum stiegen Geräusche auf und betäubten sie.

Sobald Sister Salt stehenblieb und lauschte, tat Indigo das gleiche. Sie hörte die Nachtfalken, sonst nichts. Hätten sich Fremde in der Nähe der Quelle niedergelassen, wären die Nachtfalken verschwunden. Die Dämmerung war noch hell vom Sonnenuntergang und dem Halbmond, dessen Licht vom fahlen Sandstein und den Sanddünen zurückgeworfen wurde. Es wurde kühler, und Indigo fröstelte in ihrer Unterhose. Zuerst dachte sie, Sister hätte etwas gehört, was sie nicht hörte, aber nach einer Weile begriff sie, daß mit ihrer Schwester etwas nicht stimmte. Sie berührte sie sanft am Rücken und flüsterte.

»Was ist los? Was hörst du?«

Sister Salt wandte sich mit dem traurigsten Blick um, den Indigo je gesehen hatte. Langsam schüttelte Sister den Kopf und machte sich wieder auf den Weg. Sie waren nun nicht mehr weit von der Quelle entfernt, aber Indigo ließ sich nichts vormachen. Sister Salt wußte etwas, was sie ihr nicht erzählen wollte. Indigo rannte voraus, an der Quelle vorbei und die Dünen hinab. In der zunehmenden Dunkelheit sahen die Äste und Zweige auf dem Weg nach allen möglichen Schlangen aus. Indigo hüpfte und sprang, um ihnen auszuweichen.

Draußen vor dem Erdhaus blieb sie stehen. Es war nun fast dunkel; Grandma Fleet hätte längst da sein müssen, aber Indigo hörte sie drinnen nicht herumwerken. Wahrscheinlich war sie müde von der Reise und schlief bereits.

»Grandma, wir sind's, Sister und ich. Grandma?« rief sie, als sie den Eingang hinabstieg, aber niemand war da.

Indigo wollte sofort nach Grandma suchen, aber Sister Salt machte ihr klar, daß der Mond bald untergehen und sie draußen auf dem Pfad in der Dunkelheit stecken würden.

»Sie ist einfach spät losgekommen und hat sich irgendwo

unter einen Busch gelegt.« Sister Salt klang müde. Sie ging zu ihrem Bett hinüber. Indigo lag auf ihrem Lager und lauschte auf die Atemzüge ihrer Schwester. Was sollte ohne Grandma Fleet aus ihnen werden? Leise begann sie, nach ihrer Mutter zu weinen.

Am nächsten Morgen, sobald es hell genug war, um etwas zu sehen, machten sich die Mädchen auf den Weg, um Grandma zu suchen. Beide trugen große Kürbisflaschen an den Hüften, für den Fall, daß Grandma ihre Flasche verloren oder verschüttet hatte und Wasser brauchte. Sister Salt warf in jeden Behälter eine Handvoll Datteln, damit sie etwas Eßbares bei sich hatten. Kurz hinter der ersten Biegung der Auswaschung fanden sie Grandma. Sie saß mit Rücken und Kopf gegen die Lehmböschung gelehnt da und hatte sich den Schal aus Leinwand umgeschlungen. Zuerst glaubte Indigo, sie sei tot, aber dann hob sie zitternd die Augenlider und lächelte, immer noch gegen die Böschung gelehnt. Sister Salt rannte zu ihr und fiel neben ihr auf die Knie.

»O Grandma, was ist passiert?«

»Na, na, mein Schatz, nur keine Aufregung. Ich bin bloß müde. Ich werde langsam zu alt, um in zwei Tagen den ganzen Weg bis zum Fluß und wieder zurückzulaufen. Nächstes Mal nehme ich mir eine Woche Zeit dafür.« Grandma stand nicht auf, aber sie zog beide Mädchen eng an sich. Schweigend teilten sie das Wasser und die eingeweichten Datteln, obwohl die Mädchen es kaum abwarten konnten, sie zu fragen, ob sie etwas über den Verbleib ihrer Mutter erfahren hatte. Es war offensichtlich, daß Grandma sich noch nicht genug erholt hatte. Sister Salt rechnete damit, daß Grandma sie fragen würde, woher die gedörrten Datteln kamen, aber sie saß schweigend da, hatte die Augen geschlossen und strich den Mädchen über das Haar. Sie saßen nebeneinander und sahen die Sonne höher und höher steigen, bis der Schatten verschwunden war.

Die Mädchen knieten sich hin, damit Grandma sich beim Aufstehen auf ihre Schultern und Rücken stützen konnte. »Ohhhh! Ich bin so steif, daß ich kaum aufstehen kann!« klagte sie, mit einer Hand auf Sister Salt und der anderen auf Indigo abgestützt. »Ich bin spät weggekommen, aber ich wollte nicht, daß ihr euch Sorgen macht. Wahrscheinlich habe ich mich dabei ein bißchen übernommen.«

Grandma Fleet schaffte es, aufzustehen, aber sie war noch so schwach auf den Beinen, daß die drei für den Heimweg sehr lange brauchten. Indigo hätte sie am liebsten gleich gefragt, was sie über Mama in Erfahrung gebracht hatte, aber Grandma brauchte ihre ganze Kraft zum Gehen.

Grandma schlief den ganzen Nachmittag. Sister Salt und Indigo saßen neben ihr auf ihren Decken und bewachten ihren Schlaf, wenn sie nicht selbst gerade einnickten. Das Wetter war nun viel wärmer als bei Großmutters Aufbruch. Kein Wunder, daß sie so erschöpft gewesen war, als die Mädchen sie fanden. Sie müsse sich einfach nur ausruhen, dann gehe es ihr wieder gut, sagte Sister Salt, aber an der Anspannung, mit der sie, jedesmal, wenn Grandma ausatmete, auf ihren nächsten Atemzug wartete, konnte Indigo sehen, daß sie sich Sorgen machte.

Grandma erholte sich an den darauffolgenden Tagen nur langsam. Das heiße Wetter habe sie vom Fluß mitgebracht, scherzte sie. Jetzt hoffe sie nur, daß die Regenwolken ihr auch folgen würden. Als Grandma sich das erste Mal wieder wohl genug fühlte, um ohne Hilfe herumzugehen, befahl sie den Mädchen sich hinzusetzen, sie habe ihnen etwas mitzuteilen.

»Mädchen, eure Mutter war nicht unter den Gefangenen, die man nach Fort Yuma ins Gefängnis gebracht hat. Das ist alles, was die arme Mrs. Van Wagnen herausfinden konnte.« Grandma Fleet nahm einen Rockzipfel, um sich die Tränen abzuwischen.

»Warum weinst du?« wollte Indigo wissen. Sister Salt seufzte und schüttelte mißbilligend den Kopf, damit Indigo still war.

»Ich will aber nicht still sein!« rief diese und brach in Tränen aus. Grandma Fleet drückte sie fest an sich und tätschelte ihren Rücken.

»Na, na«, sagte sie, »nicht weinen. Unsere Paiute-Freunde haben gesehen, wie sie den Indianerpolizisten entkommen ist.«

Indigo hörte auf zu weinen, Sister Salt beobachtete Grandmas ernstes Gesicht und wußte, daß es noch etwas gab.

»Als man sie das letzte Mal sah, lief sie auf der anderen Flußseite den großen Sandhügel hinauf. Sie folgte den Spuren des Messias und seiner Familie.«

Die drei saßen schweigend da. »Wenigstens ist sie nicht tot, und die Indianerpolizei hat sie auch nicht erwischt«, meinte Sister

Salt. Indigo stellte sich vor, wie Mama halb rennend, halb kriechend die gewaltige Düne jenseits des Flusses erklomm; kurz hinter dem Dünenkamm warteten der Messias und seine Familie auf sie und die anderen Tänzer, die entkommen konnten.

Indigo wollte wissen, wann Jesus ihre Mutter nach Hause gehen lassen würde. Grandma Fleet schüttelte seufzend den Kopf. Jesus und seine heilige Familie seien in die hohen Berge geflohen, um den Soldaten und Indianerpolizisten zu entkommen, die überall waren. Auch die Mormonen kämpften nun gegeneinander. Die arme Mrs. Van Wagnen! Sie hatte erfahren, daß ihr Mann von anderen Mormonen, denen er von den Soldaten in Fort Yuma übergeben wurde, getötet worden war. Die alte und die neue Mormonenkirche konnten sich nicht auf die Anzahl der Frauen einigen, die ein Mann haben durfte. Die US-Regierung war schon lange hinter den alten Mormonen her. Wohin sie auch gingen, töteten sie die Männer und verbrannten ihre Farmen, bis die Menschen in den Westen flohen.

Die alten Mormonen hielten sich für Verwandte der Indianer, und die US-Regierung befürchtete, sie könnten sich mit den Indianern gegen die Regierung verbünden. Am verhaßtesten waren diejenigen alten Mormonen, die dem Ruf von Wovoka folgten. Wie konnten diese Mormonen es wagen, einen Indianer für den Messias zu halten? Die Bundesbehörden fürchteten, die Tänzer seien eine getarnte Geheimarmee, bereit, Needles anzugreifen.

So wie es aussah, würden sich der Messias und seine Familie vielleicht sehr lange verstecken müssen, also würde vielleicht auch Mama lange fortbleiben. Sie mußten einfach lernen, ohne sie auszukommen, erklärte Grandma Fleet, als sie damit begann, ihnen alles zu zeigen, was sie wissen mußten. Sie ging mit ihnen zwischen den vertrockneten Stengeln und den alten Resten der Dünengärten umher und zeigte ihnen, wo und wie tief sie Bohnen, Getreide und Kürbissamen sähen sollten. Sät gegen Ende Juli oder Anfang August nach dem Regen.

Die Tage wurden länger, und die Wüstenhitze sammelte sich Tag für Tag in der Erde, schwoll an, füllte ihre Lungen mit Hitze, bis es keinen Platz mehr für Sauerstoff gab. Plötzlich hatte Sister Salt das Gefühl, nicht mehr atmen zu können. Sie war allein an der Quelle, als es geschah. Sie mußte immer wieder tief Luft holen, um sich klarzumachen, daß das Gefühl nur eine Täuschung der erhitzten Luft war.

Grandma Fleet lehrte die Mädchen, es ihr gleichzutun: Sie standen vor dem Morgengrauen auf und arbeiteten, bis es zu heiß wurde. Dann rasteten sie in der Kühle des Erdhauses bis kurz vor Sonnenuntergang. Bei zunehmendem Mond arbeiteten sie die ganze Nacht, in mondlosen Nächten so lange, bis sie nichts mehr sehen konnten.

Die empfindlichen Sandpflanzen verschwanden, als die Tage heißer und länger wurden. Sie aßen die letzten Datteln. Grandma Fleet rationierte nun das gedörrte Fleisch und die getrockneten Äpfel. Den Vorratsbehälter mit den leeren Baumwollsäckchen hatte sie noch nicht entdeckt. Die Mädchen wußten, daß sie Grandma von ihrer Tat erzählen mußten, ehe sie den leeren Topf entdeckte. Sie warteten nur auf den richtigen Moment, um es ihr zu sagen – vielleicht an einem der heißen, trägen Nachmittage, wenn Grandma ihnen Geschichten erzählte, die sie als kleines Mädchen gehört hatte. Heute abend würde sie ihnen den alten Trick zeigen, wie sie sich Frischfleisch beschaffen konnten.

Nach Anbruch der Dunkelheit füllten sie an der Quelle ihre Kürbisflaschen und saßen mit Grandma im Freien. Sie beobachteten die Sterne und den Halbmond, während sie auf die Kojoten warteten. An drei vorangegangenen Nächten hatten die Kojoten in den Dünen unweit der Quelle gejagt. Sie lauschten, als die Kojoten ihre Jagd begannen, sich mit Jaulen und Bellen verständigten und kleine Beutetiere, Hasen oder brütende Vögel, in ihren Hinterhalt trieben. Grandma lehrte die Mädchen, die Kojotensprache aus Gebell und Heulen zu deuten, damit sie wußten, wann die Tiere erfolgreich waren. Das war das Signal für die Mädchen, so schnell sie konnten loszulaufen, Sister Salt mit dem alten Flintmesser in der einen Hand und einem Jutesack in der anderen und Indigo mit einem langen Stock. Grandma hatte ihnen eingeschärft, den Kojoten ja genug Knochen zurückzulassen, weil sie sonst vielleicht beim nächstenmal keine Einladung mehr ausriefen, ihr Festmahl zu teilen.

Sister Salt lief los. Das Jaulen klang sehr hoch und das Gebell aufgeregt. Sie mußten schnell sein, ehe die Kojoten alles aufgefressen hatten. Die Sicht war gut, denn das Mondlicht wurde vom

Sand reflektiert. Indigo fiel zurück, wagte aber nicht zu rufen. Sie rannte so schnell sie konnte, aber der lange Stock war fast so groß wie sie selbst und geriet ihr immer wieder vor die Füße. Grandma hatte gesagt, die Kojoten würden beim Anblick von Menschen alles stehen- und liegenlassen und davonrennen, trotzdem sollten sie keinen Kojotenbiß riskieren.

Beim Näherkommen sah Indigo die letzten beiden Kojoten hinter einer Sanddüne verschwinden. Sister Salt kniete auf dem Boden und sammelte zappelnde kleine rosa Wesen ein, die rund um das geplünderte Hasennest im Sand verstreut lagen. Sie brachten genügend frischgeborene Hasen mit nach Hause, um einen guten Eintopf daraus zu machen, dem Grandma einige getrocknete Wurzeln und ein wenig Moos von der Quelle hinzufügte. Sie sei stolz, daß sie schon von ihrer ersten Jagd auf die Beute der Kojoten mit solch gutem Fleisch zurückgekommen waren, lobte Grandma Fleet die Mädchen. Sie hatten Glück gehabt, daß die Häschen überall verstreut lagen, sonst hätten die Kojoten womöglich alle aufgefressen, ehe Sister Salt dazukam.

Beim Essen erzählte Grandma Fleet ihnen alte Jagdgeschichten: von dem Reh, das die Kojoten gejagt und getötet hatten, so daß Grandma Fleet nichts weiter tun mußte, als ihr scharfes Messer zu nehmen und das Fleisch für den Heimweg vorzubereiten. Sie erzählte ihnen von dem Goldadler, der einmal über ihr kreiste und sie beim Jagen in den Arroyos und Dünen beobachtet hatte. Den ganzen Tag war Grandma erfolglos durch die Grannenhirse und das Gestrüpp zwischen den Dünen geschlichen, während der Adler viermal erfolgreich heruntergestieß. Jedesmal war die Adlermutter mit einem Hasen zu ihrem Horst zurückgeflogen. Es war schon spät, und Grandma war kurz davor, für diesen Tag aufzugeben. Sie vermutete, daß der Adler bereits in seinen Horst zurückgekehrt war. Doch als sie auf dem Rückweg die Schlucht hinunterkletterte, tauchte der Adler wieder auf und zog hoch über ihr seine Kreise. Grandma war so müde und enttäuscht, daß sie den Vogel nicht weiter beachtete. Sie ging weiter, verlor ihn eine Zeitlang aus den Augen und dachte, er sei verschwunden. Dann erblickte sie ihn plötzlich über sich, mit einem großen Hasen in den Klauen. Der Hase zappelte noch, aber er bereitete der Adlermutter keine Probleme. Grandma sah zu ihr hinauf und gratulierte ihr zu ihren Jagdkünsten, als der Vogel den Hasen plötzlich für sie fallenließ!

Als die heißesten, trockensten Monate herankamen, schien Grandma Fleet immer langsamer zu werden. Zwar stand sie immer noch vor dem Morgengrauen auf, aber ihre Mittagsschläfchen dauerten jetzt immer länger, manchmal bis zum Sonnenuntergang oder Mondaufgang. Sie hatten viele Vorräte angelegt, die sie bis zum Beginn der Sommerregen ernähren würden, aber sie bestand darauf, daß die Mädchen jeden Tag hinausgingen und einige Wurzeln und Samen sammelten.

»Man kann nie wissen«, sagte sie, »in manchen Jahren kommt der Sommerregen nur spät, aber ein andermal kommt er überhaupt nicht.« Beim Wasserbecken an der Quelle sammelten die Mädchen Moose und Wasserkresse. Grandma Fleet zeigte ihnen, wie sie aus Haaren geflochtene Fallen aufstellen konnten, um Vögel zu fangen, die am Wasserbecken landeten. Sie lehrte die Mädchen, besonnen vorzugehen, wenn sie das Nest der Packratten aushoben, um die Samen- und Mesquitebohnenvorräte zu plündern.

»Die gute alte Ratte macht für euch die ganze Arbeit, also tut ihr nichts zu leide!« Sie zeigte ihnen, wie sie das Rattennest wieder verschließen mußten, nachdem sie sich genommen hatten, was sie brauchten. Vor Jahren, als die Flüchtlinge in die alten Gärten geströmt waren, hatte der Hunger die Menschen dazu getrieben, selbst die Packratten zu essen, aber hinterher war der Hunger nur noch schlimmer geworden, weil es nun keine Packratten mehr gab, die Samen sammelten und Vorräte anlegten.

Grandma sortierte ihre Samensammlung, während sie erzählte. Sie wollte alles bereit haben, wenn der Regen kam, damit sie die Samen sofort in die feuchte Erde bringen konnten. Jeden Tag suchten sie den Himmel nach Wolken ab, die die Ankunft des Sommerregens ankündigen würden. Eines frühen Morgens zog von Südwesten her eine Ansammlung bauschiger Wölkchen über den Himmel, und als sie ein Willkommenslied für die Wolken anstimmte, wurde Grandma plötzlich wieder ganz die alte. Erleichtert stellte Sister Salt fest, daß sie wohlauf genug war, um in die alten Gärten hinaufzugehen.

Während sie langsam den sandigen Pfad zwischen den Dünen

erklommen, erklärte Grandma Fleet ihnen die unterschiedlichen Feuchtigkeitsverhältnisse des Sandes zwischen den Dünen. Zu beiden Seiten auf die Schultern der Mädchen gestützt, passierte sie langsam die kahlen Terrassen, auf denen früher schwarzer Mais, Zuckermelonen und gesprenkelte Bohnen gewachsen waren. Auf jeder Düne und in jedem kleinen Dünental suchte sich das ablaufende Regenwasser andere Wege. Einige der kleineren Dünen waren an den Rändern zu trocken, um dort überhaupt etwas anzubauen, deshalb war es besser, solche Randbereiche den wilden Pflanzen zu überlassen.

Grandma Fleet erklärte, welche Schwemmterrassen gut genug entwässert waren, um dort schwarzen Mais und gesprenkelte Bohnen anzubauen. Kürbisse und Melonen liebten das Wasser, also mußten sie in der Kuhle unterhalb der großen Düne angebaut werden, wo das Wasser tief in den Sand einsickerte. Wilder Kürbis, Sonnenblumen und Stechäpfel wuchsen von selbst, wo immer sie Feuchtigkeit fanden.

Am folgenden Nachmittag türmten sich im Südwesten dicke Regenwolken am Horizont. Grandma Fleet begrüßte die Wolken mit Tränen in den Augen. Ihre geliebten Vorfahren kamen als kostbarer Regen zu ihnen zurück. Am Morgen nach dem Regen war sie schon vor Anbruch der Dämmerung auf den Beinen, um ihre Samentöpfe herauszuholen. Indigo und Sister Salt erwachten von ihrem Gesang.

»Die Erde erfreut sich am köstlichen Naß, riecht den Regen!« sang Grandma in der alten Sand Lizard-Sprache, aber die Mädchen verstanden einige Worte und errieten die Bedeutung des Liedes an Grandmas Stimme. Sie war so aufgewühlt über die Ankunft des Regens, daß sie den Mädchen sagte, sie würden erst später essen, sie wolle mit den ersten Sonnenstrahlen das Saatgut ausbringen. Der kühle Wind, der über die feuchte Erde strich, überraschte Indigo. Sie fröstelte und begann dann, den Pfad an der ersten Düne vorbei hinaufzurennen.

Nur auf ihren Stock gestützt, schritt Grandma Fleet energisch voran. Sie schien wieder ganz die Alte zu sein. Sister lächelte; sie hatte sich um Grandmas Gesundheit große Sorgen gemacht, aber alles, was ihr fehlte, war ein tüchtiger Regen. Mit ihrem Grabstock kniete sie im feuchten Sand und zeigte den Mädchen, wie tief und in welchem Abstand sie die Samen aussäen mußten. Sie säten den ganzen Morgen bis in den Nachmittag hinein, tranken lediglich etwas Quellwasser und aßen einige Handvoll getrocknete Kürbiskerne.

Am Nachmittag ballten sich die blauvioletten Wolken erneut zusammen, und als der Regen niederfiel, sagte Grandma zu den Mädchen, sie könnten sich wirklich glücklich schätzen.

»Wir sind die letzten Abkömmlinge des Sand Lizard-Clans«, erklärte Grandma Fleet. »Es sind so viele von uns gestorben, daß es kein Wunder ist, wenn sich ganze Wolkenbänke über den alten Gärten versammeln.« Die Menschen des Sand Lizard-Volkes waren niemals so zahlreich wie ihre Vettern, die entlang des Flusses lebten und dort anbauten, ehe das Reservat entstand. Als Indigo fragte, warum die Sand Lizards dageblieben waren, wenn es doch soviel einfacher war, in der Nähe des großen Flusses zu siedeln, lachte Grandma Fleet. Sand Lizards waren nicht wie andere Leute. Sand Lizards störten sich nicht daran, wenn andere sie für merkwürdig hielten. Das war es, was sie von anderen unterschied. An den Ufern des Flusses das Land zu bestellen, war einfach, mit den Behörden auszukommen dagegen nicht.

Die Sand Lizards vertrauten sich lieber den Regenwolken an, als sich in einem Reservat einsperren zu lassen. Ja, die anderen lachten über sie, und es stimmte, daß ihr Volk schwand, trotzdem waren sie stolz darauf, für ihre Andersartigkeit bekannt zu sein. Jawohl, die Sand Lizards waren anders! Vor langer Zeit, als die Apachen noch die Dörfer der Sand Lizards überfielen, schlugen die Sand Lizards so lange mutig zurück, bis sie die Apachen fast besiegt hatten. Doch statt bis zum Ende weiterzukämpfen, die Apachen zu vernichten und sie als Sklaven zu unterwerfen, wie die anderen Stämme es taten, hörten die Sand Lizards mit dem Kämpfen auf und ließen die Apachen davonkommen. Die anderen Stämme erklärten sie deswegen für verrückt, aber die Sand Lizards hatten keine rechte Verwendung für Sklaven. Es waren nur weitere hungrige Mäuler, die es zu stopfen galt, außerdem mußte man Sklaven ständig bewachen.

Ja, die Sand Lizards waren anders. Sie waren dickköpfig, sie gestatteten den Kirchenmännern nicht, ihre Kinder zu berühren. Die Kirchenmänner waren Lügner. Sie behaupteten, Jesus Christus sei vor langer Zeit in einem weit entfernten Land gestorben. Sie behaupteten, im Namen Jesus Christus zu sprechen. Sie behaupteten, Jesus gefalle es nicht, nackte Frauenbrüste zu sehen, egal, wie heiß es sein mochte. Wenn die anderen bereit waren, für das Siedeln am Fluß einen derart hohen Preis zu zahlen, dann war das deren Entscheidung.

Grandma Fleet sagte ihnen, daß einige ihrer Vettern im Reservat in Parker lebten. Die Mädchen waren ihnen noch nie begegnet, weil die Behörden die Reservatsindianer für jeglichen Kontakt mit den Aufsässigen bestraften.

»Wenn mir irgend etwas zustößt, bleibt ihr beiden hier. Hier ist euer Platz. Eure Mutter weiß, daß sie euch hier finden wird. Wie soll sie euch sonst finden? Wenn ihr irgend etwas braucht, geht ihr zu unserer Freundin Mrs. Van Wagnen. Seht euch vor, sonst schnappen euch die Behörden und verfrachten euch in die Schule.«

Die Behörden wußten von den alten Gärten und der Quelle, trotzdem waren sie hier am sichersten, denn die Reise vom Fluß bis hinauf zu den alten Gärten war für Pferde schwer zu bewältigen. Die vielen Meilen durch tiefen Sand erschöpften die Tiere, und die sich anschließenden schwarzen Lavafelder waren so hart, daß die Hufeisen der Pferde sich durchscheuerten und brachen. Wenn sie den Fluß erst hinter sich gelassen hatten, gab es zwei Tage lang kein frisches Wasser für die Pferde. Es war allgemein bekannt, daß die Gärten inzwischen verlassen waren. Selbst wenn jemand auftauchte, würden die Felsenschwalben es verraten, indem sie nervös über ihren Nestern kreisten. Sämtliche Geräusche in der Schlucht wurden durch die Sandsteinformationen verstärkt. Reflektierende Sonnenstrahlen, das Klirren von Pferdegeschirren, Sporen und Karabinern, klappernde Kochgeschirre und das Husten und Schnauben von Männern und Pferden würden sie rechtzeitig warnen.

Im Westen brach die Sonne durch die Wolken und wärmte sie, noch während die letzten Regentropfen fielen. Wie süß die Luft nach dem Regen roch! Indigo hatte Hunger. Sie rannte mit Sister Salt um die Wette den gewundenen Pfad zwischen den Sanddünen zum Erdhaus hinunter. Dort blieben sie nur, um ein paar getrocknete Früchte und etwas Dörrfleisch zu holen. Grandma

Fleet meinte, wenn Bauern mit dem Säen fertig waren, dürften sie auch ein wenig Fleisch essen. Sister Salt deutete auf den leeren Baumwollbeutel, den sie ordentlich zusammengefaltet auf den Boden des Vorratstopfes gelegt hatten und Indigo nickte. Wenn Grandma sie das nächste Mal losschickte, um Dörrfleisch zu holen, würden sie ihr das gierige Fest gestehen müssen, das sie in ihrer Abwesenheit gefeiert hatten.

Jetzt, wo die Samen in der Erde waren, schliefen sie in den Dünen über den Gärten, um die Saat vor den Nagetieren zu schützen. Zur heißesten Tageszeit, wenn die Vögel und Nagetiere weniger aktiv waren, kehrten sie in das kühle dunkle Erdhaus zurück, um sich bis zum Sonnenuntergang auszuruhen. Sobald die Saat aufgegangen war, jäteten sie im kühlen Mondlicht Unkraut.

Auf der höchsten Düne, nahe der Quelle, grub Grandma Fleet eine kleine Erdgrube in den weichen Sand, genau unterhalb des Hügels, an dem sie die Aprikosensamen eingepflanzt hatte. Zuerst achteten Indigo und Sister Salt nicht darauf, weil die Großmutter gern im Sand nach Kühlung grub. Aber dann ordnete sie die Weidenzweige zu einem Flechtwerk an, das weitere Zweige tragen sollte und über der Grube ein Dach bildete. Von nun an machte sich Grandma Fleet nicht mehr die Mühe, den ganzen Pfad hinunterzugehen, um unten zu schlafen. Die Mädchen verbrachten die heißesten Stunden des Tages allein im alten Erdhaus. Grandma beharrte darauf, daß ihr Bauwerk unterhalb der Aprikosensämlinge genauso kühl war wie das alte Haus und daß es ihre Kräfte schone. Der weite Weg den Pfad zwischen den Dünen hinauf war ihr zu anstrengend geworden.

»Die kleinen Aprikosenbäumchen brauchen mich in ihrer Nähe«, scherzte Grandma Fleet. »Seht sie nur an! Sind sie nicht niedlich?« Die dunkelgrünen Setzlinge waren kniehoch, als die jungen Bohnen und Kürbisse eßbar waren.

Grandma blieb bei den Gärten, während die Mädchen loszogen, um Feigenkakteen und später Mesquitebohnen zu pflücken. Grandma zeigte ihnen, wie sie die Früchte der Feigenkakteen zu einer dicken süßen Paste verkochen mußten, die anschließend in der Sonne getrocknet wurde. Die Mesquitebohnen mußten getrocknet, dann geröstet und sorgfältig aufbewahrt werden, damit das Ungeziefer sie nicht fraß. Wenn die Mädchen ihre Pflichten verrichtet hatten, spielten sie miteinander. Sie wetteiferten darum, wer mit einem Stein oder Stock aus der größten Entfernung ein bestimmtes Ziel treffen konnte. Als Ziele türmten sie flache Steine übereinander oder sie häuften Zweige und Späne auf. Beide kreischten vor Freude über einen Volltreffer, wenn die Steine oder Zweige zusammenkrachten.

Sister Salt schlich sich gern davon, wenn Indigo nicht hinsah, versteckte sich und wartete, bis Indigo ihr Verschwinden bemerkte. Indigo lernte, im Sand ihre Spuren zu lesen, also benutzte Sister Salt etwas Büschelgras, um sie zu verwischen. Sie liebte es, sich einfach hinter eine Wegbiegung zu hocken und Indigo anzuspringen, um sie zum Schreien zu bringen. Wenn es zu heiß war, um Verstecken zu spielen oder um von den höchsten Dünen herunterzuspringen oder zu rollen, spielten sie mit einem glatten Kieselstein ihr liebstes Ratespiel, das sie »In welcher Hand ist der Kiesel?« nannten.

Nachdem die ersten Bohnen und Kürbisse geerntet waren, verließ Grandma Fleet ihre Zuflucht bei den Aprikosenbäumchen immer seltener. Die Mädchen halfen ihr beim Gang durch die Gärten, wo sie sich die Sonnenblumen ansah, von denen manche klein und hellgelb waren, andere gelblich-orange und viel größer als sie selbst. Dann begutachtete sie den leuchtend roten Amarant. Die Sonnenblumen und der Amarant waren so kräftig, daß sie den ganzen Winter über genug zu essen haben würden. Die Gärten waren grün von Mais und Buschbohnen; einige reife Schoten waren bereits aufgeplatzt, und die Bohnen lagen im Sand verstreut. Sister Salt bückte sich, um sie aufzuheben, aber Grandma Fleet schüttelte energisch den Kopf.

»Laß sie liegen«, sagte sie. Auf diese Weise würden sich die alten Gärten selbst fortpflanzen und weiterwachsen, wie sie es immer getan hatten, egal, was geschah.

»Was kann denn geschehen, Grandma?« Indigos Frage ließ Sister Salt ungeduldig aufstöhnen, und sie zog eine Grimasse, aber Grandma lachte nur und blieb stehen, um zu verschnaufen. Sie hatten ihren Spaziergang entlang der Gartenterrassen bei der Quelle beendet.

»Uns kann alles mögliche geschehen, mein Schatz«, sagte

Grandma Fleet und drückte Indigo fest an sich. »Mach dir keine Gedanken. Irgendein hungriges Tier wird fressen, was von dir übrig ist, und schon bist du wieder da, lebendig wie eh und je, aber eben als Teil des Tieres, das dich gefressen hat.«

»Ich bin dem Tod schon einige Male begegnet«, erzählte Grandma Fleet, während sie langsam den Pfad hinaufstieg. »Das erste Mal war ich so überrascht, daß ich nicht einmal Angst hatte. Als mein erstes Baby geboren wurde, eure Mutter, wollten die Blutungen einfach nicht aufhören.«

»Hat das weh getan?« fragte Sister Salt.

»O nein, es hat nicht weh getan, deshalb hatte ich auch keine Angst. Ich hatte immer geglaubt, daß das Sterben einem große Schmerzen bereitet.«

»Aber du bist nicht gestorben«, meinte Indigo.

»Nein, die alte Medizinfrau gab mir Wacholderbeertee und redete mir zu: ›Du wirst hier gebraucht. Wir brauchen dich. Dein Baby braucht dich.‹« Wieder blieb Grandma Fleet stehen, um zu verschnaufen.

»Die alte Frau schimpfte mit mir, während ich den Tee trank. ›Sei nicht so faul, junge Frau!‹«

»Warum hat sie das gesagt, Grandma?« Indigo versuchte sich vorzustellen, wie jemand einen Menschen dafür schelten konnte, daß er verblutete.

»Weil das Sterben einfach ist – es ist das Weiterleben, das weh tut.« Grandma Fleet ging weiter, ganz langsam, und stützte sich auf die Mädchen.

»Weiterzuleben, wenn dein Körper von Schmerzen zerrissen wird, weiterzuatmen, wenn jeder Atemzug dich an deine verlorenen Lieben erinnert – weiterzuleben ist viel schmerzhafter als der Tod.«

Große Tränen rollten über Indigos Wangen, aber sie gab keinen Laut von sich. Ihre Mutter mußte tot sein, sonst wäre sie längst zurückgekommen. Wer hatte sie wohl gefressen? Kroch sie als Wurm herum, oder rannte sie als Kojote durch die Welt?

Den Rest des Weges schwiegen sie. Sister Salt hielt Grandmas linken und Indigo ihren rechten Arm, während sie sich den Weg hinuntertastete, hinab in ihren kleinen Erdverschlag bei den Aprikosenbäumchen. Mit einem lauten Seufzer der Erleichterung ließ sie sich auf ihre Decke nieder und streckte sich zu einem Nickerchen aus. Sie scherzte über ihr großes Schlafbedürfnis und darüber, daß sie auf ihre alten Tage noch faul werde. Entspannt und mit geschlossenen Augen erzählte sie von ihren geliebten Ahnen, den Regenwolken, bis ihre Worte immer schleppender wurden und sie leise zu schnarchen begann. Sister Salts Herz war plötzlich erfüllt von Liebe für ihre Großmutter, die sie immer geliebt hatte, die immer da war, um sich um sie zu kümmern, egal, was geschah. Sister betrachtete die winzige Gestalt, die friedlich auf den alten Decken ruhte, und ihr wurde klar, daß Grandma Fleet, wenn die Zeit kam, dort, unter ihren kleinen Aprikosenbäumchen begraben werden wollte.

Indigo war die erste, die an jenem Morgen den Pfad hinauflief, um sich an der Quelle zu waschen. Als sie an Grandma Fleets Unterschlupf vorbeikam, rief sie »Guten Morgen«, machte sich jedoch keine Gedanken, als diese ihr nicht antwortete; in den letzten Wochen schlief Grandma immer länger. Indigo wusch sich gerade das Gesicht, als Sister Salt angerannt kam und rief, Grandma sei tot.

Indigo weigerte sich zu helfen, doch Grandma Fleet wog kaum mehr als ein ausgewachsener Eselhase, als Sister Salt sie sanft anhob, um die Decken fester um sie zu legen. Indigo weigerte sich, Sand über den Leichnam zu schaufeln. Sie saß in einiger Entfernung im Sand, hatte ihrer Schwester den Rücken zugewandt und war zu wütend, um zu weinen, zu wütend, um Grandma Fleet zu begraben. Den ganzen Tag saß sie da, mit dem Rücken zum Sandhügel, während Sister Salt sich um die Gärten kümmerte, wie Grandma es getan hätte, und zwischen Kürbissen und Bohnen das Unkraut jätete.

Spät am Nachmittag kam Sister Salt mit zwei Kürbisschalen langsam den Pfad hinauf. Die Schale mit Kürbis- und Bohneneintopf stellte sie auf das Grab, die andere füllte sie an der Quelle mit Wasser und stellte sie dann neben den Eintopf. Sie störte Indigo nicht, sondern ging zurück, um das restliche Essen zu holen und es dann mit ihr zu teilen.

Indigo wollte sich zunächst nicht neben ihre Schwester setzen, die neben dem Sandhügel, der Grandma Fleet bedeckte, ihren Eintopf aß. Aber der verlockende Duft des Essens stimmte sie schließlich doch um, und sie hockte sich düster und mit rotgeschwollenen Augen neben ihre Schwester. Sie aßen schweigend. Sister Salt sah die Sonne hinter den Sandsteinfelsen versinken und spürte, wie die Luft kühler wurde; die Tage waren jetzt kürzer, wenn auch immer noch warm, aber nachts wurde es ohne Decke bereits ungemütlich.

Sister Salt fuhr fort, Grandma Fleets Anweisungen zu befolgen: Als Bohnen und Mais reif waren, trocknete sie das Gemüse in der Sonne und bewahrte es dann in den großen Tontöpfen auf, die sie im Sandboden des Erdhauses vergrub.

Indigo weigerte sich, irgendwo anders zu schlafen, als in der flachen Grube, die sie neben Grandma Fleets Grab gegraben hatte. Den ganzen Tag über ignorierte sie Sister Salt, die in den Gärten arbeitete. Indigo hatte einen Lieblingsfelsen neben dem Wasserbecken bei der Quelle. Dort verbrachte sie die meiste Zeit, starrte in die Ferne, beobachtete den Pfad, der zur großen Auswaschung und zum Fluß hinunterführte, weil dies der Weg war, den Grandma Fleet gegangen war, als sie Mrs. Van Wagnen besucht hatte, und wenn Mama wiederkam, würde sie vermutlich ebenfalls auf diesem Weg nach Hause kommen.

Als die Tage kürzer und die Nächte kühler wurden, verbrachte Indigo den ganzen Tag auf dem Felsen, wo sich die warmen Sonnenstrahlen herrlich anfühlten. Zum Zeitvertreib führte sie Phantasiegespräche mit Mama und Grandma Fleet. Sie erzählte ihnen, wie sie und Sister Salt die Ernte eingebracht hatten und stellte sich vor, wie gut ihnen das gefallen würde und welches Lob sie ihnen spenden würden, wenn sie nur bei ihnen wären. Manchmal erfand sie zu ihrem eigenen Vergnügen Geschichten, stellte sich vor, daß eine Goldadler-Mutter herabgeflogen kam, sie von hinten am Kleid packte und vom Felsen in die Lüfte hinauftrug. So hoch, daß Indigo die ganze Welt sehen konnte. Sie sah den Fluß, der aber aussah wie ein Kindergürtel, dünn und grün an den Rändern und schlammig rot in der Mitte; die riesigen Dünen glitzerten wie große Glasperlen. Indigo suchte nach Spuren des Messias und seiner Jünger, aber die Adlermutter flog viel zu hoch, um Menschen ausmachen zu können.

Nachts rollte sich Indigo fest in ihre Decken ein und schlief neben Grandma Fleets Grab und den Aprikosenbäumchen. Sie fürchtete sich nicht, denn Grandma Fleet war ja dicht bei ihr, auch wenn Indigo sie nicht sehen konnte; sie würde sie beschützen. In manchen Nächten hörte Indigo Stimmen an der Quelle, Menschen, die fröhlich miteinander sprachen und lachten. Sie wußte, daß sie nicht zu genau hinhören durfte, sonst wurde sie verleitet, sich zu ihnen zu gesellen.

Indigo legte sich so in die Sandkuhle, daß die Blätter der kleinen Aprikosenbäumchen ihren Kopf vor der Morgensonne schützten. Sie wunderte sich über die täglichen Fortschritte der Bäumchen, seit das Wetter kühler geworden war und die Setzlinge in der Hitze nicht mehr ums Überleben kämpfen mußten. Jeden Tag sah sie neues zartes Grün an den Spitzen der kleinen Zweige. Manchmal, wenn sie sich träge fühlte, lag sie in ihrer Kuhle auf dem Rücken und starrte hinauf in die saftigen grünen Aprikosenblätter vor dem leuchtend blauen Himmel. Sie liebte die Kombination aus himmelblau und blattgrün. Nur wenige Wüstenblumen waren so blau wie der Himmel. Ihre Gedanken begannen zu wandern, während sie in den Himmel hinaufsah. Sie fragte sich, wo Mama, der Messias und seine Familie jetzt waren. Vielleicht hatte Mrs. Van Wagnen Nachrichten über den Verbleib des Messias. Indigo wollte, daß Sister Salt sich mit ihr aufmachte, um die Tänzer zu suchen.

Indigo fühlte sich gleich besser, nachdem sie die Idee gehabt hatte, Grandmas Mormonenfreundin zu besuchen. Sie gesellte sich zu Sister Salt in die Schwemmgärten, wo Garten- und Riesenkürbisse darauf warteten, ins Erdhaus transportiert zu werden. Indigo machte aus der Ernte ein Spiel: Die Riesenkürbisse und ihre Spielkameraden, die Gartenkürbisse, waren dicke Babys, die noch nicht laufen konnten. Indigo trug einen nach dem anderen in ihren Armen, um ihnen keinen Schaden zuzufügen. Wenn Sister Salt nicht in der Nähe war, zog Indigo den dicken Babys Röcke und Hüte an, die sie aus den großen Kürbisblättern bastelte.

Indigo war seit Grandma Fleets Tod nicht mehr im Erdhaus gewesen und stellte fest, daß Sister Salt alles umgestellt hatte, um für die flachen Yucca-Körbe Platz zu schaffen, in denen die Kürbisstücke trockneten, ehe sie im hinteren Teil des Hauses, hoch oben in den Dachsparren aufbewahrt wurden. Jeden Morgen trugen sie die Körbe zum Trocknen an die Sonne, und jeden

Abend brachten sie sie wieder hinein, um sie vor den Nagetieren zu schützen.

In diesem Jahr fiel der Regen im Überfluß, und es tauchten keine hungrigen Fremden in den Gärten auf, und kein Indianerpolizist tränkte durstige Maultiere an der Quelle. Trotzdem waren die Mädchen vorbereitet, falls jemand auftauchen sollte. Ihr Plan war, in die Palmenhainschlucht zu rennen, wo sie bleiben würden, bis die Gefahr vorüber war.

Rastlos schleppte Indigo den ganzen Tag Kürbisse. Sie aß ein paar Handvoll junger Bohnenschoten und Kürbisblüten, die so süß und zart waren, daß sie im Mund zergingen. Hin und wieder liefen sie zur Quelle, um zu trinken und sich den Schweiß abzuwaschen. Die Tage waren immer noch ziemlich warm, besonders wenn man angestrengt in der Sonne arbeitete. Sister Salt verlor kaum ein Wort, aber Indigo hörte sie nach getaner Arbeit glücklich vor sich hin singen. Die großen Tontöpfe waren voll und die Sandsteindeckel fest geschlossen, als sie sie zur sicheren Aufbewahrung im hinteren Teil des Raumes mit Sand bedeckte.

Bei Sonnenuntergang, als es kühler wurde, machte Sister Salt auf dem Herd draußen ein Feuer und kochte zur Feier des Tages einen köstlichen Eintopf aus Mais, Bohnen, Chili und Kürbis. Die Ernte war eingeholt, und Sister Salt wußte, daß Grandma Fleet stolz auf sie und auch auf Indigo war. Nach dem Essen, das Dämmerlicht war immer noch hell, rannten sie lachend den Pfad zur höchsten Düne hinauf. Sie lieferten sich ein Wettrennen zur steilsten Stelle, purzelten dann eine nach der anderen kopfüber hinunter, rollten übereinander und jauchzten dabei die ganze Zeit vor Glück. Am Ende hatten sie so viel Sand in den Haaren, daß sie sich mit der Yuccabürste abwechseln mußten. Später überflutete ein fast voller riesiger Mond die Dünen mit einem silbrigblauen Licht, das die großen Stechapfelblüten aufleuchten ließ, während sie die Abendluft mit ihrem Duft erfüllten.

Sie gingen zur Quelle, um den großen Wasserbehälter aufzufüllen, und auf dem Heimweg rollte Indigo in der Sandkuhle neben Grandmas Grab ihr Bettzeug zusammen und trug es zurück ins Erdhaus. Als sie in ihren Decken lagen, fiel das helle Mondlicht durch den Eingang, und sie sprachen vor dem Einschlafen noch lange miteinander. Indigo fragte sich, was Mama so lange davon abhielt, zu den alten Gärten zurückzukehren, sie fragte sich, wo der Messias und seine Tänzer in dieser Nacht waren.

Sister Salt erzählte von der Bahnstation und von den Reisenden, die ihre Körbe gekauft hatten. Genau vor einem Jahr waren sie noch mit Mama und Grandma Fleet in der Hütte am Fluß in Needles gewesen. Sister Salt hätte gern gewußt, ob die Paiute-Frauen noch dort lebten; vielleicht hatten sie etwas über Mama erfahren oder wußten, wo der Messias und seine Tänzer waren. Die Paiutes sagten, Jesus fahre hin und wieder nach Osten über das Meer, aber aus Vorsicht vor der Polizei und den Soldaten zeige er sich nicht. Wenn der Messias und seine Jünger wirklich über das Meer gezogen waren, konnte es einige Zeit dauern, ehe sie hierher zurückkehrten. Indigo wollte gerade einschlafen, als Sister Salt sagte: »Wir können uns auf den Weg machen, sobald es kühler wird.«

Da die Ernte beendet war, konnten die Mädchen tun und lassen, was sie wollten. In den ersten Wochen vergnügten sie sich damit, Verstecken zu spielen und sich gegenseitig die Dünen hinaufzujagen. Aus einem Bündel Lumpen fertigten sie sich sogar einen Ball, den sie herumschießen konnten. Wenn sie keine Lust hatten, sich zu bewegen, spielten sie Spiele – »In welcher Hand ist der Kiesel?« und »Ich seh' etwas, was du nicht siehst«. Die Verliererin mußte Wasser holen oder allein nach Feuerholz suchen. Indigo wollte jeden Tag etwas Neues ausprobieren, aber Sister Salt verlor langsam das Interesse an den Spielen.

Ihr wurde klar, daß sie die Gärten verlassen mußten, wenn sie Mama finden wollten, und wenn sie nach Needles gingen, mußten sie einen Weg finden, sich dort über Wasser zu halten. Sie begann, das Flechten von Yucca-Fasern zu üben, bis die Körbe, die sie flocht, fast ebenso schön aussahen wie die Körbe von Grandma Fleet. Wenn Indigo nun ein Wettrennen zur Quelle oder Versteckspielen vorschlug, schüttelte Sister Salt den Kopf.

Während Indigo durch die Dünen streifte oder auf den halsbrecherischen Pfaden über die Sandsteinfelsen die Schlucht hinaufkletterte, blieb Sister Salt beim Erdhaus und zog feine Yuccafasern ab, um sie zu Körben zu flechten, so wie Grandma Fleet es ihr gezeigt hatte. Es war nicht einfach. Die scharfkantigen Yuccablätter mußten die ganze Nacht über eingeweicht werden, und selbst dann trockneten sie beim Bearbeiten noch aus und schnitten ihr in die Finger, wenn sie nicht rechtzeitig wieder angefeuchtet wurden.

Indigo verstand den merkwürdigen Sinneswandel ihrer Schwester nicht, aber nach einigen Wochen hatte sie das Alleinespielen satt. Sister Salt zeigte ihr, wie sie aus einem ausgetrockneten Kürbis einen Wasserbehälter für die lange Reise anfertigen konnte. Manchmal arbeiteten sie schweigend, und beide hingen ihren Gedanken nach, ein andermal unterhielten sie sich darüber, was sie tun würden, wenn das Wetter kühler wurde.

Eines Morgens, als es langsam frischer zu werden begann, spürte Sister Salt einen Krampf im Unterleib, und später bemerkte sie etwas seltsam Feuchtes zwischen den Beinen. Sie berührte die Feuchtigkeit mit den Fingern und sah ihr erstes Menstruationsblut. Sowohl Grandma als auch Mama hatten ihr letztes Jahr prophezeit, daß sie darauf nicht mehr langen würde warten müssen. An diesem Tag feierten die Mädchen Sisters neue Weiblichkeit mit einem Picknick im Dattelpalmenhain. Ein leichter Wind erfrischte sie, als sie den schmalen Pfad entlang der steilen Sandsteinfelsen erklommen. Weit unten wirkten die riesigen Dünen wie Ameisenhügel. Reife gelb-orange Datteln lagen rings um ihren Picknickplatz verstreut. Zahllose große braune Ameisen bemühten sich fieberhaft, von Vögeln fallengelassene Fruchtstücke fortzuschaffen. Die Süße der Datteln ließ das Wasser aus dem Kürbisbehälter besonders gut schmecken.

Als Sister Salt fortging, um sich zu erleichtern, folgte ihr Indigo. Sie wollte das Menstruationsblut an Sisters Beinen sehen. Indigo versuchte hinzuschielen, aber Sister Salt wandte sich ärgerlich ab. Als Indigo wieder hinsehen wollte, fuhr Sister wütend herum und starrte sie an.

»Das geht dich gar nichts an!« fauchte sie. Indigo war so erschrocken, daß sie erst weinen konnte, als Sister Salt fortging. Sie hatte es nicht böse gemeint. Hatten sie nicht wer-weiß-wie-oft mit Grandma Fleet und Mama über das Menstruieren gesprochen? Heute war ein Tag zum Feiern. Warum war Sister Salt so gemein zu ihr gewesen? Heiße Tränen liefen ihr über die Wangen. Sie hatte sich so für ihre Schwester gefreut. Wenn Sister Salt sich nun ein Baby wünschte, konnte sie es bekommen. Sie könnten es zusammen aufziehen. Wenn es ein Junge war, würde sie ihn Raindrop nennen, und wenn es ein Mädchen war, Sweet Black Corn. Dann wären sie nicht mehr allein. Aber Sister Salt wollte sie nicht mehr. Sie wollte einen Mann, der ihr ein Baby schenken konnte. Indigo weinte um Mama und Grandma Fleet. Wer hatte sie nun noch lieb? Wer wollte sie noch? Wo war Mama? Sicher wollte sie ihre beiden Mädchen nicht mehr.

Sister Salt ging bis zum Ende der Palmenschlucht, wo die Sandsteinfelsen eine natürliche Barriere bildeten. Sie setzte sich auf einen flachen Felsen und schloß die Augen. Die warmen Sonnenstrahlen taten ihrem Unterleib gut. Sie war es leid, diejenige zu sein, die Indigo alles beibringen mußte.

Als sie zum Palmenhain zurückkehrte, war Indigo bereits gegangen. Sister Salt bereute, ihre kleine Schwester so angefahren zu haben. Sie hatte das Glück gehabt, von Mama und Grandma großgezogen zu werden. Indigo dagegen hatte nur noch sie. Sister Salt wußte, daß es nicht gut für sie war, so lange allein zu leben, und auf dem Heimweg begann sie, darüber nachzudenken, was als nächstes zu tun war.

Als die Sonne unterging, fuhr der Wind raschelnd durch den verdorrten Mais. Sister Salt kam es vor, als sei das Rascheln der verwelkten Halme das traurigste, was sie je gehört hatte; »alle verloren, alle verloren«, schienen sie zu sagen, und ihre Kehle zog sich vor Traurigkeit zusammen, bis ihr die Tränen in den Augen standen. Im Westen sah sie den Abendstern am Horizont aufgehen. Irgendwo betrachtete Mama den gleichen Stern und dachte an sie und Indigo.

Die Terrassen in den Dünen waren selbst nach der Ernte noch voller Melonen und Kürbisse. Was für ein Jahr für die alten Gärten! Sie hatten genug hervorgebracht, um eine ganze Familie zu ernähren, nicht nur sie beide. Was sie nicht aufbewahren konnten, überließen sie den hungrigen Kreaturen. Schwarze Maiskolben vertrockneten an den Stengeln, und große weiße Texasbohnen lagen im Sand verstreut. Sämtliche hungrigen Menschen, die in die alten Gärten kamen, mochten essen, soviel sie wollten. Sister Salt sehnte sich so sehr nach einem anderen Gesicht, daß ihr, außer Weißen oder Indianerpolizisten, fast jeder recht wäre.

Später in dieser Nacht blies der Wind Schnee und Hagel

herein; das Zischen der Schneeflocken in der heißen Asche lullte Indigo in den Schlaf. Sie wickelte sich in ihren Leinwandstoff und zog ihren Teil der großen Steppdecke direkt zum Türeingang, in die Nähe des warmen Feuers draußen im Herd. Doch als der Wind im Laufe der Nacht die Richtung änderte, sprühte er ihr Regen ins Gesicht, und sie mußte sich von der Tür zurückziehen und näher an Sister Salt rücken. Indigo zog ihr Bettzeug über den Sandboden und achtete darauf, Sister Salt nicht zu wecken, die sich im Schlaf herumwälzte und murmelte – irgend etwas über einen Korb.

Die Luft roch wunderbar feucht und kalt, genauso wie in jener Nacht im letzten Jahr, als der Messias in ihr Lager in Needles gekommen war. Indigo sah Mama, den Messias, seine Familie und die Tänzer vor sich. Der Schnee war ihre Jahreszeit. Irgendwo in dieser Nacht tanzte ihre Mutter ebenso schön im großen Kreis, eingehüllt in ihren weißen Schal wie die anderen Tänzer. Beim Einschlafen stellte Indigo sich vor, wie sie und Sister Salt nach Norden zogen, bis sie den Messias und seine Tänzer gefunden hatten.

Gegen Morgen schmolz der Schnee, der Himmel wurde leuchtend blau, und die Sonne erwärmte die feuchte Luft. Indigo verkündete, daß sie zu Mrs. Van Wagnen wollte, um herauszufinden, ob diese etwas über den Verbleib des Messias und der Tänzer wußte. Sister Salt meinte, daß auch sie Grandmas Freundin besuchen wollte.

Sie würden zu Mrs. Van Wagnen gehen, und wenn sie keine Nachricht von Mama hatte, würden sie in die alten Gärten zurückkehren und dort auf sie warten. Sie hatten jede Menge Vorräte angelegt, es gab also keinen Grund, eine Reise nach Süden in das Reservat bei Parker zu riskieren. Wenn Mrs. Van Wagnen nicht zu Hause sein sollte, wollten sie in der Nähe ihres Hauses kampieren und sich dann in nördliche Richtung nach Needles aufmachen, um nachzusehen, ob noch einige ihrer Paiute- oder Walapai-Freunde dort lebten.

Ehe sie aufbrachen, half Indigo Sister Salt den Eingang des Erdhauses mit Fels- und Geröllbrocken zu blockieren, so daß jeder, der während ihrer Abwesenheit vorbeikam und in den alten Gärten herumstöberte, den Ort für verlassen halten mußte. Am

Abend vor ihrer Abreise füllten sie an der Quelle ihre Kürbisbehälter mit Wasser auf, und in der Aufregung des nächsten Morgens vergaß Indigo das, was ihr erst einfiel, als sie die große Auswaschung erreichten und dort eine Mittagsrast einlegten: Sie hatte vergessen sich von Grandma Fleet, den Aprikosenbäumchen und den alten Gärten zu verabschieden. Sie mußte fast weinen über ihre Gedankenlosigkeit und wollte auf der Stelle zurück. Gleichzeitig aber wollte sie auch weitergehen und Neues über ihre Mutter erfahren.

Sister Salt bemerkte den plötzlichen Stimmungsumschwung Indigos und erriet den Grund sofort. Es war, als würden ihnen die alten Gärten und Grandma Fleet selbst zurufen: »Kommt nach Hause. Geht nicht.« Sister Salt klopfte der Schwester zärtlich auf den Rücken, bis sich Indigo mit dem Handrücken über die Augen fuhr und über die Schulter zurücksah. Sie hatte das Gefühl, daß die alten Gärten nach ihr riefen, aber die alten Gärten und Grandma Fleet suchen nicht nach Mama wie sie und Sister Salt. Indigo hatte das bedrückende Gefühl, daß es ihnen lange Zeit nicht möglich sein würde, in die alten Gärten zurückzukehren.

Sie schliefen, bis der Mond aufging, und überquerten dann die sandige Ebene zwischen dem hohen Sandsteinplateau und den Sandhügeln oberhalb des Flußlaufes, die mit Fettholzgewächsen und Feigenkakteen bewachsen war. Als sie offenes Gelände erreichten, bedeckten sie die Köpfe mit ihren Bündeln und schliefen, bis die Dunkelheit anbrach, die ihre Reise verbergen würde.

Spät am folgenden Tag erreichten sie die sandigen Hügel über dem schlammig roten Wasser, das von wunderschönem Weidengrün und dunklem Schilfgrün eingerahmt wurde. Wie aufregend, endlich am Fluß zu sein! Sie legten die Bündel ab, faßten sich an den Händen und tanzten vor Freude. Jetzt, wo sie den Fluß erreicht hatten, mußten sie Augen und Ohren offenhalten. Indigo wollte, daß Sister Salt ihr Mrs. Van Wagnens Haus und Gartenanlage zeigte, aber das Anwesen lag hinter den Uferhainen aus Pappeln und Weiden verborgen.

Auf Wildpfaden, mitunter auf Händen und Füßen, schlugen sie sich durch das Dickicht aus Weiden und Tamarisken, um nicht von anderen entdeckt zu werden, die vielleicht ebenfalls über den Fluß wollten. Sister Salt ging vorsichtig, blieb alle vier Schritte stehen, um aufmerksam zu lauschen und gab dann Indigo ein Zeichen, ihr zu folgen. Mit abnehmendem Wasserstand verzweigte sich das trübe, rote Wasser mehr und mehr zwischen den Sandbänken. Bei Hochwasser kam niemand hinüber, es sei denn, sie nahmen die Fähre in Yuma, aber wenn das Wasser niedrig war, so wie jetzt, konnte man an seichten Stellen wie dieser, wo der Untergrund aus festem Gestein bestand, hinüberwaten. Sister Salt brach zwei stabile Weidenruten ab, von denen sie die Blätter entfernte, damit sie ihnen bei der Überquerung als Wanderstäbe dienten.

Sie warteten, bis es dunkler wurde, ehe sie hinübergingen. Indigo schnappte erschreckt nach Luft, als das kalte Wasser ihre Knie umspülte. Draußen in der Flußmitte würde es ihnen vielleicht bis zu den Hüften reichen, also zogen sie die Kleider aus und banden sie an die Schlafdecken, die sie wie komische Hüte auf den Köpfen balancierten. Indigo spürte die Strömung des Wassers, schwach zunächst, aber dann immer stärker, je weiter sie in die Mitte des Flußes hinauskamen. Das Wasser reichte ihr kaum bis über die Oberschenkel, trotzdem mußte sie sich gut an Sister Salt und ihrem Stab festhalten, um gegen die Strömung ankämpfen zu können.

»Stütz dich auf deinen Stock!« rief Sister Salt ihr zu, als sie sich umdrehte und sah, wie Indigo mitten im Strom einhielt. Indigo stieß den Weidenstab fest in den Grund, um nicht vom roten Wasser davongeschwemmt zu werden. Noch zwei Schritte, und die Wasserhöhe nahm ab, zwei weitere Schritte und das Wasser ging ihr kaum noch bis über die Knie. Danach wurde es leichter, und Indigo marschierte schneller. Sie ließ den Weidenstab zu früh fallen, rutschte beim Erklimmen des Ufers aus und fiel. Sister Salt, die direkt neben ihr stand, griff nach Indigos Deckenbündel, um ihr herauszuhelfen. Das Wasser war am Ufer nur knöcheltief. Indigo krabbelte das sandige Ufer hinauf, sie war außer Atem, aber sie lächelte, weil ihre Decke und ihr Kleid trocken geblieben waren.

Es stand kein Mond am Himmel. In den alten Gärten reflektierten die Sanddünen das Licht der Sterne, aber hier schienen die Weiden und die großen Pappeln alles Licht zu verschlucken. Indigo wollte geradewegs zu Mrs. Van Wagnens Haus marschieren, aber Sister Salt meinte, daß sie die arme Frau vielleicht erschrecken würden, wenn sie nach Anbruch der Dunkelheit auftauchten. Sie würden die Nacht hier verbringen und früh am nächsten Morgen, kurz vor Sonnenaufgang, zu Mrs. Van Wagnen gehen, damit sie nicht gesehen wurden. Die Kühle der Flußniederung legte sich auf sie, während sie gerösteten Mais und getrockneten Kürbis aßen. Zusammengekauert teilten sie sich die große Steppdecke. Indigo wollte gern ein kleines Feuer anzünden, aber Sister Salt war vorsichtig. Alle Fremden in der Nähe könnten sie aufspüren, und Mrs. Van Wagnen würde das Feuer vielleicht sehen oder den Rauch riechen und sich ängstigen.

Sister Salt lauschte auf Indigos Atemzüge. Eine große Ohreule rief aus den Pappeln jenseits des Flusses nach ihrem Gefährten. Was für ein wunderschöner Abend für Menschen und Eulen, dachte sie. Sand Lizards hatten keine Angst vor Ohreulen wie manche anderen Menschen.

Sister Salt horchte lange und angestrengt auf alle Geräusche, die aus Mrs. Van Wagnens Haus dringen mochten – hatte Grandma Fleet nicht gesagt, daß Mrs. Van Wagnen einen Hund hatte? Mormonen aßen jeden Abend gekochtes Essen – Sister Salt schnupperte nach dem Geruch von Holzfeuer in Mrs. Van Wagnens Herd, aber es roch nur nach Flußschlamm und Weidenblättern.

Als sich der Himmel im Osten zu lichten begann, weckte die Kälte Indigo aus ihrem Traum. Im Traum war sie an der Bahnstation von Needles gewesen und hatte Sister Salt geholfen, die Körbe zum Verkauf zu arrangieren, ehe die Reisenden aus dem Zug stiegen, der von Osten herankam.

Ihr Atem bildete kleine Wölkchen, also rutschte Indigo tiefer unter die Decke und kuschelte sich an Sister Salt. Es war zu kalt, um ohne Lagerfeuer aufzustehen. Sie würde auf die Sonne warten. Der Himmel über den Pappeln war fahlgelb; die Wölkchen am Himmel hatten rote, rosa- und goldfarbene Ränder. Obwohl weder sie noch Sister Salt jemals bei Mrs. Van Wagnen gewesen waren, konnte Indigo sich vorstellen, wie das Haus ausgesehen hatte, als Grandma Fleet von ihren Besuchen dort berichtete: umgeben von hohen Pappeln, die ihm Schatten spendeten und es gegen die Außenwelt abschirmten. Ein großes Haus, wie jene, die sie in Needles gesehen hatten, mit Blumenbeeten und Rosensträuchern im Vorgarten und Mais, Tomaten und Kürbissen im Gemüsegarten.

Während sie sich durch den Wald aus Weiden und Pappeln voranarbeiteten, filterten die zitternden Pappelblätter das Licht der aufgehenden Sonne, Sister Salt lauschte. Zwei Stare mit langen Schwänzen verspotteten zwei Krähen, die vom nächsten Baum zurückschimpften, eine Trauertaube rief ihren Gefährten zum Fluß, und eine Fliege summte dicht bei ihrer Hand. Aber sie hörte weder Mrs. Van Wagnen Holz hacken, noch den Hund bellen, daher bedeutete sie Indigo, weiterzugehen, dabei aber so leise wie möglich zu sein. Von Zeit zu Zeit schnupperte Sister Salt nach dem Geruch von Holzfeuer oder gekochtem Essen, aber sie roch nur den lieblichen Duft der Weiden und die moosige Feuchtigkeit des Flusses.

Sister Salt gab einen erschreckten Laut von sich, als sie die verbrannten Ruinen des Hauses und der Scheune erblickte. Die Haare in ihrem Nacken sträubten sich. Sie spürte, wie auf ihrer Stirn eisiger Schweiß ausbrach. Gänseblümchenartige Blumen mit violetten Blättern und gelben Kelchen wuchsen zwischen den verkohlten Überresten. Das Feuer mußte im vergangenen Frühjahr oder bereits letzten Winter stattgefunden haben. Die Tür zum Keller war mit einer Axt zertrümmert worden, und Scherben von zerbrochenen Einmachgläsern lagen rings um den Kellereingang verstreut. Irgend jemand hatte all das gute Essen in den Sand geschüttet. Wer hatte Mrs. Van Wagnen so sehr gehaßt? Sogar den Drahtzaun um das Hühnergehege und den Gemüsegarten hatte man von den Pfählen gerissen. Hier und da fanden sich zwischen wildem Amarant, wilden Astern und Senfkraut einige junge Bohnen- und Erbsenpflanzen und eine Kürbisranke.

Die Mädchen aßen die Bohnen und Erbsen direkt aus den Hülsen. Sister Salt fand ein Büschel Koriander, wovon sie ganze Händevoll aßen, obwohl es Indigo mit Steinsalz besser schmeckte. Sister zeigte Indigo den Vorgarten mit Mrs. Van Wagnens »Gartendamen« in ihren rosafarbenen, gelben, weißen und roten Kleidern. Die Stockmalven überragten die Zaunpfähle, ihre Blütenkelche glichen den Sonnenhauben der Mormonenfrauen, und die runden Blumenkronen sahen aus wie kleine Gesichter. Indigo drängte sich durch das Gewirr der Stockmalvendamen, nur um festzustellen, daß es überall dort, wo die weiten Blätterröcke ihre Arme und Beine berührten, zu jucken begann.

Die kleine Gartentür war unberührt, und die roten Kletterrosen rankten sich so üppig um das Tor, daß es nicht länger schloß. Die langen, dicht belaubten Rosenranken wuchsen in alle Himmelsrichtungen. Sister Salt griff nach einer Rose, roch daran und reichte sie Indigo, die sich nicht beherrschen konnte. Die Rose roch so köstlich, daß sie an den Blütenblättern knabbern und sie dann hinunterschlucken mußte.

Hinter der Gartentür, wo einst der Obstgarten gewesen war, überragten das Gras und die wilden Astern die Mädchen. Aber all die wundervollen Pfirsich- und Aprikosenbäume waren gefällt worden und ihre verdorrten Überreste wurden von Unkraut überwuchert. Sister Salt kniete nieder, um einen dürren Ast zu betrachten, und fand zwischen den toten Ästen und Blättern eine winzige verschrumpelte Aprikose. Sie fühlte, wie etwas in ihr nachgab; irgend etwas zerbrach, und der Verlust von etwas, das so viele hungrige Wesen genährt hatte wie einst dieser Obstgarten, und die Zerstörung von etwas so Schönem wie den Pfirsich- und Aprikosenblüten im Frühling überwältigten sie. Wenn es das war, was die Weißen einander antaten, dann konnten sie und die Sand Lizards und alle anderen Indianer von Glück sagen, wenn sie überhaupt mit dem Leben davonkamen. Diese Zerstörer waren darauf aus, alle Lebewesen umzubringen, selbst den Messias und seine Tänzer.

Indigo kam mit einem Rock voller Ringelblumen angerannt und fand die weinende Sister Salt. Indigo tätschelte ihr den Rükken und versuchte, sie zu trösten, aber Sister Salt wandte sich nur ärgerlich ab. Wenn ihre Schwester sich nicht helfen lassen wollte, würde Indigo eben allein auf Entdeckungsreise gehen. Sie vermied die Ruinen des Hauses und der Scheune, weil sie dort einen schwachen, aber immer noch schrecklichen Geruch ausmachte. Sie blieb auf dem Gartengelände, zwischen den Stockmalven verborgen, die eine so dunkelrote Farbe hatten, das sie fast so schwarz aussahen wie getrocknetes Blut.

Später gesellte sich Sister Salt zu Indigo zwischen die Stockmalven und Bienen. Sie saßen schweigend auf ihren Decken, beschattet von langen, schlängelnden Zweigen voller duftender roter Rosen, an denen Indigo so gerne knabberte. Sister sprach noch immer kein Wort. Indigo vermutete, daß sie krank war, denn sie aß auch nichts, als sie den gerösteten Mais und die gedörrten Datteln herausholte. Sie lehnte sogar die Wasserflasche ab, die Indigo ihr anbot. Den ganzen Nachmittag beobachtete Indigo ihre Schwester voller Angst, die abwechselnd döste und leise vor sich hin weinte.

Als die Sonne unterging, hüllte der große Baldachin aus Pappelblättern sie in tiefen Schatten. Die niedergebrannten Überreste von Haus und Scheune wirkten im Dunkeln noch übermächtiger. Der schreckliche Brandgeruch der Ruinen schien immer schlimmer zu werden, bis Indigo ihn nicht mehr verdrängen konnte, selbst nicht mit einer auf Mund und Nase gepreßten Handvoll Rosen. Plötzlich wußte Indigo, daß sie diesen Ort auf der Stelle verlassen mußten.

»Beeil dich!« sagte sie und zog Sister Salt am Arm, »steh auf! Ich glaube, da kommt jemand!« Mit wirrem Blick sprang Sister Salt auf. Indigo ergriff ihre zusammengerollte Decke und ihren Wasserbehälter und rannte zum Fluß. Als sie tief in das Dickicht der Uferweiden, direkt über der Wasseroberfläche, eingedrungen waren, signalisierte Sister ihr stehenzubleiben. Die feuchte Luft am Fluß trug Geräusche über weite Entfernung. Jetzt konnten sie Stimmen und das Knarren und dumpfe Rumpeln von Wagenrädern hören. Sie legten sich im Sand flach auf den Bauch und zogen die Decken über den Kopf. Sie lauschten mit angehaltenem Atem. In der Uferniederung wurde es allmählich dunkel, auch wenn der Himmel im Westen von der untergehenden Sonne noch in leuchtendes Gold getaucht war. Die Wagengeräusche verstummten, und weitere Stimmen waren zu hören, dann der Klang einer Axt. Kurze Zeit später stieg Holzrauch in die Luft.

Ein Hund bellte. Sie lagen so lange bewegungslos da, daß Indigos Beine taub wurden. Sie roch gebratenes Fleisch. Die Stimmen waren nicht mehr so laut, deshalb nahm sie an, daß sie aßen. Sie streckte die Beine aus, bewegte langsam eins nach dem anderen und achtete darauf, daß auch nicht ein einziges trockenes Weidenblättchen raschelte.

Sister Salt lauschte den Stimmen, so gut sie konnte. Es waren Weiße, daran gab es keinen Zweifel. Keine Indianer, nicht einmal Indianerpolizisten redeten so laut, es sei denn, sie waren betrunken. Wenn es einfach nur Weiße waren, hatten sie und Indigo gute Aussichten, mitten in der Nacht zu entkommen; aber wenn dies eine Armeepatrouille war, befanden sich auch Indianerpolizisten darunter. Vielleicht war es so vorgesehen, dachte Sister; so werden wir Mama finden.

Plötzlich spürte Indigo etwas Schweres – ein Gewicht auf ihrem Rücken, das sie auf den Boden drückte. Einen Augenblick lang glaubte sie, es wäre Sister Salt, die sich einen Spaß erlaubte. Als sie sich aufrappelte, war es zu dunkel, um etwas zu erkennen, aber dann spürte sie, wie sie an den Armen gepackt und hochgehoben wurde. Sie drehte und wand sich, versuchte mit aller Kraft, den Händen zu entkommen, aber es war zwecklos.

Der kleine weiße Hund, den die Indianerpolizisten mitführten, spielte für sein Leben gern mit Kindern, also benutzten sie ihn, um diese aufzuspüren. Wenn irgendwo Kinder in der Nähe waren, begann der Hund sofort zu kläffen und aufgeregt mit dem Schwanz zu wedeln. Auch jetzt leckte der weiße Hund eifrig an ihren Beinen und schnupperte an ihren Händen, die an das Seil gefesselt waren, das man über ihren Knöcheln verknotet hatte. Die Maultiere, die in der Nähe des Wagens angepflockt waren, trugen die gleichen Fußfesseln. Die Polizisten wußten aus Erfahrung, wie schnell diese Indianer über alle Berge waren.

Der große Polizist hob eine nach der anderen auf den Planwagen. An Händen und Füßen gefesselt, plumpsten sie hart auf den rohen Holzboden. Die Mädchen rutschten aufeinander zu und schafften es, sich aufzusetzen. Sie versuchten, sich mit den Füßen abzustützen, denn der Wagen war mit Kisten und schweren Paketen beladen, die bei dem Geholper bedrohlich hin und her schwankten.

Der große Polizist war gutmütig genug, sie aus dem Wagen zu heben und ihre Fesseln zu lockern, so daß sie sich hinter einem Salbeistrauch erleichtern konnten. Er hatte in White River selbst jüngere Schwestern, erzählte er. Er beherrschte einige Brocken ihrer Sprache, redete aber lieber Englisch, um damit anzugeben. Keine der beiden Schwestern antwortete ihm, aber der große

Apache wirkte weder gekränkt noch böse, er redete einfach gern. Von Zeit zu Zeit schloß einer der berittenen Indianerpolizisten zum Wagen auf und unterhielt sich mit dem Polizisten in der Apachensprache. Die sechs weißen Soldaten dagegen ritten geschlossen voran. Sie waren lediglich dazu da, die Indianerpolizisten vor wütenden Eltern zu schützen, die sich weigerten, ihre Kinder herauszugeben, damit sie in die Schule kamen.

Am ersten Abend band er ihre Hände los und gab ihnen die gleiche Armeeration, die er und die anderen aßen. Er entschuldigte sich dafür, daß ihre Füße gefesselt bleiben mußten, und erzählte von den Mohave- und Chemehuevi-Kindern, die davonrannten, sobald man sie losband. Er warnte sie auch davor, sich vom Wagen zu werfen, weil auf diese Art im letzten Jahr ein Walapai-Junge ums Leben gekommen war.

»Er war komplett gefesselt, deshalb verstehe ich nicht, warum er sich überhaupt hinten runterfallen ließ«, meinte der Polizist und schüttelte den Kopf, während er mit seinem Messer langsam eine kleine Dose Bohnen öffnete.

Er weiß, daß der Junge den Tod vorzog, aber das will er vor uns nicht zugeben. Was für ein Feigling dieser große Apache doch ist, dachte Sister Salt, während sie die Kante des harten Kekses zwischen ihren Lippen anfeuchtete. Den ganzen Weg bis nach Parker redete der große Apache ununterbrochen; er sprach von seiner Familie am Turkey Creek. Er erzählte von seinen Jahren in der Indianerschule in Phoenix, wo er im Schulbaseballteam Fänger gewesen war.

Der Polizist schwieg nur, wenn er aß. Er warf die leere Bohnendose weg und zeigte nach Süden.

»Da unten ist Yuma«, sagte er. »Macht nicht so traurige Gesichter, Mädchen. Ihr werdet euch wundern, wie schnell der Zug fährt.«

Je mehr er redete, desto verzweifelter wurde Indigo. Wenn Mama in Yuma im Gefängnis saß, wie sollten sie sie dann jemals finden, ehe der Zug sie fortbrachte? Sister Salt flüsterte Indigo ihren Fluchtplan ins Ohr: Sie würden warten, bis der Polizist sie aus dem Wagen hob und ihre Füße losband, und dann so schnell sie konnten in die Berge flüchten.

»Ich kann nicht so schnell laufen wie du!« schluchzte Indigo.

»Bitte, geh nicht ohne mich!« Sister Salt neigte sich dicht zu ihr und flüsterte beruhigend: »Weine nicht, kleine Schwester. Grandma Fleet ist weggelaufen, und wir schaffen es auch. Wir müssen uns nicht beeilen. Wir behalten von allen Mahlzeiten ein wenig Essen zurück und verstecken es, damit wir etwas Proviant mitnehmen können. Kühles Wetter ist die beste Reisezeit.«

Den ganzen Weg bis nach Yuma tauschten sie flüsternd Fluchtpläne und Strategien aus. Sie versuchten, sich alles zu sagen, was sie sich zu sagen hatten, denn es würde vielleicht lange dauern, ehe sie wieder zusammen waren.

Zweiter Teil

»Lauf bei der ersten Gelegenheit weg!« hatte Sister Salt ihr zugeflüstert, ehe sie Indigo zum Zug zerrten, wo die anderen Kinder, immer vier auf einem Sitz, kauerten oder vor sich hin schluchzten. Indigo war entsetzt, als sie erfuhr, daß man sie und ihre Schwester trennen würde. Die Behörden fanden Sister Salt viel zu alt, um sie noch ins Indianerinternat zu schicken. Die Kleinen konnte man vielleicht noch umerziehen, wenn sie erst einmal dem heimischen Einfluß entzogen waren. Aber diese hier? Es war zu befürchten, daß sie nichts als Schwierigkeiten machen und die jüngeren Schüler zum Weglaufen anstiften würde. Die Anweisungen für Sister Salt lauteten, sie im Gewahrsam des Indianerbüros von Parker zu belassen, während man Indigo ins Sherman-Institute nach Riverside, Kalifornien, schicken würde.

Indigo hatte keine Angst. Ihre Augen blieben trocken. Sie war eines der älteren Kinder in der Gruppe. Mädchen von den Cocopa und Chemehuevi in ihrem Alter, die bereits seit drei Jahren im Internat lebten, waren für die neuen Schüler zuständig; an ihnen war nur noch die Haut indianisch. Ihre Augen, Haare und natürlich die Schuhe, Strümpfe und die langen Kleider sahen nicht anders aus als die der Hausmutter. Die Hausmutter wies die älteren Mädchen an, einen kleinen Jungen aufzuheben, der von seinem Sitz auf den Boden gerutscht war. Sie wollte die kleinen Wilden nicht selbst anfassen. Indigo versuchte eines der älteren Mädchen dazu zu bringen, ihr in die Augen zu sehen, aber die

Cocopa- und Chemehuevi-Mädchen waren gehorsam. Keine Gespräche mit den neuen Schülern.

Seit ihrer Ankunft im Internat hatten die älteren Mädchen gelernt, gute Christen zu sein. Sie bildeten sich ein, mehr zu wissen als sie, dabei wußte Indigo alles über die drei Götter, Vater, Sohn und Geist. Von Grandma Fleet und Mama hatte sie englische Worte gelernt. Die älteren Mädchen haßten sie, weil sie schon englische Begriffe kannte, obwohl sie noch nie zur Schule gegangen war. Sie zogen Indigo an den Haaren und kniffen sie, als sie all die Worte aufzählte, die sie aus Needles kannte: Jesus Christus, Muttergottes, Gottvater, Heiliger Geist, Halleluja, Retter, Sünder, Sünden, kreuzigen, Hure, fahr zur Hölle, Bastard, Scheiße. Indigo genoß das Entsetzen auf ihren Gesichtern, als sie die Mädchen mit englischen Worten beschimpfte, die den Lehrern nie über die Zunge kamen. Die anderen rannten los, um sie bei der Hausmutter zu verpetzen. Die dicke Hausmutter schleifte sie in den Wäscheraum, während die anderen hinterdrein kamen, um zuzusehen. Indigo weinte nicht, als sie davongezerrt wurde; sie sprach die Hausmutter, die indianisch aussah, sich aber wie eine weiße Frau benahm, auf Englisch an.

»He, Lady! Was ist los? Ich spreche Englisch. Verdammt noch mal! Herrjeh! Hurensohn!« Die Hausmutter war eine große Pomo-Indianerin, sie packte Indigo nur noch fester. Vor dem Waschbecken rangen sie miteinander, und eines der älteren Mädchen mußte Indigo festhalten, während die Hausmutter ihr das braune Seifenstück in den Mund schob. Indigo riß sich los und spuckte der Hausmutter Seife in die Augen. Doch diese ließ auch mit Seife in den Augen nicht locker. Dann war einer der Hausmeister, der den Aufruhr im Wäscheraum gehört hatte, aufgetaucht. Es war einer der Missionsindianer und er sprach, wie die Hausmutter, nur Englisch. Er hob Indigo an den Schultern in die Höhe, trug sie zum Besenschrank und sperrte sie hinein.

Die Dunkelheit im Schrank störte sie nicht; Dunkelheit bedeutete Sicherheit. Sie mußte immer wieder ausspucken, um den Seifengeschmack loszuwerden. Lichtstrahlen drangen durch die Türritzen, und ihre Augen stellten sich langsam um, so wie früher, wenn sie und Sister Salt bei Nacht unterwegs gewesen waren. Die feuchten Wischmops rochen nach Schimmel und dem Desinfektionsmittel, das zum Bettenreinigen benutzt wurde, wenn ein kranker Schüler gestorben war.

In den Monaten, die Indigo im Sherman-Institute verbrachte, erlebte sie mit, wie drei Mädchen aus Alaska aufhörten zu essen, teilnahmslos in ihren Betten lagen und schließlich blutspuckend starben. Die anderen meinten, die kalifornische Luft sei zu heiß und zu trocken für ihre Lungen, die an das kühle, feuchte Klima in Alaska gewöhnt waren.

Indigo blieb die ganze Nacht im Besenschrank eingeschlossen. Sie pinkelte in einen Putzeimer, störte sich nicht an dem Geruch der Möbelpolitur und baute sich aus Staubtüchern ein Bett. In dieser Nacht im Besenschrank träumte sie von den drei toten Mädchen aus Alaska. Sie waren glücklich und lachten zusammen an den Gestaden des Ozeans, mit großen, hohen Fichten rings um sie herum. Meeresgischt und Nebel umwirbelten ihre Füße, als sie rannten und am Strand Fangen spielten. Die Mädchen sprachen nicht mit ihr, aber Indigo wußte, wie ihre Botschaft lautete: Sie mußte fort, oder sie würde sterben wie die Mädchen.

Sobald die dicke Hausmutter ihr das erste Mal den Rücken zuwandte, machte sich Indigo aus dem Staub, rannte wie der Blitz davon. Sie lief am Schlafsaal der großen Jungen vorbei, vorbei an der dampfenden Seifenlauge und dem Stärkegeruch der Schulwäscherei, vorbei am warmen Geruch des Kuhstalls. Ihr Ziel war die Palmenreihe, die das östliche Ende des Internatsgebietes markierte. Indigo drehte sich nicht um. Bei den Palmen blieb sie stehen, um zu verschnaufen. Sie lehnte sich gegen einen Baum und fühlte die merkwürdig aufgeworfene Rinde im Rücken. In der Ferne konnte sie Stimmen hören.

Geduckt verließ sie den Baum. Sie sah einmal zurück, und als sie niemanden erblickte, begann sie zu rennen, so wie an jenem Morgen, als sie und Sister Salt den Soldaten und Indianerpolizisten entkommen waren, die die Tänzer des Messias in Needles verfolgten. Sand Lizards hatten keine Angst vor dem Gefangenwerden, weil sie schnell waren. Grandma Fleet hatte die Mädchen gelehrt, zu warten und den richtigen Moment zur Flucht abzupassen.

In der Ferne hörte Indigo Pferdehufe und das Quietschen eines Pferdewagens. Das mußte der Schulleiter mit den großen

Jungen sein, die sie suchen sollten. Sie zog die Schuhe aus, um schneller laufen zu können. Die Schuhe scheuerten ihr die Zehen wund und machten ihre Fußsohlen weich und empfindlich. Der Boden unter ihren Füßen war heiß, aber sie stellte fest, daß sie die Hitze beim Rennen kaum spürte. Ihre Fußsohlen würden bald wieder abhärten. Schon einmal, gleich nach ihrer Ankunft, war sie davongerannt, hatte aber den Fehler begangen, direkt in die Wüste zu laufen, wo sie mühelos aufgespürt und nach wenigen Stunden wieder eingefangen wurde. Diesmal lief sie in Richtung der Orangenhaine entlang der staubigen Straße, die von der Schule fortführte. Die Orangenbäume würden sie besser verbergen als die niedrigen Wüstensträucher.

In der Obstplantage war der Boden kühler und die Luft duftete nach Orangenblüten; unter dem Dach der blühenden Bäume hörte sie das stete Summen von Bienen. Hier hielt sie inne, um sich auszuruhen und auf ihre Verfolger zu lauschen, aber das einzige, was sie hörte, waren die Bienen – ein beruhigendes Geräusch, das sie an die Bienen bei der Quelle oberhalb der alten Gärten erinnerte. Als Indigo klein war, hatte Grandma Fleet sie immer damit aufgezogen, daß die Bienen ein Schlaflied für ihren Mittagsschlaf sangen und Indigo sie nicht enttäuschen sollte. Das Summen machte sie gewöhnlich schläfrig, aber nicht, wenn sie auf der Flucht war. Da sie ein bißchen müde war, setzte sie sich mit dem Rücken an einen Baum und schloß die Augen. Wo immer sie auch sein mochten, Sister Salt und Mama mußten in diesem Augenblick an sie gedacht haben, denn plötzlich waren Indigos Gedanken bei ihnen. Sie spürte ihre Sorge um sie und ihre Liebe; ihre Augen füllten sich mit Tränen. Grandma Fleet liebte sie immer noch und betete in der Klippenstadt für sie, an dem Ort, zu dem die Toten gingen.

Das Summen der Bienen, der Duft der Orangenblüten und die Feuchtigkeit unter den Bäumen ließen die Luft schwer werden. Indigo fühlte sich träge werden, als sie dort saß. Sie kontrollierte den Stand der Sonne. Es war noch so früh, daß der Schulleiter und die großen Jungen vermutlich nach wie vor die staubigen Feldwege zwischen den Zitronen- und Orangenplantagen auf- und abfuhren und nach ihr suchten. Der alte Buggy knarrte und ächzte so laut, daß sie ihn, aber auch das Klirren der Geschirre und das

Trapp-trapp der Pferdehufe aus weiter Entfernung hören konnte. Sie war hier in Sicherheit, würde auf die Dunkelheit warten. Sie lächelte, weil Sister Salt und Mama stolz auf sie sein würden.

Das Knarren des Buggys und die lauten Stimmen der großen Jungen und des Schulleiters weckten sie. Es waren so viele – die Hälfte des Sommerpersonals mußte auf der Suche nach ihr sein. Wieder rannte sie los, tiefer und tiefer in die Reihen der Orangenbäume hinein. Hin und wieder erblickte sie weit voraus eine Ansammlung hoher Bäume, viel höher als die Plantagenbäume. Sie war durstig, und hohe Bäume bedeuteten, daß Wasser in der Nähe war.

Sie verließ den Schutz der Plantage und hastete über offenes Gelände und eine Straße, um zu den hohen Bäumen zu gelangen. Dann blieb sie stehen und lauschte. Ganz in der Nähe zog langsam der Einspänner vorbei, die großen Jungen trotteten nebenher, redeten und lachten, während sie die ganze Plantage absuchten, Reihe für Reihe. Indigo lief mit aller Kraft, mit allem, was in ihr steckte. Sie lief, um ihnen allen zu entkommen – den weißen Lehrern mit den griesgrämigen Gesichtern, den Schlafsaalaufseherinnen mit ihrem hinterhältigen Grinsen und den Knuffen, die sie blitzschnell auszuteilen wußten. Sie rannte auch vor den anderen Kindern davon, die sie ärgerten und an den Haaren zogen. Sie wollten Indigo zum Weinen bringen, weil sie zu den Sand Lizards mit den merkwürdigen Marotten gehörte – die lieber in den Felsen und Sanddünen lebten, weit weg vom Fluß, weit weg von Kirchen und Schulen.

Lauf weg, lauf weg, sang es in ihrem Kopf. Sie rannte, bis Beine und Lunge brannten und ihr der Schweiß in die Augen lief, so daß sie die hohen Bäume nur noch vage erkennen konnte. Sie spürte, wie der Boden unter ihren Füßen sich veränderte. Glatter Erdboden, eine Straße, und dann, mit einem Mal, kam sie ins Stolpern und fiel. Der Sturz nahm ihr den Atem, aber sie war nicht mehr auf erdigem Boden. Der Untergrund war gänzlich hart und glatt und glühend heiß. Atemlos sprang sie wieder auf und sah, daß die weiße Steinplatte, über die sie gestolpert war, zu einem Plattenweg gehörte, der in den Hain hineinführte. Sie hörte den Wagen und die Stimmen ihrer Verfolger. Die Steinplatten waren nicht ganz so heiß wie der Erdboden. Sie rannte den Steinweg entlang, bis zu den Büschen, die den Hain umgaben. Wenn sie wirklich so schlau waren, sollten sie doch versuchen, ihre Spuren auf dem Steinweg zu finden. Sie schaute zurück und sah niemanden. Dann tauchte sie, die Hände schützend vor das Gesicht gelegt, in das dichte, grüne Gebüsch, so wie Grandma Fleet es ihr und Sister beigebracht hatte.

Sie lag regungslos da, bis sie wieder zu Atem kam. Die kühle Feuchtigkeit der modernden Blätter roch wunderbar. Ihre Hände und Knie brannten von dem Sturz, aber die feuchte Erde dämpfte den Schmerz. Ihr Gesicht fühlte sich viel kühler an, wenn sie es gegen die Erde preßte. Sie schloß die Augen. Plötzlich waren das Pferdegetrappel und das Rattern des Buggys auf der Straße ganz nah, auf gleicher Höhe mit dem Gebüsch. Sie hielt die Luft an und starrte zur Straße hinüber. Durch die Blätter erkannte sie das wütende Gesicht des Schulleiters, der die Schar der Indianerjungen schalt.

»Sie kann noch nicht weit sein«, trieb er sie an, aber die großen Jungen lehnten sich gegen den Wagen oder hockten auf dem Boden und ruhten sich aus. Sie waren müde, sie gaben auf. Wütend signalisierte ihnen der Schulleiter, auf den Buggy zu klettern, dann warf er einen letzten Blick auf die Fliederbüsche und ergriff mit beiden Händen die Zügel. Es schien, als blickte er direkt zu ihr herüber, genau in ihre Augen, aber er sah nichts. Dann waren sie fort, und die Stille kehrte zurück.

Indigo träumte von den alten Gärten. Grandma Fleet und sie fertigten aus trockenen Zweigen einen kleinen Windschutz für die Bohnensetzlinge. Grandma Fleet knackte so merkwürdig mit den Zweigen, daß Indigo sie fragen mußte, was sie da tat. Sie erwachte von ihrer eigenen Stimme. Nur die Grillen waren wach; Wüstensänger wie sie wußten, daß die Nacht für Musik und Liebe geschaffen war, die Hitze des Tages dagegen für den Schlaf. Unter den Büschen war es dunkel, aber dahinter sah Indigo Umrisse auftauchen, die sich von der frühen, sich stetig verändernden Morgendämmerung abhoben – von Dunkelgrau über Dunkelblau zu Violett, das sich zu Lavendel aufhellte und schließlich in einem rosigen Grau mit fahlgelben Streifen verblaßte. Schneller, immer schneller verschwand der graue Himmel, und nun stand der östliche Horizont in gelb-roten Flammen. Irgendwo sahen Sister Salt und Mama zum gleichen Himmel auf. Sie war gar nicht so weit weg von zu Hause: Selbst einige ihr bekannte Vögel lebten hier – kleine gefleckte Zaunkönige riefen sich in den Fliederbüschen zu, und auch wenn sie ihn nicht sehen konnte, begrüßte ein Wüstenkreuzschnabel die Dämmerung mit einem trillernden Lobgesang.

Indigo war durstig. Grandma Fleet hatte sie gelehrt, Wasser zu riechen, den Dunst der Feuchtigkeit am frühen Morgen wahrzunehmen, ehe die Tageshitze sie vertilgte. Sie versuchte durch das Gebüsch zu spähen, aber das Blätterwerk war zu dicht. Ihre Knie und Hände taten weh, als sie mit gesenktem Kopf vorwärtskroch und dabei Zweige und Blätter zur Seite drückte. Im gleichen Moment, in dem sie den geschnittenen Rasen vor sich auftauchen sah, hörte sie, wie eine Frauenstimme immer wieder den gleichen Namen rief. Plötzlich stand ein kleiner bärtiger Mann, nicht größer als ein Truthahn, direkt vor ihr. Auch er schien überrascht zu sein, sie zu sehen. Er bückte sich, um ihr in die Augen zu schauen. Er trug rotes Leder um den Hals. Seine Augen waren goldbraun und sanft. Behutsam faßte seine kleine Hand nach ihrem Gesicht. In diesem Moment ertönte wieder die Frauenstimme: »Ich sehe dich, du kleines Äffchen! Komm doch her, Linnaeus! Hierher, Süßer! Komm!« Als die Frau niederkniete, um unter die Fliederbüsche zu fassen und den Affen herauszuziehen und dabei Indigo erblickte, gab sie einen überraschten Laut von sich.

»Oh!« sagte sie völlig verdutzt. Ihre Augen trafen sich. Sie hielt den Affen fest an sich gepreßt.

»Linnaeus«, sagte die Frau, »wer ist das?«

Hattie versuchte nicht, das Kind aus dem Gebüsch zu locken oder herauszuziehen. Statt dessen lächelte und nickte sie, als sei sie an Besucher im Fliederbusch gewöhnt. Edward hatte ihr von den Ausreißern der nahen Indianerschule erzählt. Es bestand keine Gefahr. Kein Grund zur Beunruhigung. Nur die Neuankömmlinge versuchten wegzulaufen. Nach dem ersten Jahr seien sie weniger wild, hatte er gemeint, und Hattie hatte fröhlich lachend erwidert: »Gott sei Dank haben wir kein Gefängnis in der Nachbarschaft!«

Sie konnte zunächst nicht erkennen, ob es sich um einen Jungen oder ein Mädchen handelte, obwohl Edward erzählt hatte, daß man den Jungen die langen Haare schor. Die Haare dieses Kindes waren lang, auch wenn es zu zerzaust und voller Unkraut war, um ganz sicher zu sein. Armes Indianerkind!

Um es nicht noch mehr zu erschrecken, trug sie den Affen zu seinem Käfig im alten Orchideenhaus, das vor einigen Jahren bei einem Erdbeben beschädigt und dann einer weißen Glyzinie überlassen worden war. Im Laufe der Jahre war die Glyzinie das gläserne Kuppeldach entlanggewachsen und schlängelte sich nun um die winzigen Vorsprünge der bleigefaßten Scheiben. Durch das Glas fiel helles Morgenlicht auf ganze Kaskaden weißer Hängeblüten, die wie strahlende kleine Lichter aufleuchteten. Der Affe wollte nicht in seinen Käfig zurück und klammerte sich an Hattie. Sie kitzelte ihn liebevoll und spielte mit ihm, bis er lockerließ, dann setzte sie ihn schnell auf sein Bänkchen im Käfig. Sie eilte ins Haus, um zu entscheiden, was wegen des Indianerkindes zu tun sei.

Die Köchin war in der Waschküche und half der neuen Hausgehilfin beim Bügeln, aber Hattie unterbrach sie nicht. Edwards Hauspersonal war an die Bedürfnisse eines Junggesellen gewöhnt, der sich den größten Teil des Jahres auf Expeditionen befand. Hattie hatte es nicht eilig damit, Veränderungen vorzunehmen, sie wollte, daß die Köchin und die Hausmädchen Vertrauen zu ihr faßten.

Auf der Suche nach etwas Besonderem, mit dem sie das Kind unter den Fliederbüschen hervorlocken konnte, öffnete sie in der Vorratskammer Schränke und Schubladen. Ein Pfirsich? Ein bißchen Brot mit Erdbeermarmelade? Edward meinte, die indianischen Schüler gewöhnten sich schnell an die zivilisierte Lebensweise. Im Sommer, wenn er nicht auf Expedition war, stellte er immer zwei oder drei Indianerjungen ein, damit sie beim Unkrautjäten und Rasenmähen halfen.

Hattie trug Brot, Marmelade und ein Glas Wasser auf einem Tablett nach draußen und ließ es am Rand des Rasens neben den Fliederbüschen stehen. Sie wollte dem Kind zeigen, daß sie nichts Böses im Sinn hatte, also fuhr sie fort, die von den Fliederbüschen gebildete Arkade auszumessen. Sie hatte große Pläne für dieses

Areal. Während sie die Länge des Rasens abschritt, hielt sie aus den Augenwinkeln heraus Ausschau nach dem Kind. Sie fragte sich, was die Kinder in den Indianerschulen zu essen bekamen. Ob sie ihnen dort die traditionelle Nahrung gaben, die sie gewohnt waren?

Sie schritt die Breite des Rasenstückes ab und notierte die Maße auf einer der Karteikarten, die sie ständig bei trug – eine Angewohnheit aus der Zeit ihrer wissenschaftlichen Beschäftigung mit dem frühen Christentum. Natürlich war der Garten für Edward ein wissenschaftliches Laboratorium, obwohl sie das Gefühl hatte, daß auch er seine Schönheit durchaus zu schätzen wußte. Das Orchideenhaus und die Gärten waren während der letzten Krankheit seiner Mutter stark vernachlässigt worden, aber um die Felder mit den Zitronen- und Orangenbäume kümmerte sich Edward, um eine Beschäftigung zu haben. Er sprach nicht über diese schwierigen Jahre, also drängte Hattie ihn auch nicht dazu, aber aus dem vernachlässigten Zustand des Orchideenhauses schloß sie auf eine Art Zusammenbruch.

Das rechteckige, von Flieder umsäumte Rasenstück war verschwendeter Platz, den sie besser nutzen konnte. Regungslos stand sie eine Weile da und stellte sich seine Veränderung vor. So sehr war sie in ihre Umgestaltungspläne für die Arkade vertieft, daß sie das Kind unter den Fliederbüschen vergaß. Sie wollte Edward überraschen, wenn er von der Expedition auf den Bahamas und Key West zurückkam. Wollte ihm beweisen, daß es ihr überhaupt nichts ausmachte, daß die Expedition so kurz nach ihrer Hochzeit begonnen hatte.

Die Pläne für dieses Unternehmen hatten schon lange vor ihrer Verlobung bestanden. Edward war schon immer ein vielbeschäftigter Mann gewesen. In Wirklichkeit hatte sie sich sogar auf die Zeit des Alleinseins gefreut, um sich an ihr neues Heim und das neue Leben gewöhnen zu können. Am Tag nach seiner Abreise stand sie bei Tagesanbruch auf und sammelte unter dem alten Kletterrosenbusch, der die Mauer des Küchengartens bedeckte, rosarote Rosenblätter ein. Während sie trockneten, nähte Hattie aus den weißen Satinresten ihres Brautkleides kleine Säckchen, und nun dufteten die muffigen Schubladen und Schränke des alten Hauses nach Rosen. Ihr Mutter meinte, kein Mann wolle eine Gelehrte zur Frau, aber Edward war kein gewöhnlicher Mann. Er ließ keinerlei Besorgnis über die Kontroverse, die ihre Forschungsarbeit entfacht hatte, erkennen.

In der ersten Woche von Edwards Abwesenheit wanderte sie im ganzen Haus herum. Von den polierten Fußböden und Wandtäfelungen aus Eichenholz bis zu den hohen Decken gab es nichts zu beanstanden. Edwards Mutter war zehn Jahre vor ihrer Begegnung gestorben, trotzdem war ihre Gegenwart immer noch spürbar. Die Räume verströmten etwas so ganz und gar Vollständiges, daß Hattie an ihr Elternhaus, mit seinem Flair von Selbstzufriedenheit erinnert wurde, das den Mahagonimöbeln und den dunklen Ölporträts in vergoldeten Rahmen entströmte.

Hatties Mutter duldete nicht, daß die Hausmädchen die Möbel verrückten, und Hattie selbst legte keinen Wert darauf, die Ansichten ihrer Mutter wegen irgendwelcher Möbelstücke oder Teppiche in Frage zu stellen, denn Haushaltspflichten langweilten sie. Sie lachte über die Prophezeiung ihrer Mutter, daß sie zum Ledigenstand verdammt sei – sie wußte, sie war zu hübsch, um eine alte Jungfer zu werden. Außerdem war sie im Besitz einer respektablen Mitgift. Insgeheim hoffte sie sogar, ihre Mutter würde recht behalten. Als Jungfer würde sie nie einen Haushalt führen oder sich Gedanken darüber machen müssen, welche Stärke die Waschfrau für die Hemden benutzen sollte.

Seit sie alt genug war, um ohne fremde Hilfe ihr Pony zu reiten, hatte sie sich geschworen, niemals einen Ehemann zu nehmen, der sie an ihren Ausritten am Strand hindern konnte, wie ihre Eltern es getan hatten, als sie dreizehn war. Im Alter von vier Jahren hatte sie die Welt der Bücher entdeckt. Lucille, die Köchin, hatte sie sich auf den Schoß gesetzt, wo Hattie ihr begeistert zuhörte, wenn sie aus der alten Bibel vorlas, die sie in der Küche aufbewahrte. Hattie deutete auf Worte, und Lucille sprach sie ihr vor, und schon nach kurzer Zeit erkannte Hattie die Worte wieder, wenn sie sie sah. Ihr Vater war begeistert, als Lucille ihm stolz mitteilte, seine Tochter könne lesen. Noch am gleichen Nachmittag fuhr er in die Stadt, um Kinderbücher mit dem Alphabet und einfachen Reimen zu kaufen. Hattie verlor schnell das Interesse an den Puppen mit ihren eleganten Roben und den winzigen Porzellantäßchen und -tellerchen, die sie zu ihrem letzten Geburtstag bekommen hatte. Mit einem Buch im Schoß wurde Hattie ein anderer Mensch, Tausende von Meilen entfernt, mitten im Geschehen. Ihre Mutter machte sich Sorgen, daß Bücher in einem so frühen Alter das Mädchen verderben könnten, aber Mr. Abbott war anderer Meinung. Er bewunderte die Theorien John Stuart Mill's über die weibliche Erziehung und war stolz auf sein kluges Kind.

Als Hattie mit dem Notieren der Maßangaben fertig war, sah sie zu Boden und entdeckte, daß Brot und Marmelade vom Tablett verschwunden waren und das Glas leer auf dem Rasen lag. In diesem Moment hörte sie die Köchin rufen. Hattie antwortete, und die große Frau kam mit einem Telegramm in der Hand die Stufen zur unteren Gartenanlage herab. Als die Frau näherkam, sagte Hattie zu ihr: »Ich habe in den Fliederbüschen ein kleines Indianerkind entdeckt.«

»Ich werde sofort die Schule benachrichtigen, Mrs. Palmer.«

»O nein – so war das nicht gemeint.« Überrascht bemerkte Hattie die plötzliche Veränderung im rosafarbenen Gesicht der Köchin. Mit mißbilligend zusammengepreßtem Mund bückte sich die Frau und kniff die Augen zusammen, um besser unter die Zweige sehen zu können. Doch als Hattie die Äste zurückbog, um ihr das Kind zu zeigen, war es verschwunden.

»Sie müssen die Schule benachrichtigen. Das ist Vorschrift«, beharrte die Köchin.

Niemand durfte ohne behördliche Genehmigung Indianer aus dem Reservat beschäftigen oder anderweitig »halten«. Edward hatte ihr erklärt, daß die Regierung hier draußen im Westen die Indianer in Reservaten beschützen mußte, weil die Siedler sie sonst alle umgebracht hätten.

Die Köchin starrte auf die Fliederbüsche, als müsse jeden Moment ein Tiger herausspringen. In diesem Augenblick begriff Hattie, daß die Köchin sie nicht mochte, und sie schämte sich dafür, daß diese Ablehnung sie verletzte.

»Ich bin sicher, das Kind ist von selbst zurückgekehrt«, meinte Hattie lahm. Welche Rolle spielte es schon, daß Edwards Köchin sie nicht leiden konnte? Die Kontroverse um das Thema ihrer Forschungsarbeit hatte ihr Selbstbewußtsein erschüttert. Vor der Entscheidung des Prüfungsausschusses hatte es sie selten gekümmert, was andere von ihr dachten, zumal, wenn es um Bedienstete ging.

Die Köchin schien darauf zu warten, daß sie das Telegramm öffnete.

»Sie müssen nicht warten«, sagte Hattie. »Ich werde ins Haus kommen, wenn eine Antwort erforderlich ist.« Das Benehmen der Köchin ärgerte sie. Ihre Mutter sagte immer, eine Köchin gehöre in die Küche, sonst gäbe es Ärger. Wenn die Köchin aus der Küche kommt, heißt es: aufgepaßt, weil Köchinnen im ganzen Haus den Ton angeben wollen. Ihre Mutter sagte, Junggesellen wie Edward, die nie zu Hause waren, verdarben die beste Dienerschaft, weil sie ihnen in ihrer Abwesenheit das ganze Haus überließen. Hattie durfte der Köchin von Anfang an nichts durchgehen lassen.

Sie wartete, bis die Köchin gegangen war, ehe sie das Telegramm öffnete. Eine seltsame Nachricht. Sie mußte von jemand anderem stammen, einem Kollegen vielleicht, der die Nachricht mit »Dr. E. G. Palmer« unterzeichnet hatte und nicht mit »Edward«, wie er selbst es getan hätte. Das Telegramm enthielt lediglich die Ankunftzeit des Zuges. Hatte es einen Unfall gegeben? War Edward krank?

Sie spürte das Pochen ihres Herzens, als sie den Garten mit den Teichen und Springbrunnen passierte und die Stufen zum Haus hinaufeilte. Die Expedition hätte drei Monate dauern sollen, lang genug, so hatte Edward gehofft, um die Sammlung karibischer Schwämme und Meeresalgen zu vervollständigen.

Sie setzte sich an ihr Schreibpult, doch dann wurde ihr klar, daß sie vielleicht Edwards Schreibtisch würde aufbrechen müssen, um den Namen und die Anschrift seines Verbindungsbeamten im Amt für Pflanzenwesen in Washington herauszufinden. Sie hatte nicht daran gedacht, nach der Adresse zu fragen, und auch Edward hatte ihr keine Instruktionen hinterlassen. Er sei schon zu lange Junggeselle, fand ihre Mutter, aber er war der einzige Gentleman, der bereit war, eine Ketzerin zur Frau zu nehmen.

Vor der Tür zu Edwards Studierzimmer zögerte sie. Sie hatten nicht darüber gesprochen, was sie im Falle eines Notfalls tun sollte. Edward hatte sie nur einmal in seine Arbeitsräume gebeten, gleich nach ihrer Ankunft, als er Hattie ihr neues Zuhause gezeigt hatte. Der zweite Stock des Hauses bestand aus drei großen, ineinander übergehenden Räumen. Die Wände sämtlicher Zimmer waren vom Boden bis zur Decke mit Bücherregalen aus Eichenholz verkleidet, und in der Mitte jedes Raumes standen Eichenkabinettschränke mit Dutzenden kleiner Schubladen.

Seine Forschungen betrieb Edward im ersten Zimmer. Der Tisch in der Mitte, flankiert von zwei großen Bibliothekstischen mit Papieren, Büchern und Überresten trockener Blätter und Pflanzenstengel, war sein Schreibtisch, wuchtig wie ein Thron. Hattie fühlte sich unwohl, als sie die Papiere und Briefe auf dem Schreibtisch durchblätterte. Keine Erwähnung der Geldgeber der Expedition, keine Namen oder Adressen, nur lateinische Pflanzennamen, Diagramme von Blattstrukturen und Anfragen anderer Sammler nach Pflanzen, die sie kaufen oder verkaufen wollten.

Die Schubladen des Schreibtisches waren verschlossen. Hattie setzte sich in den großen Eichenstuhl und holte tief Luft. Sie hatte Herzklopfen und fühlte den Schweiß auf ihrem Körper und in ihren Kleidern. Sie atmete tief durch, wie der Arzt es ihr verordnet hatte, und entspannte sich. Immer mit der Ruhe.

Sie wollte die Schubladen des Arbeitstisches nicht aufbrechen, weil sie Angst hatte, übertrieben besorgt zu wirken. Sie wunderte sich über ihre Verstimmung. Edward traf wochenlange Vorbereitungen und überprüfte methodisch alles, was er während eines dreimonatigen Aufenthaltes in der Karibik benötigen könnte. Der Boden seines Studierzimmers war bedeckt gewesen von Laternen, Kerzen, Zelten, Planen, einem Klappspaten, einer Kelle, einer Uhr, Flaschen mit Chemikalien – Formaldehyd und Alkohol – und einer Anzahl hübscher Kisten aus Kirschbaumholz, in denen sich Lupen, ein Mikroskop und ein kleines Teleskop befanden. Natürlich enthielt eine der Kirschbaumholzkisten Edwards Kamera und eine andere die Glasplatten und Flaschen mit Chemikalien, die für das Entwickeln der Platten benötigt wurden. Umschläge für die Sammelexemplare, botanische Bestimmungsbücher, Landkarten, leere Notizbücher, Lederstiefel, Gummistiefel, hüfthohe Watstiefel aus Gummi, ein breitkrempiger Strohhut, ein Tropenhelm, Moskitonetze, eine Wasserflasche und ein Revolver wurden allesamt sorgfältig in große, schwarze Seekisten verpackt. Bei soviel Gepäck, das organisiert werden mußte, war es kein Wunder, daß er vergessen hatte, ihr einen Namen oder eine Adresse zu hinterlassen, an die sie sich wenden konnte, falls ihm selbst etwas zustoßen sollte. Im Telegramm stand nichts von Krankheit oder Verletzung. Sie hatte wirklich viel Wind um nichts gemacht. Ihre Nerven waren noch immer angegriffen, auch wenn es ihr seit der Heirat mit Edward viel besser ging.

Sie stand vom Schreibtisch auf, weil es sie beruhigte, sich zu bewegen, und wanderte den Gang zwischen den Arbeitstischen auf und ab. Neben Pflanzen sammelte Edward auch andere Kuriositäten. Auf dem Boden in einer Ecke beherbergte eine fossile Muschelschale von der Größe eines Ofens einen riesigen gelben Zahn. Alle möglichen Körbe, so hoch wie Stühle, waren angefüllt mit Gebrauchsgegenständen anderer Kulturen – Bogen, Speere und Pfeile ragten aus Tontöpfen, die mit Schlangen und Vögeln bemalt waren. Eine merkwürdige, geschnitzte Maske mit furchterregendem Gesichtsausdruck starrte sie aus einer anderen Ecke an, in der Unmengen bunter, handgewebter Textilien aufgestapelt waren. Proben verschiedener Mineralien füllten die Regale – faustgroße Amethyste, makellose Kristalle und mehrere Reihen Augenachate wachten über glitzernde Pyrite.

Beim Umdrehen streifte ihr Knöchel einen großen, dunkelglänzenden Gesteinsbrocken auf dem Boden. Ein Meteorit. Edward hatte ihn ihr gezeigt, weil er ziemlich stolz darauf war. Weil er für das Regal mit den anderen Meteoriten zu viel wog, wurde ihm ein Platz auf dem Fußboden eingeräumt. Edward sammelte mit Leidenschaft »Himmelsabfall«, wie er es nannte. Meteoritenstücke waren so gut wie unzerstörbar – ganz anders als seltene Orchideen.

Im siebten Monat ihrer Verlobungszeit, erzählte Edward Hattie von der verhängnisvollen Pará-Expedition in Brasilien, wo er seltene Orchideen sammeln sollte. Seine Stimme wurde ein wenig leiser, als er von den Ereignissen berichtete. Seine Expeditionsgefährten hatten sich als unzuverlässig erwiesen, und Edward war wegen einer Verletzung nicht in der Lage gewesen, die gesammelten Exemplare während eines Sturms auf See zu schützen. Kisten voll seltener Orchideen gingen bei dem Sturm verloren, andere später, als sie in einer feuchten Baracke in Miami gelagert wurden. Dutzende Exemplare seltener Orchideenarten, die als

Gegenleistung für die Geldgeber der Expedition bestimmt gewesen waren, schimmelten und verfaulten. Später tauchten Vorwürfe auf, bestimmtes Pflanzenmaterial sei ohne behördliche Genehmigung ausgeführt worden. Seine Begleiter verhielten sich völlig unverantwortlich, und das Scheitern der Expedition trieb ihn fast in den Ruin.

Hattie hatte eine solche Offenheit von Mr. Palmer nicht erwartet, auch wenn er deutlich älter war als die anderen Verehrer, mit denen sie gewöhnlich Umgang hatte. Ihr wurde plötzlich ganz heiß, fast übel. War dies eine Prüfung, um festzustellen, ob auch sie ihm ihre Probleme beichten würde? Was hatte ihm seine Schwester über sie berichtet? Sollte sie ihn wissen lassen, daß die Verehrer vor ihrer Tür spurlos verschwunden waren, sobald die Entscheidung des Prüfungsausschusses bekannt wurde? Oder daß die darauf folgende Krankheit für ihren Rückzug verantwortlich zu machen sei? Welche Erleichterung war es gewesen, zu Hause bei ihren Büchern zu bleiben. Ja, sie würde sich Mr. Palmer anvertrauen.

»Inzwischen haben Sie vermutlich schon erfahren, daß ich die Ketzerin von Oyster Bay bin«, sagte Hattie beherzt und lächelte. Als Edward Palmer sie daraufhin offen anblickte und »Gratuliere!« sagte, gewann er ihr Herz. Er sei selbst ein Mann der Wissenschaft, sagte er zu ihr. Schweigend lauschte er ihrem Bericht von der gescheiterten Forschungsarbeit und ihren skandalösen Ansichten über das frühe Christentum. Der Prüfungsausschuß hatte einstimmig die Überzeugung vertreten, daß ihre Hauptbezugsquelle – die modrigen koptischen Schriftenrollen des Dr. Rhinehart – einer wissenschaftlichen Anerkennung entbehre, fraglos aber seien die Schriftenrollen ein klarer Fall von unvertretbarer gnostischer Häresie.

»Sicher haben Sie von Ihrer Schwester bereits alles über den Aufruhr gehört«, meinte Hattie, nun mutiger geworden. »Meine Gotteslästerei war monatelang das Lieblingsthema sämtlicher Gespräche bei Abendgesellschaften auf Long Island!« Daß Edward angesichts ihres Scharfsinns lachen konnte, gewann Hatties Zuneigung. Die anderen Herren hatten alle ein wenig schockiert reagiert.

Wie gut Edwards Lachen doch tat! Ihre Mutter meinte,

Hatties Behauptung, Jesus habe weibliche Jünger gehabt und Maria Magdalena ein von der Kirche unterdrücktes Evangelium geschrieben, habe ihr ganzes Leben ruiniert.

In diesem Moment spürte Hattie ihre Zuneigung für Edward ganz deutlich, und sie konnte über sein Versäumnis, ihr eine Kontaktadresse zu hinterlassen, nur noch lächeln. Die Hunderte winziger Schubladen in den riesigen Eichenkabinettschränken weckten ihre Neugier. Sie zog eine Lade heraus. Drinnen befand sich ein kleiner Manila-Umschlag, der mit einem roten Faden sorgfältig verschnürt war. Sie löste den Faden von dem runden Verschluß und drückte den Umschlag vorsichtig auseinander, um hineinzusehen. Ein einzelner, vertrockneter Pflanzenstengel mit Überresten verdorrten Pflanzenmaterials, den Überbleibseln von Blättern vielleicht, war alles, was sie sah. Sie schnüffelte an dem Umschlag, nahm aber nur einen schwachen Geruch wahr. Edwards besonderes Interesse galt aromatischen Gräsern und Pflanzen, und diese wurden von Gartengestaltern und Gärtnern hochgeschätzt. Edward reiste in so entlegene Gebiete und sammelte derart seltene und empfindliche Pflanzen, wie sie nur wenige Weiße zuvor gesehen hatten. Mit diesen raren Schätzen vergrößerte er seine wachsende Sammlung seltener Wurzeln, Stengel, Blätter und – was am wichtigsten war –, wo immer möglich, auch Samen. Es war sein Ziel, einmal eine unbekannte Pflanzenart zu entdekken, die seinen Namen tragen würde, und dieses Ziel verfolgte er zum Zeitpunkt ihrer Heirat schon seit zwanzig Jahren.

Nach Verlassen der Universität besuchte Hattie keine Partys oder offiziellen Gesellschaften mehr, auch wenn sie allmählich wieder Einladungen zu Familienpicknicks und Strandausflügen akzeptierte – immer als Begleitung ihrer jüngeren Cousinen, die eine Anstandsdame brauchten. Der einzige Grund für ihre Einwilligung, ein so förmliches Ereignis wie den Maskenball im Blauen Garten zu besuchen, war, daß ihre Nachbarin, Mrs. Colin James, zusammen mit ihrer Mutter dem Wohltätigkeitsverein des Bischofs angehörte. Hattie wollte unbedingt den Garten sehen, der sowohl für seine atemberaubende Pracht wie für das Spektakel bekannt war, das seine Besitzerin veranstaltete.

Hatties Mutter zufolge, sollte das Fest das Ende von Hatties selbstgewählter Isolation darstellen. Als Hattie sich für die Studien der frühen Kirchengeschichte eingeschrieben hatte, waren einige Augenbrauen in die Höhe gezogen worden. Schließlich waren alle anderen jungen Frauen in ihrem Alter entweder verlobt oder verheiratet. Nach dem Skandal um die Forschungsarbeit hatte Mrs. Abbott einfach darauf gewartet, daß die Wogen sich wieder glätteten, hoffte aber immer noch, einen Ehemann für Hattie zu finden. In ein oder zwei Jahren würde die Sache vergessen sein. Ganz zufällig kehrte zwei Tage vor dem großen Ereignis Susan James' namhafter Bruder, Edward Palmer, von einer fernen Expedition zurück.

Der Maskenball im Blauen Garten galt als der Höhepunkt der Sommersaison, und Hattie fand, es klang exzentrisch genug, um interessant zu sein. Und das war es. Gerade als der Vollmond über der Oyster Bay aufging, trat Susan Palmer James in einem saphirblauen Kleid aus blauen Federn und blauem Satin unter der Arkade aus blauem Rhododendron hervor. Majestätisch schritt sie vom anderen Ende des Blauen Gartens die weiße Marmorterrasse neben dem Teich entlang, der mit duftenden blauen Wasserlilien bedeckt war.

Wenige Minuten nach ihrem triumphalen Auftritt stellte die Gastgeberin Mrs. Abbott und Hattie den bekannten Botaniker Edward Palmer vor, der ihr Bruder war. Sein Gesicht und seine Hände waren braungebrannt von der gerade abgeschlossenen Arbeit in Mexiko. Hattie fand ihn recht interessant, und während die anderen tanzten, unterhielt sie sich mit Edward über Italien. Sie war als Kind mit ihren Eltern in England gewesen, aber nun wollte sie Rom sehen. Edward lachte, als Hattie von der Befürchtung ihrer Mutter erzählte, man könne sie für ihre Gotteslästerung exkommunizieren. Hatties Vater, der Gute, meinte, die Kardinäle hätten dringendere Probleme als eine gnostische Häretikerin. Ihre Reise nach Italien war für das kommende Frühjahr geplant.

Mrs. Abbott traute weder Hattie noch deren Vater. Schließlich hatten die beiden gemeinsam und ohne ihr Wissen schon Hatties Immatrikulation in Harvard betrieben. Welcher ernstzunehmende Mann wollte schon eine Frau, die den ganzen Tag in einer verstaubten Bibliothek saß und über häretischen Texten grübelte? Bei jeder Erwähnung von Hatties Arbeit nahm ihr Gesicht einen bekümmerten Ausdruck an, der sich sofort entspannte, sobald sie Hattie an den Umfang ihrer Mitgift erinnerte. Mrs. Abbott redete fast ununterbrochen von Geld – wer Geld besaß, wer wie zu Geld gekommen war, und wer sein Geld verloren hatte. Trotz ihrer tadellosen Abstammung war das Vermögen ihrer Familie bereits im Schwinden begriffen, als Mrs. Abbott noch ein Kind war. Sie schätzte sich glücklich, einen Mann gefunden zu haben, den solche Dinge nicht kümmerten.

Und obwohl es Mr. Abbott nicht gefiel, verfügte Hattie über eine ansehnliche Mitgift, die Mrs. Abbott bei jedem Gedanken daran zum Lächeln brachte. Und sie ließ keine Gelegenheit aus, um Hattie an den Umfang ihres Brautschatzes zu erinnern.

»Dann verzichte ich hiermit auf meine Mitgift«, pflegte Hattie zu erwidern. »Ich würde das Geld lieber für Reisen ausgeben.«

»Ach, Unsinn, Hattie!«

»Außerdem möchte ich sowieso lieber unverheiratet bleiben – jetzt, wo ich eine Ketzerin bin!« meinte sie lachend. Doch nachdem sie Edward kennengelernt hatte, begann sich ihre Einstellung zur Ehe zu verändern. Edward war ein bemerkenswerter Mann. Er reiste viel und an die entlegensten und faszinierendsten Orte, und er hatte ein wunderbares Talent, von seinen Abenteuern zu erzählen, in denen er sich selbst humorvoll als der unschuldige Tourist, der gewissermaßen von Katastrophe zu Katastrophe eilte, beschrieb. Der Touristennimbus war die Tarnung, die er sich zur Irreführung der Zollbeamten zulegte. Mit manchen ausländischen Regierungen war in bezug auf die Ausfuhr wertvoller Pflanzen und Samen nicht zu spaßen.

Edward stand Zollbehörden im allgemeinen recht respektlos gegenüber, was Hattie sehr anziehend fand. Ich *bin* eine Ketzerin, dachte sie, aber Mr. Palmer scheint das nicht zu stören. Hattie fragte ihren Vater, was er von Mr. Palmer hielt.

»Er ist zu alt, und er reist zuviel«, antwortete ihr Vater, »aber nichts kann dich von dem abbringen, was du dir einmal in den Kopf gesetzt hast.«

Sie hakte ihren Vater unter. »Ich habe mir nichts in den Kopf gesetzt«, erwiderte sie, als sie zusammen ins Speisezimmer gingen. »Mutter hat sich etwas in den Kopf gesetzt.« Mr. Palmer war älter als die anderen Verehrer, und wie jeder Hagestolz mochte er gewisse Eigenheiten besitzen. Dennoch schien er Kindern gegenüber nicht abgeneigt zu sein. Im Gegenteil, in den Monaten nach der Gartenparty traf Hattie ihn bei einem Picknick am Strand und auf einer Geburtstagsfeier von Edwards jüngeren Nichten im Garten wieder. Zu beiden Gelegenheiten brachte er seinen Photoapparat mit und photographierte die spielenden Kinder. Später stellte er alle für ein Gruppenphoto zusammen, auf dem auch er selbst zu sehen war – den Auslöser betätigte er mit einer langen, schwarzen Schnur, während er bei der Gruppe stand. Edward konnte wirklich sehr anziehend sein. Hattie hatte sich weder Ehe noch Kinder gewünscht, aber Edward veränderte das alles. Kinder – Das Kind! Plötzlich fiel ihr das Indianerkind im Fliederbusch wieder ein. Was war, wenn das Kind nicht zur Schule zurückfand?

Hattie eilte hinunter und hinaus zur Fliederhecke im Südgarten. Neben dem Teller lag das umgestürzte Glas im Gras. Hattie kümmerte sich nicht darum, daß ihr Rock schmutzig wurde. Sie kroch herum und suchte gewissenhaft unter dem dunklen Blattwerk der Fliederbüsche. An den unteren Zweigen entdeckte sie noch einige späte Blüten, die stärker zu duften schienen als die frühen. Aber das Kind fand sie nicht. Hattie gab dem Telegramm die Schuld für ihre Gedankenlosigkeit. Sie hätte das Kind nicht aus den Augen lassen dürfen!

Sie eilte die Stufen zum Springbrunnen und dem Teich hinauf, um besser sehen zu können. Hinter der Fliederhecke erstreckten sich endlose Zitronen- und Orangenhaine. Sie konnte die roten Backsteingebäude der Indianerschule nicht erkennen, aber Edward hatte ihr einmal vom Balkon des zweiten Stockwerks aus in der Ferne eine Ansammlung doppelstöckiger Gebäude gezeigt. Das Kind war bestimmt zur Schule zurückgelaufen. Jenseits der Zitronenhaine gab es nichts als Wüste.

Um ganz sicherzugehen, sah sie noch ein letztes Mal unter den Fliederbüschen nach. Ein laues Spätnachmittagslüftchen wehte den Duft der gelben Kletterrosen von der Mauer des Küchengartens herüber. Sie mußte noch baden und sich umkleiden, ehe sie Edward vom Zug abholte, aber die Entdeckung des Indianerkindes und die zusätzliche Aufregung über das Telegramm hatten Hattie erschöpft. Auf einer Marmorbank mit Blick auf die tieferliegenden Gärten und Obstplantagen spürte sie, daß sie vor Aufregung zitterte, also schloß sie die Augen und atmete tief durch, wie der Arzt es angeordnet hatte. Die frische Luft tat ihr gut. Die Anweisungen des Arztes lauteten, sich so viel wie möglich zu entspannen und jede Anstrengung zu vermeiden, wenn sie nicht wieder krank werden wollte. Langsam atmete sie aus, so wie man es ihr beigebracht hatte. Ihre Bücher und Unterlagen waren noch verpackt, denn der Arzt hatte ihr von der Wiederaufnahme ihrer Studien abgeraten, bis feststand, daß sie völlig wiederhergestellt wäre. Männer seien auf gewisse Weise für die Strapazen des akademischen Lebens besser gerüstet, hatte der Arzt gemeint, Frauen dagegen leider nicht. Bei diesen Worten hatte Hatties Mutter sie scharf angeblickt.

Glücklicherweise war in diesem Augenblick Hatties Vater ins Zimmer gekommen, der Gute. Er hatte an Hatties akademische Erfolge während des Grundstudiums in Vassar erinnert. Selbst Frauen, die niemals ein Buch aufschlugen, litten an nervöser Erschöpfung – wie lächerlich, Hatties Studien dafür verantwortlich zu machen! Mr. Abbott ermutigte seine Tochter, unabhängig von der Entscheidung des Ausschusses mit ihrer Arbeit fortzufahren, aber sie konnte sich nicht überwinden, auch nur einen Blick auf das Manuskript oder auf ihre Aufzeichnungen zu werfen, auch wenn sie diese nach Kalifornien mitgenommen hatte.

Im Westen begann die Sonne unterzugehen, und der Wind umwehte sie mit dem schweren Duft von Orangenblüten. Hattie dachte gerade darüber nach, ob sie dem Schulleiter eine Nachricht schicken sollte, als die Köchin aufgeregt über die Terrasse gestürmt kam.

»Mrs. Palmer! Mrs. Palmer! Er ist da! Dr. Palmer ist eben angekommen!« Hattie stand auf und schaute gerade noch rechtzeitig über den Springbrunnen hinweg, um ihn durch die Schiebetür auf die Terrasse treten zu sehen. Sie winkte und rief ihm im Laufen einen Gruß zu. Ganz kurz verhielt sie, um nach Anzeichen einer Verletzung Ausschau zu halten, dann eilte sie ihm entgegen. Lächelnd umarmte sie Edward.

»Ich hatte schon Angst, es sei etwas schiefgegangen«, sagte Hattie, und ihre Worte wurden von seinem Brustkorb gedämpft.

Nur das Wetter sei schiefgegangen, erklärte er. Ein Hurrikan nach dem anderen. Den Arm um sie geschlungen, hielt er sie dicht an seiner Seite, und keiner von ihnen sprach ein Wort, während die riesige rote Sonne hinter den Orangenhainen versank. Sie fand seine Größe und Stärke sehr anziehend. Selbst halb so alte Männer waren nicht so schlank und dynamisch wie Edward, trotz der anhaltenden Auswirkungen seiner Verletzung, die er sich in Brasilien zugezogen hatte. Bevor sie ihrer Beziehung einen wirklich ernsthaften Charakter gaben, hatte Edward darauf bestanden, daß sie seine Behinderung wirklich verstand. Aber er war in jeder anderen Hinsicht so zärtlich und leidenschaftlich, daß Hattie zuversichtlich an eine völlige Heilung glaubte. Sie schmiegte sich enger an ihn und gab ihm einen Kuß auf die Wange. Er lächelte und sah sie liebevoll an, ehe er sich wieder dem Sonnenuntergang im Westen zuwandte, als seien seine Gedanken mit etwas anderem beschäftigt.

Auch nach dem Sonnenuntergang verharrten sie schweigend auf der Terrasse. Ein schwacher Wind strich durch die weißen, stark duftenden Kletterrosen. Schließlich verlagerte Edward sein Gewicht, um das gesunde Bein zu entlasten, und sah zum Orchideenhaus hinüber.

»Wie geht es dem Äffchen?« fragte er.

»Ach, er ist ein drolliger kleiner Kerl!« Hattie hielt vor Schreck die Luft an, als ihr plötzlich das Kind wieder einfiel.

»Oh, Edward! Wie konnte ich das nur vergessen! Linnaeus hat heute morgen ein Indianerkind entdeckt, das sich unter den Fliederbüschen versteckte.«

»Etwas spät im Jahr für Ausreißer«, meinte er. »Normalerweise werden sie um diese Jahreszeit für den Sommer nach Hause oder zum Arbeiten auf eine Farm geschickt.«

»Ich wollte gerade eine Nachricht zur Schule schicken, aber dann kam das Telegramm – und in der Aufregung habe ich es vergessen.«

»Wo ist das Kind jetzt?« fragte er und sah am Teich vorbei zur Fliederhecke hinunter.

»Ich weiß es nicht genau. Ich war gerade unten, um sie zu finden, aber ...«

»Sie?«

Hattie fühlte, wie sie errötete. »Ich glaube schon. Ich bin nicht sicher. Ich sah lange Haare. Du hast gesagt, daß den Indianerjungen ...«

»... die Haare abgeschnitten werden.«

»Ja, aber ich kann sie nicht mehr finden.«

»Kein Grund zur Besorgnis. Wahrscheinlich ist sie zurückgegangen.«

Als die Sonne untergegangen war, kroch Indigo aus ihrem Versteck unter dem Spalier aus dichten weißen Rosen hervor. Sie rannte von den Fliederbüschen in den Weißen Garten, denn dieser war von einem niedrigen Steinmäuerchen umgeben, das sie verbergen konnte. Das Dämmerlicht war noch hell, deshalb bewegte sie sich vorsichtig und lauschte auf Schritte oder Stimmen. Sie spähte um die Ecke des Mäuerchens und sah, daß der Steinweg auf eine Treppe zulief, die zu einem Torbogen aus roten Kletterrosen hinaufführte. Wie sie dufteten! Grandma Fleet hatte immer von den Blumen der Mormonenfrauen erzählt, aber weder sie noch jemand anderes hatte je von Blumen berichtet, die so groß und duftend waren wie diese. Am liebsten wäre Indigo gleich hinübergerannt, um sich die roten Riesen genauer anzusehen, aber sie wartete, bis es noch ein wenig dunkler wurde.

Die weißen Blüten schienen fast zu leuchten, und der wundervolle Duft wurde mit zunehmender Dunkelheit noch stärker. Auf Stengeln, die höher waren als sie selbst, neigten ihr die riesigen weißen Lilien die Köpfe zu. Indigo ging von Blume zu Blume und steckte ihre Nase so weit es ging in jede einzelne Blüte, um sich dann den süßen Blütenstaub von den Lippen zu lecken. Die Nachtluft war herrlich kühl, und die frische, feuchte Erde unter ihren Füßen fühlte sich so gut an, daß sie Lust bekam zu tanzen. Sie mußte den lästigen, langen Rock der Schuluniform mit einer Hand festhalten, um nicht hinzufallen. Kurze Zeit später zog sie ihn aus und tanzte zwischen weißen Lilien, weißen Schwertlilien und um den weißen Flieder neben dem Tor. Beim Tanzen sah Indigo zum Sternenzelt hinauf – ein Meer aus vielen kleinen Bohnenblüten. Grandma Fleet konnte nun dort hinauf reisen, aber wo waren Sister Salt und Mama heute nacht?

Als sie des Tanzens müde war, setzte sie sich auf das niedrige, mit weißem Geißblatt berankte Mäuerchen und sah den Mond genau in der Himmelsrichtungen aufgehen, die sie einschlagen mußte, um nach Hause zu gelangen. Sie machte einen Plan. Das Schulkleid mit den langen Ärmeln und dem langen Rock würde ihr sowohl als Decke als auch als Bündel dienen, in dem sie sämtliche Nahrungsvorräte tragen würde, die sie hier fand. Was sie wirklich brauchte und am meisten vermißte, war ihre Kürbisflasche. Sie hatte nicht viel Zeit. Sie mußte noch vor Tagesanbruch ein Versteck finden. Vielleicht brauchte sie noch einen Tag, um alles zusammenzusuchen, was sie für den Heimweg benötigte.

Der Westwind frischte auf und kühlte ihr Gesicht. Sie atmete den Duft der Orangen- und Zitronenblüten ein, dann bemerkte sie mit einem Mal den Geruch von gebratenem Fleisch, der vom hinteren Teil des Hauses den Pfad herunterzog. Indigos Magen beklagte sich über das spärliche Essen. Sie rutschte vom Mäuerchen herab und ging zu den Stufen, über die sie von der Fliederhecke her, vorbei am Springbrunnen und dem Teich, bis hierher gekommen war. Von der obersten Stufe aus konnte Indigo die fächerförmige Anordnung der Gärten erkennen – ordentliche Quadrate und Rechtecke, umgeben von niedrigen Steinmauern, die im Mondlicht leuchteten. Orangen- und Zitronenhaine umgaben Haus und Gärten und eine Anzahl von Außengebäuden und Schuppen. Das ganze Gelände war fast so groß wie das der Schule.

Mit dem hellen Mondlicht hoch am Himmel konnte Indigo die weißen Stufen und Steinwege gut erkennen. Noch vor dem Morgen mußte sie das beste Versteck finden. Sie zog das Schulkleid und die Unterwäsche aus – wie gut sich die Luft und der warme Wind auf ihrer nackten Haut anfühlten. Kleider erstickten ihre Haut. Nackt im Mondlicht fühlte sie sich frisch und munter. Grandma Fleet hatte recht. Zuviel Kleidung war ungesund. Sie hüpfte die Stufen hinab, immer zwei auf einmal, und strich an den Zweigen und den üppigen Sträuchern der weißen Bougainvillea vorbei. Sie drückte die blühenden Zweige beiseite und sah drei Stufen hinunter.

Unten wuchsen in Spiralen und Wirbeln Blutnelken, rote Pfingstrosen, Dahlien und roter Mohn. Leuchtend rote Kosmeen und scharlachrote Stockmalven bildeten am östlichen Ende der Mauer den Hintergrund. Indigos Herz klopfte vor Freude beim Anblick dieser roten Blumenpracht – oh, Sister Salt würde begeistert sein, wenn sie ihr von diesem roten Garten erzählte. Im Tageslicht würde er sogar noch schöner aussehen.

Sie pflückte ganze Händevoll roter Hagebutten und aß, bis sie zusammengerollt unter den Rosenbüschen und mit dem Kopf auf der Kante einer Steinstufe einschlief. Sie erwachte zu einem dunkelroten, fast schwarzen Himmel, die Farbe der Stockmalven bei dem niedergebrannten Haus. Dann wurde der Himmel so rot wie die Rosen und schließlich blutrot. Zu schade, daß sie weiterziehen mußte, denn Grandma Fleet hatte den Mädchen immer eingeschärft, so viele neue Samen mit nach Hause zu bringen, wie sie nur tragen konnten. Je seltsamer und unbekannter die Pflanze, desto interessanter war sie für Grandma Fleet. Sie liebte es, Samen zu sammeln und zu tauschen. Andere Menschen pflanzten, um Nahrung oder Heilkräuter zu gewinnen, aber Sand Lizards pflanzten Samen in die Erde, um zu sehen, was dabei herauskam. Sand Lizards aßen ohnehin so gut wie alles, und Grandma meinte, sie habe noch nie eine Pflanze entdeckt, die nicht zu irgend etwas nutze sei.

Es gab noch andere Gärten, die Indigo nur teilweise einsehen konnte, weil sie von hohen Sträuchern und Bäumen umgeben waren. Sonnige Gärten, schattige Gärten, feuchte Gärten, der Wassergarten – aber wo war der Garten mit Bohnen und Mais? Indigo folgte dem Pfad, bis er sich gabelte. Der eine Weg verlief zurück zum Haus, der andere führte vier Stufen hinab zu einer sandigen Begrenzung, die den Beginn eines Orangenhains kennzeichnete.

Während sie im Schatten der Bäume Orangen aß, betrachtete sie das Haus und die Gärten. Woher bekamen sie das Wasser? Der Untergrund hier war sandiger Wüstenboden, fast so trocken wie zu Hause – Kolbenhirse und Amarant wuchsen hier genau wie dort. Sie hörte einen Einspänner und Pferdegetrappel, dann Stimmen auf der Straße hinter dem Haus. Sie mußte ein besseres Versteck finden, sonst fanden die Suchtrupps der Schule sie bestimmt.

Indigo schlich die Stufen wieder hinauf, am Roten und am Weißen Blumengarten vorbei, zurück zu dem Steinweg, der zur Scheune und den Außengebäuden hinter dem Haus führte. Sie lauschte auf Schritte und Stimmen, hörte jedoch nur die Zikaden und einen Zaunkönig. Sie huschte um die Scheune herum zu dem merkwürdigen Glashaus, das sie schon am vorangegangenen Nachmittag bemerkt hatte. Der weiße Kalkanstrich auf dem Glas war verwittert und gab den Blick auf grünes Blätterwerk und die herabstürzende Blütenpracht einer weißen Glyzinie frei, die selbst aus den Belüftungsklappen des Daches herauswuchs. Welch ein wunderbarer Duft! Sie schloß die Augen und atmete ihn tief ein. Plötzlich hörte sie ein Geräusch – tap-tap-tap-tap. Stille. Dann klopfte es wieder viermal. Indigo erstarrte. Die Haare in ihrem Nacken sträubten sich. Sie machte eine blitzschnelle Drehung, um zu sehen, woher das Geräusch kam. Tap! Tap! Tap! Tap! Da war es wieder. Jemand klopfte im Inneren des Glashauses gegen die Scheibe. Als sie über den Steinweg zu den Gärten zurückschleichen wollte und noch einmal zurücksah, erblickte sie für einen kurzen Moment die leuchtenden Augen und das Gesicht des kleinen struppigen Affenmanns, der am Vortag zu ihr gekommen war. Der Affe winkte sie zu sich heran.

Der frühe Beginn der Hurrikansaison in der Karibik hatte sie gezwungen, die Expedition vorzeitig abzubrechen. Ein tropischer Sturm nach dem anderen peitschte über die Bahamas und die Florida Keys. Sie versuchten, den ersten Sturm in St. Augustine abzuwarten, aber eine enorme Windböe und eine Sturmwelle schmetterte ihr kleines Boot mit sämtlichen Vorräten gegen den zerstörten Pier. Zum Glück hatte Edward seine komplette Ausrüstung und die wertvollen Sammelexemplare, die er zusammengetragen hatte, bei sich im Hotelzimmer. Noch vor dem zweiten Sturm versuchte er, ein Telegramm an Mr. Talbot vom Amt für Pflanzenwesen zu schicken und darin um die Genehmigung zur Verlängerung der Expedition zu bitten und um weitere Geldmittel, damit sie die verlorenen und beschädigten Vorräte ersetzen konnten. Aber die Böen des heranziehenden Sturms unterbrachen sämtliche Telegraphenleitungen bis hinauf nach Atlanta. Die zerstörten Leitungen waren auch Wochen später noch nicht wieder repariert, was der Grund dafür war, daß Edwards Telegramm an Hattie erst Stunden vor seiner Ankunft eingetroffen war. Er hatte bereits seine Zweifel, als er den Kapitän eines nach Galveston fahrenden Schiffes bat, das Telegramm für ihn aufzugeben.

»Nichts lag mir ferner, als dich zu beunruhigen«, sagte Edward, während er am Tisch Hattie den Stuhl hielt. Aber es gab auch gute Nachrichten. Als ihr Schiff endlich in New Orleans eingetroffen war, hatte Edward dort ein Telegramm von Mr. Albert von Lowe & Company vorgefunden. Edwards Gesicht errötete, als er von Lowe & Company sprach. Obwohl er Hattie nicht viel über jene unglückselige Expedition nach Brasilien erzählt hatte, wußte sie, daß Lowe & Company in ein Mißverständnis verwickelt waren, das wegen einiger seltener Orchideenarten entstanden war, die Edward für eine Reihe privater Sammler hatte beschaffen sollen.

Die Köchin hatte Lammkoteletts in Minzesauce, grüne Bohnen und Kartoffeln mit Rosinenfüllung zubereitet, die Edward besonders liebte, dazu gab es süße gefüllte Pastetchen zum Nachtisch. Hattie mochte den strengen Geschmack von Lammfleisch nicht, und der Geruch der süßen Pastetchen war ihr zuwider, seit sie mit elf Jahren ihren ersten und einzigen Bissen probiert hatte. Aber sie war zu glücklich und aufgeregt, um hungrig zu sein, sie pickte lustlos die Rosinen aus der Kartoffel und schob mit der Gabel die Bohnen auf dem Teller herum, während Edward die neue Entwicklung erläuterte. Lowe & Company hatten ihm einen Vorschuß von fünftausend Dollar für eine Expedition nach Korsika überwiesen. Hattie würde also Gelegenheit haben, ihre Tante in England zu besuchen, und sie konnten außerdem nach Italien reisen. In etwas mehr als sechs Wochen würden sie mit dem Zug nach New York fahren, um vor ihrer Abreise für einige Wochen ihre Familien auf Long Island zu besuchen.

»Aber ich bin doch gerade erst hier angekommen«, wandte Hattie überrascht ein. »Ich habe noch nicht einmal die Hochzeitsgeschenke ausgepackt.« Edward lächelte.

»Das macht nichts!« sagte er und ergriff ihre Hände. »Du hast viele, viele Jahre Zeit, um dich hier einzuleben.«

Er wirkte so vornehm und athletisch – in der militärischen Haltung einer Ostküsten-Eliteschule. Beim Zuhören betrachtete Hattie sein Gesicht und seinen Mund, die Konzentration in seinen Augen, und sie fühlte, wie ihr Herz beim Anblick ihres Liebsten höherschlug, der ihr immer noch so unbekannt war. Sie fand es nach wie vor erstaunlich, zu sehen und zu begreifen, daß dies ihr Ehemann war! Ob sie ihm wohl ebenso fremd erschien?

Die Reise hatte eine Woche länger gedauert als geplant, weil das Schiff immer wieder in geschützten Buchten vor den hohen Wellen und Sturmwinden Zuflucht suchen mußte. Beim Ablegen in Veracruz war der Himmel blau und der Wind ruhig, aber im Golf von Campeche nahm der Wind zu. Der Schiffskapitän steuerte Tampico an, um dem Sturm auszuweichen. Da sie die Expedition hatten abkürzen müssen, war Edward froh über die Gelegenheit, sich auf dem Markt von Tampico ein wenig umsehen zu können. Er hatte es sich angewöhnt, von überall her typische Erzeugnisse der Region mitzubringen. Vielleicht besaßen die Einheimischen unbekannte Heilpflanzen mit kommerziellem Potential, eine neue Zitrussorte oder eine neue Methode der Kautschukgewinnung. Außerdem war er bestrebt, archäologische Artefakte und Kuriositäten zu erwerben. Wenn das Wetter es zuließ, wollte er den Schiffsjungen anheuern, ihm mit der Kamera zu helfen, um damit interessantere Objekte zu photographieren.

In Tampico wehte nur ein leichter Wind. Vereinzelte Federwolken wurden von einer kühlen Brise über den topasblauen Himmel getrieben, die frische Luft in die stickigen, nach totem Fisch und Abfall stinkenden Hafengassen brachte. Die Spuren öffentlichen Aufruhrs und der Hurrikansaison waren unübersehbar. Vor den Geschäften waren Eisengatter heruntergelassen; an Straßenecken standen paarweise Soldaten mit umgehängten Karabinern herum und rauchten. Die Gassen lagen verlassen da, auch wenn niemand genau wußte, warum. Die Gerüchte überschlugen sich. Sie reichten vom Ausbruch des Gelbfiebers bis hin zu einer Katzentollwutepidemie. In Tampico gab es immer irgendwelche Gerüchte über schwelende Krisen.

Der erste Maat erwähnte einen kürzlichen Aufstand der Mischlinge und Indianer, die behaupteten, von der indianischen Jungfrau von Guadalupe geleitet zu sein, und die sich gegen die staatlichen Steuereintreiber erhoben hatten. Die früh einsetzenden Stürme und die Auseinandersetzungen hatten auf dem Markt viele Lücken und leere Stände hinterlassen. Trotzdem hatte Edward es geschafft, eine ihm bis dahin unbekannte Melonenart zu finden. Ihre Form erinnerte ihn an einen Menschenschädel. Das saftige, süße Fleisch war leuchtend rot. Die Melonen lagen zu großen Haufen aufgetürmt auf den alten Steinplatten gleich neben tönernen Weihrauchgefäßen in der Form von Seerosen, die trübe Kopalharzklumpen als Brennstoff enthielten. Edward kaufte einige Bündel geheimnisvoller getrockneter Blumen, die gegen ein schwaches Herz und Haarausfall helfen sollten. Er fand merkwürdige Wurzeln, die wie Babyfinger aussahen und die Verdauung fördern sollten. Konsequent spähte er auch in die geschlossenen Stände und Geschäfte, damit ihm nichts Ungewöhnliches entging. Da bemerkte er einen Stand, der nichts anderes als die Vorderfront eines winziges Hauses am Eingang einer schmalen Gasse hinter der Kathedrale war. Er zögerte und wäre fast umgekehrt, denn der Stand war mit einem Eisengatter verschlossen. Aber dann sah er, daß auf dem Boden Brocken aus glänzendem schwarzem Meteoritengestein zum Verkauf angeboten wurden. Er war immer auf der Suche nach Eisenmeteoriten oder anderen Himmelskuriositäten. Er klopfte an, aber drinnen rührte sich niemand. Dann würde er eben später wiederkommen.

Die massiven Steintürme der alten Kathedrale fielen ihm auf. Sie waren aus den Steinen des alten Mayatempels errichtet worden, der hier einmal gestanden hatte. Edward hatte das Gefühl, die Kathedrale und den Markt für seinen Bericht unbedingt photographieren zu müssen. Er kehrte zum Schiff zurück, um Kamera und Stativ zu holen und den Schiffsjungen als Gehilfen anzuheuern. Während der Schiffsjunge das Stativ ausrichtete, justierte Edward die Linsen und legte sich das schwarze Verdunklungstuch über den Kopf. Plötzlich wurde es merkwürdig still auf dem Markt. Indianerinnen und Mestizo-Frauen verbargen die Gesichter hinter ihren Umhängen, wie sie es bereits getan hatten, als sie den Preis für eine Wurzel oder für Samen genannt hatten.

Edward und der Junge zogen mit der Kamera von Stand zu Stand, um die feilgebotenen Waren zu photographieren. Edward drückte dem Schiffsjungen Centavos in die Hand, um sie zu verteilen, und die merkwürdige Stille ging in dumpfes Gemurmel über, als sich die Indianerfrauen, die Gesichter immer noch hinter den Umhängen verborgen, zusammenscharten, um die Münzen zu vergleichen.

Bis zum Nachmittag hatten sie die hier wachsenden Mais- und Bohnensorten und anderen Markterzeugnisse durch Photographien ausreichend dokumentiert, und die Tasche mit Musterexemplaren war voll. Edward beschäftigte sich gerade damit, die Linsen aus der Kamera zu nehmen, als er bemerkte, daß sich vor dem Stand mit den Eisenmeteoriten etwas regte. Eine große, in ein leuchtend rotes Tuch gehüllte Gestalt verschwand hinter dem Eisengatter. Edward verpackte eilends die Kamera und schickte den Schiffsjungen mit der Ausrüstung zum Dampfer voraus, während er sich aufmachte, um sich nach dem Preis der Meteoriten zu erkundigen. Vor kurzem hatte es unter Archäologen große Aufregung gegeben, als man auf der großen Pyramide der Mayaruinen von Cholula einen Meteoriten von der Größe eines Frosches gefunden hatte.

Er klopfte höflich an, aber die Gestalt mit dem roten Tuch war nirgends zu sehen. Edward begann, sich wegen seiner Verspätung und der baldigen Abfahrt des Dampfers Sorgen zu machen, also klopfte er ein wenig fester. Die Wellblechseiten der Bude erzitterten. Plötzlich erschien ein großes, blaues Gesicht im Fenster, und Edward konnte nicht anders, als vor Schreck zurückzuweichen. Das lange zerzauste Haar der Frau, der stattliche Busen und die Arme waren allesamt leuchtend blau bemalt und betonten die indianischen Züge der Maya-Frau, die ausgeprägten hohen Wangenknochen und eine Hakennase. Ihre funkelnden schwarzen Augen bohrten sich in seine, und er fühlte, wie sich auf seiner Oberlippe und der Stirn Schweißperlen bildeten. Er deutete auf die Meteoritenstücke zu ihren Füßen.

»Wieviel kosten die?«

Die Frau starrte ihn an, bis er den Blick abwendete. Er sah die schwarze Haut ihrer Beine und begriff, daß die Frau nicht nur eine Maya war, sondern auch afrikanische Vorfahren hatte.

»Ach, du bist's«, sagte sie. »Scher dich weg. Ich habe geschlossen.« Die Verachtung in ihrer Stimme verblüffte Edward.

»Ich kaufe alle Eisenmeteoriten, die Ihr habt«, sagte er und griff in die Sammeltasche, um sein Portemonnaie herauszuholen. Sie rückte mit ihrem blaugefärbten Gesicht und Busen näher an ihn heran. Er spürte die Hitze ihres Atems, und im gleichen Moment packte ihn ein fürchterliches Grauen, als befände er sich in unmittelbarer Gefahr.

»Verschwinde! Du kannst sie nicht kaufen, aber bezahlen wirst du!«

Hatte sie ihn mißverstanden? Er hielt ihr eine Handvoll Silbermünzen hin, um ihr zu zeigen, daß er das Eisen kaufen wollte. Wieder zischte sie – scher dich weg! Der Schweiß auf seiner Stirn fühlte sich kalt an, und die Haare im Nacken standen ihm zu Berge. Er hatte plötzlich das Gefühl, daß die blaugesichtige Frau ihn schon seit langer Zeit kannte und haßte.

Wie albern, dachte er später, in der Sicherheit seiner Kabine. Er war zufrieden mit den schönen Melonenexemplaren und den Photographien. Der Marktbesuch in Tampico war ein Erfolg gewesen. Er verdrängte die unangenehme Begegnung mit der Mayanegerin aus seinen Gedanken. Es würde noch andere Gelegenheiten geben, um Eisenmeteoriten zu kaufen. Das Erlebnis stachelte nur seinen Eifer an.

Der Dampfer lief mit der Flut aus, aber schon nach wenigen Stunden frischte der Wind auf, und das Schiffsbarometer begann zu fallen. Weiße Schaumkronen schlugen gegen die Seiten des Schiffes, und der Kapitän versuchte, dem Sturm davonzufahren, indem er Nordkurs hielt. Das Schiff rollte und schlingerte, fuhr dann schließlich im Kreis, während es darauf wartete, daß der Sturm fortzog. In über dreißig Jahren hatte der Kapitän in der Karibik niemals so viele Stürme erlebt wie in diesem Jahr, und jedesmal fegte der Wind in die gleiche Richtung, hinaus aus der Bucht von Campeche.

Der Sturm heulte und peitschte den Regen unaufhörlich gegen das Schiff. Am dritten Tag machte das Unwetter noch immer keine Anstalten, nachzulassen, und die Seeleute begannen, alte Geschichten von Wirbelstürmen zu erzählen, die wochenlang andauerten. Edward blieb gelassen. Er hatte vor wenigen Jahren auf der Rückreise von der Pará-Expedition einen viel schlimmeren Sturm ausgestanden.

Als damals vor der Küste Venezuelas unvermittelt ein Sturm aufzog, erholte er sich gerade von seiner Verletzung und lag hilflos und verlassen in seiner Kabine. Windgepeitschte Wellen begruben das Schiff fast unter sich. Die verzweifelten Seeleute warfen einen Großteil der Ladung über Bord, um den Wind zu besänftigen, und alle bis auf zwei Kisten der seltenen Orchideen gingen verloren.

Die Seeleute glaubten, der Sturm sei das Werk der Schwarzen

Indianerin aus Tampico, auf deren Altar zwei Reihen von verschiedenen Heiligen standen, eine für den Tag und eine für die Nacht. Das Schiffsbarometer fiel so stark, daß sie glaubten, es sei defekt. Wer oder was hatte die Schwarze Indianerin so erzürnt? Edward hörte den Männern zu und fragte sich, ob es sich dabei um die gleiche Frau handelte, die sich geweigert hatte, ihm die Meteoriten zu verkaufen. Sie sei die Tochter afrikanischer Geister und der Mayageister, hieß es. Die Seeleute hörten Geister im Geheul des Windes.

Die Schwarze Indianerin und ihre schwarzen Hunde suchten nach den Stürmen an den Stränden nach Gold und anderen Wertsachen verunglückter Schiffe. Edward hörte den Berichten der Seeleute amüsiert zu. Die Matrosen ereiferten sich immer mehr. Welcher Narr hatte die Schwarze Indianerin erzürnt und dazu gebracht, schwarze Hundehaare und Rum in einer weißen Schüssel zu verbrennen und so den Wind heraufzubeschwören? Nun blieb nichts anderes übrig, als Goldmünzen und Wertsachen über Bord zu werfen. Denn das war es, was sie wollte. Gold, das für sie an die Küste geschwemmt wurde.

Später, als sie allein waren, fragte Edward den Kapitän des Schiffes, wo in Tampico diese Schwarze Indianerin zu finden sei. Der Kapitän hatte bereits die erste Flasche Wein geleert und öffnete gerade die nächste. Ihre häßliche Visage sei unverwechselbar – leuchtend blau angemalt. Edward spürte, wie ihn ein Schauer überlief. Er verschwieg seine Begegnung, damit man nicht ihn beschuldigte, den Sturm über sie gebracht zu haben. Er entschuldigte sich und kehrte in seine Kabine zurück. Sich vorzustellen, daß er ihren heißen, rumgeschwängerten Atem eingesogen hatte!

Regen und Wind hielten unbarmherzig an, wurden an Intensität weder stärker, noch schwächer, und wie alle anderen tropischen Stürme in dieser Saison schien auch dieser in der Bucht von Campeche festzusitzen. Das Schiff lag jetzt an einer geschützten Stelle vor Anker, aber sie waren nicht in der Lage, von dort fortzukommen. Der Erste Maat goß Weihwasser aus, während der Kapitän Händevoll goldener Perlen über Bord warf, die anderen Seeleute kippten obendrein zwei Steigen Bananen hinterher. Der Wind schien etwas nachzulassen.

Diesmal ging Edward kein Risiko ein. Er bewahrte seine

Kisten und Truhen gut verschlossen in seiner Kabine auf. Das unablässige Heulen des Windes ließ sein rechtes Ohr taub werden, ein Leiden, das in seiner Kindheit zum erstenmal aufgetreten war, nachdem er mit seinem Vater im Meer geschwommen hatte.

Am nächsten Morgen war der Himmel so blau und das Meer so ruhig, als habe es niemals einen Sturm gegeben. Edward nahm die Gelegenheit wahr, vom Sturm losgerissenen Riementang und Algen einzusammeln, bevor der Dampfer aufbrach. Als er die Flaschen mit Salzwasser und Algen abfüllte, war er guter Dinge, daß die Expedition sich doch nicht als gänzlich unnütz erweisen würde. Er konnte es sich nicht leisten, mit leeren Händen zurückzukehren.

Vielleicht lösten eben jene Sorgen die Kopfschmerzen aus, die ihn überfielen, als er einen mit Meerwasser und Riementang gefüllten Bottich an Deck hievte. Der jähe Schmerz über seinem linken Auge wurde begleitet von einem gleißend hellen Lichtstrahl. Er schaffte es kaum noch, die Gläser zu verschließen und zu beschriften, ehe ihm der Schweiß ausbrach und ihm vor Schmerz übel wurde. Die Kopfschmerzen hielten zwei Tage lang an. Der Kapitän schickte den Steward, um ihm Belladonna zu verabreichen, und irgendwann war der Schmerz so unerträglich, daß Edward den Steward bat, ihn durch eine Überdosis von seiner Qual zu erlösen. Er lachte, als er Hattie nun von der Geschichte erzählte, aber Hattie bemerkte das Zögern in seiner Stimme. Die rasenden Schmerzen hatten ihn so sehr verwirrt, daß er sich einbildete, wieder am Pará-Fluß zu sein.

»Ich konnte das brennende Blattwerk riechen. Ich konnte sogar die zerschmetterten Knochen in meinem Bein spüren.« Edward trank einen Schluck Wein und lehnte sich in seinem Stuhl zurück, der Hatties gegenüberstand.

»Einmal habe ich mir sogar eingebildet, mein Vater sei bei mir in der Kabine, rauche eine große Zigarre und lache mich an!«

Hattie lächelte. Sie genoß Edwards angeregte Stimmung. Sie legte sich einen leichten Schal um, und beide spazierten Arm in Arm schweigend über die Westterrasse. Der Duft von Zitrusblüten durchflutete die Nacht und überdeckte selbst den der weißen Kletterrosen und des Flieders. Es war unnötig, hier Duftgärten anzulegen, aber mit der Zeit gewöhnte man sich an die Orangen- und Zitronenblüten. Hattie wollte einen Garten mit Düften anlegen, der die schwere Süße kontrastierte. Wilden Salbei, Koriander, Basilikum, Rosmarin, duftende Geranien und Katzenkraut mochten für den Anfang genügen. Trotz des vernachlässigten Zustandes der Gärten sah sie endlose Möglichkeiten.

Edwards Vater hatte noch vor der Fertigstellung der Eisenbahnlinie die erste Zitrusplantage in Riverside County angepflanzt. Aber er war kein Zitruspflanzer. Er bezeichnete sich selbst als Botaniker, auch wenn ihm die formale Ausbildung dazu fehlte. Es kümmerte Edwards Vater nicht, daß er das Familienvermögen, das sich seit der Staatsgründung ständig verringerte und durch seine Spielleidenschaft noch zusätzlich geschröpft wurde, durch den Verkauf von süßen Orangen, die auf Güterwaggons in den Nordosten verfrachtet wurden, leicht hätte wieder aufstocken können. Edwards Vater wollte sich die Mühen, die solche Geschäfte mit sich brachten, nicht zumuten – Orangenkisten, Zugfahrpläne und Bestellungen langweilten ihn.

Statt dessen verbrachte der Vater den ganzen Tag im Orangenhain oder in den Gewächshäusern, wo er Edward die Ergebnisse seiner Zitrusveredlungen zeigte – Zitronen, Grapefruits und Mandarinen wuchsen alle am gleichen Baum.

Jeden Donnerstag nachmittag saß sein Vater stundenlang am Schreibtisch, der Koffer war gepackt und der Kutscher wartete, und berechnete seine Glückszahlen, ehe er zu einem Wochenende des Glücksspiels nach Long Beach aufbrach. Edward begriff, daß er seinen Vater niemals bitten durfte, ihn zu begleiten.

Als Junge teilte Edward die Begeisterung seines Vaters für Zitrusbäume. Das Gewächshaus der Orangerie mit ihren Gerüchen nach Paraffin, Schwefel und feuchter Erde war der Lieblingsplatz seiner Kindheit. Die kleinwüchsigen Mandarinenbäumchen entlang der hinteren Mauer des roten Gartens waren Pfropfungen, die Edward mit zwölf vorgenommen hatte. Wenn seine Mutter und Schwester in New York weilten, hatte er sich im Gewächshaus, umgeben von den Orchideen seiner Mutter, weniger einsam gefühlt.

Edward war sieben, als seine Mutter ihn für alt genug befand, um bei dem Vater zu bleiben. Ihren alljährlichen Sommerbesuch auf Long Island trat sie mit Susan im Schlepptau an, und am Tag nach Ostern bestiegen sie den Zug, weil sie die trockene Sommerhitze in Riverside nicht ertrug.

In den ersten Jahren graute es Edward vor dem Heranrücken des Aschermittwoch. Am Ostersonntag wachte er tränenüberströmt auf, weil Mutter und Schwester in wenigen Stunden bis zum Oktober fortgehen würden. Doch im Laufe der Zeit lernte er, mit der Trauer fertigzuwerden, indem er seinen Vater ins Gewächshaus oder auf die Orangenfelder begleitete. Der Vater duldete ihn, solange er nicht ungefragt den Mund aufmachte. Die Ausflüge des Vaters nach Long Beach oder Pasadena dauerten mitunter Wochen, und wenn er zurückkehrte, brachte er neue Koffer voller verschmutzter, neugekaufter Kleidung mit. Niemand verlor jemals ein Wort über die Abwesenheiten seines Vaters, nicht einmal, als er während einer zweiwöchigen Spritztour nach Pasadena verstarb.

Ein kühler Wind wehte aus der Wüste herüber, und Hattie schmiegte sich enger an Edward und lehnte den Kopf leicht gegen seine Schulter. Augenblicke später fühlte Edward sich erschöpft, und sie gingen hinein. Er schlief, noch ehe Hattie ins Bett kam, aber nach Mitternacht erwachte er schlagartig aus einem Traum und setzte sich auf.

Im Traum hatte er in der engen unteren Koje eines Stockbettes im Mannschaftsquartier eines Schiffes gelegen. Wellen hatten die Seiten des Schiffes zertrümmert, und Salzwasser schoß ringsherum herein. Die Pflanzen! Er mußte sich vergewissern, daß sie in Sicherheit waren. Er verließ die fest schlafende Hattie, um nach seiner neuen Sammlung zu sehen.

Einer der Seewasserbehälter war zwischen Los Angeles und Riverside ausgelaufen, und er machte sich Sorgen über den Zustand der seltenen Algen. Am nächsten Morgen würde er als erstes in Los Angeles frisches Meerwasser anfordern. Die getrockneten Pflanzen hatte er noch nicht ausgepackt. Jetzt befürchtete er, sie könnten vom ausgelaufenen Seewasser vielleicht naß geworden sein. Er hatte die Schwämme vor dem Verpacken getrocknet. Wenn sie naß wurden, würden sie verschimmeln. Er bereitete den Trockenschrank vor und öffnete vorsichtshalber die Umschläge und legte jeden einzelnen Schwamm obenauf, um sie sich genauer anzusehen. Jacksonville, Lake Okeechobee, St. Johns River, Titusville, Indian River, St. Lucie, Pine Key, Cedar Key, Key West, Cape Florida, Nassau, Tortuga. Er besah jeden Umschlag mit getrocknetem Pflanzenmaterial, um sicherzugehen, daß keine Feuchtigkeit eingedrungen war. Auch wenn die frühe Hurrikansaison die Expedition abgekürzt hatte, war er zuversichtlich, eine anständige Sammlung zusammengetragen zu haben. Das Smithsonian Institut und das Amt für Pflanzenwesen organisierten für die Jahrhundertausstellung der Industrie und der Baumwollhersteller in New Orleans im kommenden Jahr eine gemeinsame Ausstellung. Im Mittelpunkt der Präsentation sollten Handel, Industrie und Naturgeschichte der Golfregion und des Karibischen Meeres stehen. Besonderes Augenmerk sollte auf kommerziell und anderweitig verwertbare Schwämme, Zierkorallen und größere, zum Verzehr geeignete Schnecken- und Krustentiere gelegt werden.

Nachdem er sich vom guten Zustand der Exponate überzeugt hatte, öffnete er die Truhe mit seinen Notizbüchern und Landkarten, auf denen er jede einzelne Fundstelle markiert hatte. Nach der Hurrikansaison würde eine Arbeitsgruppe die Aufzeichnungen und Karten dazu verwenden, seine Reiseroute nachzuvollziehen und die für diese Jahrhundertausstellung benötigten Pflanzenmengen zu beschaffen. Mr. Talbot hatte ihm die Pläne gezeigt. Der Kongreß hatte fünfundsiebzigtausend Dollar für sorgfältige Vorbereitungen bewilligt. Spezielle Kuratoren würden die Korallen und Schwämme präparieren, um ihre Farben zu erhalten und zu verstärken. Hunderte von Dollar teure Präsentationsbehälter, die mit Salzwasser gefüllt werden sollten, wurden bereits montiert.

In dieser Nacht erwachte Hattie und bemerkte, daß Edward nicht im Bett lag. Aus Sorge um seine Gesundheit machte sie sich auf die Suche. In den Arbeitsräumen des zweiten Stocks bemerkte sie Licht. Sie wollte ihn nicht beobachten, aber er war so versunken, daß sie im Türrahmen stehenblieb. Mit was war er dort derart beschäftigt? Er hatte eine wollene Militärdecke auf dem Schoß, hielt eine Ecke der Decke in den Händen und untersuchte sie Zentimeter für Zentimeter. Hin und wieder schien er etwas zu finden und aus dem Wollgewebe zu ziehen. Dann langte er mit der Hand zu einem Topf auf dem Tisch hinüber.

Sie unterbrach ihn nicht, sondern wartete bis zum nächsten Morgen, um nachzusehen, was er in den Topf getan hatte. Sie fand zarte Grassamen, geformt wie lange Pfeile, und andere, die wie Sterne aussahen. Edward bemerkte, daß sie den Topf untersuchte.

»Ach, die. Ich konnte meine Gräsersammlung nicht vervollständigen, aber ich habe einige Exemplare in der Decke gefunden.«

Irgendwie weckte Edward mit seinen Notizbüchern und Sammelbehältern Hatties Sehnsucht nach ihren Büchern und Aufzeichnungen, die noch immer unausgepackt in den Kisten lagerten. Obwohl es vom Prüfungsausschuß abgelehnt worden war, hoffte Hattie immer noch, ihr Manuskript fertigstellen zu können. Beim Packen für den Umzug nach Kalifornien war eines ihrer Notizbücher herausgefallen und hatte sich auf der Seite geöffnet, auf der die Lehren des Valentinus skizziert wurden, mit 365 Himmeln und 365 verschiedenen Engelschören. Und plötzlich wurde ihr bewußt, wie sehr sie die Arbeit an den alten gnostischen Texten mit ihrer übersprudelnden Phantasie vermißte.

Der Arzt machte das »wüste Fortschrittsdenken« ihres Vaters, wie die Mutter es nannte, für Hatties schwache Nerven verantwortlich. Sie hatte die ärztliche Anweisung, sich auszuruhen und zu entspannen und jede geistige Betätigung unter allen Umständen zu vermeiden, vor allem aber jene Art von Aufregung, die das Forschen und Schreiben an ihrer Arbeit mit sich gebracht hatte. Ihre Mutter gab dem Aufruhr um ihre Arbeit auch die Schuld für ein weiteres Ereignis, das zu schockierend war, um darüber zu sprechen.

Ihr Vater war so stolz auf Hattie, daß er jegliche Verantwortung akzeptierte, die er für ihre Krankheit haben mochte. Jedes Wissen hatte seinen Preis. Am Tag von Hatties Geburt hatte Mr. Abbott im Garten eine weiße Eiche gepflanzt. Als überzeugter Anhänger von John Stuart Mill hielt er es für seine väterliche Pflicht, Hattie die bestmögliche Ausbildung zukommen zu lassen. Deshalb unterrichtete er sie persönlich. Sie sei außergewöhnlich,

sagte er ihr, und bestärkte sie darin, über die beschränkten
essen der zeitgenössischen Frauenrechtlerinnen – dem V
von Alkohol und dem Wahlrecht für Frauen – hinauszugehen und sich den großen philosophischen Fragen nach dem Verhältnis von freiem Willen und Gott zuzuwenden. In Vassar erschienen Hattie die anderen Katholikinnen entweder zu zaghaft oder langweilig, aber auch die Suffragetten lehnte sie ab. Hattie zog Bücher und ihren Arbeitsplatz in der Bibliothek dem Ballsaal vor. Ihr Grundstudium schloß sie innerhalb von drei Jahren mit Auszeichnung ab.

Die außergewöhnliche Ausbildung unterschied Hattie völlig von anderen jungen Frauen ihres Alters. Gerade weil Mr. Abbott ein Freidenker war, bestand Hatties Mutter auf die samstagnachmittäglichen Katechismusstunden im Konvent, die Hatties einzige Gelegenheit waren, mit anderen gleichaltrigen jungen Frauen zusammenzutreffen. Auch nach der Heiligen Kommunion und der Firmung schickte die Mutter Hattie, die es auch selbst wollte, weiter zum Religionsunterricht. Fünf oder sechs andere Mädchen besuchten diese Unterweisungen, und sie hätten sich sicher zu Tode gelangweilt, wäre da nicht Schwester Conrad gewesen, die zu taub war, um die Mädchen flüstern zu hören, und zu exzentrisch, um sich an den Katechismus zu halten.

Schwester Conrad unterwies seit vielen Jahren die höheren Töchter im kirchlichen Glauben. Der erste Teil ihres Unterrichts war zu langweilig, um sich daran zu erinnern. Zuerst standen sie auf und beteten auf Lateinisch, um zu zeigen, daß sie den Text gelernt hatten, dann sprach die alte Nonne über Herzensgüte, Frömmigkeit und den Himmel. Aber schon nach kurzer Zeit kam Schwester Conrad von den himmlischen Tugenden auf die wirklich wichtigen Themen zu sprechen, die ihr die Röte in das große irische Gesicht trieben. Hattie war zwölf Jahre alt, als Schwester Conrad zum erstenmal vom Teufel und den Höllenfeuern sprach, und sie war hingerissen von den Geschichten der alten Nonne.

Während sie ihnen Geschichten von selbstsüchtigen, verlogenen kleinen Mädchen erzählte, deren Verhalten so schlimm war, daß der Teufel persönlich auf sie aufmerksam wurde, schaute Schwester Conrad jeder einzelnen von ihnen in die Augen. Angezogen von ihren Sünden, käme der Teufel und verstecke sich in ihren Zimmern – im Schrank oder unter dem Bett –, um bei der ersten Gelegenheit über die bösen Mädchen herzufallen. Wenn das sündige Mädchen vor Angst nicht auf der Stelle tot umfiel, warf der Teufel es hoch in die Luft und ließ es dann zu Boden krachen, wo es sich alle Knochen bräche. Als Hattie die Teufelsgeschichten ihrem Vater erzählte, machte dieser ein besorgtes Gesicht und fragte, ob sie den Katechismusunterricht lieber beenden wollte. Hattie lehnte erschrocken ab, denn sie genoß die Zeit mit gleichaltrigen Mädchen, mit denen sie klatschen und über Jungen kichern konnte.

Hattie vertraute auf den liebenden, verzeihenden Gott, den ihr Vater beschrieb – einen Gott, der seinen Kindern nur Gutes und nichts Böses tat. Kein Teufel konnte Hattie etwas anhaben – sie war sicher, daß Gott sie zu sehr liebte, um zuzulassen, daß ihr Böses geschah, und sie war neugierig auf die versteckten Gefahren der Welt, über die wohlerzogene Menschen nur selten sprachen. Die Freundinnen ihrer Mutter redeten flüsternd über junge Frauen, die »ruiniert« waren, aber da sie Hattie in der Nähe wußten, enthüllten sie nie die schauerlichen Einzelheiten.

Sister Conrad ließ Bemerkungen und Anspielungen über »schlechte Mädchen« fallen, die ihre fleischlichen Sünden beichten sollten, wenn sie sich zu lange im warmen Bad aufgehalten hatten. Hattie hatte keine Ahnung, wovon die alte Nonne sprach, bis sie die anderen Mädchen fragte und diese sie aufklärten. Schokkiert, aber nicht überrascht marschierte Hattie nach Hause und geradewegs in die Bibliothek zu den medizinischen Nachschlagewerken. Die Kapitel über Fortpflanzung und Geburt, ausgestattet mit Diagrammen und Farbabbildungen, hinterließen bei Hattie ein flaues Gefühl. Doch richtig übel wurde ihr, als ihre Mutter von dem Blutverlust und den stundenlangen Qualen bei Hatties Geburt berichtete. Arme Mama! Sie war nicht in der Lage, weitere Kinder zu bekommen.

Von Zeit zu Zeit kam ein Jesuitenpater, um die Mädchen in Kirchengeschichte zu unterweisen. Er war ein kräftiger, blasser Mann, der die Mädchen niemals direkt ansah, sondern immer auf die gegenüberliegende Wand blickte. Selbst wenn eines der Mädchen fragend die Hand hob, starrte der Pater über ihren Kopf hinweg. Die anderen Mädchen langweilten sich jedesmal und wurden unruhig, wenn der Pater über die Gefahr des Verlustes ihrer unsterblichen Seele predigte, aber Hattie war insgeheim fasziniert von der Dramatik des alten Kampfes zwischen Gott und dem Teufel, der sich in immer neuen Situationen wiederholte.

Der Pater begann seinen Vortrag über die frühe Kirchengeschichte mit dem dritten Tag nach der Kreuzigung. Die Jünger Jesu waren natürlich gramgebeugt und durcheinander – Hattie stiegen die Tränen in die Augen, als der Pater das Ereignis schilderte. Maria Magdalena sah den wiederauferstandenen Jesus als erste, aber Petrus weigerte sich, ihr zu glauben. Warum sollte Jesus als erstes einer Frau wie Maria Magdalena erscheinen? Hattie war empört über diese Ungerechtigkeit. Sie hob die Hand, und der Jesuit nickte ihr zu. Die anderen Jünger mochten Maria Magdalena nicht, meinte Hattie. Sie waren eifersüchtig, weil Jesus sie achtete. Frank und frei fuhr Hattie fort: Vielleicht wollte Jesus dadurch, daß er ihr zuerst erschien, den anderen Jüngern eine Lektion in Bescheidenheit erteilen. Der Jesuit verzog keine Miene. Ein göttliches Mysterium, meinte er. Nur Gott kenne die Antwort.

Hattie war fasziniert von den Anfängen des Christentums. Fast unmittelbar nach Jesu Kreuzigung tauchten bereits die ersten Irrlehren auf. Woche für Woche nahm der blasse Jesuit mit ihnen die großen Häresien durch: Gnostizismus, Arianismus, Nestorianismus, Pelagianismus, die Waldenser, die Albigenser, die Lutheraner, Calvinisten und Anglikaner. Die Mädchen erfanden einen Singsang, um sich die Namen für die Prüfung zu merken. Die Geschichte der Kirchenhäresien war viel interessanter als das Leben der Heiligen, auch wenn die Berichte über Marter durch Feuer und Schwert sich wiederholten. Die anderen jungen Frauen aus dem Religionsunterricht kannten keine anderen Themen als junge Männer und Heirat. Obwohl sich Hattie auch dafür interessierte, zog sie Bücher doch vor.

Zu Hause las Hattie sämtliche Sagenbände, die sie finden konnte. Als sie mit der griechischen, der römischen und der nordischen Mythologie fertig war, wandte sie sich den Ägyptern zu. Ihr Interesse an Archäologie resultierte aus ihrer Leidenschaft für verborgene Grüfte und Mumien. Stücke von Shakespeare las sie für ihr Leben gern – der schwache Richard II. und der mißgünstige Richard III. waren ihre Lieblingsfiguren –, und sie war gefesselt vom brillanten Satan in Miltons »Das verlorene Paradies«.

Ihre Mutter bestand darauf, daß sie Reitstunden erhielt, damit sie an die Sonne und an die frische Luft kam. Hattie sollte normale Interessen und Hobbys entwickeln, die sie lange genug von den Büchern fernhielten, um einen Ehemann zu finden.

Mit ihrem Pony galoppierte sie durch die Dünen oberhalb der Bucht. Sie liebte den rauschenden Wind im Gesicht und das kraftvolle Muskelspiel des Ponys. Ihr Vater schickte in diskretem Abstand einen Aufpasser hinterher, für den Fall, daß sie stürzte, ansonsten ritt Hattie allein. Ein Ausritt am Strand verhalf ihr zu einem klaren Kopf und ließ sie auf völlig neue Ideen kommen. Sie liebte es, sich vorzustellen, sie sei die Jungfrau von Orleans auf dem Weg in die Schlacht oder ein Ritter der Kreuzzüge.

Als sie den Privatunterricht bei ihrem Vater beendete und aufs College wechselte, hatte Hattie sämtliche Bücher der Eltern über das frühe Christentum gelesen.

Nach drei Jahren beendete Hattie ihr Grundstudium am Vassar College mit Auszeichnung. Mr. Abbott sprach voller Stolz über ihr religionsgeschichtliches Interesse und ihren Wunsch, weiterzustudieren. Als ehemaliger Harvard-Absolvent kam er mit der Divinity School überein, daß Hattie die Veranstaltungen als Gasthörerin besuchen sollte, bis sie ihre Befähigung für ein höheres Studium nachgewiesen hatte.

Mrs. Abbott teilte die Begeisterung ihres Mannes für Hatties weitere Ausbildung nicht. Sie fürchtete um Hatties Ruf. Wieviele achtbare Herren wollten wohl eine in Ketzerei bewanderte Ehefrau? Und warum mußte sie nach Harvard, wenn die Columbia Universität so viel näher lag? Aber Mrs. Abbott wußte, wann sie auf verlorenem Posten stand, und so begleitete sie Hattie ergeben in das behagliche Stadthaus, das sie in der Nähe des Harvard Square angemietet hatten. Mr. Abbott wollte ursprünglich bei seinen Windkraftexperimenten in Oyster Bay bleiben, aber die Einsamkeit trieb ihn, begleitet von Köchin und Kutscher, bald zu seiner Familie.

Hatties Vater kontaktierte seinen alten Freund Dr. Rhinehart in Cambridge und vereinbarte für Hattie die gelegentliche Nutzung von dessen Privatbibliothek. Als Experte für alte koptische Manuskripte besaß Dr. Rhinehart eine bemerkenswerte Bibliothek alter Texte und Abhandlungen über die frühe Kirchengeschichte, die mit der Harvardschen Sammlung durchaus mithalten konnte. Hattie war begeistert.

Monate später machte der Arzt die Überreizung der Nerven durch die Vorlesungen in Anwesenheit junger Herren für Hatties Krankheit verantwortlich. Der Arzt verriet Mrs. Abbott, daß er seit dem Auftauchen von Margaret Fuller und ihresgleichen viel mehr junge Frauen wegen nervöser Störungen behandeln müsse. Hattie dagegen fand, daß ihre Krankheit in Anbetracht der vorausgegangenen Ereignisse völlig normal sei.

Dr. Rhineharts Bibliothek übertraf alle ihre Erwartungen. Der Anblick der vielen alten Schriftenrollen in den Glasvitrinen und der zahllosen Bände über das frühe Christentum, aufgereiht in Regalen, die vom Boden bis zur Decke reichten, verschlug ihr den Atem. Schweigend ging sie an den Regalen vorbei und genoß den Geruch von Ledereinbänden und Leim. Die Schönheit der Einbände fiel ihr auf. Die Anordnung der Bücher war exakt, wenn auch nicht nach Verfasser, Titel oder Entstehungszeit geordnet. Hier und da standen mitten unter rehbraunen, schokoladefarbenen und jägergrünen Bänden eine Sammlung von Werken in roten Ledereinbänden und safrangelben Umschlägen. Schwarze Ledereinbände bildeten Begrenzungen, so daß das Ganze wie ein wunderbarer, seltsamer Garten wirkte.

Aus seinem Arbeitszimmer brachte Dr. Rhinehart einen ganzen Arm voller ledergebundener Manuskripte und häufte sie neben Hattie auf den Bibliothekstisch. Er ermutigte sie, nach Belieben in seinen Übersetzungen der koptischen Schriften zu lesen, die sein Lebenswerk darstellten. Sie bedankte sich bei dem großzügigen Gelehrten und versprach zurückzukehren, sobald sie sich in ihr Studium eingefunden hatte. Die Seminare beinhalteten umfangreiche Literaturlisten, so daß sie sich im ersten Semester auf eine Vorlesungsreihe über die Kreuzzüge und ein Seminar über Ketzerei beschränkte. Beide Veranstaltungen brachten einen hohen Aufwand an Lesen und Vorbereitungen mit sich. Wochen vergingen, und Hattie war immer noch zu beschäftigt, um in Dr. Rhineharts Bibliothek zurückzukehren.

Die Vorlesungen über die Kreuzzüge waren aufregend, aber durch die Schilderung der blutigen Ereignisse auch quälend. Das Seminar über Ketzerei war genauso faszinierend, wie Hattie gehofft hatte. Christus lag kaum in seinem Grab, als auch schon die ersten Irrlehren auftauchten. Mit der Zeit erschienen ihr die gnostischen Häretiker am interessantesten, und sie hoffte, auf diesem Gebiet ein lohnenswertes Thema für ihre Forschungsarbeit zu finden. Ob sie den Status einer Graduierten erhielt, würde hauptsächlich davon abhängen, welches Thema sie wählte. Natürlich fand ihr Vater, sie solle ihr Buch schreiben und sich keine Gedanken darüber machen, ob sie einen Abschluß erreichte oder nicht.

Der Gnostiker Basilides war wirklich wunderbar. Nach seiner Lehre war nicht Jesus gekreuzigt worden, sondern Simon von Kyrene hatte sein Aussehen angenommen, das Kreuz getragen und war an seiner statt gestorben. Basilides war der Ansicht, daß Jesus gekommen war, um die Menschen durch das Licht göttlicher Gnade zu erlösen. Aber da die materielle Welt voller Leid und Sünde ist, hatte Jesus einen Phantomkörper angenommen, der zwar normal wirkte, in Wirklichkeit aber himmlischer Herkunft war und nicht aus Materie bestand.

In jeder Vorlesung entdeckte Hattie Häresien und Häretiker, von denen sie im Katechismusunterricht nie gehört hatte. Zum Beispiel Simon Magus, den samaritanischen Messias, der von sich behauptete, der Hauptrepräsentant Gottes zu sein, und von dem berichtet wird, er sei der Verfasser eines verlorengegangenen Evangeliums, der *Großen Offenbarung*.

Der Gnostiker Kerinth verkündete, daß nicht Gott die Welt erschaffen habe, sondern eine ferne Macht. Er sagte ein Jahrtausend voraus, in dem ein Messias tausend Friedensjahre lang herrschen würde. Karpokrates, ein Anhänger Kerinths, lehrte, die Welt sei von sechs Engeln erschaffen worden, und alle Gläubigen seien Christus ebenbürtig. Die Menschen könnten sich erst dann von Sünde und Laster befreien, wenn sie zuvor auch von Sünde und Laster beherrscht wurden.

Was der blasse Jesuit wohl sagen würde, wenn er Hattie jetzt sehen könnte? Schwester Conrad hätte ihre unsterbliche Seele in höchster Gefahr gesehen, das wußte sie! In ihrer ersten Hausarbeit schrieb Hattie über die Ursprünge der Illuminationstheorie, die Valentinos gepredigt hatte, der von sich behauptete, mit geheimem Wissen über die geheimen Lehren Gottes ausgestattet worden zu sein. »Mögest du vom Licht erleuchtet werden« war die Losung, mit der sich seine Anhänger begrüßten. Die Illuminaten traten erstmals in Spanien mit Priscillianus auf, der sich einer höheren und direkt von Gott gesandten Erkenntnis rühmte, was natürlich für Unruhe sorgte. Die spanischen Bischöfe überredeten den Usurpator Maximus, Priscillianus zum Tode zu verurteilen, aber Martin, der Bischof von Tour, der beim Konzil in Trier zugegen war, protestierte gegen die Bestrafung des Häretikers durch weltliche Mächte und bestand darauf, daß die Exkommunikation ausreichend sei. Martin verließ die Stadt erst, als der Usurpator ihm versprach, Priscillianus zu verschonen. Doch gleich nach seiner Abreise überredeten die Bischöfe den Usurpator, Priscillianus und einen seiner Anhänger zu enthaupten. In ihrem Schlußkommentar folgerte Hattie, 385 nach Christus habe die Kirche zum ersten, aber nicht zum letzten Mal den Staat ermuntert, sich in kirchliche Angelegenheiten einzumischen, .

Als sie die Arbeit zurückerhielt, fand sie auf den Seitenrändern in winziger, gedrängter Handschrift zahlreiche Anmerkungen ihres Professors. Ihre Arbeit sei gut geschrieben, kommentierte er, aber ihre Schlußfolgerungen seien übereilt und verfehlt und könnten sogar als Schuldzuweisung an die Spanischen Bischöfe für Priscillianus' Hinrichtung verstanden werden. Darüber hinaus deute ihre Arbeit die Möglichkeit an, daß Gott geheimes Wissen weitergegeben habe, über das die Kirchenoberen selbst nicht verfügten. Das sei schlicht und einfach Ketzerei.

Beim Durchlesen der Anmerkungen zu ihrer Hausarbeit bemerkte Hattie, daß Mr. Hyslop auf dem Platz neben ihr reges Interesse zeigte. Mr. Hyslop war der erste ihrer Kommilitonen, der sich ihr vorgestellt hatte. Er war höflich, geradezu freundlich, während die anderen Studenten sie weiter ignorierten. Hattie hob den Kopf und lächelte, ließ ihn jedoch nicht weiter teilhaben, während sie über die »Zwei« nachdachte, die sie für ihre Arbeit erhalten hatte.

Nach der Veranstaltung wartete Mr. Hyslop draußen auf der Treppe auf sie und erinnerte sie daran, daß sie zwei gemeinsame Veranstaltungen belegt hatten – Häresie und die Kreuzzüge, wie er mit einem kleinen Lachen sagte. Hattie gefielen seine leuchtend blauen Augen, doch als sie merkte, wie sie rot wurde, sah sie zu Boden. Die anderen mochten so tun, als sähen sie sie nicht, sagte Mr. Hyslop zu Hattie, in Wirklichkeit kannten alle ihren Namen, weil sie in diesem Semester die einzige weibliche Gasthörerin war. Als Presbyterianer fand Mr. Hyslop es überaus faszinierend, daß eine Katholikin an der Divinity School Veranstaltungen besuchte.

Hattie zuckte nicht einmal an jenem Morgen mit der Wimper, als der Dozent behauptete, die Kreuzzüge seien für das Christentum eine Katastrophe gewesen. Das sei auch ihre Meinung, sagte sie anschließend zu Mr. Hyslop. Die Kreuzzüge hatten die Christen daran gewöhnt, für die Religion zu töten. Als sie gemeinsam vom Vorlesungssaal weggingen und unter den Bäumen den Gehsteig entlangspazierten, wurde sie allmählich offener.

Im Vorjahr hatten zwei Frauen Veranstaltungen besucht, berichtete Mr. Hyslop, beide seien recht gute Studentinnen gewesen. Das sei wohl anzunehmen, erwiderte Hattie, warum sollten sie sonst Veranstaltungen besuchen? Mr. Hyslop lief puterrot an. In diesem Moment erreichten sie den Platz, an dem jeden Nachmittag die Kutsche der Abbotts wartete. Während der Kutscher Hattie die Tür öffnete, stand der junge Mann unbeholfen und mit dem Hut in der Hand da. Hattie wünschte ihm beim Einsteigen einen »Schönen Tag«, und er errötete und winkte ihr nach, als sie davonfuhr.

In ihrer zweiten Hausarbeit für das Häresie-Seminar schrieb Hattie über die Anhänger Valentinos', der zur Mutter Sophia betete, der Mutter ewiger Stille und Gnade, Sophia, dem Anfang allen Seins und unabänderlicher Weisheit. Valentinos predigte, daß sich jenen, die auf ihre Schutzengel hörten, große Weisheit enthüllen werde, weil ihre Engel ohne sie nicht in den Genuß ewiger Glückseligkeit kämen. Er lehrte, daß die materielle Welt und die physische Erscheinung nur vorübergehender Natur seien. Daher gebe es auch keine fleischlichen Sünden, und auch das Sakrament der Ehe sei nicht notwendig, da einzig und allein der Geist zähle.

Hatties Interesse galt dem gleichberechtigten Status des weiblichen Prinzips in der gnostisch-christlichen Tradition. Sie untersuchte andere Beispiele für die Ebenbürtigkeit des weiblichen Elements und entdeckte die Ophiten, für die das Licht, der Ruhm Gottes, ohnegleichen waren, und die daran glaubten, daß Christus dreihundertundfünfundsechzigtausend Jahre herrschen werde. Die Throne der zwölf Apostel würden unweit seines Thrones stehen, aber die Throne von Maria Magdalena und Johannes dem Täufer würden höher stehen als die der Apostel! Unglaublich! dachte Hattie. Phantastisch, außergewöhnlich. Die Ketzerei war offensichtlich, trotzdem war sie fasziniert.

Marcion wurde ein weiterer Favorit Hatties. Nachdem man ihn und seine Anhänger aus der Kirche ausgeschlossen hatte, gründete Marcion seine eigene Kirche und fügte der Ketzerei die Sünde der Kirchenspaltung hinzu. Er erklärte, ein reineres Christentum zu lehren als die orthodoxen Christen, und man nannte ihn und seine Anhänger »Abweichler«. Sie glaubten an einen höchsten Gott der reinen Liebe, den es im Alten Testament nicht gab. Der Gerechte Gott des Alten Testaments war eine zornige, eifersüchtige Schöpfungsmacht mit dem Drang zu strafen, während der Gott des Neuen Testaments ein Gnädiger Gott war, der seinen Sohn geschickt hatte, um die Menschheit zu retten. Jene, die an den Gerechten Gott glaubten, wurden von diesem aufgestachelt, Jesus zu kreuzigen, doch diese Tat führte zum Niedergang ihres Gottes, der seine Sünde bekannte, indem er Jesus aus Unwissenheit tötete. Der Gerechte Gott wurde damit bestraft, daß er die Seelen aller seiner Anhänger verlor, die sich dem Gnädigen Gott zuwandten. So wurde die Menschheit durch die Kreuzigung Jesus errettet, und die Erlösung bedurfte nicht mehr als den Glauben an die Liebe Gottes. Aha! dachte Hattie und zog ihre Schlußfolgerung. Marcions Lehren machten die orthodoxe Kirche überflüssig. Wenn es keine Gesetze gab, sondern nur Gottes Liebe, brauchte man auch keine Strafen mehr, keine Kirchenoberen und auch keinen Zehnten.

Hattie war begierig darauf, mehr zu lesen, aber aus den Federn der Gnostiker selbst. Sie schickte eine Nachricht an Dr. Rhinehart, der zwar im Begriff stand, die Stadt zu verlassen, aber seine Bediensteten hocherfreut anwies, Hattie Zutritt zur Bibliothek zu gewähren und ihr jeden Wunsch zu erfüllen. Sie öffnete den ersten Band der Übersetzungen an dieser Stelle:

> Entsagt der Suche nach Gott und ähnlichen Dingen. Sucht nach ihm, indem ihr bei Euch selbst beginnt. Stellt fest, wer

> in Euch steckt, wer sich alles zu eigen macht und sagt: Mein Gott, mein Verstand, meine Gedanken, meine Seele, mein Körper. Erkennt die Quellen von Leid, Freude, Liebe und Haß. Wenn Ihr diese Dinge behutsam ergründet, findet Ihr ihn in Euch selbst.

Es bereitete Hattie ein wundervolles Gefühl von Vergnügen und Erregung, in der Übersetzung des alten Gelehrten auf solche klaren Worte zu stoßen. Als sie fortfuhr, durch die Manuskripte zu blättern, las sie erstaunt:

> Als sie einen Tag geruht hatte, schickte Sophia, die Weisheit, ihre Tochter Zoe, das Leben, die Eva genannt wird, als Lehrmeisterin, um Adam ins Leben zu führen ... Als Eva den niedergekauerten Adam erblickte, hatte sie Mitleid mit ihm und sagte: »Adam, lebe! Erhebe dich aus dem Staub! Und so geschah es. Denn als Adam sich erhob, schlug er sogleich die Augen auf. Bei ihrem Anblick sagte er: »Dich wird man die Mutter allen Lebens nennen, denn du bist es, die mir Leben schenkte. ...« Es ist Sie, die Heilerin, und das Weib und Sie, die gebar. ... das weibliche geistige Prinzip kam in Gestalt der Schlange, der Lehrmeisterin, und sie lehrte die beiden und sprach: »Ihr werdet nicht des Todes sterben, denn es war aus Eifersucht, daß Er so zu Euch sprach. Vielmehr werden Eure Augen aufgetan und Ihr werdet sein wie Götter und wissen, was gut und böse ist. ...« Und der arrogante Herrscher verfluchte das Weib und die Schlange. ...

In diesem Moment wußte Hattie, daß sie sich in ihrer Forschungsarbeit genauer mit jenem weiblichen geistigen Prinzip im frühen Christentum auseinandersetzen mußte.

Hattie konnte nur schwer einschlafen, denn ihr Kopf war voller Ideen für ihre Arbeit. Sie schlief unruhig, und am nächsten Morgen erwachte sie und erkannte, daß sich die Welt irgendwie verändert anfühlte, obwohl beide, sie und die Welt noch die gleichen zu sein schienen wie am Morgen zuvor. Die Namen Sophia, Zoe und Eva gingen ihr wie Kinderreime immer wieder durch den Kopf, und als sie die kleine *Pietà* auf dem Tischchen im Foyer anschaute, fielen ihr die Worte: »Adam, lebe! Erhebe dich aus dem Staub!« wieder ein. Auf dem Weg zur Universität passierte die Kutsche wie jeden Tag die Kirche mit der lebensgroßen Bronzestatue des gekreuzigten Christus. Aber an diesem Morgen ertappte sich Hattie dabei, daß sie die Gestalt genau studierte. Dieser Bronzejesus war wohlgenährt, und seine Haltung wirkte eher entspannt als gequält. Der Ausdruck auf seinem Gesicht war friedvoll, ja zufrieden. War dies in Wirklichkeit Simon von Kyrene, zufrieden und erleichtert darüber, Jesus die Kreuzigung erspart zu haben?

Der Prüfungsausschuß lehnte Hatties Themenvorschlag »Das weibliche Prinzip im frühen Christentum« ab, und der Dekan schloß sich dieser Entscheidung an. Man hielt Hatties Forschungsmaterial und die dokumentierenden Texte für ungeeignet.

Dr. Rhineharts Übersetzungen aus dem Koptischen waren makellos, aber es fehlte bislang jede verläßliche Dokumentation zur wissenschaftlichen Anerkennung der Papyrusrollen. Über das weibliche Prinzip sei bisher wenig bis gar nichts geschrieben worden, merkte ein Ausschußmitglied an, »weil es sich dabei um ein nebensächliches Detail handle, zu unbedeutend, um einer wissenschaftlichen Betrachtung wert zu sein«. Dennoch hätte der Prüfungsausschuß ihren Themenvorschlag in Erwägung gezogen, hätte Miss Abbott nicht zugunsten einiger skurriler Fälschungen alter Häresien sämtliche verläßliche Quellen und Texte abgelehnt.

Dr. Rhinehart und der Vater hatten Hattie von Anfang an zu bedenken gegeben, daß der Prüfungsausschuß wohl kaum von der Authentizität der Schriftenrollen zu überzeugen sei. Gelehrte der frühen Religionsgeschichte seien ziemlich konservativ, daher werde eine Enttäuschung fast unausweichlich sein, warnte ihr Vater. Aber das Schlimmste von allem war die dreiste Empfehlung des Dekans der Divinity School, Miss Abbott solle das Bostoner College der Metaphysik unter Leitung von Mary Baker Eddy besuchen. Hattie war außer sich, daß man sie mit Mrs. Eddy und ihrem sogenannten »Heiler« Phineas P. Quimby in Verbindung brachte. Sie fühlte sich als Suffragette abgetan, aber ihre Mutter befürchtete noch weit Schlimmeres, nämlich daß man Hattie nun bestimmt mit Margaret Fuller in Verbindung bringen würde, der berüchtigten Verfechterin der freien Liebe. Mehr als einmal verglichen Mrs. Abbotts Bekannte Hatties Altklugheit und Ergeiz mit Mrs. Eddy oder Miss Fuller, was sie jedesmal zu dem Ausruf veranlaßte, sie wisse, daß dies als Kompliment gemeint sei, müsse aber dennoch darauf hinweisen, daß Mrs. Eddy keine Katholikin und Miss Fuller noch nicht einmal Christin, dafür aber schon tot sei.

Obwohl Hattie zu den meisten anderen Frauen in Vassar auf Distanz geblieben war, hatte sie sich im Klassenverband mit anderen Frauen dennoch sehr wohlgefühlt. In Harvard aber war die Atmosphäre eine völlig andere. Die Entscheidungen des Prüfungsausschusses galten als streng vertraulich, und doch sickerte die Neuigkeit von Hatties abgelehntem Forschungsthema augenblicklich durch, um sie zu demütigen. Die Blicke der anderen Studenten vermieden sie nun nicht länger. Es wurde geflüstert und gelächelt, denn das schlimmste an ihrem Arbeitsentwurf sei die Schlußfolgerung: Jesus selbst habe im frühen Christentum Maria Magdalena und andere Frauen zu Aposteln gemacht!

Was das Verhalten von Mr. Hyslop nach der Entscheidung des Ausschusses anging, so täuschte sich Hattie in seinem Charakter gewaltig. Er war weder der Gentleman noch der Christ, der er zu sein vorgab. Anfangs ging alles den rechten Gang, und Hattie freute sich über seine Gesellschaft während der Vorlesungen und ihre anschließenden Diskussionen. Aber spätestens als Mr. Hyslop ihr anspruchsvolles Thema mit den »hochfliegenden und intellektuellen Ambitionen« von Margaret Fuller verglich, hätten ihr seine Absichten zu denken geben müssen. Damals hatte Hattie in ihrer Freundlichkeit geglaubt, Mr. Hyslops Vergleich zwischen ihr und Miss Fuller beziehe sich ausschließlich auf ihre wissenschaftlichen Ambitionen. Schließlich hatte die Fuller mit ihrer Billigung der freien Liebe und ihrer unehelichen Schwangerschaft die hochanständige Gesellschaft in höchsten Aufruhr versetzt.

Später wurde Hattie klar, daß sie in bezug auf Mr. Hyslop vieles völlig mißverstanden, oder was noch schlimmer war, es sich zu ihrem eigenen Vorteil eingebildet hatte. Sie hatte ihn für vertrauenswürdig gehalten, weil sie ihre Notizen austauschten, ihre Noten verglichen und nach dem Unterricht anregende Gespräche führten. Auch wenn er den kirchlichen Kanon nicht ernsthaft in Frage stellte, denn seine Forschungsarbeit drehte sich um Irenaeus und das koptische Christentum, hatte er bei vielen Gelegenheiten seinen Respekt und seine Bewunderung für ihre Gelehrsamkeit zum Ausdruck gebracht. Aber Mr. Hyslop war weder sich selbst noch ihr gegenüber aufrichtig gewesen.

In den Tagen nach der Entscheidung des Ausschusses zeigte sich Hyslop nach dem Seminar zunächst sehr manierlich, und mit der Fürsorge eines Gentlemans tröstete er sie für die erhaltene Abfuhr. Der wunderschöne Frühlingstag wirkte so einladend, daß Hattie Vorkehrungen traf, den kurzen Heimweg nach dem Unterricht zu Fuß zu gehen. Als sie und Mr. Hyslop plaudernd unter den großen Eichen entlangspazierten, kam vom Fluß her mit einem Mal Wind auf und wirbelte gelbe Blütenblätter über den Rasen, während sich Regenwolken vor die Sonne schoben. Mr. Hyslop sah, daß sie keinen Schirm bei sich trug und bot ihr freundlich an, sie in seiner Kutsche nach Hause zu begleiten, was ihr völlig unverfänglich erschien, wollte Mr. Hyslop doch unmittelbar nach seinem Abschluß ein kirchliches Amt antreten.

Sie waren jedoch kaum im Schatten der riesigen Eichen, die entlang der Straße durch den Park standen, als Mr. Hyslop sich sonderbarerweise über das Sonnenlicht beklagte und den Vorhang neben sich zuzog, dann entschuldigte er sich und beugte sich vor, um an den Vorhang auf Hatties Seite zu gelangen. Kaum waren die Vorhänge geschlossen, umarmte Mr. Hyslop sie plötzlich. Mit Brust und Schultern drückte er sie in den Sitz zurück, versuchte, sie mit der einen Hand in seine Richtung zu drehen, während er mit der anderen herumtastete und dann ihre rechte Brust samt Kleiderstoff umfaßte. Zu überrascht, um zu schreien, wehrte sich Hattie, entwand sich ihm und versetzte ihm einen ordentlichen Tritt gegen den Knöchel. Ihr Kleid war verrutscht, und ihre Frisur hatte sich aufgelöst. Mit klopfendem Herzen rutschte sie in die entfernteste Ecke des Sitzes und zog wütend den Vorhang neben sich auf. Sie starrte auf das lebhafte Treiben im Park hinaus, obwohl sie vor Aufregung kaum etwas wahrnahm. Sie wartete darauf, daß Mr. Hyslop augenblicklich seine Litanei der Entschuldigungen beginnen würde, und ihre Bestürzung wuchs, als er sich still und seltsam distanziert verhielt. Hattie fühlte, wie ihr das Blut in die Wangen schoß, als sie begriff, daß Mr. Hyslop ihr grollte, weil sie seine Erwartungen enttäuscht hatte!

Sie gab dem Kutscher ein Zeichen, auf der Stelle anzuhalten, und verließ Hyslop ohne ein Wort. Mit Tränen in den Augen eilte sie im Nieselregen durch den Park. Sie ordnete ihr Haar, so gut es ging, und sah sich um, ob irgendwelche Spaziergänger mit Hunden ihren hastigen Abgang aus der Kutsche beobachtet hatten. Aber niemand schien etwas bemerkt zu haben. Während sich ihr Vertrauen in das Leben und in sich selbst für immer veränderte, ging das normale Leben einfach weiter.

Lucille öffnete die Eingangstür, sah sie an und wußte augenblicklich Bescheid. »O Kind! Er hat dir doch nichts getan, oder?«

Hattie schüttelte den Kopf, aber als Lucille sie zärtlich in die Arme nahm, begann sie zu weinen.

»Bitte erzähl Mutter nichts davon«, flüsterte sie. »Ich bin einfach nur durcheinander.« Nach dem Ausbruch ihrer Krankheit mußte Lucille Mrs. Abbott davon erzählen, und Hattie beichtete Mr. Hyslops Vergehen.

Das Türschloss schien zu klemmen, vielleicht verstand sie aber auch nur nicht, wie dieses hier funktionierte. Es gab so viele verschiedene Türöffner in der Schule und jetzt hier – zum Herunterdrücken, zum Anheben, zum nach links und nach rechts drehen. Indigo preßte die Nase gegen die Glastür und schaute hinein. Zuerst wußte sie mit dem, was sie sah, nichts anzufangen. Dann bemerkte sie viele gleich aussehende rote Tontöpfe mit merkwürdigen Skeletten und vertrockneten Pflanzenüberresten, die aufgereiht auf dem Boden standen. Sie konnte nichts Genaues erkennen, aber es gab dort grüne Blätterranken und Hängetöpfe mit weißen Blumen, die sich wie ein Baldachin über alles im Gewächshaus erstreckten.

Sie gab sich keine Mühe mehr mit dem Türschloß, denn sämtliche Kippfenster standen offen, gerade weit genug, daß Indigo, wenn sie sich auf den Rücken legte und sich so flach wie möglich machte, hineingelangen konnte. Beim Hineinrollen bemerkte sie die Wärme und Feuchtigkeit und den wunderbaren Geruch fruchtbarer Erde. Auch einen seltsamen Tiergeruch nahm sie wahr. Sie war überrascht von der Helligkeit des Lichtes, trotz des Rankenbaldachins. Die glatten grauen Zweige schlängelten sich empor und überzogen mit ihren Trieben die gesamte Decke, und sie hatten begonnen, durch die geöffneten Lüftungsklappen in der Dekke nach draußen zu drängen. Aus den Augenwinkeln bemerkte Indigo eine blitzschnelle Bewegung und drehte sich um. Es war der kleine behaarte Mann, der in einem großen Käfig hin und her sprang. Der polierte Messingkäfig füllte die gesamte Ostseite des Gewächshauses aus. Ganz in seiner Nähe, umflossen von den Blütentrauben der Glyzinie, entdeckte Indigo eine aus weißem Stein gemeißelte Bank.

»Hallo«, sagte sie beim Näherkommen leise. »Ich weiß, das du herauswillst.« Sie sah, daß das Schloß der Käfigtür den Messingschlössern an den Schultoiletten verwandt war. Und schon kam er heraus und schnatterte sein Dankeschön. Während sie sich eingehend betrachteten, ringelte er seinen langen und biegsamen Schwanz als Stütze um die Gitterstangen des Käfigs. Er hatte golden leuchtende Augen, und er schien die Sprache der Sand Lizards zu verstehen, wenn sie ihn damit ansprach.

»Ich habe Hunger. Gibt es hier etwas zu essen?«

Der Affe blinzelte und rieb eine Hand über seinen Schenkel. Er sah zum Käfig, und Indigo bemerkte die Steinguttöpfe, einen voller Wasser und der andere mit Resten von gehacktem Gemüse, Früchten und geschälten Nüssen. Über die Schulter beobachtete der Affe Indigo, die aus seiner Schüssel aß, dann schwang er sich fröhlich außen am Käfig hinauf und verschwand in der Glyzinie. Sie lauschte dem Rascheln der Zweige und Blätter über ihrem Kopf, während sie aß. Dann landete ein Blütenzweig auf dem Boden neben ihr. Sie schaute auf, sah aber nichts. Hinter ihr fiel wieder ein Zweig mit schaukelnden Blüten herab, dann noch einer und noch einer. Als Indigo sich bückte, um den Zweig aufzuheben, spürte sie einen Schubs im Rücken. Als sie dieses Mal den Kopf hob, sah sie zwischen den Blättern zwei leuchtende Augen, und sie lachte laut auf. Ihr Mund und ihr Gesicht fühlten sich ganz merkwürdig an. Die Laute, die sie von sich gab, waren ihr selbst fremd, so lange war es her, daß sie laut gelacht hatte. Ihr Lachen gefiel dem kleinen Affen, der den Kletterpflanzenbaldachin entlangschoß und duftende Blütenblätter hinabwarf, bis der graue Steinboden fast ganz von ihnen bedeckt war.

Sie spielten zwischen den langen Bankreihen Verstecken – die meisten waren leer, aber auf einigen standen Tontöpfe mit vertrockneten Stengeln und Blättern. Sie wechselten sich ab. Zuerst versteckte sich der Affe. Als Indigo ihn gefunden hatte, rannte sie selbst weg, so schnell sie konnte, und kletterte unter einen der Korbstühle neben dem Tisch, wo sie mucksmäuschenstill dalag, bis sie spürte, wie seine kleinen Hände ihr auf den Rücken klopften. Sie stand auf und setzte sich zum Ausruhen auf die Bank aus Weidengeflecht. Der Affe kletterte herauf und setzte sich neben sie. Sie sah sich im Gewächshaus um und wünschte, daß Sister Salt bei ihr wäre, um es mit eigenen Augen zu sehen, weil sie es sonst vielleicht nicht glauben würde, wenn Indigo ihr davon erzählte.

Indigo legte den Kopf auf die Lehne des Sofas, und der Affe legte seinen Kopf auf die andere Lehne. Sie wußte, daß sie ein Versteck finden mußte, ehe sie einschlief. In diesem Moment schreckte der Affe hoch und stellte sich auf die Rückenwand des Sofas. Er sah zur Tür und rieb sich aufgeregt die Hände. Indigo sprang auf und rannte an das andere Ende des Gewächshauses, wo sie sich verzweifelt nach einem Versteck umschaute. Sie hörte Schritte, dann das Türschloß, und ihr blieb nichts anderes übrig, als mit dem Gesicht nach unten über die toten Pflanzen in den Tontöpfen zu kriechen und sich so flach wie möglich hinzulegen, in der Hoffnung, daß die Töpfe und das Halbdunkel sie verbergen würden.

Hattie packte in ihrem Studierzimmer gerade eine Bücherkiste aus, als sie Edward ihren Namen rufen hörte. Sie eilte zur Treppe, wo ihr Edward mit verblüffter Miene entgegenkam. Ob sie gestern die Tür des Affenkäfigs gut verriegelt habe? Es ärgerte Hattie, daß Edward annahm, sie habe die Tür nicht richtig geschlossen, aber sie wußte, daß der Affe ihm viel bedeutete.

Er sei gerade draußen gewesen und habe den Affen mitten in der Glyzinie entdeckt, von dort aus verstreue er im ganzen Gewächshaus Blätter und Ranken. Edward hielt eine leere Steingutschüssel in der Hand. Der Affe hatte kein Wasser mehr.

»O nein!« Hattie faßte sich an die Wange. »Das kann nicht

sein! Ich habe die Schüssel selbst aufgefüllt!« Sie lief die Treppe hinunter und zum Gewächshaus hinaus.

Welke Blüten und Glyzinienblätter lagen überall auf dem Boden verstreut, ebenso wie auf den Bänken und Tontöpfen. Das war nicht schlimm. Die Glyzinie gedieh selbst bei drastischem Beschnitt, und der Affe hatte sie nur ein bißchen ausgedünnt. Das Tier saß oben auf dem Käfig, den Kopf in den Blättern der Glyzinie und weigerte sich, herunterzukommen. Hattie betrat den Käfig und war überrascht, keinerlei Fruchtstücke oder Gemüseschalen auf dem Boden zu finden, wo sich sonst sämtliche Abfälle des wählerischen Tieres sammelten.

Edward holte eine Handvoll Erdnüsse und winkte dem Affen damit einladend zu, aber der kleine Kerl weigerte sich, zu ihm zu kommen.

»Komm runter, Linnaeus! Komm! Linnaeus!« Edward stand auf einem Korbstuhl, um die Hand mit den Erdnüssen höherzuhalten, aber der Affe machte sich durch das dichte grüne Blätterdach davon.

»Das sieht ihm überhaupt nicht ähnlich!« fuhr Edward fort. »Ich verstehe das nicht.« Hattie drehte sich zu ihm um.

»Ich kann mir denken, woran es liegt«, sagte sie und ging gemächlich los, um unter die Bänke zu schauen. »Linnaeus hat eine neue Freundin gefunden.« Edward nickte lächelnd. Natürlich, daran hätte er gleich denken sollen. Das Indianerkind hatte die Käfigtür aufgemacht, um sich Futter und Wasser zu holen.

Edward hatte keine Lust, unter den Bänken hindurch zwischen die Tontöpfe zu kriechen, um an das Kind heranzukommen. Während Hattie achtgeben sollte, daß es nicht entkam, schickte er die Köchin mit der Kutsche los, um den Schulleiter zu verständigen. Obwohl das Kind sich seit seiner Entdeckung nicht gerührt hatte, konnte Hattie seine schnellen, flachen Atemzüge hören.

»Hab keine Angst«, sagte sie freundlich. »Niemand wird dir etwas tun. Bitte komm heraus. Ich passe auf, daß dir nichts geschieht.« Der Affe kletterte an den Käfigstangen herab und kroch unter die Bänke zu dem Kind. Hattie lächelte.

»Ich verstehe schon, Linnaeus. Sie ist deine Freundin.«

Nach einer Weile kehrte Edward mit einem kurzen Seilstück zurück.

»Das ist nicht nötig«, meinte Hattie. »Linnaeus ist von allein heruntergekommen. Er ist dort unten bei dem Kind.« Edward ging mit dem Seil in der Hand in die Knie und schaute suchend in das Durcheinander aus Töpfen und Unrat, und Hattie wurde klar, daß das Seil für das Kind gedacht war.

»Bitte, Edward, sie hat sich nicht von der Stelle gerührt. Sie kann nicht entkommen. Laß uns warten, bis die Leute von der Schule kommen.« Hattie nahm seinen Arm und deutete mit dem Kopf auf eine weiße Marmorbank, die von abgerissenen Glyzinienblüten und -blättern bedeckt war. Edward ließ das Seil fallen, ehe er sich zu ihr gesellte. Sie schien sich über ihn zu ärgern, also entschuldigte er sich auf der Stelle. Er hatte nie behaupten wollen, daß sie den Affen vernachlässige. So empfindlich sei sie nicht, erwiderte Hattie. Sie mache sich nur Sorgen um das Indianerkind. Das Seil war wirklich völlig übertrieben!

Das Seil war nur eine Vorsichtsmaßnahme – zum besten des Kindes, damit es nicht fortlaufen und in die Wüste rennen konnte, beteuerte Edward. Die Menschen von Riverside kannten sich aus mit Ausreißern aus der Indianerschule. Hattie hätte keine Erfahrungen mit Indianern – und schon gar nicht mit den wilden unter ihnen.

Edward nahm seine Uhr aus der Tasche. Warum brauchten sie so lange? Das Internat lag nur zwei Meilen entfernt. Er ging zum Haus hinauf, um festzustellen, was aus der Köchin und der Nachricht an die Schulleitung geworden war.

Als Edward die Tür hinter sich geschlossen hatte, blieb Hattie still sitzen und wartete. Nach einiger Zeit sah sie, wie das Kind den Kopf hob und sich umsah. Der Affe kam zuerst unter den Bänken hervor, gefolgt von dem Kind, das auf Händen und Knien krabbelte und dann aufstand. Beide nahmen keinerlei Notiz von Hattie, als sie durch den Mittelgang des Gewächshauses zum Affenkäfig gingen, der nur wenige Schritte von der Marmorbank entfernt war.

Sie sah, wie sich Affe und Kind nebeneinander auf die Strohmatte setzten, wo sie sich abwechselnd den Spielzeugball des Affen zurollten. Beide, Kind und Affe, schienen zu wissen, daß ihre gemeinsame Ferienzeit bald zu Ende sein würde. Eine Welle der Trauer und der Hoffnungslosigkeit überschwemmte Hattie, überwältigender als alles, was sie während des Universitätsskandals verspürt hatte, und die Tränen stiegen ihr in die Augen. Sie mochte nicht viel über »wilde Indianer« wissen, aber daß es Menschen waren, wußte sie jedenfalls.

In diesem Moment wallte ein ungewöhnlicher Zorn in ihr auf, und Hattie schwor sich, daß man das Kind nicht wie eine Kriminelle fesseln und davonschleppen würde. Trotz der Entschuldigung war sie immer noch verärgert über den Tonfall, den Edward eben ihr gegenüber angeschlagen hatte. Dieser Tonfall verriet etwas sehr Beunruhigendes über das Bild, das Edward von ihr hatte – etwas, das sie noch nicht genau deuten konnte.

Edward kam mit verdrossener Miene zurück. Der Schulleiter sei bis zur nächsten Woche außer Haus, und nur die Hausmeister und Gärtner befänden sich auf dem Schulgelände. Alle verbliebenen Schüler hätte man für den Rest des Sommers nach Hause geschickt oder auf örtliche Familien verteilt, wo sie bis zum Schulanfang arbeiten sollten. Die Wohnheime wären geschlossen. Der Affe und das Kind ließen Edward nicht aus den Augen, während er erklärte, daß der Sheriff von Riverside das Kind in Gewahrsam nehmen würde, bis der Schulleiter zurückkehrte.

Hattie konnte kaum fassen, daß das Schulpersonal die Suche nach dem vermißten Kind so schnell aufgab, auch wenn es das Ende des Schultrimesters war. Edward erinnerte sie daran, daß Regierungsbeamte das Schulpersonal stellten. Außerdem liefen die indianischen Schüler ständig weg. Hattie war immer noch nicht überzeugt. Das Kind war einfach noch zu klein, um sich selbst überlassen zu werden! Es war unglaublich! Kriminell war es. Einem Kind, besonders einem Mädchen, konnte alles mögliche zustoßen! Hattie bemerkte, daß sich Edward über die Vehemenz ihrer Worte wunderte, aber sie schämte sich nicht, sie war zornig. Das Indianerkind bedeutete für die Schulleitung nichts als Ärger. Es kümmerte sie nicht, ob das Kind lebte oder starb – das hieße lediglich, einen Indianer weniger durchzufüttern.

»Dann soll sie wenigstens bei uns bleiben, bis der Schulleiter wiederkommt«, meinte Hattie ruhiger.

Ihr Gefühlsausbruch hatte Edward zu sehr überrascht, als daß er jetzt protestierte, auch wenn er zu bedenken gab, daß das Kind fliehen könnte, ehe die Schulleitung wiederkam. Das Schulpersonal hatte ihn vor dem Mädchen gewarnt. Sie stamme aus einer jener aufsässigen Horden von Wüstenindianern. Sie sei eine ganz Renitente.

»Spricht sie Englisch?« fragte Hattie. Edward zuckte mit den Achseln.

»Möchte wissen, wie alt sie ist. Was meinst du?«

Edward mußte kopfschüttelnd lächeln. »Das kannst du besser beurteilen als ich.« Beide betrachteten das Kind, das ernst und würdevoll auf der Matte des Affen saß und sie beobachtete. Der Affe saß regungslos neben ihr.

»Wir können sie nicht hierlassen«, meinte Hattie.

Das Kind konnte in einem der Gästezimmer schlafen, bis die Schulleitung es abholte. Edward war so erleichtert über Hatties Stimmungsumschwung, daß er zu erwähnen vergaß, daß die Indianerjungen, die er in der Schule anheuerte, immer auf Decken im Futterraum schliefen.

Edward ärgerte sich über die verdrossene Miene der Köchin, als er ihr auftrug, das Gästezimmer für das Kind herzurichten. Leise murmelte sie etwas von im Schlaf ermordet werden, und Edward fiel ein, daß sie ständig befürchtet hatte, die Indianerjungen könnten von ihren Jät- und Grabarbeiten aufspringen, um sie zu schänden.

Nachdem Edward gegangen war, kam der Affe aus dem Käfig und marschierte zutraulich zu Hattie hinüber. Er sprang auf die Marmorbank und setzte sich neben sie, um sich den Spitzenbesatz an ihrem Ärmel anzusehen. Hattie rührte sich nicht, während der Affe vorsichtig die zarten Spitzenfäden befingerte.

»Linnaeus, du bist solch ein süßes Geschöpf!« sagte sie und strich ihm zärtlich über den Rücken. »Wenn ich nur wüßte, ob deine Freundin dort drüben Englisch spricht?« Hattie suchte im Gesicht des Mädchens nach irgendwelchen Anzeichen, die verrieten, ob sie ihre Bemerkungen verstand, aber ohne Erfolg. Die Sonne stand nun im Zenit, und die Hitze im Gewächshaus war deutlich spürbar. Die Glasfenster mußten dringend frisch geweißt werden. Hattie erhob sich mit dem Affen auf dem Arm und ging zum Käfig hinüber. Die dunklen Augen des Kindes folgten ihr bei jedem Schritt. Hattie lächelte und kniete sich hin, der Affe marschierte zu dem Mädchen hinüber und nahm ihre Hand, als wolle er sie zu Hattie führen, aber sie rührte sich nicht von der Stelle.

Edward kam mit einem Buch über linguistische Untersuchungen verschiedener Wüstenstämme zurück. Er stand neben Hattie an der Käfigtür und fing an, Worte in der Sprache der Shoshonen und Paiute auszusprechen, um zu sehen, ob das Kind darauf reagierte. Die ganze Zeit über verharrte das Mädchen regungslos auf der Matte im Käfig. Edward versuchte es mit Agua Caliente- und Cocopa-Worten und wollte sich gerade durch die Mohavesprache kämpfen, als auf dem Gesicht des Mädchens ein breites Lächeln erschien und sie zu lachen begann. Aufgeregt schnatterte der Affe los und kletterte in den Käfig hinauf. Das Mädchen stand auf und sah ihnen stolz ins Gesicht.

»Ich kann Englisch«, sagte Indigo. »Ich kann es viel besser als du Indianisch.«

Den ganzen Vormittag über hatte Indigo genau zugehört, wenn der Mann und die Frau miteinander sprachen, und sie hatte festgestellt, daß sie Englisch besser verstand denn je. Es gab nur ein paar lange Wörter, die sie nicht wiedererkannte. Der Affe hatte ihr klargemacht, daß die Frau eine Freundin war. Das Auftauchen des Seilstücks hatte Indigo zwar aufgeschreckt, aber die Worte der Frau hatten den Mann dazu gebracht, das Seil fallenzulassen. Sie gaben Indigo auch den Mut, zu reden.

»Ja, du sprichst wirklich gut Englisch«, sagte Hattie, amüsiert über die plötzliche Unverblümtheit des Kindes. Edward betrachtete das Mädchen und dann die im Buch abgebildeten Photographien von Indianern verschiedener Stämme. Er versuchte herauszufinden, woher das Kind stammte, aber die Schule nahm den Kindern sämtliche Attribute ihrer jeweiligen Herkunft.

Indigo hatte vorgehabt, nur drei oder vier Nächte zu bleiben, bis die Leute am wenigsten mit ihrer Flucht rechneten. Aber der Affe wollte nicht, daß sie ihre Reise jetzt schon antrat. Es war noch zu heiß, und sie würde unterwegs sterben. Der Affe witterte die einsetzende Wüstenhitze. Hatten sie ihr das nicht beigebracht? Doch, sagte sie zu dem Affen, Grandma Fleet hatten immer gesagt, mit dem Reisen solle man am besten warten, bis es kühler wurde.

Jeden Morgen stand sie auf, wusch sich und kleidete sich an, wie Hattie es ihr gezeigt hatte. Dann eilte sie die Treppe hinab und zum Gewächshaus hinaus, um Linnaeus' Käfigtür aufzumachen. Schweigend spazierten sie nach dem Sonnenaufgang durch das kräftige gelbe Morgenlicht der Terrassen und Gärten. Die Luft war warm und würde noch wärmer werden, wenn die Sonne höher stieg. Sie wuschen sich im Seerosenteich unterhalb des Springbrunnens ab und wanderten dann die Treppen hinab zum hinteren Teil des Grundstückes, um Orangen für das Frühstück zu pflücken. Der Affe hatte kräftige Finger und konnte seine Orange schälen und aufessen, ehe Indigo ihre auch nur zur Hälfte verspeist hatte. Der Affe kletterte die Äste hinauf und fand dort reife Orangen, die schwer waren vom Saft. Er packte sich die Arme voller Früchte. Später am Nachmittag würden er und Indigo sie aufessen. Indigo transportierte die Orangen für sich, Hattie und Mr. Palmer in den Röcken ihres Kleides.

Nachdem Indigo Hattie klargemacht hatte, daß sie Angst habe, aus dem Bett zu fallen, erlaubte sie ihr, das Bettzeug auf den Boden zu ziehen und sich dort ein Lager zu bauen. In der Schule hatte man sie ans Bett gefesselt, um sie daran zu hindern, auf dem Boden zu schlafen, und in jener Nacht hatte Indigo geschrien, bis sie in Schweiß gebadet war. Indigo träumte, daß der Rote und der Weiße Garten in den Dünen lagen, und Mama, Grandma Fleet und Sister Salt dort bei ihr waren. Sie alle waren sehr, sehr stolz auf Indigo, weil sie so viele interessante Samen mitgebracht hatte.

Jeden Morgen brachten Indigo und der Affe die Orangen an den Frühstückstisch, wo der Affe Hattie eine Apfelsine anbot, die sie mit einer Verbeugung annahm. Dann ging der Affe zu Edward, der sich ebenfalls höflich vor ihm verbeugte, wenn er die Frucht annahm. Hattie liebte die lebhafte Phantasie des Kindes und das Theaterspiel des Affen. Aber auch Edward war beeindruckt von der Beziehung, die das Kind zu dem Tier entwickelt hatte, und selbst wenn seine höfliche Verbeugung vor einem Affen etwas hölzern ausfiel, mußte sogar das Tier in das gemeinsame Lachen mit einstimmen.

Das schöne Morgenritual bestand aus dem Frühstück und anschließenden weiteren Spaziergängen durch die Gärten, auf denen Edward ihnen von der Zeit erzählte, die seine Mutter damit zugebracht hatte, den Anbau der Pflanzen zu planen und zu überwachen, die hier einst gediehen. Viele der empfindlicheren

Pflanzen und Sträucher waren in den Jahren nach ihrem Tod durch mangelnde Pflege verkümmert. Hattie nahm ihr Notizbuch mit, und das Kind hielt mit ernster Miene das eine Ende des Maßbandes, während Edward das andere festhielt. Hattie beschrieb ihre Vorstellungen für jede Terrasse, jeden Garten, den Rasen und die Fliederarkaden und notierte sich alle Stellen, an denen sie Neues anpflanzen wollte. Edward empfand eine seltene Zufriedenheit, während er auf diese Weise die Vormittage mit Hattie und dem Kind verbrachte und die Nachmittage mit seinen Exponaten und der Korrespondenz.

Er verstand Hatties Reiseunlust, jetzt, da sie sich dort, wo sie waren, so wohlfühlten, aber die Briefe von Lowe & Company machten unmißverständlich klar, was getan werden mußte. Am Abend vor Indigos Rückkehr in die Schule erkundigte sich Hattie bei Edward, auf welche Weise er im letzten Jahr die indianischen Jungen als Aushilfskräfte angeheuert hatte.

Das sei nicht schwierig gewesen, erklärte er. Der Schulleiter unterstütze die Vermittlung von Schülern in anständige, ehrbare Familien, weil vielversprechende Schüler oft genug in den Sommerferien nach Hause fuhren und nicht mehr wiederkamen.

»Bitte, Edward«, sagte Hattie und legte ihm zärtlich die Hand auf den Arm, »sorge dafür, daß Indigo den Sommer über bei uns bleiben kann.«

»Aber wir fahren in wenigen Wochen nach New York«, erinnerte er sie.

»Ich habe das Gefühl, gerade erst angekommen zu sein. Erst letzte Woche habe ich begonnen, meine Bücher auszupacken.«

Edward hielt ihr vor Augen, wie enttäuscht ihre Eltern sein würden, wenn er ohne sie dort eintraf. Was sollte er all den Leuten erzählen?

Sag ihnen die Wahrheit, meinte Hattie brüsk. Die Fahrt mit dem Zug sei sehr anstrengend.

Edward vertiefte die Angelegenheit nicht weiter, weil er ahnte, daß ihr Widerstand nur stärker werden würde. Er wollte unter allen Umständen, daß Hattie ihn begleitete. Ihre Anwesenheit in Korsika war Garant für seinen Erfolg. Von früheren Fahrten wußte er nur allzugut, daß alleinreisende Briten oder Amerikaner schnell das Mißtrauen der örtlichen Behörden und der Dorfbewohner erregten, die häufig nicht einmal mit einem Fremden redeten, geschweige denn ihm gestatten, sich ihren Gärten und Plantagen zu nähern.

Auch wenn ihr eine Europareise widerstrebte, war Hattie, bis zum Erscheinen des Indianerkindes, mit der Reise einverstanden gewesen. Nun allerdings ließ sie keinen Zweifel daran aufkommen, daß sie die Absicht hatte, in Riverside zu bleiben, es sei denn, das Kind käme mit. Und in der Tat wurde ihm bei genauerem Nachdenken plötzlich klar, daß es in Korsika von Vorteil sein würde, ein Kind dabeizuhaben. Die Menschen dort liebten Kinder.

Am nächsten Morgen sprach Edward mit dem Schulleiter. Er erfuhr, daß das Mädchen der elternlose Abkömmling eines unbekannten Wüstenstammes aus Arizona sei. Der Schulleiter war besorgt über das rebellische Verhalten des Kindes, aber Edward versicherte ihm, sie seien durchaus in der Lage, es in Schach zu halten. Das Mädchen würde seiner Frau Gesellschaft leisten und in ihrer Obhut Lesen, Schreiben und natürlich anständiges Benehmen erlernen. Der Superintendent stellte die für eine Überseereise notwendigen Papiere aus. Die vorgesehene Reise konnte gestattet werden, wenn das Kind im Oktober sicher in die Schule zurückgebracht wurde.

Edward bemerkte erfreut, wie glücklich und zufrieden Hattie darüber war, das Mädchen bei sich zu haben. Das Kind hatte sich in der kurzen Zeit, die es bei ihnen war, schnell an die neue Umgebung angepaßt, auch wenn es das Bettzeug wieder auf den Fußboden zog, nachdem Hattie es ins Bett gesteckt hatte. Trotz der anfänglichen freimütigen Worte war das Mädchen zurückhaltend und gab sich damit zufrieden, den Unterhaltungen schweigend zu folgen. Sie begleitete Hattie gern in die Gärten, nur das Haus mochte sie nicht, was an der Feindseligkeit der Köchin liegen mochte. Indigo sprach Hattie die Namen der Pflanzen und Sträucher nach, aber ansonsten hörte man sie nur länger sprechen, wenn sie mit Linnaeus im Gewächshaus spielte.

Edward suchte in seiner Bibliothek weiter nach ethnologischen Studien über die Wüstenindianer. Er war fasziniert von der Vorstellung, das Kind könnte die letzte Überlebende eines inzwischen ausgestorbenen Stammes sein, eines Stammes, der vielleicht nie zuvor von Anthropologen untersucht worden war. Er begann, sich mit den bekannten indianischen Wüstenkulturen der Mohave-Wüste und des Colorado River-Beckens zu befassen. Er stellte eine einfache Wortliste zusammen, die er sprachwissenschaftlichen Arbeiten über die bekannten Wüstenstämme entnahm. Als die Liste fertig war, bat er Hattie, das Mädchen in sein Studierzimmer zu bringen, wo er ihr die Worte langsam vortrug. Das Mädchen hörte zu und lachte Edward des öfteren aus. Doch auf die Frage, ob einige der Worte ihrer eigenen Sprache entstammten, schüttelte sie energisch den Kopf.

Als sie das Kind fragten, wie sie es nennen sollten, waren weder er noch Hattie in der Lage, den genannten Namen auszusprechen. In den Unterlagen der Schule wurde es nur als »weibliches Kind, geschätztes Alter elf Jahre«, geführt. Man hatte dem Mädchen zwar einen Namen gegeben, ehe sie mit dem Zug fortgeschickt wurde, aber sie weigerte sich, darauf zu hören.

Als Hattie eines Morgens mit ihr spazierenging, rannte das Mädchen in Richtung Wüste davon. Einen kurzen Moment hatte Hattie Herzklopfen, denn sie fürchtete, das Kind wolle weglaufen. Aber es kehrte fast ebensoschnell mit einer Pflanze in der Hand zurück und streckte ihr den Zweig einer großen Pflanze mit schönen magentaroten Blättern entgegen.

»Nach dieser Pflanze bin ich benannt.« Hattie nahm den Pflanzenstengel und betrachtete ihn eingehend.

Edward mußte ihn nicht lange ansehen, um eine Wüstengattung des Indigostrauchs auszumachen.

»Indigo«, sagte Hattie zu dem Kind. »Dein englischer Name ist Indigo.«

Sobald Hattie wußte, daß das Kind bleiben und sie begleiten durfte, wurde sie von einem Hochgefühl ergriffen und sie begann, Indigo von den wunderschönen Gärten zu erzählen, die sie in England und Italien sehen würden.

Eine Nähfrau wurde bestellt, um für das Kind Kleider anzufertigen. Hattie war zufrieden, daß die Näherin großzügig Maß nahm, denn nichts durfte zu eng sein, sonst entledigte sich das Kind der störenden Kleidung und spielte ungeachtet seiner Blöße einfach weiter. Alle Versuche, Schuhe zu finden, die für die Füße des Mädchens weit genug waren, schlugen fehl, also würde sie die

Slipper, die ihr paßten, tragen müssen, bis sie in New York ankamen. Der Stallknecht brachte die großen Überseekoffer herbei. Das rege Treiben im Haus beunruhigte den Affen. Der kleine Kerl schnatterte unaufhörlich und konnte im Haus nicht mehr freigelassen werden, weil er nur noch von Bücherregal zu Bücherregal sprang und lediglich innehielt, wenn es galt, eine Vase oder eine Buchstütze herunterkrachen zu lassen. Edward vermutete, daß der Affe sich vielleicht an den Überseekoffer der Brasilienreise erinnerte. Das Tier war in diesem Koffer gereist, nachdem sein alter Käfig im Sturm zu Bruch gegangen war. Dem Mädchen ging das merkwürdige Verhalten des Affen sehr nahe, und sie weigerte sich, bei der Anprobe ihrer neuen Garderobe stillzuhalten, weil die neuen Kleider sie piekten, wie sie behauptete. Sie wollte, daß der Affe bei ihr schlief, und als Hattie erklärte, daß das nicht möglich sei wegen der Flöhe, schlich sie sich mitten in der Nacht hinaus. Hattie bekam einen ziemlichen Schreck, als sie vor dem Morgengrauen ins Zimmer des Mädchens schaute und feststellte, daß sie verschwunden war – ins Gewächshaus, wo sie neben dem zusammengerollten Äffchen schlief.

Immer wenn Hattie über den Reisevorbereitungen der Mut sank, dachte sie an die Gärten, die sie aufsuchen würden. Sie erzählte Indigo von den englischen und italienischen Gärten und den Blumen und Sträuchern, die sie anschauen würden. Indigo war nicht überzeugt. Sie nahm Hatties Hand und ging mit ihr in den roten Garten, um ihr zu zeigen, daß sie bereits jetzt zahllose Blumen und Sträucher hatten. Hattie mußte ihr beipflichten, fügte aber hinzu, daß das Klima in England ganz anders sei, so daß auch die Bäume, Pflanzen und Sträucher dort ganz anders wuchsen als hier. Indigo würde das alles mit eigenen Augen sehen, erinnerte Hattie sie. In den letzten Wochen vor der Abreise war das Kind immer stiller und verschlossener geworden und spielte am liebsten mit dem Affen im Gewächshaus. Es war offensichtlich, daß Indigo sich nicht von dem Tier trennen wollte. Dreimal hatte sie Hattie gefragt, ob der Affe nicht mitkommen könnte.

Jedesmal hatte Hattie lächelnd den Kopf geschüttelt. Der Affe würde da sein, wenn sie zurückkamen, versicherte sie Indigo.

»Der Lärm und die Hitze wären schrecklich für Linnaeus – es ist viel angenehmer und sicherer für ihn, wenn er hierbleibt.«

»Aber vielleicht wird er traurig und stirbt, wenn wir ihn alle verlassen«, beharrte Indigo. Ihre Stimme wurde merklich lauter.

In dieser Nacht träumte sie davon, in ihrem Zimmer zu liegen und vor dem Morgengrauen von den Angstschreien des Affen zu erwachen. Im Traum rannte Indigo zum Gewächshaus, wo sie den Käfig blutbespritzt vorfand. Mit dem Fuß stieß sie gegen ein blutiges Etwas, und sie erkannte die frisch abgezogene Haut ihres geliebten Linnaeus. Sie rannte in die Küche, wo das Herdfeuer knackte und brannte. Aus dem Inneren des Ofens hörte sie unterdrückte Affenschreie. Gerade als sie die schwere Ofentür aufzog, stürzte die Köchin mit einem großen Schlachtermesser herein und packte sie an den Haaren, und sie schrie nach Sister Salt und erwachte von ihrem eigenen Geschrei.

Sie schlich im Dunkeln hinaus zum Gewächshaus, um sich zu vergewissern, daß Linnaeus nichts geschehen war. Die Köchin haßte sie am meisten, das war klar, aber nun haßte sie auch Linnaeus, denn er war ihr Freund. Indigo nahm Linnaeus in die Arme und flüsterte ihm zu, daß sie zu ihm zurückkehren werde. Sie erzählte ihm ein Geheimnis: Der Zug würde sie nach Hause bringen. Hattie hatte ihr gesagt, daß sie weit nach Osten fahren würden, genau in die Richtung, in die Indigo reisen mußte. Wenn der Zug langsamer wurde und die anderen schliefen, wollte sie einige Meilen westlich von Needles aus dem Zug springen. Sie würde Sister Salt suchen, sie würden zusammen zurückkommen und Linnaeus holen, und dann konnte er mit ihnen zusammenleben und würde für immer in Sicherheit sein.

Als Hattie das Kind am nächsten Morgen fand, lag es schlafend neben dem zusammengerollten Linnaeus auf der Matte. Hattie besprach die Ängste des Kindes mit Edward, der zugab, selbst über das bösartige Verhalten betroffen zu sein, das die Köchin dem Kind gegenüber an den Tag legte. Er war jedoch zuversichtlich, je besser die Umgangsformen des Kindes würden, desto eher werde sich auch die Köchin auf ihre Manieren besinnen. Das Hausmädchen zeige keinerlei Abneigung gegen das Kind, aber sie hatte man auch erst kurz vor dessen Auftauchen eingestellt. Ihre Abwesenheit würde dem Hauspersonal guttun. Dann hatten alle Gelegenheit, durchzuatmen und sich an die Veränderungen im Haus zu gewöhnen. Hattie nickte ernst.

Jetzt, wo Indigo sie begleitete, machte sie sich Gedanken über ihre Reisepläne. Vielleicht war es vernünftig, die Dauer ihres Besuches in New York noch einmal zu überdenken.

»Ich hatte gehofft, wir könnten früher abreisen – solange das Wetter für die Überfahrt noch relativ mild ist. Später im Jahr kommen die Stürme – das Kind würde sich zu Tode fürchten.«

»Ja, natürlich. Ich bin völlig deiner Meinung.«

Hattie liebte ihre Eltern sehr, aber sie war nicht versessen darauf, so schnell nach Oyster Bay und dem damit verbundenen Trubel aus Tee- und Dinnerpartys zurückzukehren, die ihre Mutter und Edwards Schwester zu Ehren ihres Besuches arrangieren würden. Während der Abendgesellschaften und Festivitäten, mit denen ihre Verlobung gefeiert wurde, hatte Hattie geklagt, sie fühle sich zur Schau gestellt, und Edward hatte sie daran erinnert, daß auch er aufgrund seiner exotischen Reisen Gegenstand der allgemeinen Neugierde war.

Hattie fühlte Tränen in sich aufsteigen, als sie sah, wie sich das Kind und der Affe beim Anblick der Kisten und der Koffer, die zur Kutsche hinausgetragen wurden, aneinanderklammerten. Behutsam führte sie Indigo und das Äffchen weg von der Betriebsamkeit, hinaus in den schattigen Garten beim Gewächshaus, wo ihnen die Hausgehilfin ein Tablett mit Brot, Milch und frischen Trauben servierte. Hattie beobachtete das Gesicht des Hausmädchens, während sie im Gras vor Indigo und dem Affen die Tischdecke ausbreitete und die Teller verteilte. Sie wollte feststellen, ob das neue Mädchen von der schlechten Gesinnung der Köchin schon angesteckt worden war. Hattie hatte bereits einige Änderungen im Kopf, die sie nach ihrer Rückkehr aus Übersee im Haushalt vornehmen würde.

Der größte Teil der Kisten und Koffer war bereits am Vortag zum Bahnhof geschickt worden. Nun wurden die letzten Reisetaschen in die Kutsche geladen. Als der Zeitpunkt der Abreise herankam, hielt Indigo den Affen auf dem Arm, und dieser klammerte sich an ihren Schultern fest. Von Zeit zu Zeit flüsterte sie dem kleinen Kerl etwas ins Ohr, was diesen zu beruhigen schien.

Hattie nahm Indigo den Affen behutsam ab und übergab ihn der Hausgehilfin, die dem kleinen Wesen lächelnd gestattete, auf ihren Schultern zu sitzen. Linnaeus wollte in die Kutsche hüpfen, aber die Hausgehilfin hielt ihn sanft zurück. Indigo beobachtete das weiße Mädchen genau, um zu sehen, ob sie Linnaeus wirklich mochte oder nur so tat. Indigo suchte auch im feisten Gesicht der Köchin nach einer Reaktion auf den Anblick des Mädchens mit dem Affen und sah, wie der Haß ihre Wangen rötete. Die Köchin brauchte jemanden, den sie haßte. Wenn Indigo weg war, würde sie den Affen hassen und in diesem Zusammenhang auch das Mädchen. Hattie und Edward hatten mit dem Hausmädchen ein Gespräch geführt, um ihr einzuschärfen, wie sie den Affen versorgen und füttern mußte. Sie war angewiesen worden, Linnaeus jeden Tag zu füttern und seinen Käfig zu reinigen. Darüber hinaus sollte sie mit ihm spielen und spazierengehen. Dies alles erzählte Hattie Indigo, damit sie sich während ihrer Abwesenheit keine Gedanken um Linnaeus machen würde, aber Indigo war nicht überzeugt. Gerade als Edward sich niederkniete, um Indigo in die Kutsche zu heben, trat sie vor und baute sich direkt vor der Köchin auf.

»Tu dem Affen bloß nichts zuleide«, sagte sie zu ihr, »sonst kommst du ins Gefängnis!«

Edward und Hattie verschlug es vor Schreck die Sprache, und die Köchin lief blutrot an. Es gab nichts mehr zu sagen. Als Edward Indigo in die Kutsche hob, brach sie in Tränen aus, und Linnaeus begann verzweifelt zu schnattern. Edward folgte Hattie in die Kutsche, und der Kutscher schloß die Tür.

Dritter Teil

»Das Mädchen hielt sich die Ohren zu, als die Kutsche das Tor hinter sich ließ und der Affe schrie und sich gegen das Hausmädchen wehrte, das ihn festhielt. Edward zeigte ihr im Vorbeifahren die Indianerschule, aber das Kind versteckte einfach das Gesicht im Sitzkissen. Die Fahrt zur Bahnstation in Riverside bot Hattie die letzte Gelegenheit, über ihr Vorhaben nachzudenken. Wenn Indigo krank oder unleidlich wurde und nicht mehr weiter wollte, könnte dies die Reise verzögern oder gar beenden. Hattie hatte mit Edward nicht über Indigos Zukunft gesprochen, aber er schien zu merken, wie sehr sie inzwischen an ihr hing.

Als sie den Qualm des Kohlenfeuers roch und den Lärm der Lokomotive hörte, umklammerte Indigo Hatties Hand immer fester. Die Schlafkabinen und der kleine Salon des Waggons hatten nicht die geringste Ähnlichkeit mit dem Waggon voller Holzbänke, in dem Indigo und die anderen Indianerkinder hierhergekommen waren.

Kurz nachdem der Zug Riverside hinter sich gelassen hatte, brachte der Kellner ein Tablett mit abgedeckten Speisen in den Salonwagen, wo sie gebratene Hühnchen mit Kartoffelbrei und Soße aßen, während draußen vor den Fenstern die Zitronen- und Orangenbäume vorbeizogen. Nach dem Mittagessen holte Hattie einige Bücher hervor, die sie für sich und das Kind mitgenommen hatte: *Wissenswertes über Blumen*, *Gartensträucher und ihre Geschichten* und, zum Zeitvertreib, ein Buch mit chinesischen Geschichten über einen Affen. Auch einen kleinen Reiseatlas von Europa hatte sie eingepackt, um Indigo in Erdkunde zu unterrichten.

Indigo kniete auf dem Sitz, die Wange an die Fensterscheibe gedrückt, und sah Bäume und Zäune vorbeiziehen. Als die Sonne im Westen unterging, wurden die Wolken am Horizont in rotgoldenes Licht getaucht. Der Zug fuhr nach Osten, genau wie Hattie es versprochen hatte. Indigos Herz schlug höher, als sie die hohen Yuccapflanzen vom letzten Jahr wiedererkannte, sie hatte damals Tag und Nacht aus dem Zugfenster gestarrt und sich Landschaftsmerkmale eingeprägt, die sie nach Hause zurückführen sollten. Indigo fragte, ob sie durch den Zug laufen dürfe, aber Hattie erklärte ihr, daß es Kindern nicht gestattet war, ohne die Begleitung eines Erwachsenen herumzulaufen. Sie gingen bis ans Ende des Zuges und wieder zurück, Indigo lief voraus. Die anderen Passagiere starrten zuerst das Kind und dann Hattie an, ehe sie sich wieder dem Kind zuwandten, das in seinem Kleid sehr hübsch aussah, aber ohne Schuhe und nur in Strümpfen herumlief. »Eine Missionarin« flüsterte jemand hinter ihnen, als sie vom Schlafwagen in den Aussichtswagen hinübergingen.

Unterwegs sah sich Indigo den zur Außentreppe führenden Durchgang zwischen Abteil- und Zugtür genau an. Sie hielt Ausschau nach bekannten Regionen – nach Sanddünen am Fuße dunkler Basalthügel, Kreosotbüschen und Krapp. Daran würde sie erkennen, daß der Zug bald nach Needles kam, wo er anhalten und Wasser und Kohlen aufnehmen sollte. Indigo war so aufgeregt, daß sie es kaum erwarten konnte. Sie wußte, wie sie es anstellen mußte, zu flüchten.

Den ganzen Nachmittag kniete sie auf dem Sitz, um besser hinaussehen zu können; Meile für Meile beobachtete sie die Veränderung der Landschaft. Das saftige Grün der Zitronenhaine wich dem Blaßgrün und Fahlgelb von Ruchgras und Wildblumen. Nur wenige Meilen weiter und es gab nur noch die spindeligen dunkelgrünen Fettholzsträucher, die das zerklüftete Schwemmland überzogen. Der Wald aus Fettholzgewächsen erstreckte sich in alle Himmelsrichtungen, soweit das Auge reichte. Weit in der Ferne konnte Indigo im bläulichen Dunst des Spätnachmittags die verschwommenen Umrisse eines Höhenzugs in der Wüste ausmachen, den sie nicht kannte.

Kurz vor Sonnenuntergang hielt der Zug an einer kleinen Station namens San Bernadino, um für die langsame Steigung hinauf auf den flachen Bergsattel Wasser und Kohlen aufzunehmen. Edward mischte sich unter die anderen Passagiere, die ausstiegen und die Gelegenheit nutzten, sich die Beine zu vertreten. Indigo beobachtete Hattie hoffnungsvoll, doch diese las ein Buch und hob nur kurz den Kopf, als der Zug stehenblieb und Edward das Abteil verließ. Indigo erhob sich und ging zur Tür. Hattie sah auf und erkundigte sich, ob sie zur Toilette müsse. Indigo verneinte. Sie wollte aussteigen und draußen herumlaufen. Hattie sah aus dem Fenster und schüttelte den Kopf. Die Zeit war zu knapp. Edward würde gleich wieder einsteigen. Der Halt war fast vorüber. Kurz nach Edwards Rückkehr spürte Indigo, wie sich der Zug mit einem Ruck in Bewegung setzte, und schon waren sie wieder unterwegs. Indigo hockte sich auf den Sitz, lehnte das Gesicht gegen die Fensterscheibe und sah die Silhouetten der fernen Berge im lavendelblauen Dämmerlicht verschwinden.

Später klopfte es an die Tür, und der Salonwagenschaffner kam herein, um die Lampen anzuzünden. Hattie schloß das Buch über frühe Kirchengeschichte von Eusebios.

»Indigo«, sagte sie, »hast du vor dem Abendessen Lust auf ein schönes warmes Bad?« Indigo schüttelte den Kopf. Sie hatte bereits am Morgen gebadet und noch nie gehört, daß jemand am gleichen Tag zweimal badete, es sei denn, man war in etwas ganz Ekelhaftes oder Klebriges hineingefallen.

Hattie lächelte.

»Nun, ich denke, ein warmes Bad wäre jetzt bestimmt göttlich«, sagte sie und ging zur Tür der Schlafkabine. Edward sah zu Indigo hinüber, die ihre Augen nicht vom Fenster abwendete, und dann auf die Telegramme und die andere Korrespondenz auf dem Tischchen vor sich. Lächelnd stimmte er Hattie zu und beugte sich dann wieder über seine Aufzeichnungen.

Ohne Hattie im Abteil kam Indigo das Kratzen von Edwards stählerner Schreibfeder und das gelegentliche Pling-Pling der Stahlfeder auf dem gläsernen Hals des Tintenfasses viel lauter vor. Hin und wieder hörte sie Edward leise mit sich selbst oder mit dem Blatt Papier sprechen, sie war sich nicht sicher. Er wirkte sehr konzentriert, als ringe er mit dem Papier. Indigo sah hinaus, während sich die Dämmerung über das Fettholzdickicht legte. Weit hinter ihr kam die Nacht. Der Schein der Lampe spiegelte sich im Fenster, und Indigo konnte nichts mehr erkennen, außer wenn sie das Gesicht gegen die Scheibe preßte.

Etwas später bemerkte Hattie, wie überaus konzentriert Indigo aus dem Fenster sah – völlig normal für ein Kind auf einer Zugfahrt. Aber beim Abendessen stellte sie erstaunt fest, daß Indigo nun noch aufmerksamer aus dem Fenster starrte.

»Was siehst du denn da draußen, Indigo?« fragte sie schließlich. Indigo warf einen Blick auf Edward, sah dann zu Hattie hinüber und schüttelte den Kopf. Die Aufregung und der Lärm der Reise sorgten dafür, daß sich das Kind in sich selbst zurückzog, genau wie Hattie es befürchtet hatte. Auch wenn Indigos Appetit davon nicht beeinträchtigt zu sein schien. Sie aß das Roastbeef und das Gemüse auf ihrem Teller, und als man ihr nachservierte, verschwand auch dieses Essen innerhalb kürzester Zeit. Edward, der über Kopfschmerzen klagte, weil er den ganzen Nachmittag an seiner Korrespondenz gearbeitet hatte, fühlte sich von dem hervorragenden Abendessen neu belebt.

Als der Kellner ihnen Apfelkuchen servierte, merkten sie, daß der Zug seine Fahrt verlangsamte, und der Schaffner rief: »Barstow«. Wieder ein Halt, um Wasser und Kohlen aufzunehmen. Indigo wandte sich vom Fenster ab und wiederholte den Namen der Station. Sie erkundigte sich nach dem Namen des nächsten Halts, und Hattie sah Edward an, der in seine Tasche griff und den ledergebundenen Reiseatlas herauszog, den er auf alle seine Expeditionen mitnahm. Als er die Seite gefunden hatte, breitete er den Atlas bereitwillig auf dem Tisch vor Indigo aus und stellte den Lampenschirm so ein, daß genügend Licht darauf fiel.

»Siehst du«, sagte er und deutete mit dem Zeigefinger. »Hier ist Barstow, das wir gerade verlassen haben, und hier drüben, ziemlich weit weg, ist unser nächster Halt, Needles.« Indigos Herz klopfte heftig, als sie das Wort wiederholte, das »spitze Gegenstände« bedeutete. Ein wirklich guter Name für diese Stadt, dachte sie. Indigo bemühte sich, ihre Aufregung nicht zu zeigen. Sie drehte sich wieder zum Fenster um, aber innerlich sang sie im Rhythmus des Zuges immer wieder das Wort »Needles«.

Sie hatte sich so gut es ging auf die Flucht vorbereitet und einige Scheiben Roastbeef von ihrem Teller genommen, um sie zusammen mit den Brotscheiben in die Serviette zu wickeln. Als niemand hinsah, schob sie sich das Bündel unter den Rock und klemmte es hinter den Gummizug zwischen Bauch und Unterhose. Grandma Fleet sagte, man sollte auf Reisen immer Proviant mitnehmen.

Nach dem Abendessen erklärte Edward, daß er noch ein oder zwei Briefe schreiben wolle, und machte sich daran, seinen Federhalter aufzufüllen. Indigo klebte weiter am Fenster. Hattie holte die Gartenbücher mit den schön kolorierten Illustrationen heraus, aber Indigo schüttelte den Kopf, ohne sie auch nur eines Blickes zu würdigen.

»Du bist bestimmt erschöpft«, meinte Hattie. Ich werde sehen, ob der Kondukteur die Betten schon gemacht hat.«

Als Hattie ihr das Nachthemd gab, wartete Indigo, bis sie sich umdrehte, und zog es dann über den Kopf, ohne sich auszuziehen. Sie roch das Roastbeef auf ihrer Haut und fragte sich, ob Hattie es bemerken würde, wenn sie kam, um sie zuzudecken. Nun kam das Warten. Sie wußte, daß sie wachbleiben mußte, damit sie, sobald der Zug langsamer wurde, aus der Schlafkabine schleichen konnte. Um sich wachzuhalten, sandte Indigo Sister Salt eine Nachricht, die gleiche, die sie auch Linnaeus schickte: »Ich habe dich so lieb, und ich vermisse dich ebenfalls. Mit diesen Worten schicke ich dir meine ganze Liebe. Ich bin auf dem Weg. Bald bin ich bei dir. Auf ewig, deine Schwester Indigo.« Leise wiederholte sie die Worte, bis sie ein kleines Lied ergaben, das sie mit jedem Mal ein wenig lauter sang, so lange, bis Hattie vom Salonwagen den Kopf zur Tür hereinsteckte und fragte, ob alles in Ordnung sei. Indigo tat, als schliefe sie und gab keine Antwort.

Nachdem Edward und Hattie in ihre Schlafkojen geklettert waren, wartete Indigo, bis beide tief und regelmäßig atmeten, dann schlüpfte sie aus dem Bett und schlich sich zur Tür des Salonwagens. Die Tür öffnete sich geräuschlos, aber der Schnapper fiel mit einem lauten Klack ins Schloß. Indigo erstarrte und hielt die Luft an, aber niemand rührte sich. Sie setzte sich in den dunklen Salonwagen und sah zu den Sternen hinauf. Egal, wie schnell der Zug oder die Erde sich bewegten, die Sterne hatten es niemals eilig auf ihrer langsamen Reise.

Indigo war eingeschlafen, als der Zug das ersten Mal ruckte, dann ruckte er noch einmal und erbebte, als die Lokomotive das Bremsmanöver für den Halt in Needles begann. Indigo machte schnell die Abteiltür auf, sah sich in beiden Richtungen nach dem Schaffner um und trat dann hinaus in den Gang. Sie durchquerte den Eisenbahnwagen bis zur Tür des Durchgangs, wo der nach Kohlenfeuer riechende Wind und das Kreischen der Stahlräder auf Stahlschienen sie umfingen. Sie versteckte sich hinter dem Gepäckregal mit Reisetaschen und Koffern und wartete.

Ihr Herz klopfte heftig und sie befürchtete, in die Hosen machen zu müssen, aber der Drang zu urinieren ließ nach, als der Zug langsamer wurde. In der Ferne hörte sie eine Stimme »Needles« rufen. Je näher der Schaffner kam, desto lauter wurde der Ruf. Indigo machte die Augen zu und dachte fest an die Sand Lizards, die sie beobachtet hatte. In dem Moment, als der Schaffner den Durchgang betrat, legte sie sich hinter dem Gepäck flach auf den Boden. Der Schaffner rief noch einmal laut »Needles«, während der Zug quietschend und ruckend zum Stehen kam. Mit jedem Rucken und Quietschen sank Indigos Herz ein bißchen tiefer – die Aufenthalte in San Bernadino und Barstow waren viel leiser und sanfter vonstatten gegangen. Sie wußte, daß Hattie und Edward bei diesem Krach unmöglich weiterschlafen konnten.

Sie hastete aus ihrem Versteck, um die Ausgangstür zu erreichen und die Stufen hinunterzuspringen, sobald der Zug völlig stillstand. In diesem Augenblick hörte sie, wie Hattie ihren Namen rief, die Abteiltür ging auf und dann waren Schritte hinter ihr. Schweiß lief ihr über Brust und Rücken. Sie mußte jetzt hinaus! Plötzlich stand der Schaffner vor ihr; hinter ihr rief Hattie ihren Namen. Indigo drehte sich nicht um. Sie stand da und starrte auf die Ausgangstür, bis sie spürte, wie Hattie sanft ihre Hand ergriff.

Klack-klack! Klack-klack! Jetzt haben wir dich, gefangen im Sack. Klack-klack! Klack-klack! Gefangen im Sack, gefangen im Sack, im Sack, im Sack, sangen die Räder auf den Schienen. Indigo hörte das Lied, selbst wenn sie sich die Finger in die Ohren steckte. Sie weinte, bis ihre Tränen einen feuchten Fleck auf dem

Kissen bildeten. Hattie saß auf der Bettkante und strich ihr über den Rücken.

Indigo weinte sich in den Schlaf und träumte davon, wieder in den alten Gärten zu sein. Linnaeus saß oben in der Krone eines Baumes und half Grandma Fleet beim Aprikosenpflücken. Die Aprikosenbäumchen waren im Traum enorm gewachsen, und ihre Äste waren schwer von dicken, orangefarbenen Aprikosen. Sister Salt und Mama saßen im Schatten und hälfteten die Aprikosen, um sie dann in der Sonne zu trocknen. Indigo blieb lange im Traum bei ihren Lieben, sie konnte ihre Liebe ganz deutlich fühlen. Beim Aufwachen spürte sie ihre Liebe immer noch, mächtig wie eh und je, und sie fühlte sich zuversichtlich, bald zu ihnen zurückkehren zu können.

Hattie konnte nicht wieder einschlafen. Das Kind ging ihr nicht aus dem Kopf. Der Schulinspektor wußte so wenig von ihr. Wenn sie aus Übersee zurückkamen, würde sich Hattie eingehend mit Indigos Herkunft beschäftigen. Edward war einverstanden. Er war selbst recht interessiert an seltenen oder ausgestorbenen indianischen Kulturen.

Edward hielt es für einen Zufall, daß Indigo in Needles davonlaufen wollte, aber Hattie hatte in Indigos Augen gesehen, und sie wußte, daß Needles Indigos Ziel war.

Am nächsten Morgen schlief Indigo bis weit in den Vormittag hinein. Beim Ankleiden zögerte sie. Als sie schließlich die Arme hob, damit Hattie ihr das Nachthemd über den Kopf streifen konnte, sah diese den Grund. Indigo hatte sich am Vorabend gar nicht erst ausgezogen. Indigo sah Hattie an, dann griff sie vorne in ihrem Rock und zog die fleckige Serviette mit den Roastbeefscheiben hervor.

»Was ist das? Dein Reiseproviant?« fragte Hattie ruhig. »Aber dann wärst du doch ganz allein, Indigo.«

»Nein!« rief Indigo, während ihr dicke Tränen über die Wangen liefen. Hattie spürte, wie ihr die Kehle eng wurde.

»Du mußt schreckliches Heimweh haben, Indigo. Es tut mir so leid für dich.« Sie wollte Indigo umarmen, aber das Kind erstarrte und wandte sich wütend ab.

»Mama und Sister Salt warten doch auf mich!« rief sie. Sie sprach den ganzen Tag kein Wort mehr, saß willenlos auf ihrem

Bett und weigerte sich zu essen. Wenn sie an den Messias und die Tänzer dachte, ging es ihr besser. Hatte ihre Paiute-Freundin ihnen nicht erzählt, daß der Messias für einen Teil des Jahres weit nach Osten reiste, wo es kühler war? Dieser Gedanke tröstete Indigo. Auch wenn sie die Chance verpaßt hatte, in Needles aus dem Zug zu springen, war es immer noch möglich, daß der Messias und die anderen ohnehin weiter im Osten waren.

»Edward«, sagte Hattie, nachdem sie nach dem schlafenden Kind gesehen hatte, »hat der Inspektor der Indianerschule irgend etwas davon erwähnt, daß das Kind eine Schwester oder eine Mutter hat?« Edward nahm seine Lesebrille ab, rieb sich mit den Fingern den Nasenrücken und schüttelte müde den Kopf. Er war in der vergangenen Nacht nur schlecht eingeschlafen und hatte nach der fast geglückten Flucht des Kindes bis zum Morgengrauen wachgelegen.

»Die Angestellten der Indianerinternate sind nicht besonders gut informiert, was ihre Schüler betrifft«, erklärte er.

»Das arme Kind! Sie muß gewußt haben, daß sie ganz in der Nähe ihres Zuhauses war, und sie ...«

»Sie wäre fast verloren gegangen oder hätte sich beim Sprung aus dem Zug das Genick gebrochen!« unterbrach Edward. Er fuhr sich mit dem Taschentuch über die Stirn und öffnete dann das Fenster, um frische Luft hereinzulassen.

»Ist dir nicht gut?«

Edward schüttelte lächelnd den Kopf. »Für einen alten Mann in einem schaukelnden Abteil habe ich zuviel gelesen und geschrieben. Spielen wir eine Partie Rommé?« Edward faltete den Brief zusammen und packte ihn und die in blauen Manilakarton gebundenen Dokumente weg. Hattie streifte die Dokumente mit einem kurzen Blick, als er die Ledermappe schloß.

»Ist irgend etwas passiert?«

»Nichts Beunruhigendes«, sagte Edward, als er die Karten herausholte.

»Die Pará-Expedition?«

Edward nickte.

»Wurde denn damals nicht alles geklärt?«

Edward fischte die Joker aus dem Stapel und mischte die Karten.

»Soll ich die Punkte aufschreiben?«

»Ja, wenn du möchtest. Hier ist ein Bleistift.«

Wieder mischte Edward die Karten.

Die Versicherungsgesellschaft hatte alle Investoren entschädigt. Trotzdem war eine Klage eingereicht worden. Sein Anwalt hatte dies einen schamlosen Akt genannt. Edward lächelte beruhigend und übergab Hattie das Kartenspiel.

Sie hatten einen zweistündigen Aufenthalt in Albuquerque, wo das Personal wechselte, und Hattie schaffte es, Indigo zu einem Spaziergang durch die Altstadt von Albuquerque zu überreden.

»Die frische Luft wird Wunder wirken«, meinte Hattie, während sie Indigo die Haare bürstete und mit kleinen Silberspangen feststeckte.

»Die habe ich selbst als kleines Mädchen getragen. Meine Mutter bestand darauf, wenn ich mit meinem Pferd ausritt, damit meine Haare nicht durcheinandergerieten.«

»Ein Pferd?« Indigo wußte von Männern, die Pferde besaßen, aber ein kleines Mädchen?

»Ja, ich weiß, meine Mutter war genauso entsetzt. Sie flehte meinen Vater an, mir das Reiten nicht zu gestatten. Aber es hat mir solchen Spaß gemacht.« Indigo zog ihre Slipper aus Ziegenfell an, und Hattie rückte den neuen Strohhut mit den langen Bändern zurecht.

Auf der gegenüberliegenden Seite des Bahnsteigs erblickte Indigo im Schatten des Bahnhofsvordaches zu ihrer Überraschung fünf oder sechs Indianerinnen. Sie hatten ihre Decken ausgebreitet und boten darauf schwarzweiße Tonfiguren und kleine Weidenkörbe an, die nicht halb so schön waren wie Grandma Fleets Körbe. Andere Zugreisende betrachteten im Vorbeigehen die Tonwaren und Körbe. Indigo starrte in die Gesichter der Frauen, auf ihre selbstgewebten schwarzen Kleider mit roten Wollschärpen und die schwarzweißen Töpferwaren, die sie angefertigt hatten und vermutete, daß sie zum Volk der Hopi gehören mußten. Hattie bemerkte Indigos Interesse und dachte, daß es das Kind vielleicht trösten würde, mit ihresgleichen zu sprechen. Aber als sie Indigo fragte, ob sie hinübergehen und sich mit den Indianerinnen unterhalten wolle, schüttelte diese den Kopf und ging schnell an den

Frauen vorüber, die mit ihren Verkäufen an die Zugreisenden beschäftigt waren.

Indigo war erleichtert, daß keine der Indianerfrauen sie bemerkt hatte, so wie sie zurechtgemacht war, als weißes Mädchen. Was dachte sich Hattie eigentlich? Diese Frauen waren Fremde und gehörten zu Stämmen, von denen Indigo keine Ahnung hatte. Was sollte sie den Indianerinnen denn sagen? Sie würden das Kleid und den Hut sehen, lachen und sagen: »Was für eine Sorte Indianer bist du denn?«

Im Restaurant des einzigen Hotels von Albuquerque aßen sie zu Mittag. Die Weißen dort bemerkten Indigo und starrten ihr, Hattie und Edward hinterher, als sie das Hotelfoyer durchquerten, um zum Zug zurückzukehren. Indigo lächelte in sich hinein. In Needles duldete man keine Indianer in Cafés oder Hotelfoyers. Edward entdeckte im Tabakgeschäft des Hotels eine zwei Wochen alte New Yorker Zeitung, und Hattie kaufte eine Dose Karamelbonbons.

Zurück im Zug las Edward die Zeitung, während Hattie und Indigo die Süßigkeiten auspackten, um dann festzustellen, daß das Karamel bereits steinhart war. Indigo störte das nicht. Sie zeigte Hattie, wie sie und Sister Salt die harten, getrockneten Datteln gegessen hatten, indem sie diese lange Zeit im Mund einweichten. Genauso machte sie es mit dem Karamel.

»Wenn Sister Salt deine große Schwester ist«, meinte Hattie, »hast du dann noch andere Geschwister?«

»Ich weiß es nicht«, sagte Indigo und rollte das Bonbon mit der Zunge herum. »Vielleicht hat Mama inzwischen ein neues Baby.«

»Indigo«, begann Hattie leise, »ich möchte mit dir über deine Mutter sprechen. In den Unterlagen der Schule steht, daß du ein Waisenkind bist.«

Sie sei kein Waisenkind, versicherte ihr Indigo bestimmt. Sie wußte, wo ihre Mutter war, und auch ihre Schwester. Ihre Mutter war mit dem Messias und seiner Familie und mit den anderen Tänzern in die Berge geflüchtet.

»Der Messias? Wer ist der Messias, Indigo?«

Indigo sah in Hatties blaue Augen, um festzustellen, ob sie es ernst meinte oder nicht.

»Du weißt nicht, wer der Messias ist?«

Hattie schüttelte den Kopf.

»Natürlich weißt du das. Jesus Christus.«

»Ja, aber der Jesus, den ich kenne, lebte vor langer, langer Zeit, auf der anderen Seite des Meeres.«

Hattie zögerte, ehe sie erzählte, daß Jesus in Jerusalem gestorben war. Indigo schüttelte den Kopf. Viele waren von dem, was geschehen war, in die Irre geführt worden. Die Paiute-Frau hatte ihnen erzählt, daß Jesus, nachdem die Soldaten versucht hatten, ihn zu töten, von dort fortgegangen und hierher, in sein Heim in den Bergen, zurückgekehrt war. Dort lebt er mit seiner Familie, aber manchmal begibt er sich mit seiner Familie auch weit weg, um andere Gläubige zu besuchen.

Hattie schien sprachlos zu sein, also erklärte ihr Indigo: »Wenn die Menschen Nacht für Nacht tanzen, kommen der Messias und seine Familie zu ihnen.«

Die übersprudelnde Phantasie des Kindes belebte Hatties Sinne. Seit einiger Zeit verspürte sie eine zunehmende Unruhe in sich, auch wenn sie die Ursache ihrer Besorgnis nicht ausmachen konnte. Sie drückte den Deckel auf die Bonbondose und öffnete eines der Gartenbücher, die sie mitgebracht hatte, damit sie und Indigo sich auf der langen Bahnfahrt damit vergnügen konnten. Sie freute sich auf das neue Buch über Sonnenblumen, das ihr der Buchhändler aus Los Angeles kurz vor ihrer Abreise geschickt hatte. Auch einen alten archäologischen Führer über die Steinschreine der Britischen Inseln hatte sie mitgebracht, weil er keltische Sagen enthielt, die Indigo vielleicht gefielen.

Hattie hatte nur deshalb zugestimmt, Edward nach Übersee zu begleiten, weil die Reise für Indigo sehr lehrreich sein würde. Sie fühlte sich dafür verantwortlich, daß das Kind in ihrer Obhut weiterhin Lesen und Schreiben lernte. Indigo war völlig in das Gartenbuch vertieft und betrachtete jede Zeichnung eingehend, ehe sie umblätterte. Sie fragte Hattie nach den englischen Namen der Blumen und schien besonders angetan zu sein von den Gladiolen, die sich durch dicke Brutknollen vermehrten.

Edward faltete gerade die Zeitung zusammen, als Hattie sich zu ihm an den kleinen Tisch setzte.

»Irgend etwas Interessantes in der Zeitung aus Albuquerque?«

»Eigentlich nicht. Dein Nachbar aus Oyster Bay, Mr. Roosevelt, wird diesmal als möglicher Mitstreiter von McKinley erwähnt.«

»Das ist interessant. Ich gehe davon aus, daß Mr. Roosevelt sich mit nicht weniger zufriedengeben wird, als mit der Nominierung für das Präsidentenamt.« Hattie hielt McKinley für den gewinnsüchtigsten aller Politiker. Edward lächelte. Sie höre sich an wie ihr Vater, neckte er sie. »Vergiß nicht: Die Budgets für Neuanschaffungen und für freie Sammler und für die Abteilung für Pflanzenwesen waren unter der McKinley-Regierung recht großzügig bemessen.«

Hattie lachte. »Ich höre mich also an wie mein Vater, meinst du?«

In diesem Moment kam das Tablett mit Tee und Gebäck, und Hatties Miene wurde ernst.

»Indigo sagt, sie hat eine Mutter und eine ältere Schwester«, begann sie. »Sobald wir zurückkehren, möchte ich dem auf den Grund gehen.«

Aber Edward hatte Zweifel. Die Regierung verlangte, daß über die Indianer genauestens Buch geführt wurde. Indianische Mütter trennten sich nicht so einfach von ihren Kindern. Hattie sah zu Indigo hinüber, die sich das Gartenbuch zum zweitenmal ansah. Das Internat wurde wie ein Gefängnis geführt. Es war nicht der richtige Ort für ein so intelligentes Mädchen wie Indigo. Hattie setzte sich kerzengerade hin. Es hatte sie nicht gekümmert, daß das Kind verschwunden war – schon nach einem Tag hatten sie die Suche aufgegeben!

»Nichts, was Regierungsbeamte tun, überrascht mich«, meinte Edward. »Schließlich habe ich mit ihnen in der Wildnis zusammengearbeitet. Und die Beamten des Büros für Indianische Angelegenheiten gehören mit zu den schlimmsten.«

Der Zug hielt für einen Personalwechsel in Kansas City, was ihnen genug Zeit für einen Spaziergang durch die Stadt ließ, auch wenn die Hitze und die Luftfeuchtigkeit beträchtlich waren. Während Edward im Telegraphenamt war, besuchten Hattie und Indigo den Getränkeladen nebenan. Indigo liebte Vanille-Eiscreme, die prickelnden Limonadenbläschen dagegen stiegen ihr in die Nase und trieben ihr die Tränen in die Augen. Sie sahen ein kaputtes Automobil, das den Verkehr blockierte, von Pferden gezogene Lastkarren und Einspänner verstopften die Straßen der Innenstadt.

Indigo hat noch nie zuvor eine schwarze Frau gesehen, nur schwarze Soldaten. Sie zupfte Hattie am Ärmel und deutete auf eine große, majestätisch aussehende dunkelhäutige Frau, die in einem hübschen Kleid aus blaßgelber Baumwolle mit grünem Satinbesatz an ihnen vorüberging. Sie trug einen wunderschönen gelben Filzhut mit einer grünen Feder und ungewöhnliche blaßgelbe Lederstiefel mit einer Knopfleiste aus Perlen. Auf ihrem Spaziergang durch Kansas City sah Indigo eine ganze Reihe dunkelhäutiger Frauen, die in Seide und Satin mit leuchtenden Mustern und Farben gekleidet waren. Auf den Straßen voller Menschen mit Kleidern, so grau wie Staub, wirkten diese schwarzen Frauen so schön wie farbenprächtige Stockrosen. Indigo fand sie viel schöner als die weißen Frauen in ihren blassen Grau- und Beigetönen.

Zurück im Zug, kurz nach Anbruch der Dunkelheit, deutete Hattie aus dem Fenster auf den großen Mississippi-Strom, den sie gerade überquerten. Doch alles, was Indigo sah, war eine unheilvolle, wogende Dunkelheit, die sich so endlos dahinstreckte wie kein anderer Fluß, den sie je gesehen hatte. Die Nächte waren am schlimmsten. Sie vermißte Mama und Sister, und der Gedanke an Linnaeus, allein in der Ferne und Dunkelheit, brachte sie zum Weinen. Ihr Körper hatte genug von dem Geschaukel des Zuges, und ihr Rücken und ihre Knie schmerzten vom vielen Sitzen. Sie wußte nicht mehr, wie lange sie schon unterwegs waren. Und wenn es Hattie nun nicht gelang, die Schulleitung zu überreden, sie bei Sister Salt leben zu lassen? Was war, wenn Hattie aufgab und sie in der Schule zurückließ? Die Schulbehörde hatte niemals vorgehabt, sie nach Hause gehen zu lassen. Als sie an Sister Salt dachte und daran, wie sie zusammen mit den anderen weggezerrt wurde, die man für zu alt und zu aufsässig für die Schule hielt, stiegen ihr die Tränen in die Augen. Und doch dachte sie bei dem Gedanken an Sister immer auch an deren starken Willen und scharfen Verstand. Sister würde bestimmt in der ersten Woche davonlaufen. Indigo war so stolz auf ihre Schwester, daß ihr gleich viel wohler zumute war und sie mit der Erinnerung daran einschlummerte, welchen Spaß sie und Linnaeus im Roten Garten mit den Granatäpfeln gehabt hatten.

In Chicago wechselten sie mitten in der Nacht den Zug. Indigo erwachte, als Edward sie im Nachthemd und in eine Decke gewickelt aus dem Zug trug. Es war ihr peinlich, Edward so nah zu sein, daß sie ihn riechen konnte – nicht nur die Seife, die er benutzte, sondern auch den Geruch seines Körpers. Er hielt sie sehr vorsichtig, als befürchte er, daß sie zerbrechen könnte. Frauen trugen sie ganz anders. Sie tat, als ob sie schliefe und hielt die Augen fest geschlossen, während sie die belebten Bahnsteige entlanggingen, bis sie ihren Zug und das richtige Abteil gefunden hatten.

Hattie und Indigo verbrachten die restliche Zeit vor allem im Aussichtswagen, wo sie mit den aufgeschlagenen Gartenbüchern auf den Knien hinaussahen und nach Gärten und Parks Ausschau hielten, die denen im Buch glichen. Je näher sie ihrem Ziel kamen, desto vergnügter wurden Hattie und das Kind.

Edward war erleichtert, den Salonwagen die meiste Zeit des Tages für sich zu haben, während er die Stellungnahme zu den Ereignissen der fehlgeschlagenen Expedition an den Pará-Fluß fertigstellte, die sein Anwalt gefordert hatte. Er nahm sein Reisetagebuch zu Hilfe, um Einzelheiten der Anfangszeit zu rekapitulieren.

> Heute morgen wehte der Wind auf dem großen Fluß ungestüm und gegen uns, so daß wir gezwungen waren, den größten Teil des Tages im Hafen zu bleiben, was ich für kleinere Exkursionen in die nähere Umgebung unseres Lagers nutzte. Die immergrünen Eichen sind von erstaunlichem Wuchs, und ein einziger Baum birgt gewaltige Holzmengen, und doch sind sie vergleichsweise klein, selbst in diesen Wäldern, wo die jungen Bäume, die auf festem Boden wachsen, in der Gesellschaft anderer hoher Bäume (wie Blutbuche, Amberbaum, großblütige Magnolie und Palmenbaum) durchaus danach streben, es ihren Nachbarn gleichzutun.

Die Tagebucheinträge enthielten keinerlei Angaben über die geheimen Absichten der Expedition. Im Gegenteil. Sein Anwalt hatte ihm geraten, sich in bezug auf Vicks Mission am Pará weiterhin uninformiert zu geben. Sämtliche Schlußvorbereitungen für die Expedition wurden von Lowe & Company getroffen, als Edward von der Gesellschaft ein Telegramm erhielt, das ihn über Änderungen in Kenntnis setzte, die in letzter Minute erforderlich geworden waren.

Ursprünglich hatte Edward allein reisen sollen. Lowe & Company waren erpicht auf niedrige Unkosten und hohe Erträge für ihre Investoren. Die Geschäfte wurden äußerst diskret abgewikkelt. Die Käufer oder ihre Agenten tätigten die Bestellung, und Lowe & Company beauftragten unabhängige Pflanzensammler wie ihn, sich auf die Reise zu machen und die gewünschten Exemplare zu beschaffen. Diesmal aber hatte das Konsortium der potentiellen Käufer darauf bestanden, daß auch ihr Vertreter, Mr. Eliot, an der Reise teilnahm.

Während seiner Studienjahre hatte Edward die Reisen an entlegene und exotische Orte durch den Verkauf seltener Pflanzen und anderer Kuriositäten finanziert, die er auf öffentlichen Märkten aufstöberte. Von einer Fahrt nach Honduras brachte er für die Sammlung seiner Mutter eine wunderschöne *Oncidium sphacelatum*, eine dunkel gefleckte Schmetterlingsorchidee, mit nach Hause. Wie hatte sie sich gefreut, als sie die Pflanze auspackten und in ihren Hängekorb aus Moos und Borke setzten. Es war ein robustes Gewächs mit hellgrünen Blättern. Die später erscheinende Blütenrispe war fast einen Meter lang und schön verästelt, die Blüten erschienen eine nach der anderen und hielten wochenlang.

Am Morgen, als sich die ersten Knospen öffneten, war seine Mutter so aufgeregt, daß sie ihn ins Gewächshaus rief, um sich ihre »tanzenden Damen« anzusehen, mit den gelben Ballkleidern, den leuchtend roten Westen und kunstvollen schokoladenbraunen und buttergelben Diademen. Die Orchidee gedieh und wurde eine der Lieblingspflanzen seiner Mutter.

Von da an brachte er, wenn er für die Sammlung seiner Mutter wilde Orchideen sammelte, immer einige zusätzliche Exemplare mit zurück, um sie an Sammler aus ihrem Bekanntenkreis zu verkaufen. Sein erster Verkauf an einen anderen Orchideenliebhaber bestand in Exemplaren der *Brassavola nodosa*, die er aus Guatemala mitgebracht hatte. Diese Orchidee war wegen des himmlischen Duftes ihrer merkwürdigen weißen Blüten, die aussahen wie fliegende Schwäne, immer sehr begehrt. Seine Mutter verlor ihre Exemplare durch zu starkes Gießen. Leider folgten diesem Verlust noch weitere, weil seine Mutter in den Tagen nach der Beerdigung seines Vaters fast zwanghaft die Orchideen goß.

Mr. Albert von Lowe & Company versicherte ihm, die Firma habe vollstes Vertrauen in ihn als erfahrenen Sammler wilder Orchideen. Aber aufgrund der beträchtlichen Summen, die auf dem Spiel standen, bestünden die Investoren darauf, daß ihr Mann ihn begleitete. Edward nahm an, der Mann sei einer jener Züchter, die unbedingt einmal die wahre Heimat der Orchideen zu sehen wünschten. Wenn er es auch vorzog, allein zu reisen, hatte er doch gegen Reisegefährten nichts einzuwenden. Die Liste der gewünschten Orchideenarten war recht umfangreich, und Edward konnte einen Gehilfen gut gebrauchen.

Als er vor zwanzig Jahren zum erstenmal die Flüsse der tropischen Regenwälder bereiste, wiesen die Ufer eine unvorstellbare Fülle prachtvollster Orchideen auf, und es war ein Kinderspiel sie zu sammeln. Doch dann brach die Orchideen-Leidenschaft aus. Auch als sie wieder etwas nachließ, versiegte sie doch nie völlig. Die Nachfrage der Züchter nach wilden Orchideen ließ die Pflanzen immer seltener werden und machte ihre Beschaffung zunehmend schwierig.

Normalerweise trug Edward die Kosten seiner Reisevorbereitungen selbst. Er reiste allein, um die exotische Pracht und Einzigartigkeit in der Einsamkeit der Wälder und Berge genießen zu können. Er hatte eine Liste mit Pflanzen bei sich, die von seinen Privatkunden, reichen Sammlern von der Ostküste oder aus Europa, gewünscht wurden. Der Verkauf der beschafften Exemplare gewährleistete, daß sein eigenes Vermögen nicht aufgebraucht wurde. Doch das Jahr 1893 brachte für viele Investoren beträchtliche Rückschläge, und Edward erlitt auf dem Aktienmarkt herbe Verluste. Das entlegene Reiseziel und die Vielfalt der gewünschten Exemplare vom Pará bedingten weit größere finanzielle Auslagen, als Edward bestreiten konnte. Daher erklärten sich Lowe &

Company bereit, eine erhebliche Summe vorzustrecken, um die Expedition auszurüsten.

Edward sollte ein großzügiges Honorar erhalten, und es verstand sich von selbst, daß er für seinen eigenen Bedarf beliebig viele Exemplare sammeln konnte, doch lag es nicht in seiner Macht, Einwände gegen weitere Expeditionsteilnehmer zu machen. Mr. Eliot konnte sich vielleicht beim Kennzeichnen und Verpacken der Sammelobjekte als hilfreich erweisen.

Die andere zusätzliche Vereinbarung war wesentlich beunruhigender. Mr. Vicks war Engländer, der auf besonderen Wunsch des Landwirtschaftsministeriums und in Zusammenarbeit mit der Leitung von Kew Gardens teilnehmen sollte. Mr. Albert verpflichtete Edward zu strengster Geheimhaltung, da Mr. Vicks im Auftrag der Regierung Ihrer Majestät handele und der Zeitfaktor von allergrößter Bedeutung sei. Eine Pilzkrankheit, der Gummibaum-Blattbrand, war im Begriff, Britanniens große Gummiplantagen im Fernen Osten zu zerstören. Mr. Vicks hatte den Auftrag, krankheitsresistente Gummibaumsämlinge aus ihrem Ursprungsgebiet, den Ebenen des Pará-Flusses, zu beschaffen. Es war unbedingt erforderlich, daß Kew Gardens in den Besitz von Ablegern gelangten, die gegen Blattbrand immun waren und dem Erreger widerstanden, damit die befallenen Plantagen im Fernen Osten mit resistenten Bäumen neu bepflanzt werden konnten. Andernfalls konnten England und die Vereinigten Staaten nicht länger mit billigem Kautschuk versorgt werden, und Brasilien würde erneut das Weltmonopol erlangen.

Das Problem war, daß Brasilien keine englischen Züchter mehr einreisen ließ, seit Henry Wickham fünfundzwanzig Jahre zuvor siebzigtausend Gummibaumsamen über Brasiliens Grenzen geschmuggelt hatte, um das Monopol über die Kautschukproduktion zu brechen, und es dabei zu allerlei diplomatischem Säbelrasseln gekommen war. In den königlichen botanischen Gärten hatte man aus den Samen zwar nur dreitausend Sämlinge gewonnen, doch es waren genug, um in Malaysia und Ceylon große Gummiplantagen anzulegen.

Vor Wickhams dreister Tat hatten Brasilien und seine portugiesischen Vettern eifersüchtig über das Gummimonopol gewacht. Zweimal war es den brasilianischen Behörden vor Wickhams Tat gelungen, von Kew Gardens beauftragte Agenten mit Hunderten von *Hevea brasiliensis*-Sämlingen im Gepäck zu verhaften. Der schlaue Wickham mietete ein Schiff und schmuggelte die Samen in Indianerkörben versteckt hinaus. Die Königin schlug ihn für seinen Wagemut zum Ritter.

Seit dieser Zeit wurden alle Fremden, die im Besitz von Gummibaumsamen oder -setzlingen waren, auf der Stelle verhaftet. Daher reiste Vicks, als zusätzliche Vorsichtsmaßnahme, mit einem amerikanischen Paß, den man speziell für diese Mission ausgestellt hatte. Die Brasilianer und Portugiesen würden begeistert sein, wenn die britischen Gummiplantagen zugrunde gingen. Die Pilzkrankheit war in der Lage, Brasiliens weltweites Kautschuk-Monopol wiederherzustellen.

Mr. Albert versicherte Edward, daß Mr. Vicks ihm nicht zur Last fallen würde. Wissenschaftler in Surinam hatten herausgefunden, daß verlassene Gummiplantagen die besten Fundorte für krankheitsresistente Ableger waren. Daher würde Mr. Vicks, wenn Edward und Mr. Eliot auf Orchideensuche gingen, mit dem Kanu verlassene Gummiplantagen flußaufwärts ansteuern.

Die Einmündungen des Pará-Flusses wiesen eine unvorstellbar vielfältige Tier- und Pflanzenwelt auf. Affen, farbenprächtige Papageien und ganze Kaskaden seltener Orchideen waren längst nicht alles. Das Gebiet um den Pará war der einzige Lebensraum der *Hevea brasiliensis*, der wichtigsten Kautschukpflanze der Welt.

> *Hevea brasiliensis*, Parákautschukbaum, erreicht in seinen Ursprungsgebieten, den Wasserscheiden des Amazonas und am Orinoco, bis zu 40 m Höhe. Ovale Blätter, zwischen 5 und 60 Zentimetern Länge, dick und ledrig. Die Samen dienen den Eingeboren als Nahrung; der milchige Saft ist die beste und wichtigste Grundlage für die Herstellung von Naturkautschuk.

Edward las seine Notizen mit wachsendem Bedauern.

Das Hinzukommen weiterer Reisegefährten so kurz vor der Abfahrt erfüllte ihn mit Sorge, aber er vertraute dem Urteil von Mr. Albert und der Firma, und so erhob er keine Einwände.

Seine Vorahnungen verstärkten sich, nachdem man ihm seine

beiden Reisegefährten vorgestellt hatte. Eliot war ein großer, verdrossener Mann, den man ohne den maßgeschneiderten weißen Leinenanzug für einen Preisboxer hätte halten können. Vicks war klein und gewandt, aber sein Blick wich Edwards aus, als sie einander vorgestellt wurden. Mr. Albert holte die Liste der seltenen Orchideenarten hervor, die es zu beschaffen galt, und Edward wurde klar, daß Mr. Eliot von Orchideen so gut wie gar nichts wußte. Eliot unterbrach Edwards Beschreibungen der Lebensräume der Pflanzen, um belanglose Fragen über Regen- und Trockenzeiten zu stellen. Bei seinem ersten ungebührlichen Verhalten tauschten Edward und Mr. Albert Blicke aus. Nach der zweiten Unterbrechung starrte Mr. Albert auf die Orchideenliste, räusperte sich, sagte jedoch nichts.

Mr. Eliot und Mr. Vicks schlossen sich noch vor der Abfahrt des Dampfers in ihre Kabinen ein, und Edward sah sie erst in St. Augustine wieder, wo Mr. Eliot mit einer Rumfahne auftauchte und den Ersten Maat in die Stadt begleitete. Mr. Vicks nahm seine Mahlzeiten weiterhin allein in der Kabine ein. Das Wetter und die Strömung blieben günstig, so daß der Dampfer Port-of-Spain in rekordverdächtiger Zeit erreichte. Edwards böse Vorahnungen bezüglich seiner Gefährten verblaßten, je mehr er die Schönheit der üppigen smaragdgrünen Inseln im topasblauen Meer genoß. Er stand stundenlang am Bug, feucht von der Gischt des Meeres, und sah in das wechselnde Farbenspiel des klaren Wassers hinab, bis er einen ihm unbekannten Farbton erblickte. Mit einem an ein langes Seil gebundenen Eimer holte er das Meerwasser herauf, um es unter dem Mikroskop auf seltene Algen und Moose zu untersuchen. Er war so mit seinen Algen und Moosen beschäftigt, daß er kaum einen Gedanken an Eliot und Vicks verschwendete. Wenn sie einander auf Deck begegneten, nahmen sie kaum voneinander Notiz. Edward wurde ruhiger. Es war, als reise er allein.

Die guten Wetter- und Strömungsverhältnisse hielten an, und ihr Schiff erreichte den Pará wie geplant. Ihr Gepäck wurde auf einen Eselkarren geladen, der die Planken des Anlegestegs hinunterklapperte und zu dem kleinen Flußdampfer hinüberfuhr, den sie für die Expedition flußaufwärts gemietet hatten. Der Kapitän des Schiffes war ein geselliger Franzose, der darauf bestand, daß seine vornehmen Passagiere mit ihm einen Toast auf das Gelingen ihrer Reise ausbrachten, gefolgt von einem weiteren Toast auf gutes Wetter. Der Schiffsjunge füllte ihre Gläser ein drittes Mal, und der Kapitän sprach einen Toast auf die Heiligen, die sie vor wilden Tieren und Indianern beschützen sollten. Edward machte sich eher Gedanken über die drei Besatzungsmitglieder des Schiffes, rußgeschwärzte Gesellen, die vom Kesselraum heranschlichen, um die Passagiere zu begaffen, bevor sie wieder verschwanden.

Sobald das Schiff unterwegs war, begann Edward sein Reiselaboratorium auszupacken und aufzubauen. Der Dampfer sollte ihnen als Hauptquartier dienen, während sie zu Fuß oder mit dem Kanu Exkursionen in den Urwald unternahmen. Die Regenzeit war vorüber und die Luft warm und relativ trocken – genau das Klima, das die Blüte der wilden Orchideen begünstigte. Als das Flußbett schmaler wurde, verbrachte Edward viele Stunden in einem Liegestuhl an Deck und suchte mit dem Fernglas die Ufer ab.

Außer in Baumkronen und auf abschüssigen Felsen über tiefen Schluchten und Flüssen waren Orchideen in den dichten Wäldern der Flußgebiete rar. Nur wenige Arten mochten tiefen Schatten – und diese wenigen waren solche mit grünen oder weißen Blüten. Die farbenprächtigen Orchideen dagegen gediehen auf sonnigerem und offenerem Terrain. Edward studierte die Liste der von dem Züchterkonsortium gewünschten Orchideenarten und notierte sich, welche von ihnen im Winter blühten und sofort gesammelt werden mußten, während die anderen, die im Frühling und im Sommer blühten, bis zum Schluß warten konnten. Letztere waren die bei Züchtern sehr begehrten *Laelia* und *Cattleya.* Diese schätzten die kräftigen Farben der *Laelia*, und paarten sie mit der robusteren Größe und der anmutigeren Blütenform der *Cattleya*.

Die *Laelia crispa* besaß große, duftende, weiße Blüten mit einer gelb-violetten Lippe und einem ziemlich langen Blütenstengel. Die Züchter waren daran interessiert, eine duftende *Cattleya* zu schaffen, also enthielt die Liste auch eine Reihe von Orchideen, die man bisher noch nicht erfolgreich gezüchtet hatte, die jedoch wegen ihres Duftes gewünscht wurden, den sie vielleicht der

Hybride verleihen würden, von der die Züchter träumten. Diese Art bereitete Edward das größte Kopfzerbrechen, da sie nicht vor dem Sommer blühen würde, unangenehm kurz vor dem Ende ihres Aufenthaltes auf dem Pará-Fluß.

Die auf der Liste gekennzeichnete *Laelia pupurata* schätzten die Züchter wegen der riesigen, bis zu fünfzehn Zentimeter großen weiß- bis malvenfarbenen Blüte und dem tiefen Purpur der glockenförmigen Lippe. Die *purpurata* blühte im Frühjahr, und Edward war zuversichtlich, daß er vor der Abfahrt genügend Exemplare finden würde. Ebenfalls ganz oben auf der Liste stand die *Laelia cinnabarina*. Obwohl sie nicht sehr groß war, liebten die Züchter diese Art wegen der tieforangeroten Blüten, die wie Sterne aussahen. Die *cinnabarina* blühte vom Frühling bis in den späten Herbst, was das Auffinden der Pflanze erleichterte, obwohl sie durch das große Interesse von Sammlern und Züchtern rar geworden war.

Es überraschte Edward, auch die *Cattleya labiata*, die Herbstcattleya, ganz oben auf der Bestelliste zu finden, da man vor wenigen Jahren eine große Anzahl dieser Pflanzen gefunden hatte, die von zwei Großgärtnereien, die eine belgisch, die andere britisch, aufgekauft und vertrieben wurden. Es entstand ein Streit darüber, welche Firma nun die echte *Cattleya labiata* besitze, und als Wissenschaftler verkündeten, alle Exemplare seien echte *Cattleya labiata*, fiel der Preis für die Pflanzen von zwanzig Dollar auf einen Dollar das Stück, und eine ganze Reihe privater Investoren waren ruiniert.

Als der Dampfer in das Dorf Portal hineintuckerte, warteten die Indianer mit ihren Kanus am Flußufer. Sie waren an den Orchideenhandel gewöhnt, und zwei Männer trugen auf einem moosbedeckten Stamm ein schönes Exemplar der *Oncidium papilio*, mit einem langen Blütenstand voller gelb-oranger, schmetterlingsförmiger Blüten, eben jene sogenannte Schmetterlings-Orchidee, die vor Jahren die Orchideenleidenschaft ausgelöst hatte. Da die *papilio* nur im Freien gedieh, herrschte eine ständige Nachfrage, um all jene zu ersetzen, die an übermäßig viel Wasser und Kälte eingingen.

Inzwischen kannten die Indianer den Wert der Orchideen, doch immer wieder kamen weiße Händler den Fluß herauf und verlangten den gesamten Bestand einer Spezies, um auf diese Weise den Markt aufzukaufen. Wer nicht kooperierte, wurde geschlagen oder gefoltert, gerade so wie jene auf den brasilianischen und kolumbianischen Kautschukplantagen. Diese Männer hier arbeiteten für den französischen Kapitän, der sie vor der Brutalität der Händler und Agenten beschützte. Als Gegenleistung verkauften sie ihm die schönsten Pflanzen, die sie fanden. Edward kaufte ihnen die *papilio* zu dem Preis ab, den der Kapitän festsetzte – zu hoch eigentlich, aber es war eine so große, vollentwickelte Pflanze, daß Edward anstandslos zahlte. Der Franzose erbot sich, seine Indianer auszuschicken, um sämtliche Pflanzen auf der Liste zu besorgen, aber sowohl Edward als auch Mr. Eliot lehnten ab.

Ehe es dunkel wurde, wanderte Edward auf einem schlammigen Pfad in das alte Portal, eine ehemalige Kautschuksiedlung aus den Anfangszeiten des Kautschukgewerbes. Das alte Dorf war vor Jahren bei einer Auseinandersetzung zwischen rivalisierenden Kautschukgesellschaften niedergebrannt. Der neue Geschäftsbezirk Portals entstand direkt am Flußufer und bestand im Grunde genommen aus ein paar klapprigen Barken und morschen Kähnen, die an dicken Stämmen festgebunden waren. Offensichtlich gehörten auch diese Barken und Kähne dem Franzosen, der sie an Kaufleute und Händler für deren Zwecke vermietete. Minenarbeiter und die Vorarbeiter von den Plantagen im Umkreis von Hunderten von Meilen bezogen aus Portal Nahrung und Vorräte, die auf den Barken des Franzosen, der *Louis XIII*, der *Louis XIV* und der *Louis XV*, zu weit entfernten Außenposten den Fluß hinauftransportiert wurden.

Portals Geschichte als Kautschukstation war von Anfang an blutig gewesen. Früher hatte dort einmal ein Indianerdorf gestanden, doch keiner der damaligen Indianer war mehr am Leben. Die Station von Portal war berüchtigt dafür, daß die Latexausbeute der angeheuerten Indianer durch Mord und Totschlag gesteigert wurde. Immer wieder führten Rivalitäten zwischen verschiedenen Kautschukkäufern zu Überfällen und Gegenüberfällen, bei denen Dutzende von Indianern, weißen und schwarzen Aufsehern getötet wurden. Der Franzose berichtete, daß die alte Stadt und die Kautschukstation bereits zweimal von gegnerischen Gruppen niedergebrannt worden war. Als Portal das dritte Mal brannte, zogen die Kautschukkäufer weiter flußaufwärts. Da kam der Franzose auf die Idee, eine neue Stadt zu gründen, eine schwimmende Stadt, die bei Gefahr flußauf- oder -abwärts oder auch ganz verlegt werden konnte, um Kautschukstationen an anderen entlegenen Stellen des Flusses zu versorgen.

Die Indianer, die das Schiff empfingen, lebten nicht hier, sie kamen tief aus den Wäldern und waren weit weniger freundlich als jene, die früher in Portal gelebt hatten. Edward bemerkte, daß auch die vom Feuer unberührten Gebäude unbewohnt wirkten. Farnwedel und Palmen lugten zwischen den Dachbalken hervor. In den verlassenen Warenlagern, die er passierte, hörte er das Kreuchen und Fleuchen von Urwaldkreaturen, die sich in den Ruinen eingenistet hatten. Kein Wunder, daß dieser Ort als verwunschen galt. Auch Edward fühlte sich unbehaglich, so, als werde er von irgend etwas oder irgend jemand beobachtet. Das kurze Dämmerlicht der Tropen wich bereits der Dunkelheit, und Edward spürte eine übermächtige Angst in sich aufsteigen, die ihn immer schneller und schneller ausschreiten ließ, bis er schließlich zum Ufer rannte.

Das Durcheinander der Kähne und Barken der schwimmenden Stadt war hellerleuchtet vom Schein der an Deck und Takelage aufgehängten Laternen, um anzuzeigen, daß die Kantine und der Tanzsalon, die Lebensmittel- und Kramläden geöffnet hatten und auf Kundschaft warteten. Die verhältnismäßig kühlen Nachttemperaturen lockten Vorarbeiter von weitentfernten Minen und Plantagen herbei.

Der Mann hinter dem Tresen wies mit dem Kopf auf zwei junge Frauen, eine Negerin und eine Mulattin, die in der Nähe saßen, aber Edward schüttelte schnell den Kopf. Ein unbeholfen geschriebenes Schild, das von Rumflaschen aufrechtgehalten wurde, verkündete, daß die Frauen für einzelne Tänze oder auch für die ganze Nacht gegen Bezahlung zur Verfügung standen. Die Barke mit der Kantine und das Tanzboot waren durch eine breite Holzplanke miteinander verbunden. Edward holte sich einen Gin und setzte sich an einen Tisch mit Blick auf den schwach beleuchteten Tanzsalon. Drei Paare bewegten sich träge zur Musik einer großen Drehorgel, die von einem Äffchen bedient wurde, das man an ein Tischbein gebunden hatte. Der Affe drehte die Kurbel so lange, wie die Tänzer seinen Blechteller mit trockenen Brotstückchen auffüllten, die sie an der Bar erstanden. War der Blechteller leer, ließ der Affe die Kurbel los, lehnte sich gegen den Leierkasten und ruhte sich aus. Edward beobachtete, wie sich das kleine Wesen mit zarten Fingern unter dem Lederhalsband den Nacken rieb. Die Tanzpaare verschwanden eines nach dem anderen über die Planke ins Hotelboot. Der Affe sah den Paaren nach und blickte dann hoffnungsvoll zur Kantine und zu Edward hinüber. Ehe er ging, erstand Edward eine Handvoll Brotkrumen für den Teller des Affen. Das Tier sah ihm erwartungsvoll entgegen, und für einen kurzen Moment trafen sich ihre Blicke, bevor Edward sich abwandte.

Am nächsten Morgen brachen sie mit zwei Kanus auf, sobald es am Horizont zu dämmern begann. An einer Flußgabelung machten sich Mr. Vicks und der Franzose mit einem Kanu und zwei Indianern davon, um in einem alten Hain von Parákautschukbäumen, den die Indianer kannten, krankheitsresistente *Hevea*-Sämlinge zu sammeln. Mr. Eliot und Edward fuhren mit den beiden Indianerjungen weiter, von denen keiner älter als zwölf war, die aber bereits Dutzende von Orchideenarten kannten, die nur in den höchsten Baumkronen zu finden waren. Auf beiden Seiten des Flusses bildeten die riesigen Urwaldbäume ein für das Auge nicht mehr auszumachendes Dach aus Blätterwerk. Von den Ästen hingen Lianen herab, die zu Netzen aus sich ringelnder Ranken verschlungen waren.

Edward hielt aufmerksam Ausschau. Mitunter schien ein Baum gänzlich von Orchideenblüten bedeckt zu sein, die auf den Lianen gediehen. Kletterfarne und Vanille rankten sich an den Stämmen empor, und Epiphyten zierten die Äste. Riesige Aronstabgewächse trieben lange Luftwurzeln aus, die den Indianern als Seile dienten. Im Unterholz wuchsen zwischen Baumfarnen verschiedene Palmarten, deren federähnliche Kronen sich zwanzig Fuß über dem Erdboden befanden. Große, breitblättrige Heliconien, ledrige Schwarzmundgewächse und üppige, breitblättrige Begonien wuchsen ringsumher. Die Ameisenbäume, mit ihren weißen Stämmen und den großen, weißen, handförmigen Blättern, die wie Kerzenständer in die Luft ragten, wirkten gespenstisch. Manchmal war das Ufer von einem Teppich gelber, rosafarbener und weißer Blütenblätter bedeckt, die aus einer unsichtbaren Baumkrone herabgeschwebt waren. Die Luft war erfüllt von einem wunderbaren Duft, dessen Ursprung in dem undurchdringlichen Grün über ihnen aber nicht auszumachen war.

Die Indianer wußten genau, wohin sie in dem Gewirr aus Flußarmen steuern mußten. Sie konnten die *Cattleya violacea* an ihrem Duft ausfindig machen. An diesem Nachmittag kehrten Edward und Mr. Eliot zurück mit einem Boot voller herrlicher rosapurpurfarbener Blüten, mit rundgewellter Lippe und einem leuchtenden gelben Fleck, der einen Hauch Purpur im Sporn aufwies. Eliot half Edward bei der Kennzeichnung und Aufbewahrung der gesammelten Schätze, und Edward kam nicht umhin, festzustellen, wie wenig Mr. Eliot von wilden Orchideen verstand. Überdies zeigte er offenkundig nicht das geringste Interesse an der natürlichen Umgebung der Pflanzen. Während Edward unter den Urwaldriesen stand, um die von den hinaufgekletterten Indianer herabgeworfenen Exemplare aufzufangen, döste Mr. Eliot mit einer Flasche Rum auf dem Schoß im Kanu. Allerdings zählte er die gesammelten Exemplare zweimal durch und trug die Zahl in ein kleines Notizbuch ein, das er in seiner Brusttasche verwahrte.

Später lud Mr. Eliot Edward ein, ihm in der Kantine Gesellschaft zu leisten, verschwand jedoch kurz darauf mit einem kichernden Mulattenmädchen auf dem Hotelboot. Eine Negerin in leuchtendrotem Kleid setzte sich zu Edward an den Tisch, doch als er sich erbot, ihr ein Getränk zu bestellen, meinte sie, sie müsse nicht mehr arbeiten und wolle sich nur ein wenig unterhalten. Sie stamme aus Jamaica, erzählte sie ihm, und wenn sie nicht an irgendeinem Fieber starb oder vor Langeweile verrückt wurde, würde sie den Pará als reiche Frau verlassen. Sie habe schon Tausende für einen Laden zusammen, den sie in ihrem Heimatdorf auf der Insel eröffnen würde.

Edward erzählte ihr ein wenig von der Expedition, aber sie schüttelte nur den Kopf. Die vielen Orchideen interessierten sie nicht. Die Blumen mochten kostbar sein, aber sie sahen aus wie riesige Insekten und dufteten nur schwach. Rosen und Gardenien waren ihr lieber. Sie betupfte sich mit einem Leinentaschentuch geziert die Stirn, und er bemerkte, daß sie am Handgelenk eine Gardenienblüte trug, die an einem weißen Satinband befestigt war. Er bewunderte die große Blüte, und sie hob die Hand und sog mit geschlossenen Augen und einem breiten Lächeln den Blütenduft ein. Sie trage immer eine Gardenie, sagte sie, weil deren Duft das Gelbfieber abhalte. In manchen Nächten flatterten die großen Urwaldmotten um ihre Blume herum. Sie schienen sie zu kennen, meinte sie.

Das Äffchen beobachtete sie beide hoffnungsvoll. Die Negerin lachte, ging und band das kleine Tier los, damit es auf ihrem Tisch sitzen konnte. Die Menschen hier hielten den Affen für einen Glücksbringer, erzählte sie. Er hatte vor ein paar Jahren als einziger das Massaker in der Kautschukstation überlebt. Man fand ihn auf dem gleichen Baum, an dem die Angreifer seinen Herrn, den Vorarbeiter der Kautschukstation, aufgehängt hatten. Der Affe war auf alle möglichen Kunststücke dressiert, deshalb hatte ihn der Franzose dem Polizeiinspektor, der die Verbrechen untersuchte, abgekauft. Innerhalb kürzester Zeit lernte das Tier, die Drehorgel zu bedienen. Das alles war passiert, bevor die Negerin angefangen hatte, für den Franzosen zu arbeiten, aber alle kannten die Geschichte.

Als Edward aufstand, um zu gehen, trug die Negerin den Affen zum Leierkasten zurück und band ihn wieder an die Leine. Edward bezahlte den Mann hinter dem Tresen und legte auf dem Weg nach draußen ein Stück Brot auf den Teller des Äffchens. Die Augen des Tieres leuchteten auf, und es begann sofort mit der einen Hand die Kurbel zu drehen, während es mit der anderen das Brot aß.

An Schlaf war in der winzigen, schwül-warmen Kabine nicht zu denken, also gesellte sich Edward zu der Schiffsmannschaft und den anderen hinaus und hängte seine Hängematte und das Moskitonetz vor seiner Kabine auf. Auf allen Decks hatte man qualmende Töpfe voll mit würzigem Urwaldholz aufgestellt, um Moskitos und blutsaugende Insekten abzuhalten. Drehorgelmusik, Gelächter, gelegentliche Schreie und Streitereien durchbrachen das stetige tiefe Summen des Urwalds, das Rascheln zahlloser Schlangen, das Quietschen und Stöhnen sterbender Beutetiere, vermischt mit dem Schwirren riesiger Käfer und dem Geflatter der großen Motten rings um die Laternen. Das Deck des Flußdampfers, voller Hängematten mit schlafenden Männern, die mit

Moskitonetzen verhängt waren, erinnerte Edward an die Beute von Spinnen, eingewoben und aufbewahrt in einem Spinnennetz.

Zwei Wochen nach ihrer Ankunft in Portal erwachte Edward eines Nachts von Schüssen. Mit pochendem Herzen und angehaltenem Atem lauschte er auf weitere Schüsse und auf die Geräusche, die er mit dem Massaker und dem Niederbrennen des alten Portal verband. Aber er hörte nur das Rauschen des Regenwaldes. Am nächsten Morgen wirkten die Kantine und die Läden seltsam verlassen, und die Drehorgel schwieg. Das kleine Äffchen war verschwunden. Als Edward ans Ufer kam, waren die Kanus fort und die Indianer nirgendwo zu entdecken. Auch die Ausrüstung und die Tagesrationen an Wasser und Proviant waren noch nicht verladen worden. Mr. Eliot marschierte am Ufer auf und ab und verfluchte die Indianer und den Franzosen. In diesem Moment erschien der Franzose, atemlos und mit gerötetem Gesicht, gefolgt von Mr. Vicks, der völlig ruhig wirkte. Der Franzose trug das Äffchen wie ein Paket unter dem Arm, während er mit der freien Hand wild herumgestikulierte. Keine Angst, keine Angst, wiederholte er. Die Hunderte von Kautschukbaum-Sämlinge, die sie bereits gesammelt hatten, befanden sich in der provisorischen Baumschule am Flußufer in Sicherheit. Eine Schlägerbande, die von den Feinden des Franzosen ausgeschickt worden war, hatte in der Nacht die Kantine und die Läden überfallen, um seine Geschäfte zu stören. Kugeln hatten den Rumpf der *Louis XIII* ein wenig leckgeschlagen, aber niemand war verletzt worden. Die Indianer, die für ihn arbeiteten, waren in den Urwald geflohen, weil sie nicht noch einen Überfall wie jenen erleben wollten, bei dem das alte Dorf zerstört worden war.

Gleich darauf erschienen zwei Mestizen. Sie luden die Vorräte, die Macheten und Paddel in die Kanus. Seine Söhne, so erklärte der Franzose stolz, würden mitkommen, um ihnen zu helfen, das Sammeln der *Hevea*-Sämlinge abzuschließen. Der Franzose setzte das Äffchen in das Kanu von Edward und Mr. Eliot.

»Hier ist Ihr Assistent«, sagte er mit einem breiten Grinsen, während er die Leine im Boot befestigte. Man solle ihm nur die gewünschte Pflanze zeigen, dann würde der Affe hinaufklettern und die Orchidee samt Knolle, Wurzeln und allem drum und dran in einem Bettchen aus Baummoos herunterholen.

Mr. Eliot lachte, aber Edward fand das gar nicht amüsant.

»Ich kann dem Affen die Orchidee, die ich will, schlecht zeigen, wenn ich nicht einmal die Baumkronen sehen kann«, erwiderte er aufgebracht.

Offensichtlich hielt der Franzose die *Hevea*-Sämlinge von Mr. Vicks und den berühmten Kew Gardens seiner Aufmerksamkeit für würdiger als die Orchideen. Sein Vorschlag, ein Affe könne die Pflanzen sammeln, war wirklich eine Beleidigung. Glücklicherweise mußten er und Mr. Eliot nur noch vier Orchideenarten ausfindig machen, und nur von der *Laelia cinnabarina* benötigten sie eine größere Stückzahl.

»Aber sie haben doch die Pflanzen von letzter Woche, die *Cattleya*, nicht?« Man mußte dem Äffchen nur eine Orchidee der gleichen Art zeigen, dann würde der kleine Kerl alle Orchideen herbeibringen, die er finden konnte, beharrte der Franzose. Das war natürlich Unsinn, aber Edward wußte, daß er den Mann nur zum Schweigen bringen konnte, wenn er tat, was er sagte. Während die Boote fertig beladen wurden, kehrte Edward in seine Kabine zurück, um einige Exemplare der *Cattleya* und *Laelia* zu holen; diese und die Farbkarten der wilden Orchideen aus dem Bestimmungsbuch würden genügen, um sie den Söhnen des Franzosen zu zeigen, die sich gegen entsprechende Bezahlung vielleicht überreden ließen, selbst die Baumriesen hinaufzuklettern.

Nachdem er Vicks und den Jungen die Kautschuksämlinge gezeigt hatte, die sie in einem wilden Hain ausgraben sollten, gesellte sich der Franzose mit dem Äffchen auf dem Arm zu Mr. Eliot und Edward auf eine Lichtung.

»Zeigen Sie ihm, was Sie suchen!« Der Franzose deutete mit dem Kopf auf die beiden Orchideen, die Edward aus dem Tornister geholt hatte. Ganz genau betrachtete der Affe jede Pflanze, befühlte mit den Fingerspitzen die wächsernen Blüten und die ledrigen Blätter der Sproßknollen. Plötzlich huschte das kleine Wesen davon, sprang über einen moosbewachsenen Baumstamm und kletterte einen Baumfarn hinauf, wo er im Blätterdach des Regenwaldes verschwand.

Fast eine Stunde lang blieb der Affe verschwunden. Der Franzose und Mr. Eliot saßen im Kanu und tranken Rum aus der Flasche, während Edward das Orchideenbestimmungsbuch mit den feinen Lithographien herausgeholt hatte, um seine Erinnerungen an die seltenen Wildarten aufzufrischen, die nach der *Laelia cinnabarina* noch zu sammeln übrigblieben. Aus der entgegengesetzten Richtung, aus der er losgezogen war, kam der Affe mit zwei schönen Pflanzen im Arm zurück. Edward war skeptisch, aber bis auf ein oder zwei verlorengegangene Blütenblätter an dem langen hängenden Blütenstand hatte der kleine Kerl die Pflanzen ohne Schaden losgelöst. Jedesmal, wenn der Affe mit Orchideen zurückkam, gab ihm der Franzose ein paar geschälte Walnüsse.

Hatte der Affe die Orchideen hoch oben in den Baumkronen erst einmal entdeckt, war er schneller als jeder Mensch. Da einige der Pflanzen nicht benötigt wurden und nur beschränkt Lagerplatz vorhanden war, wurden diese wieder weggeworfen. Edward mußte zugeben, daß der Affe soviel schaffte wie zwei Männer. Als der Nachmittag halb vorüber war, fehlten ihnen nur noch die kleinen, seltenen Orchideenwildarten und die *Laelia cinnabarina*, die in der gleichen Umgebung gedieh. Vicks sammelte die letzten benötigten Kautschukbaum-Sämlinge, und am folgenden Tag, während die anderen die Sämlinge in Sackleinen verpackten, fuhr der Franzose mit Mr. Eliot und Edward weiter flußaufwärts, zu einigen überhängenden, tief ausgewaschenen Granitfelsen, die in jenem strahlenden Sonnenschein lagen, dem die *Laelia cinnabarina* ihre kräftigen Farben verdankte.

Der helle Granitfelsen, der sich mit den Kaskaden aus weißen Orchideenblüten über dem feuchten Dunst des Flusses erhob, war so atemberaubend, daß Edward ihn einfach photographieren mußte. Eigens für solche Gelegenheiten hatte er, trotz der Sperrigkeit, das Stativ und die Kamera mitgebracht. Bisher hatte das düstere Dämmerlicht unter dem Blätterdach des Urwalds Photoaufnahmen ausgeschlossen.

Edward fiel auf, daß auch seine Reisegefährten an diesen letzten Expeditionstagen sehr beschäftigt wirkten. Mr. Vick verbrachte die meiste Zeit in der provisorischen Baumschule, wo die Kautschukbaum-Sämlinge in ihren Säckchen für die lange Reise vorsichtig in Strohmatten eingewickelt wurden. Sie hatten Grund zur Eile. Der Franzose teilte ihnen mit, daß er Hinweise über Intrigen seiner Feinde erhalten habe, deshalb würde er vielleicht bald gezwungen sein, seine Kähne und Barken loszumachen und die Stadt ein Stück weit flußabwärts zu verlegen. Seine Spione berichteten auch vom wachsenden Mißtrauen der Behörden in Belém, denen Gerüchte über Fremde zu Ohren gekommen waren, die im Besitz von *Hevea*-Sämlingen sein sollten.

Am letzten Morgen machten sie sich auf die Suche nach der *Laelia cinnabarina*. Mr. Eliot hatte sich verspätet, und sie mußten im Kanu auf ihn warten. Der Franzose hatte den Affen mitgebracht, falls sie auf unzugänglichen Felsvorsprüngen Orchideen entdecken würden. Zum Glück war es weiterhin trocken, daher gab es nicht viele Moskitos, während sie auf den Gefährten warteten. Wie merkwürdig, daß sich Mr. Eliot ausgerechnet an dem Morgen verspätete, an dem sie die *Laelia cinnabarina* suchen wollten. Sie war die einzige Pflanze, für die er sich überhaupt interessierte und über die er etwas wußte. Er schien genau über die neuesten Bestrebungen der Züchter im Bilde zu sein, die vorhatten, eine duftende, blutrote Orchidee zu züchten, die der englischen Rose Konkurrenz machen sollte.

Was war wohl der Grund für die Verspätung? Als Eliot schließlich auftauchte, schwitzte und keuchte er unter der Last seines prallgefüllten Tornisters und Edward spürte, wie sich das Boot unter dem Gewicht zur Seite neigte, als Eliot ihn im Kanu ablegte, und er hörte Flaschen klirren. Rumflaschen, dachte er. Später wurde ihm klar, daß Mr. Eliot etwas mitgebracht hatte, was sich wesentlich schneller verflüchtigte als Rum.

Beim Aufspüren der *Laelia cinnabarina* auf den Felskuppen und -vorsprüngen erwies sich der Affe als nicht ganz so flott, deshalb half der Franzose Mr. Eliot und Edward den ganzen Vormittag über beim Sammeln. Gegen drei Uhr nachmittags hatten sie die zweihundert widerstandsfähigen Exemplare beisammen, die das Züchterkonsortium angefordert hatte. Während der Affe zusah, wie sie die Pflanzen vorsichtig in feuchtes Moos und Leinensäckchen wickelten, wanderte Edward mit seiner Kamera den Höhenrücken hinauf.

Edward konnte beim Klettern das Flußufer in jede Richtung etwa eine Meile weit überblicken. Er schleppte die Kamerakiste und das Stativ die Felsstufen hinauf und über Gesteinsbrocken hinweg, um Photos von der felsigen Anhöhe zu machen, auf der Hunderte von *Cattleya* und *Laelia* ihre langen Blütenzweige ausschickten. Der steile Anstieg und das Gewicht der Ausrüstung ließen ihn immer wieder Halt machen, um zu verschnaufen und über die endlose Weite des Regenwaldes und auf den mächtigen Parà-Fluß hinabzublicken, der sich zum Meer hinschlängelte.

Dann hielt er an und montierte die Nahlinse, um einen besonders prachtvollen Zweig orangeroter Blüten einer *Laelia cinnabarina* zu photographieren, die seitlich des Kamms aus dem nackten Fels zu wachsen schien. Er war froh, daß der Affe dieses Exemplar nicht gefunden hatte. Während er die Orchidee durch die Nahlinse betrachtete, bewunderte er den großartigen schimmernden Glanz der prächtigen orangeroten Blütenblätter, die Sternschnuppen ähnelten. Er photographierte die Blume in allen ihren Bestandteilen und überprüfte die Einstellungen mehrmals, um wirklich perfekte Aufnahmen zu erhalten.

Sie hatten vereinbart, um fünf Uhr aufzubrechen. Edward sah auf die Uhr und dann hinunter zu seinen Gefährten, die als weiße Pünktchen weit unter ihm zu sehen waren. Ihm blieb noch eine weitere Stunde zum Photographieren, und er wollte die Gelegenheit weidlich nutzen, da er bisher seltener zum Photographieren der wilden Orchideen gekommen war, als er ursprünglich gehofft hatte. Das Licht hier oben war wundervoll, aber das steile Gelände forderte zahllose Korrekturen beim Ausrichten des Stativs, bis es wirklich gerade stand. Nach jeder Aufnahme verstaute er die Glasplatte vorsichtig in einem ausgepolsterten Fach der Kamerakiste. Er war so sehr mit Photographieren beschäftigt, daß er die ameisenähnlichen Gestalten seiner Gefährten am Flußufer aus den Augen verlor.

Fast hatte er die Kuppe des Höhenrückens erreicht, den Fluß weit, weit unter sich gelassen, als er stehenblieb, um die Linsen für eine Weitwinkelaufnahme des Felsens mit seinem Blütenmeer aus Wildorchideen zu montieren. Der zarte Duft unzähliger Blumen hing in der kühlen Luft, die aus dem Dunst des Flusses aufstieg. Als Edward sein Motiv auf der Mattscheibe zu erfassen versuchte, bemerkte er das erste zartgraue Rauchwölkchen, dann ein weiteres und schließlich noch eines. Er trat von der Kamera zurück und glaubte, seinen Augen nicht trauen zu können, als plötzlich ein rußig-schwarzer Rauchball in den Himmel schoß, gefolgt von den spinnwebartigen Blüten orangeroter Flammen.

Es war Trockenzeit, aber der Urwaldboden und die Lianen und Moose waren immer noch feucht und grün. Wie konnte da ein Waldbrand ausbrechen? Während die dicken Qualmwolken höherstiegen, spürte er, wie sich die Härchen in seinem Nacken aufstellten. Wo waren Eliot und der Franzose? Hastig nahm Edward Linsenbrett und Kassettengehäuse heraus, schloß die Kamera und verstaute sie im Kasten. Er legte sich den Trageriemen über die eine Schulter und das zusammengeklappte Dreibein über die andere. So schnell er konnte, eilte er den Abhang hinunter. Von seinen Gefährten war noch immer nichts zu sehen, aber das Kanu lag sicher am Ufer.

Das Feuer breitete sich schnell aus, und er hörte die schrillen Warnrufe der Vögel und Papageien. Er keuchte, zwang sich jedoch zum Weitergehen, weil er fürchtete, daß ihm das Feuer den Weg zum Kanu abschneiden könnte. Auf dem steilen Abhang aus brüchigem Fels, wo jeder Schritt gefährlich war, verfluchte er die sperrige Kamerakiste und das Stativ. Der Höhenrücken bestand aus übereinandergeschobenen Felsschichten, die Stufen und Vorsprünge bildeten, daher war den Weg zum Fluß hinab zwar steil, aber nicht zu verfehlen. Wieder blieb er stehen, um nach einer Spur von seinen Gefährten Ausschau zu halten – aber vergebens.

Trotz seiner Furcht vor dem Feuer blieb Edward auf seinem Abstieg vorsichtig. Er hatte bereits zwei Drittel des Weges geschafft, als er wieder stehenblieb, um zu verschnaufen und Kamera und Stativ zurechtzurücken.

In diesem Moment bot sich ihm ein merkwürdiger Anblick: Mr. Eliot rannte wie ein Verrückter am Ufer entlang, in der einen Hand hielt er den Tornister, mit der anderen schüttete er den Inhalt einer Flasche über die Vegetation ringsumher. Sobald eine Flasche leer war, warf er sie fort und holte eine neue aus dem Tornister. Für einen kurzen Augenblick war Edward ratlos. Er dachte, daß Eliot seinen geliebten Rum auskippte. Doch als er hinter dem Gefährten die öligen, dunklen Rauchwolken und die Flammen in die Bäume aufsteigen sah, begriff er, daß die Flüssigkeit, die Eliot über Erde und Pflanzen verspritzte, Petroleum war und nicht Rum.

Edward schrie zu Eliot hinunter, der jedoch zu weit weg war, um ihn zu hören. Die Flammen griffen um sich, und Edward sah, daß sie ihm den einzigen Weg zum Boot abgeschnitten hatten. Wieder schrie er hinunter, aber das Lodern des Feuers übertönte alles. Entschlossen umklammerte er die Kamerakiste und benutzte das Stativ als Wanderstab, doch mit einem Mal verlor er den Halt und fiel. Während er stürzte, blieb er bei Bewußtsein, und nie würde er jenes merkwürdige Gefühl von Schwerelosigkeit vergessen – sehr merkwürdig, aber nicht unangenehm. Fast wäre er bei diesem Mißgeschick mit leichten Prellungen und Schnittwunden davongekommen, doch die Kamerakiste krachte mit einem schrecklich knirschenden Geräusch auf sein Bein, das auf einem Felsen lag. Knochensplitter durchbohrten die Haut, Blut tränkte sein Hosenbein, aber er spürte nur das große Gewicht des gefühllosen Beines, das ihn nach unten zog, während er sich abstützte, um immer wieder nach Eliot und dem Franzosen zu rufen. Bestimmt würden sie ihn suchen, wenn er nicht zum Kanu zurückkehrte.

Von den natürlichen Ölen der Bäume und Sträucher angefacht, explodierte das Feuer und katapultierte feurige Geysire in den Himmel. Edward schaffte es gerade noch, sich in eine Spalte zwischen zwei Felsblöcke fallenzulassen, ehe die Flammenwand den Hang hinaufwütete.

Der Schmerz weckte ihn aus einem Traum, in dem sein Bein brannte. In der schwindenden Dunkelheit kurz vor dem Morgengrauen glühten immer noch einige brennend rote Scheite, und hier und da zuckten Flammen hinter den feinen weißen Rauchschleiern, die von den Legionen geschwärzter Baumstämme und den aschgrauen Skeletten der Baumfarne und Sträucher aufstiegen. Er lauschte auf irgendwelche Geräusche, die anzeigten, daß seine Gefährten in der Nähe waren, und rief immer wieder deren Namen, bis ihm vor Schmerzen übel und er fast ohnmächtig wurde.

Als er wieder erwachte, war die Sonne gerade über den Horizont geklettert. Er richtete sich auf, um zu sehen, wo er war. Zum Zeitpunkt des Sturzes war er den Abhang heruntergestiegen, und der Fluß hatte sich etwa hundert Meter unter ihm befunden. Der geschwärzte Wald stand still und regungslos und Edward fühlte, wie ihn ein fürchterliches Grauen überfiel. Die sonnige Uferheimat der wunderschönen *Laelia* und deren Verwandten, der *Cattleya* und *Brassavola*, war zu Asche verbrannt.

Übelkeit rollte über ihn hinweg, und der kalte Schweiß brach ihm aus, während er an sein anfängliches Mißtrauen gegen Eliot und Vicks dachte. Gehörte auch Vicks mit seinen geschmuggelten *Hevea*-Sämlingen zu diesem Komplott? Wie leichtfertig von Mr. Albert und Lowe & Company, den Investoren eine derartige Einmischung zu gestatten, auch wenn sie den wahren Charakter von Mr. Eliots Mission sicher nicht gekannt hatten. Nun war alles klar: Eliots einzige Aufgabe bei dieser Expedition hatte darin bestanden, das Feuer zu legen. Schon vor Monaten war der Brand von den Investoren geplant worden, die auf diese Weise dafür sorgen wollten, daß sie als einzige im Besitz von *Laelia cinnabarina*-Exemplaren waren. Sie wünschten keine unliebsamen Überraschungen durch Konkurrenten, die den Pflanzenpreis sinken lassen konnten. Nach der Zerstörung dieses Fundortes am Pará-Fluß wäre die Konkurrenz schachmatt gesetzt, wenn sie ihre Pflanzensammler ausschickte. Die Lebensräume der *Laelia* und *Cattleya* schwanden seit den vierziger Jahren. Und nun waren die Orchideenjäger gezwungen, sich noch tiefer in das Gewirr der Nebenflüsse vorzuwagen, die selbst für Kanus zu eng und zu undurchdringlich waren, und an deren Ufern sie vielleicht nur wenige Exemplare finden würden.

Bei seinem gestrigen Abstieg hatte er das Kanu am Ufer aus den Augen verloren. Der Franzose würde den Rauch wohl gesehen haben und den Flammen sicherlich entkommen sein. Das Feuer mochte sie für kurze Zeit vertrieben haben, aber sie würden so bald wie möglich zurückkehren und nach ihm suchen. Er hatte Eliot von Anfang an als Halunken eingeschätzt, aber Mr. Vicks für verläßlich gehalten, schließlich war er bei Kew Gardens angestellt.

Zorn übermannte ihn und die Schmerzen kamen zurück. Dies war ungeheuerlich! Lowe & Company hat ihn zum wenigsten auf hinterhältige Art und Weise mißbraucht, indem sie ihn mit diesem Verbrecher Eliot losschickten, im schlimmsten Fall aber hatten sie ihn sogar betrogen. Und nun hatten ihn diese Verbrecher zurückgelassen, als sei er schon tot! Man hatte seine Mission als Deckmantel benutzt und in den Dienst von Halunken gestellt, auch wenn er Vicks nicht ganz zu den Schurken rechnete, da dieser die krankheitsresistenten Sämlinge aus edlen Motiven schmuggelte.

Das Feuer hatte die trockenen, sonnigen Hänge verbrannt, auf denen die *Cattleya* und *Laelia* gediehen, war jedoch schnell verpufft, als es das feuchte, schattige Blätterwerk im Inneren des Waldes erreichte. Sobald die Sonne darüberstand, wurde das vom Feuer unberührte Blätterdach des Urwalds lebendig. Das Kreischen und Rufen der Papageien und Makaos steigerte sich zu einem Crescendo, um dann mit zunehmender Morgenhitze wieder abzuklingen. Mr. Vicks würde bestimmt darauf bestehen, bei Tagesanbruch Suchtrupps loszuschicken. Edward wußte, daß er ans Ufer gelangen mußte, weil ihn seine Retter an diesem Abhang niemals erspähen, noch durch das Rauschen des Wassers sein Rufen hören würden.

Vorsichtig schlitzte er das Leder auf und entfernte den Stiefel von seinem verletzten Bein, das merkwürdig isoliert wirkte, gar nicht wie ein Teil von ihm und ohne Bezug zu dem Schmerz, der ihm Schweißausbrüche und Übelkeit verursachte. Er entfernte Schnürsenkel und Gürtel und hielt immer wieder inne, um die Wellen der Übelkeit abklingen zu lassen. Ganz behutsam verlagerte er das Bein, bis es neben dem Stativ lag. Dann band er es mit Schnürsenkel und Gürtel daran fest. Er wußte, daß es unerläßlich war, das Bein ruhigzustellen, damit die Knochensplitter keine Gefäße verletzten.

Zentimeter für Zentimeter kroch er vorwärts, schob Steine und Dreck beiseite, damit das verletzte Bein beim Nachziehen freie Bahn hatte. Der Kontakt mit der Erde und ihrer Schwerkraft war tröstend, sie hielt ihn fest, ohne daß er einen weiteren Sturz befürchten mußte. Das Bein war nun taub, und die Schmerzen schienen in sein anderes Bein hinüberzuwandern, dann in seine Schultern und Arme. Nach vielen Stunden, so schien es ihm, erreichte er das Flußufer, wenn auch immer noch ein ganzes Stück von dem flußabwärts gelegenen Ankerplatz entfernt. Durst quälte ihn. Die Feldflasche mit dem sauberen Wasser und das Päckchen mit den Desinfektionstabletten waren irgendwo am Abhang verlorengegangen, und er wußte, wenn er unbehandeltes Flußwasser trank, konnte dies Fieber und Krankheiten schneller hervorrufen als jedes gebrochene Körperteil. Die Sonne stand nun hoch am Himmel. Seine Retter würden bald kommen.

Er träumte vom weißen Marmorbecken und dem Brunnen im Garten seiner Schwester. Im Traum trank und trank er das kühle, klare Wasser, um seinen Durst zu löschen. Die anderen auf der Gartenparty nippten Champagner, und merkwürdigerweise befand sich zwischen ihnen, so unbefangen als gehöre sie dorthin, die Negerin aus der Kantine mit dem kleinen Affen auf dem Arm. Einer der Gäste, ein älterer Mann, den er nicht erkannte, trat zu ihm und warnte ihn, daß das Wasser nicht sauber sei. Er bot Edward ein Glas Champagner an, aber plötzlich entblößte die Negerin eine ihre Brüste für ihn, und die anderen Gäste riefen: »Trink! Trink!«

Er erwachte, als ihm bewußt wurde, daß die Traumstimmen in Wirklichkeit vom Fluß herkamen. Er begann verzweifelt zu rufen, aber in der Bauchlage, in der er sich befand, wurden seine Rufe vom Gras und dem Rauschen des Wassers gedämpft. Wenn er sich nicht sofort aufrichtete, war er verloren. Mit ganzer Willenskraft und allen verbliebenen Reserven setzte er sich auf und rief erneut. Sicher konnten die Kanus, die sich gegen die Strömung den Fluß hinaufkämpften, nicht so schnell an ihm vorbeifahren. Aber es war zwecklos, er konnte nichts sehen. Die Rettungsmannschaft würde auf ihrem Rückweg ein letztes Mal an ihm vorbeikommen. Steh auf oder stirb, befahl ihm eine innere Stimme. Er lehnte sich gegen einen umgestürzten Baum und schaffte es, sich aufzurichten, indem er sich mit aller Kraft am Baum abdrückte. Allerdings würden die Sträucher und Blätter um ihn herum seinen Rettern nur einen einzigen Blick auf ihn gestatten, wenn die Strömung ihre Kanus vorbeitrug.

Gerade als er glaubte, den Schmerz des Aufrechtstehens nicht länger ertragen zu können, kamen die Kanus in Sicht, und er begann zu rufen und zu winken, obwohl jede Bewegung ihm einen stechenden Schmerz vom Bein bis in die Stirn hinaufjagte. Sie waren ganz nah. Er konnte sie genau sehen. Die beiden Söhne des Franzosen führten jeder ein Kanu an, das mit paddelnden Indianern bemannt war. Das zwischen den Booten hin und her schallende Gelächter und Geplänkel ließ eher auf einen Ferienausflug schließen. Edward versuchte, so laut er konnte zu rufen, brachte aber nur ein heiseres Krächzen zustande. Das vorangegangene Schreien und die Trockenheit in seinem Mund ließen seine Stimme versagen. Edward winkte zunächst mit dem einen Arm, dann mit dem anderen, balancierte dabei gefährlich auf seinem gesunden Bein, aber es war vergebens. Die lachenden Männer in den Kanus ließen Bananenbündel herumgehen, aßen die Früchte und warfen die Schalen ins Wasser.

Ihm wurde schmerzlich bewußt, daß seine Gefährten sich so wenig um ihn scherten, daß sie sich nicht einmal die Mühe gemacht hatten, die Suchmannschaften zu begleiten. Das erste Kanu war fast verschwunden, und das zweite trieb ebenfalls schnell davon, und er konnte nichts anderes tun, als hilflos zu winken.

Als er die Kanus aus den Augen verloren hatte, sackte er zusammen. Das Bein schien zum Glück nicht entzündet zu sein, aber er wußte, daß die Zeit knapp wurde. Er bedauerte, die Kamera nicht aufgebrochen zu haben. Er hätte versuchen können, den vorüberfahrenden Kanus mit dem Verschlußspiegel ein Zeichen zu geben. Aber bestimmt würden die Hilfsmannschaften ihre Suche nicht so schnell aufgeben.

Sobald er auf dem Boden lag, fühlte er sich besser. Er mußte sich dringend ausruhen, ehe er wieder aufstand. Er zog das Hemd aus und schlang es sich um Kopf und Gesicht, um die Moskitos abzuhalten, während er schlief. Der Durst quälte ihn mit Träumen über klare Bäche und tiefe, reine Süßwasserseen. Er war nun seit fast vierundzwanzig Stunden ohne Trinkwasser. Wenn er bis zum späten Nachmittag nicht gerettet wurde, würde er riskieren müssen, sich durch einen Schluck Flußwasser Ruhr und Fieber zu holen, um nicht zu verdursten. Er träumte von kristallklaren rauschenden Flüssen, kalt wie das Schmelzwasser, das von den Gipfeln der Sierra Nevada herabkam, zu denen ihn sein Vater früher zum Forellenfischen mitgenommen hatte. Er kniete gerade am Ufer des Fischgewässers, um einen kühlen Schluck Wasser zu trinken, als er seinen Vater rufen hörte. Er wollte diesen Schluck Wasser so sehr, daß er zögerte, aufzustehen und seinem Vater zu antworten. Dann fiel ihm im Traum ein, daß sein Vater vor Jahren gestorben war, und er dachte darüber nach. Wie merkwürdig, daß ein Toter nach ihm rief!

Er erwachte von dem Traum, daß er in den Fluß gefallen sei

und sich an dem grünlichen Wasser verschluckt hatte. Aber das Wasser rann immer weiter in den Mund und spritzte über sein Gesicht. Er mußte sich über die Augen wischen, um gegen die blendende Sonne zu seinen Rettern aufsehen zu können, die im Halbkreis um ihn versammelt standen. Kaum hatte er die Gesichter der Söhne des Franzosen erkannt, begann er auch schon, seinen Dank herauszustammeln. Immer wieder bedankte er sich, aber die schönen, jungen Mestizen schüttelten nur bescheiden den Kopf und sahen zu Boden. Nein, der Señor mußte nicht ihnen danken. Denn sie hatten die Suche bereits aufgegeben und waren auf dem Rückweg gewesen. Seine Freunde hatten geglaubt, er sei in dem Feuer umgekommen. Ihr Vater hatte sie geschickt, um seine Überreste zu bergen und Wertsachen mitzunehmen. Zum Glück hatten sie einen Helfer mitgenommen, erzählte einer der Brüder mit einem breiten Grinsen, dem müsse er danken, nicht ihnen! In diesem Moment hob sein Bruder etwas von seinen Schultern und stellte es auf den Boden. Der kleine Affe fingerte nervös an seinem roten Lederhalsband herum und sah in die Gesichter, die ihn umgaben, bis sein Blick auf Edward fiel.

Offensichtlich war der Affe im Kanu herumgesprungen und hatte ständig zurückgeblickt, um ihnen zu verstehen zu geben, daß er etwas oder jemanden entdeckt hatte. Sie waren umgekehrt, um nachzusehen, konnten ihn jedoch zunächst nicht finden. Aber wieder hatte das Äffchen lautstark protestiert und sich geweigert, zu den Kanus zurückzukehren. Schließlich hatten sie ihn einfangen wollen und dabei den ohnmächtigen Edward gefunden.

Die Brüder machten sich daran, das verletzte Bein zu versorgen, damit es sich nicht entzündete. Sie redeten beruhigend auf ihn ein, während sie Rucksäcke öffneten und allerlei Hilfsmittel und eine Flasche auspackten. Indianische Heilmittel, vermutete Edward. Als sie das Hosenbein und den Strumpf wegschnitten, um die Wunden freizulegen, versuchten sie, ihn durch beruhigendes Zureden von den Schmerzen abzulenken. Aus einer Flasche, die genauso aussah wie jene, die Eliot in seinem Tornister gehabt hatte, schüttete einer der Brüder Kerosin über das Bein. Edwards entsetzter Gesichtsausdruck beim Anblick des in seine Wunden fließenden Kerosins veranlaßte die Brüder, ihm zu versichern, daß Kerosin alles abtötete, was die Wunden entzünden könnte.

In dieser Gegend verwendete man Kerosin für alles. Selbst die Alten, die sich mit Medizin auskannten, schworen bei Verletzungen, Infektionen, Läuse- oder Zeckenbefall auf Kerosin. Die beiden Brüder grinsten über das ganze Gesicht, als sie den Inhalt der Flasche in die Wunden geleert hatten. Edward nickte seinen fröhlichen Ärzten resigniert zu und trank noch etwas Wasser aus der Feldflasche, die ihm die Mestizen reichten. Erst als er die Flasche geleert hatte und um weiteres Wasser bat, sah er, daß sie den Behälter zum Auffüllen einfach in den Fluß hielten. Seine Retter bemerkten den seltsamen Ausdruck auf seinem Gesicht, als sie ihm die gefüllte Feldflasche reichten, also versuchten sie wieder, ihn durch gutes Zureden zu beruhigen.

Einer der Indianer mußte im anderen Kanu mitfahren, um Platz für das verletzte Bein zu machen. Der kleine Affe saß vorne im Bug und beobachtete die vor ihnen liegenden Ufer. Das Wasser belebte Edward, und er war in der Lage, sich mit ausgestrecktem Bein im Boot aufzurichten. Die Brüder lobten den kleinen Affen. Wenn sie allein gewesen wären, hätten sie die Boote nicht gewendet. Es war die Woche des Sommerfestes, und sie hatten es eilig, rechtzeitig zu den Festlichkeiten des heutigen Abends zurück zu sein.

Einer der Brüder reichte Edward die Rumflasche, die zwischen den Kanus hin und her wanderte. Als er die brennende Flüssigkeit hinunterschluckte, schossen ihm die Tränen in die Augen. Die Mestizen und die Indianer stießen ein Freudengeheul aus. Überrascht stellte Edward fest, daß er sich, trotz seiner Schmerzen, besser fühlte. Seine Retter waren voller Stolz, ihn lebend vorgefunden zu haben, und öffneten zur Feier des Tages noch eine Flasche. Sie erfanden ein von ihrem Erfolg kündendes Lied, das sie aus voller Kehle sangen:

»Wir haben den weißen Mann gerettet«, sangen sie, »retteten ihn, weil uns der Glücksaffe half! Sonst wäre der Weiße gestorben; ja, er wäre gestorben.«

Seine Freunde seien noch an diesem Morgen bei Tagesanbruch auf der *Louis XV* flußabwärts nach Pará aufgebrochen, berichteten die Brüder. Die Nachricht traf Edward wie ein Schlag, und das Entsetzen mußte ihm im Gesicht gestanden haben, denn die Mestizen versuchten daraufhin recht kläglich, das Verhalten seiner

Gefährten und die Tatsache, daß sie ihn im Stich gelassen hatten, zu rechtfertigen. Sie hätten einen nach Havanna fahrenden Dampfer erreichen müssen und ihn für tot gehalten. Ja, es tat ihnen leid, aber sie könnten nicht warten. Sie mußten weg, weil die Behörden im Begriff waren, Berichten über einen englischen Schmuggler nachzugehen. Mit jedem Satz verschlimmerten sich Edwards Schmerzen, und er war in Schweiß gebadet. Er erbrach das Flußwasser und streckte sich, von Brechreiz gequält, auf dem Boden aus.

In Portal hoben die Indianer Edward vorsichtig aus dem Kanu und legten ihn in eine Hängematte an Deck der *Louis XIV*. Die Brüder schienten sein Bein mit Teilen eines zerbrochenen Stuhls, die sie mit alten Seidenstrümpfen umwickelten. Sie gossen abermals Kerosin über die Wunde und erklärten sie für sauber, gaben jedoch zu bedenken, daß es lange dauern könnte, bis das Bein vollständig heilte. Die Brüder kümmerten sich um alle seine Bedürfnisse. Sie wuschen ihn mit einem Schwamm, während er in der Hängematte lag, und fanden seinen Koffer mit sauberen Kleidern und seiner eigenen Reiseapotheke mit Jodtinktur, Verbänden und Pflastern und natürlich Aspirintabletten und Belladonna-Tinktur. Abwechselnd fütterten sie ihn mit Schüsseln voll heißer Fischsuppe und Tee aus irgendwelchen seltsamen Blättern, die in der Tasse herumschwammen. Das sei gegen die Schmerzen, erklärten sie, der Tee würde ihm helfen zu schlafen.

Edward schloß die Augen, lauschte aber weiter auf die Geräusche und den Lärm der nahen Kähne und Barken. Aus der Kantine drangen Stimmen, und die Drehorgel begann, einen Walzer zu spielen. Er stellte sich vor, wie sein pelziger Retter eifrig die Kurbel drehte, während die Negerin in einem roten Kleid mit dem älteren der beiden Brüder tanzte. Als er später erwachte, machte das Laternenlicht, das die Decks der Boote erhellte, es ihm unmöglich, festzustellen, ob es Abend oder früher Morgen war. Er hörte ein Hämmern, aber es war weit weg, und auf den Barken der Kantine und des Tanzsaals war niemand zu sehen. Das anstrengende Heben und Drehen des Kopfes, um zum Fluß hinüberzusehen, ermüdete ihn, er lehnte sich zurück und machte die Augen wieder zu.

Er versank für Stunden in einen tiefen Schlaf und erinnerte

sich später daran, daß seine beiden »Ärzte« zweimal vorbeigekommen waren, um ihm ihren Spezialtee zu verabreichen. Doch beim Aufwachen spürte er sofort, daß etwas anders war. Der kleine Affe saß an seine Reisetasche gebunden unter der Hängematte, und die *Louis XIII*, die neben ihnen geankert hatte, war verschwunden. Er richtete sich auf, um besser sehen zu können, und erkannte mit Schrecken, daß die Barken und die anderen Wasserfahrzeuge, aus denen die schwimmende Stadt bestanden hatte, fort waren. Nur die *Louis XIV* lag noch da.

An Bord war niemand zu sehen oder zu hören, außer seinem Retter, dem Affen, der sich über sein Aufwachen zu freuen schien. Während er geschlafen hatte, war die gesamte Stadt an einen neuen Standort fortgezogen, wo es keine Überfälle und keine Steuerbehörden gab. Der lange Schlaf war eine gute Medizin, genau wie die Mestizen gesagt hatten. Edward fühlte sich viel besser und schaffte es, sich mitsamt dem verletzten Bein aus der Hängematte zu bugsieren, um an ein Paar Krücken heranzukommen, die jemand mit geschickten Händen aus Mahagoniholz geschnitzt hatte.

Er band den Affen los. Der kleine Kerl hüpfte fröhlich umher und verkündete, wie Edward vermutete, schwatzend seine Dankbarkeit. Sie setzten sich zusammen auf die Schattenseite des Bootes, wo sie den von den Mestizen hinterlassenen Proviant aus Konserven, frischen Mangos und Guaven miteinander teilten.

Am Abend gönnte sich Edward den Luxus einer Kanne Tee, obwohl der kleine Kerosinkocher fast leer war. Das Äffchen lernte schnell, ihm Mangos zu bringen und die Schalen und Innereien anschließend in den Fluß zu werfen.

Die schwimmende Stadt von Portal war verschwunden. Sechs Tage lang waren er und der kleine Affe die einzigen Passagiere auf der *Louis XIV.* Solange er sich nicht bewegte, ging es dem Bein viel besser. Sie hatten genügend Wasser und Nahrung, aber Edward machte sich große Sorgen um den Zustand der verbliebenen beiden Kisten mit Orchideen. Die übrigen Kisten, hatten ihm die Mestizo-Brüder versichert, waren von seinen »Freunden«, Eliot und Vicks, allesamt mitgenommen worden, außer den beiden, die sie übersehen hatten. Mit großer Erleichterung stellte Edward fest, daß die Kisten Exemplare der *Laelia cinnabarina* enthielten, die er am Tag vor dem Unfall gesammelt hatte.

Das Bein schien genausogut zu verheilen, wie die Brüder es ihm angekündigt hatten, auch wenn der Heilungsprozeß viel Schlaf erforderte. Er machte sich nicht mehr die Mühe, den Affen anzubinden, der sich unter der Hängematte zusammenrollte, während er schlief. Mit jedem Tag dachte er weniger und weniger an die Vergangenheit, auch nicht an die unmittelbaren Ereignisse, er konzentrierte sich nur noch auf das Hier und Jetzt. Wenn ein Regensturm oder Windböen die Orchideen zu überschwemmen drohten, schaffte er es, sich mit den Krücken soweit aufrechtzuhalten, daß er die Kisten in Sicherheit bringen konnte, ohne einen einzigen Gedanken an ihre oder an seine eigene Zukunft zu verschwenden. Obwohl er wußte, daß nur sechs Tagen vergangen waren, hatte er das Gefühl, schon seit sechs Monaten mit dem Affen allein zu sein. Seit seiner verhängnisvollen ersten Begegnung mit Vicks und Eliot in den Geschäftsräumen von Lowe & Company, schienen Jahre vergangen zu sein. Wenn er nun an die zurückliegenden Wochen im Regenwald dachte, in denen er mit Eliot und Vicks zusammengearbeitet hatte, dachte er, ein anderer – nicht er selbst – hatte diese Wochen durchlebt.

Sobald es ihm besser ging, verbrachte er die Zeit mit Lesen. Die meisten Bücher, die er mitgenommen hatte, waren botanische Abhandlungen über Orchideen und Bromelien – nichts, wonach ihm im Augenblick der Sinn stand. Er hatte einen Band mit Shakespeare-Sonetten eingepackt, aber merkwürdigerweise stimmten ihn die Sonette traurig und verursachten ihm Herzklopfen, also griff er lieber zu einem schönen Band über Zierteiche.

Am achten Tag weckte ihn der Affe mit aufgeregtem Geschnatter, dann hörte er das Tuckern eines Bootes, das den Fluß heraufkam. Er erwartete, die *Louis XV* um die Flußbiegung kommen zu sehen, aber es war ein Boot der brasilianischen Behörden, mit uniformierten Männern im Bug. Edward begrüßte sie herzlich und erkundigte sich, welcher von ihnen der Arzt sei. Die Männer sahen sich verwundert an und blickten dann auf das verletzte Bein. Sie wußten nichts von seinen Gefährten oder dem Unfall. Sie gingen lediglich einigen Hinweisen nach, die sie vor Wochen erhalten hatten. Der Offizier war enttäuscht, daß es sich bei Edward nicht um den gemeldeten vermeintlichen Engländer handelte.

Als Edward sich vorstellte, verlor der dienstälteste Offizier keine Zeit. Er teilte Edward mit, daß man ihn aufgrund des Verdachts, verbotenes Pflanzenmaterial schmuggeln zu wollen, in Arrest nehme. Sie waren recht höflich und verwendeten keine Handschellen. Sie halfen ihm aus der Hängematte und hoben ihn zu dritt an Bord ihres Bootes. Seine Kisten und das Gepäck luden sie ebenfalls in das Polizeischiff. Edward war so benommen von seiner Verhaftung und dem Schwindelgefühl und der Übelkeit, die der kurze Transport auf ihr Boot nach sich zog, daß er den Irrtum der Polizisten gar nicht erkannte. Sie liefen eben in Pará ein, als Edward den kleinen Affen des Franzosen bemerkte, den man an den Griff seiner Seekiste gebunden hatte. Die Polizisten erlaubten ihm, den Affen mit ins Gefängnis zu nehmen, und später begleitete das Tier ihn und den dienstältesten Offizier zum Telegraphenamt gegenüber dem Polizeigebäude. Lowe & Company reagierten postwendend mit einer großzügigen Vorauszahlung zur Begleichung seiner Arztkosten sowie sämtlicher Strafen und juristischer Unkosten. Diskret wie immer enthielt Mr. Alberts Telegramm keinerlei Andeutung auf Vicks oder den Halunken Eliot.

Der Richter des Ortes zählte das Geld zweimal nach und veranlaßte Edwards sofortige Abschiebung. Früh am nächsten Morgen hievten Seeleute seine Trage an Bord eines Dampfers, der über Havanna nach Miami fahren würde. Edward zahlte dem Kapitän und dem Ersten Maat ein fürstliches Trinkgeld dafür, daß die Zollinspektoren die verbliebenen beiden Kisten mit Orchideen nicht zu Gesicht bekamen. Bis sie offenes Gewässer erreichten, fand das Äffchen ein sicheres Versteck in einem Fach seiner Seekiste.

»Aber das war keineswegs das Ende meiner Qualen«, schrieb Edward in den Bericht an seinen Anwalt. »Innerhalb von drei Tagen geriet das Schiff in ein tosendes Unwetter, in dem wir alle fast zugrunde gegangen wären. Die gesamte Schiffsladung und das Gepäck wurden von den verängstigten Seeleuten bei dem vergeblichen Versuch, die aufgebrachte See zu beruhigen, über Bord geworfen.

Sämtliche Orchideen in den verbliebenen beiden Kisten gingen ein, als die Behälter von Salzwasser überschwemmt wurden«, schloß er seinen Bericht über die Expedition.

Edward drückte mit dem Stift so fest auf das Papier, daß die Spitze des Federhalters absprang und über den Boden hüpfte. Als er den Stift zur Seite legte und die Papiere zusammensuchte, blickte Hattie von ihrem Buch mit den Affengeschichten auf. Sie würden in weniger als einer Stunde in der Grand Central Station eintreffen.

Indigo sah zum Fenster hinaus auf die üppige grüne Landschaft mit den kleinen Siedlungen und Gehöften. Sie war froh, bald am Ziel zu sein, denn sie hatte den Lärm und die ständigen Bewegungen des Zuges satt, und ihr Rücken und ihre Beine schmerzten vom stundenlangen Herumsitzen. Sie wollte wissen, was der Affe, der einem eiförmigen Stein entsprungen war, als nächstes erlebte, weil ihm nichts etwas anhaben konnte. Als Hattie das Buch zuklappte, träumte Indigo weiter vom Affen, der jedes einzelne seiner achtundvierzigtausend Haare verwandeln konnte, in was er wollte. Das kleine Äffchen in Riverside würde genau wie der Affe in den Geschichten allem Unheil entkommen. Hattie versprach ihr, daß bei ihrer Ankunft in New York Nachrichten von zu Hause und ein ausführlicher Bericht über Linnaeus auf sie warten würden.

Vierter Teil

Hattie entdeckte ihren Vater als erste, winkte und rief nach ihm. Sie war überrascht, wie sehr sie ihn vermißt hatte, und schob sich durch das Gedränge auf dem Bahnsteig auf ihn zu. Sie umarmte ihn und spürte, daß ihr Tränen in den Augen standen, und dann sah sie, daß auch er sich Tränen fortwischte. Ihre Begrüßung wurde von einer Kakophonie aus Abfahrtssignalen, dem Zischen ausgestoßener Dampfwolken und gellenden Pfiffen begleitet. Hattie merkte, daß Edward und Indigo offenbar im Gedränge festsaßen, und machte besorgt kehrt, um nach ihnen zu suchen. Qualm, Gestank und Lärm waren schlimmer, als sie es in Erinnerung hatte. Vater entdeckte Edward und begrüßte ihn mit dröhnender Stimme, woraufhin Indigo Edwards Hand losließ und stehenblieb. Noch bevor Edward sich umdrehen konnte, war Indigo im Getümmel der einsteigenden Passagiere verschwunden. Es erfaßte das Mädchen wie eine Woge und trug es wieder zum Zug zurück.

Edward stürzte sich ins Gedränge und eilte ihr nach, bevor er sie aus den Augen verlor. Er rief ihren Namen, doch sie schien entschlossen, wieder in den Zug zu steigen. Die Passagiere hinter ihr halfen Indigo die Stufen hinauf. Edward fand sie auf dem alten Platz am Fenster in dem Abteil, aus dem sie gerade ausgestiegen waren. Er wünschte, Hattie wäre bei ihm, denn auf ihn reagierte das Kind nicht so, wie es auf Hattie reagierte. Sobald er Indigo allerdings erklärte, daß der Zug sie nur weiter nach Norden bringen würde, stand sie auf.

»Ich will nach Hause«, sagte Indigo.

»Es ist furchtbar laut hier. Vielleicht würdest du dich sicherer fühlen, wenn ich dich trage«, sagte er vorsichtig, denn er wußte, daß das Kind ihm noch weniger als Hattie traute. Sie schüttelte den Kopf.

»Ich kann selbst laufen!«

Sie umklammerte seine Hand, während sie sich im Gedränge einen Weg in die Bahnhofshalle bahnten, wo Hattie und ihr Vater warteten. Das Gepäck war bereits auf die gemietete Kutsche verladen worden, die sie nach Oyster Bay bringen sollte.

Mr. Abbott spürte, daß Indigo ihn mit großen dunklen Augen musterte. Hattie hatte viel über das entzückende Kind geschrieben, das sie und das Äffchen eines Morgens im Garten gefunden hatten. Er hatte befürchtet, daß während Edwards Abwesenheit womöglich die Melancholie wieder von ihr Besitz ergreifen würde, unter der Hattie nach dem Eklat um ihre Forschungsarbeit so lange gelitten hatte. Was dieses Kind doch für Hatties Wohlbefinden bedeutete!

Es hatte Mr. Abbott nicht überrascht, daß sich sein neuer Schwiegersohn nach einer kurzen Hochzeitsreise fast umgehend in die Karibik begeben hatte, wo er Algen und Moose sammeln wollte. Hattie begrüßte es, daß Edward sich mit solcher Hingabe den Pflanzensammlungen widmete, und erklärte, sie wolle ihren Entwurf überarbeiten, während er im Ausland sei. Sie genieße die Einsamkeit des Hauses in Riverside, behauptete sie. Doch der Ton ihrer Briefe nach Hause veränderte sich völlig, merkte Mr. Abbott, nachdem sie das Indianermädchen gefunden hatte. Er hegte diesem offenherzigen Mädchen gegenüber, das kein Blatt vor den Mund nahm, sehr herzliche Gefühle.

Sobald die Kutsche losgefahren war, fragte Hattie Indigo, ob sie Angst habe, doch Indigo schüttelte den Kopf. Der riesige Bahnhof mit all den Zügen und Geleisen weckte in ihr die Hoffnung, vielleicht irgendwo in der Nähe einen Zug zu finden, der nach Westen fuhr, nach Needles. Hattie und Edward entschuldigten sich beide wegen des Lärms und des Gedränges auf dem Bahnsteig, aber diesmal schwieg Indigo nicht. Sie erklärte ihnen, die lauten, überfüllten Bahnhöfe seien die besten, denn dort gäbe es mehr Touristen, die wiederum mehr Körbe kauften.

Indigo erkundigte sich, ob sie sehr weit im Osten seien, woraufhin Hattie meinte, ja, das seien sie, doch Edward fügte hinzu, daß sie noch viel weiter nach Osten fahren würden – über das Meer, bis nach Italien. Indigo überdachte alles noch einmal. Wenn sie darum bat, wieder in die Schule zurückgeschickt zu werden, würde man sie den ganzen Sommer im Besenschrank einschließen. Die Wahrscheinlichkeit, daß sie den Messias und seine Anhänger finden würde, war größer, wenn sie weiter Richtung Osten fuhr. Außerdem hatte Hattie versprochen, mit Indigo nach Arizona zu fahren, sobald sie aus Europa zurück waren, um Mama und Sister Salt zu suchen.

Während die Kutsche langsam durch die geschäftigen Straßen fuhr, zeigte Edward auf ein paar Zirkuswagen, aus denen gerade Elefanten und Kamele ausgeladen wurden. Indigo kniete sich auf den Sitz und schaute hinaus auf die großen Stahlgitterkäfige mit Tigern und Löwen, Tieren, die sie bis dahin nur in Hatties Büchern gesehen hatte. Schaulustige drängten sich um die Zirkuswagen und säumten die belebten Straßen, auf denen bereits viele andere Leute ohne jedes Interesse an den Zirkustieren vorbeihasteten. Indigo fiel etwas Seltsames an den Menschen auf der Straße auf. Sie schauten sich weder an, noch grüßten sie sich, wenn sie aneinander vorbeigingen.

Die Kutsche ließ den Bahnhof hinter sich. Die hohen Häuser bildeten jetzt tiefe Schluchten, durch die Indigo ab und zu einen Blick auf eine große Wasserfläche in der Nähe erhaschte. Sie fuhren noch ein kleines Stückchen weiter, dann hielt die Kutsche am Ufer des dunklen Flusses.

Während das Gepäck auf die Fähre umgeladen wurde, nahm Hattie Indigo an die Hand und zeigte ihr vom Aussichtsdeck aus die Stadt und Long Island, das jenseits des East River lag. Indigo sah schweigend in das dunkle Wasser hinunter, während sich die Fähre vom Ufer entfernte. Wie anders dieser Fluß doch war. Sie spürte einen kalten Luftzug vom Wasser aufsteigen, dabei war es eigentlich ein warmer Nachmittag.

Hinter der Fähre erhob sich die Stadt wie eine Ansammlung eigenartiger Steinformationen – Kuppen und Mesas, umgeben von Feldern und Farmhäusern unter hohen Bäumen. Vor ihnen erstreckten sich schöne, von großen Bäumen gesäumte Wiesen voll bunter Blumen. Während sich die Fähre dem Ufer näherte, wurde aus den verstreut liegenden Farmhäusern ein Dorf, bei dem sie schließlich anlegten. Indigo hielt Hatties Hand fest, als sie ausstiegen und sich einen Weg durch die Menschenmenge bahnten, die darauf wartete, an Bord gehen zu können.

Soweit Indigos Blick reichte, standen überall Häuser, doch zwischen diesen entdeckte sie nun auch Farmen, auf denen Mais und Bohnen wuchsen – Indigo wurde ganz aufgeregt, als sie das sah, und bat Hattie, ebenfalls aus dem Fenster zu schauen. Ja, die Farmer in New York bauten Mais und Bohnen an, und auch Kürbis. Eine Weile konnten sie nun das Meer nicht mehr sehen, während die Kutsche durch große Apfelplantagen fuhr. Indigo freute sich, als sie die kleinen grünen Früchte an den Ästen sah. Die Straße machte wieder einen Bogen, ließ die Bäume zurück und kam direkt über einem felsigen Strand heraus, wo dunkelblaue Wellen Gischt auf die Felsen spritzten.

Hattie schaute mit Indigo aus dem Fenster, denn sie wollte ihr einige der Stellen zeigen, zu denen sie früher oft auf ihrem Pony geritten war. Zu Hatties Überraschung entdeckte sie auf dem Weideland oberhalb des Strandes einige neue, imposante Anwesen. Nachdem ihr Vater vor Jahren zu dem Schluß gekommen war, daß die verqualmte, schmutzige Stadtluft Tuberkulose verursachte, hatte er die ganze Familie aus dem Haus in der Fifth Avenue nach Oyster Bay umgesiedelt, wo viele ihrer Bekannten prächtige Sommerhäuser besaßen.

Die Abbotts gehörten zu der Handvoll prominenter Familien, die das ganze Jahr über in Oyster Bay lebten. Vater genoß das weitläufige alte Ackerland. Hier hatte er mehr Platz für seine seltsamen landwirtschaftlichen Experimente, die den Armen Möglichkeiten für den Anbau eigener Nahrungsmittel aufzeigen sollten. Mutter sorgte sich anfänglich ein wenig, weil sie auf Long Island so isoliert waren, doch nur für kurze Zeit.

Auf ihrem ersten Pony ritt Hattie den Strand entlang und sah zu, wie Arbeiter Baugruben aushoben und mit riesigen Lastkarren, denen mächtige Zugpferde vorgespannt waren, behauene Steine und neue Ziegel zu den Baustellen schafften. Man hatte ihr verboten, sich Fremden zu nähern oder gar mit ihnen zu sprechen, so daß sie auf ihrem Pony immer einen gewissen Abstand zu den

Arbeitern hielt. Doch an manchem Sommerabend ritt sie bei Sonnenuntergang, wenn die Baustellen verwaist waren, zwischen den Holz- und Ziegelstapeln umher und schaute sich die Rohbauten an. Sie sprang mit ihrem Pony über die Gräben für das Gartenlabyrinth des Nachbarhauses. Wie das Schicksal es wollte, gehörte das Haus Mr. und Mrs. Colin James. Genau wie für Hatties Vater war auch für Susan James der fruchtbare alte Ackerboden für das Bauvorhaben ausschlaggebend gewesen, eine unverzichtbare Voraussetzung für die von ihrem Architekten geplanten prächtigen Renaissancegärten.

Indigo hätte sich nie träumen lassen, daß Bäume so groß und hoch werden könnten wie jene, die zu beiden Seiten der Straße emporragten. Sie lehnte sich aus dem Kutschenfenster, um den Umfang der Stämme zu bestaunen und nach den Baumwipfeln zu schauen. Weiter vorne, am Ende der Allee, sah sie ein stattliches Gebäude aus grauem Stein, um das sich eine lange Veranda zog, deren Steinsäulen von einem dichten Gewirr blaßrosa blühender Ranken umhüllt waren. Als die Kutsche ihr Tempo verlangsamte, sah Indigo voller Staunen, daß die Kletterrose den gesamten vorderen Eingangsbereich überwucherte. Gerade wollte sie Hattie nach der Rosensorte fragen, da hielt die Kutsche an, die große Haustür ging auf und zwei Frauen kamen, gefolgt von einem Mann, heraus. Indigo trat einen Schritt zurück und versteckte sich hinter Hattie.

Alle redeten laut und aufgeregt durcheinander. Indigo war erleichtert, daß die Fremden sie nicht zur Kenntnis nahmen, als sich jetzt alle in die kühle Eingangshalle begaben. Während sie hinter Edward und Hattie herging, fiel ihr der blankpolierte Holzboden auf. Sie beugte sich rasch hinunter und berührte das dunkle Holz, so hart und glatt wie Glas.

Die Luft im Innern des Hauses roch nicht unangenehm oder abgestanden, doch ein feiner Geruch hing darin – der Geruch alter Möbel und alter Bücher, wie Indigo bald herausfinden sollte. Sie war froh, daß sie weiche Schuhe trug, in denen sie ganz leise gehen konnte, so daß keiner sie bemerkte. Die Zimmer hier waren nicht viel größer als die im Haus in Kalifornien, aber völlig anders eingerichtet. Die Wände waren mit dunklem Holz getäfelt. Piniengrüne Samtvorhänge, die von den holzgeschnitzten

Fensterstürzen bis fast auf den Boden reichten, umrahmten die hohen Fenster.

Sie gingen an der Treppe aus massivem Eichenholz vorbei zum Salon, in den durch hohe Fenster viel mehr Licht einfiel. Bunte Glasscheiben waren zu Mustern aus weißen Lilien und grünen Palmen angeordnet. Jedes der Fenster war von Zwergpalmen in glänzenden Messingtöpfen flankiert.

Das Haus war viel größer als das in Riverside, und es standen viel mehr Möbel in den Zimmern, darunter zahlreiche kleine Tische mit Glas- oder Marmorplatten, auf denen viele Tierfigurinen aus Keramik standen. An den Wänden befanden sich Glasvitrinen, die größere Figuren aus Kristallglas enthielten – ein finster aussehender Bär nahm eine ganze Regalplatte in Anspruch. Die Beistelltische und Vitrinen standen dicht an dicht, es gab kaum Platz genug, um zwischen ihnen durchzugehen. Im hinteren Teil des Salons nahmen vor dem Kamin eine Sitzgruppe mit braunem Samtbezug und weitere Beistelltische oder kleine Kommoden, mit Glasfiguren obendrauf, den Platz ein.

Indigo saß auf einem Sofa und schaute sich um, während die anderen sich unterhielten. Am liebsten hätte sie sich den Glasbären in der Vitrine etwas genauer angesehen, denn seine glitzernden Augen folgten ihr durch den ganzen Raum. Sie saß still und aufrecht auf dem Sofa, wie sie es bei Hattie sah, doch nach einer Weile merkte sie, wie ihr irgend etwas auf dem Sofa durch Petticoat und Strümpfe hindurch ins Bein piekste. Hattie merkte, daß Indigo sich unbehaglich fühlte, und flüsterte ihr ins Ohr, sie dürfe sich ruhig ein bißchen die Füße vertreten. Einen Moment lang wurde es still im Raum und alle sahen Indigo an, bevor sie das Gespräch wieder aufnahmen. Es machte Indigo verlegen, im Mittelpunkt der Aufmerksamkeit zu stehen, und sie rührte sich nicht, bis sie ganz sicher war, daß niemand auf sie achtete. Dann ließ sie sich zentimeterweise vom Sofa auf den Boden gleiten, so langsam, daß Hattie ihr Verschwinden gar nicht bemerkte, bis es plötzlich furchtbar schepperte. Indigo erstarrte, beide Hände vor dem Gesicht, während die anderen alle erschrocken aufsprangen, als sie die Glasscherben sahen, die über den ganzen Boden verteilt waren.

»Ach du meine Güte!« rief Hatties Mutter. Auch Hattie und

Edwards Schwester Susan waren ziemlich erschrocken. Edward schrie Indigo verärgert an, doch Hattie war schon bei Indigo, umarmte sie und flüsterte ihr etwas ins Ohr. Sie nahm das Mädchen bei der Hand und führte es vorsichtig durch das Labyrinth aus Glasvitrinen und winzigen Tischen zur Tür. Beide waren sie von der Reise erschöpft.

Als Hattie und Indigo gerade die Treppe hinaufgehen wollten, rief eine freundliche Stimme Hatties Namen. Eine füllige, weißgekleidete Negerin eilte auf Hattie zu und umarmte sie.

»Und ich dachte schon, Sie wären in diesem Kalifornien untergegangen«, sagte Lucille.

»Also wirklich, nach einer Woche im Zug fühle ich mich auch, als würde ich nie wieder auftauchen.«

»Wer ist denn dieses müde Mädchen?«

Indigo versteckte sich hinter Hattie, damit die Haushälterin sie nicht sah.

»Das ist Indigo. Wir sind beide schrecklich müde.« Lucille musterte die zwei und nickte.

»Ich weiß, was ihr braucht.«

Lucille ging vor ihnen die Treppe hinauf, zündete die Gaslampen an und rief nach den beiden Hausmädchen Ceena und Grace. Indigo schaute die Treppe hinunter und sah zwei junge schwarze Frauen aus einer Tür neben der Treppe treten.

»Zwei heiße Bäder!« rief Lucille den Hausmädchen zu und führte Hattie und Indigo durch den Flur.

Später bekamen sie Essen hinaufgebracht. Edward aß mit den anderen unten im Erdgeschoß zu Abend. Die Gespräche drehten sich um das Indianermädchen, und Edward berichtete von Hatties spontanem Interesse für das abtrünnige Kind aus der nahegelegenen Indianerschule. Edwards Schwager Colin James, der gerade sein fünftes Glas Wein herunterkippte, schien sich weder für Indianer noch für Kinder, ja eigentlich für nichts so recht zu interessieren, doch Edwards Schwester runzelte kurz die Stirn, als er von dem Indianerkind erzählte. Sie wollte wissen, warum sie das Kind mitgebracht hätten. Edward lächelte schwach. Hattie habe das Mädchen ins Herz geschlossen, und auch er finde sie durchaus interessant. Sie benehme sich im allgemeinen gut und leiste Hattie Gesellschaft, wenn er fort sei.

»Sie soll Kammerzofe werden«, erklärte Edward, während er seinen Teller über eine Platte mit Braten hielt. »Sie bekommen in den Indianerschulen alle möglichen Fertigkeiten beigebracht.« Er hielt inne und schnitt sich ein Stück Fleisch ab, während die anderen darauf warteten, daß er weitersprach. Hattie und er hatten sich noch gar nicht darüber unterhalten, was nach dem Sommer mit dem Kind geschehen sollte.

Später schlenderten die Männer hinaus, um Mr. Abbotts neueste Projekte zur Unterstützung der Armen zu begutachten: Ziegel, die aus gestampfter Erde gefertigt worden waren, und Fischteiche. Susan James und Mrs. Abbott gingen auf ein Schwätzchen zu Hattie und Indigo hinauf.

Das Zimmer sah noch genauso aus wie an Hatties Hochzeitstag, der ungefähr acht Monate zurücklag – als glaube ihre Mutter immer noch nicht so recht, daß Hattie wirklich einen Mann gefunden hatte. Es entsprach Mutter eigentlich gar nicht, sich die Gelegenheit zur Neugestaltung eines Zimmers entgehen zu lassen, doch Hattie hatte dem Gespräch im Salon schon entnommen, daß ihre Mutter inzwischen einen großen Teil ihrer Zeit der Kirche widmete; sie und Susan James organisierten Wohltätigkeitsveranstaltungen für die katholische Kirche.

Hattie zeigte Indigo gerade ihr Herbarium mit den gepreßten Rosen und Gänseblümchen, als ihre Mutter klopfte. Bevor Hattie etwas sagen konnte, ging die Tür auf und Mutter und Susan James kamen herein. Indigo zog sich die Bettdecke über den Kopf. Die beiden taten, als seien sie gekommen, um mit Hattie zu plaudern, doch Hattie spürte, daß sie neugierig auf Indigo waren, die sich nach wie vor versteckte.

Während Susan James von der Umgestaltung ihres Parks erzählte, beobachtete Hattie, wie die Mutter ihre Hand spielerisch am Bettrand hin und her bewegte, um Indigo unter der Decke hervorzulocken, doch Indigo rührte sich nicht. Dann wandten sich beide Frauen Hattie zu.

»Du bist ja so schmal, Hattie! Wir dachten, es gäbe inzwischen vielleicht eine kleine ›Veränderung‹ zu sehen«, sagte Susan in liebenswürdigem Ton. Hatties Gelächter überraschte die beiden Frauen. Kinder seien für sie im Moment kein Thema, meinte sie. Sie verstand Susans Interesse sehr wohl. Das Erbteil von Susans beiden Töchtern würde geringer ausfallen, wenn Hattie und Edward Kinder bekämen.

Schließlich sagte Susan gute Nacht, und Mrs. Abbott beugte sich zu Hattie herunter und umarmte sie. Es wäre wunderbar, daß sie wieder zu Hause sei, sagte Mrs. Abbott und folgte Susan aus dem Zimmer. Susans Mund war verkniffen, und Hattie erkannte, daß ihre Schwägerin sie nicht mochte. Als sie gegangen waren, sagte Hattie zu Indigo, sie könne jetzt herauskommen, doch das Mädchen war mit der Bettdecke über dem Kopf eingeschlafen. Hattie zog die Decke zurück, damit Indigo genug Luft bekam, und machte das Licht aus.

Edward saß im Bett und las ein Buch über den Anbau von Zitrusfrüchten, als Hattie hereinkam. Sie packte ein Nachthemd aus. Er legte das aufgeschlagene Buch mit dem Rücken nach oben aufs Bett und rieb sich die Augen.

»Wieder zu Haus, wieder zu Haus«, intonierte Edward.

»Jippie-a-jeh!« ergänzte Hattie lächelnd die Liedzeile.

Sie vereinbarten, daß Hattie in dem zweiten Bett in Indigos Zimmer schlafen sollte, falls Indigo nachts Angst bekam oder aufwachte und nicht wußte, wo sie war. Edward zog einen Morgenmantel über sein Nachthemd und begleitete Hattie durch den Flur, einen Arm zärtlich um ihre Schultern gelegt.

Kurz vor Tagesanbruch erwachte Indigo vom lauten Gezwitscher Dutzender von Amseln, die in dem riesigen Baum vorm Fenster saßen. Die Vogelschar erinnerte sie an die vielen Krähen, die plötzlich aufgetaucht waren, bevor die Tänzer und der Messias in das Lager am Fluß bei Needles kamen. Die Amseln waren zwar nur halb so groß wie die Krähen, aber es waren schöne Vögel mit leuchtend gelben Schnäbeln und Krallen. Sie beobachteten Indigo, die durchs Fenster zu ihnen hinaussah, und sie erkannte, daß sie herbeigeflogen waren, um sie willkommen zu heißen.

In dem Bett neben ihr schnarchte Hattie leise. Indigo legte sich auf die Seite und betrachtete Hattie eine Weile, doch dann mußte sie auf die Toilette. Obwohl das Badezimmer nur ein paar Schritte entfernt lag, wollte sie nicht, daß jemand sie im Nachthemd oder Morgenmantel sah, deshalb zog sie sich an. Auf Zehenspitzen schlich sie durch den Flur und hielt die Luft an, als sie den

Türknauf an der Badezimmertür drehte – hoffentlich quietschte er nicht. Nachdem sie die Toilette benutzt hatte, zog sie nicht die Spülung, weil das Wasser immer so laut rauschte. Dann sprang sie die kleine Stufe zum Waschbecken hinauf und wusch sich sorgfältig Gesicht und Hände. Sie flocht ihre Zöpfe neu, band, so gut sie konnte, die Schleifen und sah sich dann noch einmal im Spiegel an.

»Guten Tag. Wie geht es Ihnen? Danke, gut. Sehr erfreut, Sie kennenzulernen«, sagte sie zu ihrem Spiegelbild. Lachen mußte sie, als sie ihr dunkles Sand Lizard-Gesicht in dem vergoldeten ovalen Spiegel sah. Jetzt war ein Sand Lizard-Mädchen in der Welt der Weißen unterwegs.

Sie schlich die Treppe hinunter zu der großen Haustür mit den glänzenden Messingriegeln und untersuchte diese genau. Gestern war die Tür völlig lautlos aufgegangen. Erst versuchte sie es mit dem linken Riegel, der sich zunächst nicht bewegen ließ. Doch als sie ihn mit aller Kraft hinunterdrückte, glitt der rechte Riegel nach oben und die große Tür öffnete sich. Indigo ließ die Tür hinter sich offen, um keinen Lärm zu machen. Sie sog die köstlich duftende feuchte Morgenluft ein. Es roch nach Mais, blühendem Kürbis, nach Bohnen und Erbsen.

Die Morgendämmerung tauchte die Veranda in ein grüngoldenes Licht, das Indigo aufnahm, als sie in die Helligkeit trat, und in seine Richtung zog. Sie hüpfte die Stufen hinunter und spürte durch ihre dünnen Sohlen das feuchte Gras. Sie rannte in das Licht, das zwischen den riesigen Bäumen entlang der weiten Rasenflächen neben dem Haus hindurchfiel. Über die weiche Erde zu laufen, zu laufen und dabei die goldene frische Luft einzuatmen, war ein herrliches Gefühl.

Unter den hohen Bäumen verlangsamte sie ihren Schritt, denn diese wollte sie sich genauer ansehen. Der Boden unter den Bäumen war mit kleinen Pilzen übersät, und als sie einen davon abbrach und hochhob, sah sie im Licht kleine Tautropfen glitzern. Sie steckte den Pilz in den Mund, und er schmeckte so frisch wie die Erde und die Luft. Sie pflückte noch mehr Pilze, bis ihr Hunger gestillt war. Sie konnte das Meer erahnen – würzig grün und ruhelos. Der Wind war kühl, so daß sie weiterging.

Unter den riesigen Bäumen lief es sich gut, denn es gab keine

Felsbrocken oder Bodenrinnen, auf die man achten mußte. Selbst an den wilden Rosen mußte sie riechen, und die duftenden, dichten Azaleenhecken – gelb, rosa und weiß – waren gerade weit genug vom Weg entfernt, daß sie nicht befürchten mußte, mit ihrem Kleid darin hängenzubleiben. In regelmäßigen Abständen führte der Weg auf kleine Lichtungen, die von blauviolett blühenden Iris und vereinzelten weißen und leuchtend goldenen Narzissen übersät waren. Sie spürte die Feuchtigkeit des Meeres, konnte es jedoch immer noch nicht sehen. Der Weg stieg etwas an, und dann trat sie plötzlich zwischen den Bäumen hinaus in das strahlende Morgenlicht, das vom Wasser in der Bucht reflektiert wurde. Von hier aus konnte sie die an der Bucht entlangführende Straße sehen, auf der sie gekommen waren, sowie andere, kleinere Straßen oder Fahrwege, die vom Strand zu den großen Bäumen und den Wiesen hinaufführten. Als sie den Hügel hinunterging, stieß sie auf etwas, das wie die Überreste einer alten Steinmauer aussah, die auf das dichte Gras und den Sand gestürzt war. Vor langer Zeit, lange bevor die Straßen und Fahrwege entstanden waren, hatte hier einmal jemand gelebt. In der Brise, die vom Wasser heraufkam, spürte sie sanft die Anwesenheit der Geister dieses Ortes.

Edward stand vor den anderen auf, um mit seiner Schwester und seinem Schwager Colin zu frühstücken, bevor dieser in sein Büro in der Stadt fuhr. Er sah, daß die Haustür einen Spaltbreit offenstand, nahm jedoch an, Lucille oder eines der Hausmädchen hätten es versäumt, sie richtig zu verriegeln. Ein alter Pfad, der zwischen den großen Eichen hindurchführte, verband die beiden Anwesen miteinander. Edward stellte überrascht fest, daß der frühere Trampelpfad mit grauen Steinplatten gepflastert worden war. Am Wegrand standen violetter Fingerhut in dichten Stauden und von Maiglöckchen eingefaßter, leuchtend blauer Rittersporn – das Werk seiner Schwester, ihre neue Leidenschaft für englische Landschaftsgärtnerei.

Beim Abendessen hatte Susan von nichts anderem gesprochen als von den Fortschritten bei der Umgestaltung des bislang im italienischen Stil gehaltenen Gartens. Edward fand das Wort »Zerstörung« angemessener – ihm gefiel der Renaissancestil, in dem der Garten ursprünglich angelegt worden war. Es war ein Jammer, denn die Bäume und Hecken hatten erst seit kurzem ihre volle Größe erreicht. Das Geräusch der auf Erde und Stein treffenden stählernen Spitzhacken und Schaufeln drang von jenseits des Blauen Gartens herüber, der gerade für den alljährlichen Ball vorbereitet wurde. Susan wollte ihren Gästen nicht die gleichen Pflanzen wie im Vorjahr präsentieren. Sie genoß die Herausforderung, mit Setzlingen, ja sogar Sträuchern und Rebengewächsen, die aufgrund ihrer jeweiligen Blautöne ausgewählt wurden, neue und überraschende Effekte zu erzielen. Die weißblühenden Pflanzen wurden wegen ihrer besonderen Wirkung im Mondlicht hinzugenommen. Weiße Blüten nahmen das silbrige Blau des Mondes an, die blauen Blüten dagegen leuchteten in einem tiefen Kobaltblau.

Der Plattenweg kam zwischen den Bäumen hervor und führte über eine kleine Steinbrücke, die ein sprudelndes Bächlein überspannte. Über sechs Steinstufen gelangte man zu der Terrasse hinauf, auf der sich der Blaue Garten mit Teich und Springbrunnen befand. Edward blieb einen Moment stehen, um die tropischen Seerosen zu bewundern, die der ganze Stolz seiner Schwester waren. Im Winter benötigten sie Pflege und überwinterten in Wannen im Gewächshaus. Wie geschickt die blauen und weißen Blumen auch gepflanzt sein mochten, das Herzstück des Blauen Gartens war der Seerosenteich. Die riesige, nachts blühende Königliche Wasserlilie mit ihren stark duftenden weißen, teekannengroßen Blüten dominierte den Teich. So früh am Morgen waren die Blüten noch offen und überdeckten die kleineren blauen Seerosen, die sich erst in der prallen Sonne öffneten.

»Edward«, hörte er seine Schwester rufen. »Wie findest du meine *Victoria*? Ist sie nicht großartig?« Susan kam vom anderen Ende der Terrasse herüber, einen grauen Gartenkittel über ihrem Kleid. Ein paar Schritte hinter ihr ging ein großer, ernster Mann, der trotz des warmen Wetters in Tweed gekleidet war und eine Steige mit großen Zwiebeln trug. Zweifellos Lilien aus Fernost, dachte Edward. Susan stellte ihn als Mr. Stewart, ihren neuen Gärtner aus Glasgow, vor. Er nickte kurz, sagte aber nichts. Als Susan ihn bat, ohne sie weiterzumachen, zeichnete sich in seinem Gesicht ein Unwille ab, der für Edwards Empfinden schon an Unverschämtheit grenzte. Wieviel so ein schottischer Gärtner im Jahr wohl kostete?

Susan blieb noch einen Augenblick auf der Terrasse stehen, dann gingen sie hinein und sahen von dort den Arbeitern mit den Pferdegespannen zu, die weiter unten die dunkle Erde umschichteten, während andere mit Stahlstangen und Hacken die Marmorplatten aushebelten und die Steinblöcke der Balustrade herauslösten. Welch eine Verwüstung, dachte Edward und brachte kaum ein Lächeln zustande, als Susan schwärmte, wie sehr das Anwesen durch den Englischen Garten gewinnen würde.

Beim Frühstück erfuhr Edward dann, was der Gärtner, die Arbeiter und die Umgestaltung des Gartens kosteten. Wenn Susan nicht gerade davon sprach, wieviel die Lilienzwiebeln kosteten, dann sprach Colin über den Börsenaufschwung infolge des Kriegs gegen Spanien. Durch das ständige Gerede über Kosten und Ausgaben wurde Edward ganz flau im Magen. Er mußte daran denken, wie ihm nach seiner Rettung auf dem Pará-Fluß übel geworden war und befürchtete, sich entschuldigen zu müssen. Er trank in kleinen Schlucken Wasser und wischte sich mit dem Taschentuch die Stirn ab, und nach einer Weile verschwand das Gefühl wieder.

Um das Gespräch auf ein anderes Thema zu bringen, erkundigte sich Edward, ob seine Nichten, Josephine und Anna, mit ihnen frühstücken würden. Nein, die jungen Damen seien für eine Woche in Newport, um sich zu amüsieren. Der Staub und Lärm der Arbeiten im Garten behage den Mädchen nicht. O ja, es sei ein teures Vergnügen, zwei entzückende Töchter zu haben! Susan warf ihm bei diesen Worten einen bedeutungsvollen Blick zu. Edward spürte, wie sein Herz schneller klopfte: Hatten Colin und Susan erraten, warum er hier war? Nach der Börsenkrise von 1893 hatten sie ihm Geld geliehen, um den Familienbesitz vor Gläubigern zu retten.

Colin war in der Verwaltung von Susans Finanzen sehr rührig. Er hatte schon mehrmals angedeutet, daß der Verkauf des Anwesens in Riverside nötig werden könne, falls die Orangen- und Zitrushaine keinen Profit abwarfen. Edwards Vorschlag entsprach den Anforderungen der Lage genau. Er räusperte sich diskret und schilderte dann mit großem Engagement die Gewinnmöglichkeiten beim Anbau von *Citrus medica*. Die Konditore und Bäcker verzeichneten schon seit einigen Jahren einen steigenden Bedarf an Zitronat, besonders vor den Feiertagen. Zitronat war derzeit sehr gefragt und wurde in fast alle Backwaren verwendet, von der Hochzeitstorte bis zum Haferplätzchen.

Colin James beugte sich über den Tisch hinweg zu ihm herüber. Edwards Mund war seltsam trocken, und seine Zunge fühlte sich dick an. Er wußte, daß er nur diese eine Chance hatte, Colin und Susan für seinen Vorschlag zu gewinnen. Zur Zeit kontrollierten Korsika und dessen französische und italienische Besitzer weltweit den Handel mit Zitrusfrüchten. Aufgrund einer speziellen Abmachung mit dem Amt für Pflanzenwesen würde Edward nun in den Besitz einiger der ersten Zitrusfruchtableger gelangen, die je in die Vereinigten Staaten eingeführt wurden.

Edward entspannte sich etwas, als er die beiden lächeln sah. Er merkte, daß sie interessiert zuhörten, als er erläuterte, welche Vorteile es hatte, die neuen Ableger der *Citrus medica* auf ausgewachsene Zitronen- und Orangenbäume zu pfropfen. Innerhalb von anderthalb Jahren, wenn nicht früher, würden sie eine *Citrus-medica*-Ernte einbringen können.

Er atmete sehr langsam aus und versuchte, ruhig zu erscheinen, während er Erdbeermarmelade auf seinen Toast strich, doch unter dem Tisch zitterten ihm die Beine. Er lächelte voller Hoffnung erst Susan, dann Colin an und wartete auf ihre Erwiderung. Ihr Schweigen war die Antwort, das wußte er, und dieses Schweigen war so unerträglich, daß er anfing, über den Markt für Zitronat zu schwadronieren. Man stelle sich nur vor, letztes Jahr zu den Weihnachtsfeiertagen seien die Vorräte an Zitronat bereits vor Neujahr erschöpft gewesen!

Edwards Stirn fühlte sich heiß an. Die Serviette auf seinem Schoß war zerknüllt. Er schaute durch das Fenster hinter Susan nach draußen, wo Arbeiter ein Terrassenmäuerchen einrissen, um Platz für eine englische Wiese zu schaffen. Völlig unverhofft wandten sich seine Gedanken der Frage zu, was passieren würde, wenn seine Mission auf Korsika fehlschlug. Er lenkte seine Gedanken schnell wieder in die Gegenwart, dachte daran, wieviel Spaß es machen würde, die letzten Gartenmäuerchen und Statuen zu photographieren, bevor die Arbeiter sie entfernten. Sobald er von dem Ausritt mit Indigo zurück war, würde er seine Kamera auspacken.

Colin sah gelegentlich zu Susan hinüber, während er sprach,

und sie nickte fast unmerklich. Sie seien besorgt wegen des schwebenden Gerichtsverfahrens zwischen ihm und Lowe & Company. Ein Urteil, das sich negativ auf seinen Anteil am Familienerbe auswirken würde, ließe natürlich auch Susans Finanzen nicht unberührt.

»Ein vom Gericht erzwungener Verkauf –«, Colin brach mitten im Satz ab, doch Susan spann den Gedanken weiter. »Dein Plan, Zitrusfrüchte anzubauen, klingt durchaus überzeugend, aber wir können nichts unternehmen, bevor nicht feststeht, wie der Prozeß ausgeht.« Susan meinte, er solle sich keine Sorgen machen, sie und Colin hätten nämlich eine Idee: Sie würden ihm seinen Anteil an dem Anwesen auszahlen.

»Dazu wird es nicht kommen!« Edward war selbst erstaunt über seine Heftigkeit. Er wollte Hattie nicht darum bitten, die Zitrusplantage durch ihr Geld mitzufinanzieren, und zwar aus Prinzip. Alles, was den Nachlaß seiner Mutter betraf, wollte er aus seiner Ehe heraushalten.

Hattie erwachte aus einem Traum über England. Sie war auf einem alten Friedhof gewesen, wo sie vor der Kirchentür auf einem seltsamen flachen Stein saß. Sie erkannte weder die alte, aus Stein erbaute Kirche, noch konnte sie die Inschriften auf den Grabsteinen lesen, aber Tante Bronwyn war bei ihr und verlangte, sie solle im Sitzen über den Stein rutschen. Hattie versuchte mit einem Schwung zum Ende des Steins zu gelangen, doch ihr Kleid blieb an einer Ecke hängen. Im Traum zerrte Hattie so heftig an dem Stoff, daß sie aufwachte, die Bettdecke in der Hand. Sie drehte sich um und sah nach, ob Indigo schon wach war, doch das Bett war leer. Kein Wunder – der Wecker auf dem Nachttisch zeigte zehn Uhr an! Trotzdem beeilte sich Hattie beim Anziehen nicht. Edward hatte gesagt, er werde mit Susan und Colin frühstücken und sich bei dieser Gelegenheit auch nach einem umgänglichen Pony für Indigo erkundigen. Sicher war Edward mit Indigo gegangen, die Ponys seiner Nichten anzuschauen.

Lucille hatte Hattie gerade Toast und Kaffee mit heißer Milch gebracht, als ihre Mutter ins Eßzimmer kam und fragte, wo Indigo sei. Als sie hörte, daß das Mädchen bei Edward sei, weiteten sich ihre Augen vor Schreck. Sie habe Edward gerade gesehen, aber das Kind sei nicht bei ihm gewesen! Hattie ließ sich nicht aus der Ruhe bringen. Sie versicherte ihrer Mutter, Indigo sei bestimmt irgendwo in der Nähe, außerdem sei sie sehr wohl in der Lage, auf sich aufzupassen.

Edward zog seine Reitkleidung an und lieh sich den Wallach seiner Schwester aus, um die Küste nach Indigo abzusuchen, während die anderen auf den Straßen suchten. Edward hob die Zügel leicht an, um dem Wallach zu zeigen, daß er einen gemächlichen Schritt anschlagen wollte. Edward hatte die Reitleidenschaft seiner Schwester nie geteilt. Ein Pferd war ein Transportmittel, kein Mittel für Freizeitvergnügen.

Himmel und Meer waren leuchtend blau. Eine erfrischende Brise wehte ihm ins Gesicht. In der Ferne sah er Segelboote und Fischer in kleinen Skiffs, von Möwen begleitet, die sie umkreisten und immer wieder ins Wasser stießen. Er überquerte die Straße und folgte dem Weg hinunter zum Meer, weil er dachte, ein Kind würde sich vielleicht von dem Geräusch der Wellen angezogen fühlen, die gegen die Felsen brandeten. Welch ein gewaltiger Klang! Edward spürte den kühlen, salzigen Niederschlag auf seinen Wangen. Möwen labten sich am Ufer an Muscheln und beobachteten ihn, als er vorbeiritt. Der Strand war menschenleer, soweit das Auge reichte, doch Edward wußte, daß er sehr genau hinsehen mußte. Vielleicht spielte das Kind zwischen den Felsen am Wasser.

Obwohl er das ganze Ufer nach dem Kind absuchte, war er mit den Gedanken bei der Reise, die vor ihm lag – besonders bei der Fahrt nach Korsika. Er mußte seinen Plan nur umsetzen, dann wäre er sämtliche Kosten und Schadensersatzforderungen entledigt, die sich aus dem Gerichtsverfahren um die Orchideen ergeben mochten. Mr. Grabb, der Anwalt von Lowe & Company, hatte in seinem Brief durchblicken lassen, daß gewisse stille Teilhaber an der Pará-Expedition einen außergerichtlichen Vergleich anstrebten, um Peinlichkeiten zu vermeiden. Diese stillen Teilhaber seien bereit, sich mit ein paar Ablegern der *Citrus medica* zufriedenzugeben. Obwohl weder Mr. Grabb noch Mr. Albert von Lowe & Company sich je dazu geäußert hatten, wußte Edward, daß hinter diesem Angebot die britische und die amerikanische Regierung standen. Die Fahrt nach Korsika war ohne Frage eine der wichtigsten Reisen seines Lebens. Er freute sich auf die bevorstehende einsame Schiffsreise, auf der er sich über seine weiteren Schritte klar werden konnte. Eigentlich war alles ganz einfach. Es gab keinen Grund, Hattie mit irgendwelchen Details zu belasten.

»Komm, Hattie, gehen wir ein Stückchen die Straße hinunter«, sagte ihr Vater, als er in Staubmantel und Gummistiefeln von seinen Schweinen und Ziegen zurückkam.

»Bestimmt finden wir das Kind auf unserem Spaziergang. Es hat sicher etwas Interessanteres als ein Haus voller alter Yankees gefunden!«

Wie Hattie ihren Vater liebte, wenn er sie dazu brachte, über ihre Sorgen zu lachen! Er war stolz darauf, daß sie das weibliche Prinzip im frühen Christentum zum Thema für ihre Forschungsarbeit gewählt hatte, trotz des Skandals, den diese Entscheidung verursachte. Hattie erinnerte ihn an Tante Bronwyn, die Schwester seiner Mutter, die nach dem Tod ihres Mannes von heute auf morgen aus der Kirche ausgetreten und nach Bath gezogen war, wo sie zurückgezogen lebte und sich mit der prähistorischen Archäologie der Britischen Inseln und des europäischen Festlands beschäftigte.

»Wenn du vor Lucille wegranntest, dann bist du immer zum Meer gelaufen«, sagte er, und sie lachte und hakte sich bei ihm unter, während sie den felsigen Strand entlanggingen.

Hattie wußte, daß er gern gefragt hätte, ob Edward und sie glücklich waren, aber nicht neugierig sein wollte – der Gute.

Sie erzählte ihm, was er wissen wollte. Edward und sie kamen in ihrer Ehe gut zurecht. Sie hatten beide ihre eigenen Interessen. Mochten Edwards Neigungen ihn in ferne Länder ziehen, so genoß sie die Einsamkeit des Hauses in Riverside und seines etwas heruntergekommenen, aber dennoch eleganten Garten. Fast nebenbei fügte sie hinzu, daß er und ihre Mutter nicht mit Enkelkindern rechnen sollten. Sie fühlte sich merkwürdig atemlos und bereute ihre letzte Bemerkung sogleich. Im Gesicht ihres Vaters spiegelte sich zunächst Enttäuschung, die jedoch schnell Ratlosigkeit und Besorgnis wich. Aus gesundheitlichen Gründen, sagte Hattie, ohne das näher auszuführen.

Durch ihre Bemerkungen fühlte sie sich seltsam angespannt

und benommen. Sie wollten gerade auf die Mole hinauslaufen, als sie Stimmen hörten: »Mr. Abbott! Mr. Abbott! Die Farmer haben die kleine Indianerin geschnappt!« Ceena und Grace kamen von der Straße heruntergerannt.

Indigo war ein ganzes Stück den Strand entlanggewandert und hatte sich den Tang, das Treibholz und die Muscheln, die sie zwischen den grauen Felsen fand, angeschaut. Das Meer faszinierte sie, und sie bedauerte, daß sie irgendwann zu hungrig wurde, um weiter am Wasser entlangzugehen. Sie verließ den Strand, überquerte die Straße, um zu der verwilderten Wiese auf dem Hügel zu gelangen, wo sie zwischen Sonnenblumen, Goldrute und Gänsedisteln die violetten Blüten wilder Erbsen entdeckt hatte. Sie pflückte die grünen Erbsenschoten, und als sie keine mehr fand, stopfte sie sich, immer noch hungrig, die violetten Blüten in den Mund, während sie weiter in westlicher Richtung wanderte, durch die alten Felder, die schon lange nicht mehr bestellt wurden. Woher bekamen die Weißen ihr Essen, wenn sie ihre Felder nicht bestellten? Sie konnte nicht erkennen, was hinter der scharfen Biegung der Bucht lag, also ging sie weiter und hielt dabei Ausschau nach wilden Erbsen oder Beeren oder etwas anderem Eßbarem. Wenn sie doch nur irgendwo Trinkwasser finden würde. Wo wohl der Bach, der durch Hatties Garten floß, den Hügel herunterkam? Sie blieb stehen, um den Sand aus ihren Schuhen zu schütteln und um sich zu erleichtern. Ein Stück weiter vorn sah sie hinter einer niedrigen Steinmauer zu ihrer Freude Maispflanzen aufragen.

Es war nicht schwer, über die Mauer zu klettern, und sie pflückte sich einen dicken grünen Maiskolben. Die weißen Körner waren anders – kleiner und süßer – als der Mais der Sand Lizards, aber es war trotzdem Mutter Mais, die ihre Kinder so großzügig versorgte. Die jungen Körner waren noch winzig, aber so saftig und süß! Sie aß sich satt und wollte gerade wieder über die Mauer steigen und nach Hause gehen, als jemand sie von hinten packte und hochhob.

Sie ließ sich instinktiv mit ihrem ganzen Gewicht nach unten sacken, um sich zu befreien. Als die Hand weiter nach unten langte, um sie wieder hochzuheben, grub sie ihre Zähne in den schweißbedeckten, haarigen Unterarm. Der Mann zuckte zusammen, und einen Moment lang lockerte sich sein Griff, so daß sie sich losreißen konnte. Sie rannte, so schnell sie konnte, zwischen den Maispflanzen hindurch, in die Richtung, aus der sie gekommen war. Als sie eben über die Steinmauer klettern wollte, standen die beiden Farmer plötzlich hinter ihr. Diesmal hüteten sie sich, sie anzufassen. Sie beobachteten das Mädchen, und das Mädchen beobachtete sie. Die beiden sprachen miteinander, aber nicht mit ihr. Sie dachten, sie hätte sich verirrt. Sie dachten, sie gehöre zu jemandem namens Matinnecock.

Der Mann, den sie gebissen hatte, ging das Fuhrwerk holen, während der andere Mann auf sie aufpaßte. Sie hätte leicht weglaufen können, aber sie war zu müde. Die beiden wollten ihr nicht glauben, als sie in Richtung des Abbottschen Hauses deutete, dessen graues Schieferdach durch die hohen Bäume auf dem Hügel teilweise sichtbar war.

Lloyd kam mit dem Einspänner, und sie machten sich auf den Weg zu der Farm ganz in der Nähe. Ja, die Farmer hätten am Morgen ein Indianermädchen gefunden. Es habe zum Abbottschen Haus hinübergezeigt, aber sie hätten gedacht, das könne nicht stimmen. Es sei noch gar nicht lange her, daß sein Bruder losgefahren sei, um das Mädchen zur Indianersiedlung an der Manhasset Bay in der Nähe von Glen Cove zu bringen. Hattie konnte ihre Erregung kaum verbergen. Sie atmete tief durch und ermahnte sich, ruhig zu bleiben. Das Kind war nicht in Gefahr.

Indigo war skeptisch, als der Mann erklärte, er bringe sie jetzt nach Hause, aber dann dachte sie, daß er vielleicht irgend etwas wußte, was sie nicht wußte. Kurz nachdem sie sich nach Westen gewandt hatten, fuhren sie durch eine kleine Siedlung und dann durch ein Dorf, das aussah wie Oyster Bay. Sie war froh, nach Westen unterwegs zu sein, wußte aber, daß sie außerdem sehr viel weiter in den Süden mußte, um nach Arizona zu kommen. An die Stelle des Farmlandes traten jetzt Salzsümpfe, die sich bis ans Meer erstreckten. Nun bog das Fuhrwerk von der Straße auf einen schmalen Sandweg ab, der an einer Ansammlung alter Holzhäuser vorbeiführte. Zwei Hunde kamen ihnen bellend entgegen, und

Indigo sah, daß hier und da Köpfe aus den Fenstern und Türen gesteckt wurden. Das Fuhrwerk hielt an, und ein paar Frauen und Männer scharten sich darum. Indigo ließ sich durch ihre Kleider, Schuhe und Hüte zunächst täuschen, doch als sie die Gesichter sah, wurde ihr klar, daß es sich um Indianer handelte, auch wenn sie ganz anders aussahen als die Leute bei ihr zu Hause. Sie alle schauten Indigo an und schüttelten langsam den Kopf, als der Farmer sie fragte, ob das Kind zu ihnen gehöre.

»Nein, das Mädchen ist nicht von hier.«

Der Farmer sah Indigo an. Er hatte ihr nicht geglaubt, als sie behauptet hatte, sie komme von dem großen Haus auf dem Hügel.

»Sie sieht aus wie diese Wüstenindianer, findet ihr nicht?« sagte eine der Frauen zu den anderen. »Guckt euch nur mal diesen runden Kopf an!«

»Und schaut mal, wie hübsch diese Schuhe mal waren, bevor sie sie im Sand ruiniert hat!«

»Sie ist wirklich sehr dunkel«, sagte eine andere.

»Wenn sie nicht zu euch gehört«, fragte der Farmer mit besorgter Miene, »was mache ich denn dann mit ihr?« Keiner sagte etwas. Da jetzt klar war, daß das verirrte Kind nicht hier aus der kleinen Siedlung der Matinnecock-Indianer stammte, begann der Farmer noch einmal von vorn zu überlegen. Das große Haus, zu dem das Mädchen hinübergedeutet hatte, gehörte den Abbotts. Der alte Abbott führte ein verrücktes philanthropisches Projekt nach dem anderen durch, vielleicht war das Mädchen ja Teil eines neuen Projekts. Der Farmer versuchte, eine Entscheidung zu treffen.

Indigo betrachtete die Kinder, die sich mit den Älteren um das Fuhrwerk drängten. Sie entdeckte niemanden im Alter ihrer Mutter. Alle bestaunten Indigo. Dann tauchte hinter einem der Häuser eine dicke Frau auf, groß wie ein Mann und mit sehr kräftigen Armen und Beinen, und trat an Indigos Seite.

»Wo kommst du denn her, Kleine?«

Indigo zeigte auf den Horizont im Südwesten.

»Aber wie bist du hierher gekommen?«

»Mit dem Zug.«

»Wo ist deine Mama?«

Wieder zeigte Indigo in den Südwesten. Die dicke Indianerin

gluckste und ging kopfschüttelnd auf die andere Seite des Fuhrwerks zu dem Farmer.

»Wahrscheinlich ist sie aus einer der Indianerschulen hierhergeschickt worden, um den Sommer über in einem der großen Häuser zu arbeiten«, erklärte die Frau dem Farmer. Sie lächelte Indigo an.

»Bleib einfach bei mir. Ich kümmere mich um dich, bis jemand kommt und dich abholt.« Indigo nickte schüchtern.

»Wir kümmern uns um sie«, sagte die dicke Frau. Der Farmer zögerte. Da er nicht wußte, was er sonst mit dem Indianerkind tun sollte, stimmte er schließlich zu. Indigo stieg vom Fuhrwerk herunter direkt in die ausgebreiteten Arme der dicken Frau. Sie wand sich, denn nur Säuglinge wurden getragen, und die Frau setzte sie ab. Der tiefe Sand fühlte sich durch ihre Ziegenledersohlen warm an. Sie schaute an den anderen Kindern vorbei, die sie beobachteten. Die Dünen waren mit hohem Gras und struppigen kleinen Büschen bewachsen und zogen sich weit hin, bis ans blaugraue Meer.

Nachdem der Farmer weggefahren war, drängten die anderen heran, um Indigo aus der Nähe zu betrachten. Die kleineren Kinder berührten zaghaft ihr Kleid und ihre Schuhe.

»Du kommst bestimmt von der Indianerschule in Carlisle«, sagte die dicke Frau. »Die lassen ihre Schüler im Sommer oft bei den Weißen arbeiten.«

Indigo schüttelte den Kopf.

»Nicht?« Die dicke Frau sah verwirrt drein, dann schüttelte sie langsam den Kopf und lächelte. »Sicher hast du Hunger.«

Indigo nickte heftig.

»Komm, hier entlang«, sagte die dicke Frau und nahm sie an der Hand.

Hinter den Häusern und Schuppen sah Indigo ein paar Leute, die nicht weit vom Ufer entfernt im Sand zu graben schienen. Ein alter Mann und zwei Jungen trugen Körbe mit seltsamen weißen Steinen zu dem Loch. Als Indigo näherkam, sah sie, daß das Loch in Wirklichkeit eine Kochgrube war, die mit einer dicken Schicht heißer Kohlen ausgelegt und mit glatten, flachen Steinen gefüllt war. Die flachen glatten Steine wurden aus den Körben in die Kochgrube geleert, und dann wurde die Grube mit großen

Steinplatten abgedeckt. Alle setzten sich hin, die Körbe zu ihren Füßen, und warteten, bis das Essen gar war. Indigo wollte gern wissen, wie die Leute diese seltsamen flachen Steine, die sie am Strand sammelten, zubereiteten und aßen. Die Sand Lizards wußten bei fast allem, wie man es aß, doch wie man Steine kochte und zubereitete, das wußten sie nicht. Sie rechnete damit, daß die Steine über Nacht würden garen müssen, aber schon nach kurzer Zeit wurden die Steinplatten wieder weggenommen und die Leute begannen die dampfenden weißen Steine mit den Körben aus der Grube zu schöpfen.

Erstaunlich! Nach so kurzer Zeit schon waren die Steine gar und platzten auf. Im Innern der Steine lebten kleine Tiere. Indigo sah zu, wie die anderen Kinder die Überreste dieser Tiere auslöffelten, und machte es ihnen nach. Das Fleisch fühlte sich ein bißchen komisch an, als sie hineinbiß, aber es schmeckte wunderbar nach Meer. Indigo aß, bis ein kleiner Berg Muschelschalen vor ihr auf dem Boden lag. Die anderen Kinder starrten sie jetzt nicht mehr an. Sobald sie fertig gegessen hatten, verschwanden sie in Richtung Meeresufer. Als Indigo bemerkte, daß die dicke Frau die Muschelschalen aufsammelte, half sie ihr. Sie kippten die Schalen in einen großen alten Korb, der vor der Tür ihres Hauses neben einer Bank stand, auf der ein flacher Stein, die geschärfte Spitze eines Hirschgeweihs und ein Meißel aus schwarzem Feuerstein lagen sowie die Schale einer Venusmuschel, aus deren Rand an der dicksten Stelle ein kleiner Kreis ausgeschnitten war. In den flachen Stein waren lange Rillen eingegraben, und auf seiner Oberfläche glitzerte Muschelstaub. Während Indigo den Arbeitsplatz der dikken Frau betrachtete, holte diese ein flaches Körbchen aus der Hütte.

»Schau«, sagte die Frau, nahm eine Handvoll glänzender kleiner Muschelscheiben aus dem Korb und ließ sie prasselnd wieder hineinfallen. Indigo drehte eine Venusmuschel-Scheibe in der Hand. Die eine Seite war stumpfweiß, doch die andere schimmerte in allen Regenbogenfarben. Die Frau hielt Meißel und Ahle hoch und legte dann eine der Muschelscheiben auf die Steinplatte. Sie nahm den Steinhammer und klopfte damit vorsichtig auf den Flintmeißel in der Mitte der Scheibe. Sobald eine kleine Vertiefung in der Muschel zu sehen war, nahm sie die Geweihahle, setzte sie in die Vertiefung und rollte sie schnell zwischen den Handflächen hin und her, um ein Loch in die Schale zu bohren. Neben das so entstandene winzige Loch bohrte sie noch ein zweites.

»Ein Knopf«, sagte sie und reichte Indigo das fertige Stück. Für fünfzig Knöpfe gab es fünfundzwanzig Cent, und davon kauften sie Schmalz, Mehl und Salz als Zusatz zu den Muscheln und dem Fisch.

»Wo sind denn eure Gärten?« wollte Indigo wissen. Die Frau zeigte auf die Hügel hinter dem Strand, doch Indigo sah nur Unkraut und Gebüsch. Die Frau schaute lange auf die Hügel, und Indigo begriff, daß ihr Schweigen die Antwort war. Das Land, auf dem früher die Gärten gewesen waren, hatte man ihnen weggenommen.

Allerdings besäßen sie noch eine letzte Farm, sagte die Frau lächelnd, eine riesige, sehr ertragreiche, und sie wandte sich von den Hügeln zum endlos wogenden blauen Meer um. Indigo sah zu, wie die Frau ins Wasser watete, sich bückte und eine eigenartige bandähnliche Pflanze mit einem Knubbel am Ende herauszog. An einem kleinen Rinnsal, das ins Meer mündete, zeigte die Frau ihr, wie man den Tang in Süßwasser abspülte, dann schnitt sie ihn in Stücke und legte ihn zum Trocknen in einen Korb, der an der Decke ihrer Hütte hing. Getrocknet schmeckte Seetang nämlich viel besser. Sie reichte Indigo einen kleineren Korb mit seltsam aussehenden dunklen Tangstücken zum Probieren. Der getrocknete Tang roch stark nach Meer, und zunächst leckte sie nur mit der Zungenspitze daran. Der leicht salzige Geschmack und die eigenartige Struktur waren interessant, und sie steckte das Stück ganz in den Mund. Getrockneter Seetang schmeckte erstaunlich gut. Die Frau lächelte, doch dann wurde ihr Gesicht wieder ernst.

»Waren die Leute, mit denen du gekommen bist, nicht gut zu dir? Bist du deshalb weggelaufen?«

Indigo schüttelte den Kopf. »Ich bin nicht weggelaufen«, sagte sie. »Ich bin nur ein bißchen spazierengegangen, und dann haben mich diese Männer festgehalten.«

»Dann machen sich deine Leute jetzt bestimmt Sorgen und suchen nach dir.« Indigo nickte. Die dicke Frau war nett, und auch die anderen Leute und die Kinder waren freundlich zu ihr, aber sie wurde langsam müde. Sie verstand diese Männer nicht, die sie festgehalten hatten. Warum ließ bloß keiner sie dahin gehen, wohin sie gehen wollte? Sister Salt und Mama hatten inzwischen bestimmt Angst um sie, vielleicht dachten sie ja sogar, sie wäre tot. Indigo setzte sich still auf den Holzklotz, der als Hocker diente, und plötzlich liefen ihr dicke heiße Tränen über die Wangen.

Edward ritt auf Wegen, die zwischen den alten Bäumen auf dem Hügelkamm oberhalb des Meeres entlangführten, fast vier Kilometer nach Osten. Ab und zu stieß er auf weitläufige, gerodete Grundstücke, auf denen Baugruben ausgehoben oder bereits Gebäude errichtet wurden. Er ritt weiter, bis er sicher war, daß kein Kind zu Fuß so weit gekommen sein konnte, dann drehte er um.

Hattie war verärgert, daß die Farmer Indigo mitgenommen hatten. Sie konnte sich vorstellen, welche Angst das Mädchen hatte. Dabei war das alles vollkommen unnötig, denn Indigo hatte schließlich auf das Haus gezeigt, nur hatten die Farmer ihr eben nicht geglaubt. Als Mr. Abbott Hatties Gesichtsausdruck sah, bat er Lloyd, das Pferd etwas anzutreiben. So entschlossen hatte er sie seit dem Konflikt um ihre Forschungsarbeit nicht mehr erlebt.

»Glen Cove? In Glen Cove gibt es doch keine Indianer!« rief Hattie. Die Zeit verstrich, und sie hatten sie immer noch nicht gefunden. Mr. Abbott strich Hattie beschwichtigend über den Rükken. Lloyd kenne ein paar indianische Familien, die in den Salzsümpfen an der Manhasset Bay, in der Nähe von Glen Cove lebten.

»Ich wußte gar nicht, daß es hier Indianer gibt!« meinte Hattie. Lloyd nickte und schaute über die Schulter zu ihr nach hinten. Er hielt die Zügel in einer Hand und deutete mit der anderen auf die Halbinsel, die vor ihnen lag. Hattie sah ein paar kleine Hütten auf dem Sandstreifen oberhalb von Sumpf und Strand.

Vor einer Hütte stand eine dicke Indianerin, die sie begrüßte, als sie vorfuhren. Sie lächelte, musterte ihre Besucher dabei jedoch genau.

»Man hat uns gesagt, daß wir hier ein kleines Indianermädchen finden würden, das sich verirrt hat«, begann Mr. Abbott. Die Frau nickte.

»Ein müdes kleines Mädchen«, sagte sie. »Bitte kommen Sie doch herein. Sie schläft.«

Mr. Abbott und Hattie folgten der Frau in die Hütte. Auf einer Pritsche in der Ecke lag Indigo unter einer alten Decke und schlief tief und fest. Die Indianerin kniete sich hin und sprach leise mit ihr.

»Wach auf, Liebes. Deine Freunde sind hier«, sagte sie. Indigo setzte sich mit großen Augen auf. Einen Moment lang wußte sie nicht, wo sie war, doch dann erinnerte sie sich wieder an die Fahrt in dem Fuhrwerk des Farmers. Hattie kniete neben ihr nieder.

»Oh, Indigo, es tut mir ja so leid, daß das passiert ist!« Indigo rieb sich die Augen und stand auf. Hattie hob Indigo in den Einspänner und bedankte sich dabei immer wieder bei der dicken Frau, die Indigo so freundlich aufgenommen hatte. Ihr Vater hielt der Indianerin vom Kutschsitz aus zwei Silberdollars hin, doch die Frau weigerte sich, das Geld anzunehmen.

»Wenn sie irgendwann mal ein Dach überm Kopf braucht, denken Sie bitte daran, daß sie hier immer willkommen ist«, sagte sie, als Lloyd die Zügel hob.

»Ich weiß gar nicht, wie ich Ihnen danken soll«, sagte Hattie, schüttelte ihre Hand und stieg ein.

»Leb wohl«, rief Indigo der Frau zu, die winkte, bis die Kutsche auf die Straße bog. Tränen stiegen ihr in die Augen.

»Ich hasse diesen Ausdruck«, sagte sie und wischte sich heftig mit dem Ärmel über die Augen.

»Habt ihr denn in eurer Sprache kein Wort, das ›Leb wohl‹ bedeutet?« fragte Mr. Abbott sanft.

»Nein! ›Leb wohl‹ heißt, daß man sich nie mehr wiedersieht. Bei den Sand Lizards gibt es keinen Ausdruck, der so was bedeutet.«

»Was sagen denn die Leute, wenn jemand verreist?«

»Sie sagen: ›Bis bald‹ oder ›Bis später‹.« Mr. Abbott war überrascht über die Vehemenz, mit der Indigo antwortete.

Sie ließ sich auf den Rücksitz fallen und bedeckte ihr Gesicht mit den Händen.

»Sie ist so unglücklich«, sagte Hattie leise, als Mr. Abbott auf das schluchzende Mädchen blickte. »Vielleicht sollte ich Edward allein fahren lassen und das Kind zu seiner Familie zurückbringen.«

»Hast du nicht geschrieben, sie sei eine Waise?«

Hattie schüttelte den Kopf. »Da liegt offenbar ein Mißverständnis vor. Sie behauptet, sie hätte eine Mutter und eine Schwester.«

Aber Edward war auf sie angewiesen, und Tante Bronwyn freute sich schon auf ihren Besuch, mochte er auch nur kurz sein. Es würde Monate dauern, den ganzen Behördenkram zu erledigen, und bis dahin war Indigo bei ihnen besser aufgehoben als in der Schule. Hattie streichelte Indigo beruhigend über den Rücken.

»Indigo, ich verspreche es dir. Sobald wir zurück sind, machen wir uns auf die Suche nach deiner Mutter.« Indigo richtete sich auf und wischte sich mit dem Handrücken die Tränen ab.

»Und Sister Salt auch!« rief sie. »Vergiß sie nicht!«

Es war fast drei, als sie nach Hause kamen. Edward und Hatties Mutter empfingen sie an der Tür.

»Ihr drei seht ja völlig erschöpft aus«, sagte Mrs. Abbott.

»Das war die Angst«, erklärte Hattie, während sie Hut und Staubmantel ablegte.

»Ich sage den Mädchen, daß sie euch heißes Wasser für ein Bad machen sollen.« Hattie nickte, dann gingen sie und Indigo Hand in Hand die Treppe hinauf.

»Das war ein aufregender Tag für dich, hm?« fragte sie. Indigo nickte ernst.

»Wir werden diese Woche irgendwann Plätzchen backen, und dann bringen wir der Frau, die sich so nett um dich gekümmert hat, welche vorbei.«

»Das wäre schön«, sagte Indigo. »Vielleicht könnten wir ja mit dem Pony hinreiten.« Sie wollte nicht, daß das vergessen ging. Hoffentlich lieh Edward ein gutes Pony für sie aus.

Am nächsten Morgen beim Frühstück verkündete Mrs. Abbott, die Einladungen zu dem Maskenball im Blauen Garten, der in zwei Wochen stattfinden solle, seien gekommen.

»Das trifft sich ja wunderbar, daß ihr dann noch hier seid!« rief Mrs. Abbott, der die Freude ins Gesicht geschrieben stand. Alle Gäste, die auf dem Ball gewesen waren, als Edward und sie sich kennengelernt hatten, würden dasein. Hattie stellte ihre Tasse auf die Untertasse. Während ihrer einjährigen Verlobungszeit hatten Verwandte und Bekannte, sowohl von ihrer wie auch von Edwards Seite, immer wieder erklärt, wie zauberhaft es doch sei, daß sie sich auf dem Maskenball im Blauen Garten kennengelernt hatten. Hattie war sich nicht sicher, ob sie es ertragen würde, einen ganzen Abend lang von Leuten, die sie kaum kannte, solche Kommentare zu hören. Sie blickte über den Tisch zu Edward hinüber, um zu sehen, wie er reagierte, aber er schien ungerührt.

Mrs. Abbott wußte, wie Hatties Schweigen zu deuten war, und so fügte sie rasch hinzu, wenn ihr der Maskenball zuviel sei, würden Susan und sie ihnen zu Ehren eine Reihe von Abendgesellschaften veranstalten, damit Freunde und Verwandte die Gelegenheit hätten, Hattie und Edward zu sehen. Hattie fand keine der beiden Varianten sehr verlockend und entschied dann, daß der Maskenball die bessere Wahl sei. So würden die forschenden Blikke und die Fragen über ihr neues Leben in Kalifornien auf einen Abend beschränkt bleiben, statt sich auf sechs Abende zu verteilen. Hattie war dankbar, als sich das Gespräch dem Reiten zuwandte. Indigo wollte wissen, wann sie denn endlich reiten gehen würden. Sobald sie fertig gefrühstückt hätten, antwortete Edward.

Indigo stellte fest, daß Reiten nicht so einfach war, wie es aussah. Sie hatte Schwierigkeiten, den breiten Körper des Ponys richtig mit den Beinen zu umklammern. Hattie erklärte ihr, sie müsse die Absätze fest in die Steigbügel stemmen, um einen besseren Halt zu haben, zugleich aber im Rhythmus des trabenden Ponys auf und ab federn. Die Zügel waren das Hauptproblem. Wenn Indigo vergaß, sie richtig zu halten, blieb das Pony einfach stehen und weigerte sich weiterzugehen. Indigo versuchte, es zu streicheln und mit ihm zu reden, aber das Pony starrte sie aus seinen braunen Augen bloß böse an.

»Es will nicht geritten werden«, rief Indigo Hattie zu, die auf ihrem Pferd über die Koppel trabte.

»Keine Sorge! Es ist ziemlich verwöhnt, aber du wirst ihm schon zeigen, wer das Sagen hat!«

Indigo bekam langsam Zweifel. Sie wollte nicht das Sagen über ein Pony haben, das nicht geritten werden wollte, doch Hattie winkte ihr aufmunternd zu. Indigo stieß dem Pony vorsichtig die Fersen in die Seiten. Das Pony legte verärgert die Ohren an, folgte dann jedoch Hatties Pferd. Indigo erinnerte sich daran, in den Steigbügeln auf und ab zu federn, während das Pony dahintrabte. Sie versuchte, seinen Kopf nach links zu ziehen, doch es weigerte sich, in der Mitte des Wegs zu laufen. Es schwenkte stattdessen an den äußeren Wegrand und lief möglichst nah an den Bäumen und Büschen entlang, so daß die Zweige über Indigos Stiefel und Reitrock streiften.

Hatties Pferd lief vor ihnen her, aber das Pony weigerte sich, seine Richtung zu ändern, obwohl Indigo heftig an den Zügeln riß. Der schwere Stoff ihres Reitrocks blieb in den Zweigen hängen, als das Pony versuchte, Indigo von seinem Rücken abzustreifen. Durch den Stoff hindurch spürte sie eine Astspitze an ihrem rechtem Knie. Das Pony lief immer dichter an den Büschen und Bäumen entlang. Jetzt schlugen ihr die Blätter und Zweige schon ins Gesicht und verfingen sich in ihren Haaren. Plötzlich spürte sie einen stechenden Schmerz im Knöchel und hörte, wie der Stoff riß. Von dem Stoß tat ihr der Knöchel weh, und der tiefe Kratzer brannte, doch sie konnte nichts tun als sich möglichst weit über den Sattel vorzubeugen und sich, so gut es ging, an der Mähne des Ponys festzuklammern. Der Boden sauste immer schneller unter ihr vorbei, während das Pony davonstürmte.

Hattie warf einen Blick über die Schulter und sah, daß Indigo in Schwierigkeiten war. Sie zog die Zügel an und wendete ihr Vollblut, um dem durchgegangenen Pony den Weg zu versperren. Sobald das Pony sah, daß sein Stallgefährte umdrehte, lief es langsamer. Direkt neben Hatties Pferd blieb es stehen.

»Indigo! Ist alles in Ordnung?« rief Hattie, während sie abstieg und zu Indigo hinüberging. Indigos Herz klopfte heftig, als sie vorsichtig die Mähne des Ponys losließ und sich, die Zügel in beiden Händen, wieder aufrecht in den Sattel setzte.

»Hast du dir weh getan?« Hattie blickte Indigo besorgt ins Gesicht und sah, daß es dem Kind nicht gut ging. Indigo schüttelte den Kopf, doch zugleich rollten ihr zwei dicke Tränen über die Wangen. Sie beugte sich herunter, rieb ihren rechten Knöchel und tastete nach dem zerrissenen Stoff. Hattie zog den Rock ein Stückchen hoch und entblößte den langen Kratzer, der etwas blutete.

»Oh, Indigo! Das tut mir aber leid!« sagte Hattie, während sie ihr beim Absteigen half. Das Kind zitterte, und Hattie nahm es in den Arm und drückte es.

Jetzt kam auch Edward angeritten. Er führte ihre Pferde,

während sie alle zu Fuß nach Hause gingen. Er war ziemlich niedergeschlagen über den bisherigen Verlauf ihres Besuchs. Dem Mädchen gab er daran allerdings keine Schuld. Sie bot eine willkommene Abwechslung von den Gedanken, die ihm immer wieder durch den Kopf gingen. Von dem Erfolg dieser Reise hing so viel ab. Er spürte, wie sich Angst in seiner Brust regte. Er wollte den schottischen Gärtner und das Welsh-Mountain-Pony endlich hinter sich lassen, wollte die Fahrt nach Bristol antreten, einen Ozean weniger zwischen sich und den Zitronenbäumen auf den kahlen Hügeln Korsikas wissen.

Hattie nahm an, Indigos Tränen gälten dem tiefen Kratzer an ihrem Knöchel, und versuchte, sie mit der Aussicht auf schmerzstillende Medikamente zu trösten. Indigo reagierte nicht. Viel mehr als ihre körperliche Verletzung quälten sie ihre verletzten Gefühle – die Traurigkeit darüber, daß das dicke Pony ihre Tagträume, in denen sie über Stock und Stein dahingeflogen war, zunichte gemacht hatte. Sie hätte es wissen müssen. Grandma Fleet hatte sie immer davor gewarnt, sich unbekannten Hunden oder Mulis zu nähern, denn mißhandelte Tiere griffen manchmal ohne Vorwarnung an. Vor dem Reitversuch wäre es besser gewesen, ein paar Tage oder sogar Wochen darauf zu verwenden, sich mit dem dicken Pony anzufreunden. Edward mochte sich hervorragend mit Pflanzen auskennen und Hattie mit Büchern, aber von Ponys hatten beide keine Ahnung.

Lucille säuberte den Kratzer an Indigos Knöchel und verband ihn.

»Reiten will ich nicht mehr«, erklärte Indigo, während Lucille den Verband befestigte, »aber vielleicht könnte ich ja radfahren.«

Den restlichen Nachmittag ruhten sie sich aus. Während das Kind schlief, ging Hattie zu Edward, der in seinem Zimmer saß und Zahlenreihen addierte. Sie legte ihm die Hände auf die Schultern, woraufhin er den Bleistift weglegte und ihre Hände in seine nahm. Sie beugte sich hinunter und streifte sein Gesicht mit ihrer Wange, spürte jedoch, wie er sich verkrampfte, als sie auf die Zahlen hinuntersah.

»Geht die Rechnung auf?« fragte sie lächelnd. Er nickte energisch und klappte das Hauptbuch zu. Er sei zuversichtlich, daß die finanziellen Einbußen, die er in den letzten Jahren erlitten hatte, ausgeglichen würden, wenn er mit seinen Zitrusablegern Erfolg hatte.

»Schläft das Kind?« Hattie nickte. Edward setzte seine Lesebrille ab.

»Ich könnte eigentlich auch ein kleines Nickerchen gebrauchen«, sagte er, während er aufstand und das Buch in den Koffer legte. Hattie setzte sich auf die Bettkante und zog die Schuhe aus, dann legte sie sich auf die gestärkte weiße Bettdecke. Edward zog seine Weste aus, hängte sie auf und schloß die Tür ab, bevor er ebenfalls aus den Schuhen schlüpfte und sich zu Hattie legte. Die Bettfedern quietschten, als er die Beine ausstreckte, zuerst das mit der alten Verletzung. Es freute sie, daß er sich zu ihr legte. Sie waren zwar schon mehr als acht Monate verheiratet, doch wegen der chronischen Schmerzen in seinem Bein und der Expedition hatten sie bisher nur wenig Gelegenheit zu Intimitäten gehabt, und sie waren noch etwas befangen miteinander.

Vor ihrer Verlobung hatten beide einander gestanden, daß es etwas gab, was womöglich gegen eine Heirat sprechen könnte. Hattie bekannte, daß sie große Angst vor dem Gebären habe, und Edward offenbarte, daß seine Beinverletzung ihn unter Umständen daran hindern könne, gewisse eheliche Pflichten zu erfüllen. Er sei nicht prüde, schließlich wäre er Wissenschaftler, aber von den entsetzlichen Schmerzen in seinem Bein werde ihm richtiggehend übel. Diese Ehe entsprach genau beider Bedürfnissen. Hattie wünschte sich einen Gefährten, der ihre akademischen Interessen und ihren Wunsch, ihre Forschungsarbeit fertigzuschreiben, respektierte. Sie wollte einen Mann, dem daran lag, daß sie glücklich war. Edward wiederum wünschte sich eine Frau, die Verständnis für seine Forschungen und die damit verbundenen Reisen in ferne Länder hatte und ihn dabei nicht behinderte. Selbst als kurz nach der Hochzeit die Expedition zu den Bahamas anstand, hatte das Hattie überhaupt nichts ausgemacht.

Seit das Kind bei ihnen war, bemerkte Hattie, wie ihre Gefühle sich langsam veränderten – der Gedanke an das Gebären schreckte sie weniger. Sie begann, die Schmerzen und das Risiko als notwendiges Opfer zu betrachten, um neues Leben hervorzubringen. Hattie richtete sich auf dem Ellenbogen auf, stützte das Kinn in die Hand und sah Edward an.

Edward schloß die Augen. Er spürte Hatties warmen, wohlriechenden Atem auf seinen Wangen. Dann öffnete er die Augen wieder. Er sah ihr freudestrahlendes Gesicht und nahm sie spontan in den Arm – ein wunderbares Gefühl war das, und Hattie schmiegte sich an ihn. Sofort durchzuckte der scharfe Schmerz sein Bein, und er erstarrte. Hattie entschuldigte sich wortreich – es tue ihr so leid, daß sie an die alte Verletzung gekommen sei –, doch Edward beruhigte sie sogleich. Es sei seine eigene Bewegung gewesen, nicht ihre, die den Schmerz ausgelöst habe.

Das verletzte Bein war eigentlich gut verheilt, wenn man bedachte, daß die beiden Mestizen es verarztet hatten. Allerdings fühlte sich das Bein seltsam fremd an, selbst wenn er keine Schmerzen hatte, so als gehöre es zu einer anderen Person.

Sie lagen stumm nebeneinander und hielten sich an den Händen. Hattie merkte, daß sie erleichtert, aber auch ein bißchen traurig war. Was für eine unzulängliche Hülle umschloß doch die menschliche Seele! Kein Wunder, daß der Häretiker Marcion seinen Anhängern gesagt hatte, die Ehe sei überflüssig. Der irdische Leib und was man damit tat, war belanglos; es gab keine fleischlichen Sünden, nur Sünden des Geistes.

Indigo träumte, sie wäre bei Mama und Sister Salt. Sie fuhren in einem Wagen, der von zwei schwarzen Armee-Mulis gezogen wurde, und auf der Ladefläche türmten sich Berge schmutziger Wäsche. Sie erkannte die Stelle am Fluß nicht, wo sich die beiden mit ihren Waschbrettern und dicken braunen Seifestücken ans flache Wasser knieten; vielleicht war es in der Nähe von Fort Yuma. Im Traum kniete sich Indigo neben sie, aber die Oberfläche des Waschbretts, das sie benutzte, war uneben. Als sie das weiße Wäschestück schrubbte, blieben die feinen Perlmuttknöpfe hängen und rissen ab. Erschrocken hob sie das seifige Wäschestück hoch und sah, daß es ein weißes Kleid aus feinster Baumwolle war, eindeutig das Kleidungsstück einer reichen Frau. Sister Salt schrie Indigo an, sie solle gefälligst aufpassen. Sie solle die Perlmuttknöpfe suchen und sie wieder annähen. Sister Salt sah in dem Traum anders aus. Sie war so groß wie Mama und fast genauso füllig. Mama sagte nichts. Dann bemerkte Indigo, daß Mama einen ganzen Korb voller Perlmuttknöpfe dabei hatte, die so aussahen wie der, den die nette Frau ihr gegeben hatte.

Indigo schreckte aus dem Schlaf. Einen Moment lang wußte sie nicht, wo sie war. Dann fiel es ihr wieder ein, sie schaute sich in dem fremden Zimmer voller unbekannter Gegenstände um und wurde traurig. Indigo spürte den Kummer in Brust und Kehle, und dann stiegen ihr Tränen in die Augen und rollten die Wangen hinunter, auf Ohren und Kinn. Bald war das Kissen unter ihrem Nacken feucht. »Ich versuche nach Hause zu kommen«, flüsterte sie Mama und Sister Salt zu und hoffte, daß die beiden sie im Traum in diesem Zimmer sehen und die Nachricht hören würden. Sie starrte auf die kunstvollen Stuckverzierungen an der Decke, die Weinblätter und saftige Trauben darstellten. Ach, wäre Linnaeus doch bloß hier – er hätte seinen Spaß daran, die Vorhänge hochzuklettern und an den Gipstrauben herumzufingern! Er würde nicht darauf hereinfallen – er würde erkennen, daß sie nicht echt waren.

Der Gedanke an Linnaeus und an das, was er tun würde, wenn er bei ihr wäre, munterte Indigo auf. Sie war immer noch schläfrig und schloß wieder die Augen, um sich auszumalen, wie Linnaeus und sie auf der großen, von Flieder gesäumten Rasenfläche herumtoben würden, und sie schickte auch ihm eine Nachricht in seine Träume. Sie sagte ihm, wie sehr sie ihn liebte und daß sie wiederkommen würde.

Jetzt träumte sie, daß Grandma Fleet sie an sich zog und ihr sagte, sie solle stark sein, dann würde sie schon wieder nach Hause finden. Als sie aufwachte, hatte sie den Geruch von Grandmas Kleid, das nach zerstampften Korianderblättern duftete, noch in der Nase und spürte noch ihre Umarmung. Grandma Fleet kam zu ihr, und sie liebte Indigo noch genauso wie immer. Der Tod änderte nichts an der Liebe.

Ihr Traum erinnerte Indigo daran, daß sie auf der Reise so viele neue Pflanzensamen wie möglich sammeln mußte, damit sie Mama und Sister Salt nicht enttäuschte, und auch Grandma Fleet nicht.

Als Hattie von ihrem Nickerchen erwachte, war Edward schon wach, doch sie blieben noch ein wenig liegen. Hattie fragte ihn nach dem Frühstück mit Susan und Colin. Es scheine ihnen gutzugehen, sagte Edward. Die Mädchen seien für eine Woche zu ihren Cousinen nach Newport gefahren, um zu feiern.

»Bevor wir uns versehen, werden die beiden verlobt und verheiratet sein«, bemerkte Hattie melancholisch.

»Susan denkt nur noch an die Umgestaltung ihres Gartens«, sagte Edward, während er das Kissen unter seinem Kopf zurechtrückte.

»Ich hatte nicht damit gerechnet, hier einen schottischen Gärtner anzutreffen«, sagte Hattie. Edward fiel die seltsame, fast anmaßende Ausstrahlung des Gärtners vom Morgen wieder ein, er hatte es jedoch als unhöflich empfunden, Spekulationen über dieses Arrangement anzustellen. Er erzählte nicht, wie kühl Susan und Colin seinen Plan aufgenommen hatten, Zitrusfrüchte anzubauen, noch erwähnte er seine Befürchtung, daß die beiden versuchen könnten, das Anwesen in ihren Besitz zu bringen, falls das Gerichtsverfahren schlecht ausging. Allerdings war Hattie ihm und dem Kind gegenüber stets so aufrichtig, daß seine Entschlossenheit ins Wanken geriet. Einen Moment lang war er drauf und dran, Hattie alles zu erzählen, doch noch gab es einen Funken Hoffnung auf Korsika, und so streichelte er bloß ihren Arm und erwähnte das Anwesen nicht.

»Ich trage mich seit einiger Zeit mit dem Gedanken, professionell Zitrusfrüchte anzubauen – ich habe Susan und Colin davon erzählt, um zu erfahren, ob sie vielleicht investieren wollen.« Edward spürte, wie sein Herz pochte, als Hattie fragte, wie sie reagiert hätten.

»Oh, sie haben nichts dagegen«, meinte er, was irgendwie schon der Wahrheit entsprach. Colin hätte die Ohren gespitzt, als es um die Zitronen ging. Lediglich die Finanzierung war noch fraglich. Edward fürchtete, Hattie könne seinen rasenden Puls fühlen, als sie ihm liebevoll über den Arm strich. Er spürte eine Schwäche, eine Atemlosigkeit, als sei er wieder auf der Flucht vor den Flammen auf dem Hügel. Eine innere Stimme drängte ihn, sich Hattie anzuvertrauen, doch er konnte sich nicht dazu überwinden.

Hattie fand Indigo im Salon bei ihrer Mutter. Sie waren in ein Buch mit Abbildungen von Renaissance-Kleidern und den dazugehörigen aufwendigen Kopfbedeckungen vertieft, die Hattie immer an Kissen erinnerten. Renaissance war das Motto des diesjährigen Maskenballs, und Indigo wollte wissen, wie die Kostüme aussehen würden. Allerdings mußte sie sich die Kleider alle in den verschiedensten Blautönen vorstellen, denn natürlich würden die Damen in Blau kommen, passend zum Garten.

Das verstand Indigo sofort. Blau war die Farbe der Regenwolken. Sie erklärte, sie wolle von Kopf bis Fuß in Blau gehen, woraufhin Mrs. Abbott lächelte und begeistert nickte. Hattie erinnerte ihre Mutter daran, daß Kinder auf dem Ball eigentlich nicht vorgesehen seien, aber Mrs. Abbott fiel ihr ins Wort. Natürlich müsse Indigo kommen! Am frühen Abend, vor dem Schlafengehen – sie müsse doch den Blauen Garten in all seiner Pracht sehen! Ihre Mutter sah Hattie an, als wolle sie sagen: ›Selbst dieses Indianermädchen weiß den Ball mehr zu schätzen als du!‹

Hattie erkannte, daß jeder Widerstand gegen den Maskenball im Blauen Garten sinnlos war. Also gut, dachte sie, machen wir das beste daraus. Sie ging mit Indigo in die Bibliothek, um sich weitere Abbildungen von Renaissancekleidung anzuschauen. Die seltsamen kunstvollen Kragen, die man im elisabethanischen Zeitalter getragen hatte, faszinierten das Mädchen, und Hattie schaffte noch mehr Bücher herbei. Doch als Indigo Bilder und Grundrisse von Rennaissancegärten entdeckte, verlor sie das Interesse an den Kostümen. Sie verbrachte den restlichen Nachmittag auf einem Stuhl in der Bibliothek kniend, während Hattie die Regale nach weiteren Büchern über Gärten und Architektur durchforstete. Als ihr Blick auf die Bücher über frühe Kirchengeschichte fiel, verspürte sie weder Neugier noch das Verlangen, hineinzuschauen. Offenbar verschoben sich gerade ihr Interessen.

Indigo verweilte lange bei den Abbildungen von Gärten mit Wasserspeiern und Springbrunnen, ja, eine zeigte sogar eine lange Steinmauer mit lauter kleinen Öffnungen, aus denen Wasser hervorsprudelte. Hattie zeigte ihr ein Bild von einer, wie es schien, breiten Steintreppe, über die sich eine Wasserkaskade in ein langes Becken ergoß. Solche Dinge würden sie in Italien zu sehen bekommen. Sie schauten sich die Bücher gemeinsam an, und Hattie zeigte ihr französische und italienische Gärten, die Indigo allerdings fast gleich vorkamen – bis auf die Tatsache, daß die französischen Gärten richtig leer wirkten, die italienischen dagegen von Steinstatuetten bevölkert waren, die Menschen oder Tiere darstellten.

Hattie fand das Botanikbuch für Anfänger, das der Vater ihr geschenkt hatte, als sie aus der Stadt weggezogen waren. Sie zeigte Indigo Zeichnungen von Lilienzwiebeln und Gladiolenknollen. Die Konzentration in Indigos Gesicht wich purer Freude. Diese Zwiebeln waren ja riesengroß im Vergleich zu den Zwiebeln der kleinen Pflanzen, die Sister Salt und sie immer aus dem Sand ausgruben und roh aßen.

Sie setzten sich auf die alte Ledercouch und lasen in einem Buch über den Aufbau der Blume. Indigo war fasziniert von den seltsamen Orchideen, deren Blüten wie Schmetterlinge und Motten geformt waren, um Insekten anzulocken, die sie bestäuben sollten. Als ihr Interesse an Staubgefäßen und Stempeln zu erlahmen begann, gingen sie in den Garten, wo Indigo begeistert die späten Tulpen, die Gladiolen und die Lilien untersuchte, bis ihre Hände, ihr Gesicht, sogar die Vorderseite ihres Kleides mit leuchtend gelb- und orangefarbenem Pollen verschmiert waren.

Im Vergleich zu Susans Garten, ja selbst zu dem heruntergekommenen Garten in Riverside war der Garten der Abbotts nichts Besonderes. Mr. Abbotts Interesse an der Gärtnerei beschränkte sich auf Projekte zur Bekämpfung des Hungers bei den Armen. Wenn ihm der Sinn nach Blumen stehe, erklärte er, gehe er einfach nach nebenan und erfreue sich an Susans neuesten Kreationen.

Der Garten der Abbotts lag im Schatten hoher Bäume, die ein dichtes Blätterdach bildeten. Auf schlichten rechteckigen Beeten, die von Steinmäuerchen eingefaßt waren, wuchsen vereinzelte Kosmeen und Malven über Löwenmäulchen, Wunderblumen und Nelken. An der Mauer wechselten Zwergpflaumen mit Kirschbäumen ab, davor standen Yuccapalmen in Tontöpfen. Der hoch aufragende Fingerhut und die duftende Akelei in allen Regenbogenfarben begeisterten Indigo. Sie ging vorsichtig zwischen den staubgrauen Astern und den cremegelben Sonnenblumen hindurch zu den großen Yuccapalmen, die von wächsernen weißen Blütenrispen gekrönt waren. Indigo berührte vorsichtig die scharfen Blattspitzen und beobachtete die vom Pollen flaumiggelben Bienen in den Blütenkelchen.

Hallo, Meister Yucca dachte Indigo, wie bist du denn hierhergekommen? Hattie erklärte, die Tontöpfe hielten die Wurzeln der Yuccapflanzen trocken, damit sie bei dem vielen Regen in New York nicht faulten.

Der Wassergarten gefiel Indigo am besten. Sie spielte mit den Fingern im Teich herum, um die Goldfische anzulocken. Als Mr. Abbott kam, hockte Hattie auf alle vieren, Indigo lag auf dem Bauch, und beide streckten die Köpfe so weit wie möglich vor, um an den großen gelben Seerosenblüten zu schnuppern. Er lachte vor Freude, als er Hattie so entspannt und fröhlich sah. Nach dem Eklat um ihre Forschungsarbeit hatte er sich um das Wohlergehen seiner Tochter gesorgt, doch es war nicht zu übersehen, daß Indigo genau das war, was Hattie nach all den Enttäuschungen brauchte.

»Wir hatten keine Lust mehr, uns nur Abbildungen von Blumen anzuschauen«, erklärte Hattie. Edward war in die Stadt gefahren, um im Büro seines Anwalts einen Brief von dessen Kollegen in Riverside abzuholen. Indigo wollte wissen, ob es Neuigkeiten von dem kleinen Affen gab.

»Der Affe ist in guten Händen, da bin ich ganz sicher«, sagte Mr. Abbott und sah Indigo vertrauenheischend in die Augen. Er streckte ihr und Hattie seine Hände entgegen. Hattie nahm die eine, und dann griff Indigo schüchtern nach der anderen, und dann gingen sie gemeinsam auf dem gepflasterten Weg an den Ställen vorbei.

Mr. Abbott berichtete, daß er hoffte, mit Hilfe von Zwergziegen und Zwergschweinen, die man in der Stadt halten könne, den Hunger aus dem Leben der Armen verbannen zu können. Die Begeisterungsfähigkeit ihres Vaters war Teil seines großzügigen Wesens, was Hattie sehr liebte. Zugleich fürchtete sie, daß ihr eigener Enthusiasmus langsam nachließ.

Die experimentellen Gemüsegärten bildeten einen breiten Gürtel um die Ziegen- und Schweineställe. Lloyd und zwei junge Schwarze schaufelten gerade Ziegenmist auf Schubkarren. Mr. Abbott erläuterte, die milchgebenden Zwergziegen ließen sich vielversprechend an, aber bei den chinesischen Zwergschweinen müsse man noch abwarten.

Die Ziegen fraßen oder lagen einfach nur herum, doch sobald sie Mr. Abbotts Stimme hörten, kamen sie alle laut meckernd angesprungen. Indigo ließ einige der Ziegen an ihren Fingern knabbern, während sich andere anmutig auf die Hinterbeine stellten und zum Spaß mit den Hörnern aufeinander losgingen.

Die kleinen schwarzen Schweine beobachteten Mr. Abbott aufmerksam. Sie schienen mit trotzigem Stolz zuzuhören, als er von ihrer Unart erzählte, immer wieder aus dem Gehege auszubrechen. Die Geschicklichkeit der chinesischen Schweine beeindruckte Mr. Abbott. Sie preßten ihre Körper gegen die Einfriedung, ganz gleich ob sie nun aus Stein, Holz oder Draht war, und zwar so lange, bis sie die schwächste Stelle gefunden hatten. An dieser Stelle rieben sie sich dann abwechselnd, Tag für Tag, bis der Draht, das Holz oder der Stein schließlich nachgaben.

Als die Schweine das erste Mal ausgebrochen waren, hatten sie den ganzen Gemüsegarten aufgewühlt. In der darauffolgenden Woche brachen sie erneut aus, erinnerten sich jedoch offenbar daran, daß der Gemüsegarten ruiniert war, denn diesmal marschierten sie schnurstracks zur Scheune, wo es ihnen gelang, einige Fässer mit getrocknetem Mais umzuwerfen, bevor Lloyd sie wieder in ihr Gehege zurücktrieb. Trotz zusätzlicher Futterrationen, mit denen Mr. Abbott sie zu besänftigen versuchte, rissen die Schweine ein drittes Mal aus. Mr. Abbott schüttelte den Kopf, als er davon erzählte, und tat, als würde ihn schaudern. Diesmal hatte niemand bemerkt, daß die Schweine ausgerissen waren, bis sie ein Dutzend importierter Pfingstrosen ausgebuddelt und vertilgt hatten, die von Susans Gärtner gerade erst gepflanzt worden waren. Eine kostspielige Schweinemahlzeit!

»Wenn die Schweine jetzt in Susans Blauen Garten einfielen, dann würden sie ihr den ganzen Ball verderben«, sagte Hattie. Die Schweine folgten ihr mit den Augen, wie um sich das Gesicht der Person zu merken, die es wagte, das Wort gegen sie zu erheben.

Während Hattie und ihr Vater sich im Schatten auf die Bank setzten, beobachtete Indigo die Männer, die den Mist zusammenkehrten und auf die Schubkarre schaufelten. Sie fragte sich, ob Lloyd und seine Söhne wohl auch Ziegen und Schweine besaßen, denn wie konnten sie für ihre eigenen Tiere sorgen, wenn sie ständig mit Mr. Abbotts Tieren beschäftigt waren?

Hatties Vater war froh, daß Hattie eingelenkt und sich doch zur Teilnahme am Maskenball entschlossen hatte, denn Edwards Schwester bedeutete dieser Ball sehr viel.

»Ich weiß, daß Susan kein einfacher Mensch ist«, sagte er, als sie es sich auf der Bank bequem gemacht hatten und dem Kind zusahen, das die Ziegen streichelte. »Aber ich finde, eine freundschaftliche Atmosphäre zwischen euch beiden ist wichtig, und der Ball ist für sie nun mal der Höhepunkt des Jahres.«

Am nächsten Tag räumte Lucille das Frühstücksgeschirr ab und rührte dann Lebkuchenteig an, den Hattie für Indigo ausrollte. Indigo stach kleine Lebkuchenmänner aus, mit Rosinen als Augen und Nase und kandierten Kirschenstückchen als Mund.

Später wickelte Hattie einige der abgekühlten Lebkuchen in Wachspapier ein und packte sie in eine Schachtel. Sobald Lloyd, der Edward zur Fähre gebracht hatte, zurückgekommen war, fuhr er Hattie und Indigo zu den Salzsümpfen und Dünen hinter Glen Cove und dann über den Sandweg zu den kleinen, ungestrichenen Holzhäusern, vor denen Fischernetze zum Trocknen aufgehängt waren. Diesmal erschienen keine Gesichter in den Fenstern und Türen, und Lloyd machte sie auf die eisernen Vorhängeschlösser vor einigen Haustüren aufmerksam.

Indigo erkannte das Haus der Knopfmacherin an den zerbrochenen Muschelschalen, die in Haufen davorlagen. Hattie hielt die Schachtel mit den Lebkuchenmännern, während Indigo klopfte, doch niemand war zu Hause. Ein kräftiger Wind kam vom Meer, und die Sumpfgräser raschelten, während Hattie sich umsah, ob sich vielleicht in einem der anderen Häuser jemand regte. Indigo griff in die Tasche und tastete nach dem Muschelknopf, den die Frau ihr geschenkt hatte. Sie hatte den Knopf immer bei sich, weil er das erste Geschenk war, das sie je von einer anderen Indianerin bekommen hatte, und weil die Muschel aus dem Ozean stammte, den sie bald überqueren mußte. Nachdem Hattie an eine andere Haustür geklopft und auch dort niemand reagiert hatte, schlug Indigo vor, sie könnten die Schachtel doch auf den alten Stuhl neben der Tür stellen. Zum Schutz vor den Möwen und vor streunenden Hunden stellte Indigo einen Holzeimer umgekehrt über die Schachtel auf dem Stuhl. Noch Jahre später fragte sie sich manchmal, ob ihre Freundin, die Knopfmacherin, die Lebkuchenmänner bei ihrer Rückkehr wohl noch unter dem Eimer vorgefunden hatte.

Das Geräusch des nahen Ozeans und des Windes, der durch

das Gras strich, gab dem menschenleeren Dorf etwas Einsames, und diese Stimmung ließ Indigo nicht mehr los, bis die Kutsche in die Auffahrt zum Haus einbog und sie Mr. Abbott sah, der mit zwei braunweißen Ziegen an der Leine aus den Ställen kam. Er lächelte und winkte das Mädchen heran. Lloyd hielt an, und Indigo rannte über den Rasen zu Mr. Abbott und nahm die Leine, die er ihr hinhielt.

Während sie hinter den grasenden Ziegen hergingen, erzählte Mr. Abbott ihr von seinem Vorhaben, Ziegenkarren als Transportmittel für die Armen einzuführen. Die beiden Ziegen trennten sich nur ungern von den wilden Brombeeren, die am Waldrand wuchsen, kamen dann aber doch gefügig mit, als sie merkten, daß es nach Hause ging.

Indigo half Mr. Abbott, zwei mutterlose Ziegenbabys mit warmer Milch aus der Flasche zu füttern. Sie freute sich, als die Zicklein so gierig nach den schwarzen Gummisaugern schnappten, daß ihr die Flasche fast aus der Hand gefallen wäre.

Dann kam Hattie mit einem leuchtend blauen Kleidungsstück über dem Arm in die Scheune. Indigo sollte ihr Kleid anprobieren.

Indigo verließ die Ziegen und ging hinauf in den Salon, wo die Schneiderin und ihre Gehilfin sie auf ein kleines Podest steigen ließen, damit sie den Saum ihres leuchtend blauen Seidenkleids abstecken konnten.

»Meine Hände riechen nach Ziege.« Indigo schnupperte an ihren Händen und ließ sie dann wieder sinken. Die Schneiderin und Mrs. Abbott wechselten einen Blick, dann wandte sich Mrs. Abbott an Hattie.

»Du hättest sie ruhig erst mal hereinschicken können, damit sie sich wäscht. Als ich sagte, daß ihr euch beeilen sollt, meinte ich nicht, daß du ein schmutziges Kind herbringen sollst.«

»Sie ist nicht schmutzig, Mutter, sie hat nur die Ziegen gestreichelt. Vater badet die Ziegen jeden Tag«, sagte Hattie steif. »Wenn hier jemand nach Ziegen riecht, dann ist es Vater.« Mrs. Abbott schien nicht zu hören, was Hattie sagte. Sie war vollauf damit beschäftigt, den Sitz des Kleides in der Taille zu überprüfen, nachdem die Schneiderin den Stoff drapiert hatte. Danach stellte sich Indigo barfuß auf ein Stück Papier und Hattie zeichnete für ein Paar zum Kleid passende Satinschuhe die Umrisse ihrer breiten Füße nach.

»Hattie, hast du deinen guten Unterrock an? Du bist als nächste mit der Anprobe dran«, sagte Mrs. Abbott.

Da es nur noch wenige Tage bis zum Maskenball im Blauen Garten waren, gesellten sich Hattie und ihre Mutter zu Susan James und den anderen Frauen vom Wohltätigkeitsverein, um bei den letzten Vorbereitungen zu helfen. Sie beschrifteten Tischkärtchen und banden blaue Seidenschleifchen für die Speisekarten und für die kleinen Sträuße, die die Gedecke ergänzen sollten. Eines Nachmittags kam der Bischof persönlich zum Tee, um den Frauen für ihr großzügiges Engagement zu danken.

Hattie nahm aus Neugier an der Teegesellschaft teil, denn sie hatte, während mit der Schere Blütenblätter aus Kreppapier gekräuselt wurden, die Gespräche der Frauen mitangehört. Der Bischof war viel jünger als sein Vorgänger und geradezu charmant. Er begutachtete Tafelaufsätze und die sonstigen Dekorationen mit einem liebenswürdigen Lächeln und ließ den Blick mit erfreuter Miene von einem Gesicht zum nächsten wandern, als wolle er jede einzelne Frau noch einmal besonders würdigen. Hattie sah, wie die Frauen Schlange standen, um niederknien und den Amethystring des Bischofs küssen zu dürfen. Der Besuch des Bischofs war ihre Belohnung, und Hattie gönnte ihnen die Freude über das Treffen mit dem attraktiven Kirchenmann, dessen Bart nur wenige graue Stellen aufwies.

Die Soutane des Bischofs roch nach Weihrauch und erinnerte Hattie an den lange zurückliegenden samstäglichen Religionsunterricht. Seine dröhnende Stimme und sein fröhlich glucksendes Lachen erhoben sich über das gutgelaunte Geplauder der Frauen, die, nachdem sie den Ring geküßt hatten, aufgeregt miteinander tuschelten. Mrs. Abbott forderte Hattie mit einer knappen Handbewegung auf, sich zu ihr in die Warteschlange zu stellen und ebenfalls den Ring zu küssen. Hattie spürte, wie sie errötete, als ihre Mutter angesichts der immer kürzer werdenden Schlange laut nach ihr rief. Sie schüttelte den Kopf und fächelte sich mit einem Blatt Papier Luft zu. Eine seltsame Energie schien durch die Anwesenheit des Bischofs den Ballsaal zu erfüllen, die

Hattie das Gefühl einer Blutleere im Kopf verursachte, als würde sie jeden Moment in Ohnmacht fallen. Sie stand so plötzlich auf, daß ihr die Schere vom Schoß auf den Boden rutschte und mit einer Spitze im harten Parkett steckenblieb. Wenn sie nicht schnellstens die Tür erreichte würde sie tatsächlich ohnmächtig werden, merkte Hattie. Die Mutter folgte ihr hinaus an die frische Luft, und die Übelkeit ließ wieder nach.

Je näher der Festtag rückte, desto öfter überließ Susan die Helferinnen der Obhut von Mrs. Abbott, setzte ihren großen Sonnenhut auf und ging hinaus, um die Arbeiter anzutreiben, damit der Englische Landschaftsgarten rund um den Zufahrtsweg rechtzeitig fertig würde. Die neu aufgeschütteten Hügel leuchteten grün von dem Rollrasen, den die Arbeiter Bahn für Bahn zu einer geschlossenen Fläche zusammenfügten. Zwar wurden die neuen Hügel mit großen Azaleen und ausgewachsenem Hartriegel bepflanzt, doch fehlte ihnen das Aussehen, das nur natürliches Wachstum verleiht.

Die Damen des Wohltätigkeitsvereins beschrifteten gerade weitere Tischkärtchen, als das verdrießliche Gesicht des schottischen Gärtners in der Tür des Ballsaals erschien, in dem die Frauen die Tische schmückten. Gute Nachrichten, verkündete Susan, während sie sich den Sonnenhut unterm Kinn band. Ihr Gärtner habe auf einer alten Farm weiter südlich an der Küste zwei riesige Blutbuchen entdeckt. Man treffe gerade die letzten Vorbereitungen, um die Buchen auf die neuen Hügel zu verpflanzen.

Die Route der beiden Wagen mit den riesigen Bäumen führte durch das Zentrum von Oyster Bay, was bedeutete, daß die Arbeiter Strom- und Telefonkabel vorübergehend von den Masten nehmen mußten, da die Bäume sonst nicht darunter durchgepaßt hätten. Hattie war die Maßlosigkeit ihrer Schwägerin peinlich, und so blieb sie im Haus und half den anderen Frauen mit den Kärtchen. Edward und Mr. Abbott nahmen Indigo mit, damit sie sich das Spektakel ansehen konnte. Zwei zwanzig Meter hohe Bäume wurden im Schneckentempo durch Oyster Bay transportiert. Schaulustige säumten die Straßen und bestaunten die merkwürdige Prozession. Indigo stellte sich hinten auf den Einspänner, um besser zu sehen. Da die Wagen mit den Bäumen nur langsam vorankamen, hatte Edward genug Zeit, um seine Kamera aufzubauen und das Ereignis festzuhalten.

Indigo war entsetzt über den Anblick, der sich ihr bot. In Segeltuch eingewickelt und von dicken Ketten umschlungen, die Blätter schlaff von der Tortur des Ausgrabens, lag ein riesiger Baum hilflos auf der Ladefläche, gefolgt von seinem Gefährten. Die feuchte Erde, die durch das Segeltuch drang, hinterließ dunkle Flecken, die wie Blut aussahen. Als die Prozession an ihnen vorüberkroch, hörte Indigo ein leises Knarren und Stöhnen – es kam nicht von den Wagen, sondern von den Bäumen. Der schottische Gärtner und Susan fuhren in einem Einspänner hinter den Wagen her.

Das Abladen und Einpflanzen der Buchen dauerte noch einmal zwei Stunden. Indigo sah mit Edward und Mr. Abbott zu, wie die Arbeiter Ketten und Seile an Flaschenzügen befestigten und wie die Pferde dann die Bäume langsam von den Wagen herunterzogen, damit sie an der vorgesehenen Stelle aufgerichtet werden konnten. Susan stellte sich zu den dreien und erzählte von ihrer Befürchtung, die Bäume könnten womöglich bis zum Ball nicht wieder ihre alte Kraft und Schönheit zurückgewonnen haben, doch als der Gärtner ihr daraufhin knapp zunickte, schien sie beruhigt.

Sobald die Bäume fest und sicher standen, wandte Susan ihre Aufmerksamkeit dem Blauen Garten zu. Sie bat Edward und Indigo, sich ihr anzuschließen, denn sie brauchte Rat. Frühling und Frühsommer waren ungewöhnlich heiß gewesen, und der Rittersporn, Grundelement jedes Blauen Gartens, hatte ziemlich gelitten, so daß Ersatz gefunden werden mußte. Die blauen Stiefmütterchen und Veilchen waren verkümmert, und um die Salvien, die es in den unterschiedlichsten Blautönen gab, stand es kaum besser. Außerdem waren Salvien in jedem Blauen Garten zu finden.

Edward und Indigo folgten Susan zu den Nebengebäuden hinter dem Haus. Narzissen im Juli? Glyzinien im Hochsommer? Dies war der Ort, an dem das alles zuwegegebracht wurde. Susan öffnete die Glastür, und Indigo spürte, wie ihr erfrischend kühle Luft entgegenströmte. Das unbeheizte Gewächshaus wurde mit Eisblöcken gekühlt, die dreimal in der Woche angeliefert wurden. Selbst auf die Intensität des Lichts nahm man hier Einfluß. Mit Hilfe von Musselinschleiern wurden die Tage künstlich verkürzt, so daß die auf zierliche Bäume gepfropften Glyzinien rechtzeitig zum Maskenball Kaskaden himmelblauer und reinweißer Blüten tragen würden. Blaue Iris in Töpfen, so erklärte Susan, und sogar große Kästen mit blauem Flieder und Rhododendren würden den Ballraum schmücken.

Im Licht des Mondes waren Weißtöne genauso wichtig wie Blautöne. Am Abend des Balls sollten eingetopfte weiße Glyzinien und Bougainvillea von den Türen und Torbögen herabhängen, und die lange Marmorloggia unter einem Meer von hängenden weißen und blauen Glyzinien fast verschwinden. Blauer Flieder und blaue Rhododendren würden durch willkürlich zwischen ihnen verteilten weißen Flieder und weiße Azaleen besonders hervorgehoben.

Doch was sollte in den Beeten rund um den Seerosenteich stehen? Jahr für Jahr quälte sich Susan erneut mit der Auswahl der Pflanzen ab. Blaue Hortensien, blaue Glockenblumen, blaue Kornblumen, blaue Astern, blaue Lupinen und himmelblaue Akelei standen dieses Jahr auf ihrer Liste. Schon vor Wochen hatte der Gärtner jede erdenkliche blaublühende Pflanzenart gepflanzt, doch nun mußte Susan sich entscheiden, aus welchen Blumen sich der Blaue Garten zusammensetzen sollte.

Edward würde ihr sicher bei der Entscheidung behilflich sein – der Blaue Garten sollte etwas Neues bieten, etwas optisch Reizvolles, das aber auch der Sommerhitze standhalten mußte. Edward und Indigo folgten Susan in das benachbarte Treibhaus, wo es viel wärmer war. Hier umgab sie der Geruch nach feuchter Erde, und Indigo war entzückt, als sie die großen Körbe mit Orchideen entdeckte, die von der Decke herabhingen. Dieses Treibhaus war viel größer als das in Riverside.

Im Gewächshaus teilten sich die Orchideen den Platz mit den Setzlingen für Susans Englischen Landschaftsgarten und für den diesjährigen Blauen Garten.

Treibhaus-Rittersporn und Amaryllis gediehen hier drinnen prächtig, doch ihre schon vor Wochen nach draußen verpflanzten älteren Geschwister waren von Trockenheit und Hitze gezeichnet. Die Gartenanchusa und der Ackersteinsamen, die neben dem Rittersporn wuchsen, waren viel anspruchsloser. Allerdings waren ihre Blüten auch nicht so widerstandsfähig – aber sie mußten ja nur eine Nacht lang halten, die Nacht des Balls. Jenseits des Rittersporns wuchsen hellblaue Dreimastblumen, doch sie bevorzugten bedecktes Wetter und waren nur für den Fall gepflanzt worden, daß der Sommer naß und kühl wurde.

Die blauen Blüten des Enzians waren wunderschön, doch sie würden die Hitze nicht überstehen. Edward wählte blaue Kugeldisteln und blauen Stechapfel für den Hintergrund, dazu Blaugras und blaue Gartengladiolen. Jakobsleiter und Campanulen wurden mit blauen Karpatenglockenblumen kombiniert. Zu den Vergißmeinnicht gehörte natürlich tiefblaue Veronika. Die Vergißmeinnicht und die blauen Wiesenflockenblumen sollten von saphirblauen Lobelien eingefaßt werden.

Am Rand des Teichs, wo es kühler war, würden in flachen weißen Marmorübertöpfen Bergeisenhut, Blauer Wolfseisenhut und seltene blaue Primeln stehen, die durch weißen Fingerhut ergänzt wurden. Um die blauen Blumen besser zur Geltung zu bringen, würden hier und da weiße Lilien, weißer Fingerhut und weiße Malven sowie weißer Lavendel und weiße Baumlupinen eingestreut. In die blauen Rabatten wurden buschige weiße Astern und Phlox sowie weißer Beifuß und weiße Marienglockenblumen gesetzt.

Susan schrieb mit, während Edward die verschiedenen Blumen aufzählte, die Indigo sich daraufhin sorgfältig anschaute. Sie wollte sich genau merken, wie Blätter und Stengel all dieser Pflanzen aussahen, damit sie Sister Salt und Mama später davon erzählen konnte. Sie las Samen auf, die sie hinterher in Papier einschlagen und zu ihrem Nachthemd und ihren Kleidern in den Koffer legen wollte, um sie zu Hause auszusäen.

Die Scheiben des Gewächshauses waren von der Feuchtigkeit beschlagen, doch Indigo konnte im nächsten Raum die Spitzen von Palmen und Bananenpflanzen sehen. Auf Borkestücken, die von jadegrünem Moos überzogen waren, wuchsen hängende Orchideen, und die Gänge zwischen den Bänken mit Dutzenden von Orchideen waren wiederum von Orchideen in großen Töpfen gesäumt. Edward blieb stehen, als er die beiden großen *Laelia cinnabarina* sah, deren feurig orangerote Blüten sich in Kaskaden aus ihren Hängekörben ergossen. Er war wider Erwarten bewegt von der Blütenpracht, bei deren Anblick die Erinnerung an das

Feuer und seinen Unfall sehr lebendig in ihm aufstieg. Zwar wurden mit seiner Hilfe damals fast achthundert dieser Pflanzen gesammelt, doch er war ohne ein einziges eigenes Exemplar der *Cinnabarina* aus Brasilien zurückgekehrt, dafür hatten Sturm und Salzwasser gesorgt.

»Eine sehr teure Orchideensorte«, sagte Susan, als sie sah, wie er vor der *Cinnabarina* stehenblieb und sie ausgiebig betrachtete.

»Ja, sehr teuer«, murmelte Edward und fragte sich, ob er an der Suche nach diesen beiden Exemplaren vielleicht auch beteiligt gewesen war. Durch die Schwüle im Orchideenraum fühlte sich Edward plötzlich nicht wohl. Er schaute sehnsüchtig zur Tür.

Als sie das Gewächshaus verlassen hatten, blieb Edward stehen und sah zu den Arbeitern hinüber, die in dem schon fast völlig zerstörten runden Kräutergarten alte Trittsteine ausgruben. Edward fand, daß Susan eine große Dummheit beging, und so sagte er nichts. Endlich hatte der Italienische Garten das Stadium erreicht, in dem die Vision des Architekten sichtbar wurde, und ausgerechnet jetzt wurde er zerstört. Mochte seine Schwester noch so viele ausgewachsene Bäume umpflanzen, den neuen Englischen Garten würde sie nur wenn sie sehr alt wurde in einem vergleichbaren Stadium erleben.

»Ich bin froh, daß du den Zitronenhain stehen läßt«, sagte Edward, denn er mochte die Balustraden aus hellem Kalkstein und die alten Zitronenbäume, die in weißen Steintöpfen die Wege säumten.

»Das habe ich noch gar nicht entschieden«, antwortete Susan über die Schulter, während sie den Weg zum Zitronenhain hinaufging, »aber die Statuen müssen auf jeden Fall raus. Sie sind zwar aus Carrara-Marmor, aber die meisten haben der Witterung nicht gut standgehalten.« Edward konnte keine Schäden entdekken, der Garten lag sehr geschützt. Susan blickte zu zwei drallen, sich umarmenden Amoretten hinüber, und Edward begriff, daß ihr die Aktfiguren nicht mehr schicklich erschienen, nachdem Josephine und Anna nun junge Damen waren. Die Nasen und Ohren der Marmorstatuen waren mit den Jahren natürlich etwas abgeschliffen worden, aber gewisse andere vorstehende Körperteile waren nicht ausreichend verwittert.

Edward wies auf das Spiel von Licht und Schatten hin, auf die unterschiedlichen, kühlen Grüntöne, die so beruhigend wirkten. Der Italienische Garten war auf die Bauweise des Hauses abgestimmt und bot eine willkommene Zuflucht vor der Hitze. Die mit Bedacht gepflanzten Linden und Platanen, die jetzt zu voller Größe ausgewachsen waren, filterten das Licht zu einem freundlichen, leuchtenden Gelbgrün, während das dunklere Grün der Stechpalmen und der Rhododendren im kühlen Schatten lag.

Susan winkte ungeduldig ab. Zu der Zeit, da der Architekt Haus und Park entworfen hatte, sei sie frischverheiratet gewesen und habe keine klaren Vorstellungen von Gärten gehabt. Inzwischen finde sie die Anordnung der Bäume und Büsche entsprechend ihren Grüntönen künstlich und langweilig, und die geometrisch geschnittene Topographie sei einfach lächerlich. Sie wolle einen natürlichen, farbenfrohen Garten – einen Englischen Landschaftsgarten mit einer Fülle von Blumen in den verschiedensten Farben, in der vollen Sonne wie in den schattigen Bereichen. Edward bat um eine Gnadenfrist für den Zitronenhain.

»Ich würde gerne die Statuen photographieren, bevor die Arbeiter sie wegschaffen«, sagte er. Er sah, daß einige Figuren bereits von ihren Plätzen entfernt worden waren und jetzt wild durcheinander auf Rasen und Terrasse herumlagen. Er machte sich auf den Weg zum Haus, um seine Kamera zu holen, aber Susan wollte dem Kind erst noch die Vögel zeigen.

Sie folgten einem schmalen Natursteinpfad, der von Linden überschattet war. Von weiter vorn drang zunächst nur aufgeregtes Gezwitscher und Flügelschlagen an Indigos Ohr, dann sah sie auch die Scharen bunter Vögel in den verschiedensten Größen. Die Volieren waren genauso groß wie die Gewächshäuser und bestanden wie diese aus einem Stahlrahmen, der allerdings nicht mit Glas verkleidet, sondern mit Maschendraht bespannt war.

Finken flatterten aufgeregt zwischen den Blättern der großen, in Töpfen wachsenden Feigenbäume herum, die ihnen im Käfig Schatten spendeten. Kanarienvögel saßen stumm auf ihren Stangen und guckten. Um den wunderbaren Gesang der chinesischen Nachtigallen zu hören, erklärte Susan, müsse man bei Tagesanbruch da sein, dann sängen sie am schönsten.

»Was für ein Vogel ist das?« Indigo zeigte auf ein leuchtend grünes Tier, das so groß wie eine Taube war, aber einen dicken, gebogenen Schnabel hatte und allein in einem verschnörkelten Käfig hinter der Voliere mit den Nachtigallen saß.

»Das ist ein Papagei – ich habe zwei davon gekauft, weil ich dachte, daß sie in diesem hübschen vergoldeten Käfig zwischen den Orchideen im Wintergarten bestimmt gut aussehen würden, aber der eine ist gestorben, und jetzt ist der ganze Anblick dahin. Ein Papagei allein wirkt einfach nicht.«

Indigo trat auf Zehenspitzen so nah wie möglich an die Gitterstäbe heran, um sich den grünen Papagei genauer anzusehen. Er hatte oberhalb des gekrümmten Schnabels einen Streifen aus hellroten Federn auf der Stirn und wunderschöne taubenblaue Federn auf dem Kopf. Mit dem Kopf unter den Flügeln hockte er auf einem Bein.

»Der Vogel sieht krank aus«, sagte Edward.

»Er frißt nicht mehr richtig, seit er seinen Kameraden verloren hat«, sagte Susan, ohne den Vogel anzusehen.

»Wie heißt er?« fragte Indigo.

»Oh, ich gebe den Vögeln keine Namen«, sagte Susan. »Es sind so viele.«

Indigo beobachtete den Papagei, der von Zeit zu Zeit ein Auge öffnete und sie anschaute. Er schien zu merken, daß von ihm geredet wurde, aber so traurig, wie er aussah, war ihm das bestimmt egal.

»Was ist denn mit dem anderen Papagei passiert?« fragte Indigo, ohne den Blick von dem Vogel abzuwenden.

»Es ist unhöflich, Fragen zu stellen, Indigo.« Edward drehte sich um und ging wieder zum Haus zurück, aber Indigo rührte sich nicht von der Stelle.

»Es war ein Unfall, eine ziemlich unangenehme Geschichte«, sagte Susan. »Ich habe es selbst nicht gesehen – Gott sei Dank. Man hat ihn tot gefunden, er hat sich mit einem Spielzeug selbst stranguliert, mit einer Schnur, die im Käfig hing.« Indigo entdeckte keinerlei Spielzeug mehr im Käfig, keine Schnur, nur den einsamen Papagei auf seiner Stange. Als Susan jetzt Edward folgte, stellte sich Indigo ganz dicht an die Gitterstäbe und flüsterte: »Sei nicht traurig, grüner Papagei. Ich werde dich jeden Tag besuchen!«

Am nächsten Morgen fuhr Edward früh in die Stadt, um sich

mit Mr. Grabb, dem Anwalt von Lowe & Company, zu treffen. Hattie hatte schlecht geschlafen und war schon vor der Morgendämmerung aus einem eigenartigen Traum erwacht, unausgeruht und etwas niedergeschlagen. Sie bat ihre Mutter, sie bei Susan und den anderen zu entschuldigen, die gerade Festdekorationen bastelten. Als ihre Mutter nach nebenan gegangen war, fühlte sich Hattie ungemein erleichtert. Sie fand Indigo im Salon, wo das Mädchen in einem Vogelbuch nach Abbildungen von Papageien suchte.

Hattie lehnte sich im Armsessel zurück und schloß die Augen. Der Traum an sich war eigentlich nicht weiter bemerkenswert gewesen – zuerst sah sie den Bischof von Susan, ihrer Mutter und den Frauen des Wohltätigkeitsvereins umringt, am Altar stehen. Doch dann merkte sie, daß sie sich nicht in einer Kirche befand, sondern in einem nur schwach beleuchteten Raum, in dem sich ein leerer Bücherschrank an den anderen reihte und in dessen Mitte ein Schreibtisch und Stühle standen. Ein übermächtiges Gefühl des Verlusts und der Trauer waren von dem Traum ausgegangen, und sie war unter Tränen erwacht. Bei der Erinnerung daran stieg die Traurigkeit wieder in ihr auf, und so wandte sie ihre Aufmerksamkeit Indigo zu, die eine Farbtafel mit Abbildungen von Papageien studierte. Sie mußte lächeln, als sie sah, wie das Mädchen mit ernster Miene nach einer Abbildung eines grünen Papageis wie dem von Susan suchte. Edward hatte schon recht, das Kind würde von der Reise profitieren.

Indigo wollte mehr über Papageien erfahren und bat Hattie jeden Tag, mit ihr zu den Volieren zu gehen. Doch der grüne Papagei ignorierte das Kind. Früchte, Nüsse und Körner blieben unangetastet in seinem Schälchen liegen. Hattie befürchtete, der Papagei werde vor ihren Augen dahinsiechen. Als sie wieder im Haus waren, erinnerte sie Indigo liebevoll daran, daß der Papagei krank sei und sie ihn nicht zu sehr ins Herz schließen dürfe. Plötzlich liefen Indigo Tränen über das Gesicht, und als Hattie nach dem Grund fragte, warf Indigo ihr vor, sie lüge sie an und sage ihr nicht, wie es dem Affen wirklich gehe. Hattie versicherte ihr, der Anwalt in Riverside lüge ganz bestimmt nicht. Sie würden ihn bitten, einen kleinen Gefährten für Linnaeus zu suchen, der ihm in seinem Käfig Gesellschaft leisten würde.

»Mr. Yetwin wird sich nach einem lieben Kätzchen umsehen, und sobald er eines gefunden hat, wird er es sofort zu Linnaeus bringen.«

Wieder kamen Indigo die Tränen. Jedesmal wenn sie an Linnaeus dachte, hoffte sie inständig, er möge gut aufgehoben sein, bis sie zurückkam. Doch sie paßte auf, daß sie nicht zu lange an ihn dachte, denn sonst fühlte sie sich furchtbar einsam und allein und hatte einen so dicken Kloß im Hals, daß sie kaum atmen konnte. Als sie sich jetzt allerdings ein rundliches gelbgetigertes Kätzchen vorstellte, das hinter dem frechen Linnaeus die Glyzinienranken hochkletterte, trockneten ihre Tränen ganz von selbst.

»Gibt es hier auch ein Buch mit Bildern von Katzen?«

»In der Bibliothek«, sagte Hattie und öffnete für Indigo die Tür. Während sie hinter dem Kind die Treppe hinaufging, dachte Hattie, daß ihr das Elternhaus diesmal richtig eigenartig vorkam – selbst das eigene Zimmer schien ihr nicht mehr zu gehören. Obwohl die einzelnen Gegenstände völlig vertraut waren, hatte sie keinen Bezug mehr zu den Dingen. Lag es an dem geschäftigen Treiben anläßlich der Wohltätigkeitsveranstaltung des Bischofs, daß sie sich wünschte, schon auf dem Weg nach England zu sein?

Hattie erkannte das Gefühl in ihrer Brust, ein Entsetzen, das ihr den Schweiß aus den Poren trieb. Zum erstenmal hatte sie es an jenem Tag gespürt, an dem ihr Mentor sie davon unterrichtete, daß der Prüfungsausschuß große Vorbehalte gegenüber dem Fazit ihrer Forschungsarbeit hatte. Auch an dem Tag, als sie befürchtete, den Ring des Bischofs küssen zu müssen, war dieses Gefühl in ihr aufgestiegen. Doch es verschwand, sobald sie an die frische Luft kam. Sie machte sich Sorgen, daß ihre Angstgefühle wiederkehren und sie völlig außer Gefecht setzen könnten, so wie zwei Jahre zuvor.

Hattie fühlte sich immer noch unwohl und so legte sie sich ein wenig zur Ruhe. Indigo ging hinunter in die Küche, wo Lucille ihr eine Schüssel Suppe gab, die sie am Tisch auslöffelte. Während sie aß, hörte sie, wie Edward zurückkam. Deutlich vernahm sie auch Abbotts Stimme – nach den Worten »blaue Schuhe für Indigo« hielt sie nichts mehr in der Küche.

Edward saß im Salon in einem Armsessel, die Füße in Strümpfen auf der Fußbank, und unterhielt sich mit Mrs. Abbott. Er fühlte sich überhitzt und matt von dem trockenen Wind, der überall in der Stadt den Staub aufwirbelte, und er war froh, wieder in Oyster Bay zu sein. Mrs. Abbott lächelte, als sie Indigo sah, und deutete auf ein Päckchen auf dem Tisch.

Indigo knotete die Schnur vorsichtig auf, um sie später ihrem Kordelknäuel hinzuzufügen, bevor sie das Einwickelpapier entfernte und ordentlich zusammenfaltete. Ein Paar saphirblauer Satinschuhe lag vor ihr, in weißes Seidenpapier eingeschlagen. Schüchtern hielt sie einen der Schuhe hoch, um ihn Mrs. Abbott und Edward zu zeigen. Edward lächelte und wischte sich mit dem Taschentuch über die Stirn. Die Schuhe im Schoß saß Indigo da und bewunderte sie. Ab und zu berührte sie den glänzenden Satin, der weicher und herrlicher war, als sie ihn in Erinnerung hatte.

»Probier sie doch an, damit du siehst, ob sie passen?« schlug Mrs. Abbott vor, doch Indigo schüttelte den Kopf. Ihre Füße waren so breit, daß sie befürchtete, die Schuhe würden ihr nicht passen, aber sie wollte sie trotzdem behalten, weil sie sich so wunderbar anfühlten und so hübsch aussahen.

Nachdem Edward sich von seiner Fahrt in die Stadt erholt hatte, verbrachte er den restlichen Nachmittag hinter der Kamera, um zu verfolgen, wie die letzten Statuen zu einem Auktionshaus transportiert wurden. Unter dem schwarzen Tuch richtete er das Objektiv auf den Karren mit den Marmorskulpturen und Bleifiguren in Holzkisten, die mit Seilen gesichert waren. Im Gegenlicht boten die auf der Ladefläche aufeinandergestapelten fahlen Statuen einen makaberen Anblick.

Indigo wandte sich ab, bevor Edward sie entdeckte und sie bat, neben dem Wagen zu posieren. Sie mochte es nicht, wenn sich das große Glasauge der Kamera auf sie richtete. Die Arme vieler weiblicher Statuen waren angstvoll hochgerissen. Vielleicht wollten sie den Männern aber auch ihre Brüste zeigen. Die männlichen Statuetten wirkten ruhiger, sie schauten weg, als sei ihnen noch nicht klar, wohin die Reise ging.

Indigo setzte sich ans Ufer des großen Seerosenteichs und bewunderte die langstieligen duftenden Blumen, die neben den weißen Seerosen wuchsen. Die himmelblauen Blüten standen wie Soldaten in langen Reihen über der Wasseroberfläche.

Edward baute Stativ und Kamera auf der Terrasse des Zitronenhains auf. Terrasse und Hain wurden nur deshalb verschont, weil sie direkt an den Blauen Garten grenzten. Wie intim der Italienische Garten war, wie kultiviert, und welche Geborgenheit er ausstrahlte. Wozu brauchte man einen Englischen Landschaftsgarten, wo doch die bewaldeten Hügel der Halbinsel so schön waren? Ob seine Schwester wußte, wie schnell sich der Geschmack für Gartengestaltung änderte – der sogenannte Englische Garten war eigentlich längst passé.

Er probierte eine Reihe verschiedener Motive von Balustrade und Terrasse aus, bevor ihm auffiel, daß er eine menschliche Gestalt auf seinen Bildern benötigte, um die eleganten Proportionen des Renaissancegartens sichtbar zu machen. Fast hätte er Indigo dort am Teich übersehen, doch dann rief er sie und bat, sie solle sich neben die lebensgroße Skulpturengruppe eines von Hunden verfolgten Hirschs zu stellen.

Indigo kam unwillig an, den Blick auf ihre Füße gerichtet, die sich in kleinen Schritten über den Boden bewegten. Sie stand nicht gern so lange still und schaute in die grelle Sonne. Auch wenn er sagte, sie solle die Augen auflassen, war ihr das egal. Sie mochte es nicht, wenn das große Glasauge der Kamera sie anstarrte. Es würde das Foto ruinieren, wenn sie die Augen geschlossen hätte, erklärte er, doch als sie fragte, warum, antwortete er nicht. Nachdem die dritte Platte belichtet war, fragte Indigo, ob sie vielleicht zu den Volieren gehen und Susans Vögel anschauen könnten. Hattie befand sich immer noch auf ihrem Zimmer, und Mrs. Abbott werkelte nebenan.

Edward war ärgerlich, weil Indigo nicht posiert hatte, wie er es wollte. Er sei beschäftigt, meinte er, sie solle allein hingehen, vorher aber Susan um Erlaubnis bitten. Er war voll und ganz mit Photographieren beschäftigt und verschwendete keinen weiteren Gedanken mehr an das Kind.

Indigo fühlte sich in Susans Gegenwart unbehaglich, aber der grüne Papagei war der schönste Vogel, den sie je gesehen hatte, und das rechtfertigte eine unbehagliche Situation. Zuerst ging Indigo zu den beiden umgepflanzten Blutbuchen, in deren Umgebung die Erde noch feucht und kahl war. Die Bäume gewöhnten sich langsam an ihren neuen Standort, und ihre Blätter begannen, sich wieder aufzurichten. Indigo meinte, weiter hinten auf dem

Weg zum Hain mit den Wildkirschbäumen Stimmen zu hören, doch sie entdeckte niemanden. Nur der Wind ließ Blütenblätter über das Gras segeln. Indigo war froh, daß sie Susan nicht fand, auch wenn sie jetzt warten mußte, bis Hattie sie zum Papagei mitnehmen würde.

In der Mitte des Kirschgartens stand eine weiße Marmorbank. Dort streckte sich Indigo auf dem kühlen, glänzenden Marmor aus, schaute durch die Blätter und Blüten der Wildkirschen in den Himmel und lauschte dem Summen der Bienen. Vielleicht waren es ja gar keine Stimmen gewesen, sondern die Bienen. Sie sah den Wolken zu, die über den zitternden Blütenblättern dahinzogen und döste ein. Als sie wieder aufwachte, hörte sie ganz in der Nähe Stimmen, deshalb setzte sie sich nicht auf. Sie blieb flach auf der Bank liegen, den Kopf zur Seite gedreht, und beobachtete Susan und den Gärtner, die in den Kirschbaumhain hineinspazierten und die geschäftigen Arbeiter hinter sich ließen.

Indigo sah, wie Susan ein Maiglöckchen pflückte und es dem Gärtner reichte, der daraufhin etwas ganz Erstaunliches tat. Er küßte Susan auf den Mund. Indigos Herz klopfte schneller, und sie holte tief Luft. Sie wußte, daß Colin der Ehemann von Susan war und nicht der Gärtner, und sie kannte die Regeln der Weißen. Männer und Frauen fassen sich nur an, wenn sie verheiratet sind. Das hatten ihnen im Internat die Lehrerinnen und die Schlafsaalaufseherinnen immer wieder eingeschärft: Die Mädchen blieben jede in ihrem eigenen Bett und die Jungen taten das ebenfalls.

Indigo folgte den beiden mit etwas Abstand, und im Schutz der Bäume wurde Susan noch zudringlicher – sie brach einen blühenden Wildkirschenzweig ab und schwang ihn vor dem Gesicht des Gärtners hin und her. Er packte sie daraufhin am Arm, zog sie zu sich heran und umarmte sie lange, wobei sein bärtiges Gesicht ihres verdeckte. Wie interessant zu sehen, was weiße Frauen und Männer miteinander machten, wenn sie allein waren. Sister Salt behauptete ja, daß manche Weiße es vorzogen, bei solchen Gelegenheiten ihre Kleider anzulassen und statt dessen bestimmte Öffnungen in ihren Hosen zu benutzen. Susan und der Gärtner zogen sich jedoch ganz aus und legten sich auf ihre Kleider. Indigo war fasziniert und versuchte, soviel wie möglich mitzubekommen. Kein Wunder, daß Susan einen Englischen Garten wollte, mit all den schattenspendenden Büschen und den kleinen Wäldchen, in denen sich Liebende verstecken konnten.

Indigo beobachtete zwischen den Zweigen einer blühenden Heckenrose hindurch Susan und den Gärtner, die im tiefen Schatten fast verborgen lagen. Sie war erstaunt, wie hell ihre nackten weißen Körper leuchteten – ohne ihr Gezappel und Gehopse hätte man sie für zwei der, von den Arbeitern abgebauten, Marmorstatuen halten können. Die Statuen erfüllten also tatsächlich einen Zweck. Wem würde es schon auffallen, wenn zwischen all den nackten Figuren im Garten noch zwei weitere lagen? Indigo sah zu, wie der Gärtner sich grunzend auf Susan bewegte, sich dann auf den Rücken rollte und Susan auf sich zog. Nach einer Weile wurde es Indigo langweilig, da die beiden bloß mit dem, was sie vorher getan hatten, weitermachten. Als sie sich abwandte, sah sie gerade noch, daß Susan sie bemerkt hatte. Für den Bruchteil einer Sekunde trafen sich ihre Blicke, dann rannte Indigo den Weg zur Auffahrt hinauf, wo die Arbeiter gerade die letzten Marmorskulpturen verluden.

Beim Abendessen verkündete Mrs. Abbott, daß Susan und Colin nach dem Essen vorbeikommen würden, um Lucilles selbstgemachtes Pfirsicheis zu kosten. Indigos Herz klopfte schneller. Sie wußte, daß Susan sie gesehen hatte, und jetzt kam sie hierher. Wozu?

Der Zeitpunkt ihrer Ankunft rückte immer näher, und Indigo kaute auf dem Schweinebraten und den Süßkartoffeln herum, doch selbst mit ein paar Schlucken Wasser bekam sie die Bissen kaum hinunter. Sister Salt hatte ihr einmal verboten, Weißen beim Liebesspiel zuzusehen, weil sie dann fuchsteufelswild würden und einem nachstellten.

Indigo war erleichtert, als sie Susans Gesichtsausdruck sah – ein herzliches Lächeln, das sich auch nicht veränderte, als sie Indigo begrüßte. Indigo behielt ihr Eis auf der Zunge, bis es geschmolzen war, und schaffte es so, die kühle süße Eiskrem zu schlucken, obwohl sich ihre Kehle in der Gegenwart der beiden immer noch wie zugeschnürt anfühlte. Nachdem Edward und Colin sich entschuldigt hatten und Mr. Abbott zu Schnaps und Zigarre in dessen Arbeitszimmer gefolgt waren, begaben sich die

Frauen in den Salon. Susan setzte sich neben Indigo auf das geschwungene Brokatsofa, neigte sich zu ihr und meinte, wie schade es doch sei, daß sie sich nachmittags verpaßt hätten, man habe ihr gesagt, Indigo hätte sie um Erlaubnis bitten wollen, den Papagei zu besuchen. Indigo starrte auf ihre Hände hinunter und schluckte heftig, bevor sie langsam nickte. Ihr Herz klopfte so laut, daß sie Susan kaum verstand. Was sagte Susan gerade zu Mrs. Abbott und Hattie? Hatte sie »Vogel« gesagt? Indigo schaute zur Tür und wäre am liebsten gegangen.

Wie seltsam, dachte Hattie, das Kind schien Angst vor Susan zu haben. Hattie lächelte und strich Indigo beruhigend über den Arm. Das Mädchen schien nicht verstanden zu haben, was Susan gerade gesagt hatte.

»Indigo! Wie wunderbar! Susan möchte dir den grünen Papagei schenken!« Hatties Stimme war voller Begeisterung.

Indigo spürte, wie ihre Fingerspitzen und Zehen kribbelten, als sie nickte und Susan schüchtern dankte. Sie fühlte sich zu unbehaglich, um Susan in die Augen zu sehen, doch sie lächelte und bedankte sich. Der grüne Papagei! Genau wie in ihrem Traum!

Mrs. Abbott schüttelte mißbilligend den Kopf. Wo würde das Kind den Vogel halten? Doch nicht im Haus! Aber Susan winkte ab – kein Problem! Der Vogel konnte bis zur Abreise bei ihr in seinem Käfig bleiben. Mrs. Abbott schüttelte den Kopf. Sie hielt nichts davon, mit Haustieren zu reisen. Wie wollten sie denn einen Papagei nach England und Italien transportieren?

»Ich habe einen hübschen Reisekäfig mit einem gesteppten Überzug«, sagte Susan.

»Trotzdem«, meinte Mrs. Abbott, »das wird doch große Umstände machen.« Aber Hattie hörte gar nicht zu. Sie unterhielt sich aufgeregt mit Indigo über den Vogel. Hattie freute sich, Indigo so lebhaft und fröhlich zu sehen – das war die zusätzlichen Umstände allemal wert.

Indigo freute sich so sehr über das Geschenk, daß sie schon sehr früh am Morgen erwachte. Auch wenn Susan so tat, als hätte sie nicht bemerkt, daß Indigo sie beobachtet hatte, verstand Indigo den Zweck von Susans Geschenk sehr wohl. Sie hatte nicht vor, Hattie zu erzählen, was sie gesehen hatte. Allein schon einzugestehen, daß sie Susan und den Gärtner beobachtet hatte, würde sie möglicherweise in Schwierigkeiten bringen. Natürlich nahm sie den Papagei an!

Welch ein besonderer Tag! Der schöne grüne Papagei gehörte ihr! Zur Feier des Tages schlüpfte sie in ihre blauen Satinschuhe. Sie holte sich in der Küche einen Lebkuchen und machte sich dann auf den Weg zu dem Papagei, um ihm die gute Nachricht zu überbringen. Als sie zu den Volieren kam, hörte sie die chinesischen Nachtigallen den Sonnenaufgang besingen. Ein wunderschöner, aber tieftrauriger Gesang – vielleicht weil sie im Käfig geboren waren und in Freiheit nicht überleben konnten.

Der grüne Papagei öffnete ein Auge, sah Indigo an, und als er es wieder schließen wollte, hielt sie ihm den Lebkuchen hin. Der Papagei plusterte sich sofort auf und öffnete auch das andere Auge. Bisher hatte Susan ihm nur Sonnenblumenkerne geben lassen, und die hatte er mehr oder weniger ignoriert, doch der Lebkuchen schien ihn sehr zu interessieren. Indigo brach ihn in der Mitte und aß die eine Hälfte, damit der Papagei sah, daß es etwas Gutes war. Dann schob sie die andere Hälfte durch die Gitterstäbe.

»Du darfst mit mir kommen«, flüsterte Indigo. »Du bist nicht mehr allein.« Sie steckte die Finger in den Käfig und hielt dem Vogel den Lebkuchen hin.

»Mmh! Lebkuchen! Der wird dir schmecken«, lockte sie ihn. Der grüne Papagei breitete erst den einen, dann den anderen Flügel aus, plusterte sich auf, öffnete den Schnabel, und rutschte schließlich auf seiner Stange näher an das Stück Lebkuchen heran. Er probierte ein Krümelchen und ließ Indigo dabei nicht aus den Augen. Wie aufregend, zu spüren, wie er mit einer anmutigen Schnabelbewegung noch ein weiteres Lebkuchenstückchen nahm. Als auch der letzte Krümel verschwunden war, saß der Papagei nur noch wenige Zentimeter von ihren Fingern entfernt, und Indigo konnte der Versuchung nicht widerstehen, den leuchtend roten Federkranz über seinem Schnabel zu berühren. Kurz trafen sich ihre Blicke, dann hackte er seinen krummen Schnabel in Indigos Fingerspitze.

Einen Moment lang war Indigo starr vor Schreck, während sich ein stechender, pulsierender Schmerz in ihrer ganzen Hand ausbreitete. Mit tränenüberströmtem Gesicht preßte sie den blutenden Finger an ihren Körper, drückte ihn ganz fest, damit der betäubende Schmerz nachließ. Von diesem unerwarteten Angriff schlug ihr das Herz bis zum Hals.

»Aber ich hab dich doch lieb!« rief Indigo, während sich der Papagei mit einem Fuß gleichmütig am Kopf kratzte. »Dann laß mich aus dem Käfig heraus«, schien er mit seinen glitzernden Augen zu sagen. Als sie die Hand öffnete, um sich ihren verletzten Finger anzuschauen, konnte sie vor lauter Blut nicht sehen, wie schlimm die Verletzung war. Dann entdeckte sie zu ihrem Entsetzen große Blutflecken auf den Spitzen ihrer hübschen blauen Satinschuhe.

Die befleckten Satinschuhe in der Hand, rannte Indigo in Strümpfen zu dem Fischteich im Garten der Abbotts. Sie mußte das Blut auswaschen, bevor es die Schuhe ruinierte.

Laut schmatzend saugte der dicke, rotblaue Karpfen am Rand eines Seerosenblatts, das mit samtgrünen Algen bewachsen war. Indigo hielt den Atem an, als der Karpfen seinen blauen Kopf aus dem Wasser streckte, um an die Oberseite des Blattes heranzukommen, und einen Moment lang schauten sie sich in die Augen, bevor der Karpfen mit dem Schwanz klatschend aufs Wasser schlug und wieder untertauchte.

Ein paar Blutstropfen verteilten sich im Wasser, als Indigo ihren verletzten Finger in das wohltuend kühle Naß hielt. Sie konnte die Wunde genau sehen – groß war sie nicht, aber tief und halbmondförmig, das Schnabelmal, mit dem die Papageien ihre menschlichen Diener zeichneten, damit sie von anderen Papageien und sonstigen Tieren respektvoll behandelt wurden. Aber warum mußten die blauen Satinschuhe dabei Flecken bekommen? Wie mutlos sie sich fühlte, als sie die Schuhe betrachtete. Hattie hatte gebeten, die Satinschuhe für das Blaue Gartenfest aufzuheben, aber Indigo hatte sich gedacht, sie ein einziges Mal schon vor diesem Abend zu tragen, würde ihnen wohl nicht schaden.

Vorsichtig tauchte sie erst den einen, dann den anderen Schuh ins Wasser und versuchte, die Blutflecken herauszurubbeln. Vielleicht mußte sie die Schuhe ja nur eine Weile in dem flachen Wasser über den Stufen einweichen. Während die Schuhe einweichten, kratzte Indigo Algen von den Steinen am Teichrand und schnipste sie ins Wasser, direkt über den Kopf des Karpfens. Sie sah zu, wie die Algen einen Moment lang auf dem Wasser trieben, bis der

Karpfen sein großes Maul aufriß und sie schluckte. Sie überlegte gerade, was sie wohl tun könnte, um sich mit dem Papagei anzufreunden, als sie bemerkte, daß die blauen Schuhe von den Stufen weggetrieben waren und langsam im Teich versanken. Als Lloyd sie schließlich mit einem Laubrechen aus dem Wasser fischte, waren sie ruiniert. Mrs. Abbott war sehr enttäuscht, Hattie schien es jedoch nichts auszumachen. Sie meinte, die einfachen weißen Schuhe, die sie mitgebracht hatten, würden völlig ausreichen.

Hitze und Trockenheit machten es erforderlich, zusätzliche Arbeiter anzuheuern, die vom Wasserwagen aus Schläuche verlegten und Wasser pumpten, um den Rasen und die Blumen des Englischen Gartens in optimalem Zustand zu halten. Dürre hin oder her, Susan weigerte sich, auf die Amaryllis zu verzichten, denn deren Blau war reiner als jedes andere. Dutzende großer Exemplare wurden im Kalthaus gehegt und gepflegt, und als der Ball näherrückte, verstärkten die Gehilfen des Gärtners unter dessen Anleitung sorgfältig jeden einzelnen Stengel mit feinem Draht, bevor sie die Zwanzig-Liter-Töpfe zwischen den weißen Schmetterlingssträuchern vergruben.

Am Morgen des Balls überraschte der Gärtner Susan mit zweihundert Töpfen weißer Tulpen und Fresien, die er im Kalthaus über Wochen herangezogen hatte. Die Blumen säumten die Wege und Balustraden des Blauen Gartens und der direkt anschließenden Terrassen. Der Gärtner bewirkte mit den seltenen blauen Primeln ähnliche Wunder. Erst am späten Nachmittag wurden sie ins Freie umgepflanzt.

Am Abend des Balls bot der Blaue Garten trotz des trockenen, heißen Wetters einen wundervollen Anblick. Die blauen Hortensien waren erst nachmittags aus dem Gewächshaus geholt worden, und die Arbeiter waren angewiesen, sie mitsamt ihren Töpfen zwischen dem taubenblauen Eisenkraut und den saphirblauen Lobelien einzugraben. Entlang des Weges waren hier und da ein paar weiße Reseden gepflanzt, die nachts wundervoll dufteten. Üppige weiße und blaue Glyzinien, die man sorgfältig zu Zwergbäumchen gestutzt und gerade rechtzeitig zum Ball zum Blühen gebracht hatte, bildeten schimmernde Blütenvorhänge. Schon Wochen zuvor hatte der Schotte die Arbeiter angewiesen, die Steinpforten von weißen Kletterrosen überranken zu lassen.

Sobald es dunkel wurde, gingen winzige, in den Büschen und Bäumen aufgehängte silberne Lichter an. Auf den mit weißen Damasttüchern gedeckten Tischen standen auf silbernen Platten echte Wildschweinköpfe, Schnauze an Schnauze. Als über der Bucht der Vollmond aufging, trafen die ersten Gäste ein. Auch in diesem trockenen Sommer war der Himmel wunderbar klar, ja durch die Trockenheit wurde sein Blau nach Sonnenuntergang nur noch intensiver. Die Gäste verstummten, als der Pianist die *Mondscheinsonate* zu spielen begann und Susan langsam die hellen Kalksteinstufen herunterschritt. Der Vollmond verbreitete ein schimmerndes silberblaues Licht, wie Susan es sich für ihren spektakulären Auftritt nicht schöner hätte wünschen können, da ihr mit saphirblauen Paspeln besetztes Renaissance-Ballkleid aus weißer Seide nun mondlichtblau glänzte.

Während Edward, Hattie und die Abbotts auf der großen Terrasse gemeinsam mit Susan und Colin die Gäste empfingen, hielt sich Indigo am entfernten Ende des rechteckigen Teichs auf, über dessen Grund reglos ein großer silberner Karpfen stand. Von dort aus beobachtete sie die Leute. Von einem Tisch auf der Terrasse holte sie ein paar Kräcker und Brotstückchen und warf sie dem Karpfen ins Wasser. Die Gäste begannen, um den Teich herumzuspazieren und unter großem Ah und Oh die duftenden, riesigen Blüten der weißen *Victoria* zu bewundern, die zwischen den Seerosenblüten in den verschiedensten Blautönen besonders gut zur Geltung kamen. Indigo achtete darauf, daß sie immer hinter Büschen oder hohen Blumen versteckt war, damit die weißen Frauen sie nicht entdecken, nach ihr riefen und sie anfaßten, bevor sie entwischen konnte. Allein mit den Blumen war sie glücklich. Sie genoß es, den Duft der weißen Reseden einzuatmen und dann schnell die Treppe hinunterzulaufen und an den Gardenien zu schnuppern, so daß sich die beiden Düfte sanft vermischten.

Die Stimmen wurden lauter, und Indigo schloß die Augen, steckte die Nase in eine große weiße Gardenienblüte, die im Mondlicht blau aussah, und stellte sich vor, das laute Summen stamme nicht von Menschen, sondern von Bienen. Weitere Gäste kamen in Renaissance-Kostümen mit Rüschenkragen und federgeschmückten Hüten herbei, um den Duft der riesigen weißen Wasserlilien zu bewundern. Zu diesem Zeitpunkt bemerkte Indigo den seltsamen Effekt, den das Mondlicht auslöste. Gesichter und Hände der Weißen erschienen blau, die Haut ihrer eigenen Hände dagegen fast schwarz.

Hattie, die sich zu sorgen begann, als niemand das Kind gesehen hatte, fand Indigo auf einer Marmorbank in der Gardenienlaube im Blauen Garten sitzend. Sie wirkte so ernst – woran sie wohl dachte? Hattie war froh, daß die Abreise schon in einer Woche bevorstand. Nach ihrer Rückkehr von der Europareise würde sie nach der Familie des Mädchens suchen. Sie setzte sich zu Indigo auf die Bank.

»Hast du etwas gegessen?«

Indigo nickte. Sie hatte sich so hingesetzt, daß ihr Gesicht nur wenige Zentimeter von einem Zweig mit einer Gardenienblüte entfernt war.

»Wie geht es deinem Finger?«

Indigo hielt ihr den Finger hin, und Hattie sah sich Schwellung und Bluterguß an. Beides ging offenbar zurück. Sie schaute dem Mädchen ins Gesicht. Indigo sah von der ganzen Aufregung um den Papagei erschöpft aus. Edward fand, genau wie Mrs. Abbott, daß es unverantwortlich von Susan gewesen war, dem Kind einen lebendigen Papagei zu schenken, ohne vorher mit ihnen darüber zu sprechen. Aber Hattie glaubte, daß der Papagei für Indigos Wohlbefinden wichtig sein könnte, und der Reisekäfig aus Messing war hübsch und durchaus robust.

»Jetzt sehen wir uns zusammen den Blauen Garten an, und dann gehen wir heim«, sagte Hattie. Im Licht des Vollmonds schienen die mit weißer Bougainvillea und weißen Glyzinien bewachsenen Bögen der Laube aus leuchtendem Silber zu sein, und Indigo mußte an den Messias und seine Familie denken und an die Tänzer, deren weiße Umhänge in dem vom Schnee reflektierten Licht genauso geschimmert hatten.

In dieser Nacht träumte Indigo, sie und Sister Salt liefen nackt über die hohen Dünen. Ein kühler, feuchter Wind, der nach Regen roch, blies tiefhängende blauviolette Wolken aus Nebel und Sprühregen heran. Auf der sandigen Schwemmebene unter ihnen sahen sie den Messias und die Tänzer, alle in himmelblaue Schals gehüllt, die fein wie Regenschleier waren. Dann stieg der Nebel wirbelnd um sie auf und sie verschwanden.

Als Indigo am Morgen nach dem Ball erwachte, fiel nur trübes Licht durch die Fenster. Sie hörte ein helles Klopfen an den Fensterscheiben und von oben ein leises Trommeln. Es regnete! Sie ging barfuß hinaus und genoß das Gefühl des nassen Grases unter ihren Füßen. Als sie in die Nähe der Volieren kam, hörte sie das freudige Kreischen des Papageis. Bis sie seinen Käfig erreicht hatte, klebten Kleid und Petticoat an ihrem Körper. Der Papagei schlug aufgeregt mit den Flügeln und hüpfte auf seiner Stange hin und her, den Kopf zum Himmel gedreht und den Schnabel weit aufgerissen, um die Regentropfen aufzufangen.

Der diesjährige Maskenball im Blauen Garten war ein noch größerer Erfolg gewesen als die vorangegangenen, und der Bischof hielt am darauffolgenden Sonntag höchstpersönlich einen Dankgottesdienst in Susans und Colins Privatkapelle ab, um Gott, Susan und den Frauen des Wohltätigkeitsvereins für die stattliche Summe zu danken, die den im vorigen Jahr eingenommenen Betrag deutlich übertraf.

Nur fünf Tage nach dem Ball gingen die drei Reisenden an Bord des Dampfers *Pavonia*, der nach Bristol auslief. Als sie aus dem Hafen von New York ausliefen, war es bedeckt und es nieselte und die See war rauh. Indigo zog den unteren Teil ihres Mantels über den Papageienkäfig, als der Wind auffrischte und der letzte Zipfel Land hinter ihnen verschwand. Sie sah zu, wie dunkelblaues Wasser das Schiff umspielte. Die Wellen lächelten ihr aus weißen Mündern zu. »Keine Angst, wir tun dir nichts«, schienen sie zu sagen. Jetzt war sie wirklich fern von zu Hause. Es war zu spät, um vom Schiff zu springen. Sie überquerte dasselbe Meer, das auch der Messias auf seinem Weg nach Jerusalem vor langer Zeit überquert hatte. Nachdem man versucht hatte, ihn zu töten, war er über das wogende dunkle Wasser zurückgekehrt. Indigo hatte ihn selbst gesehen, als er an jenem Abend die Tänzer segnete. Sie faßte wieder Mut, denn der Messias und seine Anhänger waren in den Osten gefahren und wieder zurückgekommen. Sie würde es ihnen gleichtun.

Fünfter Teil

Sister Salt sah Indigo im Traum an einem wunderschönen Ort mit großen, schattigen Bäumen, Wasser und grünem Gras. Es war ein so schöner Traum, daß sie beim Aufwachen nicht um ihre Schwester weinte. Sie erzählte den Traum ihren Bettnachbarinnen Maytha und Vedna.

»Klingt, als wäre sie gestorben und in den Himmel gekommen«, meinte Vedna. »So einen Ort gibt's hier nicht.« Die beiden sahen sich zum Verwechseln ähnlich, aber Maytha trug Zöpfe, während Vedna ihr Haar im Nacken zu einem Knoten zusammenknüpfte. Maytha warf Vedna einen bösen Blick zu und schüttelte den Kopf, damit sie still war, aber Sister Salt kümmerte sich gar nicht um Vednas Gerede. Indigo hatte im Traum gesungen und gelacht, also ging es ihr gut. Maytha und Vedna waren Chemehuevis, deshalb hatten sie mit den anderen Mädchen nicht viel gemeinsam, die sich über die merkwürdige Art der Zwillinge und deren seltsamen Sinn für Humor beklagten. Vedna fand, die Sand Lizards seien sogar noch merkwürdiger als die Chemehuevi, wahrscheinlich seien sie deshalb miteinander befreundet. Die Mädchen von den Cocopa, Yuma und Mohave waren den drei Freundinnen gegenüber zwar nicht unfreundlich, aber sie blieben lieber für sich, genau wie die Apachenmädchen.

Sie wollten Sister Salt mit ihren Neckereien nur auf andere Gedanken bringen, meinte Vedna, weil sie und ihre Schwester Sister wirklich gern hatten. Das war ihr persönliches Stichwort, das Zeichen dafür, daß die Neckereien losgingen.

»Komische Art, eure Zuneigung zu zeigen«, erwiderte Sister Salt dann, und damit ging es los. Lachend rief Maytha: »Wir Chemehuevi sind nun mal komische Leute – nur gut zu wissen, daß die Sand Lizards noch komischer sind!« Natürlich war es nur ihnen und ihren besten Freundinnen, wie Sister Salt, erlaubt, sich über die Chemehuevi lustig zu machen. Die Zwillinge waren stolz und griffen jeden an, der es wagte, ihr Volk zu beleidigen.

Sister Salt lachte. Den ganzen Fluß entlang erzählte man sich Geschichten über die merkwürdigen Sand Lizards. Wenn sie im Kampf die Oberhand über ihre Feinde gewannen, hörten sie einfach mit dem Kämpfen auf und gingen nach Hause, statt Gefangene zu machen. Kein Wunder, daß nicht mehr viele von ihnen übrig waren. Zwei Sand Lizard-Männer, die als Spähtrupp unterwegs waren, belauschten einige Feinde, als einer der beiden in seinem Versteck auf einem Baum mit den Blättern raschelte, und die Feinde hinaufsahen. In seiner Verzweiflung ahmte der Sand Lizard-Mann den Ruf eines Spechtes nach, wieder und wieder, bis einer der Apachen einen Stein nahm und ihn damit vom Baum herunterholte. Sein Gefährte, der sich unten versteckt hatte, fing an zu lachen, und die Apachen packten ihn und brachten ihn um, aber derjenige, der den Specht nachgemacht hatte, entwischte. An dieser Stelle lachten die Zwillinge schallend los, und Sister Salt stimmte mit ein – solche Sand Lizard-Geschichten erzählten sich die Leute am liebsten. Sister Salt neckte nun ihrerseits die Zwillinge und fragte, wo denn all die Geschichten über die wilden sexuellen Praktiken der Sand Lizards blieben?

Sand Lizard-Mütter brachten immer nur Sand Lizard-Babys zur Welt, egal, mit welchem Mann sie ins Bett gingen. Der Körper der Sand Lizard-Mütter machte aus allen Babys kleine Sand Lizards. Die Babys hatten zwar unterschiedliche Merkmale, manche waren heller, andere dunkler, aber es waren immer Sand Lizards. Die Sand Lizards schätzten Sex mit Fremden wegen der engen Bindungen, die daraus entstehen konnten. In Needles waren die Leute zu höflich, um in Gegenwart von Mama oder Grandma Fleet das helle Haar und die helle Haut von Sister Salt zu erwähnen, aber hier unten, im Colorado-River-Indian-Reservat in Parker, merkte Sister Salt, daß man sie mit anderen Augen betrachtete. Maytha und Vedna erzählten, früher hätten manche

Stämme ihre Halbblut-Babys erstickt, weil sie sich vor ihnen fürchteten. Das Töten der Halbblut-Babys geschah in der Zeit, als die weißen Soldaten den Menschen im Herbst die Ernten stahlen, um sie auszuhungern. Chemehuevi hätten das nie getan, versicherten die Zwillinge. Siehst du! Die Chemehuevi waren auch anders, genau wie die Sand Lizards!

Sister Salt lachte, aber mit einem Mal traten ihr Tränen in die Augen. Ja, ihr Sand Lizard-Volk war anders, und sie fühlte sich fremd und verloren ohne Mama und ohne Indigo.

Nachdem sie von Indigo getrennt worden war, verharrte Sister Salt lange Zeit in der dumpfen Halbwelt, die nur einen Schritt außerhalb der Alltagswelt lag. Sie erinnerte sich nicht daran, aus ihr herausgetreten zu sein, sondern nur daran, sich in ihr wiedergefunden zu haben – an jenem schrecklichen Tag, an dem sie den Zug davonfahren sah, ganz langsam zunächst, dann immer schneller, bis er schließlich in der Ferne nur noch wie eine Schlange aussah, und dann verschwunden war. Ihr Körper wurde gefühllos, ihre Hände und Füße fühlten sich fremd an, wie losgelöst von ihr. Sie wollte ›Indigo!‹ schreien, aber heraus kam nur ein Keuchen. Sie bekam keine Luft, sank zu Boden und weinte in die heiße, harte Erde. Auch wenn niemand es sehen konnte, etwas war in ihr losgerissen worden, und die Blutungen machten ihren Brustkorb und ihren Bauch seltsam schwer, so daß Sister Salt tagelang regungslos auf ihrer Pritsche lag und nur Wasser und ein wenig Maismehlsuppe schlucken konnte, die Maytha und Vedna ihr brachten. Die anderen Mädchen mieden sie. Die Mohave flüsterten, sie leide an der Geisterkrankheit, und die Schulbediensteten befürchteten Typhus, obwohl sie kein Fieber hatte. Die Zwillinge brachten ihr die frische Stechapfelwurzel, nach der sie verlangte, und sie rieb die Wurzel über Stirn und Wangen, damit sie ihr helfen konnte.

Nachdem die Dumpfheit aus ihrem Körper gewichen war, begann Sister Salt sich nach Mama zu erkundigen, wann immer ihr Leute der Paiute oder Mohave begegneten, die vielleicht etwas über den Verbleib der im letzten Winter in Needles verhafteten Menschen wußten. Ja, sie hatten davon gehört, aber niemand schien zu wissen, wohin man die Verhafteten gebracht hatte – vielleicht nach Fort Yuma oder sogar nach Fort Huachuca? Sister

Salt vermißte Indigo so sehr, besonders nachts, wenn sie davon träumte, daß Indigo neben ihr lag und sich mit ihr unterhielt, und sie dann allein in dem stickigen Schlafsaal erwachte. Sie weinte, bis ihr die Tränen ausgingen und die anderen Mädchen sie darauf aufmerksam machten, daß sie davon blind werden könne.

Als nächstes suchte sie die Sand Lizards auf, von denen Grandma Fleet erzählt hatte, jene, die vor Jahren in das Parker-Reservat am Fluß gezogen waren. Aber nur wenige, mit denen sie sprach, hatten überhaupt von ihren Leuten gehört. Die meisten glaubten, es gäbe keine Sand Lizards mehr. Eine ältere Frau von den Mohave, die in den Häusern der Weißen saubermachte, nahm sie beiseite und ermahnte sie im Flüsterton, sich in acht zu nehmen, weil die Leute die merkwürdigen Sitten der Sand Lizards noch immer nicht vergessen hatten. Dabei lächelte die Frau und tätschelte Sister Salts Arm. Die alten Mohave empfanden großen Respekt und Zuneigung für die Sand Lizards, die sie immer versteckt hatten, wenn die mexikanischen Sklavenjäger den Mohave auf den Fersen waren. Die Hilfsbereitschaft der Sand Lizards anderen gegenüber war ein Grund dafür, daß sie ausgerottet worden waren. Aber Grandma Fleet hatte immer gesagt, daß es sowieso nie sehr viele Sand Lizards gegeben hatte.

Der Leiter des Colorado-River-Indian-Reservats und der dortigen Indianerschule nannte die alten Armeebaracken zwar eine »Schule«, aber es gab dort weder Lehrer noch Bücher. Die Mädchen lernten in der Schule, in großen Stahlbottichen voller Seifenlauge die schmutzige Wäsche des Leiters und seiner Frau und der anderen Angestellten zu waschen. Sister Salt wußte alles über das Wäschewaschen, weil Mama in Needles die Hotelwäsche gewaschen hatte. Aber die anderen jungen Frauen – die Cocopa, Yuma und Mohave – waren es gewohnt, ihre Wäsche in schlammigem Flußwasser oder überhaupt nicht zu waschen.

Jede Woche entwarf Sister Salt einen neuen Fluchtplan und überlegte es sich dann wieder anders. Wohin sollte sie gehen, um Mama zu finden? Ohne Indigo wollte sie nicht in die alten Gärten zurückkehren. Die Internatsschüler durften einmal im Jahr, im Sommer, nach Hause, also entschied sie sich zu warten. Jede Woche brachten die Soldaten und Indianerpolizisten zerlumpte, hungrige Menschen aus den Schluchten in das Reservat nach

Parker, und sie hoffte jemanden zu finden, der Nachrichten von Mama bringen würde.

Vor Jahren hatte man den Mohave und Chemehuevi in der Nähe von Needles am Flußufer winzige Reservate zugewiesen. Alle anderen Indianer, die vor dem Eintreffen der Weißen an den Ufern des Colorado River gelebt hatten, lebten nun im Reservat von Parker. Daher war es das größte und das am dichtesten besiedelte Reservat am Fluß. Unglücklicherweise lag der größte Teil des Landes oberhalb der fruchtbaren Flußaue, auf altem Schwemmland, das nicht bewässert werden konnte.

Sister Salt hatte noch nie eine so häßliche Gegend gesehen – kein Wunder, daß Grandma Fleet und die anderen sich geweigert hatten, aus den Hügeln herunterzukommen. Weiße Farmer hatten das beste Ackerland am Fluß für sich beansprucht. Auf diesem Landstrich dagegen wollten nicht einmal Pappeln oder Weiden wachsen. Der Boden bestand aus steinhartem Lehm und altem Flußkies. Nur ein kleiner Teil des Reservats war fruchtbares Land, und das hatte man den regelmäßigen Kirchgängern zugeteilt. Die übrigen mußten das Land nehmen, das zu weit vom Fluß entfernt lag, um bewässert zu werden, und viel zu trocken war, um genügend hervorzubringen. Sie bauten an, was immer dort wachsen wollte.

Der Leiter der Indianerschule von Parker nannte es zwar eine Schule, in Wirklichkeit aber nutzte er die Einrichtung zur persönlichen Bereicherung. Er berechnete den Soldaten und Vermessungsmannschaften fünfundzwanzig Cent für jede Wäscheladung, die Sister Salt und die anderen jungen Frauen in der Schulwäscherei wuschen. Nach der ersten Woche begann Sister Salt leise zu murren, dies sei keine Schule, sondern ein Gefängnis. Maytha und Vedna erzählten ihr, sie müsse einfach schwanger werden, dann würde der Schulleiter sie wegschicken, sobald sie einen dicken Bauch bekam. Aber Sister Salt erwiderte, daß sie nicht vorhabe, so lange zu warten. Sie nutzte jede Gelegenheit, um den Schlafsälen und Wäschezubern zu entkommen und die Gegend auszukundschaften.

Die Menschen durften ihre alten angestammten Felder nicht mehr bebauen, jedoch ohne Wasser wuchs auf dem Geröll des Schwemmlandes überhaupt nichts. Einige alte Leute versuchten es zu Anfang, indem sie Wasser auf dem Buckel die Hügel hinauf zu den Mais- und Bohnenfeldern schleppten, bis sie sich angesichts der Hitze und Verdunstung geschlagen geben mußten. Das Schwemmland oberhalb des Flußes war einfach nur für Büschelgras und Karnickel zu gebrauchen.

Die auf Anweisung der Regierung errichteten Wellblechhütten waren auch nicht besser als der Verschlag, den sie in Needles gehabt hatten. Die Zwistigkeiten unter den verschiedenen Stämmen, die hier zusammengepfercht waren, bedrückten Sister Salt. Die Chemehuevi und Mohave hatten Glück, ihre eigenen Reservate zu haben, mochten sie auch noch so klein sein, und viele Menschen in Parker beneideten die Mohave und Chemehuevi, obwohl auch sie nicht genug Ackerland hatten, um über die Runden zu kommen.

Wenn irgendein armer Teufel in Parker auch nur einen einzigen Verwandten hatte, der zu den Chemehuevis oder Mohaves gehörte, konnte es vorkommen, daß die anderen ihm höhnisch unter die Nase rieben, er solle in sein eigenes Reservat zurückgehen. Sister Salt wartete darauf, daß irgend jemand sie zurückschicken würde, aber niemand tat es. Die wenigen übriggebliebenen Sand Lizards hatten in andere Stämme eingeheiratet. Sie gingen sonntags in die Kirche und sprachen Englisch. Sie waren nicht abweisend zu Sister Salt, aber sie schüttelten den Kopf und tratschten hinter ihrem Rücken über die ungestüme junge Sand Lizard-Frau. Armes Ding! Sie hatte einfach zu lange in den Hügeln gelebt!

Sister Salt beobachtete die Frauen, die unter den zum Schutz vor der Sonne errichteten *Ramadas* im Freien saßen, um der Bruthitze der Wellblechhütten zu entkommen. Mit unterschiedlich langen Stöckchen spielten sie alte Spiele und tranken Kaktuswein, um sich die Zeit zu vertreiben. Einmal in der Woche wurden Margarine, Maismehl, Salz und ein bißchen Zucker verteilt. Sister Salt sah Frauen, die sich wegen eines Kartenspiels stritten, anschrien und an den Haaren zogen, bis jemand Mr. Syrup, den Polizisten des Reservats, herbeirief, um sie einzusperren.

Die Männer mußten jeden Morgen antreten und sich vom Reservatsleiter zum Arbeiten einteilen lassen. Wer außerhalb des Reservatsgebietes auf Hasenjagd ging, riskierte eine Gefängnisstrafe. Die Menschen schlichen mit von der Hitze getrübtem Blick durch die Gegend, und daran waren die Wellblechhütten schuld. Hätte man ihnen erlaubt, traditionelle Häuser zu bauen, die teilweise unter der Erde lagen, hätten sie sich bis zum Sonnenuntergang im Kühlen aufhalten können, der Tageszeit, zu der in den heißen Monaten die Arbeit begann. Aber die Behörden fürchteten, die Indianer könnten die Gelegenheit zur Flucht ergreifen, und verboten ihnen, bei Nacht zu arbeiten, wenn es am kühlsten war.

Der Reservatsleiter verkündete, die Indianer müßten lernen, innerhalb der Grenzen des neuen Reservats zu leben, weil viele Veränderungen im Gange seien. Utah war vor einigen Jahren ein Bundesstaat geworden, also würde es für Arizona auch nicht mehr lange dauern. Die Vermessungen für den Bau des Staudamms waren abgeschlossen, und die Aushubarbeiten für den Kanal nach Los Angeles waren im Gange. Niemand schien sich mehr über die rege Bautätigkeit in der nahegelegenen Parkerschlucht zu freuen als der Leiter des Reservats. Den ganzen Winter über empfing er wichtige Besucher in feinen Anzügen, die ihm auf die Schulter klopften und die Hand schüttelten.

Die Bauarbeitertrupps begannen, in großen Güterwaggons einzutreffen. Sister Salt zählte die Arbeiter und erklärte Maytha und Vedna anschließend, sie habe einen Plan: Sie würden selbst ins Wäschereigeschäft einsteigen. Wenn die anderen Mädchen in Richtung Schule marschierten, versteckten sie sich und trafen sich oben am Fluß an den stillen, klaren Tümpeln zwischen Weiden und Schilf. Sie gruben nach Seifenwurzeln und hängten sie zum Trocknen in die Weiden, ehe sie sie verwendeten. Da sie keine Zinkwannen hatten, borgten sie sich eines Nachts ein altes Eichenfaß, das hinter dem Wohnheim als Abfallbottich diente. Maytha und Vedna zögerten zunächst, aber Sister Salt kippte den Inhalt des Fasses einfach aus und erklärte, man würde die streunenden Hunde dafür verantwortlich machen. Stundenlang, so schien es ihnen, rollten sie das Faß vor sich her. Polterte es hin und wieder über Steine, brachte das dumpfe Getöse die Hunde zum Bellen, und sie hatten Angst, jemand würde Mr. Syrup rufen.

»Der alte Syrup schläft wie ein Stein«, meinte Sister Salt. »Macht euch um den keine Gedanken. Und selbst wenn er hier auftaucht, weiß ich, wo ich ihm hingreifen muß, damit er den

Mund hält.« Maytha und Vedna kicherten über Sister Salts Bemerkung. Sie war genau wie die Alten, von denen ihre Mutter immer erzählte – vor der Ankunft der Missionare. In jenen Tagen wußten die Chemehuevi noch, wie man sich gegenseitig Genuß bereitete. Nur die Sand Lizards hatten noch mehr Spaß am Sex, neckte Maytha, und Sister Salt nickte stolz. Es stimmte: Die Sand Lizards betrieben die Liebe so, wie sie alle es getan hatten, bevor die Missionare aufgetaucht waren.

Maytha und Vedna jammerten, daß der Platz für ihre Wäscherei zum Laufen viel zu weit entfernt sei, aber Sister Salt machte ihnen klar, daß Mr. Syrup nicht bis in diese Gegend hinauskommen würde und sie deshalb hier sicher waren. Sie verpflichteten die anderen Mädchen in der Schulwäscherei zu Stillschweigen und versprachen ihnen einen Anteil vom Gewinn, wenn sie den Mund hielten. Die Schlafsaalaufsichten überprüften nur morgens die Anwesenheit, also ließen sie die anderen Mädchen anschließend in der Schulwäscherei zurück und machten sich eilends auf den Weg zu ihrer Behelfswäscherei am Fluß.

An jenem Samstag, an dem sie das erste Mal den Fluß hinauf zum Rand des Bauarbeiterlagers gingen, gaben ihnen nur wenige Arbeiter ein Bündel Wäsche mit. Aber in den darauffolgenden Wochen machte die Neuigkeit die Runde: saubere Wäsche für die Hälfte des Preises, den der Reservatsleiter verlangte.

Hohe Besucher aus Washington, D.C. und die Aufregung um den Baubeginn des Kanals, der vom Fluß nach Südkalifornien führen sollte, hielten den Reservatsleiter wochenlang in Atem, so daß er den Rückgang der Einnahmen nicht gleich bemerkte, zumal jeden Tag neue Arbeiter hinzukamen. Als ihr Geschäft sich zu vergrößern begann, teilten sich Sister Salt und die Schwestern die Kunden mit den anderen Mädchen, die die Schulwaschküche nutzten, um sich etwas dazuzuverdienen.

Unten am Fluß vergaß Sister Salt manchmal alles um sich herum und nahm nur noch das Rauschen des Wassers und die angenehme Kühle auf ihren Beinen wahr. Später, wenn sie sich umgeben vom Duft der Weiden im Schatten im Sand ausstreckte, träumte sie vom vergangenen Jahr, als sie und Indigo noch wohlbehalten in den alten Gärten lebten. Sie wußte, daß sie nicht allzulange über die Trennung nachdenken durfte, sonst konnte sie sich am Ende vor lauter Traurigkeit nicht mehr rühren und ihr Magen weigerte sich, Nahrung aufzunehmen. Statt dessen arbeitete sie, schrubbte auf einem glatten Sandstein die Arbeitshosen und -anzüge. Und sie begann sich zu fragen: Wenn Jesus wirklich so ein großer Menschenfreund war – warum war er dann mit ihrer Mutter verschwunden und hatte sie und Indigo zurückgelassen?

Jede Woche steckte sie ihre verdienten Münzen in einen Topf, den sie unter einer Pappel am Fluß vergrub. Der Baum war alt und so mächtig, daß Sister Salt seinen Stamm nicht einmal annähernd umfassen konnte, wenn sie aus Sehnsucht nach einer liebevollen Umarmung die Augen zumachte und den Baum umarmte und ihre Wange an seine knorrige Rinde legte. Die Arme um den Baum geschlungen, dachte sie an Grandma Fleet, an Mama und an Indigo, und sie weinte, bis sich ihre Augen winzig klein und heiß anfühlten. Sie wußte nicht, was sie nun tun sollte. Wo war Mama? Wie sollte sie Indigo zurückbekommen? Sie sparte Geld, aber was nutzte ihr das? Sie ließ den Baum los, und ihre Arme sanken kraftlos herab, während sie sich in den Sand fallenließ.

Plötzlich spürte sie, daß sie beobachtet wurde. Sie sprang auf und griff, ohne das Dickicht der Weiden und Tamarisken aus den Augen zu lassen, nach einem herabgefallenen Ast. Sie trug ihn wie einen erhobenen Schlagstock, während sie sich auf den Rückweg zum Wohnheim machte. Sie alle kannten Geschichten über Frauen und selbst kleine Mädchen, die von Weißen, Schwarzen oder Mexikanern angegriffen wurden.

Sie atmete schwer und ihr Herz klopfte so laut, daß sie nicht hören konnte, ob das Rascheln im Gebüsch nun von Tieren oder von einem Feind stammte. Die Erinnerung an ein Mädchen der Cocopa, das bei einem Angriff blutig geschlagen wurde, machte sie wütend. Sie packte den Stock noch fester und fühlte, wie der Zorn sie aufrichtete. Ihre Beine wurden leichter und kräftiger, der Schlagstock hatte kaum noch Gewicht. Plötzlich verspürte sie den Drang, ihren Beobachter aufzuspüren. Leise, als wäre sie auf Hasenjagd, schlich sie den Uferpfad entlang und blieb immer wieder stehen, um mit angehaltenem Atem zu lauschen. Sie zog einen Kreis, kroch auf allen Vieren durch die Tamarisken und Weiden und zog den Schlagstock mit einer Hand hinter sich her. Irgendwo vor sich hörte sie Zweige knacken – es war ein großer

Fuß in einem schweren Stiefel. Sie holte den Lederbeutel mit dem Flintmesser hervor, den Grandma Fleet ihr gegeben hatte, und den sie immer um den Hals trug.

Sie schlich sich an eine große Gestalt heran, die in der Grannenhirse hockte, und wollte gerade losspringen und ihr das Messer in die Kehle rammen, als sie den muskulösen Rücken und die kräftigen Oberarme und Hände wiedererkannte.

»He!« brüllte sie, und der große Mann schrak zusammen und versuchte nicht einmal, sich umzudrehen. Auf allen Vieren stolperte er vorwärts und kroch halb wahnsinnig vor Angst zwischen die Tamariskensetzlinge. Trotz seiner Größe sah er so verängstigt aus, das Sister Salt lachen mußte. Beim Klang ihres Lachens blieb der Mann stehen und drehte sich mit verlegenem Grinsen um.

»Du hast mich fast zu Tode erschreckt«, sagte Big Candy und tat, als griffe er sich ans Herz. Sister Salt lachte noch mehr. Er war ihr liebster Kunde, denn er war fröhlich und scherzte immerzu über sich und seine riesigen Arbeitsanzüge, die er bei einem Zelthersteller in St. Louis bestelle, wie er sagte. Er solle gefälligst ein wenig vorsichtiger sein, ließ sie ihn wissen, sonst stoße ihm womöglich noch etwas zu. Das habe er gerade begriffen, erwiderte er mit vorgetäuschtem Schaudern und einem breiten Grinsen, während er das Flintmesser in ihrer Hand ansah. Er nickte theatralisch. Die ganze Zeit über konnte Sister Salt den Blick nicht von seinen Augen abwenden – sie waren noch schwärzer als sein Gesicht. Und was für schöne Zähne er hatte. Sie waren ihr schon aufgefallen, als er den Mädchen das erste Mal Wäsche vorbeigebracht hatte. Big Candy war der Koch und die rechte Hand des Baustellenleiters, Mr. Wylie.

»Hier könnt ihr sehen, was für ein guter Koch ich bin«, sagte er zu den Mädchen bei ihrer ersten Begegnung und zeigte ihnen seinen dicken Bauch. Von da an legte er, auch wenn er zu beschäftigt war, um selbst vorbeizukommen, seinen Bündeln mit Dreckwäsche immer einige kleine Geschenke bei – übriggebliebene Kuchen- oder Pastetenstücke, die er von Mr. Wylies Essen aufgespart hatte. Die schwarzen und mexikanischen Bauarbeiter waren die einzigen, die freundlich zu den Mädchen waren oder versuchten, sich mit ihnen zu unterhalten. Die frommen Indianermädchen ignorierten die Männer und sahen ihnen nicht einmal in die

Augen, weil der Pfarrer jeden Sonntag in der Kirche von der Gefährlichkeit der Neger und Mexikaner predigte.

Anfangs unterhielt sich Sister Salt nur mit Big Candy, um Englisch zu üben, aber er konnte sich so herrlich über sich selbst lustig machen, daß Sister in seiner Gesellschaft ebenso fröhlich wurde, wie bei Indigo und Grandma Fleet. Trotzdem war Sister überrascht, daß Candy ihr den Fluß entlang gefolgt war, wo ein so großer Mann wie er in dem Dickicht aus Tamarisken und Weiden nur mühsam vorwärts kam.

»Die Kirchgänger sagen, ihr wollt uns nur zur Unkeuschheit verleiten«, sagte Sister Salt und schwang den Schlagstock lässig durch die Luft, das Steinmesser immer noch in der Hand. Candy wischte sich das Laub von seinem Arbeitsanzug und zupfte sich ein paar Zweige aus dem Haar. Er lächelte und schüttelte bedächtig den Kopf.

»Das ist alles, woran diese Kirchgänger denken.« Er sah Sister Salt in die Augen. Wie er da auf dem Boden hockte und zu ihr aufblickte, wirkte er ganz entspannt. Sister Salt warf den Stock weg und setzte sich nicht weit von ihm auf die Erde. Vorsichtig rieb sie die Steinklinge zwischen den Fingern, überprüfte die Schneide, und wartete, daß er etwas sagte. Sonst lachten sie und die Zwillinge ihn immer aus, weil er so gerne redete. Sie säuberte sich die Fingernägel mit der Messerspitze und sah ihn schräg von der Seite an. Die Kirchgänger sagten, wenn man den schwarzen Männern zu nahekam, bekam man Babys mit Affenschwänzen, aber Sister glaubte ihnen kein Wort, weil sie sich auch bei Jesus getäuscht hatten. Sie behaupteten, er sei vor langer Zeit am Kreuz gestorben, dabei hatte sie ihn im letzten Winter mit eigenen Augen gesehen.

Candy legte sich auf den Rücken und sah durch die Blätter der Weiden und Pappeln in den Himmel hinauf. Er war so groß, daß er auch im Liegen wie ein Hügel aussah. Der Mann, der so gerne redete, wußte nichts zu sagen. Gut, dachte Sister Salt, ich habe auch nichts zu sagen. Sie begann mit Weidenrindenstreifen zu spielen, die sie zu kleinen Ringen flocht. Als sie zu ihm hinübersah, waren seine Augen geschlossen und sein Mund stand halb offen. Er war eingeschlafen, und so verließ sie ihn. Als Sister Salt am nächsten Tag zu der Pappel am Fluß kam, fand sie dort ein

Papiertütchen mit vier harten Lakritzbonbons. Sie teilte die Süßigkeiten mit Maytha und Vedna, und sie lachten sich gegenseitig aus, weil die Lakritze ihre Zähne schwarzbraun färbte.

Selbst wenn er sie nicht treffen konnte, fand Sister Salt seine kleinen Geschenke unter der Pappel – Gummibonbons, eine Zuckerstange oder Lakritz. Sein richtiger Name war Gabriel – aber er ließ sich von allen Candy nennen, weil er immer eine kleine Tüte Bonbons bei sich hatte. Manchmal brachte er ihr ein Stück rotes Band oder eine Murmel aus Marmor mit, wenn er in Needles oder Yuma gewesen war, um Delikatessen, frische Eier und Butter für Mr. Wylies Haushalt einzukaufen. Auch Maytha und Vedna räumten ein, daß er ein netter Kerl zu sein schien, aber sie fanden, Sister Salt solle nicht riskieren, Babys mit Affenschwänzen auf die Welt zu bringen. Als Candy zum erstenmal ihre Brust berührte, lagen sie im Schatten der Pappeln im Sand. Sister Salt wandte sich ab und setzte sich auf. Ob es wahr sei, was der Pfarrer sage, daß ihre Babys Affenschwänze haben würden, fragte sie ihn. Sie fürchtete, er könnte sie auslachen, aber das tat er nicht. Sein Gesicht wurde nachdenklich, sogar ein wenig traurig, dann schüttelte er langsam den Kopf. Sister Salt bedauerte ihre Frage und rutschte im Sand ein wenig näher zu ihm. Sie glaubte es eigentlich auch nicht. Über die Sand Lizards erzählten sich die Leute noch viel Schlimmeres.

»Nein, verschwende deine Zeit nicht mit solchem Gerede«, sagte Candy und strich ihr das Haar aus dem Gesicht. »In der Armee haben sie uns vor ansteckenden Krankheiten und Indianern gewarnt«, erzählte er mit einem Lächeln, »aber meine Großmutter war eine Indianerin aus Baton Rouge.« Er lachte. »Traue nie dem, was die Kirchgänger sagen.«

Anfangs war Sister Salt mißtrauisch, doch Candy gab sich wochenlang damit zufrieden, sie zu sich heranzuziehen, zu küssen und ihre Brüste zu berühren, ohne Verkehr mit ihr zu haben. Worauf wartete er? Später fragten Maytha und Vedna, wie es sich anfühlte, bei einem so großen und so schwarzen Mann zu liegen.

Mmmh! Er roch so gut, und seine Haut war weich und zart – viel zarter als braune Haut und viel, viel zarter als weiße Haut. Wenn er im Sand unter der Pappel vor sich hin döste, erinnerte er sie an einen großen, schwarzen Berg, den sie besteigen wollte, also kletterte sie, während er döste, einfach auf seine Brust und seinen Bauch. Er erschrak nicht, also mußte er sie unter seiner Hutkrempe hervor beobachtet haben. Sie lachte darüber, wie es sich anfühlte, auf diesem riesigen Mann herumzuhopsen, groß und weich wie eine Matratze, dann streckte sie sich auf Candy aus, so daß ihr Gesicht mitten auf seiner Brust ruhte.

Hinterher schlummerten sie nebeneinander im Sand, bis bei Sonnenuntergang die Moskitos herauskamen. Candy sprach über seine Zukunftspläne. Keine Arbeitsstiefel und keine Arbeitsanzüge mehr – wenn er die Stammgäste seines mitten in Denver gelegenen Restaurants begrüßte, würde er einen feinen Anzug tragen, jeden Tag eine andere Farbe, mit passenden Schuhen. Sein ganzes Leben lang hatte er in heißen Gegenden gelebt, zuerst in Louisiana, dann in Texas und Südarizona. Wenn nicht Denver, dann Oakland oder Seattle – je weiter ein schwarzer Mann nach Norden ging, desto besser war er dran.

Es war ein Glück, daß er von seiner Mutter in dem großen Haus außerhalb von Baton Rouge das Kochen gelernt hatte. Als er noch ein Baby war, hatte seine Mutter die Wiege einfach in eine Ecke der großen Plantagenküche gestellt. Und sobald er groß genug war, um das Schälmesser richtig zu halten, half Candy ihr in der Küche. Die Kochkünste seiner Mutter machten die Festessen auf der Plantage in ganz Louisiana berühmt. Und nun, da seine Mutter gestorben war, gab es niemanden, der Geflügel oder Jagdvögel so zubereiten konnte wie Candy. Sogar hier draußen, brüstete er sich, konnte er aus selbstgeschossenen Wachteln oder Tauben köstliche Pasteten zubereiten. Mr. Wylie wollte, daß Candy mit ihm nach Los Angeles ging, um für ihn und seine Familie zu kochen, aber Candy wollte ein eigenes Restaurant. Und er hatte vor, das Geld, das er brauchte, auch ohne den Job in Los Angeles zu verdienen. Candy wollte keine Zeit verschwenden. Ein Mann mußte sein Lebtag arbeiten, wenn er irgend etwas sein eigen nennen wollte. Er wollte sein Restaurant jetzt, wo er noch jung genug war, um das vorzügliche Essen und die hübschen Frauen, die er dort haben würde, genießen zu können.

Ob sie eine der hübschen Frauen sein wollte? Sister wußte nicht, was sie sagen sollte – da sie ihn nicht verletzen wollte, erzählte sie ihm von Mama und den anderen Tänzern, die dem

Messias gefolgt waren. Sie träumte davon, diese hoch oben in den Bergen wiederzufinden. Candy schüttelte von Zeit zu Zeit den Kopf, während sie die vier Nächte des Tanzes am Flußufer von Needles beschrieb.

»Ich könnte für so viele Menschen kochen, wenn es sein müßte«, meinte Candy und kaute an einem Hirsehalm herum.

»Ich will sie oben im Norden suchen.«

»Siehst du, das ist ein gutes Zeichen! Wir wollen beide in die gleiche Richtung!«

Es dauerte nicht lange, und dem Reservatsleiter kamen Beschwerden zu Ohren, seine Wäscherei sei zu teuer, und er erfuhr von der Konkurrenz direkt vor seiner Nase. Er war außer sich über die Dreistigkeit der jungen »Squaws« und ordnete eine Überprüfung der Seifenbestellungen für die Schulwäscherei an. Wütend über den Betrug, ließ er Sister Salt und ihre Komplizinnen wegen Bagatelldiebstählen verhaften. Das Gericht in Yuma verurteilte sie zu drei Monaten Gefängnis.

Während dieser Zeit, in der Sister Salt und ihre beiden Freundinnen in Yuma einsaßen, fuhr Candy zweimal im Monat mit dem Pferdewagen der Baugesellschaft nach Yuma, um Vorräte einzukaufen. Er lenkte den Wagen hinter das alte Lehmgemäuer des Gefängnisses und hielt unmittelbar neben dem eng vergitterten Fenster der Frauenzelle, wo er Sister Salt genau in die Augen sehen konnte, wenn er hinten auf dem Wagen saß. Er schob Lakritzdrops zwischen den Gitterstäben hindurch und heiterte sie mit Berichten über den Verkauf seines selbstgebrauten Bieres auf und über die Einnahmen bei den Würfel- und Kartenspielen, die er veranstaltete. Natürlich bekam auch Mr. Wylie seinen Anteil davon. Das war eben der Preis fürs Geschäftemachen.

Candy bat Sister Salt, das Ohr an die Gitterstäbe zu legen, und dann flüsterte er ihr die Neuigkeit zu. Er hatte den Rest ihrer Strafe bezahlt, und man würde sie freilassen. Morgen würde er wiederkommen und sie mitnehmen, damit sie bei ihm am Staudamm leben konnte. Zur Hölle mit dem Reservat und der Schule! Die Geschäfte liefen gut, denn jeden Tag trafen weitere Arbeiter ein, um den großen Graben nach Los Angeles auszuheben. Candy konnte die Arbeit gar nicht mehr bewältigen. Während Sister Salt aus der Frauenzelle geführt wurde, rief Candy Maytha und Vedna zu, wenn sie mitkommen wollten, würde er auch ihre Geldstrafen begleichen, aber sie waren zu schüchtern, um zu antworten.

Unterwegs erzählte Candy Sister Salt in allen Einzelheiten, wie er das Angebot für die hinzukommenden Arbeiter erweitern wollte. Neben den Geschäften mit der Wäscherei und dem Bier plante Candy, noch mehr Karten- und Würfelspieltische aufzustellen.

Auf dem sandigen Plateau hoch über der Baustelle hielt Candy das Gespann an. Sister war schockiert über die Zerstörung, die sie dort unten erblickte. Die Erde war aufgerissen, der Grund feucht und rot wie rohes Fleisch. Die Bauarbeiter wirkten wie Fliegen, die über die lehmigen Dreckhügel krabbelten. Den Fluß hatte man aus seinem Bett in tiefe Umleitungsgräben gezwungen, durch die er mit zornroter Farbe dahinfloß. Riesige Erdbewegungsmaschinen, die von Maultiergespannen gezogen wurden, entwurzelten uralte Pappelhaine. Im Westen hoben Arbeiter einen riesigen Graben aus, der Flußwasser bis nach Los Angeles leiten sollte.

In den ersten Wochen schlief Sister Salt in Candys Zelt, das groß genug war für ein Messingbett und ein grünes Samtsofa, das man erst kürzlich aus San Diego angeliefert hatte. Wenn Candy geschäftlich unterwegs war, stand Sister Salt mit dem ersten Tageslicht auf, um in den seichten Tümpeln unten am Fluß zu baden. Im Gefängnis hatte sie die harten, engen Schuhe abgelegt, die ihr die Zehen einquetschten. Erlöst von den Zwängen der Indianerbehörde, nahm sie nun ihr scharfes Flintmesser und trennte zuerst den hohen Kragen und dann, einen nach dem anderen, die langen Ärmel von ihrer Schulbluse ab. Sie ließ den Bund des Rockes wie er war, aber den Rock selbst riß sie in lange Streifen, damit frische Luft an Bauch und Hintern kam. An den heißesten Tagen, wenn Candy unterwegs war, trug sie weder Rock noch Bluse.

Ein paarmal kam Candy an diesen heißen Nachmittagen unerwartet nach Hause und fand Sister Salt splitternackt im Zelt, neben sich einen Eimer Wasser, aus dem sie mit einer Kürbisschale hin und wieder Wasser über sich sprengte. Ihr Anblick weckte Candys Leidenschaft, und wenn die süße junge Frau erst auf ihm herumgeklettert war und an ihm genascht hatte wie an einer

Sahnesoße, brachte er es nicht mehr übers Herz, sie dafür zu schelten, daß sie in seiner Abwesenheit nackt herumlief. Es war so verdammt heiß hier! Die Thermometer waren im Handumdrehen nutzlos – das Quecksilber verdampfte einfach in der erbarmungslosen Hitze.

Trotzdem war Candy von seinem Boß verwarnt worden, weil er eine Indianerin bei sich hielt. Mr. Wylie waren – natürlich unwahre – Gerüchte zu Ohren gekommen, Candy wolle ein Bordell eröffnen. Sister Salt hörte Candy zu und kam mit ihm überein, daß es besser sei, wenn sie ein eigenes Domizil bezog, unten am Fluß, wo es keine neugierigen Blicke gab und sie herumlaufen konnte, wie sie wollte. Dort konnte sie sich zum Schutz vor Moskitos roten Lehm ins Gesicht und auf den Körper schmieren, ohne daß sich Weiße darüber aufregten. Also fuhr Candy sie und ihre Habseligkeiten eine Viertelmeile flußabwärts, zu einem Hain aus Pappeln und Weiden, den die Maschinen verschont hatten.

Sie hatte ein eigenes Zelt, eine Kerosinlampe und ein kleines Klappbett, das sie als Tisch oder zum Sitzen benutzte, weil sie lieber auf dem Boden schlief, wo es kühler war. Den ganzen Tag über schleuderten Explosionen Steine und Sand des alten Flußbettes in hohen Rauch- und Staubwolken in den Himmel. Sister Salt war froh, so dicht am Fluß zu sein, weit weg vom Staub und Lärm des Lagers.

Nachdem man den Flußlauf umgeleitet hatte, fand sie zu ihrer Bestürzung silbergrüne Karpfen mit dem Bauch nach oben, eingeschlossen in Wasserlöchern im leeren Flußbett. Sie versuchte, sich um die Stechapfelpflanzen und die wilden lila Astern am Ufer zu kümmern, die plötzlich ohne Wasser dastanden. Sie nannte es ihren Blumengarten, aber die Astern verwelkten und der Stechapfel verdorrte, wenn sie nicht jeden Tag einige Eimer Wasser hinschleppte. Sie war traurig, aber auch zornig auf die Arbeiter, die den Fluß aus seinem Bett geleitet hatten. Im Gefängnis hatten sie und die Zwillinge erfahren, daß die Mohave entsetzt und fassungslos waren, weil ihre geliebten Vorfahren und verstorbenen Verwandten dort unter dem Fluß wohnten. Zweifellos würde das, was man dem Fluß angetan hatte, das Hexenwesen wieder aufleben lassen.

Sie hatte keine Ahnung von Hexerei, aber mit Gärten kannte

Sister Salt sich aus. Wurde der Fluß verlegt, konnte man keinen Garten erhalten. Tränen des Zorns standen ihr in den Augen. Dieser Ort hier war fast so schlimm wie das Reservat in Parker.

Sie beobachtete das wütende Schäumen des Flusses im Umleitungskanal. Gießbäche warfen sich urplötzlich zu hohen roten Wellenkämmen mit weißen Schaumkronen auf, während die Strömung auf der Suche nach einem Weg zurück ins alte Flußbett vor- und zurückbrandete. Sie spürte die wilde Kraft des Flusses und begann sich vorzustellen, wie ein plötzliche Flutwelle lautlos ihr Zelt ergriff und es so sanft davontrug, daß nicht einmal die Laterne vom Haken fiel. Sie stellte sich vor, wie der Fluß sie in ihrem erleuchteten Zelt immer weiter forttrug, bis zu der Bucht südlich von Yuma, von wo aus sie ins Meer hinaustrieb.

Während dieser ersten Wochen allein am Fluß träumte Sister Salt in den kühlen Morgenstunden kurz vor der Dämmerung von Grandma Fleet, Mama und Indigo in den alten Gärten. Beim Aufwachen hatte sie jedesmal für einen Moment das Gefühl, sie seien hier bei ihr, ehe ihr wieder einfiel, wo sie war. Sie verließ das Flußufer und kletterte die sandige Böschung der mächtigen Anhöhe hinauf, von der sie ungehindert in alle Himmelsrichtungen blicken konnte. Entlang des Kamms lief sie, bis die Anhöhe auf eine große Auswaschung traf, dann folgte sie einem steilen Wildpfad hinab in die Senke der Auswaschung. Als die Sonne höherstieg, fielen ihr die unzähligen bunten Steine und Kiesel im alten Flußgeröll auf, rote, gelbe, weiße – die Kieselsteine waren vom Wasser glattpoliert –, und Sister war überrascht, grobkörniges Gestein zu finden, dessen hellgrüne und dunkelgrüne Farbe sie an Blätter erinnerte. Sister Salt war entzückt. Von jedem Ausflug zur großen Auswaschung brachte sie so viele Steine mit, wie sie nur tragen konnte. Sie brauchte lange, um die bunten Steine und Kiesel richtig anzuordnen, aber schließlich war der Steingarten im Sand vor ihrem Zelt fertig – ein Garten, der kein Wasser benötigte.

Eines Morgens kam sie zurück und fand eine große Ladung Feuerholz fein säuberlich aufgehäuft neben vier gußeisernen Bottichen, und in einem Blechkübel glitzerte ein großes braunes Seifenstück. Kein Mensch fuhr freiwillig den ganzen Weg bis nach Parker, um seine Wäsche waschen zu lassen, wenn Candys Wäscherei gleich nebenan war und viel billiger obendrein. Candy brachte die Wäscheladungen kurz vor Sonnenuntergang, trank eine Tasse Kaffee mit ihr oder bat sie, sich zu ihm auf die Schlafdecke zu legen, ehe er wieder zurückfuhr, um Mr. Wylie das Abendessen zu kochen. Wenn sie nicht gerade auf den Steinen Arbeitsanzüge schrubbte, legte sie die saubere Wäsche zusammen und stapelte sie. In der ersten Woche mußte Sister Salt Tag und Nacht waschen, um fertig zu werden. Als Candy sah, daß sie nicht nachkam, band er das Pferdegespann fest und arbeitete Seite an Seite mit ihr, um die Arbeitsanzüge in heißem Wasser auszuspülen und sie dann zum Trocknen in die Büsche zu hängen.

Sister Salts Herz schlug jedesmal höher, wenn Candy in der Nähe war. Sie arbeitete bis zum Umfallen, um rechtzeitig mit dem Trocknen und Zusammenlegen der Wäsche fertig zu werden, nur um sich dann an seiner Überraschung und Freude darüber zu weiden, daß sie alles allein geschafft hatte. Waren ihre Hände vom heißen Wasser und der Seifenlauge wund und geschwollen, mußte sie nur an Candys warmes Lächeln denken und daran, wie gut es sich anfühlte, in seinen Armen zu liegen.

Nicht lange nach der Begebenheit verkündete Candy ihr, daß er eine Überraschung für sie habe. Zuerst wuchs ganz in der Nähe ein Zelt in die Höhe, das genauso aussah wie ihres, dann schaffte Candy vier weitere Eisenzuber heran. Als er das dritte Mal kam, brachte er Maytha und Vedna mit. Sister Salt war überglücklich, ihre Freundinnen bei sich zu haben. Candy zeigte den dreien ihre Abrechnungsspalten in seinem Buch. Sobald sie ihm die vorgestreckten Strafen zurückgezahlt hatten, würde er ihnen einen Wochenlohn auszahlen – viermal soviel, wie der Reservatsleiter ihnen gezahlt hatte. Das Waschen ging viel leichter von der Hand, wenn man zu dritt war und sich mit Geschichten und Scherzen bei Laune halten konnte.

Candy war ein vielbeschäftigter Mann. Sister Salt sah ihn jetzt nur noch, wenn er die Bündel mit Schmutzwäsche vorbeibrachte oder den Wagen mit der sauberen Kleidung wieder belud. Häufig war Candy bei seinen Besuchen so müde, daß er einschlief, noch ehe er sich die Stiefel ausziehen konnte, und Sister Salt kam nicht mehr so häufig wie früher dazu, auf seinem großen, weichen Bauch herumzutollen. Dennoch versäumte es Candy nie, den Lederbeutel aus seinem Hemd zu ziehen und mit den zwanzig Dollars in Gold- und Silberstücken zu prahlen, ihrem Gewinn dieser Woche.

Während die drei Frauen Arbeitsanzüge schrubbten und Wasser heiß machten, schmiedeten sie Pläne, was sie mit den verdienten Silberdollars anfangen würden. Ackerland direkt am Fluß kaufen, rief Maytha. Mit dem gesparten Geld konnten sie ein paar Ziegen und vielleicht auch einige Schafe kaufen, obwohl es hier im Sommer wohl zu heiß wurde für Schafe. Hühner? Über den Winter konnten sie vielleicht einige halten, aber wenn es im Sommer ganz heiß wurden, hörten die Hennen auf, Eier zu legen, und sie würden sie schlachten müssen.

Als sie an der Reihe war, von ihren Geldplänen zu erzählen, zögerte Sister Salt ein wenig. Es gab so vieles, was sie tun wollte, sie wußte nicht genau, wieviel Geld sie dafür brauchen würde. Als erstes mußte sie Indigo nach Hause holen, und Big Candy hatte versprochen, ihr dabei zu helfen. Dann mußten sie und Indigo Mama finden, ehe sie zu den alten Gärten zurückkehren konnten.

»Viel Glück«, sagten die Zwillinge wie aus einem Mund, aber sie klangen skeptisch. Die Soldaten und Indianerpolizisten hatten strikte Anweisungen, die Menschen in den Reservaten zu halten. Außerdem war das gute Ackerland entlang des Flusses an Weiße verpachtet, die mit dem Reservatsleiter auf gutem Fuß standen.

Auf den Straßen von Needles und Kingman gab es so viele hungrige Indianerfrauen und Kinder, daß Candy Abfälle und Essensreste für sie mitnahm, wenn er dorthin fuhr. Wenn er Knochen und Haut von gebratenen Hühnchen und Truthähnen verteilte, bettelten die Frauen ihn um Arbeit an, jede Art von Arbeit. Er lächelte und nickte und versprach ihnen allen Jobs, wenn er erst sein Hotel und Restaurant in Denver eröffnete.

Big Candy las jede Woche die Zeitungen, nachdem Wylie mit ihnen fertig war. Die Hitze überstieg in diesem Sommer alle bisher gemessenen Temperaturen in Phoenix und Los Angeles. Die Regenfälle im vergangenen Frühjahr waren weit unter normal gewesen. In Los Angeles und den umliegenden Gemeinden trockneten die Brunnen aus, und das Trinkwasser wurde von der Eisenbahn in Tankwagen herbeigeschafft. Es ging keine Woche ins Land, ohne daß irgendein offizieller Abgesandter die Baustelle besuchte, um die Fortschritte der Bauarbeiten an Kanal und Damm zu kontrollieren. Noch mehr Arbeiter wurden angeheuert, um den Zeitplan einzuhalten, und das Bauarbeiterlager aus flatternden Zeltbahnen über Holzgerüsten oder Blechgestängen rückte näher und näher an den Fluß heran. Big Candy freute sich, daß die Arbeiter nun seiner Brauerei, den Glücksspielzelten und der Wäscherei näher waren.

Die Hitze machte die Männer durstiger denn je – das Biergeschäft florierte. Mr. Wylie, der Boß, war Candys stiller Teilhaber. Sie arbeiteten schon seit einigen Jahren auf einer Baustelle nach der anderen zusammen. Jeden Abend nach Sonnenuntergang kam Wylie herunter, um die leeren Bierflaschen zu zählen. Er wollte gern über die Höhe der Tageseinnahmen im Bilde sein. Nach dem Zählen wuschen Sister Salt und die Zwillinge die Flaschen aus und erhitzten sie, ehe sie wieder frisch gefüllt wurden.

Candy erlaubte niemandem, die Deckel der Braufässer anzuheben, und kontrollierte sie täglich. Er roch und probierte, um festzustellen, welche Fässer zur Abfüllung reif waren. Die Arbeiter spotteten, daß er für sein Gebräu Flußwasser verwende, doch er war sehr sorgfältig und ließ für sein Bier extra frisches Brunnenwasser aus Parker kommen. Er fuhr den ganzen Weg bis nach Needles, um im Frachtdepot der Eisenbahn die spezielle Bierhefe und den Hopfen aus Albuquerque abzuholen. Candy überwachte den Brauvorgang peinlich genau, denn Bier war der Dreh- und Angelpunkt seiner Geschäfte. Ohne Bier hörten die Spieler die Stimmen nicht, die ihnen einflüsterten, noch einmal ihr Glück beim Würfeln zu versuchen. Es waren die Stimmen der Alkoholgeister, die da sprachen, und Candy sorgte gewissenhaft für die Geister, um keinen von ihnen zu verstimmen. Wurde zu spät abgefüllt, schmeckte das Bier schal und nach Hefe, geschah es zu früh, entwickelte sich zuviel Druck und die Glasflaschen explodierten. Wein und Schnaps überließ Candy den Alkoholschmugglern, die aus Needles oder Prescott herüberkamen. Die Herstellung von Wein und Spirituosen dauerte ihm zu lange.

Candy befürchtete, daß die Bierhefe in den Fässern absterben könnte, wenn die Hitze noch schlimmer wurde, also wies er Sister Salt und ihre Freundinnen an, die Eichenfässer mit nassen Jutesäcken zu umwickeln, die sie zuvor in den Fluß getaucht hatten. Sister Salt war froh, einen Grund zu haben, im warmen Wasser herumplanschen zu können, denn es war immer noch kühler als die Luft. Die Feuchtigkeit verdunstete so schnell, daß sich ihre Haut für kurze Zeit wunderbar kühl anfühlte.

Big Candy hielt sein Versprechen. Auf einer seiner wöchentlichen Fahrten nach Parker ging er in das Büro des Reservatsleiters und reichte eine schriftliche Anfrage nach Indigo ein. Man teilte ihm mit, die Anfrage müsse an die Indianerabteilung des Kriegsministeriums in Washington, D.C. weitergeleitet werden, und das dauere Monate. Als Candy Sister Salt davon erzählte, weinte sie vor Wut und Enttäuschung – wenn sie erst Washington fragen mußten, würden sie Indigo niemals finden! Aber Candy riet ihr, Geduld zu haben, und er machte sich daran, einen Brief aufzusetzen, Nacht für Nacht, selbst wenn er so müde war, daß er am Tisch einschlief. In jener Zeit, als er alles tat, um ihr bei der Suche nach Indigo zu helfen, liebte Sister Salt ihn am meisten. Er sparte Geld für die Zugfahrkarten. Wenn es sein mußte, würden sie nach Riverside fahren. Sie würden dieses Mädchen finden!

Der Fluß war nun nicht mehr wiederzuerkennen – er war umgeleitet und in engen, schlammigen Kammern außerhalb seines alten Bettes gefangen. Die armen Pappeln und Weiden hatte man herausgerissen und zu riesigen Abfallbergen aufgetürmt, aus denen die Wurzeln wie gewaltige Skelette verzweifelt die Hände ausstreckten. Ach, ihr armen Bäume! Wie leid es mir um euch tut! Du armer Fluß! Was haben sie mit dir gemacht, flüsterte Sister im stillen.

In zwei Schichten mühten sich die Arbeiter Tag und Nacht, Staudamm und Kanal fristgerecht fertigzustellen. Eine feine Staubschicht überzog alles, selbst Nahrungsmittel und Bettzeug. Und dann dieser unaufhörliche Lärm – das Knirschen und Rasseln der Erdbewegungsmaschinen, das leise Wiehern der Maultiere und die Rufe der Arbeiter. Nachts wurde die Baustelle von großen Petroleumfackeln erleuchtet, die Flammenbänder ausschickten, wenn der Wind in sie hineinfuhr.

Im Kasino und in der Bar hatte Big Candy Dutzende von Laternen in die Pappeln und in die Zeltecken gehängt. Jeden Nachmittag füllten Sister Salt, Maytha und Vedna frisches Petroleum nach. Die Laternen spendeten nicht nur Licht, ihre Dämpfe hielten auch die Mücken fern. Das Auffüllen der Lampen war ihre letzte Tagesaufgabe, bei der sie dann besprachen, was sie am Abend unternehmen würden. Nach dem Baden tranken sie manchmal ein Bier zusammen und sahen zu, wer beim Würfeln oder Blackjack gewann.

Etwas entfernt, auf dem Kiesbett des alten Schwemmstreifens, gleich neben dem Lager der Bauarbeiter und dem großen Zelt des Baustellenleiters, hatten Geschäftsleute aus so weit entfernten Orten wie Prescott und Yuma geschlossene Planwagen abgestellt, vollgestopft mit Matratzen und mit schwarzen und weißen Frauen, die von den Bauarbeitern für fünfzehn Minuten zehn Cent kassierten. Mr. Wylie verlangte, daß die Planwagen mit den Matratzen in Sichtweite seines Zeltes abgestellt wurden, damit er den Überblick über die Kunden behielt und die Geschäftsleute ihn nicht um seinen Anteil betrügen konnten. Sister Salt und den Zwillingen war dies nur recht – sie erhielten immer noch mehr als genug Angebote, sich mit Sex Geld zu verdienen. Big Candy ermahnte, die Preise der Planwagenfrauen nicht zu sehr zu unterbieten, sonst würden ihre Manager, die Männer aus Prescott und Yuma bei den Behörden Beschwerde einlegen und Mr. Wylie in Schwierigkeiten bringen. Sister Salt und die anderen beiden gingen mit den Männern in den weichen, sauberen Flußsand zwischen den Tamarisken und Weiden, deshalb nahmen sie weniger Geld. Ihre Kunden aber meinten, der Sand gefalle ihnen viel besser als die stinkenden Matratzen in den Planwagen. Solange Sister Salt und die Zwillinge in Wäscherei und Brauerei hart arbeiteten, war es ihre Sache, auf welche Weise sie in ihrer Freizeit Geld verdienten, Candy mischte sich da nicht ein.

Big Candy liebte Frauen und war der Ansicht, ein Mann müsse eine Frau nur gewähren lassen, dann würde sie ihn dafür um so mehr lieben. Candys Mutter war noch in der Sklaverei geboren worden, und sie hatte nach der Befreiung nie aufgehört, über ihre Situation als Sklavin und später als freie Frau nachzudenken. Dahlia war einen Meter achtzig groß und wog fast dreihundert Pfund, daher hörten ihr die Leute zu, wenn sie redete, selbst ihr Brotherr und seine Frau. »Lohnsklave« nannte sie sich und die anderen. Nein, man konnte sie nun nicht mehr kaufen oder verkaufen – die Menschen waren jetzt wertlos. Und alles, was wertlos war, ließ man verhungern.

Dahlia liebte es, nachts in ihrer Hütte die Geschichten zu erzählen, die sie als kleines Mädchen gehört hatte – von den Red Stick-Indianern, die entflohene afrikanische Sklaven aufgenommen hatten. Noch ehe die Indianer jemals einen Afrikaner zu Gesicht bekamen, hatten die alten Red Stick-Träumer sie bereits beschrieben und meinten, diese besäßen eine mächtige Medizin, die ihr Volk gut gebrauchen könnte. Also hießen sie die Flüchtlinge willkommen, als sie auftauchten, und es dauerte nicht lange, bis die Red Sticks ein wenig von dieser Medizin erhielten, die es ihren Kriegern ermöglichte, sich leicht und leise wie Rauch durch die Sümpfe zu bewegen. Eine einzige Handvoll Krieger brachte den französischen Soldaten schwere Verluste bei, und später schlugen sie die Briten in die Flucht. Natürlich waren der Treibsand und das Fieber der Sümpfe ihre mächtigen Verbündeten.

In Dahlias Clan verstand man es, zu jagen und zu kochen, besonders Fleisch. Big Candy hatte Sister mehr als einmal gesagt, wer das Essen zubereite, besitze mehr Macht, als die meisten Leute glauben. Candy war in der großen Küche aufgewachsen, in der er seiner Mutter zur Hand ging. Deshalb arbeitete er am liebsten in der Gesellschaft von Frauen. Das erklärte er Sister Salt in jener Nacht, in der er aus Needles zurückkam und die Mohave-Frau mitbrachte. Sie war nicht mehr jung, aber sie war auch noch nicht zu alt. Sie warf Sister Salt einen einzigen Blick zu, und ihre Augen verfinsterten sich vor Haß. Big Candy lachte nur, als Sister sich später bei ihm beklagte. Sie arbeite schließlich nicht mit der Mohave-Frau zusammen, erinnerte er sie. Er konnte die Frau nicht gehen lassen, sie war eine gute Arbeiterin. Die Geschäfte blühten, und er brauchte jede verfügbare Kraft.

Geld! Geld! Geld! In manchen Nächten schien das Klingen der Münzen den Lärm der Erdbewegungsmaschinen zu übertönen und weckte Sister Salt zwei- bis dreimal auf. Sie hatte das Gefühl, irgend jemand oder irgend etwas kündige seine Ankunft an – vielleicht brachten die Briefe, die Candy verschickt hatte, Indigo zurück –, obwohl sie schon geraume Zeit nicht mehr von Indigo oder der Mutter geträumt hatte.

Kurz vor Sonnenaufgang wurde es für eine Weile still, und das war ihre Zeit, aufzustehen und sich das Land anzusehen. Sie kletterte auf das hohe sandige Plateau über dem Fluß und sah sich nach allen Seiten um. Eines Tages, das konnte sie spüren, würden die Pflanzen und Sträucher zurückkehren und vom Lager der Bauarbeiter würde nicht die geringste Spur zurückbleiben. Selbst der Staudamm würde sich irgendwann mit Sand füllen. Und dann würde der Fluß über ihn hinwegspülen und endlich wieder frei sein.

Sie sah nach Südwesten, wo die alten Gärten lagen. Sie sehnte sich nach den Dünen, dem Frieden, der Stille, nach dem guten Schlaf in Grandma Fleets Erdhaus, das so viel kühler war als ein Zelt. Sie vermißte das kalte, klare Wasser aus dem Felsspalt der niedrigen Höhle oberhalb der Dünen.

Die einzige Zeit, in der sie nicht an Heimweh litt, war, wenn sie mit gutaussehenden Fremden flirtete oder mit einem von ihnen am sandigen Ufer im Schatten lag. In den Augen der alten Sand Lizards war Sex mit Fremden eine nützliche Angelegenheit, weil er eine angenehme Atmosphäre schaffte, die Geschäfte und den Austausch mit Fremden begünstigte. Grandma Fleet meinte, es gehöre einfach zum guten Ton. Alle Babys, die aus solchen Verbindungen hervorgingen, hießen »Freund«, »Friede« oder »Einheit«. Sie liebten diese Babys genauso innig, wie sie alle Sand Lizard-Babys liebten.

Sister Salt suchte sich die Männer aus, die bereit waren, für etwas Spaß im hohen Gras am Fluß einen Dime zu bezahlen. Maytha und Vedna behaupteten, die Frauen der Chemehuevi-Laguna, wie sie selbst, wüßten das Leben wohl zu genießen, aber diese Sand Lizard-Frau sei einfach lüstern! Candy störte sich nicht daran – er verdiente selbst gutes Geld und war beschäftigt. Ihr Körper gehörte ihr – das ging ihn nichts an.

»Du kannst nicht überall gleichzeitig sein«, hatte Dahlia ihn gelehrt, »warum sich also den Kopf darüber zerbrechen, wer oder was andere tun, wenn du nicht da bist?« Außerdem liebte Candy Frauen jeglichen Alters und aller Hautfarben. Jedesmal wenn Candy mit dem Proviantwagen nach Needles, Prescott oder Yuma fuhr, nahm er einige Bündel mit sauberen Lumpen und hartem Brot mit, um es an die Indianerfrauen an den Straßenecken und an die Kinder in den Gassen zu verteilen. Sister Salt fand, Candys Freundlichkeit gegenüber Frauen sei seine beste Eigenschaft.

Warum sollte es sie stören, wenn Candy mit anderen Frauen schlief – besonders mit den Zwillingen, die ihre besten Freundinnen waren? Daß er die Mohave-Frau dabei ausließ, wünschte sie nur deshalb, weil die Frau ihre Feindin war. Es war allerdings recht unwahrscheinlich, denn der arme Mann hatte für keine von ihnen viel Zeit. Candy arbeitete sieben Tage die Woche von morgens bis abends und die halbe Nacht hindurch, um seine Silberdollars zu verdienen.

In Candys Glücksspiel- und Bierzelten drängten sich Minenarbeiter, Cowboys und Bauarbeiter fast Tag und Nacht. Er heuerte noch eine weitere, ältere Mohave-Frau an, als Unterstützung für jene, die Sister Salt haßte. Die beiden Frauen kümmerten sich um das Feuer und achteten am Zahltag auf das gebratene Fleisch. Sister beobachtete sie aus der Ferne und wußte, daß die beiden über sie sprachen. Als Kartengeber oder Ansager beim Würfelspiel wurden nur weiße Männer eingestellt. Wenn er nicht gerade die fürstlichen Gerichte für Wylie zubereitete, für die der Mann lebte, trat Candy als Aufseher auf, der unauffällig hinter den Gästen stand und die Croupiers im Auge behielt, damit diese beim Kartengeben oder Würfeln ehrlich blieben. Ein junger Mexikaner namens Juanito fuhr neuerdings die Wäscheladungen hin und her, weil Candy zu beschäftigt war. Unter den Pappeln am Flußufer wuchsen immer mehr Zelte für Poker- und Würfelspieler in die Höhe.

»Wieder ein Stückchen näher an Denver«, sagte Candy jedesmal, drückte seinen Beutel mit Geld fest an sich und machte ein glückliches Gesicht, damit Sister wußte, daß er gerade an den Speisesaal seines Hotels dachte. Die große Tafel würde natürlich Übergröße haben – er würde sie in Mexiko anfertigen und dann mit dem Zug nach Denver bringen lassen. Bald würde sich die harte Arbeit bezahlt machen. Sister hatte nicht die Absicht, in eine so kühle Gegend wie Denver zu ziehen, aber sie wollte nicht darüber streiten. Sie hoffte, daß Candy es sich vielleicht noch anders überlegte und statt dessen ein Hotel in Prescott oder Kingman kaufte. Sie wollte keinesfalls die Gegend verlassen, in der ihre Schwester und ihre Mutter zuletzt gesehen worden waren.

Die Spieler strömten nur so in die Zelte unter den Pappeln am Fluß. Nach Sonnenuntergang wehte ein kühler Wind vom

Fluß herauf, und viele Männer standen draußen, um zu rauchen oder ihre Gewinne zu zählen. Maytha und Vedna gestanden, zwei schöne junge Mexikaner getroffen zu haben, Gewinner beim Blackjack, mit denen sie in die Weiden gegangen waren. Zum Beweis hatten sie Silberdollars!

Als die beiden am nächsten Abend loszogen, begleitete sie Sister Salt, um zu sehen, ob die Mexikaner wirklich so schön waren, wie die Zwillinge behaupteten. Und ehe sie sich versah, lag sie im Schutz der Weiden in den Armen eines gutaussehenden schwarzgelockten Mexikaners im weichen Sand. Mit Charlie war es anders. Sister liebte sein Lächeln und seine schnellen, klugen Bemerkungen, die sie immer wieder zum Lachen brachten. Von Charlie nahm sie nie Geld. Sie fieberte jedem Wiedersehen entgegen und konnte an nichts anderes denken, während sie mit den Freundinnen Arbeitsanzüge schrubbte.

Eine Zeitlang kam Charlie jeden Abend, sobald er mit der Arbeit fertig war, zu ihr. Candy war so beschäftigt, daß er kaum etwas merkte. Doch schon bald gestand Charlie Sister, daß er sich unbehaglich fühle und Angst habe, Candy könne ihn irgendwie dazu bringen, seinen Job zu verlieren. Charlie war in Tucson verheiratet – was war, wenn seiner Frau Gerüchte zu Ohren kamen? Nichts von dem, was Sister Salt sagte, konnte ihn beruhigen. Später hatte sie den Verdacht, ein Zauber der Mohave-Frau stecke dahinter. Vielleicht hatte ihn aber auch ein Missionar abgeschreckt. Charlie küßte sie zum Abschied. Er würde sein Sand Lizard-Mädchen sehr vermissen, aber er konnte das Risiko nicht länger eingehen.

Sister Salt hatte sich noch nie sonderlich dafür interessiert, was andere Leute dachten, und sie hatte sich nie um den Hohn der Kirchgänger – egal, ob Indianer oder Weiße – geschert, die ihre Lippen anusähnlich schürzten und ihr Beleidigungen entgegenspien. Für den Verlust Charlies machte sie die Kirchgänger verantwortlich, die vergessen hatten, daß Jesus die Prostituierte Maria Magdalena geliebt und »Schwester« genannt hatte. Jesus wußte, daß es ohne Liebe keinen Frieden gab – warum begriffen das die Kirchgänger nicht? Wovoka hatte gepredigt, der Körper am Kreuz sei nicht Jesus, sondern ein armer Weißer gewesen! Sie selbst hatte Jesus im vorletzten Winter mit eigenen Augen gesehen, und er sah aus, als könne er ein Paiute sein, wie Wovoka, mit schöner dunkler Haut und schwarzen Haaren und Augen.

Nachdem Charlie sie verlassen hatte, begann Sister die dampfenden Zuber mit den stinkenden Arbeitsanzügen zu hassen – beim Geruch von Seife und schmutziger Kleidung mußte sie sich übergeben, ebenso beim Geruch der Hefe in der Brauerei. Es dauerte nicht lange, und sie begriff, daß sie schwanger war. Ein kleines Sand Lizard-Baby war unterwegs, um ihr Gesellschaft zu leisten.

Als die Bewegungen des Babys stärker wurden, hörte sie im Traum eine Stimme, von der sie wußte, daß sie dem Baby gehörte. »Los! Weg von hier«, schien es zu sagen. »Wir können nicht fort, ehe wir Indigo wiederhaben«, flüsterte sie. Es mußte Charlies Baby sein, auch wenn sie sich nicht sicher war. Es konnte auch von Candy sein – beide waren ständig unterwegs, kein Wunder, daß das Baby ihnen glich. Wahrscheinlich würde das Baby beiden Männern ähneln, weil beide regelmäßig mit ihr geschlafen hatten. Aber jetzt, wo Charlie wegblieb, würde das Baby mehr und mehr wie Candy werden, bis es schließlich ganz sein Kind war. Sex während der Schwangerschaft hatte diese Wirkung.

Wenn sie den Winter über dablieb, kamen die Tänzer und der Messias vielleicht aus dem Norden zurück und sie konnte Mama finden. Außerdem konnte jederzeit ein Brief mit Nachrichten von Indigo eintreffen.

Sechster Teil

Kaum war das Land außer Sicht, zog Edward den Brief hervor, der kurz vor der Abreise noch gekommen war. Nachricht von Linnaeus! Hattie räusperte sich, begann vorzulesen und strahlte, als es hieß: »Ich freue mich, berichten zu können, daß sich der kleine Affe mit seinem neuen Gefährten prächtig versteht. Das Hausmädchen hat mir erzählt, es habe die beiden miteinander spielen sehen. Der Affe ließ seinen Schwanz zwischen den Gitterstäben herausbaumeln, um das Kätzchen anzulocken.«

Hattie faltete den Brief zusammen und steckte ihn wieder in den Umschlag.

»Es war sehr freundlich von Mr. Yetwin, zu schreiben, um uns zu beruhigen. Bitte teile ihm doch in deinem nächsten Brief mit, daß wir ihm für seine nette Beschreibung von Linnaeus und dem Kätzchen sehr dankbar sind. Es ist wirklich eine Erleichterung, nicht wahr, Indigo?«

Indigo nickte heftig mit dem Kopf, während sie sich ausmalte, wie der Affe mit der Katze spielte. Obwohl in dem Brief nur die Rede davon war, daß die beiden einander durch die Gitterstäbe neckten, stellte sie sich vor, daß die Käfigtür sperrangelweit aufstand und die zwei in den Zweigen der Glyzinie über dem Käfig herumturnten. Sie wußte, daß die weißen Blüten inzwischen abgefallen waren, aber sie fand es schöner, sich vorzustellen, daß Linnaeus und seine Katze zwischen den Blüten Versteck spielten.

Als sie in dieser Nacht, etwas mitgenommen vom ständigen

Schwanken des Schiffes, in ihrer Koje lag, lauschte sie dem herrlichen Regen, der aufs Deck platschte. Bei Regen mußte sie immer an die alten Gärten denken und an Mama und Grandma und Sister, die sie alle so lieb hatten. Tränen stiegen ihr in die Augen. Sie fehlten ihr ja so sehr! Ob sie die drei wohl jemals wiederfinden würde?

Das dunkle, wogende Meer begann, das Schiff jetzt bedrohlich auf- und niederzuschleudern. Jedes Wasser war lebendig, das wußte Indigo, aber dieses dunkle Salzwasser war gewaltiger als jedes Süßwasser. Dieses Schiff und alle, die damit fuhren, gehörten ihm, dem ruhelosen Wasser, solange sie sich auf dem Ozean befanden. Indigo hatte den Papageienkäfig in ihrer Koje neben sich an die Wand gestellt, damit er vom Schlingern des Schiffs nicht umfiel. Den Papagei schien das nicht zu stören. Er hockte auf seiner Stange auf einem Bein, den Kopf unter den Flügel geschoben, und schlief.

Indigo zog sich die Decke bis ans Kinn und sah zu, wie sich die Kabine samt Inhalt auf und ab bewegte. Als das Schlingern stärker wurde, rollte ein Bleistift von dem kleinen Schreibtisch herunter, den Hattie manchmal benutzte. Auf dem Bord unter dem Spiegel rutschte die Haarbürste erst in die eine, dann in die andere Richtung. Indigo sah zu, wie einer von Hatties Schuhen aus dem Gestell im Kabinenschrank fiel und über den Boden rollte. Wie ulkig, daß die Gegenstände plötzlich lebendig wurden und sich von selbst durch die Kabine bewegten!

Die See ließ ihre laute, rhythmische Stimme durch die Stahlhaut des Schiffes dröhnen, prahlte, daß sie mit ihren Wellen gewaltige Winde heraufbeschwor, ja die Erde selbst werde durch ihre Wellen bewegt. Die See war die Schwester der Erde. Indigo spürte, wie die Traurigkeit wieder von ihr Besitz nahm.

Ich habe auch eine Schwester, flüsterte Indigo, aber dieses Schiff und du, See, ihr tragt mich immer weiter von ihr fort. Sie stellte sich vor, wie Sister Salt in Needles auf dem Bahnsteig stand und sie unter den Internatsschülerinnen suchte, die den Sommer über nach Hause kamen. Jetzt lag ein ganzes Meer zwischen ihnen. Ihre ursprüngliche Idee, auf dem schnellsten Weg nach Hause zu gelangen, hatte sie noch viel weiter von zu Hause weggeführt. Ihre Augen füllten sich mit Tränen, und sie schluchzte leise in das

Kissen. ›Bitte hilf mir, See! Schick deinen feuchten Wind mit einer Botschaft zu meiner Schwester: Ich habe den längeren Weg nach Hause genommen, aber ich bin unterwegs. Bitte mach dir keine Sorgen!‹

Indigo wiederholte ihre Botschaft noch einmal laut, woraufhin der Papagei die Augen öffnete, sich aufplusterte und sie anschaute. Selbst im gedämpften Licht der Kabine sah sie seine hellgrauen Augen. Bald würde der Papagei sie wissen lassen, wie er hieß, und ihr erlauben, ihn zu halten. Wieviel Spaß sie mit den dreien haben würde, dem Papagei, dem Affen und dem Kätzchen! Das Kätzchen wurde in dem Brief nicht beschrieben, aber während sie einschlummerte, stellte sich Indigo vor, es sei schwarz, mit weißem Gesicht, weißem Bauch und weißen Pfoten.

Einige Stunden später, als Hattie schon schlief, spürte Indigo plötzlich einen seltsamen Druck in Kopf und Ohren, und dann begann es in ihrem Magen zu rumoren. Der Druck in ihrem Kopf wurde stärker, und sie merkte, daß sie sich übergeben mußte. Sie weckte Hattie, die den Schiffsarzt benachrichtigte und sich Tücher und ein Becken mit eiskaltem Wasser bringen ließ, um Indigo die Stirn zu kühlen. Man solle dem Mädchen ein oder zwei Tage Zeit lassen, meinte der Arzt, nachdem er Indigo ein paar Löffel Medizin verabreicht hatte, dann werde sie seefest sein. Doch am nächsten Morgen fühlte sie sich noch elender.

Während Hattie in der einen Kabine das seekranke Mädchen pflegte, zog sich Edward in die andere Kabine zurück, um noch einmal seine Aufzeichnungen zum Anbau von Zitrusfrüchten durchzugehen. Besonders interessierte ihn die Frage, wie man vom Baum geschnittene Stecklinge zum Anwachsen brachte. Er mußte herausfinden, wie man die Zitronenstecklinge für ihre lange Reise am besten verpackte.

Am nächsten Tag war die See ruhig und der Himmel strahlend blau, doch Indigo spürte immer noch jede einzelne Schlingerbewegung des Schiffs. Hattie überredete sie, ein bißchen Zitronenwasser und trockenes Brot zu sich zu nehmen. Während ihrer gesamten Seekrankheit bestand Indigo darauf, daß der Papageienkäfig am Fußende ihrer Koje stehenblieb. Auch wenn ihr richtig übel war, versäumte sie es nie, morgens das Tuch vom Käfig zu nehmen und es abends wieder darüberzuhängen. Sie stellte fest, daß ihre Übelkeit etwas nachließ, wenn sie mit dem Papagei redete. Indigo erzählte ihm von Mama und Sister Salt und den alten Gärten, wo Grandma Fleet neben ihren kleinen Aprikosenbäumen ruhte und sie nährte.

Den Papagei schien das alles nicht zu interessieren. Manchmal steckte er sogar den Kopf unter den Flügel, wenn sie mit ihm sprach. Sie wußte, daß er verstimmt war, weil er sein Zuhause hatte verlassen müssen und jetzt in einem kleinen Reisekäfig durchgeschüttelt wurde. Ja schlimmer noch. Bevor der Papagei in den Reisekäfig gesetzt wurde, hatte der Gärtner ihm auf Susans Anweisung die Flügelfedern gestutzt, damit er nicht wegflog. An einer Feder hatte er angefangen zu bluten, so daß sie ganz herausgezogen werden mußte. Der Papagei gab Indigo die Schuld daran – das sah sie am Blick seiner Augen.

Glücklicherweise hatte Mrs. Abbott ihnen eine große Dose Ingwerplätzchen mitgegeben, die, zusammen mit schwachem Tee, das einzige waren, was Indigo vertrug. Der Papagei rührte seine Früchte und Samen nicht an, und so fütterte Indigo ihn mit Plätzchenkrümeln, wobei sie ihre Finger tunlichst außer Reichweite seines scharfen, gebogenen Schnabels hielt. Selbst in der schummrigen Kabine leuchteten die Federn des Papageis, fast so, als strahlten sie ein eigenes Licht aus. Solche Farbtöne, solch ein Smaragdgrün, Türkis, Goldgelb und Blau, hatte Indigo bis dahin nur in Regenbögen gesehen.

Als es ihr wieder besser ging, öffnete sie die Käfigtür, doch der Papagei umklammerte seine Stange nur noch fester.

»Ich tu dir nichts, schau doch«, sagte sie und streckte ihm die offenen Hände entgegen, damit er merkte, daß sie nichts im Schilde führte. Der Papagei ignorierte die geöffnete Käfigtür, also ließ Indigo sie angelehnt und klappte das Buch auf, aus dem Hattie ihr vorgelesen hatte. Es waren Geschichten aus dem alten Irland, zum Beispiel die von der berühmten Kuh St. Kierans von Clonmacnoise und die von dem Elfenhund. Es gab ein Bild, das die Kuh auf einem Hügel inmitten eines Rings aus eigenartigen, aufrechtstehenden Steinen zeigte, wo sie eines Tages, als die Menschen Hunger litten, aufgetaucht war. Die Kuh hatte jeder Familie einen Eimer Milch am Tag versprochen, den sie bekommen würden, solange sich alle daran hielten, nicht mehr als diesen einen Eimer voll Milch zu nehmen. Aber irgendwann füllte ein Gierhals noch einen zweiten Eimer, in dem Glauben, niemand würde es bemerken, und da ging ein Blitz nieder und die Kuh verschwand.

Während Indigo auf der Suche nach dem nächsten Bild durch das Buch blätterte, warf sie einen kurzen Blick auf den Papageienkäfig und sah, daß der Vogel herausgekommen und aufs Käfigdach geklettert war. Erfreut legte Indigo das Buch weg, um mit dem Papagei zu reden und ihn zu sich zu locken, doch er wollte nichts mit ihr zu tun haben. Er putzte sich, plusterte sich auf und weigerte sich, ihr zu gehorchen, so daß Indigo sich wieder ihrem Buch zuwandte und das Bild betrachtete, auf dem der weiße Elfenhund erschien, als eine Familie gerade eilig das Zimmer verlassen hatte. Auf dem Bild sah man, daß die Familie vorher gemütlich am Kamin gesessen hatte – auf dem Tisch lag noch die brennende Pfeife des Mannes, und auf dem Boden lagen eine Puppe und ein kleiner Ball. Die Leute hatten wohl alles fallen lassen, um Essen und Getränke für die Elfen vorzubereiten, die sie besuchen wollten, und um das Feuer anzuzünden. Die Familie in der Geschichte konnte die Elfen zwar hören, sehen konnte sie jedoch nur den weißen Hund. Indigo schaute sich das Bild ganz genau an, freute sich, wenn sie Gegenstände wiedererkannte, sah zwischendurch kurz zum Käfig hinüber und stellte fest, daß der Papagei verschwunden war.

Sie bereute es sofort, die Käfigtür geöffnet zu haben. Nur weil der Vogel nicht fliegen konnte, hieß das noch lange nicht, daß er nicht laufen oder klettern konnte. Sie hatte ihm seine Freiheit geben wollen, weil sie seine Freundin war, und jetzt war er weg. Sie suchte in jeder Ecke, hinter jedem Koffer, jeder Reisetasche, und als sie kurz davor war, zu verzweifeln, sah sie, wie sich in der Schranknische Hatties rindslederner Koffer bewegte. Da saß er, der Papagei, den Schnabel am Kofferrand. Als Indigo sich hinkniete, um den Koffer hervorzuziehen, spürte sie, wie ihr etwas ins linke Knie piekte. Auf dem Boden neben dem Koffer lagen lauter kleine Messingnägel, die vorher das Leder verziert hatten. Der Koffer war ruiniert! Indigo schob ihn wieder tief in den Schrank und versuchte den Papagei in den Käfig zurückzulocken. Obwohl nur noch sechs Ingwerplätzchen übrig waren, brach sie eins durch und legte die eine Hälfte in den offenen Käfig. Der Papagei zögerte, als wüßte er, daß Indigo die Käfigtür schließen würde, sobald er drinnen war, doch das Ingwerplätzchen war unwiderstehlich. Der Papagei knabberte an dem Plätzchen und schenkte Indigo keinerlei Beachtung, als diese die Käfigtür zumachte.

Sie setzte sich neben den Käfig auf den Boden und beobachtete den Papagei.

»Wie würde dir der Name Rainbow gefallen?« fragte sie. Der Papagei sah sie unverwandt an und widmete sich der Pflege seiner Krallen. In dem Papageienbuch in der Bibliothek der Abbotts hatte sie Farbbilder von wilden Papageien im Dschungel gesehen, zwischen riesigen Bäumen und buntblühenden Pflanzen. Der Papagei war so weit von seiner wunderschönen Heimat entfernt – kein Wunder, daß er nicht sprechen wollte!

Manchmal wachte Indigo mitten in der Nacht auf und wußte nicht mehr, wo sie war – der Geruch des Kohlefeuers ließ sie einen Moment lang glauben, sie sei im Zug und nicht auf dem Schiff –, doch dann spürte sie, wie das Schiff schlingerte, sah die Umrisse des Papageienkäfigs und erinnerte sich wieder daran, wo sie war. Manchmal, wenn sie nachts aufwachte und nach ihrem Glas Wasser griff, sah sie, wie der Papagei sie beobachtete. Sie erzählte ihm flüsternd von seiner Familie – Edward hatte ihr gesagt, daß die Papageien im Regenwald in großen Familien zusammenlebten, in riesigen, abgestorbenen Bäumen. Indigo schilderte dem Papagei, wie in ihrer Vorstellung die kleinen Papageien in dem großen Baum Versteck spielten.

Sie zog die Decke über sich und den Papageienkäfig, um das sichere, gemütliche Papageiennest nachzubilden, das sie sich ausmalte. Sie tat so, als wären sie und der Regenbogenvogel kleine Papageien, die zusammen im Nest saßen, und ihre älteren Geschwister, ihre Großmütter und Großväter wären alle bei ihnen auf dem hohen Baum.

Die See wurde wieder rauher, und es stellte sich heraus, daß Indigo weniger unter der Seekrankheit litt, wenn Hattie mit ihr redete oder ihr eine Geschichte vorlas. Sie unterhielten sich darüber, was Linnaeus und sein Kätzchen wohl gerade taten. Vielleicht kletterten sie gerade an der Glyzinie im Gewächshaus hoch. Das Schiff schlingerte heftig, und Indigo trat der Schweiß auf die

Stirn. Sie bat Hattie, ihr weiter aus den Abenteuern des frechen chinesischen Affen vorzulesen, der aus Stein geboren war.

Der chinesische Affe hatte schon alles mögliche angestellt, er hatte von den Äpfeln der Langlebigkeit abgebissen, hatte die goldenen Pillen der Unsterblichkeit gestohlen und sie mit dem besonderen Wein für das Bankett der Unsterblichen hinuntergespült. Jetzt schickte der himmlische König Li seine Soldaten los, um den Affen auf dem Berg der Blumen und Früchte einzufangen. Indigo legte sich mit geschlossenen Augen in ihr Kopfkissen. Die Seekrankheit begann mit einem Druck in den Ohren, der anschwoll und sich dann als Schmerz im ganzen Kopf ausbreitete. Sie wollte, daß Hattie ihr weiter die Geschichte von der Gefangennahme des rebellischen Affen durch Buddha vorlas. Allein die Gefangennahme zog sich über fünf Seiten hin, und Hattie wurde langsam müde.

»Der Affe weigerte sich zu glauben, was er sah, und wollte gerade fortspringen, da verwandelte Buddha die Finger seiner einen Hand in fünf Berge, die sich über dem rebellischen Affen auftürmten.« Hattie hielt inne und schaute zu dem Mädchen hinüber, um zu sehen, ob sie schon schlief, doch im selben Moment schlug Indigo die Augen auf und sagte: »Nicht aufhören! Der Affe hat fünf Berge über sich! Lies vor, wie er entkommt!«

Der Seegang hatte nachgelassen, und Indigo war nicht mehr ganz so blaß. Hattie überflog die folgenden Seiten und schüttelte den Kopf.

»Es sieht so aus, als würde es noch mindestens sechs Seiten dauern, bis der Affe entkommt – es ist zu spät, um das alles noch zu lesen. Morgen«, sagte sie und klappte entschlossen das Buch zu. »Gute Nacht, und träume schön.«

»Du auch«, antwortete Indigo.

Hattie steckte die Decke um Indigo fest und gab ihr einen Kuß auf die Stirn. Der Papagei hatte den Kopf unter den Flügel gesteckt, sah aber mit einem glitzernden Auge zu, wie sie das Licht ausmachte. Es war schon nach neun, so daß sie Edward in der Nachbarkabine nicht mehr stören wollte, doch sie hatte noch keine Lust, ins Bett zu gehen. Am Nachmittag hatte sie sich seltsam lethargisch gefühlt, ihre Bewegungen waren lahm gewesen und sie hatte sich zusammenreißen müssen, um die Treppe zum

Speisesaal hinaufzugehen. Das Gefühl war ihr sofort bekannt: Trägheit, die alte Gefährtin der Melancholie. Nach Meinung der Ärzte eine Folge des vielen Lesens, Schreibens sowie des Bewegungsmangels.

Als Hattie zum erstenmal so lethargisch wurde, vermuteten die Ärzte eine ernste Krankheit. Glücklicherweise verschwanden die Symptome jedoch, nachdem sie auf dem Ball Edward kennengelernt hatte. Hoffentlich würde sie nicht wieder von dieser Melancholie erfaßt werden!

Welche Ironie wäre es, wenn dieses Leiden ausgerechnet während ihres Besuchs bei Tante Bronwyn wieder auftreten würde. In den Monaten der schlimmsten Melancholie waren die Briefe ihrer Großtante sehr wichtig für Hattie gewesen. Tante Bronwyn verfolgte die Forschungen über den menschlichen Verstand und die Gefühle und war zu dem Schluß gekommen, daß Hattie von ihrer Krankheit genesen würde, wenn sie die Forschungsarbeit zu Ende bringen würde. Nach Bekanntgabe ihrer Verlobung hatte Hatties Melancholie nachgelassen, und sie zögerte, sich wieder mit ihren Unterlagen und dem Manuskript zu beschäftigen, da sie befürchtete, die Angst und Hoffnungslosigkeit könnten zurückkehren. Während Edwards Abwesenheit hatte sie ein- oder zweimal gespürt, wie eine lähmende Müdigkeit sie zu ergreifen drohte, die sie jedoch mit kühlen Bädern und grünem Tee abgewehrt hatte. Seit Indigo aufgetaucht war, fühlte sich Hattie so energiegeladen und optimistisch, daß sie annahm, sie sei geheilt. Nach der Reise und dem Besuch bei ihrer Familie war eine gewisse Müdigkeit nichts Ungewöhnliches, doch Hattie verspürte jetzt auch eine vage Mutlosigkeit, die sie nicht in Worte fassen konnte, ganz ähnlich jenem Gefühl, das ihrer Krankheit vorausgegangen war.

Sie nahm alle Kraft zusammen, um die Schwere in ihren Gliedern zu überwinden und um nach ihrer Mappe zu greifen. Sie öffnete sie nicht gleich. Allein das Gefühl, sie in der Hand zu halten, ließ die lebhaftesten Erinnerungen in ihr aufsteigen. Anfangs schien so viel möglich zu sein. Hattie hatte seitenweise exzerpiert, ganze Passagen von Dr. Rhineharts Übersetzungen abgeschrieben. Sie blätterte ihre Aufzeichnungen durch, bis sie die Zitate aus den koptischen Manuskripten gefunden hatte, die ihre Arbeit belegen sollten. Hier! Hier war die Passage, die sie damals so in

Erregung versetzt hatte und auf der sie ihre Forschungsarbeit hatte aufbauen wollen – eben jene Passage, die im Prüfungsausschuß dann solche Empörung auslöste.

> Ich bin von der Macht geschickt
> und bin zu denen gekommen, die über mich nachsinnen
> und bin unter jenen gewesen, die mich suchen.
> Seht mich an, ihr, die ihr nachsinnt über mich
> und ihr Zuhörer, hört mir zu.
> Ihr, die ihr auf mich wartet, holt mich zu euch.
> Und verbannt mich nicht aus eurem Blick.
> Laßt eure Stimme nicht voll Haß sein gegen mich, und auch nicht eure Ohren.
> Seid euch meiner stets und überall gewiß.
> Seid auf der Hut!
> Seid euch meiner stets gewiß!
> Denn ich bin die Erste und die Letzte.
> Ich bin die Geehrte und die Geschmähte.
> Ich bin die Hure und die Heilige.
> Ich bin das Eheweib und die Jungfrau.
> Ich bin die Mutter und die Tochter.
> Ich bin das, was meine Mutter ausmacht.
> Ich bin die Unfruchtbare
> derer viele Söhne sind.
> Ich bin die, die glanzvoll Hochzeit feiert
> und die keinen Mann genommen.
> Ich bin die Hebamme und die, die nicht gebiert.
> Ich bin der Trost meiner Wehenschmerzen.
> Ich bin die Braut und der Bräutigam,
> und mein Mann hat mich gezeugt.
> Ich bin die Mutter meines Vaters,
> und die Schwester meines Mannes
> und er ist mein Kind.

Wie naiv von ihr, anzunehmen, daß man ihr Thema akzeptieren würde. Heute konnte Hattie darüber lächeln, doch als die Entscheidung des Prüfungsausschusses fiel, kam es ihr vor, als bräche eine Welt für sie zusammen – erst recht nach dem scheußlichen

Zwischenfall mit Mr. Hyslop. Hattie hatte eigentlich geglaubt, bis zum Trimesterende an Weihnachten weiterhin die Vorlesungen zu besuchen, doch dann tauchten, am Morgen nach dem Zwischenfall die Symptome auf.

Man rief den Arzt, der einen kurzen Blick auf sie warf und erklärte, sie leide infolge Überreizung an Hysterie. Er verordnete größtmögliche Ruhe und vor allem keinerlei Lektüre. Hattie weigerte sich, das Lesen ganz aufzugeben, doch sie wagte es nicht mehr, sich mit früher Kirchengeschichte zu befassen. Offensichtlich gab es große Forschungslücken, und die etablierte Kirche war nicht bereit, andere Glaubensrichtungen zuzulassen. Doch als sie jetzt in ihrem Manuskript blätterte, kam es ihr vor, als treffe sie eine alte Freundin wieder. Sie spürte, wie sich die alte Begeisterung in ihr regte. Sie wollte mehr über die Erleuchteten wissen, jene Menschen, denen Jesus erschienen war und Geheimnisse offenbart hatte, die den Bischöfen, den Kardinälen, ja selbst dem Papst verborgen geblieben waren.

DER SCHADEN, den der Papagei an Hatties Koffer angerichtet hatte, wurde erst entdeckt, als Hattie ihre Toilettenartikel einpacken wollte, und da waren sie nur noch wenige Stunden von Bristol entfernt.

Das Land kam schon in Sicht, und Hattie war so froh, heil über den Atlantik gekommen zu sein, daß sie nur lachte, als sie sah, wie sorgfältig der Papagei die Messingnägel entfernt hatte.

»Ach, das ist schnell repariert«, sagte sie, als sie Indigos gequältes Gesicht sah. »Wie das wohl passiert ist? Ich kann mich nicht daran erinnern, daß der Koffer je in der Nähe des Käfigs stand.« Das Schiff war im Begriff, in Bristol anzulegen, von wo aus sie nach Bath weiterfahren wollten.

Edward packte die Blätter mit seinen Notizen über den Zitrusfrüchteanbau zusammen. Er verweilte einen Moment bei seinen Aufzeichnungen über die Zitronatzitrone, wie die *Citrus medica* gemeinhin genannt wurde. Die größten Plantagen befanden sich auf Korsika, aber die Behörden dort waren Fremden gegenüber mißtrauisch, aus Angst, es könne sich um Agenten ausländischer Regierungen handeln, die aus der wachsenden Beliebtheit von Zitronat Kapital schlagen wollten. Die Agenten von Lowe & Company hatten berichtet, die schönsten Exemplare von *Citrus medica* seien in den Bergdörfern um Bastia zu finden.

Tante Bronwyn hatte darauf bestanden, sie in Bristol abzuholen und auf der kurzen Fahrt nach Bath zu begleiten. Sie war noch genauso, wie Hattie sie in Erinnerung hatte, fröhlich, mit leuchtend blauen Augen, die durch die dicken Brillengläser größer wirkten. Sie wollte Bristol so schnell wie möglich hinter sich lassen – zuviel Qualm und Kohlenstaub, zuviel Lärm auf der Straße.

Hattie sah, wie Indigo den Griff des Papageienkäfigs umklammerte, als sie Tante Bronwyn vorgestellt wurde, doch als diese Rainbows Schönheit pries, entspannte sich das Mädchen. Indigo lehnte sich auf dem breiten Ledersitz zurück und hielt den Käfig fest, während die Kutsche sich ruckelnd durch den Verkehr am Hafen schob. Sie hatte das Gefühl, daß der Besuch bei Tante Bronwyn Spaß machen würde.

Ab und zu erhaschte sie einen Blick auf das Hafenviertel – so viele große Schiffe, so viele Kutschen und Fuhrwerke auf der Straße. Der Lärm, der Qualm und die Essengerüche erinnerten sie an New York City, nur daß es ihr hier durch den bedeckten Himmel und die hohen Wolkenschleier vorkam, als wäre es Winter.

Ach ja – Bristol, die große Hafenstadt am Avon, dachte Edward, während er auf die Docks hinaussah, wo Arbeiter Baumwollballen und Paletten mit Bauholz abluden. Die Droschke fuhr an einem großen Gebäude mit breiten Toren vorbei, wo es von Menschen nur so wimmelte und Karren mit Rohwolle hektisch herumgeschoben wurden.

»Was ist denn?« fragte Hattie, die bemerkte, daß Edward auf das Wollmarkt-Gebäude starrte. Tante Bronwyn schaute kurz hinaus und erriet gleich, worum es ging.

»Hier war früher der Sklavenmarkt«, sagte sie und studierte dabei Edwards Gesichtsausdruck. »Die großen englischen Hafenstädte hatten alle einen Sklavenmarkt.« Der Sklavenmarkt in Bristol war einer der Eckpunkte des weltumspannenden goldenen

Handelsdreiecks gewesen. Von Bristol aus waren Schiffe mit englischen Textilien, Zinn und Glas an die westafrikanische Küste gefahren, wo sie ihre Ladung gegen Sklaven eintauschten. In Amerika wurde ein Teil dieser Sklaven dann gegen Tabak und Baumwolle getauscht, die wiederum, zusammen mit den restlichen Sklaven, zurück nach Bristol transportiert wurden. Dann ging das Ganze wieder von vorne los.

Hattie sah kurz zu Edward hinüber, der leicht errötete.

»Die amerikanischen Hafenstädte hatten natürlich auch alle Sklavenmärkte«, fügte er hinzu.

»Und wir in Amerika haben unsere Sklavenmärkte länger behalten«, sagte Hattie, während sie zusah, wie Indigo sich auf den Sitz kniete, um besser aus dem Fenster schauen zu können. Sie wollte sehen, wo früher die Sklaven verkauft worden waren, denn Grandma Fleet hatte ihnen von solchen Orten erzählt, von Yuma und Tucson zum Beispiel. Früher waren die Sklavenhändler zweimal im Jahr, im Frühjahr und im Herbst, mit ihrer Ausbeute an Indianerkindern gekommen und hatten sie an die Rancher und Bergarbeiter verkauft. Die Sand Lizards lebten nicht zuletzt deshalb in den alten Gärten, weil die Sklavenjäger normalerweise nicht in diese entlegene Gegend kamen. Grandma Fleet und Mama hatten die Mädchen immer zur Vorsicht ermahnt, denn die Sklavenjäger scherten sich nicht um das Gesetz – sie banden einen hinten an einem Esel fest und brachten einen so weit fort, daß man nie mehr nach Hause fand.

»Meine Schwester und ich wissen, wie wir uns vor den Sklavenjägern verstecken können«, sagte Indigo und wandte sich vom Fenster ab. Hattie und Edward wirkten beide etwas erschrocken, aber Tante Bronwyn nickte.

»Oh, Indigo! Heute gibt es doch keine Sklavenjäger mehr!« Hattie wollte nicht, daß das Kind sich angewöhnte aufzuschneiden, um Beachtung oder Bestätigung zu finden. Indigos Augen weiteten sich, ihr Gesicht war ernst.

»Aber ich habe sie doch selbst gesehen, Hattie«, sagte sie atemlos. »Als wir oben auf dem Hügel waren, mit Grandma Fleet. In der Ferne haben wir eine lange Reihe von Kindern gesehen, die aneinandergebunden waren.« Tante Bronwyn glaubte ihr, das merkte Indigo, aber Hattie und Edward glaubten ihr nicht.

Wenn die Kutsche hier und da im Verkehr steckenblieb, konnte Indigo die Menschen sprechen hören. Anfangs glaubte sie, daß mit ihren Ohren etwas nicht stimme, aber dann erkannte sie, daß hier eine andere Sprache gesprochen wurde. Auch die Menschen sahen etwas anders aus: Sie hatten hellrosa Haut, hellblaue Augen und hellbraune, feine Haare. Das mußte wohl an der feuchten kühlen Luft und dem vielen Schatten von den hohen Bäumen liegen. Die Leute starrten Indigo an, allerdings nicht unfreundlich.

Nach der langen Schiffsreise kamen ihr die Bewegungen der Kutsche hart und ruckartig vor. Sie ließen das enge, laute Hafenviertel hinter sich. Die schäbigen Mietshäuser am Stadtrand von Bristol wichen sanften grünen Hügeln, die sich oberhalb des Flusses entlangzogen. Der Himmel war jetzt nicht mehr grau, sondern grünlich blau. Die Straße folgte dem Fluß. Wie schön, unter dem grünen Blätterdach der alten Ulmen und Eichen den Flußwindungen zu folgen. Für einen Moment brach am südlichen Horizont ein Sonnenstrahl durch die dünne Wolkendecke. Indigo zeigte aufgeregt zum Himmel hinauf. Während ihrer Überfahrt hatten sie die Sonne nur selten zu Gesicht bekommen. Indigo drückte das Gesicht ans Fenster, aber schon verschwand die Sonne wieder hinter den Wolken.

Hattie war begeistert von der schönen Landschaft. Hier und da sah man zwischen den Bäumen und Büschen oberhalb des Flußufers – Weiden, Adlerfarn, Brombeerhecken und Wachssträucher – kleine Flecken von Immergrün, wilden Nelken und Stockmalven. Am Straßenrand standen hochgewachsener Fingerhut und Schlüsselblumen, dazwischen immer wieder wilder Hahnenfuß und weiße Gänseblümchen. Als sie mit ihren Eltern das letzte Mal Tante Bronwyn in Bath besucht hatte, war sie noch ein Kind gewesen.

Tante Bronwyn war in den Vereinigten Staaten geboren, hatte jedoch vor vielen Jahren nach England geheiratet, wo sie nach dem Tod ihres Mannes auch geblieben war. Sie bewohnte damals den Landsitz, den sie von ihrem englischen Großvater geerbt hatte. Die anderen Abbotts mochten die Engländer wegen ihres Snobismus nicht und hielten Tante Bronwyn für exzentrisch. »Unfug!« rief Tante Bronwyn gern, um die Unterhaltung in Schwung zu bringen. Bath wurde schon seit Jahrhunderten von zahllosen ausländischen Würdenträgern und anderen reichen Fremden besucht, die zum Glücksspiel herkamen und wegen der Heilquelle, so daß Tante Bronwyn kaum auffiel. Die Ortsansässigen hielten sie für verrückt, weil sie in das alte Kloster im Obstgarten zog, das baufällig war und zu nah am Fluß stand. Tante Bronwyn war zu beschäftigt, um ihre Zeit mit Teegesellschaften und Einladungen zum Abendessen zu verschwenden, und so ließ man sie in Bath in Ruhe. Niemand lud sie ein, allerdings waren die Leute durchaus nett zu ihr, wenn sie ihr auf der Straße oder beim Einkaufen begegneten.

Hattie und ihr Vater liebten die alte Tante, aber Hatties Mutter hatte sich bei ihrem Besuch an Tante Bronwyns Verschrobenheit ziemlich gestört. So hatte sie einmal Tante Bronwyns heißgeliebte irische Terrier schlafend in ihrem Bett vorgefunden, und als Mrs. Abbott versuchte, die Hunde mit dem Regenschirm zu verscheuchen, hatten diese sie böse angeknurrt. Mrs. Abbott hatte Hattie und Edward gedrängt, im Hotel zu übernachten, da sie sonst wegen der unablässig muhenden Kühe und der bellenden Hunde kein Auge zutun würden.

Indigo war erstaunt, wie feucht und grün die Luft in England roch. Wasser – überall schien Wasser zu sein, in kleinen Teichen und Seen entlang des Flusses. Durch eine Öffnung in der Käfigabdeckung flüsterte sie dem Papagei zu, Tante Bronwyn scheine sehr nett zu sein. Einer Frau wie ihr mache ein Papagei, der nicht in seinem Käfig saß, bestimmt nichts aus. Sie versprach, ihn herauszulassen, sobald sie angekommen seien.

»Herzlich willkommen!« rief Tante Bronwyn noch einmal. Sie freue sich ja so über ihren Besuch, und wenn er noch so kurz sei. Indigo schüttelte Tante Bronwyns Hand, war aber zu schüchtern, um etwas zu sagen, bis sie sah, daß der Papagei seinen Schnabel durch die Gitterstäbe nach Tante Bronwyns Zeigefinger ausstreckte – da rief sie »Vorsicht!«, gerade noch rechtzeitig, um Tante Bronwyns Finger zu retten. Indigo zeigte ihr die halbmondförmige Narbe auf ihrem Finger, das Mal des gekrümmten Schnabels.

Sie würden eine wunderbare Zeit miteinander verbringen. Es gab so vieles, was sie ihnen zeigen wollte. Die neuen Ausgrabungen bei dem römischen Tempel an den heißen Quellen und ein Steinkreis westlich der Stadt, der wieder restauriert werden sollte, waren nur zwei der Ausflüge, die Tante Bronwyn geplant hatte. Die Ausgrabungen hatten schon viele faszinierende, sehr alte Fundstücke zutage gebracht.

»Das würde ich mir sehr gerne ansehen.« Edward wandte sich mit interessierter Miene vom Fenster ab.

Hattie war erleichtert, daß Edwards Neugier geweckt war, denn während der Überfahrt hatte er ziemlich abwesend gewirkt. Sie wußte, daß er eigentlich lieber sofort nach Italien gefahren wäre, doch die Aussicht auf Ausgrabungen und römische Fundstücke machte den Aufenthalt in Bath auch für ihn lohnenswert.

Edward war nicht zum erstenmal in England, doch die mächtigen alten Eichen und Ulmen, die saftigen, blumenübersäten Wiesen auf den Schwemmstreifen entlang der Flüsse beeindruckten ihn immer noch. Da konnte sich Susan mit ihrem schottischen Gärtner, Scharen von Arbeitern und Colins Geld jahrelang abmühen – so üppig, grün und waldig wie Südwest-England würde Long Island niemals werden.

Hier wurde die Sonne durch die feuchte Luft gefiltert, so daß ein warmes, blaugrünes Leuchten entstand, das alles veränderte. Edward rief sich wieder in Erinnerung, wie schön das auf drei Seiten von den Flußwindungen des Avon umschlossene Bath war. Als er vor Jahren einmal dort gewesen war, hatte er die Parks und Gartenanlagen, in denen feine Damen mit Sonnenschirmen in Begleitung ihrer Zofen und kleiner Hündchen spazierengingen, gar nicht beachtet. Sein Interesse hatte damals den Privatclubs gegolten, wo weiterhin, wie schon vor Queen Annes Regentschaft, um Geld gespielt wurde. Er meinte damals, eine mathematische Gleichung entdeckt zu haben, mit deren Hilfe er ein unschlagbares Blatt im Blackjack vorhersagen konnte, merkte jedoch bald, daß er sich geirrt hatte.

Heute kam ihm der Avon richtig träge vor, was sicher mit den Staustufen zu tun hatte, die schon seit dem Mittelalter gebaut worden waren, um Überschwemmungen vorzubeugen. In der Umgebung von Bath folgte der Avon inzwischen nirgends mehr seinem natürlichen Lauf, sondern bestand aus einer Folge teichartiger Abschnitte, die an ihrem flußabwärts gelegenen Ende abflossen.

Die Kutsche brach zwischen den Bäumen hervor, und auf den Hügeln oberhalb des Flusses wurden plötzlich prächtige, aus grauem und hellgelbem Kalkstein erbaute Villen im georgianischen Stil sichtbar. Das alte, von Stadtmauern umschlossene und auf der ehemaligen Schwemmebene des Avon errichtete Bath blieb hinter riesigen Eichen und Linden verborgen, bis sie es fast erreicht hatten. Dann holperte die Kutsche plötzlich über eine schmale Steinbrücke, und schon befanden sie sich in einem engen Straßengewirr. Die Mauern einiger der ältesten Gebäude ruhten auf handgehauenen Kalksteinblöcken, die, wie Edward erkannte, römischen Ursprungs waren.

Tante Bronwyn erklärte, sie hätte den Weg über die alte Straße in die Stadt hinein gewählt, um sich den Anblick der »gräßlichen unechten Kolonnaden« zu ersparen, die anläßlich der Verbreiterung der Bath Street vor einigen Jahren von den Stadtvätern gebaut worden war.

Edward war etwas erstaunt über Tante Bronwyns Bemerkung, denn gemeinhin galt das alte Bath als eine der bezauberndsten Städte Englands. Durch Seitenstraßen und Gassen erhaschte Edward immer wieder einen kurzen Blick auf die von den Stadtvätern veranlaßten Umbauarbeiten in der alten Bath Street, die zu schmal war und sich durch ein Labyrinth wahllos nebeneinandergesetzter Gebäude, größtenteils mehrstöckige Mietshäuser aus dem achtzehnten Jahrhundert, hindurchschlängelte.

Tante Bronwyn rutschte auf ihrem Sitz zurück, und ihre blauen Augen strahlten vor Begeisterung, als sie ihnen zeigte, wo früher die alte Stadt gestanden hatte. Die Römer hatten ihre Stadt auf den Überresten einer alten keltischen Siedlung in der Nähe von drei heißen Quellen errichtet. Die Quellen waren Heiligtümer der keltischen Göttin Sulis gewesen. Auf den Kiesterrassen eines uralten Schwemmstreifens sprudelte heißes Quellwasser mit medizinischen und magischen Eigenschaften aus dem Boden. Die Römer, die sich davor hüteten, mächtige lokale Gottheiten zu beleidigen, nannten ihre Stadt gefügig Aquae Sulis. Doch gleichzeitig konnten sie nicht zulassen, daß Sulis weiterhin die höchste Gottheit blieb, und so bauten sie über den Quellen einen Tempel mit einem riesigen Wasserbecken, der Sulis, aber zugleich auch Minerva geweiht war.

Als sie sich dem Zentrum des alten Bath und damit dem Pump House Hotel näherten, fuhr die Kutsche langsamer, damit sie sehen konnten, wo sich die neue Ausgrabungsstätte der Tempelruine an den Quellen befand. Die eigentlichen Ausgrabungen im Keller des Hotels konnten sie natürlich nicht sehen, doch die schmale Gasse und ein Teil der Stall Street wurden von Schutthaufen und von großen Sieben fast versperrt, mit denen die Archäologen den Schutt nach Fundstücken durchsuchten, und der Kutscher mußte sein Gespann an einem Stapel Bruchsteine vorbeimanövrieren. Einige der Bruchstücke waren offenbar behauen. Edward lehnte sich aus dem Fenster, um einen Stein, in den Blütenblätter eingemeißelt waren, genauer zu betrachten.

Als sie die Bäder und Hotels hinter sich gelassen hatten, kamen die aus hübschem hellgelbem Kalkstein erbauten städtischen Gebäude – das Postamt und der Bahnhof – in Sicht, gefolgt von den reichverzierten Geschäftshäusern des neuen Bath. Tante Bronwyn fand den weißen und gelben Kalkstein zu hell, ja fast grell.

Hattie und Edward gestanden, daß sie als »echte Amerikaner« von den im achtzehnten Jahrhundert entstandenen Gebäuden im Geschäftsviertel sehr beeindruckt seien. Vor den Läden hingen Körbe mit Geranien, Gartennelken und Petunien, die die Blütenkaskaden leuchtend blauer Lobelien einrahmten.

Tante Bronwyn tat das moderne Bath mit einer Handbewegung ab und schaute von nun an nicht mehr aus dem Fenster. Statt dessen sprach sie von den umliegenden Hügeln, auf denen uralte Eichen aus der Zeit der keltischen Könige standen, die Jahrhunderte überdauert hatten, nur um jetzt von den Bauarbeitertrupps, die breite Schneisen in die Bäuche der Hügel über dem Fluß schlugen, gefällt zu werden. Rund um Bath wurde gebaut, riesige, völlig überdimensionierte Villen für irgendwelche Industrielle aus London und Bristol. Für die Überreste der prähistorischen Hügelburgen und Steinkreise auf den Hügeln entlang des Flusses stellten diese Bauarbeiten eine Bedrohung dar, was Tante Bronwyn schon vor Jahren, noch vor dem Tod ihres Mannes veranlaßt hatte, aktiv zu werden. Sie schüttelte den Kopf. Den Leuten von heute bedeuteten die alten Steine wirklich gar nichts mehr!

Edward und Hattie wechselten einen Blick. Eigentlich wollte er Mrs. Abbotts Rat folgen und in einem Hotel übernachten, statt sich in der alten normannischen Ruine zu Kühen und Hunden zu gesellen. Hattie wiederum liebte das alte Kloster schon seit der Zeit, als sie in Indigos Alter gewesen war. Außerdem würde es Tante Bronwyn sehr kränken, wenn sie in ein Hotel gingen. Der letzte irische Terrier war vor ein paar Jahren gestorben. Davon abgesehen war es zu spät, um ein Hotelzimmer zu finden – der Ansturm der Sommergäste hatte bereits eingesetzt, auf den Bürgersteigen vor den Läden gab es vor lauter Menschen kaum ein Durchkommen.

Schon vor langer Zeit war Baths glanzvolle Epoche mit der gesetzlichen Einschränkung des Glücksspiels zu Ende gegangen. In den Privatclubs wurde allerdings weiter gespielt, so daß man immer noch Maharadschas und Würdenträger durch die Straßen der Stadt fahren sah.

Die Kutsche erreichte eine Kreuzung, deren linke Abzweigung einem alten Schwemmstreifen zu folgen schien, während die rechte sich allmählich den Hügel hinauf, in das elegante Villenviertel zog. Zu Edwards Überraschung bog die Kutsche links und dann gleich noch einmal links ab, so daß sie am dicht bewachsenen Flußufer zwischen Holunderbüschen und Weiden wieder zurück in Richtung der Altstadt fuhren. Dann und wann sah man die Überreste einer alten Natursteinmauer, die von moosartigem Steinbrech und kleinen Farnpflanzen überwuchert war.

Der schmale Fahrweg schlängelte sich zwischen Linden und Holunderbüschen hindurch, deren Laub das Sonnenlicht zu einem goldenen Grün filterte. Vom Fluß kam eine sanfte, kühle Brise. Die alte normannische Abteikirche war schon vor langer Zeit abgerissen worden, nur das Kloster mit seinem ummauerten Garten und den Apfelbäumen war stehengeblieben. Dort lag es, unter riesigen alten Eichen und hinter Stechpalmen und Weißdorn fast verborgen, das alte Klostergebäude, das einst normannische Nonnen beherbergt hatte.

»Oh, ist das schön!« rief Hattie. Indigo drückte den Papageienkäfig fester an sich, als die Kutsche über eine kleine Brücke holperte. Indigo hatte geglaubt, grüner und waldiger als auf Long Island könne es nirgends sein, doch hier gab es noch mehr und noch größere Bäume, und die Hügel waren viel grüner. Für Edwards Geschmack lag das Anwesen etwas zu nah am Fluß, doch er sagte nichts. Eben hielt die Kutsche vor einer Mauer mit einem großen schmiedeeisernen Tor. Der Kutscher kletterte herunter, um die beiden Torflügel zu öffnen, fuhr dann aber seltsamerweise nicht weiter, sondern blieb stehen. Edward lehnte sich aus dem Fenster, weil er wissen wollte, was los war, und sah zu seiner Überraschung, daß ein weißer Bulle die Auffahrt blockierte.

Indigo hatte früher schon Rinder gesehen – magere, schlaksige Tiere mit wildem Blick –, aber noch nie so ein fettes Prachtexemplar wie diesen weißen Bullen. Jetzt kamen zwei weiße Kühe zwischen den Apfelbäumen hervor, gefolgt von weiteren, bis sich eine kleine Herde um die Kutsche geschart hatte. Tante Bronwyn stieg aus, nahm vom Kutscher einen kleinen Eimer entgegen und begann die Rinder mit Haferschrot zu füttern. Edward mußte sofort an Mrs. Abbotts Klagen über die alte Frau und ihre Tiere denken. Es war wirklich etwas eigenartig, müde Reisende warten zu lassen, um Rinder zu begrüßen. Hatties Mutter hatte erzählt, daß bei ihrem letzten Besuch eine Tür nicht ordentlich verriegelt gewesen sei, so daß bei ihrer Rückkehr vom Einkaufen ein paar weiße Rinder im Wohnzimmer herumspaziert wären. Und zwar in aller Gemütsruhe, wie sie hinzufügte, was doch bewies, daß die alte Frau die Tiere frei im Haus herumlaufen ließ, wenn keine Gäste da waren.

Als Tante Bronwyn schließlich einstieg, begriffen die Rinder offenbar, daß die Begrüßung zu Ende war, und trotteten wieder zum Grasen unter die Apfelbäume. Doch als die Kutsche auf das alte Gemäuer zufuhr, standen dort vor der Treppe vier weitere Kühe. Sie glotzten die näherkommenden Pferde an, rührten sich aber nicht vom Fleck. Zwar hatten sie nun nicht mehr als zwei, drei zusätzliche Meter, die sie dadurch von der Kutsche laufen mußten, dennoch ärgerte sich Edward über die alte Frau.

Die alten Steinmauern des Klosters mit den schmalen, hohen Fenstern waren wirklich sehr schön und über die Jahre kaum verändert worden. Obwohl erst früher Nachmittag war, brannten die Öllämpchen in den Messinghaltern an der Wand. Indigo freute sich an den merkwürdigen Schatten, die von den Flammen auf die kahlen Mauern geworfen wurden.

In der Bibliothek bemerkte Hattie die ungewöhnliche Befestigung der Bücherregale – sie hingen einen Meter über dem Boden. Tante Bronwyn lachte und zeigte auf die Hochwasserspuren, die sich ein paar Zentimeter unterhalb der Regalbretter schwach an der grauen Wand abzeichneten. Edward schwor sich: »Ins Hotel – nur noch ins Hotel«, falls sie jemals wieder hierherkommen sollten.

Indigo zog das Tuch vom Papageienkäfig und hob den Käfig hoch.

»Schau«, sagte sie, »jetzt bist du in England.« Der Papagei sah sich im Zimmer um und begann sein Gefieder zu putzen.

»Das macht er nur, wenn er glücklich ist. Wenn es ihm nicht gutginge, würde er sich die Federn nicht mit dem Schnabel kämmen«, sagte sie und setzte den Käfig vorsichtig auf dem Fensterbrett ab, um das Tuch ordentlich zusammenzufalten.

Das Mauerwerk des alten Klosters ließ sich nicht ohne weiteres renovieren. Hier und da sah man noch, daß jemand eine Türöffnung zugemauert oder vergeblich versucht hatte, eine Trennwand niederzureißen. Vor langer Zeit beklagten sich einmal ein paar Handwerker, daß die Steine, die sie an einem Tag in dem alten Kloster herausgebrochen und weggeschafft hätten, am nächsten Tag wieder an ihrem alten Platz säßen. Edward lächelte über Tante Bronwyns Geschichte.

»Die haben wohl die Elfen über Nacht wieder eingesetzt«, meinte er.

Tante Bronwyn schüttelte den Kopf. Nein, die Steine hätten sich von selbst bewegt, ohne die Hilfe von Kobolden oder Elfen. Indigo bekam große Augen. Tante Bronwyn nickte nachdrücklich mit dem Kopf.

O ja! Dies sei das Land, in dem die Steine nach Mitternacht herumliefen und tanzten. Morgen würden sie zusammen zu den Menhiren in Stanton Drew fahren.

Während Edward und Hattie auspackten, saß Indigo auf der Treppe, den Käfig mit Rainbow neben sich, und sah zu, wie der Kutscher eimerweise heißes Wasser vom großen Küchenherd heranschleppte, damit sie ein Bad nehmen konnte. Seine Frau kam mit einem Stapel frischer Handtücher auf dem Arm und gab Indigo ein kleines rundes Seifenstück, das nach Rosen duftete. Rainbow schlug aufgeregt mit den Flügeln und kreischte, als Indigo sich laut platschend den Schaum aus den Haaren spülte.

Die Frau des Kutschers servierte eine Kaninchenpastete, und dazu reichte sie frischen Spinat, junge Karotten und Erbsen aus dem Garten. Nach dem Essen fühlte sich Hattie sehr müde, und so ging sie mit Edward hinauf, um sich ein wenig auszuruhen, während Tante Bronwyn Indigo die kleinen Kälber zeigen wollte.

Sobald sie Tante Bronwyn zur Tür folgte, begann der Papagei in seinem Käfig zu krächzen und wie wild mit den Flügeln zu schlagen. Er hatte Angst, daß sie ihn verlassen könnte, das spürte sie.

»Keine Angst. Du darfst mitkommen.« Sie öffnete die Käfigtür und kniete so, daß sich die rechte Schulter vor der offenen Tür befand.

»Komm, kleiner Regenbogenvogel, komm, mein lieber Rainbow!« Der Papagei trat auf seiner Stange nervös von einem Fuß auf den anderen und schaute erst Tante Bronwyn, dann Indigo an. Indigo seufzte ungeduldig und wollte eben aufstehen und gehen, da kam der Papagei aus seinem Käfig, hielt sich zunächst noch an der Seite fest und kletterte dann auf ihre Schulter.

»Gut so, Rainbow. Guter Vogel!« flüsterte Indigo, während sie über den alten gepflasterten Weg zu der Steinmauer gingen, die den Obstgarten umgab. In den Baumwipfeln über ihnen zwitscherten Spatzen und alle möglichen anderen kleinen Vögel. Rainbow lauschte, gab aber keinen Ton von sich. Als Indigo sich hinkniete, um unter ein paar Malven nach trockenen Kapseln zu suchen, krallte er sich noch fester an ihre Schulter.

Die Sonne stand tief über den Bäumen, und während sie die schmalen Stufen hinaufstiegen, die den Übergang über die alte Mauer in den Obstgarten ermöglichten, verwandelte sich ihr goldenes Licht in ein Blättergrün. So ein Zauntritt sei besser als jedes Gattertor, erklärte Tante Bronwyn, denn ein Gatter vergesse man zu schließen. Außerdem könnten Rinder Gatter aufdrücken, über Zauntritte klettern könnten sie dagegen nicht. Aber sie schafften es auch so immer wieder, aus dem Obstgarten auszureißen und die Weiden am Fluß abzufressen.

Mehr als einmal seien die weißen Rinder noch vor der Morgendämmerung die Bath Street hinuntergewandert und hätten giftgrüne Kuhfladen vor den Geschäften fallen lassen, während sie sich an den Geranien und Petunien gütlich taten.

Die Rufe, mit denen Tante Bronwyn die Rinder lockte, klangen fast wie ein Lied. Ein schönes Lied, das Indigo an die alten Gärten erinnerte, an Grandma Fleet und Mama und Sister Salt. Sie setzten sich im grüngoldenen Licht auf die Stufen des Zauntritts und warteten auf die Rinder. Indigo roch den nahen Fluß und spürte die kühle Luft, die von dort herüberzog. Mit geschlossenen Augen stellte sie sich einen Augenblick lang vor, sie sei bei Grandma Fleet und Sister Salt. Der Papagei turnte auf ihrer Schulter herum und sah neugierig zu, wie ihr Tränen die Wangen hinunterrollten. Indigo haßte den dicken Kloß, den sie im Hals spürte.

Tante Bronwyn konnte Indigos Gesicht nicht sehen, doch offenbar spürte sie ihre Traurigkeit. Sie zeigte auf die kleinen grünen Früchte an den Ästen über ihnen und begann, von den weißen Rindern zu erzählen.

Die weißen Rinder gehörten dem Mond – siehst du, daß ihre Hörner wie die Mondsichel geformt waren? Indigo nickte. Die Sonne war fast hinter den Bäumen verschwunden, doch im letzten Licht schienen die Rinder, die zwischen den Apfelbäumen hervorkamen, fast silbern zu schimmern. Der Bulle, der die Herde anführte, kam auf Tante Bronwyn zu, die ihm langsam entgegenging.

Hinter der Herde sah Indigo die cremefarbenen Kälber fröhlich herumhüpfen. Die Mutterkühe schauten Indigo aus großen dunklen Augen an und schnaubten, mißtrauisch, sie könnte eine Bedrohung für ihre Kälber darstellen. Tante Bronwyn kraulte den Bullen zwischen den Hörnern und redete leise mit ihm. Eine Kuh nach der anderen kam herbei, schnupperte an Tante Bronwyns Schuhen, Hut und am Saum des Kleides. Die Kälber tollten um ihre Mütter herum, vollführten Bocksprünge und sprangen einander auf den Rücken. Sie mochten ihre Herrin, und der Bulle stellte sich schützend zwischen Indigo und Tante Bronwyn, die gerade die Kälber streichelte. Sie arbeitete sich langsam durch die ganze Herde vor, streichelte jede einzelne Kuh oder sagte etwas zu ihr. Die jungen Bullen, die etwas weiter weg unter den Apfelbäumen standen, beobachteten sie, und Tante Bronwyn ging auch zu ihnen hinüber, um sie zu begrüßen. Als die Sonne hinter den Bäumen an der Flußbiegung unterging, deutete Tante Bronwyn nach Südwesten, und Indigo sah den Mond wie ein dickes weißes Horn am Himmel stehen.

Hattie schaute zu, wie Tante Bronwyn und das Kind mit dem Papagei auf der Schulter Hand in Hand die Auffahrt zum Haus heraufkamen. Ihr quoll fast das Herz über vor Liebe, und Tränen stiegen ihr in die Augen, doch sie wischte sie rasch wieder fort. Edward saß oben vor seinen Unterlagen. Er schien viel besserer Stimmung zu sein, seit sie wirklich unterwegs waren. Morgen würde er zu einer Verabredung in den Kew Gardens nach London fahren.

Hattie fühlte sich ein wenig melancholisch. Sicher war sie bloß müde von der Reise. Während der schlimmsten Phase ihrer Melancholie hatte sie kaum genug Energie gehabt, um vom Bett zur Kommode zu gehen. Vielleicht war ein Abendspaziergang durch den Garten ja genau das, was sie jetzt brauchte. Sie rief den beiden zu, sie sollten auf sie warten. Sie überquerte den Rasen mit zügigem Schritt, um sich zu versichern, daß sie wirklich genug Energie hatte.

Die Sonne war zwar hinter den Hügeln verschwunden, doch die Bäume am Fluß leuchteten noch im Abendrot. Hattie hatte Tante Bronwyn und Indigo mit dem Papagei eingeholt und folgte ihnen nun durch ein verwittertes, messingbeschlagenes Tor in der hohen Kalksteinmauer beim südlichen Flügel des alten Klosters. Jetzt waren sie auf allen Seiten von hohen Mauern umgeben, über die sich alter Wein auf faustdick verknotetem Rebholz rankte. Kopfsteinpflasterwege durchzogen das Grundstück, das von Mauern in vier Gärten unterteilt wurde – Indigo mußte an ein großes Haus ohne Dach denken. In der Mitte befand sich ein rundes Steinbecken, in das sich aus einer Quelle Wasser ergoß.

Tante Bronwyn erklärte, früher sei in allen vier Gartenteilen Gemüse für die normannischen Nonnen angebaut worden, doch sie allein brauche nicht soviel. Heute werde nur der sonnige Südostteil als Küchengarten genutzt. Die Beete lagen etwas höher als die dazwischen verlaufenden gepflasterten Wege. Flache, glatte Flußsteine, die aufrecht nebeneinandergereiht waren, faßten die Beete ein und gaben dem Gemüsegarten, wie Hattie fand, ein seltsam formales Aussehen. Tante Bronwyn war stolz auf die alten Steinplattenwege und die erhöhten Beete, die unter Grasboden verborgen gewesen waren. Sie hatte sie von Arbeitern freilegen lassen, nachdem sie in alten Kirchenbüchern Zeichnungen und Grundrisse des Klostergartens gefunden hatte, dessen strenge Linienführung und karge Bepflanzung die Sinne strafen sollten.

Mit einem Freudenschrei lief Indigo zu den Maispflanzen hinüber. Auch einige kleine Kürbisse fand sie. Tante Bronwyn nahm eine Schaufel und grub ein paar junge Karotten für den Papagei aus. Dann pflückte sie für Hattie und Indigo einige reife Tomaten, die sie aßen, während sie Tante Bronwyn halfen, die Schürze mit jungen Erbsen und zartem Spinat für das Abendessen zu füllen.

Im Gemüsegarten zog sie auch Pflanzen der Neuzeit, erklärte Tante Bronwyn, Pflanzen aus aller Welt: Tomaten, Kartoffeln, verschiedene Kürbissorten und Zuckermais aus Amerika wüchsen hier neben Knoblauch, Zwiebeln, Saubohnen, Spargel und Kichererbsen aus Italien sowie Paprikapflanzen aus Asien und Afrika.

Sie führte die beiden auf dem gepflasterten Weg zum nordöstlichen Teil des Gartens, wo eine einfache steinerne Pergola von einer üppigen Flaschenkürbispflanze überwuchert wurde, deren Früchte wie Laternen herunterbaumelten. Hattie fand, das sei eine gute Idee, das könnten sie auch mal in Riverside ausprobieren, wo Schatten immer willkommen sei. Sie erklärte, daß der Garten in Riverside zwar bewässert und einigermaßen in Schuß gehalten werde, ansonsten aber vernachlässigt worden sei, seit Edwards Vater gestorben und es dann auch mit seiner Mutter stetig bergab gegangen war. Tante Bronwyn nickte mitfühlend.

Bis jetzt hatte die Reise wundervolle Gelegenheiten geboten, Gartenideen zu sammeln – Indigo besaß schon eine kleine Reisetasche voller Samen, die sie zusammengetragen und sorgsam in Wachspapier eingeschlagen hatte. Hattie beschloß, nach ihrer Rückkehr dem vernachlässigten Garten in Riverside zu zeigen, daß er doch geliebt wurde.

Tante Bronwyn stimmte ihr zu – wenn ein Garten nicht geliebt wurde, konnte er auch nicht gedeihen! Sie war eine glühende Anhängerin der Theorien Gustav Fechners, der davon überzeugt war, daß Pflanzen eine Seele besaßen und daß Menschen nur dazu da waren, um von den Pflanzen verzehrt und in neues, glorreiches Pflanzenleben umgewandelt zu werden. Hattie mußte lächeln. Der Mensch existierte also nur, um sich in Pflanzendünger zu verwandeln! Das würde Edward und ihren Vater sicher amüsieren!

Vor Jahren, kurz nach ihrem Einzug in das alte Kloster, war Tante Bronwyn dem Komitee zur Rettung von Altertümern beigetreten, einer örtlichen Gruppe, die gegründet worden war, um einen uralten Eichen- und Eibenhain zu retten, der sich neben einem kleinen Steinkreis auf einem Hügel befand. Für alte Kirchen, alte Bauwerke setzten sich auch andere ein, aber für alten Baumbestand oder Steine auf irgendwelchen Hügeln interessierte sich kaum jemand. Nicht lange nachdem der Erhalt der Bäume sichergestellt worden war, faßten sich Tante Bronwyn und einige andere Komiteemitglieder an den Händen und bildeten einen Kreis um einen Menhir, der durch Sprengungen auf einem benachbarten Acker gefährdet wurde. Die englischen Nachbarn gestanden einander zwar einige Verschrobenheit zu, aber die Demonstration zur Rettung des Steins verschaffte dem Komitee in Bath und Umgebung doch einen etwas fragwürdigen Ruf.

Tante Bronwyn lernte viel von den alten Frauen und Männern, die jeden zweiten Samstagnachmittag im Monat die Treppe des alten Pump House Hotels hinauftappten. Für viele Komitee-Mitglieder waren diese Treffen die einzige Gelegenheit, abgesehen von Kirchgang und Arztbesuch, einmal unter Leute zu kommen. Tante Bronwyn schüttelte lächelnd den Kopf. Inzwischen seien sie alle nicht mehr am Leben, aber es sei wunderbar gewesen, von diesen leidenschaftlichen Fürsprechern alter Bäume und Steine die Geschichte von Bath und Umgebung und die dazugehörigen Legenden zu hören.

Tante Bronwyn hielt inne und entschuldigte sich, daß sie so ins Erzählen gekommen war, aber Hattie wollte gern noch mehr über das Komitee hören, und auch Indigo nickte begeistert. Tante Bronwyn klatschte strahlend in die Hände. »Na gut!« sagte sie. »Dann erzähle ich euch von den Kröten!« Einige Komiteemitglieder setzten sich nämlich auch für den Schutz der Kröten während ihrer eigenartigen Wanderungen ein. Tante Bronwyn hatte sich diesen Mitgliedern angeschlossen und kroch nun mit den anderen auf allen vieren im Matsch herum, um den Kröten die gefahrlose Überquerung von Straßen zu ermöglichen. Als sie sich später mit den Gebrauchs- und Kultgegenständen im alten Europa zu befassen begann, stellte sie fest, daß Kröten aus Holz und Keramik einst als Verkörperungen der Ur-Mutter verehrt wurden.

Sie stellte sich die Reaktion ihrer englischen Nachbarn auf ihre Teilnahme an solchen Unternehmungen vor. Typisch amerikanisch! würden sie sagen, dabei war sie die einzige Amerikanerin in der Gruppe. Die anderen Mitglieder waren Engländer, manche stammten sogar aus Bath oder den umliegenden Ortschaften. Ihre Nachbarn amüsierten sich immer königlich über die seltsamen Pilger und Fremden, die sich auf ihrem Weg nach Stanton Downs oder Avesbury durch die Stadt schleppten, von Sonnenwenden und Steinkreisen brabbelten und behaupteten, sie seien Nachfahren der keltischen Könige und Druiden.

Die meisten Treffen des Komitees endeten damit, daß Geschichten von früher erzählt wurden – wie die rundliche Queen Anne aus ihrer Kutsche gekugelt war, als ihr Gefährt auf einem der steilsten Hügel von Bath umkippte; daß Lord Chesterfield lieber mit Falschspielern Karten spielte als mit englischen Gentlemen, weil die Falschspieler sofort bezahlten, wenn er gewann, wohingegen die Gentlemen einen Brief mit Ausreden schickten und nie zahlten. Wenn der offizielle Teil der Treffen beendet war, führten sie manchmal noch bis spät in den Abend hinein lebhafte Diskussionen und erzählten einander von Steinen, die nach Mitternacht losgingen, um irgendwo Wasser zu trinken, und anderen, die sich mit der Sonne drehten. Wenn Pflanzen und Bäume eigene Seelen hatten, dann wollte Tante Bronwyn möglichst viele dieser unterschiedlichen Wesen kennenlernen.

Zwischen Obstgarten und Kloster wiesen ein paar von Unkraut, Heckenrosen und Weißdorn überwucherte Wälle aus Schutt und Bruchstein auf den einstigen Standort der normannischen Abteikirche hin. Hier hatte Tante Bronwyn einst ihr »wildes« Wäldchen aus Edeltannen, Föhren und Eiben, aus schwarzer Walnuß, Haselsträuchern und Eichen gepflanzt. Heute, einige Jahrzehnte später, reichte ihr Wäldchen bis an die Mauer des alten Klostergartens und beschattete den hinteren Teil des südöstlichen Gartenteils.

Ein mit erbsengroßen Steinchen bestreuter Pfad schlängelte sich vom Fahrweg bis zu dem Wäldchen. Indigo rannte voraus, den aufgeregt mit den Flügeln schlagenden Papagei auf der Schulter. Mit jedem Atemzug meinte sie, die kühle feuchte Luft des Wäldchens zu schmecken.

In der Mitte des Wäldchens befand sich eine niedrige, runde Steinmauer, die von Moos und zartem Farn überwachsen war. Das Wasser, das in diesem artesischen Brunnen emporsprudelte, war von Brunnenkresse, Pfennigkraut, Weidwurz und gelber Iris beinahe verdeckt. Nach längerem Forschen in den örtlichen Archiven hatte Tante Bronwyn herausgefunden, daß die ummauerte Quelle ein Überrest der normannischen Taufkapelle sein mußte.

Indigo animierte den Papagei, von ihrer Schulter herunterzuklettern und auf der alten Mauer herumzuspazieren, doch der ließ den Blick nur nervös durch das Wäldchen und in den Himmel schweifen und rührte sich nicht von ihrer Schulter. Indigo sagte dem Vogel, er solle sich festhalten, und beugte sich hinunter, um das Wasser zu kosten. Sie hatte noch nirgends Wasser gefunden, das so gut schmeckte wie das aus der Quelle in den alten Gärten. Hattie rief sofort: »Halt!« Doch Tante Bronwyn meinte, es sei in Ordnung. Das Wasser schmeckte wie Regenwasser, so leicht und süß, daß es kaum den Durst löschte.

Hattie setzte sich auf den Rand der alten Mauer und tauchte die Hand ins Wasser, während Tante Bronwyn ihnen die schmale Steinrinne zeigte, durch die das Wasser aus dem Hain hinaus, durch den Obstgarten zu den Rindern, und schließlich in den Fluß geleitet wurde. In der Nähe des Flusses gab es einige Quellen, von denen jedoch nicht alle heiß waren, wie die Quellen, die in der Umgebung die Bäder speisten.

»Das ist wirklich ein besonderer Ort«, sagte Hattie. »Ich verstehe gut, warum du hier lebst.«

Tante Bronwyn nickte fröhlich. Ja, die Familie verstand nicht, warum sie nach dem Tod ihres Mannes in England geblieben war. Sie sei schließlich Amerikanerin – »was immer eine Amerikanerin auch sein mag«, meinte Tante Bronwyn und zwinkerte Indigo zu. Das alte Kloster hatte sie in seinen Bann geschlagen. Von einer englischen Familie, die lieber in der vornehmen Wohngegend auf den Hügeln von Bath wohnen wollte, weit weg vom Fluß und den Stechmücken, ganz zu schweigen von den Touristenscharen im Stadtzentrum und dem Dunst aus den Bädern, hatte sie das fast verfallene Gemäuer gepachtet.

Tante Bronwyn wollte ihnen noch mehr zeigen, deshalb mußte ein kurzer Eindruck vorerst genügen. Morgen konnten sie sich dann alles in Ruhe ansehen. Sie folgten dem Kiesweg, der an der hohen, mit Efeu und wilder Clematis bewachsenen Außenmauer entlang zur Rückseite des alten Klosters führte. Dort schob Tante Bronwyn die Ranken zur Seite, woraufhin eine schmale, mit Eisenplatten verkleidete Pforte zum Vorschein kam. Sie packte den eisernen Riegel, drückte die Schulter fest dagegen und gab ihr zugleich einen kräftigen Tritt. Einen Moment lang schien es, als klemme die Tür, doch dann ging sie langsam auf. Man hörte das Holz über den Boden scharren, und Tante Bronwyn mußte noch einmal dagegentreten, damit sich die Pforte, die bei einem Umbau im späten achtzehnten Jahrhundert eingesetzt worden war, ganz öffnete. Zur Zeit der normannischen Nonnen hatte man den Klostergarten nur durch eine Pforte von der Küche her erreichen können.

Das Abendlicht drang kaum mehr durch das verwilderte Wäldchen, das die hintere Mauer des westlichen Gartenteils überschattete. Glücklicherweise hatten die Arbeiter bei dem Umbau damals die alten runden und rechteckigen Hochbeete nicht zerstört, sondern nur mit Ackerkrume bedeckt. Als Tante Bronwyn den Garten wieder herrichten ließ, entdeckten die Arbeiter die kunstvollen Flußkieseleinfassungen, legten sie vorsichtig frei und reparierten sie.

Die niedrigen Mauern, die den Garten in vier Bereiche unterteilten, waren mit Lavendel bepflanzt. Indigo vergrub das Gesicht in den Blüten, während der Papagei mit dem Schnabel Schößlinge abknipste. Hattie sah, daß die vier quadratischen Gärten ganz unterschiedlich gestaltet waren.

Im nordwestlichen Quadranten hatte Tante Bronwyn einheimische englische Gewächse gepflanzt – Kohl, Nieswurz, Löwenzahn, Gartennelken, Immergrün und Gänseblümchen. Kleine Veilchen verdeckten mit ihren hängenden dichten weißen Blüten die Ränder der alten Hochbeete. Im nordöstlichen Teil des Gartens wuchsen Pflanzen, die von den Römern und Normannen ins Land gebracht worden waren. Zwischen Beeten mit Kohl, Auberginen, Kichererbsen und Gurken stand ein verwitterter, windschiefer hölzerner Laubengang, der fast völlig von Wein überrankt war. Es überraschte Hattie, wie wenige einheimische Gemüse- und Blumensorten es in England gab. Das Klima schien hier keineswegs ungünstig zu sein, und schon gar nicht im Vergleich zu der trockenen Hitze in Riverside.

Im südlichen und westlichen Teil des Gartens wuchsen Pflanzen aus Amerika, Afrika und Asien. Als Indigo die Maispflanzen im südlichen Gartenteil wiedersah, stürmte sie los, daß der Papagei aufgeregt mit den Flügeln zu schlagen begann. Vor den Pflanzen blieb sie stehen. Sie waren mit weitem Abstand voneinander gepflanzt, bestimmt, so dachte sie, damit sie alle genug Sonne abbekamen. Bei ihr zu Hause mußte man Mais gegen die Sonne und den starken Wind abschirmen, und er wurde deshalb dicht an dicht gepflanzt, wie eine große Familie. Hier wurden die Pflanzen sowohl durch die hohen Außenmauern als auch durch das niedrigere Gartenmäuerchen geschützt. Indigo lief zu den Malven, die an den südlichen Beeträndern wuchsen. Diesmal verlor der Papagei den Halt. Indigo spürte, wie er ihre Schulter im letzten Moment losließ, heftig mit seinen gestutzten Flügeln schlug und ungefähr drei Meter weit flog, bevor er auf einer, zu einem kleinen Bäumchen zurechtgestutzten gelben Rose landete und sich daran festklammerte. Indigo eilte zu dem Rosenbäumchen und setzte den Papagei wieder auf ihre Schulter.

»Schau mal – hier kommen die ganzen Blumen her!« rief sie Hattie zu. Ein breites Lächeln erschien auf Tante Bronwyns Gesicht. Während sie mit dem Schürzenzipfel ihre Brille putzte, erklärte sie, daß die Rosen, Lilien, Malven und Birnbäume nicht aus England, sondern aus dem Nahen und Fernen Osten stammten.

»Deinem Volk«, sagte sie, »den Indianern, hat die Welt so viele Gemüsesorten, so viele Früchte und Blumen zu verdanken – den Mais, die Tomaten, die Kartoffeln, die Peperoni, die Erdnüsse, den Kaffee, die Ananas, die Bananen und natürlich den Tabak.« Indigo wurde plötzlich verlegen. Wie sehr mühten sich die Sand Lizards ab, um Mais anzubauen. Tomaten, Erdnüsse oder Bananen gab es bei ihnen nicht. Die Sand Lizards sammelten die kleinen grünen Sukkulenten, die sie »Sandnahrung« nannten. Sandnahrung könnte in England, New York oder gar in Parker niemals wachsen. Sie brauchte den feinen Sand der Sandsteinfelsen und genau das richtige Maß an Schnee, nicht Regen, um direkt unter der Oberfläche des Sandbodens zu wachsen. Indigo vermißte die

Sandnahrung mit dem milden Geschmack – grün und salzig, besser als jede Gurke.

Tante Bronwyn erklärte, eine ganze Reihe von Getreide- und Gemüsesorten sowie viele Blumen seien bis zur Ankunft der Römer in England unbekannt gewesen. Daher seien die wegen der Milch und dem Fleisch heute noch geschätzten Rinder, aber auch Schweine einst so wichtig gewesen, daß man sie als Gottheiten verehrt habe. Noch heute könne man alte Kirchen finden, in deren Türbögen Säue mit Ferkeln eingemeißelt seien.

Im südwestlichen Gartenteil wuchsen große dunkelrote Dahlien unter riesigen Sonnenblumen mit tellergroßen Gesichtern. Indigo hatte keine Vorstellung davon gehabt, wie viele verschiedene Arten von Sonnenblumen es gab – mit roten Blütenblättern und mit weißen, mit verzweigten Blütenständen oder einzelnen Blüten und in allen erdenklichen Größen. Indigo flüsterte dem Papagei zu, sie wünschte, sie wären später im Jahr gekommen, wenn die Pflanzen schon Samenstände ausgebildet hätten. Dennoch suchte sie den Boden unter den Pflanzen ab. Vielleicht fand sie ja ein paar frühe Samenkerne. Sie wußte genau, wohin diese Sonnenblumen gepflanzt werden müßten, nämlich in die Nähe der Quelle oben in den Dünen.

Indigo fing einen himmlischen Duft auf und wandte sich zu einer Pflanze mit schönen dunklen Blättern und kleinen, glockenförmigen weißen Blüten um, die so groß war wie sie selbst. »Riech mal!« rief Indigo Hattie zu, die das Gewächs zunächst nicht einordnen konnte, bis Tante Bronwyn sie aufzog, weil sie diese uramerikanische Pflanze nicht kannte. Es war die weißblühende *Nicotiana*, eine Tabakpflanze.

Im südöstlichen und südwestlichen Gartenbereich standen auf den Gemüsebeeten auch Blumen, und dazwischen Heilpflanzen und Kräuter. Die Pflanzen gediehen so besonders gut, denn sie schützten einander vor Insekten. Indigo roch am Stechapfel, bevor sie ihn erkannte, denn die Pflanze überragte sie und hatte Blüten, groß wie Untertassen. Sie atmete so tief ein, daß die Pollen sie in der Nase kitzelten.

»Hallo alte Freundin. Du wirst aber groß in England. Willst wohl näher an die Sonne herankommen?« Sie zeigte Rainbow die runden stacheligen Samenkapseln des Stechapfels, erklärte ihm aber, es sei unhöflich, sie wegzunehmen. Wenn sie wieder zu Hause wären, könne er so viele stachelige Samenkapseln habe wie er wolle.

Gerade war sie zwischen die Tomaten und Buschbohnen getreten, als ihr leuchtendbunte Farben ins Auge sprangen, üppige Blüten auf hübschen, hohen Stengeln! Die roten, violetten, orange- und rosafarbenen Blüten sahen aus, wie in Farbe getaucht, so daß sie über dem Dunkelgrün der wohlgeformten schmalen Blätter regelrecht zu glühen schienen. Die ungewöhnlichen, vielfarbigen Blüten gefielen Indigo besonders gut – da gab es Blüten mit weißem Innern, mit weißen Rändern, ja sogar mit getupften Blütenblättern. Was für Blumen! Sister und Mama wären begeistert! Tante Bronwyn erzählte ihr gern mehr über die Gladiolen: Sie stammten ursprünglich aus Afrika, seien jedoch durch Kreuzungen stark verändert worden.

Hattie fragte nach den Heilpflanzen. Ja, viele brauchten Schatten und Feuchtigkeit – Eisenhut, Tollkirsche, Enzian, Baldrian. Aber es fänden sich immer Wege, eine Pflanze zum Wachsen zu bringen, und wenn man sie nachts mit ins Bett nehmen mußte, so wie es die deutschen Orchideensammler früher im Winter immer getan hätten.

Hattie erklärte, daß der heruntergekommene Garten in Riverside und Indigos Interesse an Pflanzen und Samen auch ihre Lust am Gärtnern wieder geweckt hätten. Ein Heilpflanzengärtchen sei genau das richtige für das spärlich bewachsene Rasenstück neben den Fliederbüschen in Riverside. Es sei sonnig, nachmittags aber auch schattig genug für die hitzeempfindlichen Pflanzen.

Hattie konnte nicht nachvollziehen, warum Indigo von den Gladiolen so fasziniert war. Ihr erschienen die Züchtungen mit den schreienden Farben künstlich, auch wenn Tante Bronwyn sie so geschickt plaziert hatte, daß sie wirklich gut zur Geltung kamen. Hattie machte Indigo auf ein paar silbrige Casablanca-Lilien aufmerksam, doch Indigo interessierte sich viel mehr für eine Gladiole mit burgunderroten, rosa umrandeten Blüten.

Während das Mädchen zwischen den Gladiolen herumspazierte, zeigte Tante Bronwyn ihnen auch die weniger auffälligen Gladiolenarten und die kleinen weißen und roten Exemplare, die in den Bergen am Mittelmeer wuchsen. Eigentlich hatte sie die empfindlichen Zuchtgladiolen dieses Jahr zum letztenmal pflanzen wollen, doch Indigos Begeisterung für das lange Beet voller hochgewachsener silberner und burgunderroter Pflanzen ließ sie zu einer anderen Entscheidung kommen. Sie würde die Blumen ab jetzt jedes Jahr pflanzen, zur Erinnerung an diesen Besuch und an Indigos Begeisterung.

Während Tante Bronwyn und Indigo einer Kröte beim Mükkenfangen zusahen, ließ Hattie den Blick durch den Garten schweifen und entdeckte dabei in der westlichen Mauer eine weitere Pforte, die von einer duftenden weißen Kletterrose überrankt wurde. Sie wäre gerne hingegangen, doch es wurde langsam dunkler. Es war wohl besser, bis morgen zu warten.

Bevor sie zum Abendessen ging, setzte Indigo den Papagei wieder in den Käfig, woraufhin sich die Pupillen des Vogels weiteten und er anfing zu kreischen. Sie bat ihn, still zu sein, sie käme ja gleich wieder, doch das beeindruckte den Papagei überhaupt nicht. Indigo wußte, daß sie zum Essen erwartet wurde, aber sie wollte nicht, daß der Papagei Edward und Hattie durch sein Gekreische verärgerte.

Sie blieb bei dem Vogel sitzen, bis es leise an die Tür klopfte und Tante Bronwyn hereinkam. Ob alles in Ordnung sei? Ob sie in dem Bett gut liege? Indigo kam zu dem Schluß, daß Tante Bronwyn sie verstehen würde, und gestand ihr, daß sie nicht gerne in Betten schlafe – sie breite das Bettzeug immer auf dem Fußboden aus und lege es morgens wieder aufs Bett zurück. Hattie wußte davon, doch Edward nicht. Tante Bronwyn wollte wissen, wie sie mit Edward zurechtkam. Er sei nett, aber das Gekreische des Papageis störe ihn. Deshalb sei sie auch nicht zum Essen gekommen. Der Papagei wolle sie nicht gehenlassen. Bei diesem Geständnis packte Tante Bronwyn den Papageienkäfig an seinem Messinggriff, und sie gingen gemeinsam nach unten.

Sie saßen in dem langen, schmalen Raum, der früher die Kapelle gewesen war, um einen wuchtigen runden Tisch herum, den Tante Bronwyn wegen seines Alters »König Artus' Tafel« nannte. Lange tiefe Kratzer verunzierten die Tischplatte, und Tante Bronwyn erklärte lachend, das seien die Spuren der Dolche und Schwerter der Ritter der Tafelrunde. Die Frau des Kutschers trug Brathühnchen, frische grüne Bohnen und Kartoffeln auf. Zum

Nachtisch gab es Möhrenkuchen. Nach dem Essen blieben sie nicht mehr lange sitzen, denn sie wollten am nächsten Morgen früh aufbrechen. Es gab soviel, was Tante Bronwyn ihnen zeigen wollte.

Indigo baute sich aus Laken und Decke ein gemütliches Nest auf dem Boden. Tante Bronwyn half ihr dabei und sagte, sie müsse das Bettzeug am nächsten Morgen nicht wieder zurücklegen. So fühlte sich Indigo viel wohler. Der Papagei hockte auf dem Käfig und schlief, den Kopf unter den Flügel gesteckt. Indigo fragte sich, wovon er wohl träumte – wahrscheinlich von seiner alten Heimat im blühenden Dschungel, wo er früher mit seinen Schwestern und seiner Mutter frei herumgeflogen war. Indigo spürte ein Ziehen in der Brust und mußte plötzlich weinen. Sie vermißte Sister Salt und Mama so sehr, und der arme kleine Linnaeus hatte zu Hause zurückbleiben müssen. Vom Weinen wurde ihr Gesicht ganz heiß, und schließlich wurde ihr überall heiß und sie strampelte Laken und Decke weg und schob das Kissen zur Seite, so daß ihr Kopf auf dem kühlen Steinboden lag.

Hattie träumte, sie gehe unter den großen Ulmen und Eichen im Park von Boston spazieren. Ein kühler Herbstwind blies ihr ins Gesicht. Wie bunt und lebendig das rote Ahornlaub und die goldenen Eichenblätter wirkten, wenn die Sonne darauffiel. Alles schimmerte so nah vor ihrem Gesicht, daß sie die Hand ausstreckte, um es zu berühren. Sie schrak fröstelnd aus dem Schlaf und merkte, daß sie im Freien lag, im Dunkeln. Seit ihrer Kindheit war sie nicht mehr schlafgewandelt. Der Himmel war klar – wie hell die Sterne die Nacht erleuchteten. Sie erkannte die Trittsteine im Garten vor sich, war aber überrascht, als sie merkte, daß sie auf einem langen, flachen Stein in einem der erhöhten Blumenbeete lag. Sie setzte sich auf und entdeckte angetrocknete Schlammspritzer an ihren Füßen und am Saum ihres Nachthemds. Beim Umsehen nahm sie wahr, daß sie sich in einem Teil des Gartens befand, den sie noch nicht kannte. Nur die hohen Steinmauern waren ihr vertraut. Der Garten schien alt und verlassen zu sein und wirkte auf seltsame Weise durch teils beschädigte Steine verziert, die aussahen, als habe man sie sorgfältig zwischen Lorbeer und Löwenzahn um die erhöhten Beete plaziert.

Hattie stand auf, schlug zitternd die Arme um ihren Oberkörper und erkannte plötzlich, daß der Stein, auf dem sie gelegen hatte, der Stein aus ihrem Traum in Oyster Bay war. Im Traum hatte der Stein auf einem Friedhof mit alten Grabsteinen gelegen. Natürlich! Tante Bronwyns Garten war früher ein Friedhof gewesen. Welch ein merkwürdiger Zufall! Wenn ihre Füße nicht so kalt gewesen wären, hätte sie geglaubt, daß sie träume. Die kühle Nachtluft war süß vom Duft der Rosen und der Weiden am Fluß. Als sie auf dem Pflasterweg den verlassenen Garten verließ, hörte sie vor sich ein seltsames Geräusch – ein lautes Klopfen. Es erklang noch einmal. Als würde mit einem Holzknüppel auf Holz geschlagen, dachte Hattie. Als sie das Tor erreichte, das die beiden Gärten miteinander verband, sah sie auf der anderen Seite einen seltsamen Lichtschein. Hattie atmete tief durch, um sich zu beruhigen. Das Licht schien von jenseits der Weinlaube zu kommen. Zunächst hielt sie es für eine Laterne – suchte man schon nach ihr? Doch bei genauerem Hinsehen erkannte sie, daß der Lichtschein für eine Laterne zu schwach war. Wieder hörte sie das laute Klopfen, und die Härchen in ihrem Nacken sträubten sich. Sie sah, wie sich zwischen den Maispflanzen und den hohen Sonnenblumen etwas Weißes, Leuchtendes bewegte. Ihr Herz klopfte schneller, als sie leise, rhythmische Atemgeräusche hörte, die sich näherten. Sie spürte eine seltsame Mischung aus Aufregung und Furcht vor dem, was sie sehen würde, wenn sie das Tor durchschritt. Der Glanz des Lichtes war erstaunlich – schlief sie oder wachte sie? Wie schön dieses Licht war! All ihre Befürchtungen und ihre Angst verschwanden. Jetzt war das Licht von einer Aura in allen Regenbogenfarben umgeben. Es war, als würden sich Sternen- und Mondlicht über ihr vereinen, während ein warmer Luftzug sie umschmeichelte. Einen Moment lang verspürte Hattie ein solches Glücksgefühl, daß sie weinen mußte.

Als sie auf das Haus zuging, sah Hattie, daß die Laternen angezündet waren und der Kutscher und Tante Bronwyn geschäftig umhereilten. Sie schienen überrascht, sie zu sehen. Hattie meinte verlegen, sie suchten wohl nach ihr, aber nein, die weißen Rinder seien ausgebrochen, ob durch ein offenes Tor oder ein Loch im Zaun, wußten sie nicht genau. Jedenfalls waren die Rinder jetzt überall. Die Kühe und ihre Kälber knabberten an den weißen

Kletterrosen am Hauseingang und ließen sich von dem ganzen Wirbel um sie herum nicht aus der Ruhe bringen. Hattie versicherte ihrer Tante, ihr sei nichts geschehen, doch die alte Frau musterte sie aufmerksam, als sei sie davon nicht überzeugt. Im Osten färbte die Morgendämmerung den Himmel bereits rosa.

Tante Bronwyn meinte, das Schlafwandeln sei vielleicht eine Folge ihrer gestrigen Ankunft und der damit verbundenen Aufregung. Reisen bedeute immer eine nervliche Belastung, wie sie selbst auf ihrer letzten Fahrt habe feststellen müssen. Die Zugfahrt von Triest nach Budapest hatte sie dermaßen erschöpft, daß sie sich einbildete, ihr Hotelzimmer sei von üblen Gerüchen erfüllt. Hattie bekam bei Tante Bronwyns Worten Herzklopfen – das Licht, das sie gesehen hatte, war keine Halluzination gewesen. Tante Bronwyn meinte, vielleicht hätten ja die ausbrechenden Rinder Hatties Schlaf gestört und so diese kleine Episode herbeigeführt.

Hattie schüttelte den Kopf. Sie befürchtete vielmehr, selbst die Schuldige zu sein und die beiden Tore aufgelassen zu haben. Sie zeigte auf den Schlamm an ihren Füßen und am Saum ihres Nachthemds, der bewies, daß sie bis zu der Pfütze am Tor zum Obstgarten gegangen war, wenn sie auch keinerlei Erinnerung an ihre nächtliche Wanderung hatte.

Edward beunruhigte das Ganze sehr. Wenn dies nun bei der Seereise passierte und sie von Deck stürzte? Sollten sie nicht besser einen Arzt zu Rate ziehen? Edward wollte seine Fahrt nach London verschieben, doch Hattie bestand darauf, daß er am nächsten Tag wie geplant den Mittagszug nahm, um sich mit den Botanikern von Kew Gardens zu treffen. Sie fühlte sich nach dem Schlafwandeln etwas eigenartig, aber krank war sie gewiß nicht. Es gab für Edward keinen Grund, seine Verabredung nicht einzuhalten.

Hattie brauchte etwas Zeit, um über ihr Erlebnis im Garten nachzudenken. Sie versprach, ein, zwei Stunden zu ruhen, doch im abgedunkelten Schlafzimmer wälzte sie sich nur auf dem Bett herum und konnte nicht schlafen. Immer wieder mußte sie an das denken, was sie gesehen hatte. Ihre Gedanken rasten – was war es gewesen, das sich da leuchtend weiß zwischen Tante Bronwyns Maispflanzen und Sonnenblumen bewegt hatte? Bei der Erinnerung an diesen Moment mußte Hattie wieder weinen, so stark war das Glücksgefühl, das sie empfand. Ein Sturzbach sprühender Gedanken schoß ihr durch den Kopf. Wörter und Begriffe aus der Bewertung ihrer Forschungsarbeit türmten sich vor ihrem inneren Auge auf und zerstoben dann plötzlich, als fahre der Wind in einen Haufen welker Blätter: schlechtes Urteilsvermögen, falscher Zeitpunkt, späte Heirat, zu frühe Heirat, Angst vor dem Gebären, sexuelle Störungen.

Hattie versuchte, sich mit tiefen Atemzügen zu beruhigen, schlummerte jedoch immer nur kurz ein. Die Zimmer des Hauses in Riverside ließen ihr keine Ruhe – dieses Haus, das unter dem Regiment ihrer toten Schwiegermutter stand, drängte sich immer wieder in ihre Gedanken, ein Zimmer nach dem anderen, gefolgt von dem hier verwilderten, dort verkümmerten Garten und dem Glashaus mit den Orchideengerippen in ihren Töpfen rund um den Affenkäfig. Plötzlich wurde ihr klar, daß sie dem Indianermädchen helfen mußte, zu ihrer Schwester und ihrer Mutter zurückzukehren. Alles, was sie hier taten, war völlig verkehrt! Wie dumm sie gewesen war!

Die auf sie einstürmenden Gedanken beunruhigten Hattie so sehr, daß sie aufstand und zu Tante Bronwyn und Indigo hinunterging, die gerade an dem runden Tisch zu Mittag aßen. Das Mädchen hörte zu, wie die alte Frau ihr die Namen der Ritter König Artus' nannte. Es waren so seltsame Namen. Indigo war entschlossen, sie zu behalten, um später Sister davon erzählen zu können. Morfran war häßlich und behaart wie ein Hirsch, daß alle glaubten, er arbeite für den Teufel. Sandde Engelsgesicht wurde auf dem Schlachtfeld nie angegriffen, weil er so schön war, daß die feindlichen Soldaten ihn für einen Engel hielten. Henbeddstr rannte schneller als jeder andere Mann, und Henwas Vogelschwinge lief schneller als jedes Tier. Scili, der Leichtfüßige, konnte auf den Baumwipfeln und auf den Binsen am Fluß wandeln. Drem konnte von Cornwall aus sehen, wenn sich in Schottlands Morgensonne eine Mücke in die Luft erhob. Cynr mit dem schönen Bart konnten Wasser und Feuer weniger anhaben als jedem anderen, und wenn er Lasten trug, egal, ob kleine oder große, sah man sie nicht. Wenn Gwalloig in ein Dorf ging, weil er etwas brauchte, konnte niemand im Dorf mehr schlafen, bis er hatte, was er benötigte.

Osla mit dem großen Messer besaß ein kurzes, breites Schwert, das er als Brücke über Flüsse legen konnte, damit sie die Ritter zu Pferde sicher überqueren konnten. Gilla Hirschbein legte mit einem einzigen Sprung einen ganzen Kilometer zurück, und Sol konnte den ganzen Tag auf einem Bein stehen.

Solche Geschichten mochte Indigo am liebsten. Sie konnte es kaum abwarten, Sister davon zu erzählen. In Needles hatte es eine Navajo gegeben, die den Mädchen immer Geschichten aus früheren Zeiten erzählte, als es noch Riesen gab, und Menschen und Tiere dieselbe Sprache hatten. Indigo erzählte Tante Bronwyn von den Blutstropfen des verwundeten Riesen, die zu schwarzen Lavabergen wurden, als der Riese vor dem Angriff der Zwillingsbrüder floh.

Nach dem Mittagessen gingen sie nachsehen, ob die weißen Rinder im Mais großen Schaden angerichtet hatten. Der Papagei saß inzwischen ganz selbstverständlich auf Indigos Schulter, und wenn sie hinausgingen, kreischte er und schlug mit den Flügeln. Der Regenbogenvogel wollte überhaupt nicht mehr in seinen Käfig zurück. Nachts oder wenn Indigo ihn einmal absetzte, hockte er immer auf dem Käfigdach.

Im Mittagslicht sah der Garten ganz anders aus als tags zuvor im Abendrot. Sie folgten Tante Bronwyn zu dem steinernen Torbogen in der hinteren Mauer, dem Eingang zum Steingarten, wie sie sagte. Hattie erkannte sofort, daß dies der Ort war, an dem sie vor einigen Stunden aufgewacht war. Sie betrachtete die aufrechtstehenden Steine, die ihr im Dunkeln viel größer vorgekommen waren. Dann suchte sie nach der langen Steinplatte, die ihrer Erinnerung nach ganz in der Nähe der hohen Steine liegen mußte, fand sie jedoch erst, als sie schon fast an der Mauer angelangt war. Hattie fragte nach der Herkunft der Steine, besonders der lange, flache interessierte sie.

Inmitten der aufrechtstehenden Steine lag das Grab von Tante Bronwyns Großvater. Er hatte keinen eigenen Grabstein gewollt. Einige der ganz alten Leute in Bath erinnerten sich noch an den alten Mann, der in ihrer Kindheit die Schutt- und Müllhaufen in der Nähe der alten Dorfkirche sorgfältig nach Bruchstücken alter Steine durchsucht hatte, die auf Geheiß des Gemeindepriesters zertrümmert worden waren. Er ließ seinen Kutscher über schlammige Nebenstraßen zu neuen Baustellen oder frisch umgepflügten Feldern fahren und hielt nach achtlos weggeworfenen alten Steinen Ausschau.

Während Indigo mit dem Papagei andächtig von Stein zu Stein ging, auf den einzelnen Felsblock zu, der in der Mitte des Gartens stand, erzählte Hattie Tante Bronwyn von ihrem Traum in Oyster Bay. In diesem Traum hatte sie auf einem alten Friedhof rittlings auf einem langen, flachen Stein gesessen. Gestern nacht war sie auf genau diesem Stein aufgewacht! Edward meinte, sie habe sicher früher einmal Abbildungen von ähnlichen Steinen auf anderen Friedhöfen gesehen und es bloß vergessen. Vielleicht hatte sie auch als Kind gehört, wie in der Familie über diesen Stein gesprochen wurde.

Der seltsame Lichtschein im Garten war schwieriger zu erklären. Sie wollte noch etwas darüber nachdenken, bevor sie irgend jemandem, selbst Tante Bronwyn, davon erzählte. Edward gegenüber erwähnte sie den Lichtschein erst gar nicht, da ihn bereits ihr Schlafwandeln so beunruhigt hatte. Hattie war fast schon soweit, sich doch ihrer Tante anzuvertrauen und ihr von dem Licht zu erzählen, als diese fragte, ob sie und das Mädchen vielleicht bei ihr bleiben wollten, solange Edward auf Korsika seinen Geschäften nachging. Es gäbe so viel, was sie Hattie zeigen wolle, außerdem würde sie sich gerne mit ihr über die Forschungsarbeit unterhalten. Im Juli sei es auf Korsika furchtbar heiß und unangenehm. Vor allem aber schienen dort zur Zeit politische Unruhen die Insel zu erschüttern. Es sei immer eine Strapaze, in Korsika zu reisen. Die Bergregion sei berüchtigt für die Banditen, die dort amerikanischen und englischen Touristen auflauerten. Sie würde sich sehr freuen, wenn sie beide bei ihr blieben, bis Edward zurückkehrte.

Hattie umarmte ihre Tante – wie schön das wäre! Über die alten Steine wollte sie unbedingt mehr erfahren. Sie versprach, im nächsten Sommer wiederzukommen, doch diesmal könnten sie nicht bleiben. Edward bestehe auf ihrer Begleitung.

Indigo kam zu Hattie und Tante Bronwyn zurückgerannt. Der Papagei sah von Indigos Schulter aus zu, wie die Spatzen oben auf der Mauer herumhüpften, in deren Ritzen Steinnelken wuchsen, die mit ihrem Duft die Luft erfüllten. Am Fuß der Mauer und zwischen den alten Steinen wuchsen moosiger Steinbrech und Katzenminze neben Gänseblümchen und Löwenzahn.

Tante Bronwyn erklärte ihnen die einzelnen Steine. In diesen zerbrochenen Stein hier war eine Doppelspirale eingeritzt, die dafür sorgen sollte, daß die Pflanzen schneller wuchsen. Dort waren die Überreste eines Steins, der von einer wütenden, zum Christentum bekehrten Menschenmenge zerstört worden war. Indigo fragte, ob es im Garten auch Heilsteine gäbe, doch das wußte Tante Bronwyn nicht. Sie hatte von einem Menhir gehört, der Kranke heilen sollte, wenn sie dreimal über seine Spitze gehoben wurden. Doch im Laufe der Jahre hatten die Quacksalber und Schlangenölverkäufer aus Bath den Stein zerstört, indem sie kleine Stücke davon abschlugen, um sie als Heilamulette zu verkaufen. Wie man sich erzählte, gab es auch Heilsteine, die in eine Hand paßten. Sie waren mit dem Wasser von Baths heiligen Quellen benetzt worden und konnten jede Krankheit heilen. Über die Heilkraft der Quelle erzählte die Legende, der keltische König Bladud habe von den Bauern erfahren, daß Schweine mit Entzündungen und wunden Stellen wieder gesund wurden, wenn sie sich im Schlamm und warmen Wasser der Quelle wälzten. Der König ließ einen Tempel und ein Bad bei der Quelle errichten. Doch später, als er schon alt war, fertigte er sich ein Paar Flügel, sprang damit vom Tempeldach und starb.

Jahrhundertelang war Bath von Ärzten und Apothekern regelrecht überschwemmt worden, die Heilmittel gegen Krebs, Gicht und Herzkrankheiten feilboten. Diese Heilmittel setzten sich meist aus Ingredienzen wie lebendigen Schweineläusen, in Branntwein eingeweichtem Koks, zu Pulver zerriebener roter Koralle, den schwarzen Spitzen von Krabbenscheren und frisch gesammelten Würmern zusammen. Noch heute kamen das ganze Jahr über Scharen von Invaliden in von Pflegerinnen geschobenen Rollstühlen nach Bath, um dort eine Kur zu machen.

Tante Bronwyn hielt inne und ließ den Blick über die Steine schweifen, die ihr Großvater vor langer Zeit gerettet hatte. Sie zeigte auf einen Dolerit, der nicht größer war als ein Schrankkoffer – in Dürreperioden hatten die Leute mit Haselruten auf ihn eingeschlagen, damit der Regen kam. Indigo bekam immer größere Augen, während sie zuhörte. Tante Bronwyn hatte auch schon

Gebetssteine gesehen und Fluchsteine. Es gab Steine, die sich langsam mit der Sonne drehten, und andere, die sich nachts auf den Weg machten, um am Fluß Wasser zu trinken, und morgens zurückkehrten. Es gab Steine, die mittags tanzten, und Steine, die im Mondlicht tanzten!

Indigo fragte Tante Bronwyn, ob sie die tanzenden Steine je gesehen hätte. Nein, aber als sie in Indigos Alter gewesen sei, habe sie einmal mitbekommen, wie ein schwarzer Stein, groß wie ein Herd, über Nacht in südlicher Richtung die Straße überquert habe. Morgen würden sie mit einem Picknickkorb zu dieser Stelle fahren. Tante Bronwyn wollte auch auf den Höhenzug oberhalb des Flusses und der Stadt hinauf, wo sehr viel gebaut wurde. Sie vergewisserte sich jede Woche, ob irgendwelche Steine Schutz brauchten.

Hattie fielen die unfreundlichen Bemerkungen ein, die sie in ihrer Jugend von Zeit zu Zeit mitangehört hatte. Bemerkungen, mit denen ihre Mutter Tante Bronwyns Eigenheiten kommentierte. Das war es also. Während andere alte Frauen streunende Katzen und Hunde fütterten, erbarmte sich diese alte Frau einzelner Steine. Am Abend ihrer Ankunft hatte Edward gescherzt, Tante Bronwyn sei von den Einheimischen nicht mehr zu unterscheiden – was könne es Englischeres geben als eine alte Frau, die ihren Kühen Leckerbissen füttere?

Als sie durch den Garten zum Haus zurückgingen, erzählte Tante Bronwyn etwas Überraschendes. Die alten Leute hätten sie ermahnt, selbst Leute, die alte Steine retten wollten, müßten dabei sehr vorsichtig sein, denn es sei gefährlich, sich an den Menhiren zu schaffen zu machen oder die heiligen Haine abzuholzen. Die Steine und Bäume beherbergten nämlich »das kleine Volk«, die Elfen. Und den Elfen dürfe man nicht in die Quere kommen! Als die Engländer Schafe zum Weiden nach Schottland gebracht hatten, waren die Elfen und die Menschen dort vertrieben worden, woraufhin die Elfen den Schafen den Krieg erklärten. Ein alter Mann – der siebte Sohn eines siebten Sohnes, der deshalb die Geister hören und manchmal sogar sehen konnte – hatte die Hunde gehört, die für die erzürnten Geister die Schafe zur Strekke brachten.

1846 sei es zu der furchtbaren Hungersnot in Irland gekommen, weil die Protestanten und die Engländer die alten Steine umgestürzt hatten. Die Kriege in Europa seien die schreckliche Folge jahrhundertelanger Verbrechen gegen die alten Steine und die heiligen Haselnuß- und Eichenhaine. Und trotzdem hörte die Zerstörung der Steinkreise und Haine nicht auf. Doch der Tag der Abrechnung sei nicht mehr fern – zwanzig Jahre vielleicht noch, höchstens.

Hattie war über die Äußerungen ihrer Tante bestürzt. Es widerstrebte ihr, den schimmernden Lichtschein im Garten mit einem grausamen Vergeltungsakt in Verbindung zu bringen. Sie wünschte, Indigo möge ihrer Tante nicht so aufmerksam zuhören. Das Mädchen würde noch völlig durcheinandergeraten. Sie spürte erste Anzeichen eines Unbehagens, das Vorbote echter Angstgefühle war. Daher bat sie Tante Bronwyn, sie und das Mädchen zu entschuldigen. Sie benötige ein wenig Ruhe. Tante Bronwyn lud Indigo ein, den Nachmittag mit ihr im Garten zu verbringen, doch Hattie blieb fest und führte Indigo an der Hand zurück ins Haus.

Edward hatte einmal die Sorge geäußert, es könne Probleme geben, wenn sie dem Kind nicht gewisse Grenzen setzten. Er machte sich Gedanken über die Vereinbarung, die er mit dem Leiter der Indianerschule getroffen und unterschrieben hatte. Es war Unsinn, so zu tun, als würden sie das Mädchen in die Pflichten eines Kammermädchens einweisen. Hattie hatte gereizt reagiert, als er die Vereinbarung erwähnte. Sie sei doch nur ein kleines Mädchen, und es sei gewissenlos von dem Internatsleiter, die Indianerkinder so jung zu verdingen. Edward sagte nichts mehr, doch Hattie fragte sich, ob es ihn wohl störte, daß der Eindruck entstand, Indigo sei ihre Adoptivtochter, wie es einige ihrer Mitreisenden auf dem Dampfer geglaubt hatten.

Am Tag von Edwards Rückkehr aus London verbrachte Hattie den ganzen Vormittag und einen Teil des Nachmittags in ihrem Zimmer und ruhte sich aus. Tante Bronwyn erlaubte Indigo, den Papagei beim Mittagessen auf ihrer Schulter sitzen zu lassen, und die beiden lachten herzlich über die gepflegten Tischmanieren des Vogels, der kleine Häppchen Hühnerpastete von ihren Gabeln nahm. Als Hattie und Edward abends zum Essen kamen, sahen sie, wie das Kind und die alte Frau den Papagei mit einem Löffel Brühe fütterten. Indigo spürte sofort Edwards Mißbilligung und Hatties Irritation, aber Tante Bronwyn lachte nur und erzählte ihnen von dem kleinen weißen Hund, den ihr Großvater immer bei sich gehabt hatte. Der Hund saß bei jedem Essen mit einer Serviette um den Hals auf einem Stuhl vor seinem eigenen Porzellanteller, blickte würdevoll herum und wartete darauf, daß sein Herrchen ihm einen Leckerbissen zusteckte.

Edward schüttelte lächelnd den Kopf, wie um anzuerkennen, daß die alte Frau in ihrem Haus die Regeln selbst bestimmte. Er war gutgelaunt aus London zurückgekehrt, denn er hatte die Aquarellfarben gefunden, die er gesucht hatte. Auch das Treffen in Kew Gardens war sehr gut verlaufen. Der Direktor des Botanischen Gartens hatte ihm eine beachtliche Summe für Stecklinge der *Citrus medica* zugesagt und berichtet, die französische Regierung bewache die korsischen Zitrusplantagen sehr streng, um ihr weltweites Monopol im Handel mit Zitronat zu wahren. Edward hatte gelächelt, als der Direktor meinte, er habe keine einfache Aufgabe vor sich. Seit dem Zwischenfall am Pará-Fluß hütete er sich davor, sich anderen zu schnell anzuvertrauen. Er weihte niemanden in seinen Plan ein, selbst Hattie nicht, auch wenn er deshalb ein schlechtes Gewissen hatte. Sobald sie auf Korsika waren, wollte er ihr alles erzählen.

Am nächsten Morgen machten sie zusammen einen Spaziergang zu den Ausgrabungen. In Bath gab es viele begrünte Arkaden und von Bäumen überschattete Parks, in denen vornehme Damen in Begleitung ihrer Zofen promenierten oder in eleganten Einspännern mit ihren Schoßhündchen spazierenfuhren. Inzwischen ging es bei dieser Modenschau etwas gemäßigter zu, doch im letzten Jahrhundert hatten die Damen einiges unternommen, um bei ihren Spaziergängen Aufmerksamkeit zu erregen. Einmal hatte eine Frau sogar eine ganze Beetbepflanzung mit Nelken und Veilchen in das Gestell ihres Reifrocks einarbeiten lassen.

Tante Bronwyn nickte kurz, wenn sie von Leuten aus der Stadt gegrüßt wurde, und ignorierte die Gaffer und die Touristen, die sie unverhohlen anstarrten. Allerdings, so dachte Hattie, boten sie hier in der Stall Street sicher auch einen ungewöhnlichen Anblick – die energische alte Frau mit einer braunen Melone auf dem Kopf marschierte vorneweg, direkt hinter ihr lief Indigo mit dem Papagei auf der Schulter, gefolgt von Edward und Hattie. Sie steuerten das King's Bath an. In den Straßen drängten sich Feriengäste aus London und ausländische Touristen, die gekommen waren, um durch die Läden zu bummeln und die königlichen Bäder zu besichtigen.

Tante Bronwyn zeigte ihnen einen kleineren Pavillon, das Queen's Bath. Ursprünglich hatte es nur das King's Bath gegeben, doch nachdem die Königin dort seltsame, furchterregende Lichter gesehen hatte, weigerte sie sich, das Bad jemals wieder zu betreten. Also baute man für sie das Queen's Bath. Hatties Herz hämmerte in ihrer Brust. »Was für seltsame Lichter?« fragte sie.

»Das waren bestimmt Sumpfgase«, scherzte Edward. Es enttäuschte Hattie, daß Edward meinte, ihre Frage ins Lächerliche ziehen zu müssen. Tante Bronwyn wollte gerade antworten, da erreichten sie das Pump House Hotel und Tante Bronwyn wurde vom Portier begrüßt.

Rainbow klammerte sich ängstlich an Indigos Schulter fest, als sie das Hotel betraten. Die im Foyer sitzenden Hotelgäste sahen mit offenem Mund zu, wie Tante Bronwyn mit stur geradeaus gerichtetem Blick an ihnen vorbei zur Kellertreppe im hinteren Flur marschierte. Die modernen Bäder waren durch eine neue Mauer von den alten Bädern getrennt. An einem Gerüst hingen Kerosinlampen als Treppenbeleuchtung. Während sie hinuntergingen, spürte Indigo die Wärme und Feuchtigkeit, die von den Quellen aufstiegen, und der Geruch des Lampenöls wurde von einem noch stärkeren Geruch nach feuchtem Lehm, altem Urin und Schimmel überlagert, der sie umwaberte.

Sie stellten sich an den Rand der großen Ausgrabungsstelle, wo Arbeiter, die im Licht von Kerosinlampen merkwürdige, riesige Schatten an die Wand warfen, Schutt und Erde auf Schubkarren luden. Auf der untersten Ausgrabungsebene sah Edward den Rand des alten römischen Beckens, das einst eine größere Fläche eingenommen hatte als heute das ganze Hotel.

Sobald Major Davis sie entdeckte, verließ er die Arbeiter. Tante Bronwyn und er begrüßten sich herzlich. Nach der allgemeinen Vorstellungsrunde zündete der Major eine kleine Laterne an und geleitete sie zwischen Steinhaufen und Bergen feuchter

Erde hindurch, um ihnen die Nutzung der Quelle im Laufe der Epochen zu veranschaulichen. Die Erdschichten aus der Tudorzeit und der elisabethanischen Epoche waren kaum voneinander zu unterscheiden. Sie erschienen als dunkelgraue Streifen. Die mittelalterliche Erdschicht war dicker, doch von einem helleren Grau, die normannische war aschfarben. Die freigelegten Erdschichten erinnerten Hattie an Tortenschichten aus Marmelade und Sahne. Sie stiegen die breiten Steinstufen hinunter, die erst einen Tag zuvor von den Arbeitern freigelegt worden waren. Ein Geruch nach feuchtem Lehm und Moder ging von ihnen aus. Indigo mußte an den stinkenden schwarzen Schlamm am Flußufer denken, den Sister Salt und sie immer zu meiden versuchten. Als Hattie einen Schritt weiter hinabging, erklärte der Major, sie stehe jetzt auf der Ebene der ältesten römischen Periode, aus der Zeit, als die heiligen heißen Quellen zum erstenmal in ein Kalksteinbecken eingefaßt worden seien. Als nächstes sei dann der Sulis und Minerva geweihte Tempel gebaut worden. Der Name sei etwas rätselhaft, erklärte Major Davis, denn Sulis sei eine keltische Sonnengöttin gewesen, Minerva dagegen die römische Mondgöttin. Dann führte er sie wieder an Gipsschutt- und Steinhaufen vorbei.

Edward fiel eine von Fackeln beleuchtete Fläche ins Auge, die etwas Besonderes zu beherbergen schien. Major Davis ging voraus und trat dann mit großer Geste zur Seite, damit sie den behauenen Kalksteinaltar von Sulis Minerva sahen. Alle Augen waren auf die Eckpfeiler des Altars gerichtet – vier aus Stein gehauene, üppige nackte Figuren, zwei Männer und zwei Frauen. Glücklicherweise waren die Körperformen ziemlich abgeschliffen, so daß Hattie Indigo erlaubte, näherzutreten und genauer hinzusehen.

Hattie stellte fest, daß der steinerne Altartisch zwar größer und breiter, von der Form her aber mit dem Stein in ihrem Traum und in Tante Bronwyns Garten fast identisch war. Ein seltsames Gefühl durchfuhr ihren Körper, als sie eine Kante des Altartischs berührte, und sie fühlte sich etwas benommen, was aber nicht unangenehm war.

Der Papagei auf Indigos Schulter geriet völlig aus dem Häuschen, schlug mit den Flügeln und kreischte gellend. Einen Moment lang hielten die Arbeiter inne und schauten herüber, doch nach einem strengen Blick von Major Davis nahmen sie ihre Arbeit wieder auf. Sobald die Gruppe sich vom Altar entfernte, beruhigte sich der Papagei wieder. Indigo wunderte sich nicht über Edwards gerunzelte Stirn, wurde jedoch traurig, als sie Hatties seltsamen Gesichtsausdruck sah – als wünsche sie, daß Indigo und der Papagei sofort gingen.

Tante Bronwyn nahm Indigos Hand fest in die ihre. Der Papagei wolle sie nur warnen, daß die Luft hier unten nicht gut sei! Es sei ein Fehler von den Römern gewesen, Gebäude über den heißen Quellen zu errichten. Tante Bronwyn interessierte sich mehr für die heiligen Quellen aus der Zeit vor der römischen Invasion, als die Kelten Münzen und Bleitäfelchen hineinwarfen, um die Feinde der Quellengeister zu verfluchen. Als er das Wort »Münzen« hörte, riß sich Edward vom Altartisch los, den er studiert hatte, und wandte sich dem Major und Tante Bronwyn zu. Ob sie die zum Verkauf stehenden Fundstücke sehen könnten? Selbstverständlich. Vielleicht würden sie auch gerne die Fundstelle der keltischen Objekte sehen – sie befände sich direkt auf dem Weg zum Lagerraum, in dem die Fundstücke aufbewahrt würden.

Sie folgten dem Major über die hölzerne Schubkarrenrampe auf die tiefste Ausgrabungsebene hinunter, wo die Arbeiter die Sand- und Torfschichten abtrugen, die den Grund des Beckens bedeckten. Warmes Quellwasser sprudelte durch den Sand herauf, selbst während die Arbeiter sich in Gummistiefeln abmühten.

Indigo war fasziniert von dem blubbernden Sand und dem Wasser direkt über der Quellmündung. Die Quelle in den alten Gärten ließ kühles Wasser durch einen Spalt im Sandsteinfelsen hinuntertropfen. Aber hier sprudelte das Wasser kreisförmig durch den Sand nach oben, daß Indigo so lange zusah, bis der Ring aus blubberndem Sand sie an die sich wiegenden Tänzer erinnerte, die beim Anblick des Messias und seiner Familie in Ohnmacht sanken. Tante Bronwyn faßte sie sanft an der Schulter und fragte, ob alles in Ordnung sei.

»Ich habe nur gerade an die Tänzer gedacht«, sagte Indigo. »Wenn ich an die Tänzer und an diese Nacht denke, bin ich immer richtig glücklich.«

Es tat gut, im Flur des alten Hotels wieder frische Luft zu atmen. Sie folgten dem Major zu einem großen Lagerraum, wo die Fundstücke gesäubert und katalogisiert und die Fragmente des Tempelgiebels sowie andere behauene Steine mit Etiketten versehen wurden. Die Assistenten gingen hinaus, und der Major begab sich mit dem Schlüsselbund zu den großen Eichentruhen, die schon für den Transport nach Oxford gepackt waren.

Der Major wickelte einen verschnürten Leinwandpacken aus, und ein Dutzend kleiner Holzkästchen kam zum Vorschein, deren Etiketten mit Tusche beschriftet waren. Nacheinander öffnete er die Schiebedeckel, damit man die in Watte gebetteten Schmuckstücke sah, und stellte die Kästchen zur Ansicht auf den Arbeitstisch. Dann bat er die Besucher näherzutreten. In den späteren römischen Erdschichten habe man Amulette aus Elfenbein und Bronze gefunden, die wie Brüste geformt seien, berichtete der Major, es handele sich wohl um Fruchtbarkeitsgaben. Hattie spürte, wie sie bei dem Wort »Fruchtbarkeit« errötete, und hoffte, daß keiner es bemerkte.

Manche Leute seien abergläubisch, meinte der Major, er jedoch nicht. Da gäbe es Leute, die glaubten, man beschwöre großes Unheil herauf, wenn man die alten Opfergaben aus der Quelle entferne. Hattie verspürte nicht das geringste Verlangen, irgend etwas anzufassen, das jahrhundertelang in schwarzem Torfschlamm gelegen hatte und nach altem Abfall stank, doch Edward griff sofort in die Kästchen. Indigo stellte sich dicht neben Hattie, um besser zu sehen, vermied es aber, die Stücke zu berühren. Die mit Watte ausgekleideten Holzkästchen mit den Schiebedeckeln interessierten sie mehr als die reliefverzierten Steine, die darin lagen. Wie gut sich diese Kästchen zum Aufbewahren von Samen eignen würden!

Edward hielt einen trüben Chalzedon in die Höhe, der drei Rinder unter einer Eiche zeigte. Sie sahen genau wie Tante Bronwyns weiße Rinder aus. Wie grausam, die Steine in kleine Särge zu betten, nachdem sie jahrhundertelang draußen gelegen hatten, selbst wenn es auf dem Grund eines Beckens gewesen war. Der Major lachte vergnügt, als er diese Bemerkung hörte. Auch Edward lachte, fügte dann aber hinzu, daß es aus wissenschaftlichen Gründen notwendig sei, die Fundstücke in Verwahrung zu nehmen.

Tante Bronwyn war da anderer Meinung. Sie schüttelte den Kopf und wollte gerade gehen, als der Major polternd einen großen Koffer hervorzog, was den Papagei so aufregte, daß er wieder furchtbar zu kreischen begann. Indigo war erleichtert, daß der Major lachte, bevor irgend jemand etwas sagen konnte. Er habe selbst einmal einen Papagei besessen – Papageien müßten ab und zu kreischen, so blieben sie gesund.

Der Major zog ein in Leinwand eingeschlagenes Bündel aus dem Koffer und wickelte ein dünnes, gebogenes Objekt aus schwarzgrauem Metall aus, das die Arbeiter in einem Abflußrohr gefunden hatten. Er hielt es hoch, damit sie es besser sahen. Schmale rechteckige Schlitze stellten im Metall Augen und Mund dar. Die Zinnmaske war keltischen Ursprungs, jedoch nach der römischen Besatzung angefertigt worden. Es war unbekannt, wozu sie gedient hatte. Verkörperte die Maske einst die Gottheit der Quelle? War sie von einem Priester getragen worden oder von einem Kranken, der das Heilwasser trank?

Die Maske habe wohl den Druiden gehört, scherzte Edward und streckte die Hand danach aus, woraufhin der Major sie ihm reichte, damit er sie aus der Nähe betrachten konnte. Edward besah sich die Maske genau, hielt sie dann einen Moment lang vor sein Gesicht und schaute die anderen durch die Augenschlitze an. Das seltsame Gefühl, das ihn ergriff, als er durch die Augenschlitze der Maske sah, schrieb er seiner Befangenheit zu. Es schien eine größere Distanz zwischen ihm und seinen Begleitern zu liegen, obwohl sich niemand bewegt hatte. Er nahm die Maske wieder ab, sah erneut die Gruppe an, hob die Maske dann noch einmal und schaute hindurch, bevor er sie dem Major zurückgab.

Während der Major die Zinnmaske wieder einpackte, berichtete er, es bestehe keinerlei Verbindung zwischen ihr und dem zierlichen Bronzekopf der Minerva, der bei den Ausgrabungen von 1792 gefunden worden war. Er habe gehofft, den Rest dieser Bronzefigur zu bergen, doch damit sei nun nicht mehr zu rechnen, denn das Budget, das ihnen für diese Ausgrabungen zur Verfügung stand, sei fast erschöpft. Die Kosten für die Pumpen, die Tag und Nacht arbeiteten, um die Ausgrabungsstätte einigermaßen trokken zu halten, seien auf die Dauer untragbar.

Edward besah sich noch einmal die reliefverzierten Gemmen.

Den leuchtend orangefarbenen Karneol, auf dem die sitzende Göttin Minerva mit einer Schlange dargestellt war, fand er besonders beeindruckend, und er dachte, daß er ihn in den Vereinigten Staaten zu einem anständigen Preis würde verkaufen können. Noch besser gefiel ihm der feurige Hämatit, der das linke Profil des sitzenden Jupiters zeigte, den Umhang um die Lenden geschlungen, das Zepter in der Linken, einen Adler auf der ausgestreckten Rechten. Es war sehr ungewöhnlich, daß auf einem Edelstein Jupiter mit einem Adler dargestellt wurde, und Edward wollte den Stein unbedingt erwerben.

Der Major sah es nicht gern, daß die Stücke England verließen, doch die Umstände ließen ihm keine andere Wahl. Man brauche dringend Geld, um die Arbeit fortzusetzen. Edward nickte – das verstehe er gut. Er betrachtete einen weiß gebänderten braunen Achat, in den die Figur der Fortuna geschnitten war; die Göttin hielt eine Mohnblume in der einen Hand und in der anderen etwas, das wie ein Maiskolben aussah. Mais konnte es allerdings nicht sein, denn diese Pflanze war aus der Neuen Welt.

Tante Bronwyn ging mit Indigo in den Speisesaal des Hotels, weil sie eine Kleinigkeit zu sich nehmen wollten, während Edward über den Preis der Schmucksteine und ein oder zwei Fluchtafeln aus Blei verhandelte.

Als sie wieder zu Hause waren, packte Edward die Fluchtafeln aus, die er dem Major abgekauft hatte. Edward wußte nicht, ob sie sich gut verkaufen ließen – sie waren dunkel verfärbt und an den Rändern stark beschädigt. Häßlich und giftig war Blei der perfekte Träger für Flüche, die grob in die Tafeln eingeritzt und dann in die heilige Quelle geworfen worden waren. Sowohl die Kelten als auch die Römer glaubten, daß heilige Brunnen und Quellen die Macht besaßen, Diebe und Betrüger zu entlarven und zu bestrafen. Man mußte nur den Namen der betreffenden Person aufschreiben.

Gutgelaunt las Edward den eingeritzten Fluch vor: »Der Göttin Sulis. Ob Sklave oder freier Mann, wer er auch sei: Gewähre ihm weder Augenlicht noch Gesundheit. Er soll blind und kinderlos bleiben, solange er lebt, wenn er nicht« – das nächste Wort war unleserlich – »zum Tempel zurückkehrt.« Edward spekulierte über das unleserliche Wort, während der Kutscher und seine Frau die Picknickkörbe brachten. Edward war sehr zufrieden mit seinen Käufen. Der Aufenthalt in Bath zahlte sich entgegen seinen Erwartungen doch aus. Er überlegte kurz, ob er Kopfweh vorschützen und sich statt dessen seinen Neuerwerbungen widmen sollte, doch die alte Frau stellte ihm verschiedene auf den Hügeln gelegene Steinkreise in Aussicht, die er unbedingt sehen müsse.

Während sie die Ausgrabungsstätte besichtigt hatten, mußte wohl jemand mit einer Haselrute auf den alten Basaltblock geschlagen haben, denn bis sie sich frischgemacht und ein leichtes Mittagessen eingenommen hatten, weil Tante Bronwyn fand, man solle nie hungrig zu einem Picknick aufbrechen, waren Sonne und blauer Himmel dunklen Gewitterwolken und peitschenden Regenschauern gewichen. Der Himmel verfinsterte sich so sehr, daß um zwei Uhr nachmittags bereits die Lampen im Flur angezündet wurden. Im Laufe des Nachmittags wurde der Wind immer stärker. Man hörte das Quietschen und Knarren der Deckenbalken und andere vom Wind verursachte Geräusche, wie das Geklapper und Schlagen losgerissener Fensterläden. Das alte Kloster war restaurierungsbedürftig.

Edward entschuldigte sich und ging hinauf. Mochte draußen ruhig der Sturm toben, er freute sich, einen Nachmittag für sich zu haben, um die römischen Fundstücke zu studieren und seinen Malkasten für Korsika vorzubereiten. Er schärfte das Messer, mit dem er die Stecklinge abschneiden wollte, und verstaute es dann im Aquarellkasten unter dem Pinselfach. Er mischte Farben und übte sich im Tuschezeichnen, indem er Landschaften aus einem Reiseführer abmalte. Die korsischen Bauern waren es zweifellos gewohnt, in ihren Feldern und Obstgärten auf Touristen mit Staffelei und Farbe zu stoßen. Nach seinem ersten Studienabschluß hatte er einen ganzen Sommer auf diese Weise verbracht.

Der Regen trommelte gegen Dach und Wände, doch die hielten dem Wetter stand. Was hatte dieses alte Gebäude schon für Stürme überstanden, dachte er. Unablässig peitschte der Regen gegen die Mauern. Edward hielt das Messer noch einmal ins Licht und prüfte die Klinge. Würde sie die Zitronenbaumzweige schnell und sauber abtrennen, ohne die empfindlichen Enden zu zerquetschen?

Der Wind heulte wie die Seeungeheuer in den Geschichten, die Tante Bronwyn als Kind gehört hatte. Es waren keine Ungeheuer aus Fleisch und Blut, sondern die wütenden Stürme, die über die kleinen Inseln hinwegfegten. Kein Wunder, daß es hier so viele Geschichten über Totengeister gab – die Geister ertrunkener Fischer oder anderer, die dem Meer zum Opfer gefallen waren.

Der Steinkreis und der Menhir mußten warten. Ihr Picknick würden sie später am runden Tisch zu sich nehmen. Jetzt prasselte der Regen mit einer solchen Wucht hernieder, daß das alte Schieferdach bebte. Tante Bronwyn lauschte einen Moment und bemerkte dann, daß die Rinder vom Obstgarten auf höher gelegenes Gelände getrieben werden müßten, wenn der Fluß über die Ufer treten sollte. Mehr als einmal habe sie mitten in der Nacht in Gummistiefeln und Regenmantel im strömenden Regen gestanden und die Rinder in Sicherheit gebracht. Heute mache sie sich allerdings keine Sorgen, denn der Boden könne einen ordentlichen Regenguß vertragen, ohne daß es zu einer Überschwemmung führe.

Auf Bitten ihrer Tante holte Hattie die Unterlagen zu ihrer Forschungsarbeit hervor, war dann aber froh, den ganzen Abend dasitzen, den Geschichten zuhören und das Manuskript links liegenlassen zu können. Ihre Forschungsarbeit schien in ein anderes Leben zu gehören, sie fühlte sich seltsam fern von ihren Aufzeichnungen.

Der Regen trommelte noch heftiger aufs Dach, und der Papagei schaute nervös zu Indigo. Sie saß auf dem kleinen gepolsterten Samthocker zu Tante Bronwyns Füßen und ließ sich von den Zauberkräften von König Artus' Ritter Cei erzählen, der neun Tage und neun Nächte unter Wasser bleiben konnte, ohne Luft zu holen. Cei hätte dieses Wetter bestimmt gefallen!

Indigo holte Tante Bronwyns Korb mit den leeren Garnspulen hervor, um den Papageienschnabel von den Eichensimsen und den Sessel- und Sofabeinen fernzuhalten. Indigo rollte die leeren Spulen über den Boden, und der Papagei untersuchte sie mit dem Schnabel, bevor er sie zerhackte. Das Tosen des Sturms machte eine Unterhaltung schwierig, und so saßen sie einfach da und lauschten dem Wind, der immer schriller jammerte, und dem Regen, der an die Fensterscheiben peitschte, so daß Hattie dachte, sie würden zerbrechen.

Tante Bronwyn rührte Zucker in ihren Tee und begann, Indigo mehr von den Rittern der Tafelrunde zu erzählen. Doch sie unterbrach ihre einleitenden Bemerkungen zu König Artus immer wieder durch kurze Ausrufe, wenn der Sturm dem alten Kloster irgendwelche Geräusche entlockte. Nachdem es im Dachgebälk laut gepoltert hatte, blickte Tante Bronwyn zur Decke und sagte: »Uchdryd Querbart hat seinen roten Bart quer über fünfzig Dachsparren in Artus' Halle geworfen!« Und dann fuhr sie fort, die Ritter namentlich aufzuzählen: Clust konnte, auch sieben Faden tief begraben, hören, wenn sich hundert Kilometer von ihm entfernt eine Ameise morgens in Bewegung setzte. Medr aus Celli Wig konnte einem Zaunkönig in Irland seinen Pfeil direkt zwischen die Beine schießen. Gwiwan Katzenauge war in der Lage, einer Mücke die Wimpern abzuschneiden, ohne ihr Auge zu verletzen. Wenn Gwaddan Osol sich auf den höchsten Berg stellte, wurde dieser zu einer Ebene. Gwaddan Freudenfeuer schlug beim Gehen Funken, wenn seine Fußsohlen auf etwas Hartes trafen, und was er berührte, wurde zu flüssigem Erz.

Tante Bronwyn hielt inne und lauschte einem neuen Geräusch – ein unaufhörliches lautes Klopfen, das aus dem hinteren Teil des Hauses zu kommen schien.

»Ist da jemand?« Hatties Herz raste, als sie aufstand. Das Geräusch klang genauso wie das seltsame Klopfen, das sie in der Nacht beim Schlafwandeln gehört hatte. Warum löste dieses Geräusch eine solche Panik in ihr aus?

»Ich glaube, das ist nur der Wind«, sagte ihre Tante. »Allerdings will er vielleicht ein Stück vom alten Kloster mitnehmen.«

Tante Bronwyn deutet auf die Arbeitsunterlagen auf dem Beistelltisch, und Hattie holte sie herbei. Sie erklärte, daß sie schon in der Katechismusstunde von den gnostischen Häretikern fasziniert gewesen sei und daß sie später, als sie die Übersetzungen von Dr. Rhinehart gelesen habe, ihre Forschungsarbeit über die verschollenen Evangelien habe schreiben wollen. Hattie blätterte ihre Aufzeichnungen durch. Sie mußte lächeln, als sie den Abschnitt las, in dem sie die Theorie vertrat, Maria Magdalena sei eine Jüngerin gewesen und von Jesus genauso behandelt worden wie die anderen Jünger, was diese jedoch mißbilligten. Kein Wunder, daß das Evangelium der Maria Magdalena jahrhundertelang in einer Höhle in der Wüste vergraben gelegen hatte. Maria Magdalena schrieb, sie habe den wiederauferstandenen *Geist* Jesu gesehen, während Petrus behauptete, er habe den wiederauferstandenen *Leib* Jesu gesehen. Warum sollte man auf einer wörtlichen Auslegung der Wiederauferstehung beharren und keine andere Auslegung gelten lassen? Und die Antwort, die im Prüfungsausschuß solche Erbitterung ausgelöst hatte, lautete: Petrus und die anderen wollten so ihren alleinigen Anspruch auf die Nachfolge Christi rechtfertigen.

Tante Bronwyn lachte und klatschte in die Hände, als Hattie zu Ende gelesen hatte. Gut gemacht, Hattie! Tante Bronwyn tätschelte ihren Arm und erklärte, sie sei stolz darauf, daß Hattie dem Prüfungsausschuß getrotzt habe. Das sei der alte Kampfgeist der Familie!

Jahrhundertelang habe die Kirche einen regelrechten Krieg gegen die Bräuche der Alten geführt! König Cormac, der Herrliche, hatte die druidische Religion grausam unterdrückt. Aus Rache hatte der Druide Maelgin einen Zauberer beauftragt, der dafür sorgte, daß dem König beim Abendessen eine Lachsgräte quer im Halse steckenblieb.

Indigo ließ den Papagei allein mit den Garnspulen spielen, während sie Tante Bronwyn zuhörte. Das Konzil zu Tours hatte alle mit dem Kirchenbann belegt, die nicht davon abließen, Bäume anzubeten. Das Konzil von Nantes hatte die Bischöfe und ihre Untergebenen angewiesen, die heiligen Schwursteine, die immer noch benutzt wurden, auszugraben und in abgelegenen Waldgegenden zu verstecken. Dabei hatten die wahrhaft weisen Christen immer Respekt vor den heidnischen Geistern empfunden. St. Columba hatte Gott gebeten, den heiligen Eichenhain bei Derry zu verschonen – zwar fürchtete er den Tod und die Hölle, doch das Geräusch einer Axt im Eichenhain von Derry fürchtete er noch mehr. Hattie fragte, ob es den Hain noch gebe. Ihre Tante schüttelte den Kopf.

Und trotz der Verfolgung hatten die alten Bräuche überlebt. Milchbauern vergossen morgens und abends ein bißchen Milch für die Elfen. Manche Leute, und zu ihnen zählte auch Tante

Bronwyn, versammelten sich in der ersten Augustnacht auf den nahegelegenen Hügeln um große Feuer und saßen dort bis zum Tagesanbruch. Obwohl die Kirche schon vor Jahrhunderten versucht hatte, diese Bräuche zu verbieten. Die Leute verbeugten sich immer noch vor Menhiren, die an Wegkreuzungen standen, und warfen Münzen in Quellen und Seen. Einmal hatte die Kirche sogar die Schlachtung aller weißer Rinderherden angeordnet, da vermutet wurde, sie seien Gegenstand heidnischer Anbetung. Glücklicherweise hätten nicht alle diese Anordnung befolgt. Tante Bronwyn sprach jetzt mit wachsendem Nachdruck.

Ob Hattie denn wisse – ob überhaupt irgend jemand wisse –, wieviel Blut von Unschuldigen während der Besatzungsjahre in Derry geflossen sei, ja wieviel Blut womöglich noch fließen würde? Irlands Leidenszeit habe mit dem Verrat der Elfen begonnen. Diejenigen, die heilige Haine abgeholzt hatten, hätten das Verderben über sich und ihre Nachfahren gebracht.

Hattie war von der Heftigkeit ihrer Tante überrascht und sorgte sich etwas um Indigo, doch deren Gesicht hatte einen nachdenklichen Ausdruck angenommen. Jesus sei auch verraten worden, meinte sie. Aber nachdem die Pharisäer versucht hatten, ihn umzubringen, habe er dem See Genezareth den Rücken gekehrt und sei wieder in die Berge jenseits des Walker Lake zurückgekehrt, wo er auch geboren sei. Während Tante Bronwyn zuhörte, schaute sie kurz zu Hattie hinüber, um zu sehen, wie diese auf den Kommentar des Mädchens reagierte.

Hattie nickte. Es stimmte. Sechs oder sieben Jahre zuvor hatten die Zeitungen berichtet, daß die Indianer behaupteten, selbst einen Messias zu haben, einen Christus, zu dessen Verehrung sie sich versammelten und tanzten. Hattie hatte die Berichte damals in der *New York Times* verfolgt. Die Geschichte war böse ausgegangen. Die Siedler fürchteten einen Indianeraufstand, und daraufhin waren in South Dakota mehr als hundert Tänzer von der Armee getötet worden.

Tante Bronwyn schüttelte langsam den Kopf, ihr Gesicht war ernst. Indigo hörte auf, mit den Spulen und dem Papagei zu spielen, blickte zu den beiden hinauf und erklärte, sie brauchten sich keine Sorgen zu machen. Die Soldaten würden den Messias und seine Familie nicht finden, denn sie seien in den Osten geflüchtet, weit weg. Im Winter wären sie dann sicher. Und mit dem ersten Schnee käme der Messias wieder zurück.

Hattie wollte Indigo gerade ermahnen, nicht zu übertreiben oder gar zu lügen, da fragte Tante Bronwyn Indigo, ob sie den Messias schon einmal gesehen hätte. Indigo nickte eifrig. Sie seien alle so schön gewesen! Tante Bronwyn lächelte und nickte ebenfalls. Hier hörten die Menschen auf den abgelegenen Inseln nachts manchmal Stimmen und Trommeln, und manchmal sahen sie durch Nebel oder Regenschleier die Silhouetten von Tänzern, die an Lagerfeuern auf den Hügeln tanzten. Indigos Augen waren rund vor Begeisterung, und sie nickte heftig.

Hattie räusperte sich. Sie wollte gern das Thema wechseln, bevor ihre Tante weiterredete und das Kind mit ihrem Aberglauben völlig verwirrte. Aber die alte Frau strahlte vor Begeisterung und plapperte weiter von Erscheinungen im Nebel an der Küste. Manchmal werde Seine Mutter gesehen, mit einem Kind, das sie den Sohn Gottes nannten. Indigo und Tante Bronwyn lächelten einander zu. Ja, der Messias und seine Tänzer waren in Sicherheit.

Hattie war sprachlos. Ihre Mutter hatte sich über Tante Bronwyns knurrende Terrier beschwert und über die Rinder auf der Treppe, aber sie hatte nie von Tante Bronwyns Liebe zu keltischer Mythologie gesprochen. Tante Bronwyn hatte sich völlig von der Kirche abgewendet! Hattie stand den Entwicklungen im frühen Christentum zwar kritisch gegenüber, aber sich ganz von der Kirche abzuwenden, war für sie nie in Betracht gekommen. Hattie wollte nicht, daß das Kind in Verwirrung geriet – besonders nicht durch die Vorstellung, man solle alte Steine anbeten!

Das Gewitter schien langsam nachzulassen. Hattie packte ihre Unterlagen wieder in die Mappe. In diesem Moment erschien Edward in der Tür und umklammerte seine linke Hand, um die ein blutgetränktes Handtuch gewickelt war.

Tante Bronwyn und Hattie versorgten den tiefen Schnitt in Edwards Hand. Keiner dachte jetzt mehr an das Picknick-Abendessen. Irgendwie war das frisch geschärfte Messer abgerutscht, als Edward an grünen Weidenzweigen diagonale Schnitte übte. Hattie preßte eine saubere Serviette auf die Wunde, während Tante Bronwyn den Kutscher suchte, damit er den Arzt holte. Die

Wunde mußte mit einem Dutzend Stichen genäht werden, und Edward sah bleich und mitgenommen aus, als der Arzt fertig war. Es war fast elf Uhr, bis sie wieder ans Abendessen dachten, doch sie waren zu müde und abgespannt, um mehr als ein paar Bissen zu sich zu nehmen, bevor sie alle ins Bett gingen.

Indigo erwachte von dem Gefühl, ein Loch im Magen zu haben. Es war kurz vor Tagesanbruch, und sie konnte die Silhouette des schlafenden Papageis, der den Kopf unter den Flügel gesteckt hatte, kaum erkennen. Sie trank einen Schluck Wasser, um ihren Hunger zu besänftigen, und wünschte, sie hätte noch ein paar von Mrs. Abbotts Ingwerplätzchen. Es war viel zu früh, um aufzustehen, also blieb sie liegen und dachte an Sister Salt und Mama. Die Sehnsucht nach ihnen schnürte ihr die Brust zusammen, und Tränen liefen ihr über die Wangen bis in die Ohren. Der Papagei wachte von ihrem Schluchzen und Schniefen auf und betrachtete sie neugierig. Dann kam ihr ein tröstender Gedanke, der ihre Tränen schließlich stillte. Gestern auf dem Weg zu den Ausgrabungen hatte Tante Bronwyn gegenüber Hattie und Edward »Christ Church« erwähnt, nur hatte Indigo nicht gesehen, wohin sie dabei zeigte. Sie war zu schüchtern gewesen, um nachzufragen, aber es mußte ganz in der Nähe sein. Heute würde sie Tante Bronwyn bitten, ihr Christ Church zu zeigen. Der Messias und seine Anhänger waren weggegangen, als die Hitze kam. Auch wenn sie wußte, daß es sehr unwahrscheinlich war, hielt sie es doch nicht für ausgeschlossen, daß er auf dem Weg ins Heilige Land in seiner Christuskirche in England Halt gemacht hatte.

Sobald sie unten Geräusche hörte, stand Indigo auf und ging mit Rainbow auf der Schulter ins Eßzimmer, wo die Frau des Kutschers Tante Bronwyn und ihr Tee und noch warmes Gebäck servierte. Nachdem sie zwei Plätzchen gegessen und zwei Tassen Tee mit Zucker und Milch getrunken hatte, fragte Indigo Tante Bronwyn, ob Christ Church weit weg von hier sei. Sie habe Tante Bronwyn davon reden hören und gedacht, sie könne sich erkundigen, ob der Messias und seine Anhänger dort gesehen worden seien. Ja, sagte Tante Bronwyn nachdenklich, es gebe hier einige Kirchen und sogar Dörfer, die Christ Church hießen. Dann lächelte sie. Indigo habe recht, Christus könne an jedem dieser Orte sein. Er könne überall sein.

Der Morgen nach dem Gewitter war klar und sonnig, die Luft war regenfrisch und duftete nach feuchten Pflanzen und neuen Blüten. Edward saß auf einem Gartenstuhl in der von weißen Kletterrosen überwachsenen Laube und hatte seine verletzte Hand auf ein kleines Kissen gebettet. Sie überließen ihn dort seinen Büchern über den Anbau von Zitruspflanzen und fuhren mit der Kutsche durch das Villenviertel oben auf dem Hügel. Dort wohnten die Reichen, die sich jedes Jahr für einen Monat in Bath aufhielten, um zu spielen und therapeutische Bäder zu nehmen. Als Hattie fragte, ob das die alten Familien der Stadt seien, lachte Tante Bronwyn fröhlich. Die seien schon vor langer Zeit geflüchtet, um dem Ansturm der Touristen und Feriengäste und den verstopften Straßen zu entkommen. Denn diese zwangen einen, so wie sie gerade, im Schneckentempo mit der Kutsche an den Hotels und Läden vorbeizukriechen. Der Verkehrslärm, die Drehorgelklänge und das Geschrei der Straßenverkäufer machten es schwierig, sich zu unterhalten. Indigo lehnte sich aus dem Fenster, um die Spielsachen besser sehen zu können, die Aufziehhunde und Gummibälle, die von Männern und Jungen in weißen Anzügen auf der Straße verkauft wurden.

Als sie die Stadt hinter sich gelassen hatten, sah Indigo voller Freude, wie die baumreiche Vegetation des Flußtals allmählich sanftgeschwungenem Wiesenland wich, das von weichem, üppigem Gras bestanden war, von Gelb über Kupfer zu Grün. Tante Bronwyn deutete aus dem Fenster. In der Ferne konnte man bei genauerem Hinschauen den größten der Menhire erkennen. Daneben stand die alte Kirche, die von hier aus noch nicht zu sehen war. Das Rucken der Kutsche und das Spiel des Sonnenlichts auf den Wiesen erschwerte die Sicht auf den Stein.

Als sie näherkamen, war Hattie überrascht, wie groß die Steine waren – hoch wie Kirchenmauern und breit wie der Bug eines Dampfers. Sie kam sich ein bißchen dumm vor, weil sie angenommen hatte, die Steine seien nicht größer als jene in Tante Bronwyns Garten.

Sie hielten im Schatten eines Menhirs an, der Kutsche und Pferde klein erscheinen ließ. Kaum waren sie ausgestiegen, fuhr eine weitere Kutsche vor. Tante Bronwyn stieß unwillig die Luft aus, als sie die Passagiere sah: Die jungen Männer schienen

Archäologiestudenten zu sein, die mit Meßlatten und Notizheften in der Hand eifrig hinter ihrem Professor herliefen.

»Verflucht, verflucht«, murmelte Tante Bronwyn vor sich hin, während die Gruppe auf dem Grasweg zu dem Steinkreis hinunterstapfte und dort begann, die Abstände zwischen den riesigen Steinen zu messen. Um den Archäologiestudenten aus dem Weg zu gehen, zeigte Tante Bronwyn ihnen zuerst die alte Kirche neben dem Höhlengrab.

Welch seltsame Idee, hier eine Kirche zu bauen, so weit vom Dorf entfernt, dachte Hattie. Die Kirche stand unterhalb der riesigen Steine am Abhang und wirkte, bis man den Friedhof erreicht hatte, geradezu kümmerlich.

Für Indigo sah der gewaltige aufrechtstehende Felsblock wie der Kopf einer riesigen Amsel aus, und die beiden umgestürzten Steinblöcke zu beiden Seiten wie deren ausgebreitete Flügel.

Die Kirchentür war mit einem Vorhängeschloß an einer rostigen Kette zugesperrt, doch durch den Spalt zwischen den Türflügeln konnten sie in den kahlen Innenraum hineinspähen. Nur die steinernen Stufen und der massive, von Steinblöcken getragene Altar waren noch vorhanden. Die Altarplatte war aus demselben Sandstein gehauen wie die drei riesigen liegenden Steine, die den Zugang zu dem uralten Hügelgrab bildeten.

Die Lage der Kirche, zwischen den Steinkreisen auf dem Hügel sowie dem kleineren Steinkreis und dem Friedhof, hatte die Leute von ihren Sonnwendfeuern und dem nächtelangen Tanzen abhalten sollen. Man erzählte sich, daß die Steinkreise hier ursprünglich die Teilnehmer einer Hochzeitsfeier gewesen seien, die den ganzen Samstag lang getanzt hätten, bis der Sabbat begann, woraufhin die Sünder in ihrer Runde plötzlich zu Stein erstarrten. Tante Bronwyn behielt den Hügel im Blick, während sie erzählte, und als sie sah, daß der Professor und seine Studenten sich auf den Weg zur Kirche machten, nickte sie Hattie und Indigo zu, und sie liefen zügig über einen etwas weiter außen verlaufenden Weg hinauf, um der Gruppe nicht zu begegnen. Indigo berührte jeden einzelnen der riesigen Steine entlang des kreisförmigen Wegs. Die Oberfläche der dunklen Steine war rauh von geschmolzenen Kieseln und Felsstückchen. Die Vormittagssonne ließ die winzigen Quarzkristalle in den großen Sandsteinblöcken glitzern.

Indigo zeichnete mit dem Finger die Kreise und Spiralen nach, die in den Kalkstein geritzt waren – sie fand, daß sie wie Augen aussahen, und das seien sie auch, erklärte Tante Bronwyn. Es seien die Augen der Ur-Mutter, der Mutter Gottes, der Mutter Jesu.

In plötzlichem Gefühlsüberschwang rannte Indigo über den duftenden feuchten Grasboden in die Mitte des Steinkreises, wo sie das alte Lied von damals sang: »Der schwarze Stein, der schwarze Stein – der Stein ist zerbrochen und heraus strömt frisches, klares Wasser, frisches, klares Wasser.« Ja! Der Messias und seine Familie hatten auf ihrem Weg nach Osten hier Halt gemacht, da war sich Indigo ganz sicher.

Jetzt kam ein weiteres Fahrzeug an, eine offene Kutsche voller Touristen, woraufhin Tante Bronwyn den Kopf schüttelte. Hattie rief Indigo zu sich und sie gingen zur Kutsche zurück. Die beste Zeit für einen Besuch der Steinkreise, sei im Herbst oder Winter, wenn weniger Trubel herrsche. Sie komme am liebsten her, wenn ein nahender Sturm Nebel und Sprühregen über den Hügel jagte, denn dann spüre man eine unglaubliche, von den Steinen ausgehende Kraft und Energie. Hattie nickte und sah sich noch ein letztes Mal um – verlegen, weil sie nichts spürte, und neugierig, was wohl die Messungen der Archäologen ergeben hatten.

Indigo saß auf der gesamten Heimfahrt aufgeregt auf ihrem Platz und strahlte. Sie hatte nicht damit gerechnet, Christus in seiner Kirche anzutreffen, aber es war ein beruhigendes Gefühl, den Hügel und die großen Steine zu sehen, wo er und die anderen gelegentlich Halt machten. Sie hoffte, daß Rainbow während ihrer Abwesenheit nicht gekreischt und Edward gestört hatte. Sie hatten den messingnen Reisekäfig sorgfältig mit einem dicken Seil am dicksten Ast einer alten Eibe befestigt, die im Innenhof des alten Klosters stand, und die Frau des Kutschers, die Vögel mochte, hatte versprochen, Rainbow zu beruhigen, falls er sich verlassen glaubte. Lautes Kreischen empfing sie, noch bevor die Kutsche angehalten hatte, aber die Frau des Kutschers berichtete, der Papagei sei bis zu diesem Moment ruhig gewesen. Ein Amselpärchen aus dem Obstgarten habe ihm den größten Teil des Vormittags über Gesellschaft geleistet.

Obwohl Edwards Hand noch nicht geheilt war, buchte er für die folgende Woche die Überfahrt von Bristol nach Genua. Hattie schlief in dem alten Kloster nicht mehr gut, außerdem befürchtete sie, daß Indigo durch Tante Bronwyns verrückte Ideen auf ein falsches Gleis geraten würde.

An dem Tag ihrer Abreise nach Bristol las ihnen Tante Bronwyn einen Artikel aus der Londoner *Times* vor: Einige koptische Schriftrollen, die das Britische Museum vor Jahren erworben hatte, waren schließlich und endlich für echt erklärt worden. Hatties Hände zitterten, als sie die Zeitung hielt. Ihre Intuition hatte also nicht getrogen! Wahre Worte waren schöne Worte! Sie mußte unbedingt ihrem Vater schreiben. Armer Dr. Rhinehart. Er war im vorigen Jahr gestorben, bevor sein Lebenswerk anerkannt werden konnte. Da hatte sie mehr Glück: Jetzt konnte sie darum ersuchen, daß der Prüfungsausschuß seine Entscheidung revidierte. Doch kaum hatte sie diesen Gedanken zu Ende gedacht, als ihr auch schon klar wurde, daß sie keinerlei Bedürfnis verspürte, sich wieder mit dem Prüfungsausschuß oder ihrer Forschungsarbeit zu beschäftigen, auch wenn sie diesen Widerwillen nicht erklären konnte. Sie hätte bester Stimmung sein sollen, statt dessen fühlte sie sich ganz ähnlich wie zum Zeitpunkt der Entscheidung des Prüfungsausschusses – erschöpft und traurig. Trotzdem lächelte sie tapfer, als sie Tante Bronwyn die Zeitung zurückgab. Edward wollte den Artikel nicht lesen, gratulierte ihr aber und meinte, die Naturwissenschaft habe den wirrköpfigen Geisteswissenschaftlern mal wieder beste Dienste geleistet. Später ging Hattie, um fertig zu packen, fühlte sich oben in ihrem Zimmer dann aber seltsam müde und legte sich aufs Bett, ohne auch nur die Schuhe auszuziehen.

Tante Bronwyn kamen die Tränen, als sie Indigo am Pier lächelnd an ihren wogenden Busen drückte. »Ihr müßt mit Indigo unbedingt wiederkommen«, sagte Tante Bronwyn und versprach, sie nächstes Jahr in Riverside zu besuchen, wenn das Wetter in Bath trübe und grau wurde. Vorher hatte sie Indigo ein Päckchen mit einem kleinen seidengebundenen Notizbuch überreicht, in das sie mit Druckschrift die englischen und lateinischen Namen verschiedener Heilpflanzen geschrieben hatte und unter welchen Bedingungen sie am besten gediehen. Die restlichen Seiten in dem grünen Seidenbüchlein waren leer, so daß Indigo nach Herzenslust darin schreiben oder zeichnen konnte. Auf dem Notizbuch lagen, von einem weißen Band zusammengehalten, Dutzende von Wachspapierpäckchen, die in weißes Seidenpapier eingeschlagene Samen enthielten. Tante Bronwyn hatte ihnen außerdem einen großen Korb mit Proviant und Schleckereien gepackt. Ihre Verabschiedung wurde durch einen leichten Nieselregen abgekürzt, dem ein wahrer Regenguß folgte. Indigo konnte die Tränen nicht unterdrücken, als sie sich nach einer innigen Umarmung von Tante Bronwyn trennen mußte. Erst als der Papagei laut kreischte und sie ihn streichelte und ihm beruhigende Worte ins Ohr flüsterte, versiegten ihre Tränen.

Siebter Teil

Der Dampfer lief am frühen Abend mit der Flut aus, und trotz des Regens war die See ruhig. Eine Tagesreise von den Kanarischen Inseln entfernt erwachten sie bei strahlendem Sonnenschein und blauem Himmel. Die warmen Temperaturen erinnerten Indigo an die Wüste, die Kämme und Täler der Wellen, an kahle Hügel und Berge aus Salzwasser. Als sie sich der Küste näherten, schwammen Möwen auf dem Wasser, die Indigo irrtümlich für große Meeresblumen hielt. Rainbow kreischte und ließ keinen Zweifel daran, um was es sich in Wirklichkeit handelte – die Vögel würden ihn töten und fressen, wenn sie könnten, erklärte Hattie.

Die Fahrt durch die Meerenge von Gibraltar war ruhig und recht schön. Edward blieb in der Kabine und badete seine Hand in einer Schüssel mit heißem Salzwasser, das der Schiffsjunge auf Geheiß des Arztes jede Stunde erneuerte. Hattie, Indigo und der Papagei genossen bei Spaziergängen auf Deck die frische Luft und den Sonnenschein. Zum Abendspaziergang gesellte sich Edward zu ihnen. Mit seiner verletzten Hand drückte er unentwegt einen kleinen Gummiball, um die Sehnen zu lockern. Die langwierigen täglichen Heißwasserbäder ließen die Infektion abklingen, und die Wunde war fast verheilt. Hattie beschrieb die Fliegenden Fische, die sie gerade zählten. Indigo hatte ein gutes Zahlengedächtnis. Wenn sie nicht gerade Seevögel zählten, buchstabierten Hattie und Indigo Worte aus der Geschichte über den chinesischen Affen.

Hattie war froh, wenigstens einen Teil der Abmachung zwischen Edward und dem Indianerinternat einhalten zu können – sie brachte dem Mädchen weiterhin Lesen und Schreiben bei.

Als Teil des Erdkundeunterrichts folgten sie der Einladung des Kapitäns zu einem Besuch auf der Brücke, wo er ihnen die Seekarten zeigte, die ihnen den Weg nach Gibraltar wiesen. Auf einer Wandkarte des Mittelmeerraums zeigte Hattie dem Kind Italien und die Stadt Lucca, wo sie Tante Bronwyns Freundin besuchen würden. Und hier lag auch die Insel Korsika, das Ziel ihrer Reise. Der Kapitän zeigte sich erstaunt darüber, daß Amerikaner sich in eine so gesetzlose Region wagten. Die Berge steckten voller Banditen und Revolutionäre. Es war eine Gegend, die Reisenden so wenig zu bieten hatte. Hattie trat augenblicklich von der Landkarte zurück. Sie bedauerte, ihr Reiseziel überhaupt erwähnt zu haben, dankte aber dem Kapitän für seine Besorgnis um ihre Sicherheit. Sie signalisierte Indigo, ihr hinauszufolgen, obwohl sie gerade erst gekommen waren.

War es die Erschöpfung, die sie so gereizt und aufbrausend machte? Hattie nahm sich fest vor, die Gefahren der korsischen Berge mit Edward zu besprechen, sobald sie Lucca erreichten und sie sich ein wenig ausgeruht hatte.

Indigos Buchstabierliste enthielt in dieser Woche Worte wie »tückisch«, »hundert«, »Handschriften« und »Schurke«, denn der chinesische Affe steckte in großen Schwierigkeiten. Sie mochte die Aufgabe, jedes dieser Worte mindestens einmal in einem selbsterfundenen Satz vorkommen zu lassen. Hattie staunte über den Satz, in dem der Messias einen Polizisten »Schurke« nannte.

Edward verriegelte nachts die Kabinentüren, weil er fürchtete, daß Hattie schlafwandeln könnte. Aber bis auf die letzte Nacht vor ihrer Ankunft in Genua schlief sie meist tief und fest. In jener Nacht träumte sie davon, in ihrer Koje von einem schwachen Glühen in der Kabinenecke zu erwachen, ein Glühen, das ständig größer zu werden schien. Sie erkannte das Licht, das sie in Tante Bronwyns Garten gesehen hatte, und als sie sich in ihrer Koje aufsetzte, stellte sie erschrocken fest, daß Edwards Bett leer war.

Wo konnte er sein? Als sie sich vorbeugte, um besser in die kleine Nebenkammer sehen zu können, in der Indigo schlief, erblickte sie für einen flüchtigen Moment Edwards Gestalt, und ihr

Herz begann heftig zu klopfen. Er stand im Dunkeln neben dem kleinen Sekretär und hielt ein Bündel in den Händen. Hattie zitterte so heftig, daß sie kaum sprechen konnte. Sie wollte das Kind nicht wecken und auch die anderen Passagiere nicht stören, deshalb flüsterte sie halblaut seinen Namen. Aber die Gestalt im Dunkeln reagierte nicht. Edward würde doch nicht schlafwandeln! Sie starrte hinüber, gebannt von dem strahlenden Glanz, der sich unweit der Gestalt ausbreitete. Plötzlich wurde das Strahlen hell wie eine Gaslaterne, und Hattie erkannte die Zinnmaske von der heiligen Quelle. Sie versuchte Edward anzurufen, aber kein Laut schien über ihre Lippen kommen zu wollen. Die leuchtende Maske kam in der Dunkelheit näher, bis sie mit einem Mal das Gesicht der Gestalt bedeckte. »Edward!« rief Hattie und riß damit sich selbst und Edward aus dem Schlaf. Es war nichts, ein Alptraum, versicherte sie ihm und er drehte sich in der Koje über ihr wieder um und schlief weiter.

Hattie lauschte lange auf Edwards ruhige Atemzüge und auf ihr klopfendes Herz und bemühte sich, ihren Herzschlag seinen Atemzügen anzupassen. Es gab Gedanken, die sie zu sehr aufregten und deshalb verdrängt werden mußten. So wurde sie von den alten Gefühlen übermannt, sobald sie sich gestattete, an ihre Forschungsarbeit zu denken. Irgendwie machte die Nachricht von der Anerkennung der Rhinehartschen Schriften ihre Ablehnung an der Universität nur noch schlimmer.

Sie konzentrierte ihr ganzes Denken auf die Gärten des Hauses in Riverside, die überaltert und vernachlässigt waren und vieler Aufmerksamkeit bedurften. Hattie freute sich auf die Gärten in Italien, wo sie Anregungen für Pflanzen und Sträucher finden konnte, die für das heiße Klima in Riverside geeignet waren. Beim Einschlafen träumte sie von einem rosafarbenen Garten, der ganz und gar aus Rosen und Bougainvillea bestand, und vom üppigen Jadegrün der Aloen, Agaven und der großen Kakteen kontrastiert wurde.

Kurz vor Anbruch der Dämmerung erwachte Hattie mit hämmernden Kopfschmerzen und einer beginnenden Übelkeit. Auf ihrer Flucht ins Badezimmer stieß sie gegen einen Stuhl. Der Papagei flatterte erschrocken gegen die Käfigwand und weckte Edward und Indigo.

Sie hatte Hattie noch nie so blaß gesehen – die Arme! Was hatte sie nur? Indigo feuchtete einen Waschlappen an, um ihr das Gesicht abzuwischen, und half ihr dann zurück in ihre Koje, während Edward nach dem Steward läutete und sich anschließend aufmachte, um einen Arzt zu suchen.

Ein heißer, pochender Schmerz breitete sich in ihrer Stirn aus, daß ihr die Tränen in die Augen stiegen und sogar ihre Nase lief. Im einen Moment war ihr heiß, und im nächsten zitterte sie. Wenn sie die Augen öffnete, drehte sich das Zimmer so schnell, daß sie das Gefühl hatte, sich an ihrem Bett festhalten zu müssen, um nicht zu fallen. Nur der kühle Waschlappen, den Indigo ihr auf die Stirn gelegt hatte, brachte ein wenig Erleichterung.

Edward kehrte allein zurück und rieb nervös über den Verband an seiner verletzten Hand. Durch den pochenden Schmerz in ihren Schläfen konnte Hattie ihn kaum verstehen. Der Schiffsarzt sei bei einer Geburt, aber keine Sorge, meinte Edward, er habe am Vorabend im Kasino einen guten australischen Arzt kennengelernt. Sein neuer Bekannter würde sofort zur Stelle sein.

Indigo zog sich mit Rainbow zum Spielen ins Bett im Alkoven zurück, gab aber genau acht, falls Hattie sie wieder brauchte. Sie hörte ihr Stöhnen. Wenn sie nur Grandma Fleets kleine Tonpfeife bei sich hätte und die gemahlenen Heilpflanzenblüten, die sie bei Übelkeit und Kopfschmerzen immer geraucht hatten. Wenn sie oder Sister Salt krank wurden, hatte Grandma Fleet geraten, daß sich jemand im abgedunkelten Raum zu der Kranken setzte und ihr leise vorsang oder Geschichten erzählte, aber Hattie schien lieber allein sein zu wollen.

Der pochende Schmerz in Hatties Kopf ließ Schlaf nicht zu, aber ganz wach war sie auch nicht. Irgend etwas in ihrem Kopf flüsterte »Delirium«. Ihre Gedanken überschlugen sich. Immer wieder sah sie die Buchstaben der Zeitungsseite vor sich, allerdings deutlich vergrößert – es war der Artikel der Londoner *Times* über die Echtheit der koptischen Schriften. Riesige Lettern standen in öliger Druckerschwärze auf merkwürdigem Papier, das die gleiche Beschaffenheit hatte wie die alten Schriftenrollen selbst. Statt Freude und Triumph verursachte ihr die Neuigkeit ein unterschwelliges Gefühl von Sinnlosigkeit und Verlust. Sie hatte von Anfang an recht gehabt, aber das spielte nun keine Rolle mehr.

Hattie wußte nicht, wieviel Zeit vergangen war, aber es schien Stunden zu dauern, ehe sie ein Klopfen vernahm und Indigo den Besuch zuerst fragte, wer er sei, wie sie es ihr beigebracht hatten, ehe sie dem Arzt die Tür öffnete. Für einen Moment konnte Hattie vor Kopfschmerzen den Mann kaum verstehen. Sie mußte sich anstrengen, um seine Sprache zu erkennen, bis ihr plötzlich klar wurde, daß der Arzt Australier und es sein Akzent war, den sie fast nicht verstand. Er sei Dr. Gates, stellte er sich vor.

Während der Arzt ihren Puls fühlte, indem er sanft seine Hände an ihre Schläfen hielt, erzählte er in ruhigem Ton von den Kartenspielen, mit denen er und Edward sich abends vergnügten, wenn sie und das Kind zu Bett gegangen waren.

Er verschrieb ihr Belladonna gegen die Schmerzen und die Übelkeit. Der bittere weiße Sirup glühte in Mund und Kehle und breitete sich wie ein heißer Wind in ihrem ganzen Körper aus. Die ganze Zeit über redete der Arzt in seinem fast unverständlichen australischen Singsang. Doch während sie immer weiter in das warme Meer ihres eigenen Blutes eintauchte, wurde seine seltsame Ausdrucksweise ihr völlig gleichgültig. Der pochende Schmerz, der ihr Gesicht und ihren Kopf wie eine Maske umschlossen hatte, ließ nach, und sie konnte endlich schlafen.

Später kehrte der Australier zurück, um ihr den Nacken zu massieren. Seine Hände wanderten allmählich nach unten und auf die Innenseiten ihrer Arme, bis seine »Aufmerksamkeit« sie plötzlich beunruhigte. Sie rief Indigo zu sich, die im Alkoven mit dem Papagei spielte, und der Arzt beendete die Massage.

Hinterher erzählte sie Edward, daß sie sich in Gegenwart des Australiers unbehaglich fühle und befürchte, er könnte ein Hochstapler sein oder jemand, der Frauen unter einem Vorwand anfaßte. Aber Edward lachte bei dieser Vermutung nur laut auf. Dr. Gates sei mit Sicherheit kein Hochstapler, denn sie hatten sich bei einigen mitternächtlichen Gläsern Punsch ausführlich über ihre Berufe und über alles mögliche unterhalten. So auch über den Anbau von Zitrusfrüchten und die Auswirkungen von Klima und Temperaturen auf die Pflanzen, und Edward sei von Dr. Gates Zuverlässigkeit überzeugt. Hattie leide zweifellos unter den Auswirkungen ihrer Migräne und der Belladonna, versicherte ihr Edward.

Hattie spürte, wie Zorn in ihr aufstieg, denn Edward zeigte nur mäßigen Appetit auf die weibliche Anatomie und schien nicht zu verstehen, daß andere Männer nicht so enthaltsam oder ehrenhaft waren. Das Betatschen ihres Nachthemdes durch den Arzt hatte sie aufgeschreckt, weil es sie an Mr. Hyslops Gefummel an ihren Brüsten erinnerte.

Dr. Gates kam erneut, als Edward mit dem Kind beim Frühstück war. Er betrat die Kabine, ohne anzuklopfen, und erschreckte den Papagei. Hattie war zum erstenmal dankbar für das laute Gekrächze des Vogels. Der ohrenbetäubende Lärm irritierte den Arzt, während er sich um Hattie kümmerte. Vermutlich wäre er länger allein bei ihr in der Kabine geblieben, aber das unablässige Kreischen des Papageis verkürzte seine Visite und Hattie blieb die Qual seiner grapschenden Hände erspart.

Edward verbrachte auch nach Hatties Genesung beträchtliche Zeit in der Gesellschaft von Dr. Gates, der sich auf vielen interessanten Gebieten auskannte. Die beiden sprachen über Edwards Zitruspläne und das heiße, trockene Klima von Riverside, das den Wüsten Australiens nicht unähnlich war. Orangen, die in trockenen, heißen Gebieten wuchsen, wiesen den höchsten Zuckeranteil auf. Das Gesicht des Arztes belebte sich, als Edward die Möglichkeit erörterte, in den Wüstengebieten im Herzen Australiens künstlich bewässerte Zitronenhaine anzulegen. Wenn er von Edward geeignete Zitronenableger erwerben könnte, würde er sicher erfolgreich sein.

Der Doktor war im Begriff, in einem Meteoritenkrater im Norden Arizonas eine Mine zur Gewinnung von Eisenerz und Kadmium zu eröffnen. Vielleicht konnten sie übereinkommen, Zitrusableger gegen Minenanteile und erstklassiges Meteoritengestein einzutauschen, das für einen guten Preis zu verkaufen war.

Edward war begeistert von der Aussicht, größere Mengen Meteoritengestein zu erwerben, denn bei privaten Sammlern und Universitäten war ein wachsendes Interesse an solchem zu verzeichnen. Immer wieder dachte er an die Meteoriten in der merkwürdigen Behausung nahe des Marktes von Tampico, und er bedauerte, daß er der abscheulichen, blaugesichtigen Frau gegenüber nicht standhafter gewesen war. Vielleicht hätte er den ganzen Bestand aufkaufen können – kein Stein war wie der andere gewesen, offensichtlich stammten sie aus verschiedenen Gegenden. Das gesteigerte Interesse an Meteoritengestein bei Sammlern und Forschern deutete auf einen Preisanstieg hin. Das Meteoritengeschäft hatte so viele Vorteile gegenüber dem Handel mit Pflanzen, die mit großer Behutsamkeit behandelt werden mußten, um nicht einzugehen.

Edward und Dr. Gates kamen überein, sich zusammenzutun, sobald die Zitrusableger sichergestellt waren und sie in die USA zurückkehrten. Großzügig überließ der Arzt Edward einen Katalog über die Meteoriten Nordamerikas, den die Amerikanische Akademie der Wissenschaften vor einigen Jahren veröffentlicht hatte. Es war das gleiche Nachschlagewerk, daß Dr. Gates benutzt hatte, um sein bisher aufregendstes Projekt ausfindig zu machen, einen zwei Meilen breiten Meteoritenkrater im Norden Arizonas. Edward nahm das Buch in sichere Verwahrung, um es auf der Rückreise mit mehr Zeit zu lesen. Im Moment war er in Werke vertieft, die sich mit Methoden zum Beschneiden und Veredeln von Zitruspflanzen beschäftigten.

Das Schiff legte um halb acht Uhr morgens in Genua an, und Edward spürte bereits den drastischen Temperaturanstieg, wenn die Luft auch nicht ganz so trocken war, wie er erwartet hatte.

Ihre Ankunft wurde überschattet von der Nachricht über das Attentat auf den italienischen König, mit dem Anarchisten vor drei Tagen in Mailand die Hinrichtung ihrer Kameraden gerächt hatten. Viktor Emanuel III. bestieg daraufhin den Thron, aber es gab Gerüchte von Auseinandersetzungen zwischen Rebellen und der Polizei.

In Genua schien alles ruhig zu sein – keine Soldaten oder Barrikaden waren auf den Straßen zu sehen, zumindest nicht am Hafen. Während sie am Kai darauf warteten, daß Edward eine Kutsche mietete, betrachteten Hattie und Indigo die dort aufgestapelte Schiffsladung. Die Paletten mit polierten Granit- und Marmorplatten in sämtlichen Farben, die für die Ausfuhr sorgfältig in Kisten gepackt waren. Indigo zeigte sie dem Papagei – »ein Regenbogen, genau wie du!« sagte sie zu ihm. Holzbalken lagen neben großen Bananenstauden am Kai. Plötzlich vernahm Indigo im Lärm der Straße und der Passagiere hinter einem Frachtstapel das unverkennbare Gekreische von Papageien. Im selben Augenblick antwortete Rainbow mit einem gellenden Schrei, der ihr in den Ohren weh tat. Ein Transportwagen fuhr an, und Indigo erblickte einen großen Eisenkäfig voller Papageien in allen Farben und Größen. Die Schreie der Artgenossen waren mehr, als Rainbow ertragen konnte. Er antwortete ihnen und schlug aufgeregt mit den Flügeln. Als der Wagen mit den Papageien an ihnen vorüberfuhr, sahen sie kranke und tote Vögel auf dem Käfigboden liegen. Indigo starrte mit weitaufgerissenen Augen hinterher, aber für Hattie war der Anblick zuviel. Übelkeit befiel sie genau in jenem Moment, in dem Edward mit der Droschke zurückkam.

Sobald sie Hattie in die Kutsche geholfen hatten und sie dem strahlenden Sonnenschein entkommen war, ließ die Übelkeit nach und sie begann, sich zu erholen. Die Begeisterung über die neue Umgebung minderte ihr Unbehagen.

Als die Kutsche der Straße hinauf in die Hügel folgte, kamen die Ruinen der alten Stadtmauer in Sicht. Beim Passieren der Piazza de Ferrari und des Herzogspalastes rief Indigo: »Seht nur!« und zeigte auf die schwarzweiß gestreifte Fassade des Doms. Die Streifen erinnerten Indigo an die unverwechselbaren schwarzweißen Streifen der Klapperschlange. Um Rainbow nach der erschütternden Begegnung mit den gefangenen Artgenossen ein wenig aufzuheitern, hob sie den Reisekäfig etwas an, damit er die Streifen sehen konnte.

Hattie lauschte Indigos Gespräch mit dem Vogel und begriff, daß Indigo glaubte, der Papagei verstehe jedes Wort. Das Kind erzählte dem Vogel, daß sie nun ganz weit im Osten waren, ganz in der Nähe der Dörfer, in denen man schon einige Male die Mutter Christi gesehen habe. Tante Bronwyn hatte ihr von den häufig auftretenden Marienerscheinungen in Italien, Spanien und Frankreich erzählt. Der Messias schickte seine Mutter, weil die Soldaten nicht versuchten, sie zu töten, erklärte Indigo dem Papagei.

Hattie und Edward hatten sich am Vorabend über dieses Problem unterhalten und beschlossen, daß es das beste sei, Indigos Phantastereien und Übertreibungen in bezug auf Jesus einfach nicht zur Kenntnis zu nehmen. Das arme Kind! Die harten Erfahrungen und Verluste in so jungen Jahren mußten ja ihre Spuren hinterlassen! Tante Bronwyn und Indigo hatten sich so wunderbar verstanden, daß Hattie sich nicht einmischen wollte, obwohl Edward und sie befürchtet hatten, die vielen Gespräche über tanzende Steine und in Steinen hausende Geister könnten das Kind verwirren. In Hatties Augen war die leicht verfälschte Jesusgeschichte, die Indigo von anderen Indianern gelernt hatte, harmlos.

Hattie atmete tief durch. Dann bewunderte sie das herrliche mediterrane Licht – die feuchte Luft filterte die Sonnenstrahlen und ließ sie leuchten, aber nicht brennen wie die Sonne in Riverside. Jetzt, wo sie wieder festen Boden unter den Füßen hatte, fühlte Hattie sich wesentlich besser. Die lebhaften Farben der Gebäude begeisterten sie und Indigo, und die beiden machten ein Spiel daraus: Amber, Siena, Ocker, Eierschalen, Salbei, Tee, Minze – für jede der faszinierenden neuen Farben erfanden sie einen Namen. Sie entdeckten alle möglichen Gärten, selbst verwilderte Anwesen mit Calla und überwucherte Weinstöcke in verlassenen Besitzungen. Hattie war froh, daß sie die herrlichen Anlagen von Tante Bronwyns Freundin in Lucca besuchen würden, ehe sie das Schiff nach Bastia bestiegen.

Während Hattie und Indigo badeten und sich ausruhten, fuhr Edward mit der Droschke zum amerikanischen Konsulat, um etwaige Nachrichten oder Post abzuholen. Normalerweise wäre ein Spaziergang zum Konsulat genau die richtige Art von Erholung für ihn gewesen, aber just zu dieser Zeit begann die alte Beinverletzung sich wieder zurückzumelden, obwohl das Bein merkwürdigerweise weder geschwollen noch verfärbt war.

Er fand einen Brief von seinem Anwalt in Riverside und zwei Telegramme vor. Mit gespielter Gelassenheit verstaute er die Umschläge in seiner Brusttasche und plauderte mit dem stellvertretenden Konsul über das heiße Wetter. In Riverside könne es noch viel heißer werden, erzählte er, aber das sei trockene Wüstenhitze. Er bedauerte die überflüssige Bemerkung sofort, denn der Vizekonsul schien hocherfreut über die Gelegenheit, weitere Fragen zu stellen.

Edward lächelte. Er und seine Frau bereisten in Begleitung ihrer Zofe aus gesundheitlichen Gründen den Mittelmeerraum. Er bedankte sich noch einmal beim Konsul und wandte sich zum Gehen, ehe der Mann sich nach ihrem Reiseziel erkundigen konnte. Der Vizekonsul schien die Gelegenheit zum Gespräch mit einem Landsmann zu genießen und begleitete ihn bis zur Eingangstür. Aufgrund der Unruhen seit dem Attentat riet man amerikanischen Staatsbürgern von Reisen außerhalb Roms, ja ganz und gar aber von Reisen in den Süden ab.

Edward fühlte sich verpflichtet, stehenzubleiben und höflich zuzuhören, um nicht durch Eile Aufmerksamkeit und Mißtrauen zu erwecken. Der ermordete König habe kaum im Grab gelegen, als die politischen Spannungen einsetzten, berichtete der Vizekonsul. Natürlich waren sie in Genua relativ sicher. Alle Kontrahenten versuchten, eine Stadt mit einem internationalen Hafen von großer kaufmännischer Bedeutung zu schützen. Es klang fast, als hoffe der Vizekonsul, sie würden in Genua bleiben, damit er sich weiter mit Amerikanern unterhalten konnte. An der Tür schüttelte Edward dem Vizekonsul die Hand und versicherte ihm, sie hätten keinerlei Absichten in den Süden zu reisen.

Erst in ausreichender Entfernung vom Konsulat zog er die Telegramme aus der Tasche. Er hatte das beunruhigende Gefühl, daß dort einige neugierige Augen den Inhalt der Schreiben bereits kannten. Die Hitze auf den Bürgersteigen war erdrückend. Das dünne Papier des Briefumschlages klebte an seinen feuchten Fingern und bekam dunkle Flecken. Um die Ecke entdeckte er einen schattigen Platz und blieb stehen, um sein schmerzendes Bein zu entlasten. Weit und breit war keine Droschke zu sehen.

Mit einem Taschentuch fuhr er sich über Hände und Augenbrauen, ehe er das erste Telegramm öffnete, das zwei Tage vor dem anderen abgeschickt worden war. Es enthielt eine seltsame Nachricht von Mr. Grabb, dem Anwaltsbüro, das Lowe & Company vertrat: »Sekretär des Landwirtschaftsministeriums verweigert Genehmigung. Machen Sie nicht weiter. Kehren Sie sofort zurück. Gesellschaft haftet nicht für Unkosten nach dem 18. August.«

Das zweite Telegramm war ebenfalls von Mr. Grabb und enthielt die Aufforderung, sich bezüglich einer Reise in den Himalaya sofort mit Lowe & Company in Verbindung zu setzen, wo er bestimmte Exemplare asiatischer Lilien sammeln sollte. Die Hitze und das schmerzende Bein machten Edward ganz benommen, und er fürchtete, keine Droschke zurück zum Hotel zu finden, ehe er richtig krank wurde.

Indigo fächelte sich und dem Papagei mit einem Fächer aus geflochtenen Palmenfasern, den sie im Zimmer gefunden hatte, frische Luft zu. Die beiden spielten auf dem Boden mit dem Fächer, während Hattie eine Nachricht an Tante Bronwyns Freundin, die *professoressa* in Lucca, verfaßte. Hattie hatte beschlossen, daß sie lieber in Lucca bleiben und Edward ohne sie und das Kind weiterziehen lassen würde – denn die englischsprachigen Zeitungen berichteten von möglichen Unruhen. Ihre Haut fühlte sich erhitzt und feucht an, die Unterwäsche klebte ihr höchst unangenehm am Leib, sie war das Reisen leid.

Das Kind und der Papagei wurden lebhafter. Rainbow packte den Griff des Fächers mit dem Schnabel und schlug mit den Flügeln, als Indigo auch schon ein lautes Krachen hörte: Rainbow hatte den Bambusgriff mit dem Schnabel geknackt und riß nun halbmondförmige Stücke heraus, um anschließend Stück für Stück die losen Fasern herauszuziehen. Indigo ließ sich vor Lachen vornüberfallen. Hatties Gereiztheit spornte sie nur noch mehr an, weil es dem Papagei so leichtfiel, Menschen zu verärgern.

Indigo beachtete Hattie nicht weiter und ließ Rainbow auf ihrer Schulter reiten, während sie in ihre Dienstmädchenkammer hinüberging, wo sie bereits das Bettzeug auf dem Boden arrangiert hatte, wie sie und Rainbow es nachts am liebsten mochten. Irgend etwas ärgere Hattie, flüsterte sie Rainbow zu, aber daran müsse er sich nicht stören, denn sie war ja da, um sich um ihn zu kümmern. Sie schloß die Tür, damit Hattie von ihrem neuen Spiel nicht gestört wurde. Die dicken Federkissen und Plumeaus waren eine herrlich weiche Landebahn für Indigo, die von der Bettkante aus hineinsprang, während Rainbow flügelschlagend auf ihrer Schulter saß und regelrechte Windstöße erzeugte. Indigo erzählte ihm von den vielen Krähen in den kahlen Bäumen am Fluß in jenem Winter, als der Messias gekommen war. Der Messias liebe Vögel ganz besonders, erklärte sie Rainbow. Vielleicht lag es daran, daß er und seine Familie und seine Anhänger davonflogen, wenn sie große Reisen unternahmen – sogar übers Meer.

Hattie erschrak über Edwards Aussehen. Er war blaß, klagte über Schmerzen im Bein und ihm war schlecht vor Hitze. Er wollte sich gerade hinlegen, als ihm der Brief des Anwalts aus Riverside einfiel. Mr. Yetwin berichtete vom rapiden Anstieg der

Grundstückspreise, jetzt, wo der Staudamm und das Aquädukt vom Colorado River im Bau waren. Edward fühlte sich von diesen Zeilen gestärkt. Eine neue Bezugsquelle für billiges Wasser im Überfluß würde den Erfolg seiner neuen Zitronenhaine garantieren, selbst in trockenen Jahren, wenn auf die Brunnen kein Verlaß war. Aber fast augenblicklich fielen ihm auch die Telegramme wieder ein, und schon wurde ihm erneut heiß und übel. Er reichte Hattie den Brief und ging, um sich hinzulegen.

Hattie übersprang die Zeilen über Grundstückspreise und andere Geschäftsangelegenheiten, um festzustellen, wie es Linnaeus und seinem Kätzchen ging. Nach Mr. Yetwins Bericht stand in Haus und Garten alles zum besten, auch wenn sich die Köchin darüber beklagte, daß das Hausmädchen zuviel Zeit beim Spielen mit dem Affen und dem Kätzchen verbringe. Indigo unterbrach ihr Spiel, um zuzuhören.

Während er darauf wartete, daß die Tabletten ihre Wirkung taten, lauschte Edward dem angeregten Gespräch zwischen Hattie und Indigo, die sich im Salon über Linnaeus und das Kätzchen unterhielten. Er wollte ihnen die Laune nicht verderben, also behielt er lieber für sich, daß Katzen dafür bekannt waren, für Menschen – und damit wahrscheinlich auch für Affen – gefährliche Krankheiten zu verbreiten. Er war seinem neuen Freund Dr. Gates dankbar für die zusätzlichen Morphintabletten, die er ihnen überlassen hatte, falls Hattie eine neue Kopfschmerzattacke erleiden oder die alten Schmerzen im Bein wiederaufleben sollten. Ärzte und Apotheken waren auf Korsika eine Seltenheit.

Er schluckte die Tablette mit reichlich Wasser und verspürte nur ein klein wenig Übelkeit, ehe sich in seinem Körper ein angenehmes Glühen ausbreitete und sämtliche Schmerzen in seinem Bein verschwanden. Er lehnte sich im Kissen zurück und genoß die Wonne. Sein Magen entkrampfte sich, Herzschlag und Puls wurden ruhiger. Er hörte Schritte und schob das Fläschchen mit Morphintabletten in die Tasche seines Morgenmantels. Er wollte Hattie nicht beunruhigen.

Aber die Schritte gingen vorüber und niemand kam. Edward versuchte, seine Gedanken auf die guten Nachrichten im Brief zu konzentrieren – billiges Wasser im Überfluß. Er sah das Aquädukt vor sich, wie es sich durch ausgetrocknete Kiesbetten und zwischen Dornsträuchern hindurchwand, und das Glitzern des dahinströmenden Wassers im Sonnenschein. Er mußte sich auf das Wasser im Kanal konzentrieren, sonst setzte die beunruhigende Nachricht des Telegramms erneut seinem Magen zu. ›Sofort umkehren. Nicht weitermachen. Genehmigung nicht erteilt.‹

Obwohl er nicht schlafen konnte, fiel Edward durch das Morphin in einen merkwürdigen traumähnlichen Zustand. Er folgte seinem Vater inmitten himmlischer Düfte durch die Orangen- und Zitronenhaine, während dieser Händevoll Blüten in den Blecheimer pflückte, den er bei sich trug. Obwohl Edward damals erst neun Jahre alt war, erinnerte er sich noch lebhaft daran, wie sein Vater die duftenden wächsernen Blüten eimerweise einsammelte und sie dann in das Zimmer der Mutter hinauftrug und vorsichtig auf dem Bett ausbreitete.

Edward erinnerte sich so gut an diesen Sommer, weil sein Vater in einem Teil der Bibliothek ein eigenes Labor für Parfüm eingerichtet hatte, in dem er stundenlang saß, Brandy trank und dabei getrocknete Gewürznelken in köstliche persische Orangen drückte, um daraus Parfümkugeln herzustellen, die sein Parfümunternehmen finanzieren sollten, nachdem Edwards Mutter ihm die weitere Unterstützung entzogen hatte. Sie hatte nichts dagegen, seine Spielschulden zu begleichen, denn sie war dabei selbst recht erfolgreich. Seine Experimente mit Zitronenparfüm hielt sie dagegen für zwecklos und reine Geldverschwendung.

Ehe sich ihre Wege in Genua trennten, empfahl Dr. Gates Hattie, Laudanumtropfen in Ingwertee zu nehmen. Das Opiumpräparat schenkte ihr einen ruhigen Schlaf, denn nach dem Schlafwandeln und dem Erlebnis mit dem merkwürdigen Licht und dem lauten Klopfen erwachte sie hin und wieder mitten in der Nacht mit starkem Herzklopfen. Sie zögerte, sich Edward anzuvertrauen, weil er stets nach einer logischen Erklärung suchte. Er würde das Licht, das sie in Tante Bronwyns Garten gesehen hatte, als Halluzination abtun und das laute Klopfen als Hysterie. Und sie fürchtete, daß dies die einzig möglichen logischen Erklärungen sein könnten.

Sie versuchte, auf diese leise innere Stimme zu hören, die sie Bewußtheit nannte, aber merkwürdigerweise hörte sie gar nichts. Sie glaubte nicht an einen Nervenzusammenbruch wie beim erstenmal – das Gefühl kannte sie. Nein, diesmal fühlte sie sich ganz anders. Es war nicht unangenehm, sie war lediglich besorgt, weil sie sich die Ereignisse jener Nacht nicht eindeutig erklären konnte. Wessen Gegenwart hatte sie gespürt? Wessen Gegenwart hatte ihren Alptraum von Edward und der Maske verursacht?

Sie standen im Morgengrauen auf und frühstückten, bevor die Kutsche kam, die sie zum Bahnhof bringen sollte. Von Genua aus fuhren sie mit dem Zug nach Lucca, wo Tante Bronwyns liebe Freundin, die *professoressa*, sie abholte und freundlicherweise einlud, bei ihr zu wohnen. Tante Bronwyn hatte die *professoressa* in einem Museum in Triest kennengelernt, und da sie sich beide sowohl für die Gebrauchs- und Kultgegenstände der alten Europäer als auch für Gartenbau interessierten, hatten sie beschlossen, für die Dauer von Tante Bronwyns Aufenthalt auf dem Festland gemeinsam zu reisen. Zwar blieben ihnen nur wenige Tage Zeit, bis sie sich auf den Weg nach Livorno machen mußten, von wo aus sie nach Korsika übersetzen wollten, doch selbst Edward fand, daß ihnen eine Pause guttun würde, außerdem hatte ihnen Tante Bronwyn eingeschärft, sich auf keinen Fall den Garten der *professoressa* entgehen zu lassen. Hattie war sehr gespannt auf den Garten, bei dessen Gestaltung sich die *professoressa* ganz von ihrer Vorliebe für alte europäische Kunstgegenstände hatte leiten lassen.

Zu ihrer Überraschung stellte Hattie fest, daß die Frau, die sie am Bahnhof in Lucca begrüßte, viel jünger war als ihre Tante. Hattie fürchtete, Edward könne Vorbehalte haben, doch er nahm die Einladung in das Haus auf den Hügeln über der Stadt gerne an. Lucca würde ihr einziger Zwischenstopp sein. Wenn Edward erst die korsischen Zitrusstecklinge in seinen Besitz gebracht hatte, mußten sie sofort abreisen, um möglichst viele der Ableger heil in die Vereinigten Staaten zu bringen.

Edward hatte es zwar eilig, nach Bastia zu kommen, doch die Erholungspause in Lucca konnten sie alle gut gebrauchen. Die primitiven Stein- und Tonfiguren der alten europäischen Kulturen interessierten ihn nicht sonderlich, ja er fand sie geradezu häßlich. Doch der alte Garten der Villa interessierte ihn sehr wohl. Er war gespannt, ob sich in irgendeinem abgelegenen Winkel einer Terrasse oder auf dem Familienfriedhof womöglich eine der ganz alten Gelbrosenarten finden würde. Und natürlich hielt er stets

Ausschau nach alten Zitronenbäumen – vielleicht entdeckte er bereits in der Toskana ein Exemplar der *Citrus medica*, auch wenn Korsikas bergige Küstenregionen für die *Citrus medica* eindeutig die besten Bedingungen boten. Edward lächelte. Das Klima in Riverside war optimal für den Anbau von Zitrusfrüchten, genau wie das Klima im Norden Australiens, dem Dr. Gates entstammte. Eines Tages würden sie mit ihren süßen Früchten den Markt beherrschen, und der Doktor würde Zitronat für den Export nach Asien produzieren. Bevor Dr. Gates sich in Genua von ihnen verabschiedete, hatten Edward und er vereinbart, in Verbindung zu bleiben und im Winter gemeinsam den Meteoritenkrater in Arizona zu besuchen.

Die Fahrt vom Bahnhof in Lucca bis hinauf zu der alten Villa in den Hügeln dauerte über eine Stunde, und die Erwachsenen vertrieben sich die Zeit recht angenehm mit einem Gespräch über Ausgrabungen und über die Bergamotte, eine Zitrusfrucht, die für die Herstellung von Orangenwasser und anderen Parfüms verwendet wurde. Indigo dagegen fühlte sich elend von dem Geruckel der Kutsche und den Serpentinen. Sie und Rainbow waren heilfroh, als die Kutsche endlich vor den goldgelben Mauern der alten Villa hielt.

Der *professoressa* zufolge war die Hitze in der befestigten Stadt Anfang August unerträglich, aber hier in den Hügeln brachte der ständige Zustrom kühler Luft aus den Bergen Erfrischung. Zwar war die *professoressa* enttäuscht, als sie erfuhr, daß die drei wegen Edwards Geschäften auf Korsika nur kurz bleiben konnten, doch für eine Führung durch den umgestalteten Garten mit der Sammlung alter europäischer Fundstücke blieb allemal genug Zeit.

Die Gästezimmer hatten hohe Decken mit aufwendigen, in hübschen zarten Farben gestalteten Fresken aus Vögeln und Blumen. Indigo legte sich sofort aufs Bett und betrachtete die gemalten grauen Tauben, die vor blauen Wolken über Berge weißer und rosafarbener Rosen flogen. Die Fenster standen offen, um die frische Luft hereinzulassen, und die Haushälterin der *professoressa* zeigte Indigo, wie sie mit einem Ruck an den langen Schnüren ziehen mußte, um die Rollos vor den Fenstern hochzuziehen oder sie zum Schutz vor Sonne und Insekten herunterzulassen.

Indigo öffnete die Tür des Reisekäfigs, woraufhin Rainbow

auf das Käfigdach kletterte und mit den Flügeln schlug. Sie kraulte ihm den Kopf, und er plusterte sich genüßlich auf. Aus dem Fenster schaute sie auf den Fahrweg hinaus, der sich sanft die von riesigen Bäumen gesäumten Wiesenhänge hinaufschwang. Wenn das ihr Haus wäre, würden da draußen Rinder und Schafe weiden.

Sie öffnete ihre Reisetasche und zog das seidengebundene grüne Notizbuch heraus, in dem die Namen der Heilpflanzen auf Englisch und Latein aufgelistet waren. Sie nahm den kleinen Stift, der zu dem Notizbuch gehörte, und übte auf einer leeren Seite, die lateinischen und englischen Namen zu schreiben. Eisenhut, *Aconitum napellus*. Tante Bronwyn hatte ihr gezeigt, daß das oberste Blütenblatt des dunklen, lilablauen Blütenstiels wie ein Helm geformt war. Indigo zeichnete den langen blütenbesetzten Stengel, aber es war schwierig, das oberste Blütenblatt so hinzukriegen, daß es im Vergleich zu den anderen nicht zu groß aussah. Unter die Zeichnung schrieb sie die medizinischen Eigenschaften, die in Tante Bronwyns Liste standen: analgetisch, antifebril und diuretisch. Hattie hatte diese Worte zu ihrer Vokabelliste hinzugefügt, und Indigo schrieb die Definitionen daneben: »analgetisch« kam vom griechischen Wort *algos* für Schmerz und bedeutete schmerzstillend, »antifebril« hieß fiebersenkend und war, wie Hattie ihr erklärt hatte, eine Ableitung vom lateinischen Wort *febris* für Fieber; »diuretisch« hieß harntreibend und kam vom griechischen Wort für Urin. Indigo studierte ihre Bleistiftzeichnung, radierte dann das zu groß geratene Blütenblatt wieder aus und versuchte es noch einmal.

Das Zimmer von Hattie und Edward lag am anderen Ende des Flurs. Indigo staunte, als sie das große Bett mit Dach und Vorhängen an den Seiten sah, das auf einem Podest stand. Die Vorhänge sollten im Winter die Zugluft abhalten, erklärte Hattie. In solch einem überdachten Bett konnte man ja draußen schlafen! Sie lachten beide, und Edward stimmte in das Gelächter ein. Er hatte es sich mit hochgekrempelten Ärmeln in dem wuchtigen Armsessel bequem gemacht und hielt seine verletzte Hand in ein Becken mit warmem Wasser.

Das Haus der *professoressa* war von guten Geistern erfüllt. Indigo spürte sie sofort. Sie merkte gleich, daß Laura ein freundlicher Mensch war, weil sie den Blick nicht abwandte, als sie

Indigo mit dem Vogelkäfig sah. Rainbow lockerte seinen Griff, woraufhin Indigo ihn von der Schulter nahm, ihn vorsichtig auf den Schoß setzte und ihm dabei ununterbrochen den Kopf streichelte, bis er ihr erlaubte, ihn wie ein Baby auf dem Rücken liegend in die Arme zu nehmen. Sie beobachtete ihn, während er sie aus seinen hellgelben Augen nervös ansah, sein Körper angespannt, um jederzeit Reißaus nehmen zu können. Es war wunderbar, wie er sie zum Lächeln brachte, selbst wenn sie traurig war. Sie sehnte sich nach Sister Salt und Mama – ob sie wohl inzwischen wieder zusammen waren? Hattie war wirklich gut zu ihr, aber ihre Schwester und ihre Mutter fehlten ihr so sehr!

Hattie öffnete die Flügeltür zum Balkon, um Indigo den maurischen Garten mit dem Springbrunnen zu zeigen, der den hinteren Teil der Villa umschloß. Das Nachmittagslicht spielte auf den blauen Fliesen des Springbrunnens und des Wasserbekkens. Indigo stieß einen erstaunten Ruf aus, als sie das intensive Blau sah. Leuchtend rote Bougainvillea rankten sich an der blau gekachelten Gartenmauer hoch. Ob sie hinuntergehen und ein bißchen durch den Garten spazieren könnten? Oh, wie schön!

Indigo lehnte sich in den Sprühnebel der Fontäne und fragte Rainbow, wie ihm das gefalle. Der Papagei plusterte sich auf und öffnete den Schnabel, um die feinen Tröpfchen aufzufangen. Der lange schmale Teich im blaugefliesten Becken war zu flach, um Fische darin zu halten. Indigo war enttäuscht und etwas irritiert. Wozu war ein Teich denn da, wenn man keine Goldfische darin hielt? Hattie erklärte, dieser Teich sei dazu gedacht, die Menschen zu erfreuen und zu erfrischen. Von Fischen bekam das Wasser einen komischen Geruch. Indigo runzelte die Stirn. Ihr hatten die Fischteiche in Oyster Bay gut gefallen.

Die Zitronenbäume, die in Terrakottatöpfen rund um den Teich standen, erfüllten den Garten mit ihrem Duft. Indigo freute sich, als sie die grünen und gelben Früchte sah, und Laura schlug ihr vor, ein paar Zitronen für die Vanillecreme am nächsten Tag zu pflücken. Hohe dornige Agaven und riesige pythonartige Kakteen wuchsen neben verschiedenen kleinen und großen Yuccapalmen, dazwischen standen einige Aloepflanzen, darunter eine gelbe und eine orangefarbene sowie eine Aloeart mit roten Blüten, die Hattie noch nie gesehen hatte.

Edwards ganze Aufmerksamkeit galt den Dutzenden von Zitronenbäumen rund um den Teich. Er hoffte, irgendwo die dicke, schuppige Rinde der *Citrus medica* zu entdecken, doch auf den ersten Blick sah alles nach normalen Zitronen aus. Die *professoressa* zeigte ihm die alte Gelbe Rose, die er hatte sehen wollen. Unten am Wurzelstock war der Stamm so dick wie der eines kleinen Baumes, doch die Zweige waren sorgfältig beschnitten und von kleinen, aber stark duftenden Blüten übersät. Indigo rief mit gedämpfter Stimme Hattie herbei, um ihr den Kolibri zu zeigen, der in einer über den Teich hängenden großen roten Hibiskusblüte saß. Morgen würden sie sich den alten Garten unten im Wald anschauen.

Als Indigo wieder in ihrem Zimmer war, holte sie Notizbuch und Bleistift heraus und versuchte, den Kolibri in der großen Blüte zu zeichnen. Rainbow saß auf seinem Käfig und knackte Sonnenblumenkerne. Indigo hatte ihm schon erzählt, was Hattie gesagt hatte. Sie waren Gäste hier, und auch wenn Tante Bronwyn den Papagei gerne um sich hatte und am Eßtisch Geschichten von Hunden erzählte, so wäre es doch nicht höflich, Rainbow zum Abendessen bei Laura mitzubringen. Als Hattie sie zum Essen rief, drückte Indigo ihre Wange sanft an Rainbows Körper und flüsterte ihm zu, er solle auf sie warten, sie sei nicht lange fort.

Ein wundervoller Anblick empfing sie, als sie an diesem Abend das Eßzimmer betraten. Ein kunstvolles Arrangement weißer Porzellanschwäne glitt, sich das Gefieder putzend, in der Mitte des Eßtisches zwischen weißen Calla und duftenden blauen Seerosen dahin. Kleinere, aufmerksam dreinblickende Schwäne auf silbrigweißem Leinen bewachten die einzelnen Gedecke. So viele Gläser, Messer und Gabeln auf einem einzigen Tisch hatte Indigo noch nie gesehen. Die sorgsam gefalteten, von blauen Seidenbändern zusammengehaltenen Servietten gefielen ihr besonders gut. Sie ließ das Seidenband in ihre Tasche gleiten, um es Rainbow mitzubringen, während Hattie rief, wie schön die Schwäne doch seien, und Edward nach dem Alter der Figuren fragte.

Das Tischdecken hatte bestimmt genauso lange gedauert wie die Zubereitung der Nudel- und Gemüsegerichte. Die *professoressa* wollte gerne Genaueres über die Ausgrabungsstätte erfahren, die sie in Bath besichtigt hatten. Sie selbst habe sich zunächst mit der römischen Antike befaßt, doch letztlich hätten die früheren Kulturen sie in ihren Bann geschlagen. Hattie beschrieb ihr die Zinnmaske aus vorrömischer Zeit, primitiv, aber beeindruckend, und die *professoressa* hörte sehr interessiert zu, da nicht wenige der Figuren in ihrer Sammlung Masken trugen. Edward widmete seine Aufmerksamkeit unterdessen dem erlesenen Glas und Porzellan der Gedecke, besonders den goldenen Täßchen, die auf kleinen in Marmor geschnittenen Köpfen saßen. Die *professoressa* und Hattie unterhielten sich weiter angeregt über Masken und Terrakottafiguren von Göttinnen, die halb Schlange und halb Vogel waren. Wie geschickt die Italiener das doch eingerichtet hatten, dachte Edward. Wenn einen das Tischgespräch langweilte, so wie ihn gerade, konnte man sich einfach den Gedecken, dem Tafelaufsatz und den Dekorationen zuwenden.

Nach dem Abendessen holte Indigo ihre Buntstifte und Zeichnungen herunter. Laura fragte Indigo, ob sie mal schauen dürfe, woraufhin Indigo ihr schüchtern das Notizbuch reichte. Laura nickte und sah sich lächelnd Indigos Zeichnungen und die Anmerkungen zu den Heilpflanzen an. Dann stand sie mit dem Notizbuch in der Hand auf und öffnete eine Schublade der hohen Mahagonivitrine. Eine flache Holzschachtel mit einem leuchtend bunten Etikett kam zum Vorschein. Laura klappte den Deckel auf, und Indigo sah Dutzende von Buntstiften in allen erdenklichen Farben vor sich. Ob sie ihr die Stifte schenken dürfe? Indigo schaute voller Hoffnung zu Hattie hinüber, die nickte. Indigo war begeistert. Jetzt konnte sie die Blumen in den richtigen Farben zeichnen und die Federn des Kolibris lila und grün ausmalen. Dann zog Laura aus der Tiefe ihrer Kleidertasche noch einen kleinen Bleistiftspitzer aus Messing hervor. Edward schaute auf die Uhr und meinte, es sei Zeit für Indigo, ins Bett zu gehen – aber bis das Licht ausgemacht werde, dürfe sie die Buntstifte noch ausprobieren.

Einer der Stifte hatte die Farbe des Sandes in den alten Gärten – so hell, daß die ersten Striche auf dem weißen Papier des Notizbuchs kaum zu sehen waren. Sie malte einen niedrigen Sandhügel, den Hügel, den sie den Hund nannten, weil er Grandma Fleet immer an einen schlafenden Hund erinnert hatte. Wenn die großen Regenfälle kamen, sammelte sich dort das Bodensediment, so daß neben der Teufelskralle, die sie benutzten, um ihre Körbe zu verzieren, die größten Sonnenblumen und riesiger Stechapfel gediehen. Sie zeichnete die gelben Blüten der silbrigblauen Enceliasträucher nach einem Gewitter im Spätherbst, wenn der Stechapfel noch blühte und die Blüten der Sonnenblumen schon Samen ausbildeten.

Während sie sich das Gesicht wusch und die Zähne putzte, betrachtete Indigo im ovalen Waschtischspiegel ihr dunkles Gesicht und mußte lachen, als ihr auffiel, daß sie bei all den hellen Gesichtern um sich herum allmählich vergaß, wie dunkel sie eigentlich war. Grandma Fleet hätte lauthals darüber gelacht, und Sister Salt würde sie bestimmt kneifen und sie aufziehen, sie sei ja ein weißes Mädchen geworden und gar kein Sand Lizard-Mädchen mehr. Aber das war ihr egal. Die würden noch staunen, wenn sie all die Samen sahen, die sie gesammelt hatte, und ihr Notizbuch mit den Namen und Erläuterungen und sogar mit farbigen Zeichnungen!

Später, als sie mit Edward allein im Zimmer war, meinte Hattie, sie habe sich der *professoressa* gleich verbunden gefühlt. Laura hatte ihnen das Du angeboten, sie war kaum älter als Edward. Sie sei eine sehr interessante Frau – nicht nur gebildet und Sammlerin alter europäischer Kunstgegenstände, sie züchtete außerdem auch Gladiolen. Edward sah von seiner Zeitung auf. Die Zuchtgladiolen wollte er sich gerne einmal anschauen – viel lieber als irgendwelche primitiven Skulpturen aus dem fünften Jahrtausend vor Christus.

Am nächsten Morgen erwachte Indigo von dem Gekrächze dreier fetter Krähen vor ihrem Fenster. Rainbow legte den Kopf schief, um die Vögel oben in der großen Linde besser sehen zu können. Möglicherweise waren der Messias und seine Anhänger vor gar nicht langer Zeit hier vorbeigekommen, allerdings konnte man da natürlich nicht sicher sein. Sie schaute in den Garten hinunter, auf das sprudelnde Wasser des Springbrunnens und die schattenspendenden Büsche. Bestimmt lebten die Krähen hier.

Indigo glaubte nicht, daß es Laura etwas ausmachen würde, wenn sie und ihr Papagei im Haus herumliefen oder in den Garten hinausgingen, aber Hattie wollte nicht, daß Indigo allein loszog. So blieb sie mit Rainbow am Fenster stehen und wartete, bis sie aus Hatties und Edwards Zimmer am Ende des Flurs Stimmen hörte.

Nach dem Frühstück ging Laura, um ihnen Schuhwerk für den Garten zu holen. Durch die Umgestaltungsarbeiten war der Boden an vielen Stellen matschig, und die lehmige Erde blieb an den Sohlen hängen. Während sie sich die Gummischuhe anzogen, erzählte sie ihnen eine wundervolle Geschichte über ihren ersten Besuch in der verlassenen Villa unter den hohen Bäumen. Mehr als hundert Jahre lang hatte das Anwesen Ausländern gehört, Verwandten von Napoleons Schwester, und die Einheimischen hatten es gemieden. Hinter vorgehaltener Hand erzählte man sich von Ungeheuern, von seltsamen Geräuschen und Lichtern in dem alten Wäldchen. Die Ausländer und ihre Gäste kamen jeden Sommer, und dann blieben sie plötzlich aus.

Später gelangte Lauras Familie durch die Begleichung einer alten Schuld in den Besitz des Anwesens. Das Haus stand leer, und der Garten war völlig heruntergekommen. Die Bougainvillea und die roten Kletterrosen waren verwildert. Die Gelben Taglilien hatten die Beete überwuchert und sich auf dem Rasen breitgemacht. In den Grotten und den formalen Gärten fehlten die Marmorfiguren und auf den Terrassen die Marmorvasen und Balustraden.

Bei ihrem ersten Besuch ahnten Laura und ihr Bruder nicht, was sich unter dem dichten Blattwerk des dunklen Waldes jenseits der Villa verbarg. Sie gingen den Weg hinunter, um zu sehen, wo das Wasser hinfloß. Erst als sie die erste Grotte erreichten und sich umwandten, fiel Laura im dichten Unterholz etwas ins Auge. Aus einem eingesunkenen Erdwall ragten Kopf und Vorderbeine eines steinernen Zentauren heraus. Nicht weit davon lugte ein Minotaurus aus dem Gebüsch hervor, und als sie den Garten nach diesen ersten Entdeckungen genauer absuchten, fanden sie am Fuß eines anderen Erdwalls ein Medusenhaupt. Hattie und Edward murmelten ein paar anerkennende Worte, doch Edward war enttäuscht, als er erfuhr, daß die Statuen bloß aus dem späten achtzehnten Jahrhundert stammten. Dennoch waren sie faszinierend. Erst kürzlich, nachdem ein heftiger Sturm viele alte Bäume im *sacro bosco*, dem Heiligen Hain, entwurzelt hatte, hätten die Arbeiter hinter einem fast undurchdringlichen Dickicht aus umgestürzten

Bäumen und dem Geröll lang zurückliegender Erdrutsche eine steinerne Grotte entdeckt.

Vom ummauerten Garten mit dem Springbrunnen führten vier Steinstufen auf den Rasen des formalen Gartens hinunter, der von riesigen Bäumen beschattet wurde. Das Morgenlicht spielte in den Blättern, die ein dichtes Dach bildeten, und Indigo sah mehr Grüntöne, als sie je für möglich gehalten hätte – Flußgrün, Moosgrün, Weidengrün, Eichblattgrün, Wacholdergrün, Grüngoldgrün und überall Grasgrün in sämtlichen Abstufungen. Sie wirbelte in dem herrlichen grünen Schatten herum, während der Papagei auf ihrer Schulter freudig kreischte. Sie drehte sich und tanzte – so glücklich war sie seit ihrer Trennung von Sister Salt nicht mehr gewesen. Das Geschrei des Papageis lockte die Amseln an, die sie am vorigen Abend gesehen hatten. Hattie wunderte sich über die Größe des Schwarms, im Garten ihrer Tante in Bath habe es nur zwei oder drei Amseln gegeben. Oh, sagte Laura, diese Gegend sei schon immer für ihre vielen Amseln bekannt gewesen. Auf den Hügeln wüchsen jede Menge Haselsträucher und Eichen, und die Ortsansässigen hätten die verfallene alte Villa früher immer den Amselpalast genannt, selbst dann noch, als sie und ihr Mann nach Abschluß der Renovierungsarbeiten eingezogen waren.

Das ist ja interessant, dachte Hattie. Einen Mann hatte Tante Bronwyn gar nicht erwähnt. Ob ihr Mann zur Zeit im Ausland sei? Kaum hatte sie das gefragt, spürte Hattie, daß etwas nicht stimmte. Laura blieb stehen und lächelte. Es tue ihr leid, wenn sie Verwirrung gestiftet habe. Sie und ihr Mann seien nicht mehr zusammen. Hattie war von dieser Bemerkung so überrascht, daß sie bloß eine lahme Entschuldigung stammeln konnte. Oh, es gebe keinen Grund für eine Entschuldigung – es sei das Beste so.

Hattie wandte ihre Aufmerksamkeit eilig den leeren Steinsockeln und den Nischen in der schön gestalteten Gartenmauer zu, und Laura berichtete von ihrem Widerwillen, die fehlenden Figuren durch Kopien zu ersetzen. Neuer Marmor glänzte zu sehr und würde das friedvolle, nuancierte Spiel des Lichts im Laub nur stören. Als die Einheit ihres Mannes nach Eritrea beordert worden sei, habe sie gehofft, er könne während seines Aufenthalts in Kairo vielleicht ein paar interessante Steinfiguren auftreiben.

Hattie sah sich um, entdeckte jedoch nirgends Steinfiguren. In den Nischen und auf den Sockeln hatten sich Flechten, winzige Farne und Moose festgesetzt, die dort genau das richtige Maß an Sonne und Schatten abbekamen. Die Blicke der beiden Frauen trafen sich für einen Moment, und Hattie begriff, daß Laura die alten Steinfiguren aus Kairo zusammen mit ihrem Mann abgeschrieben hatte.

Laura blieb stehen, um Indigo und Rainbow zuzuschauen, die auf der Wiese Fangen spielten. Erst watschelte der Papagei hinter dem Mädchen her, wobei er mit den ausgebreiteten Flügeln schlug, um an Tempo zu gewinnen. Dann wieder rannte Indigo hinter dem Papagei her, der kreischend und mit aufgeplusterten Federn vor ihr floh. Sie spielten und spielten im Schatten der riesigen Linden und Eichen. Manchmal schlug der Papagei so heftig mit den Flügeln, daß er abhob und Indigo ihn sekundenlang kaum auf ihrer Schulter spürte.

Ein reizendes Mädchen sei Indigo – sie könnten sich wirklich glücklich schätzen, sie adoptiert zu haben, meinte Laura, als sie dort im Schatten standen. Hattie spürte, wie ihr das Blut in die Wangen stieg, und versuchte die richtigen Worte zu finden. Ach nein, dieses Glück hätten sie leider nicht. Das Kind sei nur über den Sommer bei ihnen. Hattie konnte sich nicht bremsen, sie hatte das Gefühl, sie müsse erklären, wie schlecht das Schulpersonal das Kind behandelt hatte und daß sie nach ihrer Rückkehr in die Vereinigten Staaten sofort nach Arizona fahren würden, um Indigos Familie zu suchen.

Edward kehrte um und gesellte sich wieder zu ihnen, obwohl der Weg hinter einem steinernen Torbogen noch weiterführte. Er hatte genug von alten, ihrer Dekorationen beraubten Gärten. Er wollte sich lieber die Zuchtgladiolen anschauen. Selbst die primitiven Skulpturen der alten Europäer erschienen ihm jetzt interessanter.

Laura schaute zur Sonne hinauf, um abzuschätzen, wie spät es war. Vor dem Mittagessen wollte sie ihnen noch einiges zeigen. Aus einem Bach in den Hügeln hinter dem Haus wurde Wasser in eine steinerne Rinne abgeleitet, die zu einem langen schmalen Teich mit Zwergpapyrus und gelbem Lotos führte. Am anderen Ende des Teiches floß das Wasser wieder in eine steinerne Rinne, die parallel zum Fahrweg verlief, bis sie am Waldrand im dichten Blattwerk verschwand.

Am Eingang zu dem Wäldchen, in dem man die Steinfiguren gefunden hatte, standen zwei mit Flechten besetzte verwitterte Steinsäulen im üppigen Grün. Laura ging auf dem zugewachsenen Weg voraus, hinter ihr lief Indigo mit dem Papagei, gefolgt von Hattie und Edward. Als sie tiefer in den Wald hineingingen, wurde der Papagei auf Indigos Schulter still und wachsam.

Der Weg war von Lorbeer und Immergrün überwachsen, die schattige Kühle des Waldes war einladend. Indigo fand verschiedene hübsche Farne und Moose zwischen den Pflastersteinen des langsam abfallenden Weges, der sie tiefer in das dunkle Grün der Kiefern und Zedern hineinführte. Hier und da bildeten Eschen, Ahornbäume, Kastanien und riesige Eichen kleine Enklaven. Rainbow klammerte sich fester an ihre Schulter, schlug mit den Flügeln und schaute sich, vor Aufregung aufgeplustert, im Wald um. Sie spielten miteinander: Indigo ging immer langsamer, woraufhin Rainbow sich vorbeugte, weil er schneller vorankommen wollte, und immer heftiger mit den Flügeln schlug, als wolle er Indigo antreiben. Dann tat Indigo so, als würde der Luftzug, den er durch sein Flügelschlagen verursachte, sie wie durch Zauberkraft davontragen. Sie lief schneller und schneller, Rainbow kreischte vor Vergnügen, und als sie an Laura vorbeirannten, lachte Indigo laut auf.

Hätte Hattie nicht hier und da inmitten des Stechpalmen- und Brombeerdickichts Azaleen und Rhododendronbüsche entdeckt, dann hätte sie geglaubt, sie wäre im Urwald. Die anderen gingen voraus, doch Hattie zog es vor, in aller Ruhe zu würdigen, was die Zeit auch aus einem noch so gepflegten Garten machen konnte. Sie blieb stehen, um die Wirkung zu bewundern, die durch die Kombination von Linden und Ulmen mit dem helleren Grün der Platanen erzielt wurde. Dann wandte sie sich wieder um und erschrak, als sie zwischen den knorrigen Ästen einer Stechpalme ein Wesen entdeckte, das sie anstarrte.

Das lebensgroße steinerne Gesicht und die nackte Brust waren die eines Menschen, doch Körper und Beine gehörten zu einem Pferd. So nah am Weg im Gebüsch wirkte das Wesen fast lebendig, und Hattie bekam einen solchen Schreck, daß ihr Herz heftig zu klopfen begann. Sie blieb einen Moment lang stehen, um sich zu beruhigen, Auge in Auge mit dem Zentauren, dessen Hinterbeine teilweise von einem abgerutschten Hügel verschüttet waren. In diesem Augenblick gesellte sich Laura zu ihr, um ihr Gesellschaft zu leisten, während Indigo und Rainbow mit Edward ein Stück vorausgingen.

Sie setzten sich im Schatten auf einen mit Flechten bewachsenen Stein, nicht weit von dem Zentauren entfernt, und Laura erzählte, daß sie sich in einem echten Dilemma befunden habe. Um den Zentauren aus dem Bollwerk aus Schutt und abgerutschter Erde zu befreien, hätte sie eine junge Kastanie sowie einige Azaleen und Rhododendren opfern müssen. Der Zentaur war schön gearbeitet, doch er war nur eine Kopie und letztlich so, wie er da aus der Erde hervorschaute, viel interessanter. Hattie stimmte ihr zu. Er bot wirklich einen beeindruckenden Anblick.

Eine Weile saßen sie schweigend da. Laura ließ den Blick über die alten Bäume schweifen, lächelte dann und erzählte Hattie mit leiser Stimme, daß ihr Mann sich in Abessinien am Vorabend der Schlacht von seiner Einheit abgesetzt habe. Am nächsten Tag hatte die italienische Armee im Kampf gegen die Aufständischen fürchterliche Verluste hinnehmen müssen, und man hatte angenommen, daß er gefallen oder in Gefangenschaft geraten sei. Und genau dieses Durcheinander hatte später zu einer äußerst peinlichen Situation geführt, denn in der Presse war ihr Mann zunächst als »gefallener Held« gefeiert worden, bis der militärische Nachrichtendienst dann Wochen später herausfand, daß der Colonel nach Kairo geflohen war.

Sie schwiegen beide einen Moment. Hattie hielt den Blick gesenkt, doch Laura strich ihr mit heiterem Lächeln über den Arm – es sei das Beste so.

Laura deutete auf die Stechpalmen und Brombeersträucher, die zwischen den vom Erdrutsch zurückgebliebenen Felsbrocken wuchsen und die umstehenden Kastanien, Eichen und Lorbeerbüsche überwucherten. Das zersplitterte Holz und das Geröll hatte sie wegräumen lassen, aber sie brachte es einfach nicht übers Herz, noch weiter einzugreifen. Sie ließ den alten Wald, wie er war. Umgestürzte Bäume blieben liegen, damit sie der Erde als Nährboden für Sämlinge dienten. Das einzige, was sie instandsetzen ließ, war der kleine Kanal, der das Wasser vom Bach aus den Hügeln in den Wald leitete. Die Wege wurden gerade so weit vorm Zuwachsen bewahrt, daß man sie noch benutzen konnte.

An einem kleinen Birkengehölz machte der Weg eine scharfe Kehre, und plötzlich sahen sie, riesengroß, ein Medusenhaupt aus Marmor vor sich, das den Hügel hinuntergerollt und dann am Wegrand liegengeblieben war. Der Kopf war nach hinten geneigt, das Gesicht dramatisch gen Himmel gewandt – eine Riesin, die aber nichts Erschreckendes an sich hatte. Die kleinen Schlangen, die ihren Kopf bedeckten, hatten einen verträumten Blick und wanden sich anmutig über ihre Stirn, von dem Sturz genausowenig aus der Ruhe gebracht wie ihre Herrin, deren Gesichtsausdruck nicht zornig, sondern heiter war.

Indigo gesellte sich wieder zu ihnen. Wie es ihr hier gefalle, wollte Hattie wissen. Indigo machte große Augen und schüttelte langsam den Kopf. Sie wünsche bloß, Sister wäre hier – sie wußte genau, daß ihre Schwester ihr niemals glauben würde, wenn sie ihr später erzählte, wie groß dieser Kopf war. Was würden sie staunen, Mama und Sister, wenn sie ihnen das erzählte! Sie alle kannten die Geschichten der Alten von Riesen und von den Nachkommen der Menschen, die sich mit Pferden oder Kühen gepaart hatten.

Im lichtgesprenkelten Schatten der hoch aufragenden Bäume verlief der Weg nun wieder eben. Laura erzählte ihnen noch einmal von ihrer jüngsten Entdeckung. Ein Sturm mit heftigen Windböen und starken Regenfällen hatte über den Hügeln getobt und einige der größten Bäume umgerissen. Eine vom Blitz getroffene Eiche zerschmetterte die steinerne Wasserrinne, und im Wald gab es eine Überschwemmung. Der Erdwall am Ort eines alten Erdrutsches wurde stark in Mitleidenschaft gezogen. Als Laura am nächsten Morgen den Arbeiter begleitete, um den Schaden zu begutachten, bemerkte sie, daß ein paar Meter weiter aus dem eingebrochenen Erdwall Mauerwerk hervorlugte und fand die verborgene Grotte!

Edward, der inzwischen wieder zu ihnen gestoßen war, beschleunigte seine Schritte und wollte wissen, was man dort gefunden hatte. Aber Laura schüttelte lächelnd den Kopf. Sie wollte ihnen die Überraschung nicht nehmen. Der Torbogen am Eingang der Grotte war von samtigem, leuchtend smaragdgrünem Moos überzogen. Im Höhleninnern reflektierten kleine Rinnsale an den Wänden das Licht. Auf einem Sockel, der sich ungefähr in der Mitte der Höhle befand, sahen sie die fast lebensgroße Marmorstatue eines kahlen, dicken Mannes, der mit schamlos gespreizten Beinen auf einer riesigen Landschildkröte saß. Hattie führte Indigo rasch von der vulgären Figur weg, während Edward neben Laura stehenblieb, um die Statue genauer zu betrachten.

In einer Nische in der hinteren Wand der Grotte entdeckte Hattie einen eiförmigen Sandstein, der viel älter als der nackte Marmormann und für ein junges Mädchen geeigneter erschien. Beim Näherkommen bemerkte Hattie, daß etwas in den Stein eingeritzt war. Es sah aus wie ein senkrecht stehendes Auge oder eine zusammengerollte Schlange. Sie wollte den Stein gerade anfassen, da erkannte sie plötzlich, daß es die Darstellung einer menschlichen Vulva war.

Sie trat so plötzlich zurück, daß sie mit Indigo zusammenstieß. Plötzlich fand sie den dumpfen Geruch in der Grotte beklemmend – sie mußte sofort an die frische Luft! Draußen im Freien ging es ihr sogleich besser, doch Edward und Laura waren besorgt. Hattie beruhigte sie, sie brauche nur etwas zu essen. Sie habe zum Frühstück nur eine Tasse Tee getrunken und ein Plätzchen gegessen. Nach einer kurzen Ruhepause und einem kleinen Imbiß würde es ihr wieder gut gehen. Sie könnten sich den Rest des Gartens ja nachmittags ansehen, wenn es etwas kühler war.

Auf dem Rückweg fragte Edward Laura nach der »weiblichen Fruchtbarkeitsfigur«, eine Formulierung, die ihr ein Lächeln entlockte. Das Ei mit der Gravur aus dem vierten Jahrtausend vor Christus stammte aus Mazedonien. Es war das erste Stück ihrer Sammlung, das sie an seinem neuen Platz aufgestellt hatte, und das einzige in dem alten Wäldchen. Die anderen Stücke befanden sich alle in dem terrassenförmig angelegten Gartenteil, den sie ihnen nach dem Mittagessen zeigen würde.

Ob sie nicht befürchte, daß die Fundstücke unter der Witterung leiden könnten, fragte Edward. »Oh«, meinte Laura lachend, »im Winter holen wir sie herein.« Edward nickte, konnte jedoch einen so achtlosen Umgang mit kostbaren Statuen nicht billigen. Er zog sein Taschentuch aus der Hosentasche und betupfte sich die Stirn. Die Hitze machte sich bemerkbar. Er verlangsamte seine Schritte und spürte zum erstenmal bewußt leichte Schmerzen im Bein.

Hattie ging neben Laura, die ihr erklärte, was die Symbole auf den alten europäischen Fundstücken bedeuteten. Wellenlinien standen für Regen, »V«s und Zickzacklinien symbolisierten sowohl Flußwindungen als auch Schlangen und Schwärme von Wasservögeln – Flußgöttinnen verwandelten sich in Schlangen und in Wasservögel. Die konzentrischen Kreise waren die allessehenden Augen der Großen Göttin. Die großen Dreiecke schließlich verkörperten die weibliche Scham, ein weiteres Symbol der Großen Göttin.

Als sie am Haus anlangten, fühlte Hattie sich völlig wiederhergestellt. Beim Mittagessen kehrte ihr Appetit zurück und sie nahm sich schon Brot, während der Wein noch eingeschenkt wurde. Bevor Edward es verhindern konnte, füllte das Mädchen auch Indigos Glas mit Wein, das er daraufhin wegnahm und neben seines stellte. Das Gespräch wandte sich der Frage zu, ob Kinder Wein trinken dürften. Hattie räumte ein, daß das Alkoholverbot direkt von ihren puritanischen Vorfahren stamme. Dieser Wein war doch nicht stark – warum sollte Indigo nicht ein Schlückchen davon trinken! Aber Edward blieb hart. Indigo dürfe keinen Wein trinken, weil sie Indianerin sei. Schon das kleinste Schlückchen könne furchtbare Folgen haben.

Hattie versuchte die Scham, die sie empfand, mit dem Wein hinunterzuspülen. Es war ein wundervoller Wein – er trank sich wie Quellwasser. Ein kleiner Schluck hätte dem Kind gewiß nicht geschadet, ja er hätte sogar erzieherischen Wert gehabt. Hattie leerte ihr Glas, und das Mädchen schenkte ihr noch einmal ein. Sie begann die beruhigende Wirkung des Weins zu spüren, und ihr Ärger über Edward ließ nach.

Indigo nahm sich von dem köstlichen Feigenbrot im Korb, der vor ihr auf dem Tisch stand. Es gefiel ihr, wenn inmitten der intensiven Süße die winzigen Kernchen zwischen ihren Zähnen zerplatzten. Die Feigen waren so süß wie die Datteln, die Sister Salt und sie im Palmenhain immer aufgesammelt hatten. Als ersten Gang gab es Spaghetti mit Tomatensoße und Basilikum, dann folgten gebratene Lammkoteletts mit Erbsen und Schinken. Das

Mädchen öffnete noch eine Flasche Wein, und Indigo mußte lächeln, als sie hörte, wie der Korken quietschte. Dann wurden eine Schüssel mit geschmortem gelbem Kürbis und süßer roter Paprika aufgetragen. Indigo machte große Augen, als sie das vertraute Essen sah, und während sie den Paprika probierte, dachte sie darüber nach, wie weit von ihrem Ursprungsland entfernt dieser Paprika angebaut wurde – Samen waren wirklich Weltreisende!

Später aßen sie Zitroneneis, während Laura ihnen von ihrem Hobby erzählte. Das Züchten von Gladiolen war technisch nicht schwer zu bewerkstelligen, auch für Unerfahrene nicht, und als solche hatte sie angefangen. Für sie war es ein Experiment gewesen, mit dem sie zunächst keine gezielten Erwartungen verbunden hatte. Doch bereits im ersten Jahr hatte sie Samenkapseln erhalten. Anfängerglück, meinte sie nun, und jede Menge Anstrengung, denn wochenlang war sie vor Tagesanbruch mit Pinzette und Papiertüten in den Garten gegangen, um die ausgewählten Pflanzen abzudecken und so vor versehentlicher Befruchtung zu schützen.

Nach dem Mittagessen, als die Sonne für einen Spaziergang im Garten zu heiß und grell war, zogen sie sich auf ihre Zimmer zurück, um sich etwas auszuruhen. Indigo setzte sich mit Notizbuch und Farbstiften auf ihr Bettzeug auf dem Boden und versuchte, Rainbow zu zeichnen, der oben auf dem Käfig hockte. Sie beschloß, zuerst all seine Farben auf das Blatt zu malen und dann auf die Farben mit einem schwarzen Stift seine Umrisse zu zeichnen. Die Fliesen waren so kühl, daß sie ab und zu ihre Wange dagegenpreßte, und es dauerte nicht lange, bis sie den Stift fallenließ, sich auf dem Laken über dem kühlen Boden ausstreckte und einschlief.

Hattie spürte die volle Wirkung des Weins erst in dem Augenblick, in dem sie sich vom Mittagstisch erhob, um hinaufzugehen. Zunächst wurde sie von einer Welle des Wohlbehagens erfaßt, dann folgte ein Gefühl der Schwerelosigkeit, jeder Schritt war absolut mühelos, und doch war ihr schwindlig. Oben auf der Treppe blieb sie stehen und wartete auf Edward, der ebenfalls etwas unsicher auf den Beinen schien. Sie unterdrückte ein Lächeln und hakte sich bei ihm unter – ein Nickerchen war in ihrem leicht angeheiterten Zustand genau das Richtige.

Während sie sich die Schuhe auszogen und ihre Kleidung lockerten, schwärmte Hattie von den Menschen und Gärten in der Toskana, woraufhin Edward sie fröhlich unterbrach. Vor allem vom Wein müsse sie schwärmen! Sie lachten beide, und Hattie spürte eine Verbundenheit zwischen sich und ihrem Mann, die ihre Gefühle entflammte. Auf dem Bettrand sitzend, beugte sie sich zu ihm hinüber und küßte ihn leidenschaftlich auf den Nakken. Vom Wein erhitzt, vergaßen sie sich, vergaßen auch die peinlichen Momente und Ungeschicklichkeiten ihrer ersten Liebesversuche. Diesmal kamen sie ziemlich weit, auch wenn sie kurz vor dem eigentlichen Liebesakt aufhörten. Sie lagen schweigend nebeneinander, Hand in Hand, mit derangierter Kleidung. Edward lauschte Hatties Atemzügen, die langsamer wurden, als sie einschlief. Er selbst war hellwach, das Herz hämmerte in seiner Brust. Sicher hatte das Indianermädchen Hatties Mutterinstinkte geweckt und sie umgestimmt. Sie wollte jetzt schwanger werden, daran bestand kein Zweifel.

Als sie sich später zurechtmachten, um wieder hinunterzugehen, ließ Edward sich ausführlich über Zuchtgladiolen aus, als ob er verhindern wolle, daß ihr vorheriges Gezappel und Getaste zur Sprache kam. Als er sich zum Schuheanziehen auf die Bettkante setzte, gab Hattie ihm einen Kuß auf die Stirn. Sie wollte ihm ein gutes Gefühl vermitteln, ihm zeigen, daß ihr kleines Intermezzo ihr nicht peinlich war. Das müsse wohl der Wein gewesen sein, meinte sie lächelnd. Edward nickte, blickte aber nicht auf, während er überlegte, ob er für ihren Gang durch den Terrassengarten seine Wanderschuhe oder seine Reitstiefel anziehen sollte.

Wenn die *professoressa* einverstanden war, wollte er gern die Skulpturen photographieren. Warum sollte sie etwas dagegen haben? Ein paar Photographien fielen ja wohl kaum ins Gewicht, wo die Stücke doch dem Regen und der Sonne ausgesetzt waren. Er konnte es immer noch nicht fassen. Die komplette Sammlung war draußen aufgestellt? Er persönlich fand die alten europäischen Statuen zwar plump und wenig ansprechend, aber es erstaunte ihn trotzdem, daß die Gastgeberin, die sich doch als Gelehrte bezeichnete, kostbare archäologische Fundstücke aufs Spiel setzte, nur um einen Garten zu dekorieren. Die steinernen Figuren mochten den Aufenthalt im Freien noch verkraften, aber wie stand es um die Terrakotten, die ebenfalls Wind und Wetter standhalten mußten?

Hattie setzte sich lächelnd neben ihn aufs Bett und schob ihren Arm unter seinen. Sie empfand in diesem Moment große Zuneigung für Edward, mehr als je zuvor, und dieses Gefühl wollte sie auskosten.

Aber Edward ließ nicht locker. Es sei wirklich ein Affront gegen die Wissenschaft! Hattie begann sich über Edwards Kritik an ihrer großzügigen Gastgeberin zu ärgern. Tante Bronwyn hatte doch erzählt, daß die *professoressa* die einzelnen Stücke mit großer Umsicht plaziert habe. Sollten sie sich nicht zuerst einmal anschauen, unter welchen Bedingungen die Figuren im Garten aufgestellt waren, bevor sie Laura verurteilten? Nein, es gehe ums Prinzip. Fundstücke aus früheren Jahrtausenden gehörten in die Hände von Wissenschaftlern und Gelehrten, nicht in den Garten! Vom Wein noch angeregt, setzte Edward hinzu, es gebe doch bestimmt einen Zusammenhang zwischen dem fehlenden Ehemann und den ausgesetzten Fundstücken. Wahrscheinlich habe die arme Laura einen Nervenzusammenbruch erlitten! Hattie runzelte die Stirn. Tante Bronwyn hatte nichts dergleichen erwähnt.

Indigo erwachte von dem trockenen Geräusch brechenden, splitternden Holzes aus ihrem Nickerchen. Sie überlegte einen Augenblick, was das wohl sein könnte, und sprang erschrocken auf, als Rainbow gerade mit dem Schnabel den nächsten Buntstift aus dem Kasten zog. Der schwarze Stift, den sie zum Schreiben und Konturenzeichnen benutzte, war in zwei Teile zerbrochen. Ihn konnte sie also noch benutzen, doch von dem silbernen und dem goldenen Stift waren nur noch Bruchstücke und Späne übrig, die rings um den Käfig verstreut lagen, auf dem der Papagei jetzt hockte. Was für ein Glück, daß sie noch rechtzeitig aufgewacht war, bevor er alle Buntstifte kaputtmachen konnte! Mit diesen beiden Farben hatte sie ohnehin nicht viel anfangen können. Der goldene und der silberne Stift hinterließen jedesmal dicke fettige Spuren. Bitte mach das nicht noch einmal, ermahnte sie Rainbow, während sie vor seinen Augen den Kasten zuklappte.

Als Edward und Hattie herunterkamen, wurden sie von Laura begrüßt. Indigo und ihr Papagei warteten schon im Grünen Garten.

In diesem Garten waren sogar die Schattenplätze grün, ja selbst die Schatten, die die Menschen warfen. Indigo und der Papagei rannten der Reihe nach zu all den leeren Nischen und Sockeln, die sie vorher schon gesehen hatten.

Das Nachmittagslicht wurde durch das Laub der hohen Bäume zu einem hübschen Chromgelb gefiltert. Während sie losspazierten, erzählte Laura, daß sie ihre Entscheidung nach reiflicher Überlegung getroffen habe – mehr als ein Jahr habe es gedauert, wenn nicht länger –, nachdem sie die bedeutendsten Sammlungen in den Museen Osteuropas besucht hatte. Die Museen, ob staatlich oder privat, seien langweilig und farblos gewesen, ja geradezu beklemmend. Gott sei Dank hatte sie dann aber Tante Bronwyn kennengelernt – nur deren Gesellschaft und gute Laune hatte sie über Wasser gehalten. Als sie dann eines Tages in Krakau aus einem Museum in die Sonne hinausgetreten war, hatte sie ihren Entschluß gefaßt. Die Stein- und Terrakottafiguren brauchten frische Luft und Sonne, nicht die Grabesatmosphäre eines Museums.

Edward kniff die Lippen zusammen, fest entschlossen, seine wahren Gefühle zu verbergen, während die Gastgeberin schilderte, wie die Statuen jeden Winter, sobald die ersten Sturmwolken heraufzogen, eingepackt und abgepolstert in Kisten im Haus untergestellt wurden. Die waren doch vom gleichen Schlag, diese Frau und Hatties Tante – so etwas passierte also, wenn unersetzliches wissenschaftliches Quellenmaterial in die falschen Hände geriet. Was für eine oberflächliche Person! Offenbar hatte sie ihre Studien über die Kult- und Gebrauchsgegenstände des vierten und fünften Jahrtausends vor Christus aufgegeben, um sich statt dessen der Gladiolenzucht zu widmen. Kein Wunder, daß ihr Mann verschwunden war!

Sie gingen durch ein altes Steintor und dann vier Stufen hinunter, und plötzlich sah Hattie, wohin sie auch blickte, die hohen Blütenstiele schwarzer Gladiolen, dichter gepflanzt, als sie es je für möglich gehalten hätte. Hunderte, ja vielleicht sogar Tausende von Brutknollen waren nebeneinandergesetzt worden – weiß der Himmel, was das gekostet haben mag –, so daß der ganze Garten jetzt voller hoher schwarzer Blütenstiele stand, wobei das Schwarzrosé und das Schwarzrot besonders eindrucksvoll aussahen. Hattie hatte immer geglaubt, Gladiolen gebe es nur in Rosa, Weiß und Gelb.

Vom Tor in der hinteren Mauer, Terrasse für Terrasse, bis hinunter zum Seerosenbecken in der Mitte des Gartens erstreckte sich ein Meer schwarzer Gladiolen. Im ersten Moment war Hattie erschrocken, da sie dachte, der Garten wäre verbrannt oder verkohlt, doch dann begriff sie, daß es sich um einen Schwarzen Garten handelte. Hier und da wurde das Schwarz durch weiße, taubengraue oder lavendelblau und rosa gesprenkelte Blüten akzentuiert. Indigo sah zu Hattie auf. Sie strahlten beide und riefen im selben Moment: »Schau nur!« Indigo machte große Augen und sprang nicht mehr mit dem Papagei herum, sondern blieb an Hatties Seite. Auf den ersten Blick hatte Indigo die schwarzen Blütenstiele für einen riesigen Schwarm Amseln gehalten, die zwischen den grünen Blättern saßen und von der leichten Brise sanft hin und her geschaukelt wurden. Die Blüten glänzten im Nachmittagslicht fast wie Federn. Indigo atmete tief durch und rief begeistert: »Riech mal! Diese Gladiolen duften!«

Edward blieb kurz stehen, als er die unzähligen schwarzen Blütenstiele sah, die wie ein schwarzes Ritterheer auf den terrassenförmig angelegten Beeten standen. Er hatte noch nie eine so verschwenderische Ansammlung von Gladiolen gesehen wie dieses Meer von Hybriden in den ungewöhnlichsten Farben. So etwas kostete ein Vermögen, wenngleich in dem milden Klima von Lucca die Zwiebeln im Winter zumindest nicht aus dem Boden genommen werden mußten.

Die alten Steinterrassen waren sorgfältig instandgesetzt, ansonsten aber nicht verändert worden. Die schwere fruchtbare Erde der Region war hier mit sandigem Lehm versetzt, auf dem Gladiolen besonders gut gediehen. Edward hatte von einem derartigen Gladiolenmeer bisher weder gehört noch gelesen, obwohl so etwas von Tulpen und Narzissen durchaus bekannt war. Er hatte Gladiolen nie besonders gemocht. Die langen Blütenstiele fand er geradezu vulgär – hochgewachsene Parvenüs waren das, Floristenlieblinge, die sich hier und da in Rabatten oder Vasen zwischen andere Blumen drängten. Aber durch die Weitläufigkeit des alten Terrassengartens kamen die schwarzen Gladiolen wirklich ausgezeichnet zur Geltung.

Lauras Züchtungen hatten ungeheuer leuchtende Farben und einen starken Duft, der, wie sie berichtete, allerdings nicht auf die zweite Generation vererbt wurde, was ein typischer Schwachpunkt der Hybridenzüchtung war.

Nur entlang der Mauer spendeten alte Linden willkommenen Schatten, ansonsten lag der alte Garten unter freiem Himmel. Der gepflasterte Weg war mit schwarzrot und schwarzrosé blühenden Gladiolen, die Hattie bis an die Schulter reichten, fast zugewachsen. Hattie hatte noch nie so viele Gladiolen nebeneinander gesehen – ohne irgendeine andere Pflanzenart dazwischen und ohne angrenzende Rasenflächen. Terrasse für Terrasse ragten die schwarze Blütenstiele aus anmutig geschwungenen Blättern empor, schwarze Gladiolen bis hinunter zu dem steinernen Seerosenbecken. Sie konnte den Blick gar nicht von den Unmengen schwarzern Blüten lösen. Ein schmaler Streifen zartrosafarbener und lavendelblauer Blüten bildete den Übergang zu den kürzeren, verzweigten weißen Gladiolen, die das Blumenmeer einfaßten. Wie die weißen Gladiolen dufteten! Hattie schloß einen Moment lang die Augen und atmete den Duft ein. Hatte sie sich vorher beschwipst gefühlt, so fühlte sie sich nun berauscht – umgeben, ja umfangen von dieser Fülle von Blumen, die so hoch waren, daß sie den Gartenweg beschatteten. Hattie setzte sich für einen Augenblick auf einen schmalen Vorsprung in der Terrasseneinfassung, um sich umzusehen und den Schwarzen Garten auf sich wirken zu lassen.

Unterhalb der Gladiolenterrassen, in der Mitte des abgesenkten Gartens, befand sich ein gepflastertes Oval mit dem flachen Seerosenbecken. Neben dem Becken fiel Hattie eine Steinfigur auf einem Sockel ins Auge, doch erst wollte sie sich die Fundstücke in den Nischen und auf den Sockeln entlang der oberen Terrassen anschauen.

In einer Nische der Gartenmauer, die von den hohen schwarzen Gladiolen fast verdeckt wurde, sah sie einen weißen Tonkrug mit schwarzen Ornamenten. Als sie nähertrat, entdeckte Hattie, daß die Tülle des Krugs wie Kopf und Schnabel eines Wasservogels geformt war. Doch vor allem hatte dieser Wasservogel Frauenbrüste! Hattie ließ den Blick über das schwarze Blumenmeer schweifen, um nach ihren Gefährten Ausschau zu halten.

Das laute Summen der Bienen in den Blüten schien durch den abgesenkten Garten noch verstärkt zu werden, trotzdem konnte Hattie nicht verstehen, was Indigo, die eine Terrasse weiter unten mit Laura eine Figur betrachtete, gerade sagte.

Edward stand ganz in Hatties Nähe vor einer Nische und sah hin und wieder zur Sonne hinauf, als berechne er Belichtungszeiten für seine Photographien. Hattie gesellte sich zu ihm und hakte sich bei ihm unter. Auf dem Steinsockel vor sich sah sie eine kleine Terrakottafigur mit einem Schlangenkopf und Frauenbrüsten, die eine kleine Schlange in den Armen hielt und zwei Schlangen als Beine hatte.

»Wie seltsam dieser Schwarze Garten ist«, flüsterte Edward Hattie zu. Die Brüste an dem Wasserkrug, zu dem sie wieder zurückgekehrt waren, erinnerten sie beide an die Gravur auf dem eiförmigen Stein in der Grotte. Vielleicht war es besser, wenn Indigo mit dem Papagei auf ihr Zimmer ging – für den Fall, daß es noch mehr Figuren gab, die für ein junges Mädchen ungeeignet waren.

Als sie bei Laura ankamen, begann Indigo gerade, mit dem Papagei auf der Schulter die schmale steinerne Einfassung der erhöhten Beete entlangzubalancieren, wobei sie die Gladiolen vorsichtig zur Seite schob.

»Ich vermute, Schwarz steht für die Nacht und den Tod?« fragte Edward, woraufhin Laura lächelnd erklärte, für die alten Europäer sei Schwarz die Farbe der Fruchtbarkeit und der Geburt gewesen, die Farbe der Großen Mutter. Die Amseln gehörten folglich ebenso zur Großen Mutter wie die Wasservögel – Kraniche, Reiher, Störche und Gänse. Wenn sie diese Ton- und Steinfiguren betrachte, gestand Laura, stelle sie sich oft die Menschen von damals vor. Wie sehnsüchtig mußten sie nach einem langen erbarmungslosen Winter den südlichen Himmel nach ihren Nahrungsspendern abgesucht haben!

Ein bißchen verlegen fragte Edward nach der Schicklichkeit der restlichen im Garten ausgestellten Figuren, doch Laura versicherte ihnen, sie brauchten sich keine Sorgen zu machen. Sie führte sie zu einer Nische, vor der Indigo mit ihrem Papagei, offenbar völlig gebannt, vor einer kaum fünfundzwanzig Zentimeter großen Figur stand – es war wieder eine dieser primitiven Terrakottafiguren, und Edward erkannte nicht gleich, was sie darstellte. Doch was es auch war, es hielt die Aufmerksamkeit des Kindes gefangen, also trat er näher heran, um einen Blick darauf zu werfen.

Es war eine sitzende Bärenmutter, die ihr Junges zärtlich im Arm hielt. Indigo fand, daß man schon an den tönernen Rundungen sehen konnte, wie sehr die Mutter ihr Junges liebte. Während Hattie und Edward Laura zur nächsten Nische folgten, blieb Indigo noch bei der Bärenmutter stehen. Sie fühlte sich von ihr umarmt, geliebt, festgehalten. Die offensichtliche Zuneigung der Bärenmutter entlockte ihr ein Lächeln – genauso hatten Mama und Grandma Fleet Sister Salt und sie immer gehalten, selbst als sie schon große Mädchen waren. Was hatten sie alle gelacht, wenn Grandma eine von ihnen auf ihren Schoß zog und so tat, als würde sie ein großes Baby in den Armen wiegen. Die beiden Mädchen hatten immer mitgespielt, hatten Riesenbabys gemimt, Babygeräusche gemacht und noch mehr lachen müssen.

Rainbow wurde ungeduldig, weil sie so lange an einem Fleck stehenblieb, und beugte sich auf ihrer Schulter nach vorn, um mit Schnabel und Klauen an die schwarzen Blumen heranzukommen. Sie schalt ihn, die Blumen in Ruhe zu lassen, und ging in der Mitte des Weges, doch die langen Blütenstiele neigten sich ihnen zu, und eh sie sich versah, hatte der Papagei eine schwarzrote Blüte in den Krallen und untersuchte sie mit dem Schnabel. Indigo schaute sich schnell um, ob jemand Rainbows Missetat mitangesehen hatte.

»Wenn du sie fressen willst, dann mach schnell«, sagte sie. Er zerrupfte die Blüte mit dem Schnabel, schluckte sie aber nicht herunter, sondern ließ die Überreste lässig zu Boden fallen. Indigo warf einen letzten Blick auf die Bärenmutter und ihr Junges. Gerne wäre sie noch länger dort geblieben, doch Hattie schaute sich schon nach ihr um, und im gleichen Moment gab Edward ihr ein Zeichen, sie solle herüberkommen.

Indigo wollte sich die Figuren in den anderen Nischen nicht entgehen lassen, und so nahm sie den längeren Weg zu den anderen. Die Tonfigur in der nächsten Nische war größer als die Bärenmutter. Sie saß ebenfalls und wirkte im großen und ganzen menschlich. Allerdings hatte sie schwarze und weiße Streifen, und eine zusammengerollte Schlange war auf ihren Bauch gemalt. Ein

Schauer überlief Indigo, als sie bemerkte, daß die Figur Schlangen als Arme hatte. So etwas hatte sie noch nie gesehen, geschweige denn davon gehört. Das mußte sie unbedingt Sister erzählen.

Auf der nächsten Terrasse schloß sich Indigo wieder den anderen an. Sie standen gerade vor einem Sockel mit einer aus Sandstein gehauenen Figur, die sie aus runden Schlangenaugen ansah. Die schlangenköpfige Mutter hatte Menschenarme, mit denen sie ihr Schlangenbaby an ihre Menschenbrüste drückte. Zwei Schlangen bildeten ihre Beine. Indigo atmete tief durch, und die anderen schauten sie an. Ob sie diese Figur mochte? Indigo wußte nicht, was sie sagen sollte. Grandma Fleet hatte früher immer mit der großen Schlange gesprochen, die bei der Quelle oberhalb der alten Gärten lebte. Sie hatte die Schlange nach ihren Enkeln und Verwandten gefragt und Grüße ausrichten lassen.

»Da kann der Minotaurus nicht mithalten, was?« meinte Edward. Denn er fand die bizarren Madonnen weitaus monströser als den Zentauren oder den Minotaurus.

Auf dem Weg zur Nische auf der nächsten Terrasse erzählte Laura, daß man in den abgelegenen Dörfern am Schwarzen Meer und an der Adria noch auf Spuren von Schlangenverehrung traf. Die Leute dort glaubten, daß schwarze und grüne Schlangen Schutzgeister in sich trügen, die Vieh und Häuser bewachten. Auf ihren Reisen hatte Laura Schlangenfiguren gesehen, die zum Schutz in Dächer und Fenster geschnitzt waren. Wer eine große weiße Schlange mit einer Krone sah, dem war großer Wohlstand sicher. Die gekrönte Schlange war die Schwester der Wasserschlangengöttin, und in deren Besitz und Obhut wiederum befanden sich das Wasser und die Milch des Lebens.

Edward hoffte, den Rundgang etwas beschleunigen zu können, und ging zu dem kleinen Seerosenbecken voraus. Über den Seerosen saß in einer tiefen Nische die Vogel-Schlangen-Frau. Die duftenden, tellergroßen roten Seerosen schaukelten hin und her, als Indigo ihre Hand durch das grüne Wasser zog.

Bis jetzt war Hattie genau wie Indigo der Ansicht gewesen, die Bärenmutter mit ihrem Jungen sei von all den Figuren, die sie gesehen hatten, die liebenswerteste, doch als sie die Tonfigur einer Frau mit Vogelmaske sah, die ein Baby mit Vogelmaske im Arm hielt, zog diese ihren Blick wie magisch an.

Edward fand die Skulptur primitiv, aber Hattie war anderer Meinung. Die Figuren waren zwar sehr schlicht, doch der Körper der Frau, die ihr Baby in den Armen wiegte, strahlte etwas aus, das Hattie zutiefst bewegte, ja so sehr aufwühlte, daß sie einen Kloß im Hals verspürte und ihr die Tränen in die Augen stiegen.

Die Vogelgöttin liebte ihr Kind genauso innig wie jede andere Mutter! Hattie wischte sich rasch mit dem Handrücken die Tränen ab. Edward würde das nicht verstehen. Er würde annehmen, sie wäre wieder krank. Wie konnte er es wagen, diese alten europäischen Figuren langweilig oder häßlich zu nennen! Hattie ließ den Blick über die Terrassen voller schwarzer Gladiolen schweifen. Vor dem leuchtend blauen Himmel sahen die schwarzroten Blüten besonders beeindruckend aus. Sie würde diesen Garten mit den kleinen Madonnen, wie Laura die Skulpturen nannte, nie vergessen.

Edward kniete auf der Einfassung des steinernen Podests. Er untersuchte die Tonfigur Zentimeter um Zentimeter, prüfte, ob er Anzeichen von Oberflächenerosion oder andere, winzige Schäden an dem kostbaren Kunstwerk fand. Auf der rechten Terrakottabrust entdeckte er einen undefinierbaren Fleck, doch das war alles.

Die vielen schwarzen Blumen verunsicherten Rainbow zunächst etwas, und er klammerte sich nervös an Indigos Schulter fest, als sich die schwarzen Blumengesichter im leichten Wind bewegten und ihnen zunickten. »Was uns die Blumen mit ihrem Nicken wohl sagen wollen?« fragte Indigo den Papagei. Sie saß auf der untersten Stufe gegenüber dem Seerosenbecken. Ganz genau wollte sie sich alles einprägen, damit sie Sister Salt und Mama den Garten richtig beschreiben konnte. Sie sah Hattie und Edward mit Laura weitergehen, während sie bei der Mutter mit der Vogelmaske und dem Baby im Arm sitzenblieb. »Ich war auch mal so ein Baby«, erzählte sie Rainbow, »und meine Mutter und Großmutter haben mich gehalten« – deswegen wollte sie auch noch ein bißchen länger im Schwarzen Garten bleiben, obwohl es noch einen weiteren Garten zu besichtigen gab. Sie hatte so viele Fragen zu den Figuren, besonders zu den Schlangen.

Laura blieb kurz stehen, um ein paar welke Blüten abzupflükken, während Edward und Hattie weitergingen. Indigo nahm all ihren Mut zusammen und fragte Laura mit klopfendem Herz nach den Schlangen. Gab es hier im Garten auch Schlangen? Ein paar kleine grüne und ein paar schwarze, aber die wären sehr scheu, erklärte ihr Laura. Indigo schaute hier und da unter den Blättern und am Fuß der Mauer nach, wo die Schlangen sich womöglich im Schatten ausruhten. Laura schob die hohen Blumenstengel zur Seite und hielt ebenfalls nach Schlangen Ausschau, aber sie fanden keine.

Laura erzählte, in ihrer Kindheit habe ihre Großmutter immer eine schwarze Schlange im Vorratsraum gehalten, zum Schutz vor Mäusen und Ratten. Indigo lächelte. Ja, Grandma Fleet habe den Schlangen auch immer für ihren Schutz gedankt – nicht nur vor Nagetieren, sondern vor jenen, die Böses im Sinn hatten. Die größte Schlange lebe bei der Quelle oben in den Dünen. Sie sei sehr alt, und ihr gehöre das Wasser.

Laura lächelte und blieb stehen. Sie hatten Edward und Hattie eingeholt, die neben dem Tor auf einer der Steinbänke an der Mauer saßen und warteten.

»Wir haben uns Schlangengeschichten erzählt«, sagte Laura und setzte sich zu ihnen. Indigo ließ Rainbow an ihrem Arm herunterklettern, damit er den Rand der Bank mit dem Schnabel untersuchen konnte. Er tat das sehr sorgfältig, berührte den Stein sogar mit seiner glatten, trockenen Zunge, um ihn ganz genau zu erkunden.

Eine von Lauras Lieblingsgeschichten handelte von einer weißen Prinzessin, die ein verirrtes Kind aus dem Wald ins Dorf zurückbrachte. Sie half den Kranken und schenkte den Armen Goldmünzen. Doch abends mußte sie wieder in den Wald zurück.

Ein Mann verliebte sich in die Prinzessin, und sie liebte ihn auch, aber bei Sonnenuntergang ging sie immer wieder zurück in den Wald. Sie schärfte ihm ein, daß er ihr auf keinen Fall folgen dürfe – andere, die es getan hätten, seien am nächsten Morgen schlafend am Waldrand gefunden worden.

Er versprach, ihren Wunsch zu respektieren, doch nach einer Weile wurde er neugierig. Er brachte den Amseln Futter und bat sie um Hilfe. Sie rieten ihm, sich Mistelzweige an Hand- und Fußgelenke zu binden. An diesem Abend folgte er der Prinzessin in den Wald. Als das Dämmerlicht langsam von der Dunkelheit geschluckt wurde, befürchtete er, sie aus den Augen zu verlieren, doch von ihrem glänzenden blonden Haar, ihrem weißen Kleid und ihren Perlen ging ein sanftes Licht aus, das mit zunehmender Dunkelheit immer stärker zu werden schien.

Als sie sich der Mitte des Waldes näherten, wurde das Licht noch strahlender, bis es richtig in den Augen blendete, und die Prinzessin im Zentrum der Helligkeit selbst zu schimmern schien. Auf einer Lichtung am Ufer eines kleinen Sees blieb sie stehen, und der Mann hörte eine seltsame Musik, einen vielstimmigen Gesang, zu dem sie langsam zu tanzen begann, während zugleich Legionen grüner und schwarzer Schlangen tanzend aus dem Wald hervorkamen. Der Lichtschein wurde immer heller, und ihr Haar begann regelrecht zu gleißen. Er rieb sich die Augen, und als er wieder hinschaute, merkte er, daß ihr Haar zu einer Krone aus Gold, Silber und Perlen geworden war. Sie tanzte immer weiter, bis selbst ihr Gesicht von innen heraus leuchtete, und plötzlich sah er, wie im hellsten Tageslicht, eine riesige weiße Schlange mit glänzender Krone, die sich anmutig hin und her wiegte, sie war umgeben von Legionen kleinerer Schlangen, die mit ihr tanzten.

Laura hielt inne und fragte, ob ihre Gäste noch mehr hören wollten. Indigo und Hattie nickten begeistert. Edward wollte nicht unhöflich erscheinen und fügte sich. Es war eine interessante Volkssage, aber er wurde langsam nervös, weil sie nicht mehr viel Zeit hatten. Er zog die Kette mit der Uhr aus der Hosentasche. Je näher der Abreisetermin rückte, desto unruhiger wurde er. Seine Handflächen waren feucht, und die Narbe auf seinem Handrücken juckte. Sie würden den anderen Garten nie zu sehen bekommen, wenn sie den ganzen Nachmittag hier saßen und sich Märchen anhörten!

Nachdem der Liebhaber der weißen Prinzessin anderen tags seinen Ungehorsam gebeichtet hatte, mußte sie fort. Sie verabschiedeten sich am Seeufer. Die Prinzessin trat in den See, und als ihre blonden Haare sich auf der Wasseroberfläche kräuselten, begannen sie zu leuchten und verwandelten sich in eine glänzende Krone. Im selben Moment erhob sich mit elegantem Schwung die weiße Schlange mit ihrer goldenen Krone aus dem Wasser, verbeugte sich vor ihm und verschwand dann unter Wasser. In den

Fußspuren am Ufer fand der Mann Goldmünzen für die Armen und Kranken, denen er fortan sein Leben widmete.

Hattie hätte Laura gerne nach dem Lichtschein in ihrer Geschichte gefragt, der jenem nächtlichen Leuchten in Tante Bronwyns Garten so ähnlich war. Sie bedauerte es nach wie vor, daß sie ihre Tante nicht noch einmal auf die Lichterscheinung im King's Bath angesprochen hatte. Bestimmt gab es noch weitere, ähnliche Geschichten. Womöglich kannte Laura einige davon. Aber Edward war schon aufgestanden und klopfte sich den Hosenboden ab. Er hatte es offenbar eilig, in den Regengarten zu kommen.

Aloepflanzen, groß wie Bäume, säumten die Gartenmauer. Einige trugen Bärte aus vertrockneten Blättern, andere ragten auf schuppigen Stämmen mannshoch in den Himmel auf. Die größten waren über drei Meter hoch. Dutzende von Aloearten – eine faszinierende Sammlung, die entstanden war, als Lauras Mann in Afrika weilte – wuchsen auf den Terrassen.

Afrikanische Krieger, dachte Hattie, als sie die dornbesetzten Blätter betrachtete, die von winzigen orangeroten Blütenbüscheln gekrönt waren. Auf diesen Terrassen ersetzte grober elfenbeinfarbener Sand die dunkle Erde von Lucca. Glattpolierte Flußkiesel und faustgroße, hellgelbe und graue Steine lagen darauf verstreut. Was Hattie jedoch vor allem ins Auge fiel, waren die riesigen Muschelschalen, die hier und da am Fuß der gigantischen Pflanzen in den kiesigen Sand eingebettet waren und flache Bekken bildeten. Auch Schneckenmuscheln entdeckte sie, von denen einige so groß waren, daß sie wohl aus Afrika stammen mußten.

An der Mauer standen keine Bäume, und das von Sand und Muscheln reflektierte Licht war sehr intensiv. Die ganze Gestaltung brachte den Garten im Mondlicht oder bei bedecktem Himmel unter einem kühlen herbstlichen Sprühregen besonders gut zur Geltung. Bestimmt duftete es wunderbar, wenn die ersten Regentropfen auf den trockenen Sandstein und die Aloen trafen. Hattie wünschte sich für Riverside auch einen Aloegarten.

Ein leichter Wind kam auf, und einen Moment lang wurde die Sonne von ein paar Wolkenfetzen verdeckt. Indigo fand die Sonne hier nicht sonderlich heiß – gar kein Vergleich zu der feurigen Sonne zu Hause über dem Fluß. Wieder ließ Indigo Rainbow von ihrem Arm herunterspazieren, damit er den Sand und die Kiesel begutachten konnte, während sie sich am Wegrand eine große spiralförmige Muschel mit langen Stacheln auf dem Rücken ansah. Als sie die Muschel mit beiden Händen hochhielt, schillerte das blauviolette Innere in der Sonne.

Das Tor zum Regengarten wurde von zwei barbusigen Terrakottafrauen bewacht, die große Becken im Schoß hielten, in denen sich der Regen sammelte. Kleine Statuen standen auf übergroßen Podesten rechts und links des Tores einander gegenüber. Laura erzählte, daß die alten Europäer eine Verbindung zwischen Regentropfen und Muttermilchtropfen gesehen hätten.

Edward spürte, wie ihm bei dem Wort »Muttermilch« das Blut in die Wangen stieg. Ein Wissenschaftler errötete nicht, doch seine Wangen fühlten sich seltsamerweise heiß an, und so beugte er sich schnell vor, um eine leuchtend rote Aloeblüte zu inspizieren. Rote Blüten waren bei Aloepflanzen selten, meistens waren sie gelb oder korallenfarben.

Die Figur in der ersten Nische war eine weitere Überraschung. Es war eine Sandsteinskulptur, ungefähr so groß wie ein Brotlaib, die aussah wie eine Kröte. Als Edward genauer hinsah, erkannte er jedoch, daß es eine dicke Frau war, die gebückt auf angezogenen Armen und Beinen kauerte. Und auch sie hatte große Brüste!

Edward wurde beim Gedanken an die restlichen Figuren in diesem Garten etwas unbehaglich zumute, und er überlegte, ob er Indigo bitten sollte, im Schwarzen Garten auf sie zu warten. Andererseits wollte er keine Szene machen. Laura hielt die Statuen nicht für moralisch bedenklich – nun, für ein italienisches Kind waren sie das vielleicht auch nicht, aber bei einem amerikanischen Kind mußte man gewisse Vorsichtsmaßnahmen ergreifen.

Er schaute sich um und stellte erleichtert fest, daß dieser Garten kleiner war als die anderen, es gab nur vier Nischen und keine Podeste außer den beiden, auf denen die Regenfängerinnen mit ihren Becken saßen. Aber sie gingen besser auf Nummer sicher – er lief zu Hattie hinüber und flüsterte ihr zu, daß sie Indigo aus sittlichen Erwägungen lieber im Schwarzen Garten warten lassen sollten. Doch es war zu spät. Gerade kam das Mädchen von den kleinen Steinfiguren in der schattigen Einbuchtung der Terrassenmauer zurückgerannt und nahm Hatties Hand.

»Schau mal«, sagte sie und zeigte auf eine merkwürdige Steinfigur. »Was ist denn das?« Hattie sah von den gesprenkelten ledrigen Blättern der Aloen am Wegrand auf und schaute zu der Nische hinüber.

»Na so was!« Hattie trat näher, um genauer hinzusehen. Die seltsame Steinfigur hatte einen langgestreckten Hals und Kopf, erinnerte durch ihren üppigen Hintern aber eher an einen großen Phallus. Hattie sah plötzlich ganz betroffen drein, trat einen Schritt zurück, und Indigo wußte sofort, daß sie richtig geraten hatte.

»Dachte ich mir doch, daß es das ist«, sagte Indigo, als Hattie sie eilig wegführte. Edward warf einen Blick auf die Figur und bestand dann darauf, daß Indigo im Schwarzen Garten zu warten hätte. Indigo schaute Hattie und Laura an, aber Edward blieb fest.

Laura sah mit besorgter Miene zu, wie das Mädchen mit dem Papagei die Stufen zwischen den Terrassen hinaufging. Sie schlug Hattie und Edward vor, sie sollten sich den Regengarten in aller Ruhe ansehen und sie und das Mädchen dann im Gartenhäuschen abholen, in dem sie ihre Züchtungsversuche vornahm.

Indigo wunderte sich immer noch, was Kinder bei den Weißen alles nicht sehen durften. Edwards Hysterie wegen des männlichen Geschlechtsorgans war so albern, daß sie laut auflachte, als sie die oberste Terrasse des Regengartens erreicht hatte. Aus dem Augenwinkel sah sie, wie Edward Hattie etwas zuflüsterte. Allein zwischen den hohen schwarzen Blütenstielen, erfand Indigo ein kleines Lied: »Seht ihr, ihr seht nicht, was ihr seht; seht ihr, ihr seht nicht, was ihr seht! Seht ihr, seht ihr, seht ihr!«

Nachdem Laura und Indigo zusammen weggegangen waren, schloß Hattie sich Edward an, der zügig die restlichen Nischen abschritt, in denen Utensilien zur Veranstaltung eines Regenzaubers standen: flache Tonschüsseln, deren Innenwände mit eingeritzten oder gemalten zusammengerollten Schlangen verziert waren, Vasen, an deren Hals besonders beeindruckende, aus Ton geformte Schlangen saßen. In die Schüsseln waren kleine Löcher eingeritzt, die Regentropfen darstellten.

In der Mitte des Regengartens befand sich eine Nische mit einer außergewöhnlichen gebrannten Terrakottafigur, eine Schlange, verziert mit eingeritzten Regentropfen und Zickzacklinien, die fließendes Wasser symbolisierte und zusammengerollt im Horn eines Widders lag. Weitere anstößige Stücke gab es entgegen Edwards Befürchtungen nicht, aber es war trotzdem gut, daß Indigo die Schlangenfiguren nicht sah. Das Kind entstammte einer Kultur, in der Schlangen verehrt wurden, und es war nicht sinnvoll, bei ihr den irreführenden Eindruck entstehen zu lassen, die alten Europäer seien nicht besser gewesen als die Indianer oder die Schwarzafrikaner, die Schlangen anbeteten. Hattie stimmte ihm zu. Sie mußten dem Kind helfen, sich in die Welt einzufügen, in der es jetzt lebte.

Als sie zum Gartenhäuschen kamen, saß Indigo mit ihrem Notizbuch am Tisch und schrieb sorgfältig die handgeschriebenen Wörter auf den Wachspapierumschlägen ab, während Laura vorsichtig Gladiolensamen aus den Umschlägen rieseln ließ. Laura erklärte, wie die einzelnen Blütchen der Mutterpflanze zur Befruchtung vorbereitet wurden. Am Ende des Befruchtungsvorgangs ließ sie Indigo das Papierhäubchen über eine Pflanze stülpen. Pro Tag konnten nur zwei Blütchen befruchtet werden. Besser früh am Morgen als in der Mittagshitze. Möglichst nicht bei feuchtem oder nassem Wetter.

Edward staunte über die Farbenvielfalt der Hybriden. Die *Gladiolus primulinus* wuchs auf schlanken, biegsamen Stengeln und hatte reingelbe Blüten. Lauras Mann, der Colonel, hatte die seltenen Pflanzen für sie in Afrika erstanden. Edward überlegte, ob die Gladiolenzucht in Südkalifornien vielleicht eine Zukunft haben könnte, denn auch dort mußte man die Brutknollen im Winter nicht aus dem Boden nehmen.

Es ärgerte ihn ein wenig, daß Laura dem Kind soviel Aufmerksamkeit schenkte, ja sogar Knollen und Samen ihrer Hybriden für Indigo zusammenpackte. Allerdings sah er, daß sie für ihn und Hattie ebenfalls ein Päckchen zusammenstellte. Er fand es absurd, daß Laura so tat, als würde das Indianermädchen die Samen und Knollen jemals in die Erde setzen oder sich gar mit der Zucht von Pflanzen beschäftigen, auch wenn sich Indigo die einzelnen Schritte genau notierte. Aber man konnte natürlich nicht erwarten, daß Laura sich mit Indianern auskannte.

Edward wußte, wie man bei der Kreuzung von Blumen vorging, aber Hattie und Indigo hörten fasziniert zu, als die *professoressa* beschrieb, welche Farben entstanden waren, als sie zum erstenmal die *Gladiolus primulinus* mit der *Gladiolus gladiolus* gekreuzt hatte. Gelbe Blüten mit einem roten Fleck im Schlund, cremegelbe und goldgelbe mit einem rotbraunen Tupfer waren entstanden. Dann war sie zu dunklem Rot und Rosé übergegangen und hatte gleichzeitig mit Blau auf Hellblau experimentiert, mit einem cremigen Rosa mit rotem Fleck und einem wolkig-dunklen Rosa mit cremefarbenem Schlund, mit Lavendelblau mit Lila, Hell- und Dunkelbraun, Braun mit rotem Tupfer. Es dauerte einige Jahre, bis ihr die Blüten in Schwarzrot und Schwarzrosé gelungen waren, und nochmals mehrere Jahre, bis sie genügend Brutknollen für die Terrassen zusammen hatte. Zur Zeit versuchte sie gerade, die duftende afrikanische Gladiole mit der europäischen zu kreuzen, doch leider pflanzten sich die duftenden Hybriden nicht fort.

An diesem Abend, nachdem sie Zeitungsberichte über Unruhen in der Nähe von Rom und weiter im Süden gelesen hatte, drängte Laura sie, doch wenigstens noch bis zum Wochenende bei ihr zu bleiben. Aber Edward spielte die Meldungen herunter. Gefährlicher als Kalifornien, wo sogar noch Kutschen und Züge überfallen wurden, konnte Korsika kaum sein.

Als Hattie schon längst im Bett lag, fand Edward immer noch kein Ende beim Packen, und Hattie kam plötzlich der Gedanke, er warte womöglich darauf, daß sie eingeschlafen war, bevor er selbst ins Bett ging. Sie hatte gehofft, wieder da anknüpfen zu können, wo sie nachmittags aufgehört hatten, doch als er sich schließlich neben sie legte, begann er sofort vom bevorstehenden Todestag seines Vaters zu sprechen. Normalerweise begehe er dieses Datum mit einem Besuch des Grabes unter den Orangenbäumen. Dieses Jahr werde er zum erstenmal nicht dort sein.

Hattie rutschte ein bißchen herum und drehte sich, um Edward näher zu sein, doch dieser blieb völlig reglos – als käme seine Stimme aus der Wand hinter ihm. »Vielleicht vergeben die Toten den Lebenden ihre Fehltritte«, meinte Hattie leise und strich sanft über die Bettdecke auf seiner Brust, doch Edward schien sie nicht zu hören. Seine Gedanken waren schon bei der Abreise.

Hattie schlummerte ein und ließ Bilder und Statuen einer auf einer Schlange stehenden Jungfrau Maria in ihrer Erinnerung Revue passieren. Im Katechismusunterricht hatte sie gelernt, Maria habe die Schlange getötet, aber nachdem Hattie die Figuren im Regengarten gesehen hatte, fragte sie sich, ob die Schlangenjungfrau nicht vielleicht auf eine Figur aus früheren Zeiten zurückging.

Indigo träumte in dieser Nacht, sie sei wieder zu Hause in den alten Gärten. Doch wo früher Sonnenblumen, Mais und Kürbis gewachsen waren, standen jetzt große, in allen erdenklichen Farben blühende Gladiolen – rote, violette, rosafarbene, gelbe, orangefarbene, weiße und schwarze. Ein wunderbarer Duft und das Summen der Bienen erfüllten die Schlucht. Rainbow flog wie ein Kolibri von Blume zu Blume, und Linnaeus saß neben ihr im Sand und pulte winzige schwarze Samen aus einer getrockneten Schote. Sie ging zur Quelle, weil sie Mama und Sister Salt dort vermutete, traf jedoch statt dessen die große Klapperschlange. »Wo sind meine Maispollen?« fragte die Schlange, und dann wachte Indigo auf.

Am nächsten Tag brachte Laura die drei, nachdem sie ihr versprochen hatten, sie wieder zu besuchen, zum Zug nach Livorno. Sie gab ihnen eine Karte, auf der stand, wie sie zu erreichen war, falls ihre Hilfe benötigt wurde.

Als der Zug in Livorno einfuhr, sah Edward richtig bleich aus. Ob er krank sei? O nein, antwortete er schnell, er sei nur ein bißchen müde. Er habe nicht gut geschlafen. Er zwang sich für Hattie zu einem Lächeln. Tatsächlich hatte er in der Nacht kaum ein Auge zugetan. Als es ihm endlich gelungen war einzuschlafen, wachte er kurz darauf gerädert und schweißnaß vor Angst aus einem Alptraum wieder auf, in dem afrikanische Schlangen in seinem Bett herumgekrochen waren. Vielleicht hatte ihm Hattie im Schlaf den Arm über die Brust gelegt und dadurch den Traum ausgelöst.

Natürlich war damit zu rechnen gewesen, daß die vielen Schlangenfiguren, die er nachmittags im Regengarten gesehen hatte, seine Träume beeinflußten, aber die Terrakotten hatten alle kleine, europäische Schlangen dargestellt. Wahrscheinlich ging sein Alptraum eher auf die Anekdote zurück, die Laura ihnen am Abend ihrer Ankunft erzählt hatte. Während sie ihnen das Haus zeigte, hatte sie von einem alten Gerücht berichtet, das fast zur örtlichen Legende geworden war. Die ausländischen Vorbesitzer der Villa hatten afrikanische Riesenschlangen im Weinkeller gehalten und sie später dort zurückgelassen. Dem Gerücht zufolge hatten sich die Pythons in den Grundmauern der Villa eingenistet, wo sie sich von Nagetieren und verwilderten Katzen ernährten. Laura hatte mehrmals betont, daß es auf dem Grundstück keine Pythons oder andere große Schlangen gab. Trotzdem träumte Edward, eine Riesenschlange habe sich um seine Schultern gelegt.

Die Ankunft in Livorno versetzte ihn in große Erregung, und seine Müdigkeit verflog. Ein Schauer der Spannung und Vorfreude überlief ihn – endlich lag Korsika in greifbarer Nähe, und damit die *Citrus medica*, die ihn von all seinen Schulden befreien und seinen Anteil am Familienerbe sichern würde. Und die Verbesserung seiner finanziellen Lage würde andere Veränderungen nach sich ziehen. Eigentlich hatte die positive Entwicklung ja schon auf dem Schiff nach Genua begonnen, als er Dr. William Gates aus Melbourne kennengelernt und beide eine Investitionsgemeinschaft für den Abbau von Meteoritenerz ins Auge gefaßt hatten. Die Ableger der *Citrus medica* würden eine zusätzliche Sicherheit darstellen. Es paßte alles zusammen – er wußte, daß Hattie nach Arizona fahren wollte, um herauszufinden, ob dort noch Verwandte des Kindes lebten, und der Meteoritenkrater von Dr. Gates befand sich nur ein paar Zugstunden von Flagstaff entfernt.

Sobald sie sich im Hotel eingerichtet hatten, ging Edward noch einmal los, um die Reservierung für das Dampfschiff nach Bastia am nächsten Morgen zu bestätigen. Er wollte jeden Irrtum ausschließen, jede Verzögerung vermeiden und überprüfte alles mehrmals, um seine Nerven zu beruhigen. Er machte einen großen Bogen um das amerikanische Konsulat, damit ihn keiner der Beamten dort sah. Edward zählte darauf, daß ihm die mangelnde Effizienz der Beamten im Landwirtschaftsministerium und Mr. Grabbs voller Terminkalender genug Zeit lassen würden, um sein Vorhaben umzusetzen. Sie würden zu dem Schluß kommen, daß seine Antwort auf ihre Telegramme verlorengegangen war, daß er aber wie angeordnet umkehren würde. Er hatte ihm nie einen Grund für eine gegenteilige Annahme gegeben. Alles hing jetzt von der richtigen Zeitplanung ab.

Livorno war zwar eine Hafenstadt, doch das Geschäftsviertel

blieb aufgrund seiner Lage von der leichten Meeresbrise im August oft unberührt. Edward kam erhitzt und außer Atem im Büro der Reederei an, wo ihm ein aufmerksamer junger Angestellter jedoch sofort einen Stuhl und ein Glas Wasser brachte. Edward beglückwünschte den jungen Mann zu seinem ausgezeichneten Englisch, und dieser verbeugte sich bescheiden und antwortete, er habe zwei Jahre bei einem Onkel in Chicago gelebt.

Die Reservierungen für den nächsten Tag waren in Ordnung. Der Angestellte stellte ihm für die Überfahrt drei sorgfältig in Druckbuchstaben geschriebene Bordkarten aus. Edwards alte Beinverletzung meldete sich wieder, und da der Angestellte so gastfreundlich war, blieb er noch etwas sitzen. Der junge Mann war dankbar für die Gelegenheit, mit einem Amerikaner sein Englisch ein wenig auffrischen zu können, denn die britischen Gäste seien zu einer Unterhaltung meistens nicht bereit. Vielleicht war es die Freundlichkeit des Angestellten, vielleicht auch nur die Hitze, die Edward nach der Zitrusindustrie fragen ließ. Er bereute seine Unbedachtheit sofort, sagte sich dann aber, daß es albern sei, sich Sorgen zu machen. Der italienische Angestellte war harmlos.

Der junge Mann kannte sich recht gut mit Zitronen aus, da der Export von kandierter Zitronenschale vorwiegend von Livorno aus erfolgte. Zufälligerweise wußte er auch einiges über das Verfahren, mittels dessen die rohe Schale der *Citrus medica* in ein Kuchengewürz verwandelt wurde. Edward freute sich, berichten zu können, daß Zitronat in den Vereinigten Staaten inzwischen eine der begehrtesten Zutaten für den weihnachtlichen Plumpudding und für jene üppigen Hochzeitskuchen war, von denen jeder Gast ein Stück mit nach Hause nahm, um es träumend zu genießen.

Edward hörte mit großem Interesse zu, als der Angestellte beschrieb, wie man die dicke Zitronenschale in Becken weichen ließ, bevor sie kandiert wurde. All diese Informationen waren für Edwards zukünftige Arbeit mit Zitrusfrüchten von unschätzbarem Wert. Er versprach dem Angestellten, ihm das Rezept für Weihnachts-Früchtekuchen zu schicken, und dankte ihm für die detaillierten Auskünfte. Der Mann meinte, es sei schade, daß Edward und seine Familie schon so bald abreisen müßten, denn sonst hätte er einen Rundgang durch einen Betrieb, der Zitronenschale verarbeitet, für sie arrangieren können.

Edward hatte das Gefühl, das Ticken der Uhr brächte ihn seinem Schicksal näher und näher. Beim Abendessen verspürte er keinen Appetit. Später, als Hattie schrieb und das Mädchen auf dem Boden mit dem Papagei spielte, versuchte er sich noch einmal genau vor Augen zu führen, wie man die Zitronenschößlinge am besten von den Zweigen abschnitt, doch er konnte sich einfach nicht konzentrieren.

Hattie schrieb Laura ein Briefchen, in dem sie sich noch einmal für deren Großzügigkeit und Gastfreundschaft bedankte und für die Führung durch die Gärten mit den so geschmackvoll plazierten kostbaren Sammelstücken. Sie bedaure es, daß sie so schnell wieder hatten aufbrechen müssen, hoffe jedoch, bald wieder einmal nach Lucca kommen zu können.

Hattie und das Mädchen schliefen tief und fest, doch Edward wälzte sich ruhelos im Bett. Ihm war übel und er hatte starkes Herzklopfen, so daß er schließlich aufstand und zu seinem Schmerzmittel griff. Bald würde er im Besitz der ersten Ableger der *Citrus medica* außerhalb Korsikas sein! Seine ganze Zukunft hing von diesen rauhschaligen Früchten, diesen häßlichen kleinen Zitronen ab. Er kippte den Inhalt der braunen Glasflasche herunter, klopfte noch ein paarmal auf den Flaschenboden und kam auf diese Weise in den Genuß einer ausreichenden Dosis, ohne die letzte Flasche anbrechen zu müssen. Sobald sie aus Bastia zurück waren, mußten sie versuchen, einen Apotheker zu finden. Er ließ sich ins Kissen sinken, und eine Welle des Wohlgefühls trug ihn fort.

Während am nächsten Morgen das Gepäck schon hinuntergebracht wurde und Edward und Hattie vor der Abfahrt noch schnell ein paar Kleinigkeiten regelten, spielte Indigo mit Rainbow in der Sonne und der frischen Meeresluft draußen auf dem Balkon. Indigo liebte es, den Kopf nach hinten zu drehen und Rainbow zuzuschauen, wenn er wie ein mächtiger Adler die Flügel ausbreitete. Sie rannte ein Stück und spürte, wie das Gewicht seines kräftigen kleinen Körpers sich von ihrer Schulter hob, wenn er heftiger mit den Flügeln schlug, doch er ließ ihre Schulter niemals los. Indigo wußte, daß er zu klug war und erkannte, daß seine gestutzten Flügel ihn nicht tragen würden. Die beiden amüsierten sich so gut, daß Indigo gar nicht aufhören wollte, obwohl sie sah, daß Edward und Hattie fast startbereit waren. Erst im allerletzten Moment wollte sie Rainbow in seinen Reisekäfig setzen. Sie drehte sich um und rannte noch einmal mit ihm den langen Balkon entlang, da fuhr ihr plötzlich ein Windstoß vom Meer her ins Gesicht, und fast im selben Moment wurde Rainbow von ihrer Schulter gehoben. Er landete im Geäst einer großen Kastanie im Garten des Hotels. Indigo sah ihm seine Überraschung und dann die Begeisterung an, als er im Baum saß und feststellte, daß er frei war. Sie rief seinen Namen, und er sah zu ihr hinunter, doch sie merkte, daß ihn der Baum deutlich mehr interessierte. Sie schaute zu, wie er mit Hilfe seines Schnabels und seiner Krallen den Baum flink hinaufkletterte, und als sie losrannte, um Hattie Bescheid zu sagen, war er schon nicht mehr zu sehen.

Unten im Hotelgarten versammelten sich ein Handvoll Hotelangestellter und ein paar Schaulustige unter dem Baum, verrenkten sich die Hälse und zeigten nach oben. Hattie stand neben Indigo, die Hand auf ihrer Schulter, und versuchte sie zu beruhigen. Mit seinen gestutzten Flügeln würde der Papagei nicht weit kommen, irgend jemand würde ihn finden und zurückbringen. Der Gärtner stützte einen seiner Gehilfen, der sich an den unteren Ästen hinaufschwang und dann in der Baumkrone verschwand. Der Mann auf dem Baum lockte weitere Schaulustige an. Edward sah, daß sogar der Kutscher und die Gepäckträger des Hotels das Beladen der Kutsche unterbrachen und zum Baum hinaufschauten.

Tagelang hatte Edward sich nicht erlaubt, an seine Mission auf Korsika und die Aufgabe, die vor ihm lag, zu denken, doch nun, so kurz vor der Abreise, jagte ein panischer Gedanke den anderen: Wenn sie jetzt aufgehalten wurden, würden sie das Schiff nach Bastia verpassen, und das nächste fuhr erst Ende der Woche. Die rosafarbene Narbe juckte und kribbelte, obwohl er sie heftig rieb. Sie mußten sich sofort auf den Weg zum Pier machen!

Edward hielt Hattie seine Taschenuhr hin, um ihr zu zeigen, wie wenig Zeit ihnen noch blieb, bevor die Gangway eingezogen wurde, doch Hattie versuchte gerade, das Kind zu trösten. Indigo fing an zu weinen, als sie den Hausmeister mit dem Reisekäfig sah, den sie nun für den Fall, daß Rainbow nicht eingefangen wurde, hierlassen mußten. Hattie versuchte immer noch, Indigo zu trösten, doch diese war so außer sich, wie Hattie es bei ihr noch nie erlebt hatte. Hotelangestellte brachten Tellerchen mit Süßigkeiten und Konfekt, aber Indigo beachtete sie gar nicht. Sie kauerte in dem großen Sessel im Foyer und vergrub das Gesicht in den Händen.

»Ich hab ihn so geliebt«, schluchzte sie und weigerte sich, aus dem Sessel aufzustehen. Ohne ihren Papagei würde sie überhaupt nirgendwohin gehen.

Hattie merkte, daß Edward bei der Vorstellung, ihre Abreise könne sich verzögern, immer ärgerlicher wurde. Sie versicherte Indigo, irgend jemand würde den Papagei bestimmt finden. Dann setzte sie sich auf das Sofa gegenüber und schrieb rasch ein paar Zeilen an Laura, in denen sie von dem entflogenen Papagei und der großzügigen Belohnung berichtete, die sie ausgesetzt hatten. Sie erklärte Indigo, während sie auf Korsika seien, würden die Hotelangestellten weiter nach Rainbow suchen und ihre Freundin Laura benachrichtigen, sobald sie ihn eingefangen hatten. Indigo solle sich keine Sorgen machen – in einer Hafenstadt wie Livorno sei ein Papagei nichts Ungewöhnliches, die Matrosen brächten oft Papageien von ihren Reisen mit. Irgend jemand würde sich bestimmt um den Vogel kümmern. Das Klima hier war mild, und es gab Gemüsegärten und Weintrauben, falls Rainbow Hunger hatte. Aber jetzt durften sie nicht mehr länger trödeln. Indigo machte die Augen zu und schüttelte langsam den Kopf. Ihre Hände schlossen sich fest um die Armlehnen. Sie weigerte sich, das Foyer zu verlassen. Erst als Edward auf sie zuging und Anstalten machte, sie wegzutragen, stand sie mürrisch auf und folgte Hattie zur Kutsche, die vor dem Hotel wartete.

Hattie zeigte aus dem Kutschenfenster zu den Tauben am Springbrunnen, die tranken, badeten oder sich um die Brotstücke zankten, die sie zugeworfen bekamen, aber Indigo weigerte sich hinzusehen. Sie starrte auf einen Punkt in der Ferne, ohne ein Wort mit Hattie und Edward zu sprechen oder sie auch nur zur Kenntnis zu nehmen.

An Bord des Schiffes versuchte Hattie das trauernde Mädchen zunächst aufzuheitern, indem sie ihm aus einem Reiseführer über Korsika vorlas, aber Indigo wollte nichts davon wissen. Sie zog das Buch mit den Abenteuern des Affen hervor und begann, ihr daraus vorzulesen, doch Indigo hielt sich die Ohren zu. Edward ärgerte sich, daß das Kind Hatties Bemühungen zurückwies. Sie mußten sich endlich einmal auf grundsätzliche Erziehungsmaßnahmen für das Mädchen einigen. Sie wuchs und wuchs. Die Kleider, die ihr am Anfang noch zu weit gewesen waren, saßen jetzt fast schon ein bißchen knapp. Geradezu erschreckend aber waren ihre Sturheit und mangelnde Demut. Sie verhielt sich wie ein Sultan, nicht wie eine Zofe.

Indigo weigerte sich, das Brot und die Suppe anzurühren, die man ihr brachte. Rainbow bekam dort, wo er jetzt war, den ganzen Tag und die ganze Nacht nichts zu essen und zu trinken, also würde auch Indigo nichts essen oder trinken. Er war von dem Windstoß erfaßt worden und ungewollt dort oben auf dem Baum gelandet. Dann hatte er sich nur ein bißchen umgucken wollen. Er würde nicht verstehen, warum sie ihn verlassen hatte, nachdem sie ihm gesagt hatte, daß sie ihn immer lieben und immer für ihn sorgen würde. Störche und Seemöwen würden versuchen, einen so kleinen Vogel wie ihn umzubringen.

Hattie versicherte ihr noch einmal, daß bestimmt jemand den entflogenen Vogel finden und ins Hotel bringen würde, um die Belohnung zu bekommen, aber Indigo schüttelte wütend den Kopf und weigerte sich, sie anzusehen.

Das Wetter für die Überfahrt war ideal – das Meer war ruhig und der Himmel so klar, daß sie in der Ferne Elba sahen. Hattie erzählte ihr die Geschichte der Insel, woraufhin Indigo lediglich in die Ferne spähte, um nach dem Schloß in dem kleinen Reich Ausschau zu halten, das man Napoleon nach seiner ersten Niederlage zugewiesen hatte. Das flimmernde Licht der Nachmittagssonne, die sich im glasklaren Wasser spiegelte, machte es allerdings schwierig, mehr zu sehen als die smaragdgrünen Konturen der Insel vor dem türkisblauen Meer.

Es war schon dunkel, als sie ihr Hotel erreichten, das eines von nur vier Hotels war, die es in Bastia gab. Indigo marschierte direkt in die Dienstmädchenkammer – den Wandschrank, wie sie es nannte – und stellte ihre Reisetasche neben dem Bett ab. Dann zerrte sie trotzig das Bettzeug vom Bett, wickelte sich in Laken und Decke und legte sich auf den Boden. Die Nacht war mild und der Boden makellos sauber, so daß Hattie nicht einschritt, denn der Fliesenboden war auch angenehm kühl – in einer Nacht wie dieser gar keine schlechte Idee.

Hattie atmete auf, weil Edward sich zu sehr in sein Buch über das Okulieren von Zweigen vertieft hatte, um Indigos Ungezogenheiten zu bemerken. Sonst wäre womöglich die lästige Diskussion über die Manieren und die nötige Disziplinierung des Mädchens wieder losgegangen. Edward fand es richtig, daß Hattie Indigo auf der Reise in Erdkunde, Lesen und Schreiben unterrichtete, doch das Kind mußte auch die grundlegende Bereitschaft entwickeln, sich unterzuordnen und zu dienen. Jedesmal, wenn Hattie daran dachte, wie Edward gesagt hatte, sie sei zu weichherzig, um dem Kind Zucht und Ordnung beizubringen, begann ihr Puls zu rasen. Vielleicht wollte sie sich dieser Aufgabe tatsächlich nicht stellen – aber natürlich war es ihre Pflicht, dem Kind eine Erziehung angedeihen zu lassen, damit es in der Welt der Weißen überleben konnte.

Indigo träumte davon, auf Rainbows Rücken durch die Lüfte zu fliegen. Unter sich sah sie das glitzernde Aquamarinblau des Mittelmeers und am westlichen Horizont, dem sie entgegenflogen, den stürmischen dunkelblauen Atlantik. Bald schon schwebten sie hoch über dem Colorado River, dann über den Sandhügeln, und als Indigo hinunterschaute, sah sie, daß dort nicht mehr Mais und Kürbis wuchsen, sondern etwas anderes. Als Rainbow tiefer flog, damit sie mehr sehen konnten, erkannte sie, daß die auf den Hügeln angelegten Terrassen voll leuchtend bunter Gladiolen standen, deren Blütenstiele fast einen Meter hoch aufragten. Rainbow landete inmitten von lauter gelben Gladiolen in den verschiedensten Farbnuancen, von einem gedämpften Weiß mit kaum wahrnehmbarem gelbem Einschlag bis hin zu einem tiefen, fast glühenden Orangegelb. Rainbow kletterte an einem gelben Blütenstiel mit rotgesprenkelten Blüten hinauf, und Indigo lachte vor Freude.

Sie erwachte im ersten Licht der Dämmerung und sah sich nach dem Käfig um, bis ihr einfiel, daß Rainbow entflogen war. Hoffentlich bedeutete ihr Traum von den blühenden Gladiolen, daß er wieder zurückkommen würde. Indigo rief sich die flachen grünen Hügel im Hinterland von Livorno in Erinnerung und stellte sich vor, daß Rainbow, um den Störchen und Seemöwen zu entkommen, in die Hügel geflogen war, wo im Schatten großer Bäume helle orangefarbene und gelbe Häuser standen, so wie das von Laura. Sie erinnerte sich an die vielen Obstbäume, und wenn Rainbow die Trauben, Aprikosen und Pfirsiche nicht genügten, gab es auch noch Oliven, Eicheln und Kastanien. Und als ihr dann auch noch einfiel, wie sie auf der Zugfahrt von Lucca nach Livorno bis zum Einbruch der Dunkelheit aus dem Fenster geschaut und stets Weizenfelder, Weingärten oder Gemüsegärten gesehen hatte, wurde ihr leichter ums Herz.

Für einen entflogenen Papagei war Italien im Sommer ein idealer Ort, dachte sie. Zu Hause, in der Gluthitze der Hügel über dem roten schlammigen Fluß, konnte ein verirrter Papagei leicht umkommen. Bevor sie Rainbow in die alten Gärten mitnahm, mußte sie ihm beibringen, daß er nicht fortfliegen durfte. Großohreule, Rotschwanzhabicht und Goldadler würden sicher alle nur zu gern einmal einen Papagei verspeisen.

SIE VERLIESSEN DAS HOTEL vor Tagesanbruch, um den Zug nach Cervione zu nehmen. Indigo bewegte sich wie eine Schlafwandlerin und lehnte es immer noch ab, zu essen, allerdings trank sie etwas Wasser. Bevor sie aufbrachen, gab Edward dem Hausmeister ein paar Münzen, worauf dieser in die Hotelküche verschwand und mit einem Rupfensäckchen voll Kartoffeln wiederkam, das Edward in die Kamerakiste packte. Hattie hätte ihn gerne gefragt, was er mit den Kartoffeln vorhatte, beschloß dann aber, zu warten, bis er nicht mehr so in Gedanken vertieft war.

Die anderen Privatabteile im Zug waren leer, und der Schaffner, der ihre Fahrkarten kontrollierte, schien überrascht, Amerikaner anzutreffen. Einziges Anzeichen für politische Unruhen, das sie in Bastia gesehen hatten, waren ein paar Soldaten auf der Straße gewesen. In den Zeitungen, die Laura vor ihrer Abreise noch durchgesehen hatte, wurden keine Zwischenfälle auf Korsika gemeldet. Hattie lehnte sich im Sitz zurück und schloß die Augen. Die Bewegung des Zuges, das rhythmische Rattern und Quietschen, hüllten sie ein und wirkten seltsam beruhigend. Sie freute sich, die *professoressa* kennengelernt zu haben, die so liebenswürdig und großzügig und zugleich so interessant war. Allerdings hätte sie sich gewünscht, länger in Lucca bleiben zu können – sie hatten kaum genug Zeit gehabt, die Fundstücke eingehender zu betrachten, geschweige denn, über die Bedeutung der einzelnen Figuren zu sprechen. Hätte sie doch nur nach dem Lichtschein am Waldsee gefragt. Wenn sie Laura etwas besser kennenlernen würde, dachte Hattie, könnte sie ihr vielleicht von dem seltsamen Licht berichten, dem eigenartigen Leuchten, das sie in Tante Bronwyns Garten gesehen hatte.

Indigo hockte in sich zusammengesunken auf ihrem Fensterplatz. Ihr jämmerlicher Anblick rührte Hattie zu Tränen, besonders wenn sie daran dachte, wie lebhaft das Kind noch am Tag zuvor gewesen war. Hätten sie die Federn des Papageis doch nur stutzen lassen, als sie wieder nachgewachsen waren! Hattie strich Indigo tröstend über den Rücken, doch es half nichts. Indigo war untröstlich. Hattie erinnerte sich, daß sie mehrere Artikel über Menschen gelesen hatte, die an gebrochenem Herzen gestorben waren. Sie machte sich Sorgen, weil das Kind nichts essen wollte. Wenn Indigo ihren Hungerstreik zu weit trieb, würde sie noch ernsthaft krank werden, bevor sie wieder in der Nähe eines Arztes waren. Gern wäre Hattie mit dem Kind nach Livorno zurückgefahren, um den Papagei zu suchen, während Edward sich um seine Zitronenableger kümmerte. Doch Edward war damit nicht einverstanden. Das nächste Schiff nach Livorno fuhr erst in drei Tagen, bis dahin habe er ohnehin alles erledigt. Vielleicht war der Papagei ja schon gefunden worden. Das Kind war doch nur müde von der Reise. Wenn es etwas ausgeruht hatte, würde es schon wieder zu sich kommen. Hattie stimmte nur zögernd zu und nickte seufzend. Edward spürte, wie er rot wurde. Das ging wirklich zu weit, ausgerechnet in diesem kritischen Moment seiner Korsika-Mission!

»Wenn das Kind Hunger hat, wird es schon essen!« sagte er, mäßigte seinen Ton dann allerdings, als er Hatties schockiertes Gesicht sah: »Bis wir wieder in Livorno sind, hat bestimmt jemand den Papagei gefunden, und dann geht es Indigo auch wieder gut.«

Indigo sah, wie sich die Welt ringsum bewegte, doch sie befand sich jetzt außerhalb dieser Welt. Die Stimmen klangen weit entfernt, aber das machte nichts, denn sie brauchte von diesen

Leuten nichts zu hören. Sie bewegte sich, wenn sie mußte, und saß still, bis sie sich wieder bewegen sollte. Als sie in Cervione ausstiegen, vergaß sie ihre Reisetasche im Zug, sagte aber nichts, weil sie sah, daß Edward gereizt war und es eilig hatte. Die ganzen Samen, die sie gesammelt hatte, waren in der Reisetasche, die Buntstifte, die Laura ihr geschenkt hatte, und das Notizbuch. Aber das war alles nicht mehr wichtig, jetzt, wo Rainbow weg war. Ihr war eingefallen, daß Grandma Fleet gesagt hatte, wenn man etwas verloren habe, solle man mit dem Gegenstand sprechen, sich für seine Achtlosigkeit entschuldigen und ihn bitten, doch zurückzukommen. Und so flüsterte sie fast ununterbrochen mit Rainbow, damit er spürte, daß sie ihn wiederfinden würde.

Auf dem Bahnsteig musterte Hattie das Mädchen und merkte, daß die Reisetasche fehlte. Neue Passagiere stiegen in den Zug ein. Wo denn die Tasche sei? Indigo schaute zu Boden und zuckte mit den Achseln. Hattie wollte noch einmal in den Zug einsteigen, doch Edward blieb eisern. Sie hatten keine Zeit! Sie mußten los. Das Kind sei selbst schuld, und wenn es nicht die Folgen seines Handelns trug, lerne es nie, verantwortlich zu handeln.

»Auf Wiedersehen, liebe Samen. Auf Wiedersehen, liebe Buntstifte«, flüsterte Indigo, während das restliche Gepäck auf die Kutsche geladen wurde. Da kam der Schaffner plötzlich noch einmal aus dem Wagen – mit der kleinen braunen Reisetasche! Die Reisetasche war einfach so zu ihr zurückgekommen! Also würde auch Rainbow zurückkommen.

Edward versuchte, weniger unwirsch zu klingen, denn das trauernde Mädchen dauerte ihn nun doch: »Du mußt lernen, besser auf deine Sachen aufzupassen, Indigo«, sagte er, während er dem Schaffner eine Münze in die Hand drückte. »Du hättest auch den Papagei nicht verloren, wenn du vorsichtiger gewesen wärst.«

Der kleine Ort war von kargen, grauen Bergausläufern umgeben, die den kühlen Wind vom Meer abhielten. Cervione war noch kleiner als Bastia, und es waren nur wenige Menschen auf der Straße. Vom niedrigen Stand der Sonne schloß Edward, daß es ungefähr halb sieben sein mußte, Abendessenszeit. Seit seinem Unfall in Brasilien, bei dem seine Taschenuhr zu Bruch gegangen war, hatte er es sich zur Gewohnheit gemacht, die Uhrzeit zunächst nach dem Stand der Sonne zu schätzen, bevor er sie auf seiner Taschenuhr überprüfte. Es beruhigte ihn, auch so zu wissen, wie spät es war. Das Schlimmste an seinem Martyrium in Brasilien war das Gefühl gewesen, mit den Weißen sei auch die Zeit verschwunden oder in dem Moment stehengeblieben, als seine Uhr genau wie sein Bein von der Kamerakiste zerschmettert worden war. Ohne Uhr gab es nur die endlose Wiederholung des gleichen Tages, der gleichen Nacht, bis Zeit aus nichts anderem mehr bestand als dem glühenden Schmerz des zertrümmerten Beines.

Das einzige Hotel in Cervione, das im August geöffnet war, hieß Le Napoleon. Wie sollte es auch anders sein, dachte Hattie. So wie es aussah und roch, waren die Treppen und Flure das letzte Mal zu Napoleons Zeiten geputzt worden. Das kleine Hotelrestaurant wurde gerade renoviert und war geschlossen. Die Hitze der Sommermonate, so erläuterte der Empfangschef, schrekke, bis auf wenige Beherzte, die Reisenden ab. Cervione lag etwas zu weit von der Küste entfernt, um von der kühleren Meeresluft zu profitieren. In Bastia sei es angenehmer. Die meisten Sommergäste wohnten dort und mieteten sich Kutschen für Tagesausflüge.

Der Bruder des Empfangschefs war der Bürgermeister, und bevor sich Edward eine höfliche Ausrede ausdenken konnte, hatte der Mann schon einen Jungen losgeschickt, um den Bürgermeister zu holen, damit dieser die amerikanischen Gäste kennenlernte.

Hattie und das Kind folgten dem Gepäckträger hinauf auf ihre Zimmer, während Edward unten auf den Bürgermeister wartete. In der Zwischenzeit zog der Empfangschef eine verstaubte Flasche Kognak unter der Empfangstheke hervor und polierte mit einem sauberen Taschentuch drei staubige Gläser. Der Bürgermeister, ein kleiner, beleibter Mann von Anfang sechzig, kam schwitzend und atemlos im Hotel an. Er hatte vor vielen Jahren in den Vereinigten Staaten gelebt und ließ es sich nicht nehmen, Besucher aus seiner Adoptivheimat zu begrüßen. Was ihm von dort am meisten fehle, sei Baseball. Brot und Wein dagegen seien auf Korsika sehr viel besser. Sie brachten diverse Trinksprüche auf ihre Länder, auf sich selbst und auf den Tourismus aus, bevor Edward sich loseisen konnte. Allerdings mußte er versprechen, wiederzukommen, sobald er seine Kamera ausgepackt hatte, um den Bürgermeister zu photographieren. Edward war froh, in Hattie und dem Kind einen Entschuldigungsgrund zu haben.

Es verging eine Stunde, bis die Beleuchtung stimmte und der Bürgermeister für die Photographie einen anderen Gehrock angezogen hatte, und es dauerte eine weitere Stunde, bis der Bürgermeister richtig saß, die Hände im Schoß und den Kopf so zur Seite gedreht, daß das Blitzlicht seine vorteilhafteste Seite beleuchten konnte. Dann war es Zeit für eine weitere Runde Kognak und eine deftige Gemüsesuppe mit kleinen Nudelhörnchen, die in großen Schüsseln und mit frischgebackenem Stangenbrot serviert wurde. Edward verabschiedete sich mit dem Versprechen, seinen neuen Gefährten die Porträts zu schicken, sobald die Abzüge fertig seien. Hattie und Indigo schliefen bereits, das Mädchen auf dem Boden des Alkoven.

Edward schloß die Augen, konnte wegen der Hitze jedoch nicht einschlafen. Seine Gedanken rasten. Es galt, so viele Entscheidungen zu treffen, all die Schritte noch einmal zu überdenken, die ihn schließlich in den Besitz gesunder Ableger bringen sollten. Das Wohlwollen des Bürgermeisters und der örtlichen Beamten war von entscheidender Bedeutung, besonders in Zeiten politischer Unruhen. Ein Mitarbeiter des Bürgermeisters hatte spaßeshalber ein paar Bemerkungen über Spione und getarnte anarchistische Agenten fallen lassen, was allgemeines Gelächter hervorgerufen hatte. Der Bürgermeister hatte freundlicherweise veranlaßt, daß sein jüngerer Bruder ihnen für den nächsten Tag einen Einspänner mit Sonnendach besorgte und sie bei ihrem Ausflug zu den Bergdörfern begleitete. Edward bat darum, auf jeden Fall nach Borgo zu fahren, wo die Zitronatherstellung angeblich auf dem höchsten Stand sei. Sie vereinbarten, um acht Uhr früh loszufahren, um noch in den Genuß der morgendlichen Kühle zu kommen.

Edwards Plan war ganz einfach. Er würde nach einem Hain mit gesund aussehenden Bäumen Ausschau halten und dann so tun, als wolle er die Landschaft photographieren. Während er Stativ und Kamera vor den Zitronenbäumen aufbaute, würde er das

Okuliermesser aus dem kleinen Holzetui nehmen, das sich mit den Kartoffeln in der Kamerakiste befand.

Das Bettzeug fühlte sich die ganze Nacht über feucht an, und wie er sich auch drehen oder das Kissen neu arrangieren mochte, er konnte nicht schlafen. Er lauschte Hatties Atemzügen und dem leisen Schnarchen des Mädchens im Alkoven und schlummerte endlich ein, nur um kurz darauf, als Hattie aufstand und ans Fenster ging, vom Quietschen der Bettfedern wieder zu erwachen.

Die kühlen Fliesen unter Hatties nackten Füßen fühlten sich herrlich an – kein Wunder, daß Indigo schlafen konnte, während Edward und sie sich schlaflos im Bett herumwälzten. Einen Moment lang dachte sie, daß es doch eigentlich ganz einfach wäre, Laken und Kissen auf den Boden zu legen und dort zu schlafen, aber das war natürlich lächerlich.

Da Indigo abends Suppe und Brot zu sich genommen hatte, war Hattie jetzt weniger um ihren Gesundheitszustand besorgt, doch das Mädchen weigerte sich immer noch, zu sprechen oder Blickkontakt mit ihnen aufzunehmen. Hattie fehlten die angeregten Unterhaltungen, Indigos lebhafte Reaktionen, ihre Fragen zu den Orten und Menschen, die sie sahen. Die ausgesetzte Belohnung würde doch sicher irgend jemanden veranlassen, den Papagei zurückzubringen. Hätte ihnen die Zeitplanung doch nur erlaubt, einen Tag länger in Livorno zu bleiben, dann hätten sie selbst nach dem Vogel suchen können. Hattie seufzte. Langsam war sie das Reisen leid. Ein Ruhetag würde ihnen allen guttun.

Edward stand kurz nach Tagesanbruch auf, als Indigo noch schlief. Zu Hatties Verärgerung fing er sofort an, mit der Kamerakiste herumzuhantieren, wobei das Stativ geräuschvoll auf dem Boden aufschlug. Hattie rechnete damit, daß Indigo in ihrem Alkoven von dem Lärm erwachte, doch sie rührte sich kaum. Das arme Kind war ja völlig erschöpft!

»Ich glaube, Indigo und ich bleiben heute hier und ruhen uns ein bißchen aus«, sagte sie. Edward, der immer noch versuchte, die Kamera möglichst bruchsicher zu verstauen, widersprach nicht, erinnerte sie jedoch daran, daß das Hotelrestaurant den Sommer über geschlossen sei. Sie würden wieder nur Suppe und Brot zu essen bekommen. Außerdem hatte das Hotel keinen schattigen Garten, in dem man spazierengehen konnte, sondern nur einen gepflasterten Hof, der in der prallen Sonne lag, und mit ein paar welken Topfdahlien geschmückt war. In den Bergen würde es viel kühler sein, und der Bruder des Bürgermeisters hatte ihnen versprochen, sie bei sich zu Hause in Borgo zu bewirten. Frische Luft und Bewegung würde ihnen allen guttun.

Als Hattie sie weckte, hatte Indigo gerade den See Genezareth erreicht, der aussah wie der Fluß zu Hause, nur viel breiter, und der sich in alle Richtungen erstreckte. Im Traum saß Rainbow auf ihrer Schulter und Linnaeus tollte am steinigen Strand herum, dessen Kiesel genauso orange- und gelbfarben waren wie die Steine am Colorado River. In der Ferne sah sie die weißen Gewänder der Tänzer, die sich gerade in einer Reihe aufstellten, um die heilige Tonerde zu empfangen. Als Indigo aufwachte und sah, daß sie bei Hattie und Edward im Hotelzimmer war, brach sie in Tränen aus.

»Warum mußtet ihr mich ausgerechnet jetzt wecken?« rief sie wütend. »Ich hatte sie gerade gefunden!« Tiefes Mitleid erfaßte Hattie und dann ein gerechter Zorn auf Edward. Sie hatten sich noch nie gestritten, aber jetzt reichte es ihr. Wenn er sie nicht so gehetzt hätte, dann würde sich das Kind jetzt besser benehmen, und sie auch!

Wenn Indigo nicht so verzogen wäre und so stur an ihrer Überzeugung festhielte, daß der Papagei nicht gefunden würde, dann wäre sie unter Umständen erträglich, erwiderte Edward. Er sah Indigo an. Tag für Tag, so erklärte er, entflögen überall auf der Welt Papageien, und Tag für Tag würden entflogene Papageien wieder zu ihren Besitzern zurückgebracht. Aber Indigo hielt sich die Ohren zu und wollte nichts davon hören. Ein Ausflug in Sonne und frischer Luft war jetzt die richtige Medizin für das Mädchen.

Indigo saß reglos und mit geschlossenen Augen da, während Hattie ihr das Nachthemd über den Kopf streifte und ihr den Unterrock und das blaue Baumwollkleid anzog. Wenn sie die Augen schloß, sah sie das Meeresufer in der Wüste wieder vor sich, wie in dem Traum, der sie nach Galiläa zu dem Lager von Jesus, seiner Familie und seinen Anhängern geführt hatte. Es war ihr egal, was Edward und Hattie dachten. Sie kniff die Augen zu und ließ die Bilder immer wieder in ihrem Kopf ablaufen, bis sie sicher war, daß sie in der folgenden Nacht in ihren Traum würde zurückkehren können. Dann öffnete sie die Augen und sah, daß Hattie und Edward beide über ihr Verhalten verärgert waren. Gut, dachte Indigo, vielleicht setzen sie mich ja in den Zug und schicken mich zurück nach Arizona.

Sie konnten erst spät aufbrechen, weil der Bruder des Bürgermeisters eines der Pferde neu beschlagen mußte. Von der Schotterstraße, die sie in eine große Staubwolke gehüllt entlangfuhren, stiegen Hitzewellen auf. Das zerschlissene Sonnendach warf nur einen kleinen Schatten, so daß ihnen die Sonne auf Füße und Unterschenkel brannte. Hattie empfand die Einsamkeit der sanften Hügel mit ihren terrassenförmig angelegten, aufs Meer hinausgehenden Feldern als eigenartig wohltuend.

Sie waren die einzigen, die in dieser Hitze unterwegs waren. Das gleißende Licht der Mittagssonne war viel zu hell zum Photographieren, doch als sie den ersten Zitronenhain erreichten, bat Edward den Fahrer anzuhalten. Edward stieg aus und ging zu einem Baum, der von einem alten Holzgestell umgeben war – es diene dazu, so erklärte ihnen der Bruder des Bürgermeisters in einer seltsamen Mischung aus Italienisch und Französisch, den Baum in Vasenform zu bringen und die Äste im richtigen Winkel wachsen zu lassen. Edward bemerkte, daß die Äste so viel mehr Früchte tragen konnten, ohne unter der Last zu zerbrechen. Er unterdrückte den Impuls, eine der dickschaligen kleinen Zitronen zu pflücken und tat, als gebe er sich ganz dem Anblick der dürren, felsigen Hügel hin. Deren von Umbra bis Siena reichendes Braun war durchzogen von Olivgrün und dem Grün der Zitronenhaine, während der strahlendblaue, wolkenlose Himmel den Rahmen bildete. Er hätte problemlos hier an Ort und Stelle so viele Schößlinge abschneiden können, wie er brauchte, doch er hoffte, es werde sich noch eine unauffälligere Gelegenheit ergeben.

Die Kutsche passierte weitere Zitronenhaine, und Edward sah weit und breit keinen Menschen, ja nicht mal einen Hund. Wenig später hielten sie vor dem Hoftor eines großen alten Bauernhauses, und der Bruder des Bürgermeisters eilte auf die andere Seite der Kutsche, um Hattie und Indigo beim Aussteigen behilflich zu sein. Er geleitete sie zum Haus und stieß schwungvoll die Tür auf. »Herzlich willkommen, herzlich willkommen«, schallte es ihnen von drinnen entgegen, wo an einem riesigen, reichgedeckten Tisch offenbar die gesamte Familie des Fahrers versammelt war und sie erwartete.

Indigo bemerkte sofort die Kinder in ihrem Alter, die sie anstarrten und nicht mehr aus den Augen ließen. Auch ein paar Großmütter und Großväter mit kleinen Kindern und sogar einem Baby auf dem Schoß sah sie. Sie alle saßen auf Bänken, die möglichst vielen Menschen auf einmal Platz am Tisch boten. Indigo mußte daran denken, wie damals die Fremden gekommen waren, um für den Christus zu tanzen, und wie sich alle am Feuer zusammengedrängt hatten, damit für jeden Platz war. Indigo tat, als bemerke sie nicht, wie sie angestarrt wurde, und schaute sich um. Das Bauernhaus bestand aus einem einzigen großen Raum, an dessen einem Ende sich die Küche mit dem Herd befand. Ringsum an den Wänden standen Betten in unterschiedlichen Größen, durch Kisten und Kommoden voneinander abgetrennt, so daß kleine Alkoven entstanden, die teilweise durch Vorhänge vor Blikken geschützt waren. Es duftete köstlich nach warmem Brot und dampfendem Essen, und Indigo bekam, zum erstenmal seit Rainbow entflogen war, Hunger.

All diese Menschen leben in diesem einen Raum, dachte Hattie, als sie sich ans Ende der Bank neben eine schüchterne junge Frau mit einem Baby setzte. Indigo rutschte näher zu Hattie, damit auch Edward noch auf die Bank paßte, und sie aßen eine wundervolle Mahlzeit. Zuerst gab es geschmorten süßen Paprika mit Zwiebeln, gefolgt von Spaghetti mit Tomaten und kleinen Tintenfischen, die Indigo besonders gut schmeckten.

Nach einem letzten Gang mit Käse und weichen, reifen Birnen verkündete ihr Gastgeber, daß sie nun alle zusammen zu dem Schulhaus am Rand des Dorfes laufen würden, wo seit einiger Zeit das Bild der Heiligen Mutter Jesu an der Hauswand über der Eingangstür erscheine.

Indigo flüsterte Hattie mit großen Augen zu: »Hörst du's? Hörst du?« Sie hielt es kaum mehr auf ihrem Platz aus, während die anderen ihre Mahlzeit beendeten. War die Mutter Gottes allein gekommen, oder hatte der Messias mit den anderen Familienmitgliedern und den Tänzern oben in den Bergen sein Lager aufgeschlagen? Vielleicht konnte die Heilige Mutter ja übers Meer schauen und Rainbow in einem eingetopften Zitronenbaum neben dem plätschernden Springbrunnen sitzen sehen.

Hattie rechnete damit, daß ihr Gastgeber und höchstens noch dessen engste Familie mit ihnen zu dem Ort des Wunders gehen würden, doch die gesamte Familie begleitete sie, in einer langen Prozession. Die Sonne brannte immer noch heiß vom Himmel, als sie aufbrachen. Edward lehnte das Angebot der kleineren Jungen ab, Kamera und Stativ für ihn zu tragen, obwohl sein Bein ihm Probleme zu machen begann.

Hattie spürte auf dem Spaziergang trotz der Hitze eine seltsame Energie in der Familie ihres Gastgebers, eine freudige Erregung, die sie auf den Besuch zurückführte. Ihr Gastgeber erzählte, daß das Wunder an der Hauswand einen steten Strom von Besuchern ins Dorf locke. Er zupfte an seinem sorgfältig gestutzten Bart und erklärte, daß dies zu einem Konflikt zwischen den Dorfleuten und den Kirchenvertretern geführt habe. »Seit Unsere Liebe Frau auf der Wand des Schulhauses erscheint, interessiert sich nämlich kaum noch jemand für das Marienbild aus Silber und Gold im Schrein der Abtei, das früher Scharen von Besuchern und Pilgern angezogen hat.« Und konnte man es den Leuten verdenken? Schließlich mußten sie bloß lange genug vor dem Schulhaus stehen oder knien, dann bekamen sie die Heilige Mutter womöglich leibhaftig zu sehen!

Bei Tagesanbruch und bei Sonnenuntergang habe man die besten Chancen, das Bild Unserer Lieben Frau zu sehen und erklärte ihr Gastgeber. Man müsse nur die Augen schließen, beten, die Augen dann einen Spaltbreit wieder öffnen und den Blick auf die rauhe Steinmauer richten. Während die ganze Gruppe mit geschlossenen Augen vor dem Schulhaus stand, baute Edward hinter ihnen die Kamera auf. Sobald er die Gruppe vor der wunderträchtigen Hauswand photographiert hatte, gedachte er, sich zu entschuldigen, um Aufnahmen in den Zitronenhainen rings um das Dorf zu machen. Er war erleichtert, daß die vielen Menschen vor der Schulhausmauer voll und ganz mit sich selbst beschäftigt waren, so daß er sich unbemerkt zwischen die Zitronenbäume zurückziehen konnte. Dort würde er in einem unauffälligen Moment geschwind die schönsten Zitronenschößlinge abschneiden.

Während die Gläubigen, deren Lippen sich in stummem Gebet bewegten, die Wand betrachteten, traf er die letzten Vorbereitungen. Er steckte den Kopf unter das Tuch, um sich mit der Bildkomposition zu befassen, da hörte er zunächst ein leises, dann immer lauter werdendes Geräusch, so als nähere sich ein riesiger Insektenschwarm. Bald waren einzelne wütende Stimmen herauszuhören. Als er aufschaute, bot sich ihm auf der Straße vor dem Schulhaus ein eigenartiger Anblick. Ihr Gastgeber und einige seiner Verwandten standen einer kleineren Gruppe von Dorfbewohnern gegenüber, deren Anführer, offenbar katholische Mönche, große Kruzifixe schwenkten.

Das Stimmengewirr nahm zu, als die beiden Gruppen sich lautstark zu beschimpfen begannen. Besorgt packte Hattie Indigo am Arm, damit sie in Edwards Nähe blieb, falls es zu Gewalttätigkeiten kam. In amerikanischen Zeitungen konnte man regelmäßig Berichte über blutige Fehden auf Korsika lesen. Indigo löste den Blick nicht von der Wand, selbst als Hattie sie wegführte, obwohl die Heilige Mutter wahrscheinlich nicht kommen würde, wenn sie die wütenden Stimmen hörte. Indigo versuchte, den Blick zur Wand gerichtet zu halten, bis Hattie schließlich ungeduldig wurde und sie wegzerrte, außer Reichweite der streitenden Männer.

Edward beobachtete das Ganze durch den Bildsucher und machte eine gute Aufnahme von ihrem Gastgeber und einem anderen Mann, die sich aus nächster Nähe anschrien, während die Mönche und die übrigen Beteiligten einen Halbkreis um sie bildeten. Hattie versuchte, der Auseinandersetzung der beiden Männer, die in Richtung Abtei und Schulhaus gestikulierten, zu folgen, doch mehr als ein paar vereinzelte Worte konnte sie nicht verstehen.

Edward, der eben den Standort wechselte, um den Wortwechsel noch aus einem anderen Blickwinkel aufzunehmen, schien ungerührt. Als er die zweite Platte belichtet und sicher verstaut hatte, schaute er die Straße hinauf, um nach dem Zitronenhain Ausschau zu halten, in dem ihm die Bäume am gesündesten erschienen, die zugleich ihre anmutig gebogenen Äste so über die niedrigen Steinmauern hängen ließen, daß er sie leicht erreichen konnte. Er nahm Kamera und Stativ vorsichtig auf die Schulter und ging mit der Kamerakiste in der Hand den Hügel hinauf zu dem Obstgarten, für den er sich wegen der besonders robust wirkenden Bäume entschieden hatte.

Hattie hielt sich mit Indigo in sicherer Entfernung zu der Auseinandersetzung. Es ärgerte sie etwas, daß Edward einfach weiter photographierte, aber sie hatten natürlich nur wenig Zeit. Nach einer Weile gesellte sich eine nette Frau zu Hattie und Indigo – eine Schwägerin des Gastgebers, die schon in den Vereinigten Staaten gereist war – und erklärte ihnen, was los war. Vor kurzem hatten sich Vertreter der Kirche mit dem Bürgermeister in Verbindung gesetzt und ihm befohlen, den Gebeten an der Schulhauswand ein Ende zu setzen. Der Bürgermeister hatte erwidert, er könne nichts dagegen tun. Das Bild der Jungfrau Maria könne weder von der Mauer gewischt noch übermalt werden. Die Mönche und andere Kirchenvertreter hatten bereits versucht, die Erscheinung als Schwindel zu entlarven. Doch das herrliche bunte Licht, aus dem sich das Bild zusammensetzte, erstrahlte auf der frisch getünchten Wand nur noch intensiver. Es war ein Wunder, und die Menschen, die früher in der Hoffnung auf ein Wunder zur Abtei gegangen waren, kamen nun hierher, auf die Straße vor dem Schulhaus, wo keine Opfergaben nötig waren, wenn man die Mutter Gottes sehen wollte.

Der Abt behauptete, die Erscheinung auf der Mauer sei Teufelswerk, weil sie den Schrein der Mönche mit dem Marienbild aus Silber und Gold in den Schatten stelle. Doch die Leute kamen weiterhin in Scharen, um das wunderschöne Bild Unserer Lieben Frau zu sehen, bis der Abt sich schließlich an Rom wandte. Von dort war dann ein Monsignore den ganzen weiten Weg bis hierher gekommen und hatte die Verehrung des Bildes bei Strafe der Exkommunikation verboten.

Weitere Frauen, die hören wollten, was ihre Verwandte den ausländischen Touristen erzählte, gesellten sich zu ihnen. Ja, es stimme – die Abtei sei eigens gebaut worden, um das kostbare Bild aus gehämmertem Silber auf Gold zu beherbergen. Die Pilger seien auf den Knien die Marmorstufen der Abtei hinaufgekrochen, um ihre Opfergaben darzubringen. Gelähmte hätten wieder laufen, Taube und Blinde wieder hören und sehen können. Als der griechische König einmal ernstlich erkrankte, habe ihm der Abt das Bild höchstpersönlich ans Bett gebracht, damit er es küssen konnte. Die Krankheit sei daraufhin sofort abgeklungen, und innerhalb weniger Tage wurde der König wieder gesund. Im Laufe der Zeit habe die Wunderkraft des Bildes allerdings nachgelassen, aber jetzt sei ja die Heilige Mutter selbst zu ihnen gekommen.

Da Edward kaum sichtbar in der Ferne über seine Kamera gebeugt stand, war Hattie froh über das nette Gespräch. Sie fand Edwards Verhalten etwas eigenartig, ja geradezu unhöflich. Doch er wollte die Zeit hier natürlich nutzen, um so viel wie möglich über Zitronenbäume zu lernen.

Indigo umklammerte Hatties Hand, als sie spürte, wie die Erregung sie überlief. Je weiter sie nach Osten kamen, desto näher waren sie dem Ort, zu dem der Messias mit seiner Familie und seinen Anhängern aus den Bergen jenseits des Landes der Paiute aufgebrochen war.

Nach einem weiteren lautstarken Wortwechsel hoben die Mönche ihre Kruzifixe hoch und führten ihre Anhänger zur Abtei zurück. Hattie und Indigo folgten den anderen Frauen zur Schulhausmauer, obwohl es keinerlei Anzeichen dafür gab, daß das Bild in seinen wundervollen Farben erscheinen würde. Es war unwahrscheinlich, daß die Heilige Mutter sich so kurz nach einem häßlichen Wortwechsel zeigen würde – Indigo erinnerte sich, daß die Paiute-Frauen sie im Winter ermahnt hatten, freundlich miteinander umzugehen, weil sonst der Messias und seine Familie nicht aus den Bergen herabsteigen würden.

Indigo musterte die Schulhausmauer genau und drehte sich zwischendurch ab und zu nach den anderen Menschen um, die auf das Bild der Heiligen Mutter warteten, denn vielleicht sahen sie ja etwas, was sie nicht sah. Doch in den Gesichtern zeichneten sich nur Sehnsucht und Ungewißheit ab. Indigo behielt die Mauer weiter im Auge, auch als Hattie sich längst abgewandt hatte, um mit der netten Schwägerin ihres Gastgebers zu plaudern, die einen Krug Wasser und Zinnbecher mitgebracht hatte. Das Licht veränderte sich allmählich, und dann sah Indigo auf dem weißgetünchten Putz plötzlich winzige Punkte glitzern, in denen sie die Schneeflocken erkannte, die in der letzten Nacht, als der Messias mit seiner Familie gekommen war, die Tänzer umwirbelt hatten. Sie konnte die Silhouetten der Tänzer in ihren weißen Schals ausmachen und den Messias, der mit seiner Mutter in der

Mitte des Kreises stand. Alles war in ein weißes Licht getaucht, das alle Farben des Regenbogens in sich barg, violett, blau, rot, grün und gelb – in diesem Moment empfand Indigo die gleiche Freude und die gleiche Liebe, die sie in jener Nacht erfüllt hatten, als sie neben Sister Salt, Mama und Grandma stand, um den Messias zu begrüßen. Die Freude spülte ihre ganze Trauer fort, und sie spürte, wie die Liebe sie einhüllte.

Ein Murmeln stieg aus den vorderen Reihen vor der Hauswand auf, woraufhin Hattie und die anderen ihr Gespräch unterbrachen, sich umdrehten und feststellten, daß die Gläubigen sich alle auf die Knie geworfen hatten. War es eine ungewöhnliche Reflexion, vielleicht von einer Glas- oder Metallplatte in der Nähe? Ein sanftes Leuchten ging von der weißen Mauer aus, und Hatties Herzschlag beschleunigte sich, als das Leuchten intensiver wurde und erst leicht, dann immer stärker zu irisieren begann, bis es schließlich in ein Strahlen von reinster Farbigkeit überging, das ihr den Atem nahm und sie fast schwindlig werden ließ.

Das seltsame Licht in Tante Bronwyns Garten mochte ein Traum gewesen sein, aber hier hatte sie Dutzende von Zeugen! Wo war Edward nur? Er mußte das unbedingt sehen! Hattie wandte sich um und sah ihn als schwarzen Punkt in der Ferne, zu weit weg, um ihn zu rufen. Als sie sich wieder zur Wand umdrehte, wurde das Licht bereits schwächer. Sie stellte erstaunt fest, daß ihr Tränen über die Wangen liefen, und sah, daß auch die anderen weinten – Männer wie Frauen –, obgleich ihre Gesichter vor Glück strahlten. Ja, bestätigten sich alle aufgeregt, ja, sie hatten sie gesehen. Auch Hattie nickte, ja, ja! Das war es also, was man ein Wunder nannte – sie empfand Staunen und große Freude, obwohl sie das bunte Leuchten an der Wand doch nur so kurz gesehen hatte.

Die kahlen, felsigen Hügel gaben nicht viel her, und die Menschen waren arm. Ihr Leben war ein Kampf, und deshalb zeigte sich hier die Heilige Mutter – die Menschen brauchten sie. Obwohl Indigo ihre Mutter nicht bei den Tänzern gesehen hatte, fühlte sie sich gestärkt. Die Verlorenen werden gefunden werden, sagte eine Stimme in ihrem Innern, und es war die Stimme des Messias, das wußte sie ganz genau.

Als die Menge sich langsam zerstreute, gesellte sich Edward

wieder zu ihnen. Er sah, daß die Frauen und sogar einige Männer geweint hatten. Hattie und das Kind schienen bedrückt zu sein, was er auf ihre Müdigkeit zurückführte. Er war noch außer Atem, denn es war anstrengend gewesen, Stativ und Kamera und die jetzt deutlich schwerere Kamerakiste herumzutragen, in der nun Dutzende von Ablegern lagen, die er sorgfältig in Wachstuch eingewickelt hatte, damit sie bis zur Rückkehr ins Hotel keinen Schaden nahmen. Dort würde er dann kleine Hohlräume in die Kartoffeln schneiden und die Ableger hineinstecken, damit sie die Feuchtigkeit und die Nährstoffe erhielten, die sie für die lange Reise nach Kalifornien brauchten.

Die Kutschfahrt zurück zum Hotel in Cervione dauerte lange, aber die kühle Nachtluft war erfrischend. Edward war außergewöhnlich gut gelaunt und sprach begeistert von dem geplanten Gemeinschaftsunternehmen mit Dr. Gates – Anteile am Zitronenanbau im Tausch gegen Erzanteile aus dem Meteoritenkrater. Hattie ließ Edward reden und überlegte sich unterdessen, wie sie ihm beschreiben sollte, was sie auf der Mauer des Schulhauses gesehen hatte. Sie konnte sich nur mit Mühe beherrschen, als er anfing über die »religiöse Hysterie« zu spotten. Einen Moment lang glaubte sie, wenn sie die richtigen Worte fände, würde er es vielleicht verstehen, doch als er sich im nächsten Moment über Bohrmaschinen für den Erzabbau ausließ, erkannte sie, daß dies im Augenblick sinnlos war.

Eine tiefe Müdigkeit überfiel sie und erfaßte nach und nach ihren ganzen Körper, bis sie die Augen nicht mehr offenhalten konnte. Indigo hatte es sich auf dem Sitz bequem gemacht und schlief schon. Während Hattie langsam einschlummerte, fiel ihr wieder das Licht in Tante Bronwyns Garten ein. Sie war sich jetzt ganz sicher, daß es kein Traum gewesen war – es war wirklich dagewesen. Sie mußte ihrer Tante sofort schreiben und ihr von jener Nacht und von dem, was sie heute gesehen hatten, berichten. Indigo hatte es ebenfalls gesehen, und in ihrer freudigen Erregung hatte sie Hattie vor dem Einschlafen gefragt, wie weit sie von Jerusalem entfernt seien. Sehr weit, hatte Hattie geantwortet, aber näher als je zuvor. Morgen würde Hattie den Atlas herausholen, und dann würden sie auf der Zugfahrt zurück nach Bastia eine Erdkundestunde über das Heilige Land abhalten.

Das Schiff von Bastia nach Livorno lief abends mit der Flut aus. Der leichte Wind an Deck war kühl und erfrischend. Hattie und Indigo sahen zu, wie die Silhouette der Küste langsam verschwand. Über ihnen hing ein wunderschöner Halbmond in einem Meer von Sternen, und als Hattie zu ihm aufzeigte, lächelte Indigo und nickte. Ja, das wachsame Auge der großen Schlange war auf sie gerichtet – das hatte Grandma immer gesagt. Die helle, breite Sternenbahn war der Oberkörper der Schlange, die natürlich viel zu groß war, als daß man sie von der Erde aus ganz hätte sehen können.

Als sie in die Kabine zurückkamen, war Edward gerade damit beschäftigt, die in Kartoffelwürfeln steckenden Zitrosschößlinge einzuwickeln. Später würde Hattie sich schämen, daß sie niemals Edwards Berechtigung in Frage gestellt hatte, in den altehrwürdigen Obstgärten einfach Zweige von den Bäumen abzuschneiden. Sie glaubte, es geschehe im Namen der Wissenschaft.

Nein, sie ahnte nichts Böses. Bis der Zollbeamte am Pier in Livorno seine beiden Gehilfen herbeiwinkte und ihnen bedeutete, sie sollten das Gepäck der drei Reisenden vom Handwagen abladen.

Hattie war mit Indigo schon vorausgegangen, die unbedingt so schnell wie möglich ins Hotel wollte, weil sie sicher war, daß Rainbow dort wohlbehalten in seinem Messingkäfig saß und auf sie wartete. Hattie beruhigte das Kind und sagte, die Zollkontrolle würde nicht lange dauern, doch als sie sich nach Edward umschaute, stellte sie erschrocken fest, daß er von Zollbeamten umringt war. Sie nahm Indigo fest an die Hand, eilte zurück und sah, als sie näherkam, daß all ihre Kleider und persönlichen Gegenstände auf dem Tisch der Zollkontrolle ausgebreitet waren. Die Zitronenableger waren fein säuberlich nebeneinander aufgereiht. Die Säckchen mit den Gladiolensamen und -knollen von Laura sowie die Samen, die Indigo von Tante Bronwyn bekommen hatte, lagen daneben.

Hattie wollte sich zu Edward stellen, doch ein Zollbeamter

versperrte ihr höflich den Weg. »Das geht leider nicht«, meinte er und bedeutete ihr und dem Mädchen, ein Stück zurückzutreten. Hattie ging davon aus, daß sie nicht lange getrennt sein würden, und widersprach daher nicht, nur um Sekunden später schockiert mitansehen zu müssen, wie Edward abgeführt wurde. Hattie rief seinen Namen, woraufhin er kurz den Kopf nach ihr umwandte und ihre Blicke sich trafen. Dann zerrten die Beamten ihn weg. Sie konnte den Ausdruck in seinen Augen nicht vergessen. Obwohl sie ihn nicht zu deuten wußte, ging er ihr nahe und beunruhigte sie. Doch welchen Ausdruck hatte sie erwartet?

Indigo ließ sich von Edwards Festnahme nicht aus der Ruhe bringen – Mama und Grandma seien oft festgenommen worden, versuchte sie Hattie zu beruhigen, das habe gar nichts zu bedeuten. Was sie viel mehr bekümmerte, war die Verzögerung. Sie wollte endlich ins Hotel und nachsehen, ob man Rainbow gefunden hatte. Während Hattie die Fragen der Beamten beantwortete, zeichnete Indigo einen Papagei und malte ihn grün, blau und gelb aus.

Ihr Mann habe noch letzte Woche in Genua per Telegramm eine Vollmacht erhalten, erklärte Hattie. Sie habe die beiden Umschläge in seiner Brusttasche stecken sehen, als er vom Konsulat zurückgekehrt sei. Es sei doch sicher kein Problem, das im Telegraphenamt überprüfen zu lassen. Die Zollbeamten stellten ihr keine weiteren Fragen, baten sie aber, sich bis auf weiteres im amerikanischen Konsulat aufzuhalten. Dann ließen sie eine Kutsche kommen, die Hattie und das Kind ins Konsulat brachte.

Der Vizekonsul war in Urlaub, und sein Assistent befand sich gerade in Rom. Der zuständige Konsulatsangestellte, ein mürrischer Amerikaner mit schmutzigen Manschetten, erklärte, für Amerikaner, die beim Schmuggeln erwischt worden seien, könnten sie ohnehin nichts tun. Hattie protestierte. Ihr Mann habe eine vom Landwirtschaftsminister persönlich ausgestellte Sondervollmacht! Der Angestellte starrte sie einen Moment lang an, wobei seine Augen durch die dicken Brillengläser grotesk vergrößert wurden, dann wandte er sich unhöflich ab und führte sie und Indigo zu einem Aufenthaltsraum für in Not geratene amerikanische Staatsbürger.

Hattie hatte nicht geweint, als sie ihre über den ganzen Tisch verstreuten Habseligkeiten sah, und sie hatte auch nicht geweint, als die Zollbeamten Edward wegführten, da sie immer noch glaubte, es handele sich um ein Mißverständnis. Doch als sie jetzt Indigo in das kleine, schäbige Zimmer führte, das nur mit einem dunklen Ledersofa, einem Tisch und einem Stuhl möbliert war, da fing sie an zu weinen.

Sie setzte sich auf die Sofakante und starrte auf die gläserne Balkontür. Indigo drückte ihre Hand und flüsterte: »Mach dir keine Sorgen, Hattie. Bitte, nicht weinen.« Indigo hatte keine Angst, denn die Polizisten hier schubsten einen nicht herum oder traten einen, so wie es die Indianerpolizisten und die Soldaten in Arizona taten. Außerdem hatte man Hattie und Indigo ja gleich ins Konsulat bringen lassen, als Hattie alle Fragen beantwortet hatte. Um Hattie aufzumuntern, erzählte Indigo ihr, wie die Indianerpolizisten sie und Sister Salt an Händen und Füßen gefesselt hatten, damit sie nicht fliehen konnten. Sie erzählte ihr, wie Grandma Fleet von Soldaten und von Indianerpolizisten gefangengenommen worden, aber immer wieder entkommen war. Mama war sogar aus Fort Yuma geflohen, allerdings erst nach einem Jahr. Hattie solle nicht traurig sein – zu Hause würden ständig Leute ohne jeden Grund festgenommen. Es gebe nichts, wofür man sich schämen müsse. Das hier sei nun wirklich nicht schlimm.

Hattie war gerührt von Indigos Aufmunterungsversuchen und mußte lächeln, weil das Kind so fest davon überzeugt war, daß die Polizei hier harmlos sei. Über die alltägliche Brutalität, die das Mädchen beschrieb, war sie jedoch erschüttert. Indigo freute sich, daß sie Hattie Geschichten erzählen konnte, denn das lenkte sie von den Gedanken an Rainbow ab. Sie war sicher, daß er im Hotel auf sie wartete. Wäre Edward nicht verhaftet worden, dann wären Rainbow und sie bereits wieder zusammen und würden mit den Quarzkieseln spielen, die sie in der Nähe des Schulhauses mit der Wundererscheinung aufgesammelt hatte.

Indigo zeichnete bunte Gladiolen in ihr Notizbuch. Sie schrieb noch einmal die Textpassagen ab, die sie aus Lauras Gladiolenbuch kopiert hatte, denn das half ihr, sich die lateinischen Namen einzuprägen. Eine Stunde verging, dann noch eine. Hattie hatte keine Ahnung, wie lange man sie hier festhalten würde. Beide waren sie hungrig und erschöpft. Als sie mit einem Zehnlireschein nach unten ging und fragte, ob sie irgendwo etwas zu essen bekommen könne, zog der amerikanische Konsulatsangestellte eine Grimasse, griff dann aber nach dem Geldschein und rief einen Jungen herbei, der Brot und Milch, worum Hattie gebeten hatte, besorgen sollte.

Hattie fürchtete langsam, man werde sie festhalten, bis der Konsul wieder zurückkehrte, was noch Tage dauern konnte. Die Zollbeamten hatten das gesamte Gepäck beschlagnahmt, Hattie jedoch die Handtasche und Indigo die Reisetasche zurückgegeben. Hattie riß eine Seite aus Indigos Notizbuch heraus und schrieb eine kurze Nachricht an Laura. Sie entschuldigte sich dafür, Laura, die doch schon so gastfreundlich gewesen sei, belästigen zu müssen, aber es liege ein Mißverständnis mit den italienischen Zollbehörden vor, und der amerikanische Vizekonsul und seine Mitarbeiter seien nicht in der Stadt. Ob Laura vielleicht einen Anwalt in Livorno wisse, der ihnen helfen könne?

Hattie studierte ihr Büchlein mit nützlichen italienischen Sätzen, und als der Junge mit Brot und Milch zu ihnen hinaufkam, sagte sie ihm, er solle das restliche Geld behalten. Der Junge, der es bis dahin vermieden hatte, sie direkt anzusehen, reagierte mit einem breiten Lächeln. Er bekam große Augen, als sie ihm noch einmal zehn Lire in die Hand drückte und ihn bat, den Brief so schnell wie möglich auf den Weg nach Lucca zu bringen. Der Junge schaute auf die zehn Lire in seiner Hand und dann auf die Adresse. Wenn er sich beeile, sagte er, könne er den Brief vielleicht noch zum Abendzug nach Lucca bringen.

Hattie stand an der Balkontür und schaute auf die Straße hinunter, während sie wartete. Sie war davon überzeugt, daß Edward bald kommen oder der Angestellte ihnen zumindest Nachricht von ihm bringen würde. Doch bei Büroschluß teilte ihr der Angestellte nur mit, das Gebäude müsse aus Sicherheitsgründen über Nacht abgeschlossen werden, sie dürften sich jedoch innerhalb des Hauses frei bewegen. Er käme am nächsten Morgen um acht wieder. Hattie war zu schockiert von dieser Mitteilung, um ihn zu fragen, was sie denn im Falle eines Feuers tun sollten.

Die sanitären Anlagen befanden sich im Erdgeschoß. Es gab ein Waschbecken und fließendes Wasser, aber keine Handtücher. Das lange Ledersofa war so groß, daß Hattie und Indigo es sich jeweils an einem Ende gemütlich machen konnten. Die Nacht war warm, doch während Indigo fest schlief, lag Hattie die meiste Zeit wach und überlegte, wie es Edward wohl ginge. War er im Stadtgefängnis von Livorno, oder hatten die Zollbehörden ein eigenes Gefängnis? Gegen Morgen schlief sie endlich ein, schreckte allerdings bald wieder auf. Ihre Kleider waren feucht und zerknittert. Sie hatte geträumt, sie sei wieder in dem alten Wäldchen in Lauras Garten, stehe auf dem zugewachsenen Weg zur Grotte und finde nicht mehr zum Haus zurück. Aus dem Traum erwacht, wurde Hattie im grauen Dämmerlicht von solch tiefer Traurigkeit erfaßt, wie sie es seit dem Zwischenfall mit Mr. Hyslop nicht mehr erlebt hatte. Sie setzte sich ganz leise an den Tisch, um das Mädchen nicht zu wecken, und weinte.

Am Morgen kam der Junge wieder. Diesmal bat Hattie ihn, außer Milch und Brot auch Käse und Orangen zu besorgen. Sie schob die Riegel am Fenster zurück und öffnete mit Indigos Hilfe die Balkontür, damit ein bißchen frische Luft hereinkam. Wenn sie schon länger hierbleiben mußten, konnten sie es sich wenigstens so angenehm wie möglich machen. Indigo trat auf den Balkon und suchte die Silhouette der Stadt nach dem Hotel mit dem großen Baum ab, auf den Rainbow geflogen war. Sie stand bewegungslos da und lauschte, bis Hattie sie schließlich fragte, was los sei. Indigo hoffte, in der kühlen Morgenluft Rainbows Gekreische zu hören.

Nach einer Weile kam sie entmutigt wieder herein und legte sich auf die Couch. Hattie sagte ihr, daß sie den Papagei nicht hören würde, wenn er im Hotel in seinem Käfig saß. Doch sie solle die Hoffnung nicht aufgeben. Hattie war zuversichtlich, daß das Mißverständnis mit Hilfe ihrer Freundin Laura und vielleicht eines Anwalts aufgeklärt werden würde. Sie zog das Buch über die Abenteuer des chinesischen Affen aus ihrer Tasche. Seine wilden Heldentaten waren genau das richtige, um sie ein wenig aufzumuntern.

Indigo sah Hattie an. Wie lange mußten sie noch hierbleiben? Hattie sah auf das Buch hinunter und schüttelte den Kopf. Indigo hatte die Strümpfe ausgezogen und sich mit angezogenen Beinen auf die Couch gelegt, doch jetzt setzte sie sich wieder hin und schaute unruhig zur offenen Balkontür. Hattie las weiter.

Indigo seufzte laut. Hattie hob den Kopf, um nach ihr zu

sehen. Indigo rieb sich mit dem Handrücken die Augen und ging erneut auf den Balkon hinaus, um zu lauschen. Während sie inmitten des Verkehrslärms auf Papageiengeräusche lauschte, beobachtete sie die Eselskarren und Kutschen und die Leute, die unten auf den Bürgersteigen entlanggingen. Indigos Haare waren dreckig und ihr Kopf juckte. Sie hatten sich beide nicht waschen oder umziehen können. Langsam fühlte sich Indigo an ihre Gefangenschaft bei der Indianerpolizei erinnert, bevor man Sister Salt weggebracht und sie selbst in den Zug gesetzt hatte. Wenn sie doch nur ins Hotel könnten! Bestimmt wartete Rainbow dort. Sie war so mutlos.

Edward hatte nie gewollt, daß Rainbow mitkam. Die Tränen strömten ihr aus den Augen, als sie an den kleinen Papagei dachte, der sie liebte und darauf vertraute, daß sie zurückkam und ihn holte. Sie legte das Kinn auf die Balkonbrüstung und versuchte gar nicht erst, die Tränen wegzuzwinkern. Tränen ließen alles verschwimmen, und wenn sie guckte, ohne sich die Augen zu wischen, sah sie alles doppelt und dreifach. Aber das war ihr auch egal. Dann entdeckte sie eine Gestalt, die sich vom Ende der Straße her rasch näherte. Der zielstrebige Gang kam Indigo irgendwie bekannt vor. Sie wischte sich die Augen, schaute noch einmal hin, und siehe da, es war ihre Freundin Laura! Aber was hatte sie da auf dem Arm? »Rainbow! Rainbow!« rief Indigo, und unten auf der Straße krächzte und kreischte der Papagei zur Antwort.

Laura brachte gute Nachrichten. Sie durften gehen. Hattie verschwendete keine Zeit mit Fragen. Sie wollte einfach nur ins Hotel, ein Bad nehmen, etwas Warmes essen und dann ins Bett. Aber was gab es Neues von Edward? Laura legte Hattie den Arm um die Schultern und sagte, sie solle sich keine Sorgen machen, sie habe die Kaution für Edwards Entlassung bezahlt, und er würde in ein oder zwei Stunden bei ihnen sein. Trotzdem konnte Hattie die vage Angst, die in ihr aufstieg, nicht abschütteln.

Während Hattie im Hotel Laura noch einmal Tee einschenkte, saß Indigo auf dem Boden und rollte dem Papagei Kiesel zu, die dieser in den Schnabel nahm und dann über den Fliesenboden hüpfen ließ. Sie hörten sich amüsiert Lauras Bericht über Rainbows Wiederauftauchen an und wie man ihn am Springbrunnen im Hotelgarten eingefangen hatte. Der Gärtner hatte ihm die

Flügel wieder gestutzt, damit er nicht noch einmal wegflog – hoffentlich sei ihnen das recht. Indigo strahlte vor Freude und bedankte sich noch einmal bei Laura, die lächelnd meinte, Indigo solle sich beim Gärtner bedanken, nicht bei ihr.

»Trotzdem war es eine gute Idee, den Papagei ins Konsulat mitzubringen«, sagte Hattie. »Du bist so gut zu uns – ich weiß nicht, ob wir noch eine Nacht auf dieser Couch überstanden hätten.« Sie waren nun schon fast zwei Stunden im Hotel, doch von Edward war nach wie vor nichts zu sehen. Hattie wurde von einer bösen Vorahnung beschlichen. Die Aufklärung eines einfachen Mißverständnisses würde nicht so lange dauern. Sie spürte Übelkeit vom Magen bis in den Kopf hinein in sich aufsteigen. Ihre Zehen und Finger kribbelten, als sei die Blutzufuhr unterbrochen. Abrupt stand sie auf, sank dann jedoch wieder in ihren Sessel.

Laura half Hattie ins Bett, und Indigo, den Papagei auf der Schulter, zog ihr behutsam die Schuhe aus. Hattie legte still den Kopf aufs Kissen und starrte zur Decke hinauf. Tränen rollten ihr über die Wangen. Laura zog sich einen Stuhl ans Bett, während Indigo die Tonnäpfchen im Papageienkäfig mit frischem Wasser und Sonnenblumenkernen füllte.

»Es tut mir leid«, sagte Laura leise und schaute auf ihre Hände, die sie in den Schoß gelegt hatte. Indigo merkte, daß auch sie den Tränen nah war.

»Diese verdammte Polizei«, sagte Indigo zu dem Papagei und fühlte sich gleich besser. Beide Frauen hörten es, tadelten sie aber nicht. »Polizisten sind doch überall gleich«, erklärte sie Rainbow, »die arbeiten für den Teufel, genau wie die Soldaten.« Sie legte die Kiesel in eine Reihe, tat so, als seien sie Polizisten, und schnipste sie einen nach dem anderen quer durchs Zimmer. Rainbow beobachtete fasziniert, wie die Kiesel über die Fliesen kullerten.

Hattie stieß einen lauten Seufzer aus und fuhr sich mit einem Taschentuch über Augen und Nase, bevor sie sich Laura zuwandte, die ihre Hand streichelte und mit leiser, gleichmäßiger Stimme zu sprechen begann. Normalerweise machten sich die Zollbeamten nicht die Mühe, das Gepäck amerikanischer Touristen, die aus Korsika zurückkamen, zu kontrollieren, doch seit der Ermordung von König Umberto fahndeten die Behörden nach anarchistischen

Geheimagenten. Hattie blinzelte, gab aber ansonsten nicht zu erkennen, daß sie zuhörte. Indigo dagegen spitzte bei dem Wort »Geheimagenten« die Ohren. Sie gewöhnte sich allmählich an Lauras Stimme und an ihren Akzent, der sie an das Englisch der Mexikaner am Colorado River erinnerte.

Doch es waren die französischen Zollbeamten, nicht die Italiener, die so streng über den korsischen Zitrusanbau wachten. Laura hielt inne und fragte Hattie leise, ob sie schlafen wolle.

»Nein«, sagte diese rasch, »bitte hör nicht auf zu reden, deine Stimme tut mir gut.« Hattie schaute zu Indigo hinüber, die versuchte, etwas in ihr Notizbuch zu malen, während der Papagei um sie herumwatschelte und immer wieder vorsichtig probierte, an den Buntstift zwischen ihren Fingern heranzukommen. In Wirklichkeit war es ein Spiel, und Indigo tat nur so, als würde sie malen, während sie in Wirklichkeit Hattie und Laura zuhörte.

Die Ermordung des Königs, nur wenige Jahre nach Italiens furchtbarer Niederlage in Abessinien, hatte das ganze Land in einen Schockzustand versetzt. Indigo betrachtete Lauras Hände, die sie beim Sprechen anmutig bewegte und an denen sie wunderschöne Ringe mit glitzernden violetten, grünen und blauen Steinen trug.

Viele Leute sahen einen Zusammenhang zwischen der Demütigung der italienischen Armee in Ostafrika und der Ermordung des Königs. Der Premierminister und sein Kabinett mußten nach der Niederlage in Adua zurücktreten. Danach war nichts mehr wie früher. Laura sprach jetzt noch leiser und drehte dabei langsam die Ringe an ihren Fingern. Nachdem Hunderte von Soldaten gefallen und Tausende in Gefangenschaft geraten waren, blieb Italien nichts anderes übrig, als Abessiniens Unabhängigkeit anzuerkennen. Man zahlte dem abessinischen Kaiser ein Lösegeld in Millionenhöhe für die Freigabe der italienischen Gefangenen.

Hattie setzte sich auf und rückte ihr Kissen zurecht, um ihrer Freundin besser zuhören zu können, die jetzt mit kaum vernehmbarer Stimme ihre Ungläubigkeit und Bestürzung schilderte, als sie erfuhr, daß ihr Mann am Vorabend der Schlacht seine Einheit verlassen hatte. Aus Quellen des Geheimdienstes in Kairo wurde später bekannt, daß er regelmäßig bei einem ägyptischen Waffenhändler einige Kilometer außerhalb Kairos zu Gast gewesen war.

Er war nicht nur desertiert, sondern hatte sich auch von Laura scheiden lassen und ein neues Leben begonnen, indem er die Tochter des Waffenhändlers heiratete und mehrere Millionen als Mitgift kassierte. In Lauras Stimme schwang selbst jetzt noch Fassungslosigkeit mit.

Als sie sich von ihrem Schock erholt hatte, war ihr bewußt geworden, daß die Ägypter ihr eigentlich einen unschätzbaren Gefallen getan hatten. Sonst hätte sie womöglich noch viele Jahre ihres Lebens an diesen Mann verschwendet, ohne von seiner Feigheit zu wissen. Durch diese Begebenheiten aber wurde ihrer Ehe ein gnädiges Ende gesetzt.

Einen Moment lang saßen sie schweigend da. Selbst der Papagei auf Indigos Arm rührte sich nicht. Dann entschuldigte sich Laura. Sie wußte, daß die beiden Ruhe brauchten. Edward konnte jederzeit eintreffen, und sie wollte den Zug nach Lucca noch erreichen.

Als Laura fort war, kreisten Hatties Gedanken einzig um die Frage, was sie zu Edward sagen sollte – als seine Frau und Lebensgefährtin hatte sie doch das Recht, die Wahrheit über die Exkursion nach Korsika zu erfahren! Sie erinnerte sich genau an die zwei Telegramme, die er am Tag ihrer Ankunft in Livorno im Konsulat abgeholt hatte – das eine, so hatte er behauptet, sei eine Vollmacht aus Washington. Hatten die Zollbeamten jetzt etwa feststellen müssen, daß in den Telegrammen womöglich genau das Gegenteil stand?

Hattie stiegen die Tränen in die Augen, doch sie war entschlossen, stark zu bleiben. Als Indigo gebadet hatte, war Hattie an der Reihe. Sie lag mit geschlossenen Augen in dem herrlichen warmen Wasser, bis es langsam kalt wurde. Sie versuchte, ihre Hoffnungen und die Zuneigung, die sie für Edward empfand, mit den Tatsachen, denen sie jetzt ins Auge blickte, in Einklang zu bringen, doch es gelang ihr nicht – sie wußte gar nicht, wo sie anfangen sollte. Sie ließ sich tiefer ins Badewasser sinken, bis nur noch ihre Nasenspitze über die Wasseroberfläche hinausragte. In der seltsamen warmen Stille unter Wasser fiel ihr wieder das Leuchten in Tante Bronwyns Garten ein, und ein innerer Friede machte sich in ihr breit. Während sie sich die Seife aus den Haaren spülte, verbannte Hattie jeden Zweifel aus ihren Gedanken –

egal, was passierte, sie würde das Beste daraus machen. Das Wichtigste war, Indigo wieder zu ihrer Familie zu bringen.

Diese hatte so lange auf dem Boden gesessen, daß sie kein Gefühl mehr in den Beinen hatte. Als sie die Füße bewegte, um das Blut wieder zum Zirkulieren zu bringen, fingen sie an zu kribbeln. Sie war es leid, im Haus zu sein, und fragte Hattie, ob sie und Rainbow in den Hotelgarten hinuntergehen dürften. Die Hotelangestellten zeigten lächelnd auf den Papagei auf ihrer Schulter und schienen sich zu freuen, daß die beiden wieder vereint waren. Auch der Hausmeister lächelte und sagte etwas auf Italienisch zu ihr – vielleicht war es eine freundliche Ermahnung, den Vogel nicht wieder entwischen zu lassen.

Auf dem großen Baum im Hotelgarten saßen Dutzende von zwitschernden und flötenden Amseln. Indigo fragte Rainbow, was sie da erzählten. Der Papagei legte den Kopf erst auf die eine, dann auf die andere Seite, dann sah er Indigo an und spreizte die Flügel. Es war Zeit abzureisen. Es war nicht mehr so warm wie an den vorangegangenen Nachmittagen, und Indigo sah, daß die Sonne bereits ihre Stellung verändert hatte, daß sie mit dem nahenden Winter ein Stückchen Richtung Süden gewandert war. Der Messias und die anderen waren vermutlich schon auf dem Heimweg.

Edward erschien erst bei Sonnenuntergang, lange nachdem Laura gegangen war. Hattie schloß ihn spontan in die Arme – sie konnte nicht anders. Doch es blieb bei dieser kurzen Umarmung. Er erklärte, er sei nach diesem Martyrium völlig ausgelaugt. Aber wenigstens habe er im Gewahrsam baden und sich umziehen dürfen. Hattie schüttelte lächelnd den Kopf. Da hätten das Kind und sie weniger Glück gehabt – sie hatten sich im amerikanischen Konsulat ein Sofa teilen müssen und nicht baden können. Edward warf einen Blick auf Indigo und den Papagei. Man hatte den Vogel also gefunden, genau wie er es vorhergesagt hatte! Indigo nickte.

Hattie wußte nicht genau, was sie erwartete, doch irgend etwas hätte Edward sagen sollen – eine Entschuldigung oder ein Wort des Bedauerns, weil man sie festgehalten hatte. Schließlich hatten sie das seinen Zitronenablegern zu verdanken, wie sie von Laura erfahren hatte. Hattie wollte ihn gerade darauf ansprechen, da klopfte es an der Tür. Die Hotelangestellten brachten das Gepäck, das die Zollbehörden endlich freigegeben hatten.

Hattie war schockiert, als sie sah, wie die Zollbeamten gewütet hatten. Die Auskleidung der Koffer war aufgeschlitzt worden, so daß jetzt der Holzrahmen, das Blech und das Leder der Kofferwände sichtbar waren. Offenbar hatten sie die Sachen kontrolliert und dann in aller Hast wieder eingepackt, denn Indigos feine Schuhe und Edwards Bücher über Zitronenanbau lagen nun wild durcheinander in dem Koffer, der vorher Edwards Hemden und Hosen enthalten hatte. Die Schubladen des großen Schrankkoffers waren achtlos in die falschen Fächer geschoben worden. Strümpfe und die Spitzenkanten von Taschentüchern hingen heraus. Hatties Unterwäsche hatte man scheinbar besonders ausgiebig untersucht. Sie steckte zusammengeknüllt in der kleinen ledernen Reisetasche, in der Edward normalerweise seine Schuhe aufbewahrte. Hattie ließ die Reisetasche zu Boden fallen – sie würde ihre Unterwäsche nicht anrühren, bevor sie nicht gewaschen war.

Ihre gesamte Kleidung war von der Durchsuchung schmutzig und zerknittert. Hattie zog Indigos Kleider und Unterwäsche, die man einfach zu der Photoausrüstung gestopft hatte, aus der Kamerakiste. Indigo war es wichtiger, die Gladiolenknollen und Samen zu retten, die aus ihren Tütchen gerutscht waren und nun auf dem Boden des Koffers lagen, in dem Hattie zuvor Bücher und Manuskripte aufbewahrt hatte. Edward und Hattie ermahnten sie, vorsichtig zu sein. Die Bücher und Manuskripte befanden sich zwar nicht mehr im Koffer, doch zwischen Edwards Bademantel und seinen Wanderschuhen standen zwei kleine Holzkästen mit Glasnegativen. Indigo sorgte sich viel mehr um die Umschläge und Schächtelchen mit den Blumen- und Gemüsesamen, die sie für die Gärten in den Sandhügeln gesammelt hatte.

Rainbow saß hinter verschlossener Tür im Käfig, damit er die herumliegenden Sachen nicht beschädigte, doch er konnte alles sehen, und das wurmte ihn. Er protestierte mit lautem Gekreisch, was Edward und Hattie mit gereizten Blicken auf Indigo und den Vogel quittierten. Trotz der kühlen Brise, die durch Fenster und Balkontür hereinwehte, spürte Indigo die Spannung, die in der Luft hing. In der Ferne hörte sie über den abendlichen Straßenlärm hinweg lautes Gelächter. Hattie war froh, daß Laura der traurige Anblick des durchwühlten Gepäcks erspart geblieben war. Das war der erniedrigendste Teil der Arrestierung. Edward kramte weiter in dem Durcheinander aus Kleidern, Büchern und Papieren herum, um ein sauberes Hemd zu finden, das er unten bügeln lassen wollte. Ob er für Hattie oder Indigo etwas mit nach unten schicken solle? Hattie schüttelte den Kopf und setzte sich auf die Bettkante. Sie war plötzlich zu erschöpft, um auch nur einen weiteren Blick auf irgendeinen Koffer zu richten, obwohl Edward gesagt hatte, daß sie die Vollständigkeit des Gepäcks überprüfen und gegebenenfalls die fehlenden Gegenstände für das amerikanische Konsulat auflisten müßten.

Edward ließ sich den ganzen Abend, auch während des Essens, über diese rohen Gesellen vom Zoll aus – niederes Diebesgesindel, das nur darauf aus war, anderer Leute Eigentum zu plündern. Und er sprach über den weiteren Verlauf ihrer Reise, verlor jedoch kein Wort darüber, daß man auch Indigo und sie festgehalten hatte. Kein Wort des Bedauerns, nicht das kleinste Zeichen von Dankbarkeit für die beträchtliche Kaution, die Laura für ihn bezahlt hatte.

Sicher stand er noch unter Schock, dachte Hattie. Er war nicht er selbst. Sogar sein Äußeres schien verändert, obwohl sie nicht hätte sagen können, wie. Er sah sie nicht direkt an, sondern fixierte einen Punkt neben ihr, als halte er nach irgend etwas Ausschau. In seiner Stimme schwang ungewohnte Bitterkeit mit, als er sich über das Amt für Pflanzenwesen und das Landwirtschaftsministerium beklagte. Er habe bereits Telegramme an Lowe & Company und an den Firmenanwalt Mr. Grabb geschickt.

Hattie wurde flau im Magen, während sie ihm zuhörte – er war also die ganze Zeit einem heimlichen Plan gefolgt, hatte das Kind und sie betrogen, sie als Tarnung benutzt! Sie betrachtete ihn, während er weiter vor sich hinschimpfte, hörte aber nicht länger zu. Armer Edward, was für eine jämmerliche Gestalt du doch bist, dachte sie. Schließlich schüttelte sie mit Tränen in den Augen den Kopf.

»Bitte«, sagte sie, »kein Wort mehr.«

Später, als sie das Licht gelöscht hatten, lagen sie nebeneinander im Bett, wobei sie tunlichst jede Berührung vermieden, und sprachen mit gedämpften Stimmen, damit das Mädchen nicht aufwachte. Ihre Ehe sei beendet, erklärte Hattie. Er seufzte laut, antwortete jedoch nicht. Ein Seufzer der Erleichterung, dachte sie wütend, mußte sich dann aber eingestehen, daß auch sie große Erleichterung verspürte. Trotzdem hätte sie weinen können bei dem Gedanken an ihre Verlobung und an die großen Hoffnungen, die sie beide gehegt hatten. Er tätschelte ihr tröstend die Hand. Ihre Ehe sei von Anfang an zum Scheitern verurteilt gewesen – jeder habe das Seine dazu beigetragen.

Als am anderen Tag Schlepper das Schiff in Livorno aus dem Hafen bugsierten, holte Indigo den Käfig an Deck, damit Rainbow sich von Italien verabschieden konnte. Das Meer hatte kurz vor Sonnenuntergang so eine schöne Farbe, ein klares Blau wie der Topas von Lauras Ring. Dieses Blau würde ihr fehlen – so etwas gab es nirgends in Kalifornien oder Arizona.

Achter Teil

Zuerst verstand sie die Sprache nicht recht, in der ihr Baby aus dem Bauch zu ihr sprach, aber dann erkannte sie die in Babysprache gesprochenen Sand Lizard-Worte. Sie hatte die Sand Lizard-Sprache, außer in Träumen, lange nicht gehört. Wenn sie ihr Baby sprechen hören wollte, mußte Sister Salt bis zum frühen Morgen kurz vor Sonnenaufgang warten, auf die Zeit zwischen dem Ende der Nachtschicht und dem Beginn der Tagschicht. Sie lag so still sie konnte und hielt die Luft an, und wenn das Baby wach war und sich unruhig bewegte, konnte sie es sprechen hören – wie seine Worte zu ihren Ohren gelangten, war ihr ein Rätsel. Maytha oder Vedna erzählte sie nichts davon, denn diese würden wahrscheinlich Hexen für die Stimme verantwortlich machen.

Immer wenn das Baby trat oder sich in ihr bewegte, sprach Sister Salt mit ihm. Sie erzählte dem kleinen Sand Lizard von ihrer Heimat und von den Gärten in der Wüste, wo sie und Indigo zusammen gespielt hatten. Dort war es nachts friedlich, es gab weder Betrunkene noch Schlägereien, bei denen Männer gegen die Zeltbahnen fielen. Sie spürte, daß ihr Baby immer ungeduldiger wurde.

Das Baby mochte den Lärm und den Staub nicht. Dies war kein sicherer Ort. Kein Ort ist sicher, sagte sie dem Baby. Aber es bestand darauf, daß sie auf der Stelle in die alten Gärten zurückkehrte. Wie konnte sie ohne Indigo fortgehen? Indigo war immer noch ein Kind.

»Aber sie ist nicht dein Kind wie ich. Du atmest nicht für sie. Du atmest für mich!«

Candy war meistens so beschäftigt, daß er nicht vor Mitternacht in ihr Zelt kam, und selbst dann machte er nur eine kurze Verschnaufpause – die Spielzelte waren voll und der Verkauf von Bier und Grillfleisch lief rund um die Uhr. Nachdem Sister in der Wäscherei aufgehört hatte, sah sie Maytha und Vedna nur noch selten. Sie mußte während der Schwangerschaft viel schlafen, und für die Zwillinge gab es immer mehr zu tun, da noch mehr Arbeiter eintrafen, um den Staudamm fertigzustellen. Maytha und Vedna wußten, daß Sister Salt ihre Gesellschaft herbeisehnte, aber während sie nach der Arbeit noch im Wäschereizelt badeten, um das saubere, warme Wasser auszunutzen, fanden sich häufig bereits ihre »Abendverabredungen« ein, und es blieb keine Zeit für einen Besuch bei Sister Salt.

Die Sonntage waren Ruhetage – nicht, weil Maytha oder Vedna Christinnen waren, sondern weil Priester und Missionare für die Zeit des Gottesdienstes über das Lager herfielen und die Kunden verscheuchten. Also beschlossen die drei, den Sonntag zu ihrem gemeinsamen Tag zu machen. Wenn sie gegessen hatten, unterhielten und vergnügten sie sich, während sie sich gegenseitig die Haare kämmten und neue Samtbänder hineinflochten. Sie waren inzwischen die besten Freundinnen, und die Zwillinge neckten sich gegenseitig mit der Behauptung, es wäre jeder viel lieber, wenn Sister Salt der andere Zwilling wäre.

Das Lager sei ein Dreckloch, meinte Maytha, und Vedna und Sister Salt mußten ihr zustimmen. All der Krach und Staub zog zu ihren Zelten herüber. Es machte keinen Spaß mehr, sich Woche für Woche mit den gleichen verschwitzten Arbeitern am Fluß zu vergnügen, die alle das gleiche taten. Der Sex mit diesen Männern war langweilig und anstrengend. Zum Glück hatten die Zwillinge fast genug Geld gespart, um aufzuhören, bevor sie hier vor Langeweile sterben würden.

»Schrecklich, daß Vedna jetzt die Bibel liest! Diese ganzen Sexgeschichten im Alten Testament!« Die drei lachten. Und dann die Gruselgeschichten, erinnerte sie Vedna – die waren sogar noch besser als die Sexgeschichten. Wagen aus Feuer und siebenköpfige Ungeheuer!

Die Bibel war das einzige Buch, das Vedna auftreiben konnte, um Lesen zu üben. Sie waren zur Schule gegangen und hatten Lesen gelernt, als sie mit ihrem Vater in Winslow lebten. Den verwandten Chemehuevi hatte das gar nicht gefallen, denn ihr Vater war keiner von ihnen. Er stammte aus dem Laguna Pueblo, arbeitete bei der Eisenbahn, war bereits verheiratet und hatte vier Kinder, als er ihrer Mutter begegnete. Trotzdem nahm er sie auf, als die Mutter starb, nur ließ er sie nicht in Laguna, sondern in Winslow wohnen. Ihr Vater starb bei einem Eisenbahnunglück, als sie dreizehn waren, alt genug, um allein zu den Verwandten ihrer Mutter zurückzukehren. Doch nur die Schwester ihrer Großmutter nahm sie freundlich auf. Das arme Mütterchen hatte selbst nicht viel – nur eine winzige Steinhütte auf dem ausgetrockneten Schwemmstreifen aus Geröll und Tumbleweed südlich von Needles. Die Regierung hatte ihr das meiste Ackerland weggenommen, um es an Weiße zu verpachten. Maytha und Vedna meinten immer, sie hätten nur noch zwei lebende Verwandte in Arizona – ihre alte Tante und Sister Salt!

Später mußte Sister sich hinlegen, weil ihr von den ständigen Bewegungen des Babys der Rücken weh tat. Candy sah nach ihr und machte sich Sorgen wegen ihres Zustandes. Er wollte nicht, daß seinem ersten Kind etwas zustieß! Seine großen Hände umschlossen Sister, und er küßte sie auf den Kopf. Es tat ihm leid, daß er so beschäftigt war. Er sah, daß etwas nicht stimmte. Nein, widersprach Sister, sie höre nur dem Baby zu. Candy stieß die Luft aus und sah auf ihren Bauch. Er mußte Wylie die Abendeinnahmen bringen. Gern hätte er gefragt, wie es kam, daß das Baby sprechen konnte, und wieso konnte sie es verstehen, wo es noch so winzig war? Aber Fragen würden warten müssen, bis er zurückkam.

Wylie erwartete ihn am Schreibtisch in seinem Zelt. Als er Candy am Eingang stehen sah, wischte er sich den Schweiß von der Stirn und richtete die Laterne so aus, daß sie mehr Licht spendete. Wylie hatte die Kürbispastete aufgegessen, die Candy am Vortag gebacken hatte. Die Pastetenform, eine Gabel und einige Krümel hatte er zur Seite geschoben. Die Nacht war heiß und windstill, und Wylie trug lediglich ein Hemd, das seine Genitalien nur knapp verdeckte. Candy schielte ins angrenzende Zelt hinüber, wo Wylie schlief, aber er konnte keine Frau im Bett entdecken.

Zu seinen Füßen auf dem Zeltboden hatte Wylie zwei abgesägte Schrotflinten bereitliegen. Wenn er mit seinem großen Reitpferd unterwegs war, steckten die Flinten immer griffbereit in Gewehrtaschen. Candy hatte gesehen, wie er mit beiden Flinten gleichzeitig aus der Hüfte geschossen hatte. Von dem Stapel Kanthölzer waren nur Sägemehl und Splitter übriggeblieben. Seine Aufgabe als Baustellenleiter war es, die Auftragnehmer bei der Stange und die Einheimischen in Schach zu halten. Spannungen waren unvermeidlich, denn den Einheimischen und ihren politischen Vertretern waren Ortsfremde und Bundesprojekte zuwider, auch wenn ihnen der Staudamm und die Deiche gelegen kamen.

Wylie hatte Big Candy ursprünglich als Koch für ein Projekt in Mississippi angeheuert, bei dem ein Fluß ausgebaggert werden sollte. Dort hatten die Einheimischen Meßlatten aus dem Boden gezogen, und die Maultiere mußten rund um die Uhr bewacht werden, sonst wurden sie geblendet oder verstümmelt.

Wenn er Candys Einnahmen zweimal überprüft und seinen eigenen Anteil herausgerechnet hatte, öffnete Wylie gern eine Flasche Brandy und unterhielt sich. Candys Aufgabe war es, ihm zuzuhören und eine frische Kanne Kaffee als Begleitung für den Brandy bereitzuhalten. Wylie war großzügig mit seinem Brandy, und an manchen Abenden schlief Candy trotz des schwarzen Kaffees einfach ein. Wylie störte das nicht, selbst wenn er es bemerkte. Er war ein seltsamer Kerl. Aber von Candys Kochkünsten war er von Anfang an begeistert und behauptete, schließlich könne er schon nach einer Mahlzeit beurteilen, ob jemand etwas tauge oder nicht. Vor Candy, erzählte er, habe es vier gute Köche in seinem Leben gegeben: der Koch, der sechzig Jahre lang für seine Eltern gekocht hatte und drei weitere, die nacheinander für ihn gearbeitet hatten. Es sei ärgerlich, daß keiner von ihnen länger als fünf Jahre durchhielt, aber auch nicht verwunderlich bei den Alkoholmengen, die sie hinunterkippten. Warum waren die besten Köche nur solche Trunkenbolde?

Candy schüttelte den Kopf. Er sei kein Trinker – er mache lieber Geschäfte, verdiene lieber Geld. Aber nicht, indem er seinen Boß bestehle – er lachte über seinen eigenen Witz.

»Lassen Sie mich eine Mahlzeit kochen, dann können Sie selbst entscheiden.«

Wylie überließ ihm seine Zeltküche und die Vorräte, doch alles befand sich weit oben am Ufer des Mississippi, mitten in der Wildnis. Dort wurden seine Kochkünste wirklich auf die Probe gestellt. Und was machte Candy? Er zog mit Schrotflinte und Tornister los und kehrte zwei Stunden später mit allem was er brauchte zurück. Nur brauner Zucker, Sahne und Butter fehlten noch, was Wylie, trotz des Aufwandes, vorrätig hatte. Wylie aß den gebratenen Fasan mit Himbeermarmelade, die jungen Bohnen in Buttersoße, und erklärte Candy für eingestellt, noch ehe er die sahnige Eiercreme mit den karamelisierten Zuckerstreuseln probiert hatte.

Was konnte dieser Weiße alles vertilgen, ohne fett zu werden! Irgendwas in Wylie mußte nicht richtig funktionieren, wenn er pausenlos essen konnte und trotzdem schlank blieb. Candy verlegte sich darauf, ihn zu mästen – das war eine Herausforderung für ihn. Aber Wylie legte im Laufe der Jahre kein einziges Pfund zu. Candy wollte seinen Boß gesund erhalten, denn er bezahlte gut und, was noch wichtiger war, er verstand etwas von guter Küche und wußte Candys Kochkünste wohl zu schätzen, ganz egal, welche neuen Kreationen Candy ersann.

Wylie erzählte bis in die frühen Morgenstunden, manchmal bis zum Sonnenaufgang. Normalerweise redete er übers Essen und Kochen und über die hundert besten Mahlzeiten, die er je verzehrt hatte. Candy war stolz darauf, daß einige seiner Menüs ganz oben auf Wylies Favoritenliste standen: fritierte Muschelkroketten, in Preiselbeersoße eingelegte Rinderfilets, gebackener Wels mit Pflaumen.

Candy fragte sich, ob das viele Essen, das Wylie zu sich nahm, vielleicht der Grund dafür war, daß er nicht mehr als vier Stunden Schlaf brauchte. Candy selbst schlief länger, deshalb ging er für ein paar Stunden in sein Zelt, ehe er mit den Vorbereitungen für Wylies Frühstück begann. Im Laufe der Jahre hatten sie ein Verhältnis entwickelt, das Candy die geschäftlichen Möglichkeiten bot, um eines Tages ein eigenes Hotel und Restaurant in Denver zu finanzieren. So wie die Einnahmen sich hier entwickelten, würden sie beide in der Lage sein, sich nach diesem Projekt zur Ruhe zu setzen, auch wenn die ganz großen Profite ihre eigenen Schwierigkeiten mit sich brachten. Die Geschäftsleute aus Prescott und

Needles, die ebenfalls an den Bauarbeitern ihr Geld verdienen wollten, waren verärgert über die Gebühren, die Wylie für die Genehmigung kassierte, Wagen voller Whiskey und Frauen auf das Baustellengelände zu karren.

Heute abend aber war irgend etwas im Busch. Neben den beiden abgesägten Schrotflinten sah Candy in jeder Ecke des Zeltes 12-Kaliber-Schrotgewehre stehen. Heute sprach der Boß nicht über Kochrezepte. Zwischen dem Staat Kalifornien und der Gebietsverwaltung von Arizona gab es Ärger wegen der Ableitung von Flußwasser nach Los Angeles. Die unterhalb des Staudamms lebenden Farmer in Arizona waren wütend, mitansehen zu müssen, wie Wasser zu Farmen in Kalifornien umgeleitet wurde, und nun versammelten sie sich in Yuma, um das Gerichtsgebäude abzufackeln. Gerüchten zufolge stand die kalifornische Bürgerwehr in Alarmbereitschaft, und die Territorialmiliz von Arizona bereitete sich darauf vor, an der Staatsgrenze, dem Colorado River, mit den kalifornischen Truppen aneinanderzugeraten. Natürlich wußte Wylie, daß sich alles nur um Politik und Geld drehte. In letzter Zeit mißtraute er sogar seinen beiden weißen Leibwächtern und ließ sie Tag und Nacht die Lagerausrüstung bewachen, nur um sie los zu sein.

Candy hatte noch nie viel auf diese Leibwächter gegeben. Was Wylie brauchte, waren ein paar gute Hunde. Leibwächter ließen sich bestechen und kaufen. Aber gute Hunde riskierten ihr Leben, um einen zu beschützen. Außerdem konnten Hunde Mörder und die aufsässigen Hinterwäldler aus Arizona meilenweit riechen. Candy wollte nicht, daß Wylie etwas zustieß. Er schrieb »Hunde« ganz oben auf die Liste der Besorgungen, die er machen wollte, wenn er das nächste Mal nach Yuma fuhr.

Big Candy war vorher noch nie mit einem Weißen befreundet gewesen, nur mit Indianern, Mexikanern und ein paar Asiaten. Aber Wylie hatte es ihm angetan, seit er ihm das erste Mal dabei zugesehen hatte, wie er eine von ihm selbst zubereitete Mahlzeit verspeiste. Es gefiel Candy, wenn sich Wylies Augen beim Anblick eines bestimmten Gerichts oder eines Nachtisches weiteten. Hier draußen in der Wildnis war es für ihn ungemein schwierig, auch nur die einfachsten Zutaten aufzutreiben. Aber an anderen Einsatzorten, in dichter besiedelten Gegenden, war Candy immer stolz darauf, am Ort verfügbare Delikatessen ausfindig zu machen – frische Beeren, Pilze, Austern oder Miesmuscheln. Wenn es heiß war, wickelte er mit Sägemehl bestreute Eisblöcke in feuchtes Sackleinen, um Wylie mit dickem süßem Rahm für Butter und Eiscreme überraschen zu können. Fünfzehn Jahre arbeiteten sie nun schon zusammen, und ihre schönsten gemeinsamen Momente waren die besonderen Festmahle – die saftigen, üppigen Köstlichkeiten, die Candy ihm an völlig entlegenen Orten servierte, auf Baustellen wie dieser, die meilenweit von der Zivilisation entfernt lagen. Bisher hatte Candy ihn hier mit Eiscreme im Juni überrascht – und später behauptet, er habe eine Tonne Eisblöcke aus Prescott benötigt, um eine große Schüssel Zitroneneis zuzubereiten. Die Zitronen stammten von Bäumen in Yuma und die dicke, süße Sahne von einem mormonischen Farmer in Needles.

Als Zeichen seiner Anerkennung für Candys Kochkünste gestattete Wylie ihm, nebenher Bier zu brauen und Würfel- und Kartenspiele zu veranstalten. Jetzt waren sie beide soweit, sich demnächst zur Ruhe setzen zu können. Wylie würde sich in Long Beach niederlassen, um dort ein fürstliches Leben zu führen, und er wollte, daß Candy ihn begleitete. Lediglich einmal in der Woche sollte er ein großes Mahl zubereiten, und das Indianermädchen könnte er auch mitnehmen. Ihm war alles recht, solange Candy nur weiterhin für ihn kochte.

Candy schüttelte nur lächelnd den Kopf. Bevor er nach Denver ging, würde er nach Los Angeles fahren und Wylie helfen, einen Koch zu finden, der viel besser war als er. Candy träumte von einem Hotel mit Restaurant in Denver, nahe den Rocky Mountains, die er nur von Gemälden und Photographien her kannte.

Wylie wollte, daß Candy bei Tagesanbruch irgendwo am Flußufer ein neues Versteck suchte und dort den Tresor vergrub, den sie bisher unter dem Zeltboden verborgen hatten. Wenn es Probleme gab, würden Plünderer als erstes den Boden des Zeltes unter die Lupe nehmen. Wylie wollte weder für die Geschäftsleute aus Prescott noch für die Armee seine Hand ins Feuer legen, und Candy mußte ihm zustimmen. Er hatte während seiner Militärzeit mitangesehen, wie betrunkene Soldaten vor den Augen ihrer tatenlos zusehenden Offiziere zu Plünderern wurden.

Wylie sah den Veränderungen gelassen entgegen. Sie waren

hier außerordentlich erfolgreich gewesen und hatten bereits jetzt genug Geld, um sich zurückzuziehen. Wenn die Bürgerwehren am Staudamm aufeinandertrafen und die Armee eingreifen mußte, würde Wylie zwar die eigentlichen Bauarbeiten fortführen können, aber die Kontrolle über das Gelände und die Erlaubnis, hier Geschäfte abzuwickeln, würden auf das Militär übergehen. Und dann sah es schlecht aus für Candys Kasino und die Brauerei. Das Militär würde mit Sicherheit einem Geschäftsmann aus Arizona mit politischen Beziehungen nach Washington den Vorzug geben.

Eines Abends, nachdem Candy Eier und Speck für Sister Salt gebraten hatte, erzählte er ihr, daß sie vielleicht nicht ganz so lange am Fluß bleiben würden, wie er ursprünglich angenommen hatte. Er berichtete ihr, was Wylie über die Wasserstreitigkeiten und das Eingreifen der Truppen gesagt hatte. Er wollte ihr Baby stark und glücklich machen, und auch wenn sie nicht darüber sprachen, wußte er, daß das Baby sich über den Ort und das Essen beklagte. Sobald das Militär das Kommando übernahm, würden sie geradewegs nach Kalifornien zur Indianerschule nach Riverside fahren und dort ihre kleine Schwester ausfindig machen. In Parker würden sie womöglich noch jahrelang auf eine Antwort aus Washington warten.

Sister Salt wollte sich an diesem Abend gerade hinlegen, als Maytha und Vedna sie überraschten. Die beiden grinsten über das ganze Gesicht, weil sie gerade ausgerechnet hatten, daß sie nun genug Geld verdient hatten, um Land zu kaufen. Bald würden sie dieses laute Dreckloch für immer verlassen! Sie boten Sister Salt an, mitzukommen. Sie würden nicht sofort weggehen, erst in ein oder zwei Monaten. Sie solle darüber nachdenken. Als die beiden zu ihrem Zelt zurückgegangen waren, stiegen Sister Salt die Tränen in die Augen.

»Ich bin die einzige, die auf dich warten wird, kleine Indigo«, flüsterte sie, ehe sie einschlief. Nun wollten beide fort, das Baby und dessen Vater, und auch die Zwillinge würden weggehen!

Gegen Mitte Juli kam der Regen, und das Wetter wurde kühler. Gerüchte zirkulierten auf der Baustelle, aber von der Bürgerwehr oder den Bundestruppen war nichts zu sehen. Das kühlere Wetter machte Sister Salt rastlos. Sie fing an, von den alten

Gärten zu träumen, in denen Mama und Indigo roten Amarant und gelbgefleckte Bohnen aussäten.

Das Baby war nun groß genug, daß ihre Schwangerschaft deutlich sichtbar war, deshalb schlief sie nur noch mit Big Candy, sonst sähe das Baby am Ende anderen Männern ähnlich. Der Stoff ihres Hemdes bewegte sich kaum, wenn das Kind trat oder sich im Bauch umdrehte. Das Baby wollte Sand Lizard-Nahrung und nicht dieses ganze gekochte Zeug und Tierfett. Aber Big Candy wollte einen großen, starken Sohn und bestand darauf, daß sie viel Fleisch aß. Er brachte ihr jeden Abend große Platten mit Resten vorbei: gebratene Rinderrippchen, gefüllte Schweinelende und Schüsseln voller rosa Süßkartoffeln und gekochter Okra. Doch Fleisch- und Fettgerüche verursachten ihr jetzt Übelkeit. Sie aß die Okra und die Süßkartoffeln, aber das Fleisch schob sie beiseite.

Warum soll ich mit dir reden, wenn du mir nicht das Essen gibst, das ich brauche? Das Baby bewegte sich wie wild, aber es sprach nicht mehr mit ihr. Sister Salt war besorgt und beschloß, sich Maytha und Vedna anzuvertrauen. Doch als sie zur Wäscherei kam, waren die Waschzuber ausgeleert und umgekippt, die Feuer gelöscht und die Zwillinge nirgendwo zu sehen. Sie mußten eine Mitfahrgelegenheit nach Norden gefunden haben, um ihre alte Tante zu besuchen, die kränkelte.

Sister wünschte, sie wäre mit ihnen gefahren. Ihre Scherze drehten sich nun nur noch darum, diesem Ort zu entkommen. Der Erdwall des Staudamms wirkte unheilvoll, darin waren sie sich einig. Die plattgewalzte Erde der Baustelle sah überall gleich aus, und auch die täglichen Arbeiten in Big Candys Kasinozelt und in der Brauerei wurden eintönig. Die Bauarbeiter, die lieber in Big Candys Zelten unten am Fluß Bier tranken und spielten, wurden zu ihren Dauerkunden. Jedesmal, wenn sie Sister Salt sahen, hörte sie die gleichen Bemerkungen – warum ging sie nicht mehr mit ihnen unter die Weiden, um sich dort im Sand herumzuwälzen? Warum kam sie nicht ins Kasinozelt, um ihnen beim Würfeln Glück zu bringen? Sister vermied das Kasinozelt, und Maytha und Vedna taten das gleiche, denn die Verlierer unter den betrunkenen Spielern wurden häufig ausfallend und machten die Frauen für ihr Pech verantwortlich.

Es war noch nicht zu heiß. Ein Spaziergang würde ihr gut tun. Sie ließ den Fluß hinter sich und erklomm die sandigen Hügel, um wilde Bohnen zu sammeln. Der Baulärm verebbte allmählich, deshalb ging sie weiter, bis gar nichts mehr zu hören war außer dem Wind und den Wiesenlerchen in der Grannenhirse. Sie hatte nicht vorgehabt, ohne Wasserflasche so weit zu gehen, aber ihre Beine trugen sie immer weiter, und je weiter sie lief, desto besser fühlte sie sich. Sogar die heftigen Bewegungen des Babys ließen nach.

In einer trockenen Auswaschung fand sie eine Melonenpflanze, die sich durch Hirse und Disteln wand. Sobald sie das süße Fruchtfleisch schmeckte, überwältigte sie die Erinnerung an die süßen gelben Melonen, die sie in jenem letzten Herbst gegessen hatten, in dem sie alle zusammen gewesen waren. Die salzigen Tränen juckten auf ihren Wangen. Sie waren so glücklich gewesen an jenem sonnigen Nachmittag, wenige Monate bevor die Krähen und dann die Tänzer gekommen waren. An diesem letzten Nachmittag hatte der zuckrige Melonensaft ihre Finger aneinandergeklebt, und sie hatten vor Vergnügen gejauchzt, als sie sie wieder auseinanderzogen.

Wie eine Verhungernde aß Sister Salt erst eine Melone, dann noch eine, bis ihre Hände und selbst einige Haarsträhnen verklebt waren. Ihr Magen war zu voll und ihr war schlecht. Sie saß da, hatte die Hände schützend über den Bauch gelegt und wartete darauf, daß die Krämpfe nachließen. Grandma hatte ihnen immer eingeschärft, nicht zuviel auf einmal zu essen! Aber dem Baby schien diese Sand Lizard-Nahrung zu gefallen, denn es beklagte sich nicht. Sie legte sich in den weichen Sand, um sich auszuruhen. Der Himmel war von einem reinen, endlosen Türkis, und die Luft roch sauber und unberührt vom Staub und Qualm der Bauarbeiten. Die Sonne kletterte immer höher, aber sie wollte noch nicht zurück.

Was gab es noch Eßbares in dieser sandigen Auswaschung? Sie lief das Flußbett ein Stück hinauf und fand tatsächlich einen Fleck mit Sonnenblumen, von denen einige noch blühten, andere bereits Samen trugen. Obwohl sie das unangenehme Völlegefühl ihres Magens spürte, erfaßte sie gleichzeitig ein solcher Heißhunger, daß sie sich die Kerne samt Schalen mit beiden Händen in den Mund stopfte. Mmmmh! Der Geschmack war so köstlich und wunderbar. Sie konnte sie nicht einfach ausspucken und verschwenden, sie mußte sie hinunterschlucken!

In der Nähe der Sonnenblumen entdeckte sie einen leuchtend roten Paprikastrauch. Irgend jemand mußte hier einmal einen Garten besessen haben, und einige Samen hatten sich, genau wie in den alten Gärten, weitervermehrt. Wie sehr sie sich wünschte, dort zu sein!

Eine nach der anderen aß sie die saftigen, scharfen Peperoni. Das Brennen in ihrem Bauch linderte das Völlegefühl ein wenig. Sie wußte, daß sie dringend zum Fluß zurückgehen sollte, ehe es noch heißer wurde, als es ohnehin schon war. Aber das viele Essen in ihrem Bauch machte sie schwerfällig und schläfrig. Es war jetzt sehr heiß, und so entschied sie sich für ein Nickerchen im Schatten eines großen Felsens. Erst wenn es bei Sonnenuntergang kühler wurde, wollte sie zurückgehen.

Sie schlief länger als geplant. Die Schatten waren bereits sehr lang und die Sonne würde gleich untergehen. Wenn sie bis zum Anbruch der Dunkelheit nicht wieder im Lager war, machten sich Big Candy und die Zwillinge vielleicht Sorgen. Doch sie schaffte es nur zurück zu den Melonen, ehe ihr wieder ein Krampf in Magen und Rücken fuhr und sie sich vor Schmerzen im Sand zusammenkauerte.

Sie hielt es lediglich für Durchfall, bis sie die dunklen Blutstropfen im Sand zwischen ihren Beinen entdeckte. Wie merkwürdig, daß die Farbe des Blutes die gleiche war wie die des dunkelroten Horizonts bei Sonnenuntergang. Soviel Blut! Wieviel mehr Blut mochte sie noch haben, ehe sie starb und das Baby mit ihr? Sie kroch auf einen sauberen Sandflecken und legte sich mit angezogenen Knien auf die Seite. Das Blut zwischen ihren Beinen fühlte sich warm und dickflüssig an, und da geschah es. Sie konnte die Spasmen nicht zurückhalten und preßte, um sich zu erleichtern, aber dann begriff sie, daß etwas anderes passiert war, daß sie einen Teil von sich selbst ausgestoßen hatte. Sie fühlte es pulsieren, doch das Klopfen war viel schneller als ihr eigener Herzschlag und sie wußte, es war das Sand Lizard-Baby, das zu früh zur Welt gekommen war.

Die Dämmerung wich der Dunkelheit, als sie das feuchte

Bündel aufhob, das immer noch mit ihrem eigenen Körper verbunden war. Sie roch das Blut, als sie das dunkle, klebrige Etwas in ihren Armen wiegte, ehe sie die Schnur durchbiß, die sie verband. Es war ein winziges verschrumpeltes altes Männchen, das ununterbrochen an seiner Hand lutschte und die Augen nicht aufmachen wollte. Sister zerriß ihren Rock und wickelte es vorsichtig, doch nicht zu fest ein, bis sie einen wärmenden Kokon angefertigt hatte, der nur das Gesichtchen frei ließ. Sie blutete immer noch und die Krämpfe hörten nicht auf, und so dachte sie, »Mein Sand Lizard-Großvater ist gekommen, um mich nach Hause zu holen.«

Der Sand blieb auch nach Anbruch der Dunkelheit warm, und sie schmiegte sich an den kleinen schwarzen Ahnen, der seine eigene Faust ihren Brustwarzen vorzog. Sie verlor zwar nicht das Bewußtsein, aber sie war so schwach, daß sie spürte, wie die Erde sie an sich zog, und dachte: »So kehren wir also zu Mutter Erde zurück.« Sie war froh, zurückzukehren, denn sie vermißte Grandma Fleet so sehr.

Gegen Morgen kühlte die Wüste ab, und sie erwachte zitternd in der Dunkelheit. Sister sah zum Himmel hinauf. Die Sterne waren viel heller und größer in der Nacht, wenn sie sich unbeobachtet fühlten. Groß und nah wirkten sie, blinkende Bögen, die von Ort zu Ort zogen. Obwohl sie zitterte, achtete sie darauf, das Bündel in ihren Armen so ruhig wie möglich zu halten. Sie sah es nicht an, denn sie wollte nicht wissen, ob das Kind tot war oder lebte. War das Bündel warm oder kalt? Es war so klein, daß sie es nicht genau sagen konnte. Vorsichtig grub sie sich in tiefere, noch warme Sandschichten. Wie gut sich der warme Sand auf ihrem Bauch und ihrem Rücken anfühlte! Wie schön es war, zu schlafen – laßt mich für immer schlafen.

In der Morgendämmerung weckte sie ein schwarzer Hund, der ihr zärtlich über das Gesicht leckte. Wäre das Tier nicht so behutsam und vorsichtig gewesen, hätte sie einen Überfall befürchtet. Doch dem Bündel konnte nichts geschehen, denn sie hatte sich eng drumherumgeschmiegt, um es warmzuhalten. Sie war schon einmal aufgewacht, hatte aber nicht sagen können, ob das Kind sich wirklich bewegte oder ob sie es nur geträumt hatte. Sie blutete immer noch, aber viel weniger als am Abend. Die Nachgeburt lag vom Hund unberührt neben ihr im Sand. Ein gutes Zeichen. Der Hund war wohlgenährt, aber er schien verkrüppelt zu sein. Er humpelte schwanzwedelnd rückwärts, als sie sich erhob. Regte sich im Bündel etwas? Sie konnte sich immer noch nicht überwinden, nachzusehen. Wie dumm, daß sie keine Wasserflasche mitgenommen hatte, denn jetzt hatte sie großen Durst. Ob Big Candy letzte Nacht wohl in ihrem Zelt gewesen war und sie nun suchte? Maytha und Vedna würden vermutlich nicht vor morgen aus Needles zurückkommen.

Der Hund stand ein wenig abseits und betrachtete neugierig ihr Gesicht und das Bündel in ihren Armen. Als sie noch in Needles lebten, hatten sie und Indigo sich immer einen Welpen gewünscht, aber Grand Fleet hatte gemeint, Hunde fräßen zuviel Fleisch.

Nun erhob sich die Sonne über den Horizont, doch wurde sie teilweise von einem feinen Wolkenschleier verdeckt. Sisters linker Arm war ganz steif vom Halten des Bündels und sie versuchte ihn ein wenig zu bewegen, ohne den kleinen Ahnen zu stören. Wenn sie irgendwo anstieß und er sich nicht bewegte, würde sie wissen, daß er tot war. In diesem Moment spürte sie etwas Seltsames – ein merkwürdiges Prickeln – und als sie mit der freien Hand danach tastete, spürte sie, daß ihre Brüste geschwollen waren und warme Milch durch den Blusenstoff sickerte. Der Hund spitzte die Ohren und als sie auf das Bündel hinabsah, glaubte sie zunächst eine Spinne zu sehen, doch dann begriff sie, daß sich dort eine winzige schwarze Hand aus den Tüchern herausschob.

Er lebte noch! Nun mußte sie einfach nachschauen, auch wenn sie befürchtete vielleicht mitansehen zu müssen, wie er seinen letzten Atemzug tat. Ja, flüsterte sie ihm zu, es sei ihre Schuld, daß er zu früh auf die Welt gekommen war, weil sie zuviel fettiges, weißes Fleisch gegessen hatte. Leise sprach sie auf ihn ein, während sie vorsichtig die Tücher auseinanderfaltete. Nun wedelten zwei kleine schwarze Ärmchen durch die Luft, und sie mußte vor Freude lachen über die Kraft, mit der die Fäustchen in die Luft hieben. Der kleine Ahne roch die Muttermilch und wollte sie auf der Stelle haben. Während sie an ihrer Bluse herumnestelte, um eine Brust freizumachen, begann er mit hoher, schriller Stimme zu schreien wie ein Reiher. Je länger sie brauchte, um die Tücher zurückzuschieben, in die sie ihn gewickelt hatte, desto lauter wurden die Reiherschreie. Sein kleines zerknittertes Gesicht war wutverzerrt – er hatte die Augen zusammengekniffen und klappte den Mund auf und zu wie ein Fisch. Als sie ihm hastig eine Brustwarze in den Mund schieben wollte, spritzte ein wenig Milch auf seine Stirn, und er machte für einen Moment überrascht die Augen auf. Da sah sie, daß er ein zäher, kleiner Kerl war, der so bald nicht sterben würde.

Sein Mund war so winzig, daß ihre Brustwarze ihn völlig ausfüllte, aber er mußte bei seinem gierigen Saugen weder husten, noch verschluckte er sich. Er protestierte mit wütendem Geschrei, als sie ihn an die andere Brust anlegte, die sie beide mit Milch bespritzte. Vor lauter Erleichterung darüber, daß er am Leben war, begann sie leise zu weinen. Er hörte auf zu trinken, und wieder sah Sister ein kleines, schwarzes Auge aufgehen, das nachschaute, was los war. »Ich bin bloß glücklich«, sagte sie in der Sand Lizard-Sprache. »Ich hatte solche Angst, du seist tot.«

Der schwarze Hund lag in der Nähe und sah ihnen geduldig zu. Jedesmal, wenn sie das Gefühl hatte, das Saugen des Babys werde schwächer, versuchte sie aufzustehen, aber es erwachte augenblicklich und begann so heftig weiterzutrinken, daß sie wieder in den Sand hinabsank. Mit dem Fuß gelang es ihr, soviel Sand wegzuschieben, daß sie die Nachgeburt ordentlich begraben konnte, ohne das Kind beim Trinken zu stören. Ermutigt von diesem Erfolg schaffte sie es, zu urinieren und dann in sauberen Sand hinüberzukriechen. Sie war so durstig. Nie wieder würde sie ohne Kürbisflasche losgehen – auch nicht, wenn es kühl war! Ein Glück, daß sie nur wenige Meilen vom Fluß entfernt war. Einen Moment lang fragte sie sich, warum Big Candy nicht nach ihr suchte – vielleicht hatte Wylie ihn nach Prescott geschickt. Die Zwillinge würden wohl erst morgen aus Needles zurückkommen.

Endlich gelang es ihr, aufzustehen, ohne das Baby zu wecken. Es schlief mit ihrer Brustwarze im Mund, und sie lief die sandige Auswaschung auf dem gleichen Weg, den sie heraufgekommen war, hinab. Der schwarze Hund humpelte voran und blieb von Zeit zu Zeit stehen, um nachzusehen, ob sie ihm noch folgte. Sie waren noch nicht weit gekommen, als der Hund vor einer Biegung anhielt. Die Haare auf seinem Rücken sträubten sich, und

Sister Salt blieb wie angewurzelt stehen. Doch dann begann der Hund aufgeregt mit dem Schwanz zu wedeln, er bellte und lief auf seinen krummen Beinen eilig um die Biegung der Auswaschung.

»Da bist du ja«, rief eine Frauenstimme auf Spanisch, und ehe Sister Salt sich entscheiden konnte, ob sie sich nun verstekken sollte oder nicht, bot sich ihr ein erstaunliches Bild. Eine kleine, dunkelhäutige Frau, umgeben von einem Rudel schwarzer Hunde, kam um die Biegung. Die Frau schien genauso erschrokken zu sein wie sie. Für einen Augenblick glaubte Sister Salt, die Hundefrau würde sich umdrehen und fliehen.

Die Hunde bellten sofort los, aber die Frau befahl ihnen zu schweigen, und die Tiere gehorchten aufs Wort und legten sich nieder. Da erst bemerkte Sister Salt, daß alle Hunde ein kleines Päckchen auf dem Rücken trugen. »Sie tun dir nichts«, sagte die Frau auf Spanisch und wiederholte die Worte auf Englisch, als Sister nichts erwiderte. Sister Salt nickte, rührte sich jedoch nicht von der Stelle. Sie spürte, wie das Baby ihre Brustwarze losließ und unruhig wurde.

Die Frau schaute zu, als sie sich den Säugling in die andere Armbeuge legte. Sie war kaum älter als Sister und betrachtete den blutigen, zerrissenen Rock und das Bündel in Sisters Armen. Dann sah sie suchend umher, ob noch jemand in der Nähe war.

»Kann ich dir helfen?« fragte sie auf Englisch. Sister Salt konnte sie nun eingehend betrachten und bemerkte eine purpurrote Narbe, die sich von der Mitte der Stirn über den Nasenrükken bis zu ihrem Kinn erstreckte.

»Etwas Wasser, bitte«, erwiderte Sister Salt. Die Frau drehte sich zu den Hunden um, die mit den Schwänzen wedelten, aber folgsam liegenblieben. Dem Packen des nächstliegenden Hundes entnahm sie einen prallgefüllten Wassersack, der sich in Sister Salts Händen herrlich feucht und kühl anfühlte. Noch nie hatte Wasser so gut geschmeckt! Sie hätte es auch ohne Wasser zurück zum Fluß geschafft, aber davon wäre vielleicht ihre Milch versiegt, und dieses Risiko wollte sie nicht eingehen.

Während Sister Salt trank, blickte sich die Frau wachsam um, und mehr als einmal spähte sie nach Süden, in die Richtung, aus der sie gekommen war. Die Frau bot Sister an, das Bündel zu halten, während sie sich Gesicht und Hände wusch, aber diese lehnte ab. Der kleine schwarze Ahne würde furchtbar wütend werden, wenn sie ihn in seinem Nest zwischen ihren Brüsten störte, um ihn einer Fremden zu übergeben.

In Yuma habe die Hundefrau von einer florierenden Wagenstadt flußaufwärts beim neuen Staudamm gehört, also sei sie mit ihrem Hundezirkus hier heraufgekommen, um ein wenig Geld zu verdienen. Sister Salt nickte. Ja, hier oben saß das Geld für Unterhaltung sehr locker. Die Arbeiter würden in Scharen herbeikommen, um endlich einmal etwas Neues zu sehen.

Die Frau stellte sich als Delena vor, aber schon die Art, wie sie den Namen aussprach, verriet Sister Salt, daß es nicht ihr richtiger Name war. Ob sie hier lebe, wollte Delena wissen, und Sister nickte. Zum erstenmal seit der Geburt des Babys begann sie, sich ihrer Situation bewußt zu werden. In der Ferne sah sie die Staubwolke über dem Baustellengelände. Es kränkte sie, daß Big Candy nicht nach ihr suchte. Selbst wenn er sehr beschäftigt war, hätte er heute morgen zumindest Juanito auf die Suche nach ihr schicken können. Wenn es Big Candy nicht der Mühe wert erschien, nach ihr zu suchen, dann wußte sie nicht so recht, ob sie überhaupt zurückgehen sollte.

Vielleicht sollte sie die Hundezirkusfrau um einen Wasserbeutel bitten und sich gleich auf den Weg in die alten Gärten machen. Der kleine schwarze Ahne hatte den Baulärm schon vor seiner Geburt gehaßt. Vielleicht würde er sich damit nun überhaupt nicht mehr abfinden, wo auch noch die Betrunkenen und die Spieler die ganze Nacht hindurch bei den Zelten herumkrakeelten. Sie würde ihr Zelt flußabwärts verlegen müssen, fort von dem Lärm. Es fiel ihr schwer eine Entscheidung zu treffen. Der kleine Ahne beobachtete sie aus seinem Kokon heraus. Seine Augen sagten: »Du willst nicht dorthin zurückgehen«, aber sie tat, als verstehe sie ihn nicht.

Von Nordwesten schoben sich Regenwolken heran, und die Hitze ließ ein klein wenig nach. Die Hunde schwärmten aus und liefen voran, während die Frauen hinterhergingen. Hin und wieder nahm einer der Hunde eine Witterung auf und alle stürmten jaulend und bellend davon, nur der lahme Hund wich der Frau nicht von der Seite.

Sister Salt war am Tag zuvor weiter gelaufen, als sie gedacht hatte. Es dauerte eine ganze Weile, ehe sie schließlich den häßlichen Erdwall des Staudamms erblickten, der sich in der Ferne in den Himmel erhob. Hin und wieder blieben sie stehen, damit Sister Salt sich ausruhen konnte. Die Frau blickte immer noch unentwegt nach Süden, als werde sie von dort verfolgt. Der kleine Ahne schlief, solange sie sich leise unterhielten. Aber sobald sie lauter sprachen, schrie er wie ein Reiher.

Sister Salt erkundigte sich neugierig nach dem Inhalt der Päckchen, die die Hunde trugen. Delena erklärte ihr, daß jeder Hund sein eigenes Wasser, Futter und sein Zirkuskostüm trage. Außerdem wollte Sister wissen, was mit den Beinen des lahmen Hundes passiert war. Ein Hund verletzte sich normalerweise an einem oder zwei Beinen, in einem Hundekampf vielleicht auch an dreien, aber bei diesem Hund mußten alle Beine fürchterlich gebrochen worden sein. Außerdem interessierte Sister die Herkunft der langen, dunklen Narbe in Delenas Gesicht, aber sie war zu höflich, um danach zu fragen.

Sister Salt ließ sich beim Gehen Zeit, zum einen weil es sehr heiß war und sie sich ein wenig schwach fühlte, zum anderen aber, weil sie herausfinden wollte, wie lange sie fortbleiben mußte, ehe Big Candy sie vermißte und nach ihr suchen ließ. Sie hielten mehrmals an, um Wasser zu trinken, und später, um das letzte getrocknete Hammelfleisch zu essen, das Delena in Yuma gekauft hatte. Wie hielt sie die Hunde davon ab, sich über das Fleisch in den Päckchen herzumachen? Durch eine gute Ausbildung, erwiderte Delena. Disziplin sei das A und O in einer Armee – oder in einem Hundezirkus, fügte sie schnell hinzu. Die Hunde liefen voraus und machten Jagd auf Mäuse, die sie im Ganzen verschlangen. Wenn sie hin und wieder einen Hasen erwischten, kämpften sie, bis Delena einschritt und ihnen befahl, damit aufzuhören. Sie schienen das Kämpfen jedoch als Spiel zu betrachten, denn es gab hinterher keine Feindseligkeiten. Sister Salt war von ihrer Stärke und Wildheit beeindruckt, auch wenn die Hunde nicht sehr groß waren. Jeder einzelne schien beinahe ebenso stark zu sein wie ein erwachsender Mann.

Sie hatten den Fluß fast erreicht, als die Hunde mit gespitzten Ohren stehenblieben. Die beide Frauen ließen sich augenblicklich auf die Knie fallen. Der kleine Ahne machte sich ganz steif vor Zorn über die Erschütterung, aber er schrie nicht. Jemand befand sich vor ihnen auf dem Fahrweg. Sie konnten Stimmen und das Klirren und Knarren von Pferdegeschirr und eisenbeschlagenen Hufen hören. Eine Anzahl Reiter zog hinter Pappeln und Ufergebüsch verborgen nach Norden. Wer es auch sein mochte, sie waren ebenfalls auf dem Weg zum Damm.

Sister setzte sich hin, während Delena mit den Hunden losging, um sich die Spuren auf dem Fahrweg anzusehen. Als sie zurückkam, machte sie ein besorgtes Gesicht. Soldaten. Hufspuren und Exkremente verrieten ihr, daß die Pferde in militärischer Formation ritten. Soldaten. Der kleine Ahne trat und wand sich in seinem Kokon. Er war naß und fühlte sich nicht wohl, aber wenn Sister Salt noch mehr von ihrem Rock oder ihrer Bluse abriß, dann würde sie nackt herumlaufen müssen. Sie versprach ihm ein schönes warmes Bad, sobald sie nach Hause kamen, und das schien ihn zu beruhigen.

Sie mieden den Fahrweg, nahmen den alten Weg, der sich durch die Tamarisken und Weiden am Fluß entlangwand. Von Zeit zu Zeit spielten und wateten die Hunde im flachen Wasser. Sister wurde ganz aufgeregt, wenn sie daran dachte, was Big Candy wohl zu dem Baby sagen würde. Der Hundezirkusfrau zeigte sie das Kind nicht, damit Big Candy seinen Sohn als erster sehen konnte. Je näher sie dem Baustellengelände kamen, desto unruhiger wurde der kleine Ahne. Weit fort im Südwesten hörte Sister Donnergrollen, und sie roch den herannahenden Regen. Sobald die Zelte in Sicht kamen, rief Delena die Hunde zu sich. Sie wollte lieber ein wenig flußabwärts bleiben, wo sie nicht im Weg waren. Trotz des heraufziehenden Gewitters drängte Sister sie nicht, mit ihr zu den Zelten zu kommen, denn die vielen Hunde würden sich vielleicht über das Fleisch auf Candys Grill hermachen oder die Maultiergespanne der Erdbewegungsmaschinen in die Flucht jagen. Beim Abschied bedankte sich Sister bei der Hundezirkusfrau noch einmal für das Wasser und versprach, sie bald zu besuchen.

Die Geschäfte waren in vollem Gang, als sie ins Lager kam. Pferde, die sie noch nie gesehen hatte, waren rund um das Kasinozelt an Tamarisken und Weiden festgebunden. Arbeiter mit rußbedeckten Gesichtern und schmutziger Wäsche auf dem Arm standen vor dem Wäschereizelt Schlange für ein warmes Bad. Bierflaschen gab es nicht mehr – Juanito schöpfte direkt aus dem Faß in die Kochgeschirre der Arbeiter. Uniformierte Soldaten reihten sich hinter den Arbeitern ein, die gerade von der Tagschicht gekommen waren. Die Anzahl der Glücksspiel- und Bierkunden schien sich über Nacht verdoppelt zu haben.

Big Candy nickte ihr lächelnd zu, als er sie sah, lief jedoch geschäftig weiter, die Hände voller Kartenspiele und die Geldkassette des Kasinos unterm Arm. Das Bündel, das sie trug, schien er nicht zu bemerken, also rief sie ihn zu sich, doch er verschwand im Eingang des Kasinozeltes. Die wartenden Männer, die in der Schlange vor dem Zelt würfelten, starrten sie neugierig an, als sie zu weinen begann. Der kleine schwarze Ahne sah aus seinem Stoffkokon aufmerksam zu ihr hinauf, und sie wischte sich mit dem Handrücken die Tränen ab. Sie wußte, daß ihm die schlechten Manieren seines Vaters nicht gefielen.

Die alte Mohave-Frau holte ihr ohne weitere Fragen einen Eimer sauberes, warmes Wasser aus dem hinteren Teil des Wäschereizeltes. Auf den Decken in ihrem Zelt wickelte sie den kleinen Ahnen aus, wusch ihn zärtlich ab und rieb ihn mit dem Zipfel eines Lakens trocken, das sie zu Windeln zurechtgerissen hatte. Der Donner barst und erschütterte die Erde, Regentropfen prasselten gegen das Zelt, während der Wind an den Zeltbahnen zerrte und durch die Zweige und Blätter der Pappeln fuhr. »Da hast du aber Glück«, sagte sie zu dem Baby. »Deine Vorfahren, die Regenwolken, sind gekommen, um dich zu begrüßen.« Wenn man ein Kind nicht ordentlich willkommen hieß, konnte es passieren, daß ein so kleines Wesen aufgab und die Welt wieder verließ.

Regenschauer peitschten und drückten gegen das Zeltdach. Sister Salt wickelte sich und das Kind behaglich in Decken und lauschte auf das Knarren und Ächzen der alten Pappeln im Wind. Blitze erleuchteten das Zeltinnere und ließen die Erde erbeben, aber solange der kleine Ahne zufrieden trank, verspürte sie keine Angst.

Sie ließ eine Laterne für Big Candy brennen, aber das Öl war aufgebraucht, als er endlich in ihr Zelt kam. Der Wind und die Blitze hatten aufgehört, aber es regnete immer noch ununterbrochen. Big Candy schüttelte Hut und Regenmantel aus – sie spürte die kalten Tropfen im Gesicht, sagte aber nichts. Er versuchte, die andere Laterne auf dem Tisch anzuzünden und stellte die Geldsäcke ab. Sie plumpsten laut und schwer auf den Tisch.

»Die Geschäfte blühen«, hätte er gesagt, wenn sie noch auf gewesen wäre. Warum stand sie dann nicht auf und zeigte ihm ihre Überraschung? Nein, wenn er bis jetzt noch nicht gemerkt hatte, daß etwas anders war, dann wollte sie abwarten und sehen, wie lange er brauchte, um es zu merken.

Er ging noch einmal hinaus, um Bier und Grillfleisch hereinzuholen, daß er gerne aß, während er das Geld zählte. Der würzige Geruch von Fleisch und Bier ließ ihren Magen vor Hunger knurren, aber sie blieb regungslos liegen. Sie hörte sein Kauen und Schlucken und das Klirren und Klimpern der Münzen, die er zählte. Er hatte ihr beigebracht, daß Goldstücke klirrten, Silbermünzen dagegen nur klimperten. Sie hätte weinen können, als sie daran dachte, mit welcher Freude er sie diese Dinge gelehrt hatte, ehe sein Leben so geschäftig wurde.

»Es gibt noch jede Menge Fleisch hier«, sagte er plötzlich, aber sie tat weiter so, als ob sie schliefe. Schließlich stand er auf und stellte sich vor sie hin.

»Was ist los? Ich dachte, du wärst mit den Zwillingen nach Needles gegangen.«

Die Stimme seines Vaters riß den kleinen schwarzen Ahnen abrupt aus dem Schlaf. Er wandte den Kopf von Sisters Brust, krümmte sich und schrie laut auf.

»Was hast du denn da?« wollte Big Candy wissen und kniete sich neben sie. Er glaubte an eine Katze oder einen Vogel, und konnte zunächst nichts erkennen, da das Baby so winzig war.

»Oh«, staunte er dann, ehe sein Erstaunen einem besorgten Ausdruck Platz machte.

»Es ist ja so klein.«

»Er – es ist ein Junge.«

»Er sieht viel zu klein aus. Er wird es wohl nicht schaffen«, sagte Big Candy traurig. »Sprich nicht so vor ihm!« zischte Sister Salt leise und aufgebracht. Solches Gerede konnte kleine Babys umbringen, wollte sie ihm sagen, aber Candy sah so traurig drein, daß sie schwieg. Er wußte wirklich nicht das Geringste über Sand Lizard-Babys. Seine Ahnungslosigkeit wurde noch offensichtlicher, als er sie bat, ihn auszuwickeln, damit er ihn sich genauer ansehen konnte. Sie drückte das Kind an sich, beugte sich schützend darüber und schüttelte den Kopf. Später, wenn sie ihm frische Windeln anzog, konnte Candy ihn betrachten. Aber jetzt war es wichtig, ihn warm zu halten, damit er schlief.

Big Candy setzte sich wieder an den Tisch. Der heftige Regen hatte nachgelassen. Candy saß da, schwieg und rührte auch das Geld nicht an. Er hatte nicht gewußt, wie sehr er sich das Kind wünschte, bis er sah, daß es zu klein war, um zu überleben. Als Kind hatte er schon Frühgeborene gesehen – die Kinder von Hausmädchen, die in die große Küche kamen, um die Babys dort zu wärmen. Er hatte miterlebt, wie seine Mutter versucht hatte, den Frauen zu helfen, die frühgeborenen Kinder zu retten – armselige kleine Dinger mit spindeldünnen Armen und Beinen, die ein, zwei Tage lang japsten wie Fische auf dem Trockenen und dann still lagen. Seit Jahren hatte er nicht mehr an sie gedacht, aber nun stiegen ihm die Tränen in die Augen und die Kehle wurde ihm eng – genau wie damals, wenn eines der Babys gestorben war. Armes Mädchen! Hatte keine Ahnung – glaubte, das Kind würde überleben. Mit der Faust rieb er sich die Augen und räusperte sich. Er wollte sie nicht noch mehr verletzen, deshalb erzählte er ihr nicht, was er wußte.

Er würde bald zurück sein. Die Einnahmen mußten zu Wylie gebracht werden. Was für eine Schweinerei bei diesem Regen! Er zog die breite Krempe seines Filzhutes ins Gesicht, um den Regen besser abzuhalten, und schlug den Mantelkragen hoch. Wenn es so weiterregnete, würden sie bald knietief im zähen Schlamm stehen. Und dann war Schluß für die Maschinen und die Maultiere. Das war schlecht für die Auftragnehmer, aber gut für den Bierverkauf und für das Kasino, besonders jetzt, wo die Soldaten in der Nähe waren.

Wylie war immer noch argwöhnisch, was die Anwesenheit der Soldaten anging. Im Moment mochten sie dazu beitragen, Sabotageakte von aufgebrachten Farmern oder Bummelstreiks von Arbeitern, die kürzere Arbeitszeiten verlangten, zu verhindern, aber von seinen Kontaktleuten in Prescott wußte der Boß, daß seine Feinde planten, seiner strikten Herrschaft über das Glücksspiel und den Bierverkauf im Lager ein Ende zu setzen. Wylie hatte bereits ein Wasserglas voll Whiskey intus, als Candy eintraf. Er grinste, als er sah, daß die dicken Geldsäcke, die Candy auf den Tisch hievte, sich kaum noch zubinden ließen.

»Vielleicht schließen sie uns den Laden hier nächste Woche«, sagte Wylie grinsend. »Aber ich schwöre dir, bis dahin bringen wir unsere Schäfchen ins Trockene!« Da war er unbesorgt. Es war seine Aufgabe, das Kommen und Gehen auf der Baustelle zu überwachen, damit die Arbeit zügig vonstatten ging – er hatte für Eintracht zwischen den verschiedenen Auftragnehmern und ihren Arbeitern zu sorgen. Und er mußte die Regierungsinspektoren, die ab und zu vorbeikamen, im Auge behalten, damit sie sich mit den Auftragnehmern nicht zu gut verstanden.

Die in der Nähe abgestellten Planwagen mit Schnaps und Prostituierten gehörten den Geschäftsleuten aus Prescott. Wylie hatte nichts dagegen, wenn sie außerhalb des Baustellengeländes Glücksspiele anboten. Aber wenn die Männer nach der Arbeit nicht so weit laufen wollten und Big Candys Grillfleisch, Bier und Kasinozelte am Flußufer vorzogen, nun, dann war das nicht seine Schuld. Die Baustelle und das Arbeiterlager mußten ordentlich geführt werden, um Aufwiegelei unter den Arbeitern und anderen Sicherheitsrisiken vorzubeugen. Neben den Geschäftsleuten aus Prescott und Yuma waren die Wanderpriester die einzigen ernsthaften Beschwerdeführer. Sie schwenkten die Bibel über ihren Köpfen und verdammten ihn zu Höllenqualen, weil er auch ihnen den Zugang zum Gelände verwehrte. Die Wagenburg war genau das richtige für ein Bordell, aber die Priester wollten die Arbeiter erreichen, bevor sie ihren Lohn bei Bier und Würfelspielen verschwendeten oder die Frauen in den Planwagen aufsuchten.

Wylie hielt die Priester mit der Begründung fern, sie könnten Gewerkschaftsagitatoren sein. Man mußte sich nur ansehen, welchen Aufruhr sie verursachten, sobald sie auftauchten und auf die Geschäftsleute mit den Wagen voller Frauen losgingen. Wylie fand, er und Big Candy müßten sich keine Gedanken machen, solange die Priester und die Kaufleute sich in den Haaren lagen. Er hatte diese beiden Gruppen schon bei anderen Regierungsprojekten, die er geleitet hatte, miteinander im Streit liegen sehen. Vielleicht änderte der Kongreß eines schönen Tages das Gesetz, das den Leitern von Regierungsprojekten solche Macht verlieh. Aber Wylie kümmerte das nicht. Bis dahin würden er und Big Candy längst von der Bildfläche verschwunden sein.

Wylie wollte sich in Südkalifornien am Meer, wo es warm war, zur Ruhe setzen. Long Beach war genau der richtige Platz für ihn. Aber er und Big Candy waren im Laufe der Jahre so erfolgreiche Geschäftspartner geworden, daß es ihm schwerfiel, sich von Big Candy zu trennen. Deshalb versuchte er, ihn davon zu überzeugen, daß Denver zu kalt sei und Neger, selbst wenn sie Geld hatten, dort nicht willkommen wären. In Südkalifornien dagegen war jeder willkommen, egal welche Hautfarbe er hatte. Candy wollte ein Hotel mit Restaurant, also warum nicht in Los Angeles? Big Candy kam aus Louisiana. Er würde die Winter in Denver verfluchen. Aber Candy wollte in der Nähe hoher Berge leben. In Louisiana gab es keine hohen Berge und in Los Angeles auch nicht.

Trotz der beeindruckenden Einnahmen wirkte Big Candy heute abend bedrückt. Wylie erkundigte sich, ob es in der vergangenen Nacht im Kasino Ärger mit einem Betrunkenen gegeben hätte. Aber an der Art, wie Candy den Kopf schüttelte, erkannte Wylie, daß es Frauenprobleme sein mußten. Er goß sich und Candy ein weiteres Glas Brandy ein. Wie konnte diese blutjunge Squaw einem gestandenen ehemaligen Indianersoldaten wie Candy Probleme bereiten? Candy trank einen Schluck Brandy und schüttelte den Kopf. Das Mädchen hatte ein kleines Baby – sein Baby – aber es war zu früh auf die Welt gekommen und würde mit Sicherheit sterben.

Wylie nickte verständnisvoll, dann stürzte er den Brandy hinunter und schenkte sich nach. Das ständige Herumziehen von Baustelle zu Baustelle gestattete einem Mann keine Familie. Wylie war froh darüber – aber er wußte, daß Candy gelegentlich einsam war.

Wylie klopfte Candy auf den Rücken und goß ihm noch einen Brandy ein. Noch nie hatte er einen schwarzen oder weißen Mann getroffen, der so ehrlich war wie Big Candy. Sie sprachen nie darüber, warum sie sich verstanden – es kam einfach mühelos zustande, zumindest war Wylie dieser Ansicht. Er bildete sich nicht ein, zu wissen, welche Mühe es einen Schwarzen kostete, sich mit einem Weißen zu verstehen. Vielleicht machte es Candy mehr Mühe, als er zeigte. Vielleicht sprach er deshalb so viel von Denver? Wylie hoffte immer noch, Candy nach Südkalifornien locken zu können, dann würde er seine Kochkünste genießen können, wann immer er wollte. Es war schade um das Baby, und er hatte auch nichts gegen das Indianermädchen, aber Wylie war überzeugt, daß sein Freund in Kalifornien viel bessere Frauen finden konnte.

Wylie wußte, wie er Big Candy aufmuntern konnte. Er lobte den Rippenspeer vom vergangenen Abend. Dann erzählte er von den gedünsteten Muscheln in Weißwein- und Pilzsoße, die er einmal in San Francisco gegessen hatte. Candy entspannte sich ein wenig und seine Augen leuchteten auf.

»Kammuscheln«, sagte Candy. »Ich dachte da an pochierte Kammuscheln in Weißwein.« Candy wußte, daß dies Wylies Art war, ihn zu überreden, lieber nach Long Beach statt nach Denver zu gehen. Wylie kannte alle seine besten Gerichte und konnte sie selbst nach Monaten, ja noch nach Jahren bis ins kleinste beschreiben. Wylies Begeisterung für gute Speisen spornte Candy an.

Nach monatelanger Hitze brachte der Regen die erste Abkühlung, und der zähe, glitschige rote Schlamm bescherte den Arbeitern die Ruhepause, die ihnen von den Bossen verweigert wurde. Der Boden war zu naß und zu schwer, um bearbeitet zu werden, und die Arbeiter feierten ihre Ferien mit Kübeln voller Bier und lautem Gegröle beim Würfeln und Kartenspielen. Wenig später fielen Gewehrschüsse, denen Jubelrufe folgten. Der kleine schwarze Ahne erstarrte bei den ersten lauten Geräuschen, dann begann er, sich in seinem Kokon zu winden und wollte nicht weitertrinken. Außerdem war er zornig, weil sein eigener Vater glaubte, daß er bald sterben würde. Jeder Tag, den das Baby am Leben blieb, würde Big Candy ein wenig mehr davon überzeugen, daß er Unrecht hatte. »Du mußt Geduld mit deinem Vater haben«, flüsterte Sister Salt den kleinen Fäusten zu, die sich wütend aus dem Bündel streckten.

Bis Candy vorbeikam, um nach ihr und dem Baby zu sehen, war er naß und schlammig, denn er hatte für den Tresor ein neues Versteck gefunden. Er brachte eine Platte mit, auf der sich Rippenspeer, Mais und Bohnen sowie Kartoffeln mit Soße auftürmten.

Maytha und Vedna waren immer noch nicht aus Needles zurück, so daß er nun, wo die Arbeiter frei hatten, nicht genügend Hilfskräfte besaß. Er sah Sister an und dann auf das Bündel in ihren Armen, und sie wußte, daß er daran dachte, sie zu bitten, Juanito beim Bierverkauf zu helfen. Aber er verwarf den Gedanken. Statt dessen fragte er sie, wann die Zwillinge ihrer Meinung nach zurückkommen würden. Sie zuckte mit den Achseln. Das Johlen der feiernden Arbeiter um sie herum wurde lauter, und der Kleine begann wütend zu schreien, weil sein Vater nicht mit ihm sprach. In diesem Augenblick rief einer der weißen Kartengeber vom Blackjack nach Big Candy – ein Kampf war ausgebrochen und man brauchte seine Hilfe!

Sie schaukelte den Kleinen, bis er ihre Brustwarze wieder akzeptierte, dann aß sie. Den Rippenspeer hob sie bis zum Schluß auf, in der Hoffnung, daß er einschlafen und sie nicht dafür schelten würde, fettiges Fleisch zu essen. Das Fleisch war gut durchgebraten und mager, und sie war sehr hungrig. Sobald das Kind die Augen zugemacht hatte, biß sie in das knusprige Fleisch am Knochenrand. »Ich muß ein bißchen Fleisch essen«, flüsterte sie ihm zu, als er die Augen wieder aufmachte. Hier ist überhaupt kein Fett mehr dran.« Die glänzenden Augen des kleinen Ahnen verfolgten jeden Bissen, aber er schwieg, abgelenkt von den Stimmen und Rufen von draußen. Der Lärm schien ihn nun zu interessieren. Sie aß, bis sie satt war, aber auf der Platte lag immer noch Fleisch.

Jetzt, wo die Sonne aufgegangen war, wurde es allmählich warm im Zelt. Die Kühle des Sturms wich der Hitze, auch wenn diese schwächer war als vorher. Sister wickelte den kleinen schwarzen Ahnen aus, um ihm die Windeln zu wechseln, und im ersten Moment schnappte er vor Schreck nach Luft. Er zappelte mit den Armen und Beinen, aber er schrie nicht. Sein kleiner Hintern war immer noch so dünn wie der eines alten Mannes, aber seine Arme und Beine wirkten ein wenig fülliger, fand sie. »Kleines schwarzes Spinnenbaby«, flüsterte sie ihm zu, »komm, wir gehen spazieren.«

Sie füllte ihre Kürbisflasche und wickelte die Knochen und Fleischreste in altes Zeitungspapier, das sie mit einer Schnur verschnürte und sich dann über die Schulter hängte, dann nahm sie das Baby in den Arm, um dem Lager der Hundezirkusfrau einen Besuch abzustatten.

Selbst im tiefen Schatten der Tamarisken und Weiden am Flußufer war die Luft vom Regen schwül-warm. Das störte sie nicht. Sie war froh, fortzukommen. Der kleine schwarze Ahne schlief ein, sobald sie dem Lärm bei den Zelten entkommen waren. Schon nach kurzer Zeit hörte sie in der Ferne das Jaulen und Bellen – die Hunde schienen aufgeregt zu sein. Als sie die sandige Lichtung unter den großen Pappeln erreichte, bot sich ihr ein erstaunlicher Anblick.

Die schwarzen Hunde rannten im Kreis um die lahme Hündin herum, die schwanzwedelnd dastand und ihnen aufmunternd zubellte. Dann und wann löste sich einer der Hunde aus dem Kreis und sprang mit einem Satz über den Rücken des verkrüppelten Hundes, ohne den Rhythmus der kreisenden Runde zu unterbrechen. Mit einem Mal begannen alle Hunde übereinander zu springen, und es gab Zusammenstöße – Hunde lagen am Boden und übereinander, und augenblicklich begannen alle, auch die lahme Hündin, zu knurren und wild aufeinanderloszugehen. Sister Salt sah sofort, wie gefährlich sie zusammen waren. Als die Meute plötzlich innehielt und sich witternd zu ihr hinwandte, fühlte sie ihr Herz heftig klopfen. Der Rippenspeer! Wenn die Hunde sie angriffen, würde sie ihnen das Fleisch zuwerfen.

In diesem Moment rief Delena von ihrem Platz im Schatten die Hunde auf Spanisch zu sich. Nachdem sich die Tiere um sie versammelt hatten, stand Delena auf und rief Sister Salt zu, sie könne jetzt kommen. Der kleine Ahne hatte die Augen weit aufgerissen, aber er gab keinen Mucks von sich. Delena befahl den Hunden sich hinzulegen. Sie gehorchten, aber ihre Nasen waren unentwegt in Bewegung, denn sie witterten das Fleisch.

Delena breitete einen der Hundesäcke aus, damit Sister darauf Platz nehmen konnte. Die anderen Leinensäcke waren überall im glatten Sand ausgelegt, und auf ihnen lagen die Hundekostüme aus leuchtend bunten Stoffresten, die mit Knöpfen in allen Größen und mit haselnußgroßen Glöckchen verziert waren. Es wurde ein herrlicher Vormittag! Während Delena den restlichen Rippenspeer aufaß, stillte Sister das Baby, bis es einschlummerte. Danach teilte Delena die Knochen auf und fütterte die

Hunde, wobei sie zwischen den einzelnen Knochenhäufchen genügend Platz ließ, damit keine Kämpfe ausbrachen. Dann zogen sich die beiden Frauen in den Schatten zurück, um zu plaudern. Delena hatte viele Fragen. Sie erkundigte sich nach der Baustelle, nach Sister Salts Zelt und nach Big Candy.

Es sei gut, aus der Schule und dem Reservat in Parker fortzusein. Das Wäschewaschen und die Schäferstündchen mit den Arbeitern brächten ihnen gutes Geld. Delenas Augen weiteten sich bei der Erwähnung von Geld. Sister Salt zuckte die Achseln. Die Hundezirkusfrau war also genau wie alle anderen: Geld, Geld, Geld. Das war alles, woran sie dachte. Deshalb fing sie an, von dem vielen Geld zu prahlen, das sie und die Zwillinge in einem knappen Jahr verdient hatten. Genug, um der alten Chemehuevi-Tante der Schwestern ein kleines Stück Land flußaufwärts abzukaufen. Genug, um nie wieder zurückkommen und arbeiten zu müssen, wenn sie es nicht wollten. Je länger Sister erzählte, desto fröhlicher wurde Delena.

Wenn es Geld war, was Delena interessierte, dann sei sie hier genau richtig, denn Geld war das einzige, was hier alle interessierte, außer ihr selbst, meinte Sister Salt. Am Anfang hätten die aufgehäuften Silbermünzen auch ihr Herzklopfen verusacht. Aber jetzt sei sie das Geld leid und den Lärm, den Staub und die Langeweile, die das Geldverdienen mit sich brachte, die Sorgen um Diebe und um im Sand vergrabene Geldkisten. Sie hatte Big Candy versprochen, den Tresor niemals zu erwähnen, aber irgendwie war es ihr herausgerutscht. Doch die Hundezirkusfrau schien es gar nicht bemerkt zu haben. Candy würde es sowieso nie herausfinden – er war viel zu sehr mit Geldverdienen beschäftigt. Und wenn, war es ihr auch egal – er konnte sie nicht daran hindern! Es machte Sister Spaß, Delena zu erzählen, was immer sie wissen wollte.

Sister beschrieb die Kasinozelte unter den Pappeln, vor denen die Arbeiter und jetzt auch die Soldaten in ihrer freien Zeit Schlange standen, um sich an einem der acht Spieltische zu vergnügen. Ihr Mann, Big Candy, sei der Partner des Baustellenleiters, und sämtliche Gewinne, die das Glücksspiel, die Wäscherei und der Verkauf von Bier und Gegrilltem abwarfen, wurden zwischen Wylie und Big Candy aufgeteilt.

Delenas Augen glänzten, als Sister Salt die Geldsäcke beschrieb, die Big Candy dem Boß jeden Abend vorbeibrachte. Ja, dies war der richtige Ort! Hier würde sich ihr Hundezirkus lohnen, davon war sie überzeugt. Sister bemerkte, das sich die lange, schmale Narbe in ihrem Gesicht immer stärker zu röten schien, während sie sprach.

Sister hatte Spaß an der Unterhaltung und wollte nicht aufhören.

»Jetzt ist der Tresor irgendwo begraben, und nur Big Candy weiß, wo.« Ohne zu wissen, warum, hatte sie den Tresor noch einmal erwähnen müssen. Der Tresor enthielt ihr ganzes Geld – Wylies, Candys und auch ihres. Nur Maytha und Vedna hatten ihren Anteil bereits an sich genommen, um Land zu kaufen.

Delena sah zu, wie sie die um das Baby gewickelten Tücher zurechtzog, und erkundigte sich beiläufig, was Big Candy von seinem Sohn halte. Ein Kloß aus Zorn und Traurigkeit formte sich in Sister Salts Kehle. Ohne Delena anzusehen, schüttelte sie den Kopf.

»Er glaubt, daß er zu klein ist und bald stirbt.« Sie sprach leise, damit der kleine Ahne ihre Worte nicht hören konnte. Delena beugte sich mit ihrer Näharbeit vor und tätschelte Sisters Hand.

Sister war von der brütenden Hitze und den vielen Antworten auf Delenas Fragen ein wenig schläfrig, deshalb streckte sie sich neben dem Baby im Sand aus, während Delena weiter Satinrüschen annähte. Nun war sie es, die erzählte, während sie die Nadel führte. Die Hunde rissen sich während der Vorstellungen gern gegenseitig die Kostüme vom Leib, erklärte sie, und Sister Salt lachte mit geschlossenen Augen. Dem Publikum gefiel der Anblick zerissener Rüschen und abgebissener Glöckchen. Sie schrien vor Lachen, wenn sich die Hunde gegenseitig die Löwenmähnen und die Schwänze aus ausgefranstem Sackleinen herunterzerrten, also hielt sie die Tiere nicht davon ab, sondern baute das Ganze in die Vorstellungen mit ein. Da die Jungtiere ihre Aufgaben nun beherrschten, erforderte das Flicken der Kostüme die meiste Arbeit.

Sister Salt hatte ebenso viele Fragen wie Delena, aber sie war zu müde. Sie hätte gern gewußt, woher Delena kam, und wie sie zu der Narbe mitten im Gesicht gekommen war. Sie wollte wissen, ob Delena irgendwo Kinder, Familie oder einen Ehemann hatte.

Beim Einschlafen fragte sie sich noch, wo Indigo sei, was sie in diesem Moment wohl tat, und sie träumte davon, wieder in den alten Gärten zu sein. Die Aprikosensetzlinge neben Grandma Fleets Grab waren jetzt größer als sie selbst, und ihre Äste hingen voller reifer Früchte. Der kleine schwarze Ahne war nicht größer als jetzt, aber er konnte bereits herumtapsen und im Sand unter dem Baum herumkrabbeln. An der Quelle in der Sandsteinhöhle hörte sie Stimmen, Grandma Fleet lachte, und Mama und Indigo stimmten in das Lachen ein. Wie glücklich Sister in diesem Traum war! Die anderen freuten sich so sehr, sie wiederzusehen, daß sie Sister ganz fest umarmten, und sie waren begeistert von dem Baby, das sein Gesicht in ihren Röcken versteckte und jedesmal kicherte, wenn Grandma Fleet es hochnehmen wollte.

Als sie erwachte, waren die Hundekostüme samt Nadel und Faden verschwunden, und an ihrer Stelle hatte Delena ein quadratisches Flickentuch aus bunten Satinresten ausgebreitet. In der Mitte des Tuches legte sie mit großer Sorgfalt Karten aus – kein Pokerblatt, sondern Karten, auf denen Teile von Bildern zu sehen waren, die keinen Sinn ergaben. Sister sah nach dem Baby, das friedlich schlummerte, und schaute dann zu, wie Delena eine Karte nach der anderen umdrehte. Nun war Sister Salt an der Reihe, sich nach Delenas Herkunft zu erkundigen.

Sie blickte nach Süden, ehe sie erklärte, daß sie aus einem Krieg im Süden käme. Ja, mit Krieg kannte Sister Salt sich aus. Krieg war der Morgen, an dem die Soldaten und Indianerpolizisten auf sie und die anderen Tänzer losgegangen waren, um den Messias und seine Familie zu verhaften. Delena sah von den Karten auf. In Mexiko brachten die Soldaten die Leute um – selbst die Frauen und Kinder –, und deshalb mußten sie sich zur Wehr setzen.

Sister nickte. Krieg erklärte auch die Narbe in Delenas Gesicht. Krieg beantwortete die Frage nach einer Familie. Was Sister Salt Kopfzerbrechen bereitete, war die Frage, warum der Messias die Mörder nicht aufhielt. Statt dessen wies er die Menschen an, nicht zu den Waffen zu greifen, sondern zu tanzen, bis die großen himmlischen Sturmwinde die Erde von Mördern gesäubert hatten. Es fiel ihr nicht leicht, sich einzugestehen, daß sie an den Versprechungen des Messias langsam zu zweifeln begann. Delena meinte, sie hätten Glück, daß die Sturmwinde die Arbeit für sie erledigten. Unten im Süden müßten sie das Kämpfen schon selbst übernehmen.

Delena fuhr fort, die Karten umzudrehen. Im Süden würden alle sterben, wenn sie sich nicht selbst verteidigten – Unsere liebe Frau von Guadalupe sei vor kurzem erschienen und hatte ihnen aufgetragen, loszuziehen und jenseits der Grenze, in den Vereinigten Staaten, gute Gewehre zu kaufen.

Sister Salt riß die Augen auf. Dies waren die ersten Neuigkeiten über die Mutter des Messias. Wann das gewesen sei? Im vergangenen Januar. Natürlich, dachte Sister, während der kalten Jahreszeit. Aber wo waren der Messias und die anderen? Sister Salt war enttäuscht, daß sie immer noch nicht wußte, wo ihre Mutter war, und jetzt erzählte ihr diese Fremde, man habe die Menschen in den Bergen von Mexiko gesehen. Sie wollte Delena gern vertrauen, aber einiges von dem, was sie sagte, war schwer zu glauben.

Eine Weile saßen sie schweigend da, und nur das ferne Gelächter und die Schüsse drangen gelegentlich bis zu ihnen. Sister wollte wissen, was sie da mit den Karten machte.

Delena schüttelte den Kopf, als könne sie im Augenblick nicht sprechen. Sie sah nicht auf und schob die Karten herum, bis einige von ihnen ein komplettes Bild ergaben. Sister Salt sah ihr einige Zeit schweigend zu, ehe sie sich erkundigte, ob die Karten überhaupt etwas wissen konnten – sie seien schließlich nur aus Papier?

Das hier seien Zigeunerkarten, erklärte Delena. Der Karton wurde vor dem Bemalen gesegnet, und die abgebildeten Figuren, Farben und Symbole zogen gewisse Mächte und Wesen an. Diese Karten hatten der guten Frau gehört, die sie aufgezogen habe. Daraufhin sah sich Sister Salt die Karten genau an, aber sie konnte kein Anzeichen von irgendwelchen Geisterwesen entdecken.

»Wenn man weiß, wie man sie lesen muß, können sie uns warnen und Fragen beantworten.«

Zigeunerkarten! Zigeuner! Sister Salt mußte an die Zeit in Needles denken und daran, welche Aufregung die Nachricht von der Ankunft der Zigeunerwagen jedesmal in der Stadt ausgelöst hatte. Ladenbesitzer schlossen am hellichten Tag ihre Geschäfte, denn die Zigeuner kamen stets in Gruppen und boten freundlich lächelnd Talismane und wertlosen Schmuck zum Verkauf an. Unterdessen nahmen die Gefährten dies und jenes bewundernd in die Hand, und alle redeten und fragten durcheinander, um die Verkäufer zu verwirren, so daß sie schließlich mit irgendwelchen, im Hemd oder unter den Röcken versteckten Sachen und Lebensmitteln hinausmarschierten. Grandma Fleet hatte gemeint, das tue keinem weh – sie täten es nur bei Ladenbesitzern, die sowieso genug hatten – aber bei den Mohaves fürchteten sich manche vor der Zauberkraft der Zigeuner.

»Du siehst gar nicht wie eine Zigeunerin aus«, meinte Sister Salt, und Delena lächelte. »Ich bin eine Yaqui«, erwiderte sie, »die Zigeuner haben mich aufgenommen, nachdem meine Familie umgebracht worden war. Bei ihnen habe ich auch das Kartenlegen gelernt.« Sie fuhr mit dem Finger über die schmale Narbe in ihrem Gesicht. »Die Soldaten haben mich für tot gehalten und mit den anderen liegenlassen.« Sister Salt nickte bedächtig und beugte sich vor, um eine Fliege vom Kopf des schlafenden Babys zu verscheuchen. Nun waren sie quitt. Ihre Fragen hatten in Delena ebensoviele traurige Erinnerungen geweckt wie Delenas Fragen in ihr. Um das Thema zu wechseln, erkundigte sie sich nach den Karten. Was sagten sie?

»Ich habe die Karten nach dir befragt«, erwiderte Delena und sah Sister Salt an.

»Hier, das vierblättrige Kleeblatt ist aufgedeckt. Es sagt mir, daß alles grün und im Wachsen war und dann mit einem Mal entwurzelt wurde – Trauer und Enttäuschung.« Ich und Candy, dachte Sister Salt.

Unter den Karten befand sich ein leuchtendes Durcheinander aus Satinresten. Die bunten Flicken machten es schwer, die Karten zu erkennen. Sister konnte die Umrisse eines halben Pferdes erkennen, dort einen halben Bären und an einer anderen Stelle einen halben Hahn.

Delena zeigte auf die erste Kartenreihe. Diese hier oben zeigte die Geschehnisse der Vergangenheit. Sister nickte. Stimmt. Bevor die Hungernden kamen, waren die alten Gärten grün und in vollem Wuchs gewesen. Als sie später mit Grandma Fleet noch einmal zurückkehrten, hatten die Gärten noch einmal gegrünt, aber dann war Grandma gestorben, und wieder gab es Trauer und Enttäuschung.

In der gleichen Reihe der Vergangenheit befanden sich die Karten, die zusammen das Bild von einem auf der Spitze stehenden blauen Mond inmitten eines goldenen Sternenregens ergaben. Weil sie ihr am besten gefiel, nahm Sister die Mondkarte in die Hand, ehe Delena ihr sagen konnte, daß sie ein friedliches Leben voller Glück verheiße. Ja, sie und ihre Schwester und Mama waren glücklich gewesen, solange sie nur alle zusammen waren – egal, ob sie in den alten Gärten oder am Flußufer in Needles lebten. Die Menschen, die man liebte, waren das Wichtigste, aber nun hatte Sister Salt erlebt, wie Orte die Menschen trennen konnten.

Leuchtender Stechapfelmond, goldener Sternenregen, natürlich verhieß diese Karte Glück, aber sie lag in der Reihe der Vergangenheit.

In der nächsten Reihe sah Sister Salt zuerst die Eulenfüße, die umgekehrt lagen, und sie wußte, daß diese Karte Unglück verhieß. Delena erklärte ihre Bedeutung mit fehlgeschlagenen Plänen, Dingen, die nie geklappt hatten, obwohl man voller Hoffnung darauf wartete. Gleich neben der Eule befand sich das Hinterteil eines auf der Schnauze stehenden Schweins, ein böses Omen – das erriet Sister, bevor Delena ihr sagte, es bedeute, Gier werde bestraft. Neben dem Schwein und direkt unterhalb der Eule befand sich der Fisch, mit dem Bauch nach oben – genau wie die armen gestrandeten Fische in den Wasserlöchern, nachdem man den Fluß umgeleitet hatte. Das war die schlimmste Botschaft! Da war sich Sister Salt ganz sicher. Würde am Fluß etwas Schlimmes geschehen und noch mehr Fische mit dem Bauch nach oben treiben? Wenn noch mehr solche Wolkenbrüche niedergingen, dann würden die Ufer aufweichen und einbrechen, und das gesamte Lager würde in einer Flutwelle davongeschwemmt. Sie vernahm ein schnüffelndes Geräusch aus dem Bündel, drehte sich um und sah kleine, dunkle Fäuste in die Luft stoßen. Sie beugte sich dicht über den kleinen Ahnen, um seinen süßen Babyatem zu riechen und ihn mit ihrem zu segnen. »Ja, du hattest recht«, flüsterte sie ihm in der Sand Lizard-Sprache zu, »hier ist es nicht mehr sicher.« Vielleicht waren das auf dem Kopf stehende Schwein und womöglich sogar die Eule Fingerzeige für die Flut, die alle in ihrem Sog ertränken würde.

Delena hörte ihr zu und schüttelte dann den Kopf. Auch

gesunde Fische schwammen verkehrt herum und nützten diese Fähigkeit sogar dazu, Gefahren zu entkommen. Diese Karte meinte, Sister Salt würde obenauf sein, nach der Bestrafung der Gier. Das vierte Bild zeigte eine auf der Seite liegende Waage, die Sister noch nie gesehen hatte. Delena erklärte ihr den Zusammenhang zwischen der Waage und der Gerechtigkeit. Lag die Waage auf der Seite, bedeutete dies, daß es zum Überleben wichtig war, die Balance zu bewahren. Die von den Karten dargestellten Bilder berührten einander, was darauf hinweise, daß alle diese Dinge etwa zur gleichen Zeit geschehen würden, in nicht allzuferner Zukunft.

Nach der Karte mit dem Fisch achtete Sister Salt kaum noch auf die übrigen Symbole. Weder die Waage noch die silbrig weißen Lilien, die ebenfalls auf der Seite lagen, interessierten sie mehr, nachdem sie die Position des Fisches gesehen hatte. Delena versuchte, sie aufzumuntern. Die Botschaft der Silberlilien war überaus gut – überirdisches Glück, das man sich im Moment kaum vorstellen könne, sagte sie und lächelte. Alles werde gut! Aber Sister war es egal, ob die Hundezirkusfrau es für ein gutes Omen hielt oder nicht. Der kleine schwarze Ahne wußte es besser. Er wollte, daß sie diesen Ort verließen, weil irgend etwas geschehen würde und weil sein Vater nicht an ihn glaubte.

Sister Salt nahm das Baby auf den Arm und klopfte ihm vorsichtig den Sand von den Tüchern. Dann stand sie auf und schüttelte ihren Rock aus. Sie mußte zurück. Vielleicht waren Maytha und Vedna wieder da und sie konnten die Bedeutung des umgedrehten Fisches besprechen. Wenigstens hatten die Zigeunerkarten mehr Vertrauen in das Baby als Candy – von Tod hatten sie nichts gesagt.

Delena und ihre Hunde begleiteten sie ein Stück. Das nächste Mal würde sie ein anderes Kartenspiel befragen – die mexikanischen Karten, die Delena nur für sich selbst benutzte. Sister Salt nickte. Sie wollte die Karten über Indigo und Mama befragen. Ehe Delena kehrtmachte, bat sie Sister Salt, Big Candy von ihrem Hundezirkus zu erzählen. Sie wollte die Erlaubnis für eine Vorführung.

Als der Lärm des Lagers stärker wurde, erwachte der kleine Ahne und wurde unruhig. »Ich weiß, ich weiß«, flüsterte Sister ihm zu, »aber wir können im Moment nichts tun, außer umzuziehen, und die anderen sind zu beschäftigt, um uns mit dem Zelt zu helfen.« Wenn Big Candy seinen Sohn endlich annahm, würde sich das Baby vielleicht an den Lärm des Kasinos und des Brauereizeltes gewöhnen.

Sister Salt war überglücklich, als sie sah, daß die Zwillinge zurück waren – aber was taten sie da? Maytha und Vedna standen vornübergebeugt vor ihrem Zelt und schnürten Bündel zusammen. Sobald sie Sister gewahr wurden, rannten sie auf sie zu, und noch ehe sie ein Wort gesprochen hatten, drängten sie sich dicht heran, um das Baby zu sehen.

»Oh, wie süß! Er ist gar nicht so winzig!«

»Nein! Er sieht kräftig aus!«

In diesem Moment empfand Sister Salt eine tiefe Liebe für ihre Freundinnen, weil sie sofort bereit waren, an die Kraft und Gesundheit ihres Babys zu glauben. Das war es, was Big Candy nicht zu verstehen schien – Zweifel schwächten kleine Kinder. Man mußte Gutes von ihnen denken oder sich fernhalten!

Sicher war es diese Mohave-Frau, die das Gerücht verbreitete, das Baby sei zu schwach, um zu überleben. Das Weib war voller Haß auf Sister Salt. Die Frau wollte sie und die Zwillinge los sein, um die Wäscherei und die Brauerei für Big Candy allein zu führen. Wahrscheinlich wollte sie Big Candy für sich haben.

»Sie ist eine Hexe«, flüsterte Vedna. Die Zwillinge wollten es bei dieser Frau nicht darauf ankommen lassen, also packten sie ihre Sachen. Big Candy bot ihnen mehr Geld an, wenn sie nur dablieben, aber sie waren fest entschlossen. Sie würden sich auf dem kleinen Stück Land südlich von Needles niederlassen, das ihre alte Tante ihnen verkauft hatte, und sie würden sich freuen, wenn Sister Salt mit ihnen käme.

Maytha ging hinter das Brauereizelt und ihnen besorgte einen Schmalzkübel voller Bier für ihre Abschiedsfeier. Zu dritt saßen sie vor dem Zelt, während der Abend kühler wurde. Das viele Bier dämpfte das Grölen der Würfelspieler und der Betrunkenen in den nahen Zelten. Maytha wurde so beschwipst, daß sie herumzutanzen begann und über Vedna stolperte und beide lachend neben Sister Salt zu Boden sanken. Sie lachte mit ihnen und trank noch einen Schluck, aber die bösen Absichten der Mohave-Frau gingen ihr nicht mehr aus dem Kopf. Sie mußte an die Zigeunerkarten mit dem umgedrehten Schwein und dem Fisch denken. Obwohl das Baby wohlverpackt und von Decken abgeschirmt in einer Ecke des Zeltes lag, ging Sister Salt häufiger nachsehen, für den Fall, daß es von ihrem Gelächter erwachte. Aber der kleine Ahne schlief tief und fest, die winzigen Fäuste neben den Wangen, als sei er bereit, sich jederzeit selbst zu verteidigen.

Sie leerten den ersten Kübel Bier, und diesmal ging Vedna, um Nachschub zu holen, denn Maytha war so betrunken, daß sie alles verschüttet hätte. Immer wieder reichten die Zwillinge Sister Salt den Kübel und sprachen über ihr neues Leben. Bestimmt würden sie die vielen Männer vermissen, die ihnen für die Liebe Geld gaben. Zu Hause, im Reservat der Chemehuevi, waren die Männer alle verheiratet und die Frauen erbost über ihre Rückkehr, lachten die Schwestern.

»Das liegt daran, weil unser Vater kein Chemehuevi war«, meinte Vedna und Maytha nickte. Aber ihre alte Tante hatte ihnen das Land verkauft, also mußten sich die anderen mit ihnen abfinden.

Sister Salt erzählte ihnen von der Hundezirkusfrau Delena und von den Zigeunerkarten.

»Seht ihr! Ich habe es gleich gesagt! Die Zigeunerkarten wissen über das Mohaveweib Bescheid!« rief Maytha, und Vedna nickte zustimmend. Aber Fische konnten tatsächlich mit dem Bauch nach oben schwimmen und sich dann wieder umdrehen. Vielleicht war Sister Salt selbst der Fisch. Das hatte Delena auch gesagt. Langsam erkannte Sister das Gute an dem umgedrehten Fisch, und es wurde ihr leichter ums Herz. Sie griff wieder nach dem Bierkübel.

Die Zwillinge interessierten sich mehr für den Hundezirkus als für die Zigeunerkarten. So ein Mist! Vielleicht sollten sie doch Big Candys Angebot annehmen und noch eine Woche bleiben, damit sie die Vorstellung des Hundezirkus sehen konnten. Obwohl Vedna mehr getrunken hatte als Maytha, torkelte sie nicht herum und wirkte überhaupt nicht betrunken, bis sie die Bibel mit den vielen Bildern hervorholte. Die drei gingen den Wanderpredigern und Missionaren, die nur schimpften und herumschrien, zwar stets aus dem Weg, aber die merkwürdigen Bilder in der Bibel sahen sie sich trotzdem gerne an. Manchmal las Vedna ihnen daraus vor, aber die Bibelsprache war anders als das Englisch, das sie sprachen, und sie gab nach kurzer Zeit auf.

Vedna machte die Augen zu und drehte die Bibel mehrmals in ihren Händen, dann ließ sie sich das Buch aufgeschlagen in den Schoß plumpsen und zeigte mit dem Finger auf eine Seite – so sagten gute Christen die Zukunft vorher.

»Oh!« rief sie, als sie die Augen wieder öffnete, und Sister Salt glaubte, sie habe eine ihrer Lieblingsstellen erwischt – die Männer im Feuerofen oder Daniel in der Löwengrube. Maytha liebte die Stelle, an der Jona vom Wal verschluckt wurde. Das Bild war ins Licht des hinter den Wolken hervorlugenden Vollmondes getaucht, und es wimmelte darauf nur so von menschlichen Skeletten und Leichen, einige von ihnen waren in Stücke gerissen, und über allem thronte der Prophet und schaute auf sie herab. Die Toten sahen gequält und verzweifelt aus, besonders das Skelett in der unteren rechten Ecke, das nach seinem verlorenen Schädel herumtastete. Sie lachten laut, und Maytha meinte: »Oje! Sieht aus wie die Mohave-Frau und ihre Freunde!« Da lachten sie noch mehr, und Vedna las vor: »›Des Herrn Hand kam über mich, und er führte mich hinaus im Geist des Herrn und stellte mich auf ein weites Feld; das lag voller Totengebeine –‹«

»Das stimmt!« unterbrach sie Maytha. »Auf diesem Feld leben wir!« Vedna seufzte.

»Soll ich weiterlesen, oder nicht?« Sie klang ungeduldig, und ihre Augen waren vom vielen Biertrinken rot unterlaufen. Sie räusperte sich und fuhr fort: »›Und er führte mich überall hindurch. Und siehe, es lagen sehr viele Gebeine über das Feld hin, und siehe, sie waren ganz verdorrt.

Und er sprach zu mir: Du Menschenkind, meinst du wohl, daß diese Gebeine wieder lebendig werden? Und ich sprach: Herr, mein Gott, du weißt es. Und er sprach zu mir: Weissage über diese Gebeine und sprich zu ihnen: Ihr verdorrten Gebeine, hörtet des Herrn Wort! So spricht Gott der Herr zu diesen Gebeinen: Siehe, ich will Odem in euch bringen, daß ihr wieder lebendig werdet. Ich will euch Sehnen geben und lasse Fleisch über euch wachsen und überziehe euch mit Haut –‹«

»Igitt!« sagte Maytha in gespieltem Ekel.

»Halt die Klappe!« befahl Vedna.

»Sie hält sich für einen Pfarrer!« sagte Maytha in dem Moment, als Vedna sie treten wollte.

»›Und ich weissagte, wie mir befohlen war. Und siehe, da rauschte es, als ich weissagte, und siehe, es regte sich, und die Gebeine rückten zusammen, Gebein zu Gebein. Und ich sah, und siehe, es wuchsen Sehnen und Fleisch darauf, und sie wurden mit Haut überzogen; es war aber noch kein Odem in ihnen. Und er sprach zu mir: Weissage zum Odem; weissage, du Menschenkind, und sprich zum Odem: So spricht Gott der Herr: Odem, komm herzu von den vier Winden und blase diese Getöteten an, daß sie wieder lebendig werden!

Und ich weissagte, wie er mir befohlen hatte. Da kam der Odem in sie, und sie wurden wieder lebendig und stellten sich auf ihre Füße, ein überaus großes Heer.‹« Vedna wollte die Bibel gerade zuschlagen, als Sister Salt bat, sie sich ansehen zu dürfen. Vedna ließ Sister die offene Bibel in den Schoß fallen und nahm Maytha den Bierkübel ab.

Sogar hier in der Bibel stand es – alles, was Wovoka gesagt hatte, war die Wahrheit. Durch die Winde aus allen vier Himmelsrichtungen würde die Erde gereinigt werden und ihre getöteten Vorfahren zu Armeen auferstehen. Die Zwillinge teilten sich das letzte Bier und stritten sich dann darum, wer diesmal Nachschub holen sollte. Bei Sister Salt begannen sich Kopfschmerzen bemerkbar zu machen, die sie jedesmal bekam, wenn sie Bier trank. Sie holte das schlafende Baby und ging zu ihrem Zelt hinüber. Die Hundezirkusfrau schien recht zu haben – die Heilige Mutter der Indianer sagte, sie sollten sich verteidigen und den Tod nicht fürchten.

Gegen Morgen hörte Sister Big Candy ins Zelt kommen, und sie roch das warme Essen, das er ihr mitbrachte, aber er kniete sich nicht neben sie und küßte ihr die Stirn, bis sie erwachte, wie er es vor dem Baby getan hatte. An diesem Morgen stellte er das Essen ab und ging wieder. Sie lauschte auf seine verhallenden Schritte und überlegte, ob sie ihm folgen sollte. Aber wenn er nicht bei ihnen bleiben wollte, dann wollte sie ihn auch nicht darum bitten.

Diese winzigen Dinger lebten manchmal tagelang, sogar wochenlang, ehe sie den Geist aufgaben. Das sei das Schlimmste, was sie einem antaten, hatte Big Candys Mutter immer gesagt –

sie überlebten gerade lange genug, um einem falsche Hoffnungen zu machen, und dann brachen sie einem das Herz. Die armen Mütter! Manchmal hielten sie ihre toten Babys noch tagelang in den Armen – eine junge Mutter hatte sogar ihre Brustwarze in das kalte Mündchen hineingezwängt. Die Aussicht auf soviel Trauer und Verlust für ein junges Mädchen, das bereits seine ganze Familie verloren hatte, machte Candy müde und mutlos. Hinzu kam, daß Wylie ein Telegramm aus Washington bekommen hatte, das dem Militär mit einer Frist von dreißig Tagen die Kontrolle über den Zugang zum Baustellengelände einräumte.

Big Candy warf sich schlaflos im Bett hin und her. Er wußte, daß er eigentlich bei Sister sein sollte, um sie zu trösten, aber sie wehrte sich gegen das, was er für unvermeidlich hielt. Es war besser, ihr die Zeit mit dem Baby nicht zu verderben. Er lag da und dachte an die Zukunft und daran, was sie tun würden. Er und Wylie wußten, daß sie, wenn das Gelände erst einmal für die Konkurrenz zugänglich war, mit erheblichen Einnahmenrückgängen rechnen mußten. Zum Glück hatten sie die Ernte rechtzeitig eingebracht und waren vorbereitet. Beide hatten an diesem Ort genug verdient, um hinzugehen, wohin sie wollten, und sich dort zur Ruhe zu setzen. Unruhig wachte Candy immer wieder auf und hörte die Rufe, die gelegentlichen Schüsse und das Gelächter. Er träumte von einem Speisesaal in einem vornehmen Hotel – durch die Fenster sah man ringsumher hohe, schneebedeckte Berge. Wylie saß mit Männern in Uniform am Kopfende des Tisches. Sie tranken Rotwein aus kristallenen Kelchen, aber es war kein Essen serviert worden. In der Küche entdeckte Candy ein winziges schwarzes Kind beim Herd, das nur mit einer Windel bekleidet war und mit einem schwarzen Hund spielte. Das Kind war nicht größer als ein Säugling, aber es konnte bereits laufen und hatte den Mund voller Zähne, als es ihn anlächelte. Mit seltsamer Geschicklichkeit turnte es unentwegt auf dem Hund herum. Als Candy die Deckel der Töpfe und der Bratpfannen im Ofen anhob, war alles Essen daraus verschwunden und nur die Überreste, Haut und Knochen, lagen noch im Fett.

Selbst nachdem er aufgewacht war und ein Streichholz angezündet hatte, um auf seine Taschenuhr zu sehen, machte der Traum ihm weiter zu schaffen. Er brauchte mehr Schlaf, sonst würde er sich den ganzen Tag über elend und krank fühlen. Er griff nach der Flasche mit dem guten Bourbon, den er als Medizin bereitstehen hatte, und nahm drei kräftige Schlucke. Die Wärme des Alkohols breitete sich von seinem Magen her über den ganzen Körper aus, und er fühlte, wie sich ein Muskel nach dem anderen entspannte, bis er schwerelos dahindriftete. Er träumte von einem kleinen, nur teilweise begrabenen Sarg, der sich auf einem großen, mit weißen Kreuzen übersäten Militärfriedhof an die Erdoberfläche schob. Was hatte ein Kindersarg dort verloren? Als er näherkam, bemerkte er, daß der kleine Sarg merkwürdige Ähnlichkeit mit einem Tresor hatte. Mit klopfendem Herzen erwachte er aus seinem Traum. Hatte er die große Geldkiste auch wirklich tief genug vergraben, den aufgewühlten Sand glattgestrichen und die Stelle unter dem Baum gut genug getarnt? Er war in Eile gewesen, und die Laterne bot in der Dunkelheit nur schlechte Sicht. Er mußte das später überprüfen. Der Traum schien auf den Tod des Babys hinzudeuten, auch wenn es schon länger lebte, als er erwartet hatte. Sisters Baby war zu schwach, um es zu schaffen – selbst die Mohave-Frauen, die sich um das Bier kümmerten, waren dieser Ansicht.

Auch Wylie beklagte sich, daß er schlecht geschlafen habe. Kein Wunder, angesichts der oberhalb des Arbeiterlagers kampierenden Soldaten und der immer zahlreicher werdenden Planwagen, die aus Yuma, Prescott und sogar Phoenix herankamen, weil sich der baldige Führungswechsels auf der Baustelle bereits herumgesprochen hatte. Candy setzte zuerst den Kaffee auf, dann rührte er Eierkuchenteig an und schnitt Speckwürfel, während Wylie in langen Unterhosen am Tisch saß. Zigarettenstummel und verbrannte Streichhölzer türmten sich auf einem Unterteller neben einer leeren Brandyflasche.

Sie hatten ihre Schäfchen zum richtigen Zeitpunkt ins Trokkene gebracht. Die verbleibenden Wochen konnten sie gelassen angehen und trotzdem noch viel Geld verdienen, ehe die anderen ihre Glücksspielzelte aufgebaut hatten und anfingen Bier und Gegrilltes zu verkaufen. Es war ohnehin ein guter Zeitpunkt, sich aus Regierungsprojekten zurückzuziehen. Wylies politische Verbindungen nach Washington waren durch den Skandal, der auf den Börsenkrach von 1893 folgte, geschwächt worden.

Nächstes Jahr um diese Zeit würden sie sich beide an ihr neues Leben gewöhnt haben – Wylie vermied es, Kalifornien oder Denver zu erwähnen, weil er immer noch hoffte, Big Candy überreden zu können, mit ihm an die Westküste zu kommen. Er lächelte in sich hinein. Er wußte, wie er seinen Freund umstimmen konnte – mit endlosen Mengen an frischem Fisch, den Big Candy bisher noch viel zu selten hatte zubereiten und servieren können. Wylie war klar, daß der Weg zu Candys Herz über frische Abalone-Steaks und Muscheln in Buttersoße führte.

Als es dunkel wurde, setzte Delena Kaffeewasser auf und lehnte sich dann zurück, um den jungen Hunden zuzusehen. Sie wachten einer nach dem anderen auf und gähnten fast gleichzeitig. Wenn sie sich um sie scharten, sprangen sie oft wie auf ein Kommando alle gleichzeitig los. Sie hatten mit Leichtigkeit gelernt, hintereinander über Hindernisse zu springen und über schmale Planken zu balancieren. Wenn sie aufgeregt waren, stellten sie sich mühelos auf die Hinterbeine, daher war es nicht schwer gewesen, ihnen das Tanzen beizubringen. Delena sah ihnen zu, wie sie von beiden Seiten an einem alten Seilstück zerrten, das einer der Hunde gefunden hatte. Sie zogen zu dritt auf jeder Seite und drehten und wirbelten sich ohne Anstrengung im Kreis herum.

Die lahme Hundemutter hielt sich abseits und blieb an Delenas Seite, denn hin und wieder kämpften die Jungen um das Seil. Das Knurren und Zähnefletschen war furchterregend, und dicke Staubwolken umgaben das Knäuel aus beißenden Hunden, die immer wieder übereinanderkugelten.

Als sie sich das erste Mal derartig bissen, hatte Delena befürchtet, ein oder zwei Hunde könnten dabei verletzt oder getötet werden. Aber als sie schließlich voneinander abließen, hatten die untersten nie etwas Schlimmeres als blutig eingerissene Ohren und mit Hundespeichel und Dreck verklebtes Fell.

Später holte Delena, den Blechbecher mit schwarzem Kaffee in der Hand, das mexikanische Kartenspiel heraus. Auf dem bunten Flickentuch ordnete sie die Karten in Form von Kreuz und Lanze an und schaute sich dann die Figuren und die Aussprüche an, die *dichos*, die zu jeder Karte gehörten.

Die erste Karte, so stellte sich heraus, war *La Rosa*, die Rose, und repräsentierte sie selbst! Was für eine gute Karte! Die Rose war das, was sie beeinflußte, und ihr Spruch lautete »Rosa, Rosita, Rosaura« – »Rose, Röschen, Rosenrot«! Die Rose war auch ein Zeichen der Muttergottes von Guadalupe. Rosen waren ihr Segen und ihr Zeichen für die armen Indianer in Tepeyac.

Die zweite Karte kreuzte die Rose und zeigte das Faß, allerdings lag es auf der Seite, als wäre es leer oder ausgekippt. Der dazugehörige Spruch lautete: »*Tanto bebió el albañal que quedó como barril*« oder »Der Maurer trank so viel, daß er rund wurde wie ein Faß.« Als Karte, die ihre Karte kreuzte, bot das Faß keinen großen Widerstand! Alle Hindernisse, die sich ihr in den Weg stellten, würde sie ebenso leicht zur Seite rollen wie ein leeres Faß.

Die Krönungskarte war der – auf dem Kopf stehende – Hahn, eine gute Karte zum Umkehren, denn sie hatte eine rätselhafte Bedeutung – »*El que le cantó a San Pedro no le volverá a cantar*« – »Er, der für St. Petrus sang, wird nicht mehr für ihn singen.« Vermutlich, weil man ihn in die Suppe gesteckt hatte. Die vierte Karte sprach von ihrer Stellung im Lebensgefüge, ihrer Herkunft. *El Pino*, die große Kiefer, erhebt sich stolz. »Immer kühl, duftend und ewig schön«, lautete der Spruch zu dieser Karte. Vor Delenas Geburt waren die Menschen vor den Soldaten zu einem festen Stützpunkt in den Kiefernwäldern hoch oben in den Bergen geflüchtet.

Hinter dieser Karte, als Vertreterin der Vergangenheit, lag die fünfte Karte, jene mit der rot-weiß-grünen Fahne Mexikos. Sie lag verkehrt herum und war um den Fahnenmast gewickelt. Eine umgedrehte Flagge war eine Unglückskarte. Eines Tages würden die Armen die Oberhand gewinnen, und über Nacht würde nicht nur ein neues, sondern viele Mexikos würden entstehen.

Der schöne auf dem Kopf stehende Gitarrenspieler symbolisierte ihre unmittelbare Zukunft. Wieder eine Karte, die umgekehrt besser war als aufrecht, denn sie hatte einen merkwürdig formulierten Spruch: »Die Gummitrompete des Musikers will nicht spielen«, ein alberner Ausdruck für einen schlappen Penis. Auf dem Kopf stehend war diese Karte vielleicht nicht ganz so schlecht – vielleicht würde die Trompete doch spielen und der Erfolg gehörte ihr.

Die siebte Karte wies auf Delenas momentane Situation hin,

und hier bekam sie eine Gänsehaut, so genau trafen die Karten ihre Situation, denn es handelte sich um *La Mano*. Der *dicho* bezeichnete sie als »die Hand des Gauners«, obwohl die Karte glücklicherweise auf dem Kopf stand, was bedeutete, daß die Gaunerhand ihre eigene war!

El Nopal, der mit roten Früchten bedeckte Feigenkaktus, die achte Karte, stand für ihr derzeitiges Zuhause, aber die Karte lag wiederum auf dem Kopf, was der Wahrheit entsprach – sie war entwurzelt wie der Feigenkaktus, ihre Heimat vom Krieg zerrissen. Sein *dicho* war bitter: »Alles, was man sieht, ist etwas zu essen.« Geplünderte Landstriche, Tiere, sogar die Menschen geplündert. Doch auch verkehrt herum war der Nopal noch eine gute Karte, denn selbst wenn man ihn entwurzelte, waren weder der Kaktus noch seine Früchte zerstört. Im Gegenteil – ein Kaktus konnte auch auf dem Kopf stehend oder mit abgebrochenen Wurzeln noch frische Wurzeln treiben, und das fast überall.

Ihre Hoffnungen und Ängste wurden von der neunten Karte repräsentiert, *El Corazón*, das Herz, von einem blutigen Pfeil durchbohrt. »Verstoße mich nicht, mein Liebling«, lautete der Spruch; »ich kehre mit dem Planwagen heim.« Perfekt. Das Herz wies vielleicht auf eine Liebesgeschichte hin, aber den blutigen Pfeil hatte ein Krieger abgeschossen. Ein Pfeil mitten durchs Herz bedeutete Erfolg im Kern einer Sache – ihr Liebling war der Aufstand im Süden, und sie würden siegen. Ja, sie würde wirklich mit einem Wagen heimkehren, vollbeladen mit Ausrüstungsgegenständen.

Die zehnte und letzte Karte stand für die Zukunft, den Ausgang der derzeitigen Unternehmungen, und hier war es *La Sandia*, die fette, reife Wassermelone. Ihr in Streifen geschnittenes saftiges rotes Fruchtfleisch bedeutete Erfolg, Erfolg! Der *dicho* besagte: *»La barriga que Juan tenía, era empacho de sandia«* – »Juans Bauch ist vollgestopft mit Wassermelone.« Nur die besten Umstände brachten große, reife Melonen hervor oder erlaubten es Juan, sich den Bauch vollzuschlagen – diese Karte sagte ihr, daß die Umstände perfekt waren. Es war offensichtlich Zeit, die Hunde zu nehmen und im Lager eine Vorstellung zu geben.

Dem Radau im Lager und den Ängsten seines Vaters zum Trotz gedieh der kleine schwarze Ahne. Sister neckte ihn jetzt und nannte ihn eine kleine, schwarze Spinne, weil seine Arme und Beine immer länger zu werden schienen. Er wehrte sich nach wie vor gegen den Krach, wenn sie ihn nicht im Arm hielt oder durch Singen versuchte, den Lärm draußen zu übertönen. Stundenlang sang sie ihm vor, und wenn ihr die Lieder ausgingen, sang sie einfach irgendwelche Laute – erfundene Sand Lizard-Worte, aber auch spanische und englische schienen ihn zu beruhigen und den Radau am besten zu verdrängen. Sie band ihn sich auf den Rükken, sicherte ihn mit ihrem weißen Schal, und spazierte mit ihm von den Zelten fort. Je höher die Erde über dem Fluß aufgetürmt wurde, desto mehr ähnelte der Damm einer der Schreckensgeschichten, die Maytha und Vedna von ihrem Vater gehört hatten. Darin fraß ein Ungeheuer alle Lebewesen entlang des armen Flusses.

Flußaufwärts ertränkte das aufgestaute Wasser die Pappeln und Weiden, und sie begannen nun abzusterben. Die Wasserkresse und zarten Moose, die früher das Flußufer gesäumt hatten, standen unter Wasser, und die silbrig-grünen Elritzen verschwanden. Sister saß stundenlang am Ufer und sah den trägen Strom zwischen Moosen und Schilf dahinfließen, während der Kleine einen tiefen Schlaf genoß. In solchen Augenblicken dachte sie an Indigo und Mama und an den Messias und die Tänzer. Langsam begann sie zu befürchten, daß sie einander nicht wiedersehen würden.

Später bot Sister Salt Maytha und Vedna an, sie zu der Frau mit dem Hundezirkus zu bringen, damit sie die Zigeunerkarten nach der Zukunft befragen konnten. Sister Salt wollte die mexikanischen Karten nach Mama und Indigo befragen. Aber die Zwillinge wußten nicht so recht. Sicher, die Frau hatte Sister nach der Geburt des Babys Wasser gegeben. Trotzdem sollte man bei umherreisenden Fremden auf der Hut sein. Vedna mußte lachen, denn sie würden bald selbst reisende Fremde sein. Da sie aber neugierig auf den Hundezirkus und auf die Karten waren, die die Zukunft vorhersagten, beschlossen sie, noch einige Tage zu bleiben.

Sister Salt wollte Big Candy von der Mexikanerin und dem Hundezirkus erzählen, aber sie kam nicht dazu, weil er viel zu beschäftigt war. Am nächsten Nachmittag, als Sister und die Zwillinge mit dem schlafenden Baby im Schatten lagen, tauchten plötzlich zwei schwarze Hunde mit bunten Flickenkostümen und kleinen gehörnten Kappen auf, an denen hinter den Ohren kleine Glöckchen befestigt waren – Jokerkappen wie aus einem Kartenspiel. Die Hunde waren recht freundlich und brachten mit ihren wedelnden Schwänzen die Glöckchen zum Klingeln.

Juanito rief Big Candy aus dem Brauzelt, damit er sich die Ankunft des Hundezirkus ansah. Erstaunt erblickte er eine dunkle Frau mit einem weißen Umhang über dem Kleid, auf dem die leuchtend rote Gestalt der Karodame prangte. Sie war umgeben von weiteren Hunden mit Umhängen aus Satinresten, die so zusammengenäht waren, daß sie den Karokönig, den Buben, die Zehn und die Neun ergaben. Delena bemerkte Sister und die Zwillinge unter dem Baum erst, als Sister ihr einen Gruß zurief. Delena winkte ihnen zu, blieb jedoch wo sie war und sprach leise mit den Hunden.

Langsam begannen die Hunde auf dem sandigen Platz hinter den Zelten im Kreis zu laufen, und während sie allmählich schneller wurden, begann sich eine kleine Menschenmenge anzusammeln. Die Hunde sprangen nun auf der Stelle übereinander und zupften sich gegenseitig verspielt an den Kostümen herum, so daß immer mehr Glöckchen und Kostümstücke im Sand landeten. Sogar die Glücksspieler hielten mit dem Spielen inne und kamen, um sich das Spektakel anzusehen. Sie lachten und feuerten die Hunde an, während die Frau in dem merkwürdigen Kostüm zusah.

Als die Hunde schließlich damit aufhörten, sich die Kostüme herunterzureißen und sich um ihre Herrin scharten, gesellten sich Sister und die Zwillinge zu den anderen Zuschauern, die Beifall klatschend eine Zugabe verlangten, aber Delena beachtete sie gar nicht. Die Vorführung war beendet. Allmählich zerstreute sich die Menge in Richtung Spielzelte, während die Frau die Hunde mit hoher, leiser Stimme lobte. Sie streichelte sie und sprach mit jedem einzelnen Tier, während sie gleichzeitig die Glöckchen wieder festband, die Umhänge zurechtrückte und den Schaden an den Kostümen begutachtete. Als Big Candy vom Spielzelt zu ihr herüberkam, wandte sie sich von den Hunden ab und strich ihren Umhang glatt, ehe sie ihn begrüßte.

Sister Salt hob das schlafende Baby auf, und die Zwillinge

folgten ihr. Sie stellten sich in die Nähe, um zu hören, wie Big Candy und Delena einen Preis für die Hundevorstellung aushandelten. Er müsse erst mit Wylie reden, bevor sie handelseinig werden könnten, meinte Candy, aber er sei sicher, daß der Boß zustimmen würde. Candy hatte seit Tagen nicht mehr so herzlich gelächelt. Das Spektakel mit den Spielkartenkostümen hatte ihm wirklich gefallen – zusammen ergaben sie einen Royal Flush, ein todsicheres Pokerblatt, das seine Kunden beflügeln würde! Sister verspürte einen stechenden Schmerz, als ihr klar wurde, daß die Geburt des kleinen Ahnen Candy traurig und nicht glücklich gemacht hatte. Candy schien sich wesentlich mehr darüber zu freuen, einen Hundezirkus zu sehen, als seinen eigenen Sohn.

Candy bot der Hundezirkusfrau leere Kisten, Fässer und sogar Planken an, falls sie die Hunde darüberspringen lassen wollte. Ein wenig beschämt von seiner Begeisterung nickte Delena, und er rief auf der Stelle Juanito zu sich, um die verlangten Sachen herbeizubringen.

»Oje!« sagte Maytha, als Delena und ihr Hundezirkus mit Big Candy zu Wylies Zelt ging. Vedna tat, als verziehe sie abweisend das Gesicht, und alle drei mußten lachen. Es sei ihr egal, wenn Big Candy sich an Delena heranmachen würde, erklärte Sister – sie fand Delena nett. Außerdem wollte der kleine schwarze Ahne seinem Vater ohnehin nicht vergeben, daß er ihn für so gut wie tot hielt. Es sei besser, sie waren getrennt, vor allem für das Baby.

Es dauerte nicht lange, bis Delena und ihre Hunde allein zurückkamen. Big Candy blieb in Wylies Zelt, um mit den Vorbereitungen für Wylies großes Festmahl zu beginnen. Übermorgen kamen seine wichtigen Geschäftskunden aus Prescott und Yuma. Sister und die Zwillinge halfen Delena, die abgerissenen Kostümteile wieder aufzusammeln. Delena machte sich darum keine Gedanken. Sie hatte für die Hunde noch die Bären- und Löwenkostüme, die sie tragen konnten, bis die Karokostüme repariert waren. Jetzt, wo sie die Hundezirkusfrau kennengelernt hatten, stimmten Maytha und Vedna Sister zu. Sie war wirklich interessant und schien sehr nett zu sein.

Delena erwähnte, daß Big Candy ihr angeboten habe, sich mit dem Hundezirkus gleich neben den Zelten niederzulassen, und brachte die Frauen zum Lachen, als sie ihre Antwort wiederholte: »Danke für die Blumen!« Die Hunde würden die ganze Nacht hindurch die herumtorkelnden Betrunkenen anbellen. Sie sei nicht hinter Big Candy her, stellte Delena klar, auch wenn der sich für sie interessierte – was nicht zu übersehen war. Sister hatte Candy fast aufgegeben. Trotzdem war sie erleichtert, daß Delena keine anderweitigen Absichten hegte. Jetzt gefiel sie ihr und den Zwillingen noch besser. Sie habe recht, erzählten sie Delena – nachts sei es jetzt noch lauter, seit die Soldaten in der Nähe kampierten. Das war der Grund, warum Maytha und Vedna fortgingen, und Sister würde vielleicht auch weggehen.

Die drei Freundinnen begleiteten Delena und die Hunde den Fluß hinab zu ihrem zwischen Tamarisken und Weiden versteckten Lager. Die Hunde sprangen voraus und blieben ab und zu stehen, um an einem Stein zu schnüffeln oder an ein Stück trokkenes Holz zu pinkeln. Sie waren noch nicht weit gegangen, als Delena anhielt, weil nur sechs Hunde da waren. Die lahme Hündin fehlte. Sie wollten schon zurückgehen, um sie zu suchen, als die Hündin mit wedelndem Schwanz aus einem Tamariskendickicht gehumpelt kam.

»Oh, seht mal! Was hat sie denn da in der Schnauze?« rief Maytha. Die anderen bückten sich, um genauer hinzusehen, und staunten, als sie eine Eindollarnote erblickten.

»Irgendein Besoffener hat sein Geld verloren!« lachte Sister Salt, und das Baby ließ mit einem leisen Schmatzer ihre Brustwarze los und starrte in ihr lachendes Gesicht hinauf.

»So einen Hund könnten wir auch gebrauchen«, meinte Vedna.

Delena lächelte und schwieg, während sie den Geldschein zu einem kleinen Viereck zusammenfaltete und ihn sich unter ihrer Bluse zwischen die Brüste schob. Die sieben schwarzen Hunde waren ihre Armee.

In ihrem schattigen Lager teilten sie sich zwei Flaschen Bier, die die Zwillinge aus dem Brauzelt stibitzt hatten, als die Mohave-Frauen gerade nicht da waren. Sie wollten lieber kein frisches Bier mehr aus Kübeln trinken, wie neulich nacht, lachten sie. Die Nachwirkungen seien einfach zu fürchterlich. Vom Bier angeregt schwärmten Maytha und Vedna davon, wie eindrucksvoll und lustig die Hundevorstellung gewesen sei. Sie sollten nur abwarten, sagte Delena zu ihnen, das sei nur eine kleine Kostprobe gewesen. Sie sollten warten, bis sie die große Vorstellung sahen!

Sie schwiegen eine Zeitlang, und die plötzliche Stille weckte den kleinen Ahnen auf, der die jungen Frauen durchdringend ansah, bis Sister ihn an die Brust legte. Als er zufrieden trank, bat sie Delena, die mexikanischen Karten hervorzuholen, um zu sehen, was sie über Mama und Indigo wußten.

Einverstanden, meinte Delena, aber zunächst mußte sie wissen, daß die Karten auch schlechte Neuigkeiten bringen konnten. Die Zigeunerin, die sie aufgenommen und die ihr beigebracht hatte, die Karten zu lesen – sie nannte sie ihr Tantchen –, war eine kerngesunde Frau gewesen, die nie krank war. Eines Winters in Chihuahua zog sie sich eine Erkältung zu. Keine schlimme – sie konnte im Lager immer noch ihrem Tagwerk nachgehen. Damals erlernte Delena das Kartenlegen noch, und sie befragte übungshalber die Karten, wann ihre Tante die Erkältung wieder los sein würde. Sie mischte die Karten viermal, wie sie es gelernt hatte, dann nahm sie die oberste ab, um die Antwort zu sehen. Es war *La Campana*, die Glocke, aber sie stand auf dem Kopf. Sie hatte die Karte noch nie verkehrt herum gesehen und war sich deshalb ihrer Bedeutung nicht sicher, als sie den Spruch las: »Die Glocke und du darunter.«

Während sie erzählte, nahm Delena die mexikanischen Karten aus dem gewebten Täschchen und wickelte sie aus. Sie schwieg einen Moment und sah den Frauen ins Gesicht, ehe sie fortfuhr.

»Ich ging mit der Karte zu Tantchen und fragte sie, wie die umgekehrte Glocke zu deuten sei.« Delena machte wieder eine Pause und schluckte schwer.

»Tantchen sagte, ›Das ist meine Karte, nicht wahr?‹« Jetzt liefen Delena die Tränen über die Wangen, und die Zwillinge und Sister sahen sich betreten an.

»Richtig herum bedeutet die Glocke Glück – die Kirchenglokke läutet, und alle tanzen bei Hochzeiten, Taufen oder anderen schönen Gelegenheiten zu ihrem Klang. Aber bei der umgedrehten Karte liegt die Glocke verkehrt herum auf dem herabgestürzten Balken, der sie einmal gehalten hat. Unter der Glocke zu liegen, kann also nur Unglück bedeuten.«

Sister sah beunruhigt auf das Kind in ihren Armen, und Maytha und Vedna bewegten ihre Beine, um die Blutzirkulation anzuregen. Delena strich das Flickentuch aus vielfarbigem Satin glatt und mischte die Karten mehrmals. Vedna setzte die leeren Bierflaschen auf der Suche nach den letzten Tropfen an die Lippen.

»Ist sie gestorben?« fragte Maytha leise. Delena nickte, während Vedna ihrer Schwester den Ellenbogen in die Rippen stieß und hörbar flüsterte: »Was dachtest du denn, du Dummkopf!«

Sister schüttelte den Kopf. Delena legte gerade die Karten, und Sister wollte nicht, daß die Botschaft der Karten vom Gezänk der Zwillinge beeinflußt wurde. Keine von ihnen ließ die Karten aus den Augen, während Delena sie verteilte. Bei der ersten Karte, *La Muerte*, dem Skelett mit der großen Sense, hielten alle drei erschrocken die Luft an. Delena runzelte die Stirn und sah sie kopfschüttelnd an. Ihre Reaktionen konnten die Karten beeinflussen.

»Ja, seid still«, warnte Sister Salt. »Verderbt mir nicht die Karten!«

So beugten sie sich schweigend vor, um Delena zuzusehen.

Jedesmal, wenn sie eine Karte aufdeckte, und die umgekehrte Glocke nicht erschien, schickte Sister ein stilles Dankgebet zu den alten Ahnengeistern. Als die letzte Karte kam und immer noch keine umgedrehte Glocke zu sehen war, stieß sie einen erleichterten Seufzer aus.

Delena betrachtete die zehn Karten sehr lange, ehe sie mit der Deutung begann. Die erste Karte, das Skelett oder der Tod, wurde von dem lieblichen Blumentopf voller roter Blüten verdeckt, und beide Karten wurden von der Sonne gekreuzt. Das sehe wirklich sehr vielversprechend aus, meinte sie, und die Zwillinge klopften Sister begeistert auf den Rücken. *La Muerte* hat eine gute Bedeutung, ließ sie die anderen wissen: »›Der Tod ist hier, der Tod ist da‹ – das ist nichts Ungewöhnliches. Das ist der Lauf des Lebens. Es bedeutet irgendeine Veränderung.«

Der Spruch zum Bild des Blumentopfes lautete: »Wer im Blumentopf geboren wird, kommt nie vor die Tür.« Es war eine Erinnerung daran, daß jedem Wesen Grenzen gesetzt waren. »Schutz für die Armen« war der dicho zu *El Sol*, der Sonnenkarte. Über allen Armen schien die Sonne, und das war ein Trost, denn die Sonne ist eine gewaltige Macht. Die Sonnenkarte konnte auch als die Sonne des Gottes gelesen werden, der die Armen auf dieser Welt beschützte. Es war eine der besten Karten überhaupt.

Sister freute sich über diese Deutung, sie beugte sich hinab und küßte den schlafenden kleinen Ahnen auf die Wange.

Auf diese drei Karten folgte das Spinnennetz, das auf einen Kampf hinwies, aber auch auf jemanden, der nicht aufgab. Das Netz sah vielleicht zerbrechlich aus, aber es war nicht schwach und gab nichts frei, was sich einmal darin verfangen hatte. Die Karte mit dem auf dem Kopf stehenden Kochtopf bedeutete irgendeinen Kummer oder Ärger, aber der Spruch nannte ihn »klein« – das Spinnennetz glich den umgekehrten Kochtopf mehr als aus. Sister fragte sich, ob diese Kochtopfkarte irgend etwas mit dem großen Essen zu tun hatte, das Candy für den Boß und dessen Freunde zubereitete.

Aber über allen diesen Karten lag die wunderschöne Karte *La Estrella*, der Stern. »Der leuchtende Führer der Seeleute« besagte sein Spruch, und es war die wichtigste Karte – sie bedeutete, daß Sister zu Indigo zurückfinden würde.

Die Wassermelonenkarte – eine dicke Scheibe des saftigen, roten Fleisches – erschien auch für Sister, mit ihrer Verheißung von Reichtum und Erfolg. Sister erinnerte sich an die köstlichen Melonen, die sie in den alten Gärten gegessen hatten, und an die wilden Melonen, die sie am Tag der Geburt des kleinen Ahnen verspeist hatte.

Die Apachenkarte über der Flaggenkarte und der auf dem Kopf stehende Hahn bedeuteten, daß die Menschen, die sich in den Bergen vor den Soldaten versteckten, der Zerstörung entgehen würden. Dies war das einzige Mal, daß Delena von den Karten aufsah und ihnen lächelnd zunickte. Sister wußte, daß sie nicht nur an den Messias und die Tänzer dachte, sondern auch an die Menschen im Süden, in ihrer Heimat.

»Die letzte Karte ist die wichtigste von allen«, sagte Delena und fuhr mit den Fingern über das Azurblau von *La Sirena*, der Meerjungfrau. Während Delena den dicho vortrug – »Laß dich nicht von Sirenengesängen in den Schiffbruch führen« –, begriff Sister, daß dies eine Warnung war. Doch danach befragt, zuckte Delena nur die Achseln. Vielleicht galt diese Karte gar nicht ihr. Vielleicht war sie für Big Candy.

Edward war schockiert, aber er erhob keine Einwände, als sie getrennte Kabinen buchte und die ihre mit Indigo teilte. Er hätte sich gern erklärt, aber sobald er anfing, schüttelte Hattie den Kopf und wandte sich ab. Es gab nichts zu erklären. Er schien gar nicht auf den Gedanken zu kommen, daß sie Entschuldigungen wollte und keine Erklärungen.

Sie beschäftigte sich mit Indigo. Sie lasen im Gladiolenbuch und hatten den Band mit den chinesischen Affengeschichten fast ausgelesen. Es gab Augenblicke, in denen Hattie die Verhaftung vergaß, aber dann überkam sie erneut die Erinnerung, und in diesen Momenten konnte sie das warme Sonnenlicht im Gesicht und selbst die erfrischende Meeresbrise kaum noch spüren. Manchmal empfand sie eine seltsame Atemlosigkeit, wenn sie sich ausruhte, und sie konnte an nichts anderes denken, als an die armen Riesenkäfer, die im Naturkundemuseum erstickt unter ihren Glasglocken lagen. Hinter der Glaswand spürte sie nichts, und doch war alles zu sehen.

Sie hatte seltsame Träume, die sie in Lauras Garten aus Aloe und Sand zurückführten, wo sie allein war, aber die anderen weder vermißte noch sich über ihren Verbleib wunderte. In anderen Varianten des Traums befand sie sich in Lauras Wäldchen, wo sie sich so allein jedesmal fürchtete, sich umdrehte und zurückrannte, um dann zitternd und schweißgebadet aufzuwachen. Sie schlief sehr viel auf der Rückfahrt – häufig zwölf Stunden pro Nacht. Das Aufwachen war am schwierigsten, weil sie in seligem Vergessen immer einen Moment lang glücklich war, ehe ihr Edwards Betrug wieder einfiel. Dann begann ihr Herz wild zu klopfen und die Düsterkeit legte sich ihr auf den Magen, wo die Aufregung eine leichte Übelkeit auslöste. Zum Glück war Indigo da, um sie daran zu erinnern, daß dies die Gelegenheit war, in ihrem Leben neue Wege zu beschreiten. Sie dachte inzwischen kaum noch an ihre Forschungsarbeit. Diese gehörte bereits zu einem anderen Leben, einer anderen Person, nicht mehr zu ihr.

Da sie sich seinen Erklärungen verweigert hatte, nahm Edward an, Hattie wolle die ganze Sache einfach hinter sich lassen, und erwähnte die Angelegenheit nicht mehr. Auch wenn ihn die Verhaftung anfänglich erschüttert hatte, wich der Schock bald einem seltsamen Gefühl der Erleichterung, als habe er sich einer verhaßten Pflicht entledigt. Er war zuversichtlich, daß seine guten Verbindungen zum Amt für Pflanzenwesen die Zollbehörden in Livorno bewegen würden, sämtliche Anklagen fallenzulassen. Er war es leid, für andere Pflanzen zu sammeln, wenn die wirklich großen Profite durch den Anbau und den Verkauf von Hybriden erzielt wurden. Er arbeitete bereits an einem neuen Plan.

Die Zollbehörden hatten sämtliche Stecklinge konfisziert, aber Indigo stellte hocherfreut fest, daß die Leinensäckchen mit den Gladiolenknollen noch vollständig waren. Sie hatte sie vorher gezählt, und es fehlte nicht eine einzige. Auch die Samentütchen von Tante Bronwyn und Laura waren noch da. Und sie fand sogar das Säckchen mit Rainbows grünen und gelben Federn, die sie aufbewahrte, sobald er eine verlor. Sie fuhren jetzt mit der Sonne nach Westen, und jeden Morgen beim Aufwachen dachte Indigo aufgeregt: Wir fahren heim! Auch Rainbow schien dies zu ahnen, denn er fing an, nach ihr zu rufen, sobald die Sonne aufging. Während Hattie regungslos im Deckstuhl saß oder in der Kabine schlief, erzählte Indigo Rainbow vom Ziel ihrer Reise und von ihrer alten Heimat. Zuerst mußten sie nach Riverside, um Linnaeus zu holen und damit Hattie mit dem Reservatsleiter über Indigo sprechen konnte. Dann würden sie alle zusammen mit dem Zug nach Needles fahren. Hattie hatte ihr versprochen, eine Kutsche zu mieten, damit sie beide nach Sister Salt und Mama suchen konnten, bis sie gefunden waren. Rainbow würde Geduld haben und sich langsam an Linnaeus gewöhnen müssen. Wenn sie nach Needles kamen, durften sie beide Indigo nicht mehr von der Seite weichen, sonst wurden sie womöglich gestohlen, oder ein Goldadler oder ein großer Habicht schnappte sie sich und fraß sie einfach auf.

Auf der Atlantiküberfahrt genossen sie das herrliche Wetter. Die Tage waren sonnig und klar, es gab keine Stürme und nur leichten Regen. Das gute Wetter hatte eine belebende Wirkung auf Edward. Hattie dagegen schien es nicht sehr aufzumuntern.

Als sie in St. Augustine anlegten, um Treibstoff aufzunehmen, schickte Edward ein Telegramm an Susan und Colin mit einem Vorschlag zur endgültigen Übertragung des Anwesens und der Begleichung seiner finanziellen Verbindlichkeiten bei ihnen. Die Zitronenhaine rund um das Haus in Riverside sollten sofort verkauft werden, aber er schlug Susan und Colin vor, das Haus von ihnen zu mieten, bis sich seine neuen Geschäfte auszuzahlen begannen.

In New Orleans erholten sich Hattie und das Kind im Hotel vor der Abfahrt des Zuges am kommenden Morgen. Edward ließen die Gedanken an die Einzelheiten seines neuen Vorhabens nicht zur Ruhe kommen, sonst hätten sie vielleicht einige Tage in New Orleans verbringen können, lange genug, um die telegraphische Antwort seiner Schwester und ihres Mannes auf sein Angebot abzuwarten. Er schickte seinem neuen Geschäftspartner, Dr. Gates, ein Telegramm an die Adresse in Albuquerque, die dieser ihm gegeben hatte. Dann spazierte er aus alter Gewohnheit zum Hafen, um nach Raritäten, Kuriositäten und natürlich seltenen Pflanzen Ausschau zu halten.

Am Kai entdeckte Edward zwischen grünen Bananen Säcke voller Vanilleschoten und bemerkte schließlich eine Palette mit Bündeln, aus denen sich zarte grüne Stengelchen mutig durch das Sackleinen zwängten. Ohne nachzudenken, nahm er ein Bündel in die Hand, um es sich genauer anzusehen. Es waren Dutzende guatemaltekischer Orchideen – robuste Exemplare der *Brassavola nodosa*, mit großen, weißen, vogelähnlichen Blüten, die herrlich dufteten. Genau die richtige Orchideenart, um die Menschen zu begeistern. Den Sonnenpriestern der Maya war diese Orchidee angeblich heilig gewesen, da sie pünktlich zur Herbstsonnenwende blühte. Die Blumen der Götter! Er sah die Zeitungsannoncen bereits vor sich. Edward war so hochgestimmt, daß er für Indigo ein paar Bananen erstand, die sie dem Affen mitbringen konnte. Er mußte eine Kutsche nehmen, um seine Einkäufe ins Hotel zurückzutransportieren.

Hattie warf einen einzigen Blick auf die Orchideen und Bananen und fragte sich, ob Edward vielleicht eine Art Nervenkrise durchmachte, während er von der Palette mit fünfzig *Brassavola*-Pflanzen schwärmte, die er hatte erwerben können. Sie fragte ihn nicht, was er mit den Orchideen vorhatte, denn bei Edward wurden alle Antworten unweigerlich zu Erklärungen, und sie ertrug es im Moment nicht, ihm zuzuhören.

Nachdem er gegangen war, um das Verpacken der Orchideen für die Abreise zu überwachen, bestellte Hattie ein einfaches Abendessen, eine Erbsen-Schinken-Suppe mit Brot, die man ihnen aufs Zimmer brachte. Als Edward später zurückkam und mit ihnen zu Abend essen wollte, schüttelte Hattie nur den Kopf und wandte sich dann wieder Indigos Zeichenblock zu. Die Papageienzeichnungen und die mit Buntstiften gemalten Gladiolen waren wirklich wunderschön. Sie hatten angefangen, ein englisches Buch über Gladiolen zu lesen, das Laura ihnen geschenkt hatte. Darin wurde auf herrliche Weise beschrieben, wie ein Europäer zum erstenmal die unzähligen lila-weißen Blütenstiele der wilden Gladiolen an der Küste Afrikas erblickte. Indigo begann, die Szene nach ihrer Vorstellung zu malen, aber sie schlief mit dem Zeichenblock und den weißen und lila Buntstiften im Bett ein. Hattie räumte Zeichenblock und Stifte vorsichtig beiseite und zog dann die Decke über das schlafende Mädchen. Sie schämte sich dafür, daß ein Teil von ihr sich heimlich wünschte, Indigo möge ein Waisenkind sein und ihre Mutter und Schwester unauffindbar bleiben.

Nachdem er allein im Speisesaal des Hotels gegessen hatte, kehrte Edward auf sein Zimmer zurück, das an das Zimmer von Hattie und Indigo angrenzte. Er sah einen Lichtschimmer unter der Tür, doch dieser erlosch fast augenblicklich, so als habe Hattie ihn gehört. Sie war jetzt erschöpft von der Reise, aber wenn sie erst wieder zu Hause waren und sie sich ein wenig erholt hatte, dann würde sie ihn sicher verstehen.

Hattie und Indigo belegten bei der Rückreise ein Schlafwagenabteil, während Edward seines mit den Orchideen teilte, die er nicht dem Gepäckwagen anvertrauen wollte. Als der Zug außerhalb von Houston die Küstenebene verließ, besprühte er jede Pflanze leicht mit Wasser, obwohl Fäulnis für diese Pflanzen eine größere Gefahr darstellte als Trockenheit. Er wollte möglichst viele von ihnen am Leben erhalten, um sich reichlich Zuchtmaterial zu sichern. Obwohl er seit der Beerdigung seines Vaters den schweren Duft von Gardenien und Geißblatt noch nicht wieder ertragen konnte, war der nächtliche Duft der *Brassavola* so zart und angenehm, daß er ihn mit Freude einatmen konnte. Die

Blüten der Orchidee ähnelten exotischen weißen Vögeln mit zum Flug gespreizten Federn. Er würde eine eigene duftende Orchideenart züchten und sie an Blumenhändler von Los Angeles bis San Francisco verkaufen. Die *Brassavola nodosa* mit ihren dunkelgrünen Blättern war an Hitze und gelegentliche Trockenperioden gewöhnt. Sie würde die Hitze und die trockene Luft während des Transportes leichter verkraften als die *Cattleya*-Hybride, die zur Zeit in Blumenläden zu finden war.

Edward hatte die Idee, die *Brassavola*-Blüten samt Pflanze an Blumenhändler zu verschicken. Endete die Blütezeit, sollte der Kunde die Pflanze wieder zurückbringen. Als Hattie sich diesen neuesten Plan anhörte, fiel ihr auf, daß sich der Tonfall in Edwards Stimme verändert hatte oder vielleicht auch die Weise, auf die sie sie hörte. Sie spürte die Verbindung nicht mehr, die sie einst empfunden hatte, vielleicht, weil sie ihrer eigenen Urteilskraft nicht mehr vertraute. Das glühende Licht in Tante Bronwyns Garten und die körperlose Maske aus ihrem Traum erschienen ihr jetzt wirklicher als ihr Manuskript oder ihre Ehe.

Indigo war begeistert von Edwards Geschenk für Linnaeus, und obwohl Rainbow sich alles genau ansehen durfte, gab sie acht, daß er nicht hineinbiß. Die Früchte dufteten so gut, und sie konnte sehen, wie sich die Farbe der glatten grünen Haut mit jedem Tag ein klein wenig veränderte. Sie konnte es kaum abwarten, ihren geliebten kleinen Freund wiederzusehen.

Es war noch recht heiß, als der Zug El Paso verließ, aber in den Nächten wurde es bereits kühl, und es begann früher zu dunkeln. Indigo und Hattie setzten den Erdkundeunterricht nun mit Hilfe des Atlas fort, und Indigo zählte die Tage und dann die Stunden, bis sie Yuma erreichten.

Der Mond stand tief, und das Licht seines ersten Viertels fiel hell durch das Zugfenster auf die Bananen, die auf dem Sitz lagen. In diesem merkwürdigen Licht erinnerten sie Indigo an eine riesige abgetrennte Hand. Sie konnte es kaum erwarten, Linnaeus zu sehen und ihm sein Geschenk zu geben. Sie war eben im Begriff einzuschlafen, als sie spürte, wie der Zug langsamer fuhr und sie die Ankündigung des Schaffners hörte: »Yuma!«. Hattie rührte sich nicht, trotz des Ruckens und Kreischens des Zuges. Rainbow schlief und hatte den Kopf unter den Flügel gesteckt. Doch Indigo glaubte zu sehen, wie er unter dem Flügel ein Auge aufmachte und sie ansah, ehe er weiterschlief. Wenn sie sich davonstehlen wollte, war dies ihre Chance. Die beste Chance zur Flucht hatte sie schon vor Monaten in Needles verpaßt. Dieser Zug befuhr die südliche Route nach Yuma, und dort kannte Indigo sich nicht aus.

Sie drückte das Gesicht gegen die kühle Fensterscheibe. Die sandigen Hügel in der Nähe des Flusses waren in dunkles, blausilbernes Mondlicht getaucht. Indigo versuchte, den Ort wiederzuerkennen, wo die Indianerpolizisten sie und die anderen Kinder festgehalten hatten – den letzten Ort, an dem sie Sister Salt gesehen hatte –, aber all das schien so lange her zu sein. Nichts sah mehr so aus wie damals. Wieder schaute sie zu den Bananen hinüber – sie hatte Linnaeus versprochen, daß sie zurückkommen würde. Und sie konnte doch Rainbow nicht zurücklassen! Aber mit ihm aus dem Zug zu springen, ging auch nicht. Das könnte ihn umbringen. Tränen stiegen ihr in die Augen, und wieder fühlte sie sich von Verlust überwältigt – Mama, Grandma und Sister! Sie war von Hoffnungslosigkeit wie gelähmt, rührte sich nicht, obwohl eine innere Stimme sie aufforderte, zu gehen und sich zu beeilen, ehe der Zug wieder schneller wurde.

Die Wangen feucht und kalt ans Fenster gelehnt, weinte sie sich in den Schlaf. Sie träumte, Rainbow hocke auf einem von Grandmas Aprikosenbäumen, und sie sitze in seinem Schatten, während Linnaeus in der Nähe im Sand spielte. Aber auf den Terrassen in den Dünen, zwischen Mais, Bohnen und Sonnenblumen, waren leuchtende Beete mit roten, gelben, rosa-, orange- und lilafarbenen, aber auch schwarzen Orchideen, so hoch wie die Maispflanzen.

Der Zug traf kurz nach vier Uhr nachmittags in Los Angeles ein. Edward bestand darauf, mit der Kutsche vom Bahnhof direkt zum Anwaltsbüro zu fahren, wo sie ihn zurückließen, aber nicht, ehe er dem Kutscher erklärt hatte, wie er unter größter Vorsicht die Orchideen im Hotel abzuladen hatte.

Hattie zog sich die Schuhe aus und legte sich aufs Bett, während Indigo auf dem Fußboden mit dem Papagei spielte. Morgen würde der Zug sie nach Riverside zurückbringen, in ein Haus, das ihnen nicht länger gehörte, falls das jemals der Fall gewesen war. Zum Glück hatte sie keine Zeit gehabt, sich dort einzuleben, deshalb würde sie auch keinen großen Verlust empfinden. Aber Indigo war Hattie so ans Herz gewachsen, daß sie nicht sicher war, es ertragen zu können, das Mädchen gehen zu lassen, besonders jetzt. Sie war fest entschlossen, sie aus dem Internat herauszunehmen und ihr zu helfen, ihre Mutter und ihre Schwester zu finden. Wenn Indigo eine Waise war, würde Hattie keine Kosten scheuen, um das Kind zu adoptieren.

Edward kehrte mit Briefen, Telegrammen und guten Nachrichten aus dem Anwaltsbüro zurück. In Riverside stand alles zum besten. Der Affe war gesund und spielte zufrieden mit dem Kätzchen. Die beiden schliefen jeden Abend zusammengekuschelt ein. Edward lächelte Indigo bei diesen Worten an, und sie lächelte zurück. Der arme Mann – er war gar nicht so unrecht – es gab schlimmere.

Indigo drehte sich zu Rainbow um, der im Käfig saß, und bat ihn, sich keine Sorgen zu machen – sie liebe ihn ebensosehr wie den kleinen Affen. Jetzt konnten sie alle zusammensein. Sie zeigte dem Papagei das Bund Bananen, das Geschenk für Linnaeus. Zuerst mußten sie sich kennenlernen – und Rainbow mußte aufpassen, daß der Affe ihm nicht unabsichtlich weh tat. Auf das kleine Kätzchen, mit dem Linnaeus sich angefreundet hatte, mußten sie besonders achten.

Edward reichte Hattie das Telegramm, damit sie es selbst lesen konnte. Susan und Colin waren einverstanden, ihnen das Haus und die Gärten zu vermieten, aber die Zitronenhaine sollten sofort verkauft werden. Zum Glück brauchte man zur Orchideenzucht keine ausgedehnten Anbauflächen. Durch den Verkauf der Zitronenhaine konnten sie alle Schulden bezahlen und behielten noch Geld übrig, um Glashäuser für die Orchideen zu bauen.

Er schwenkte einen weiteren Brief durch die Luft. Noch mehr gute Neuigkeiten! In einem Brief aus Albuquerque berichtete sein australischer Freund, Dr. Gates, daß ein Schäfer Meteoritenbruchstücke, die er in der Nähe des Kraters gefunden hatte, an einen Schürfer verkauft habe. Als man im Prüflabor in Albuquerque versuchte, die Stücke zu zersägen, waren selbst die härtesten Sägeblätter in kürzester Zeit stumpf geworden, so daß man schließlich einen Preßluftmeißel benutzen mußte. Im Inneren des fast reinen Kadmiumgesteins fand man reine Silber- und Goldadern. Doch noch erstaunlicher war die Tatsache, daß die Meteoritenexemplare mit Einsprengseln schwarzer Diamanten durchsetzt waren, die mit großer Geschwindigkeit eingedrungen sein mußten! Dr. Gates drängte Edward, so bald wie möglich zur Kraterfundstelle in Arizona zu kommen. Hattie konnte nur mit dem Kopf nicken. Nie würde sie die langen Finger und die langsame, grapschende Untersuchung des Arztes während ihrer Krankheit vergessen. Nie wieder würde sie die Gegenwart dieses ekelhaften Menschen ertragen, schwor sie sich. Vermutlich hätte sie irgendwann verstanden, was Edward dazu getrieben hatte, die Zitronenableger für die Regierung zu beschaffen, aber seine Bekanntschaft mit Dr. Gates ging einfach zu weit.

Die Zugreise nach Riverside dauerte nicht lange, und doch erschien sie Hattie endlos und weckte in ihr Gedanken an Hölle und Fegefeuer. Sie war nicht mehr gläubig, stellte sie fest. Wenn überhaupt, dann befanden sich Hölle und Fegefeuer hier auf Erden. Sie war erschöpft und konnte dennoch nicht einschlafen, während der Zug vorankroch. Ihre Kleidung war derangiert, und heftige Kopfschmerzen kündigten sich an. Nur wenn sie Indigo aufgeregt mit dem Papagei tuscheln sah, fand sie ein wenig zur Ruhe. Das Mädchen gedieh. Ihre Kleider waren bereits ein wenig zu kurz und um die Taille zu eng. Auch wuchs sie aus ihren Schuhen heraus. Es tröstete Hattie, Pläne für Indigos Rückkehr zu machen. Auch sie selbst würde andere Kleidung benötigen, wenn sie in der heißen Sonne Arizonas auf Reisen ging.

Edward las die Briefe und Telegramme noch einmal. Er war mehr denn je vom Erfolg des Minenvorhabens überzeugt. Natürlich benötigte ihre neue Gesellschaft sofort finanzielle Mittel. Die Überschreibung des Anwesens auf Susan und Colins Namen konnte sich monatelang hinziehen. Aber er war sicher, Hattie überreden zu können, ihm Geld zu leihen, bis die Grundstücksüberschreibung geregelt war.

Die Sonne war bereits untergegangen, aber die Abenddämmerung bot noch genügend Licht, als sie durch Riverside fuhren, vorbei an den Geschäften und dem herrschaftlichen Mission Hotel, vor dem die Öllampen entlang der leeren Auffahrt bereits angezündet waren. Als die Kutsche vorüberfuhr, ertönten von drinnen die gedämpften Klänge eines Pianos. Sobald sie die Geschäfte und häusergesäumten Straßen der Stadt hinter sich gelassen hatten und die ersten Äcker und Haine auftauchten, rutschte Indigo näher ans Fenster und begann, nach den Gebäuden des Indianerinternats Ausschau zu halten. Ein schwaches Licht drang durch die Fenster des Speisesaals, und ihr Herz klopfte schneller, als sie zwei lange Reihen – Mädchen in der einen, Jungen in der anderen – zu den Schlafsälen marschieren sah. Ihr war ganz flau vor Erleichterung, als sie die Schule passiert hatten. Letztes Jahr um diese Zeit war sie eines der Mädchen in der Reihe gewesen – von hinten geschubst und von anderen gekniffen.

Die Kutsche war in der Zufahrt gerade zum Stehen gekommen, als Indigo auch schon hinausdrängte. Ihre Füße hatten kaum die Steinplatten berührt, da rannte sie auch schon zu Linnaeus, den Griff des Papageienkäfigs in der einen Hand, die Bananen in der anderen. Es war noch hell im Gewächshaus. Linnaeus war beleidigt und tat, als erkenne er sie nicht. Er scherte sich nicht um das duftende Bananengeschenk, das Indigo ihm hinhielt, er saß oben im Käfig auf seiner Schaukel und sah dem Kätzchen zu, das an der Glyzinie hinaufkletterte. Indigo konnte es ihm nicht verübeln – schließlich hatte man ihn während ihrer Abwesenheit ständig im Käfig eingesperrt. Die Käfigtür war abgeschlossen, also ließ sie die Bananen auf dem Boden neben dem Käfig liegen, wo er sie leicht erreichen konnte, und ging los, um die Schlüssel zu holen. Auf den Stufen vor dem Gewächshaus hörte Rainbow in seinem Reisekäfig ihre Stimme und fing an zu kreischen. Linnaeus würde ihr sicher vergeben, sobald sie den Käfig aufmachte!

Edward begrüßte das Hauspersonal und den Gärtner. Die Köchin hatte das Essen vorbereitet, aber trotz des gedeckten Tisches machte sich Edward sogleich daran, die Orchideen auszupacken, die der Kutscher nach oben in sein Studierzimmer trug. Später würde er sich die einzelnen Pflanzen genau ansehen und numerierte Karten anlegen, die den Messingschildchen an den Pflanzen entsprachen. Morgen früh mußte das Gewächshaus gesäubert und Rindenspäne und lockere Erde mußten vorbereitet werden, um die Orchideen darin einzusetzen.

Nach dem Essen ging Hattie von Zimmer zu Zimmer und öffnete die Fenster, um den Geruch von Möbelpolitur und Wachs zu vertreiben. Die dunklen Eichenböden und Wandtäfelungen wirkten im Vergleich zu den lichten Wänden und Böden Italiens erdrückend. Selbst die Steinwände von Tante Bronwyns altem Kloster hatten einladender gewirkt. Dunkle Eiche erinnerte sie an Särge. Die Lampen und Vitrinen im Haus waren blitzsauber, alles war an seinem Platz, genau wie zu Lebzeiten von Mrs. Palmer.

Sie öffnete den Koffer auf ihrem Bett, um Bücher und Papiere auszupacken, brachte es jedoch nicht über sich, ihre Aufzeichnungen anzufassen. Warum sollte sie überhaupt auspacken? Sobald sie die nötigen Auskünfte und die Erlaubnis erhalten hatte, mit Indigo nach Arizona zurückzukehren, würden sie wieder abreisen. Sie wollte sich ohnehin nicht mehr länger als notwendig im Palmer-Haus aufhalten. Sie war erleichtert, daß Edwards Aufmerksamkeit von den Orchideen in Anspruch genommen wurde. Er schlief in dem kleinen Gästezimmer im zweiten Stock, um näher an seinen Arbeitsräumen und den Orchideen zu sein.

Indigo war begeistert, als Edward ihr am nächsten Morgen Linnaeus brachte, damit sie zusehen konnten, wie der Gärtner und einige Helfer den Affenkäfig auseinandernahmen und ihn vom Gewächshaus in eine schattige Ecke am Ende der langen Arkade transportierten. Edward wollte nicht riskieren, daß die Orchideen zu Schaden kamen, falls dem klugen Äffchen ein Ausbruch gelang. Den Käfig zu verlegen und wieder zusammenzusetzen, dauerte den ganzen Tag, daher rannte Linnaeus ungehindert von Garten zu Garten und das Kätzchen hinterher.

An diesem Abend erfuhr Indigo von Hattie, daß Edward ihnen nicht gestatten wollte, Linnaeus mitzunehmen. Es würde für eine Frau mit einem Kind und einem Papagei im Schlepptau in Arizona schon schwer genug werden. Schon an der Art, wie sie dies sagte, erkannte Indigo, daß Hattie ihr Linnaeus gern gegeben hätte. Indigo rieb sich die Augen und schluckte ihren Schmerz hinunter. Sie tat als akzeptiere sie die Entscheidung und entwarf gleichzeitig einen Plan. Dann brachte sie Linnaeus nach oben in ihr Zimmer und ließ ihn dort unter das Bettzeug kriechen und mit dem Kätzchen in den Kisten und Koffern spielen, die sie später mitnehmen wollte.

In der nächsten Zeit ließ Indigo Linnaeus nicht von ihrer Seite. Hattie gestattete ihr sogar, ihn über Nacht bei sich zu behalten, wo er unter den Decken zusammengerollt neben ihr schlief.

Falls Edward es bemerkte, erwähnte er es jedenfalls nicht, trotz der Klagen der Köchin über Flöhe und Krankheiten. Linnaeus saß auf Indigos rechter Hüfte und hatte die Arme um ihre Taille geschlungen, während Rainbow, in sicherem Abstand, auf ihrer linken Schulter thronte. Während der Abreisetag näherrückte, sagte sie sich: »Hab keine Angst, du weißt, daß du es schaffst!« Sie trug Linnaeus den ganzen Tag herum, ließ ihn mit ihren Fingern spielen und an ihren Ohrläppchen knabbern. Rainbow war schrecklich eifersüchtig und ging zum Angriff über, nachdem der Affe ihn mit seinem langen Schwanz von hinten angestupst und erschreckt hatte. Indigo weinte, als sie das Blut sah, und hielt Linnaeus für den Rest des Nachmittags noch enger umschlungen, während Rainbow in seinem Käfig schmollte.

Die letzten Tage vor ihrer Abreise waren voller Spannungen. Edward wollte nicht einsehen, warum sie nicht alle zusammen nach Arizona reisen konnten. Der Meteoritenkrater war, wenn man die Kutsche nahm, nur drei Tagesreisen vom Colorado-River-Indians-Reservat entfernt. Er sah keinen Grund für ihre Eile und hätte sie leicht begleiten können, wenn sie mit ihrer Abreise nur warten würden, bis die Orchideen sicher angepflanzt waren. Schließlich waren sie gerade erst zurückgekehrt, und nun wollte Hattie schon wieder fort.

Hattie weigerte sich, ihre Pläne mit ihm zu besprechen – warum sollte sie? Edward zog sie ja auch nie zu Rate. Und was hätte sie ihm schon sagen können? Die Ehe war ein Fehler gewesen. Wenn es Geld für das Minenvorhaben war, das er von ihr wollte, dann würde sie ihm einen Kreditbrief ausstellen. Auf jeden Fall schwor sie sich, den Australier niemals wiederzusehen. Aber Edward bedrängte sie immer wieder. Er wolle ihr die Mine bei dem Meteoritenkrater zeigen. Schließlich mußte sie ihm noch einmal das anstößige Verhalten des Arztes während ihrer Krankheit vor Augen halten.

Edward hörte ihr zu und nickte, aber Hattie las in seinen Augen, daß er es für einen Traum oder eine Halluzination hielt. Er wollte nicht glauben, daß der Arzt sich unanständig verhalten hatte. Wieder versuchte er, ihr einzureden, nur ihre Krankheit sei Schuld daran, daß sie die ärztliche Untersuchung mit einem Annäherungsversuch verwechselt hatte. Diesmal warf sie ihm die

Schlafzimmertür vor der Nase zu, als er ihr mit weiteren Erklärungsversuchen zu folgen versuchte.

Je länger sie weinte, desto besser fühlte sie sich. Die Tränen wuschen die dumpfe Traurigkeit von ihr ab. Es war, als schmelze ihr altes Ich beim Weinen dahin, und mit ihm verschwand auch die Enttäuschung. Sie schlief tief und fest bis zur Morgendämmerung, als ein Lichtstrahl zwischen Vorhang und Fenster ins Zimmer drang und auf die Wand neben ihrem Bett fiel. Sie lag da und sah den glitzernden Staubkörnchen zu, die im Lichtstrahl auf- und abtanzten. Wie schön und perfekt sie waren – mehr brauchte sie nicht. Ihre Bindungen an die Vergangenheit bestimmt nicht. Sie war im nu aus dem Bett und angekleidet, das Haar kümmerte sie nicht. Sie schloß den Koffer, ohne ihr Manuskript auch nur noch einmal anzusehen. Sie wollte hinaus, ehe die anderen aufstanden. Die Luft war kühl und duftete. Die Zaunkönige und Spatzen saßen noch auf den Bäumen und zwitscherten. Sie holte einen Spaten aus dem Schuppen und ging der Sonne entgegen, vorbei an den letzten Reihen der Zitronenbäume in das Gestrüpp und den Sand der Wüste. Schon kurz unter der Oberfläche war der Sand dunkel und wunderbar feucht, und es fiel ihr nicht schwer, einen Ruhestätte für den Koffer auszuheben.

Die Abreise stand nun unmittelbar bevor und Edward wurde immer freundlicher zu ihr und dem Kind. Er schenkte Indigo trotz der langen Reise, die vor ihnen lag, vier Exemplare der *Brassavola nodosa*, die bereits erste Knospen austrieben.

Er bedrängte Hattie auch nicht mehr, zu warten und mit ihm zusammen zu reisen, sondern machte Vorschläge, wo sie sich unterwegs treffen könnten. Flagstaff sei günstig, meinte er, denn es läge auf halbem Weg zwischen dem Meteoritenkrater und dem Reservat am Fluß.

Dann überraschte er sie eines Abends mit der Nachricht, daß er seine frühere Entscheidung überdacht habe: Indigo dürfe Linnaeus nun doch behalten. Außerdem habe er beschlossen, daß der Gärtner sich auch ohne ihn um die Orchideen kümmern könne. Seine Taschen seien gepackt, ob er sie begleiten dürfe? Sein freundlicher Sinneswandel rührte Hattie. Ja, er konnte mit ihnen reisen, aber nur bis nach Needles.

Am Tag vor der Abreise, als es Zeit war, die letzten Vorbereitungen zu treffen, verspürte Hattie einen Anflug von Vorfreude und Spannung, nun in Indigos unbekannte Heimat aufzubrechen. Es war genau die Art von Abwechslung, die sie brauchte.

Neunter Teil

Die Vorstellung des Hundezirkus lockte viel Publikum herbei – nicht nur die Bauarbeiter und freigestellten Soldaten, auch Minenarbeiter und Cowboys aus der Umgebung hörten davon und kamen. Diejenigen, die früh ankamen, kauften Bier und versuchten ihr Glück in den Spielzelten, genau wie Big Candy gehofft hatte. Eine schnelle Überprüfung der Einnahmen zeigte, daß dies der bei weitem einträglichste Tag war. Sogar die Frauen aus den Planwagen und ihre Bosse, die Geschäftsleute aus Prescott, kamen zum Zuschauen. Candy schätzte die Menge auf annähernd zweihundert Leute, und sowohl Wylie als auch er waren begeistert von der Idee, den Hundezirkus anzuheuern und mitzunehmen, wenn das Lager nach Twentynine Palms umzog.

Es dauerte einige Zeit, die sieben Hunde anzukleiden und sie davon abzuhalten, sich gegenseitig die Löwenmähnen aus Roßhaar und die langen, gestreiften Tigerschwänze aus gefärbtem Sackleinen wieder abzureißen. Für die Hündin, die trotz ihrer lahmen Beine die Meute anführte, hatte Delena einen seltsamen Umhang aus langem, schwarzem Roßhaar gefertigt, was beim Näherkommen ziemlich beunruhigend aussah. Daher nannten Sister Salt und die Zwillinge den Hund den »Bären«.

Delena versteckte ihr Kleid unter einem langen Umhang aus Sackleinen, der fast völlig mit flatternden roten, gelben, grünen, blauen und weißen Bändern bedeckt war. An den Säumen baumelten Dutzende kleiner Blechanhänger, die bei jeder Bewegung schepperten. Die Sonne ging bereits unter, als Sister Salt und die Zwillinge Delena halfen, ein Rund aus Flußsteinen für die Manege abzugrenzen und auf zwei Seiten des Kreises Holzscheite aufzutürmen. Abwechselnd trommelten die Mädchen mit einem Stock auf einem alten Blecheimer herum, um den Beginn der Vorstellung anzukündigen. Mehr und mehr Zuschauer versammelten sich, und Stimmengewirr und Hundegebell steigerten die Aufregung noch.

Delena rief die lahme Hündin zu sich, und auch die anderen Tiere folgten ihr in den Steinkreis. Unentwegt sprach sie auf die Hunde ein, aber so leise, daß Sister Salt sie kaum verstehen konnte. Auf diese Weise beruhigte Delena die Hunde und zog ihre Aufmerksamkeit auf sich. Als sie nun ihren Stab schwenkte – eine mit Büscheln aus Spatzenfedern geschmückte Weidenrute –, begannen die schwarzen Hunde paarweise im Kreis zu tanzen. Die lahme Hündin saß regungslos auf einem Faß in der Mitte des Kreises.

Während sie die ölgetränkten Lumpen anzündete, die sie um zwei aus Abfalldraht gefertigte Reifen gewickelt hatte, ließ Delena die Hunde weitertanzen. In jeder Hand einen brennenden Reifen, rief sie zunächst nach der lahmen Hündin. Vom stürmischen Beifall des Publikums begleitet, das bereits ein großes Quantum Bier intus hatte, sprang sie von ihrem Faß erst durch den einen, dann durch den anderen Reifen. Die anderen Hunde folgten ihrer Mutter eifrig durch die Reifen und liefen dann mit aufgeregtem Bellen weiter im Kreis herum.

Als nächstes rollte Delena noch mehr leere Fässer heran, stellte sie auf und befestigte daran Wellblechbahnen, so daß ein erhöhter Laufsteg rund um den Kreis entstand, der scheppernd widerhallte, wenn die Hunde darüberrannten. Während die »Löwen« und »Tiger« über das Wellblech galoppierten und dabei munter nach den Kostümen und Roßhaarschwänzen schnappten, verließ Delena die Manege, und die lahme schwarze Hündin folgte ihr in den Schatten. Wenig später kehrte Delena mit einer alten Leiter zurück, die sie mit beiden Händen über dem Kopf hielt, während die Hunde einer nach dem anderen auf sie hinüberkletterten, bis Delena schließlich sechs Hunde auf den Leitersprossen balancierte. Später erinnerten sich die Zwillinge und Sister Salt daran, daß die lahme Hündin im Bärenkostüm dabei fehlte. Aber während der Vorführung hatten sie sich nichts dabei gedacht – sie nahmen an, der Hund sei zu verkrüppelt, um bei der Leiternummer mitzumachen.

Bei der letzten Nummer saßen schließlich sämtliche Hunde auf den Fässern und machten Männchen, während Delena ihnen flink Flaschenkürbisse zuwarf, die sie mit den Schnauzen auffingen und festhielten, ehe sie die Früchte fallenließen, um die nächsten zu fangen. Als jeder Hund sechs Kürbisse vor seinem Faß liegen hatte, verbeugte sich Delena mit einer schwungvollen Geste vor dem Publikum und breitete die Arme aus, um den Applaus auf die Hunde auf den Fässern hinter sich zu lenken. Während die Menge begeistert pfiff und klatschte, bückte sich Delena, griff in den Sack mit den Kostümen und Requisiten und zog eine merkwürdig aussehende Puppe heraus. Sie war fast zwei Fuß groß und aus weißem Leinen gefertigt, sie hatte einen langen Bart aus weißem Roßhaar, eine Perücke aus dem gleichen Material und darauf einen rotweißblau gestreiften Papierzylinder. Die Puppe trug keine Kleider, aber um den Hals hatte sie ein Band mit kleinen, runden Glöckchen.

Beim Anblick der Puppe hoben die Hunde aufmerksam die Köpfe, und einige begannen nervös mit dem Schwanz zu wedeln. Delena befahl ihnen barsch, auf ihren Plätzen zu bleiben, ehe sie die Puppe an den Händen faßte und langsam mit ihr durch die Manege zu tanzen begann. Der Schein der Laternen und der beiden kleinen Feuer neben dem Kreis warf die riesenhaften Schatten der Puppe und der Frau auf das Publikum, das inzwischen völlig betrunken und außer Rand und Band geraten war. Die hinten standen drängten nach vorn, um besser zu sehen. Ein betrunkener Minenarbeiter stieß gegen einen betrunkenen Soldaten, der gegen einen betrunkenen Cowboy taumelte, und im nu brach vor den Spielzelten eine Schlägerei aus. Big Candy befahl den Kartengebern aufzuhören, bis sich die Menge beruhigt hatte, und ließ den Bierverkauf vorsorglich einstellen.

Delena wirbelte mit der seltsamen Puppe immer schneller durch die Manege, und jetzt tanzten auch die Hunde mit ihr herum. Sie hatten sich auf den Hinterbeinen aufgerichtet und bellten aufgeregt. Da taumelte ein betrunkener Soldat in den Kreis und entriß Delena die weiße Puppe, um selbst mit ihr zu tanzen.

Die Hunde nahmen dies als Zeichen für den Beginn des großen Finales. Sie sprangen von den Fässern, packten die Puppe und zerrten an ihrem Oberkörper, während der Betrunkene sie an den Hüften festhielt und selbst dann nicht losließ, als er von dem Gezerre vornüberfiel und die Hunde ihn zusammen mit der Puppe durch die Manege schleiften. Nachdem die Meute der Puppe Hut und Perücke abgerissen hatte, schnappte sie sich den Bart und veranstaltete damit ein Tauziehen. Dann packte einer der Hunde das Hemd des Betrunkenen, und schon stürzte sich das ganze Rudel auf den Mann, zerrte und zog an seinen Kleidern, während die Zuschauer lachten und die Meute anfeuerten.

Freunde des Soldaten, die sich durch die Menge zwängen wollten, um die Hunde aufzuhalten, wurden festgehalten. Der Verdruß, den viele über die Anwesenheit der Armee empfanden, begann sich zu entladen, und Zweikämpfe brachen aus. Unberührt von dem immer größer werdenden Tumult, rissen die Hunde die Uniform des Betrunkenen in Stücke, ließen den Mann dann jedoch einfach nackt am Boden liegen und kümmerten sich nicht mehr um ihn. Nachdem sie seine Uniform zerrissen hatten, machten sich die Hunde über die eigenen Kostüme her. In wilder Hatz rissen sie sich die Roßhaar-Löwenmähnen, die Tigerschwänze und die Umhänge mit den Glöckchen ab. Ihre Herrin machte keine Anstalten einzugreifen. Im Gegenteil: Delena war nirgends zu sehen.

Die Menge wogte und fiel unter dem Protest und Geschrei der Gestoßenen und Getretenen wie eine Flutwelle in sich zusammen. Sister Salt hielt das Baby fest an sich gedrückt, während sie vor dem kämpfenden Pack flüchtete. Aus den Augenwinkeln sah sie Big Candy mit einem Gewehr im Arm vor den Spielzelten stehen. Sie lief ein kurzes Stück flußabwärts, bis sie ein Weidendickicht erblickte. Den kleinen schwarzen Ahnen sicher im Arm, kroch sie so tief wie möglich hinein. Sie konnte die Stimmen hören – die Flüche und Schreie, dann fielen zwei Gewehrschüsse, gefolgt von drei oder vier Pistolenschüssen und weiterem Geschrei. Der kleine schwarze Ahne riß bei den Schüssen die Augen weit auf, und seine Ärmchen fuhren wild durch die Luft, aber er schrie nicht. »Ja, du hattest von Anfang an recht«, flüsterte sie ihm zu, »und die Karten hatten auch recht – die große Flut ist gekommen, aber es ist nicht der Fluß, der alles wegspült.«

Wylie saß hinter der Menge auf seinem Pferd, als der Kampf ausbrach. Er zog die sechsschüssige 32er Spezial aus seinem rechten Stiefel und den doppelschüssigen 38er Derringer aus dem linken. Er bedauerte, die abgesägten Schrotflinten im Zelt gelassen zu haben. Da der tobende Pöbel sich überall zwischen den Zelten verteilt hatte, konnte er Big Candy nicht sehen, aber er hörte die Schüsse aus dessen Gewehr und dann weitere Schüsse. Wylie wußte, daß auch Soldaten in die Kämpfe verwickelt sein mußten, also wendete er sein Pferd und stob davon, um den diensthabenden Offizier zu verständigen, er möge die Militärpolizei schicken.

Plötzlich sah Sister Salt Feuer – die Zelte standen in Flammen! Nicht nur die Spielzelte, die Wäscherei und das Brauzelt wurden zerstört, auch die Zelte, in denen die Zwillinge und sie gelebt hatten, gingen in öligem schwarzen Rauch auf. Zum Glück waren Maytha und Vedna bereits aus ihrem Zelt ausgezogen und hatten die Bündel mit ihren Habseligkeiten in jener schrecklichen Nacht bei sich.

War das Feuer ein Unfall oder absichtlich gelegt worden? Die Menge hatte seit dem frühen Nachmittag Bier getrunken, und die Arbeiter murrten über unbezahlte Überstunden. Als die Militärpolizei versammelt war, rannten die Randalierer bereits den Hügel hinauf zur Wagenburg und raubten und plünderten, bis die Militärpolizei Warnschüsse abgab, um die Menge zu zerstreuen.

Die Feuer verbrannten die Zeltbahnen und ließen nur glimmende Reste von Stühlen, Eichenfässern und einige schwelende Planken zurück, die einst als Poker- oder Würfeltische gedient hatten. Auf dem Hügel brannten ein paar Planwagen ab, und ein Geschäftsmann aus Prescott wurde aus Versehen angeschossen. Doch niemand wurde getötet. Erst bei Sonnenaufgang endete der Aufruhr.

Bei Tagesanbruch galt Wylies erste Frage dem in den Zelten versteckten Geld. Er gab Big Candy den silbernen Flachmann voll Brandy aus seiner Satteltasche. Die Geldkassetten waren feuersicher, aber sie leerten erst den Flachmann und warteten ab, bis die Flammen niedergebrannt und die Asche ausgekühlt war, ehe sie sich in den heißen Überresten auf die Suche machten.

Big Candy orientiere sich an den qualmenden Überbleibseln

der Spieltische. Mit einer Schaufel räumte er glühende Holzstücke und versengten Sand beiseite und stieß auf Metall. Die Kassette selbst war immer noch an den schwelende Rest eines Tischbeines gekettet, aber der versengte Metalldeckel stand weit offen. Das Drahtstück, mit dem das Schloß geöffnet worden war, steckte noch im Schlüsselloch. Candy wurde ganz übel vor Schreck, als er den Draht im Schloß sah. Mit der Schaufel in der Hand rannte er los, um die Geldkassetten in den anderen Zelten auszugraben.

Wylie fand ihn erschöpft und grübelnd zwischen den Glasscherben und den glimmenden Faßdauben. Vor ihm lag geschmolzen eine offene Geldkassette. Einen Moment lang sagte keiner von ihnen ein Wort. Wer immer sie bestohlen hatte, sagte Wylie dann, hatte genau Bescheid gewußt. Da stockte Candy mit einem Mal der Atem – der Traum von dem halb ausgegrabenen Sarg, der aussah wie ein Tresor – er war eine Warnung gewesen! Plötzlich fühlte sich der Schweiß auf seinen Augenbrauen eiskalt an. Candy ließ Wylie wortlos stehen und machte sich auf den Weg. Für einen Mann seiner Statur lief er schnell. Der weiße Sand auf dem Weg reflektierte das frühe Morgenlicht, aber die Weiden lagen noch in tiefem Schatten. Candy betete, während er rannte: Bitte, laß den Tresor tief genug vergraben sein!

Der dunkle Schatten um die große Pappel verbarg die Wahrheit, bis er direkt auf dem feuchten Sandhaufen neben dem Loch stand, in dem der Tresor lag. Die schwere Bleitür stand weit offen und das Innere war leer. Candy wollte schlucken, aber seine Kehle war wie ausgetrocknet. Er hustete, bis ihm die Tränen in die Augen stiegen. Er brüllte laut auf vor Zorn. Und oben, in den Hügeln über dem Fluß, gab ein Kojote heulend Antwort. Im Sand rings um die große Pappel waren Abdrücke von Hundepfoten zu erkennen, und er fand die kleinen, breiten Fußabdrücke einer einzelnen Person. Die mexikanische Zigeunerin mit ihrem Hundezirkus war also die Diebin! Er konnte sie einholen, das wußte er.

Wylie überließ ihm sein bestes Reitpferd. Er nahm eine Feldflasche mit Wasser mit, aber nichts zu essen – er war sowieso zu erregt. Stundenlang ritt er nach Süden und suchte im Sand neben dem Fluß nach Spuren, bis er spürte, daß das Pferd müde wurde. Sie hatten ihre gesamten Ersparnisse verloren – er wollte nicht auch noch Wylies Lieblingspferd umbringen. Keine Spur von der

Hundezirkusfrau. Sie konnte Gott weiß wohin gegangen sein. Er beugte sich zur Seite und übergab sich, bis er nur noch ein trokkenes Würgen hervorbrachte. Dann stieg er vom Pferd und ging zu Fuß, um das Tier zu schonen. Erst am späten Nachmittag kam er in das zerstörte Lager zurück.

Big Candy war völlig außer sich und dachte nur noch daran, das Geld zurückzuholen. Sister Salt konnte in seinen Augen lesen, daß er ihr und den Zwillingen die Schuld gab, weil sie sich mit der Frau angefreundet hatten. Auch sie habe alles verloren, erinnerte sie ihn, aber sein Gesicht war starr vor Zorn. Er konnte ihr nicht in die Augen sehen, und er sah auch das Baby nicht an, dessen Gesicht langsam rund und niedlich wurde. Im Moment war er nicht mehr der Mann, den sie gekannt hatte. Er war ein anderer. Er wollte wissen, was sie über die Hundezirkusfrau wußte und wohin sie gegangen sein könnte. Als sie mit den Schultern zuckte, sah es aus, als könne er sich nur mit Mühe davon abhalten, sie zu schlagen.

Sister erzählte ihm alles, was sie über den Aufstand in Mexiko wußte und über den lahmen Hund, der darauf spezialisiert war, Geld zu riechen. Allerdings erzählte sie ihm nicht, daß Delena damit geprahlt hatte, wieviel sie an diesem Abend mit dem Hundezirkus verdienen würde. Sister erinnerte sich noch lebhaft an Delenas amüsierten Gesichtsausdruck, als sie sagte: »So ein Hundezirkus kann mehr einbringen, als ihr denkt.«

»Wie das?« hatte Maytha gefragt, und Delena hatte nur gelächelt und langsam mit dem Kopf genickt. »Ihr werdet schon sehen«, war ihre Antwort gewesen. Nun erkannten sie es alle, aber es war zu spät.

In dem Tresor befanden sich so viele Scheine und Münzen, daß die Geldschnüffler-Hündin das Versteck schon Tage vor der großen Vorstellung entdeckt hatte. Das schwierigste an der ganzen Sache war, die Zahlenkombination des Tresors herauszufinden. Trotz ihrer Höhenangst war Delena auf die große Pappel neben dem Versteck des Tresors geklettert und hatte im Dunkeln auf das auf und ab hüpfende Licht von Candys Laterne gewartet. Candy war vom Brandy seines Chefs betrunken, wenn er die Säcke mit den Tageseinnahmen zum Tresor brachte. Häufig sang er, oder er hielt Selbstgespräche. Aber das stundenlange Warten auf dem Baum zahlte sich aus. Nacht für Nacht hörte Delena aufmerksam zu und zählte das Klicken der Drehscheibe. Manchmal verstopfte Sand die Drehscheibe des Zahlenschlosses und Candy konnte den Tresor nicht öffnen, dann wurde er ungeduldig und sprach einige Zahlen laut mit, während er die Scheibe noch einmal drehte. Als sie erst einmal wußte, wie der Tresor geöffnet wurde, hätte sie ihn bei Nacht und Nebel leeren und sich davonmachen können, aber sie wollte keine halben Sachen machen.

Was für ein prächtiger Abend war das gewesen! Die Hunde waren unglaublich und taten alles, was sie ihnen beigebracht hatte. Das Publikum kam wirklich auf seine Kosten! Doch die in stickiger Dunkelheit eingesperrten Münzen und Scheine hatten Besseres verdient. Sie gehörten in den Süden, wo sie gebraucht wurden und ein bißchen herumkommen würden – wo die kleinen Goldstücke und die Fünfdollarnoten frische Luft und Sonne abbekämen!

Delena wagte nicht, am Fluß entlangzulaufen, weil die Verfolger dort zuerst nach ihr suchen würden. Also lief sie mit den Hunden zu den Hügeln im Südwesten, in Richtung der alten Gärten, von denen Sister Salt immer erzählt hatte. Sie schnallte jedem Hund einen Teil des Geldes auf. Die Gepäcktaschen enthielten diesmal nur Wasser und kein Essen, um Gewicht zu sparen. Über Wildpfade in den Hügeln, fernab vom Fluß, lief sie nach Süden, um es den durstigen Pferden ihrer Verfolger so schwer wie möglich zu machen. Vor ihrer Mission hatte sich Delena auf sichergestellten Armeekarten den Verlauf der Bäche und Flüsse genau angesehen und eingeprägt. In einem trockenen, sandigen Flußbett benutzte sie Yuccazweige, um ihre Spuren zu verwischen, ehe sie und die Hunde unvermittelt ein Stück nach Norden zurückwanderten, um dort einem kleinen Bach zu folgen, der später in den Havasupai River mündete, und dann nach Südosten, wo der Gila River und der Santa Cruz zusammentrafen. Von dort aus ging es südöstlich weiter bis nach Tucson, wo ihre Truppe viele begeisterte Anhänger hatte und wo sich die örtlichen Geschäftsleute mehr für Geld als für das Gesetz interessierten. Sie würden ihr, ohne Fragen zu stellen, so viele Gewehre und Patronen verkaufen, wie sich für Geld nur kaufen ließen.

Der Aufruhr und das Feuer in unmittelbarer Nähe der Baustelle warfen das geplante Festessen für Wylies Geschäftsfreunde über den Haufen. Merkwürdigerweise schien die Absage dieses Festessens Wylies Ablösung als Baustellenleiter durch den Armeeoffizier und seine Truppe noch zu beschleunigen. Obwohl der Wasserstreit zwischen den Farmern von Kalifornien und Arizona, der ursprüngliche Grund für die Anwesenheit des Militärs, inzwischen beigelegt war, bewies die Verwüstung des Lagers, daß unter den Arbeitern Unruhe herrschte und der neue Staudamm sabotiert werden könnte.

Wylie wurde bei vollem Lohn und mit allen Vergünstigungen für die restliche Dauer seines Vertrages beurlaubt. Ein Mitarbeiter des Innenministers schickte ihm für seine langjährigen Verdienste auf Regierungsbaustellen ein Belobigungsschreiben. Wylie betrachtete seine Entlassung als bezahlten Urlaub. Außerdem hatte er beim Bankenzusammenbruch von 1893 weit mehr Geld verloren.

Wylie versuchte, den Verlust ins richtige Verhältnis zu setzen: Candy hatte 1893 keine Verluste erlitten, weil er grundsätzlich keine Banken in Anspruch nahm. Damals hatte es sich für ihn also bezahlt gemacht, nicht auf Banken zu vertrauen. Jetzt hatte er eben einen Verlust erlitten, den eine Bank hätte verhindern können. Aber selbst nach dieser Erfahrung würde Wylie lieber weiter riskieren, sein Geld in einem Loch zu verstecken, als noch einmal mitansehen zu müssen, wie sich die Banken sein Erspartes unter den Nagel rissen. An Bankiers kam man nicht heran, aber die Mexikanerin mit ihren Hunden konnte man vielleicht noch aufstöbern und einfangen, auch wenn das nicht einfach sein würde. Womöglich war sie gefährlich und lauerte Big Candy gerade am Fluß auf. Außerdem konnte es einer allein nicht mit ihr aufnehmen und gleichzeitig alle Hunde erschießen. Vielleicht hatte sie auch Komplizen in den Hügeln, die sich nacheinander ihre Verfolger vornahmen. Ebensowenig konnten sie Polizei oder Armee einschalten, weil sie dann ihr Geld mit Sicherheit nie wiedersahen, selbst wenn die Frau gefaßt wurde.

»Nein, vergiß die ganze Sache«, sagte Wylie später zu Candy. Wenn sie in Los Angeles zusammen ein Hotel und Restaurant eröffneten, hatten sie das Geld in einem Jahr oder weniger wieder hereingeholt. Wylie hatte im Garten seiner Mutter in Ohio noch Geld vergraben. Genug für den Anfang. Big Candy sollte einfach an die Abalone-Steaks denken, an das Fleisch, das so weiß war wie Schaumkronen. Nur Big Candy wußte, wie man aus Sherry, Eiweiß und Walnüssen eine köstliche Panade bereitete, und dazu würde er Seeohrensteaks in Butter schmoren. Los Angeles wartete nur auf einen Kochkünstler wie Big Candy, der zeigte, was Kochen wirklich hieß.

Wylies Worte machten Candy wütend. Wylie hatte leicht reden – er besaß immer noch Geld. Zum Teufel – er war schon mit Geld auf die Welt gekommen. Aber Candy hatte alles verloren, was er sich erarbeitet hatte – jahrelang, Tag und Nacht. Ohne Geld gab es für einen Mann kein Vorankommen. Ob weiß oder schwarz, hier galt ein Mann ohne Geld gar nichts.

Candy spürte, daß Wylie ernsthaft wollte, daß er ihn begleitete. Wylie war wirklich sein Freund. Er machte Candy weder Vorwürfe, noch kritisierte er seine Urteilskraft. Aber irgendwie machte das den Verlust noch schlimmer, denn sein Freund Wylie hatte ihm den Tresor anvertraut, und er, Candy, hatte versagt. Jetzt hatte alles seine Bedeutung verloren, außer dem Gedanken, das gestohlene Geld so schnell wie möglich zurückzuholen.

Wylie schlug sogar Sister Salt vor, samt Baby mitzukommen, aber Candy schüttelte den Kopf. Wylie sollte schon ohne ihn nach Long Beach gehen. Er konnte es seinem Freund nicht erklären, aber er war von dem Gefühl besessen, nicht gut genug gewesen zu sein, und sein Ansehen sei erst dann wiederhergestellt, wenn er die Hundezirkusfrau und das Geld gefunden hatte.

Wylie konnte über die Auswirkungen, die der Diebstahl auf Big Candy hatte, nur staunen. Er war kaum wiederzuerkennen. Ihm war alles egal. Wylie bot Candy sogar Geld an, um dessen Pläne in Denver voranzutreiben, aber der lehnte ab.

Ehe er sich auf den Weg machte, gab Wylie ihm noch die Adresse, unter der er in Long Beach erreichbar sein würde. Und schließlich überredete er Candy, sein altes Gewehr, fünfzig Dollar und eines der großen Maultiere mitzunehmen. Candy brauchte einfach ein wenig Zeit, dann würde er schon über die Sache wegkommen und wieder anfangen, klar zu denken. Wylie hoffte nur, daß er sich in der Zwischenzeit nicht um Kopf und Kragen brachte.

Delena und die Hunde entfernten sich langsam, aber stetig vom Fluß und trotteten über die sandigen Wege zu den ausgetrockneten Flußläufen, die sich nach Süden und Osten wanden. Von Zeit zu Zeit machten sie eine Rast, und Delena prüfte das Gepäck der Hunde, um sicherzugehen, daß die Taschen richtig saßen und die Hunde sich nicht wund scheuerten.

Obwohl es tagsüber immer noch heiß war, zog mit dem Morgenstern ein leichter Wind auf und ließ Delena frösteln, bis sie schließlich weiterzogen. Kurz vor Tagesanbruch erreichten sie die steil abfallende Böschung des großen Arroyo, der sie zum Havasupai Creek bringen würde.

Sie wartete, während die Hunde die steile Lehmböschung nach einem Wildpfad absuchten, der sie hinunterführen würde. Trotzdem war der Abhang so steil, daß Delena auf dem Hinterteil hinunterrutschte. Wie sie es erhofft hatte, war es unten wesentlich kühler, und am Bachlauf befanden sich noch letzte lehmige Wasserlöcher von den Regenfällen im vergangenen Monat. Nachdem sie getrunken und ihre Feldflasche aufgefüllt hatte, ging Delena weiter, bis sie am Fuß der Böschung eine Kuhle mit feinem, tiefem Sand fand. Wie gut sich der weiche Sand anfühlte, als sie sich auf die Knie fallenließ. Sie legte ihren Rucksack ab und grub sich eine Mulde zum Schlafen. Den Rucksack benutzte sie als Kissen. Er war schwer und hart, nicht vom Geld, sondern von der großen Feldflasche und dem riesigen Bratenstück, daß sie im Lager vom Rost weggeschnappt hatte. Das und die Ratten, die sie unterwegs fangen würden, war alles, was sie hatten, um zum Havasupai zu gelangen. Die Geldschnüffler-Hündin kuschelte sich an sie, und dann nahmen auch die anderen Hunde, einer nach dem anderen, ihre Plätze ein, bis Delena vollkommen von ihnen bedeckt war. Sie streichelte und kraulte jeden einzelnen – nicht zu lange, sonst würden die anderen eifersüchtig und streitlustig. »Ja, ja, ich weiß, daß ihr mich liebt«, sagte sie, »ihr liebt mich wegen des großen Stücks Fleisch in meinem Kissen.«

Sie hatte die letzten Tage und Nächte wenig geschlafen, weil sie die Hunde in fieberhafter Eile auf die Vorstellung vorbereiten und den vergrabenen Tresor bewachen mußte. Nun war sie völlig erschöpft. Als der letzte Hund sich an ihre Schultern drückte, war sie schon fest eingeschlafen, und nicht einmal das Bellen der

Hunde, die den Kojoten antworteten, konnte sie noch aufschrekken.

Als die Sonne halbwegs über ihnen stand, erhoben sich die Hunde einer nach dem anderen, streckten sich und trotteten davon, um das Bein zu heben und Wasser zu trinken. Als nur noch die lahme Hündin bei ihr lag, setzte Delena sich auf. Die warme Sonne war so angenehm, daß sie sich am liebsten wieder hingelegt und weitergeschlafen hätte, aber sie wußte, daß sie weiterziehen mußten. Weil sie auf ihre Verfolger neugierig war, zog sie den Satz Tarotkarten aus der Tasche, die sie unter ihrem Kleid um die Taille trug, und breitete das Satintuch im Sand aus.

Seltsamerweise ergaben die Bilder keinen Sinn und enthielten nichts Wesentliches in bezug auf ihre Verfolger. Da begriff sie, daß ihr vermutlich nicht viele folgten, vielleicht sogar nur einer, und das war der Grund für die spärlichen Hinweise der Karten. Die außergewöhnliche Unordnung des Kartenblatts ließ sie vermuten, daß unsichtbare Kräfte versuchten, ihren einsamen Verfolger zu schützen. »Er muß verrückt sein, allein hinter mir und den Hunden herzukommen. Kein Wunder, daß seine Ahnen Mitleid mit ihm haben und versuchen, die Karten zu behindern.« Dennoch spürte sie ganz deutlich das goldene Strahlen der Vergangenheit, das die Abfolge der Karten lenkte und den Verfolger preisgab, ob man es wollte oder nicht.

Die Gestalt der Eule lag vor einem blutroten Hintergrund auf der Seite. Sie trug eine goldene Krone und war mit einer goldenen Kette an einen Ast gefesselt. Was für ein Pech für ihren Verfolger! Die Position der Eule besagte, daß seine Pläne scheitern würden! Sie jauchzte vor Freude, so daß sämtliche Hunde zu ihr herüberblickten. Ihr fiel die Botschaft der Karten für das Sand Lizard-Mädchen ein – Gier würde bestraft werden –, die Eule mit der goldenen Kette mußte der Mann des Sand Lizard-Mädchens sein.

Das vierblättrige Kleeblatt vor einem tiefvioletten Hintergrund lag wie die Eule auf der Seite und deutete auf ein Mißverständnis hin, auf etwas, was ihr Verfolger nicht wußte. Vielleicht über sie, vielleicht aber auch über sich selbst. »Sehr schön«, flüsterte sie den Karten zu, und die Hunde neben ihr wedelten mit den Schwänzen.

Auf der letzten Karte waren die auf dem Kopf stehenden Lilien zu sehen. »Armes Sand Lizard-Mädchen, dein Mann ist wirklich durcheinander.« Der arme Kerl plagte sich grundlos mit Zweifeln herum. Jetzt, wo sie ihren Verfolger und seine Verfassung kannte, hatte Delena es nicht mehr so eilig. Selbst für einen guten Spurenleser würde es schwierig sein, die Spuren ihrer Hunde von Kojotenspuren zu unterscheiden, denn ihre Pfoten waren ebenso abgehärtet wie die der Kojoten. Delena achtete darauf, möglichst auf festem Untergrund und im Sand von Stein zu Stein zu gehen. Auf längeren Sandstrecken hielt sie ab und zu an und verwischte ihre Spuren.

Ihr Verfolger konnten nur raten, welchen Weg sie genommen hatte, und der schnellste, einfachste Weg nach Mexiko verlief geradewegs nach Süden, entlang des Flusses nach Yuma. Aber selbst, wenn er die richtige Richtung einschlug und nach Osten ritt, mußte er sie erst einmal erwischen. Selbst dem robustesten Pferd oder Maultier wurde es bald zuviel, einen so schweren Mann zu tragen. Außerdem braucht ein Reittier Futter und Wasser – viel mehr Wasser, als er unterwegs finden würde.

Sie und die Hunde dösten den ganzen Nachmittag im Schatten, wobei sie dem Verlauf der Sonne folgten und hin und wieder auf die andere Seite der Auswaschung überwechselten. Als es kurz vor Sonnenuntergang langsam kühler wurde, standen die Hunde auf, streckten sich und hielten witternd die Schnauzen in die Luft. Sie machten an der lehmigen Böschung ein Nest mit jungen Karnickeln ausfindig, die sie so schnell verschlangen, daß Delena das Nachsehen hatte. »Okay«, sagte sie daraufhin, »wenn ihr nicht teilen wollt, dann teile ich auch nicht.« Sie schnitt sich von dem Braten in ihrem Rucksack ein paar dicke Scheiben ab, ohne den Hunden davon zu geben.

Sie trank und wusch sich Gesicht und Hände noch einmal an einem Regenwasserloch, das die Hunde nicht aufgewühlt hatten. Bevor sie losmarschierte, warf sie einen kurzen Blick auf die mexikanischen Karten in ihrer Tasche. Froh und erleichtert erblickte sie zuoberst auf dem Stapel *La Estrella*, den Stern. Sterne waren Himmelswesen und allesamt Verwandte des schönsten und beliebtesten aller Sterne, des Morgensterns. Nie würde sie die Hingabe der Menschen ihrer Heimat an den Leuchtenden vergessen, den die Christen Messias nannten.

Indigo konnte vor Aufregung nicht stillsitzen. Nach der ersten Nacht im Zug öffnete sie die Hutschachtel, damit die Orchideen ans Licht kamen, genau wie Edward ihr geraten hatte. Hattie hatte erzählt, daß sie zu den schönsten Exemplaren gehörten, die er besaß. Sie durfte nicht vergessen, sie der Morgensonne auszusetzen und sie nur spärlich zu wässern, weil sie sonst verfaulten. Indigo sah nach, ob die Umschläge mit den Samen auch noch sicher verschlossen waren, damit keine verlorengingen, und befühlte die kleinen Säckchen mit den Gladiolenknollen, ob sie auf dem Boden der Reisetasche auch trocken geblieben waren.

Stunden vor ihrer Ankunft in Needles säuberte sie den Affenkäfig, so wie sie es Edward als Gegenleistung dafür, daß sie Linnaeus mitnehmen durfte, versprochen hatte. Das saubere Zeitungspapier, das sie aufgehoben hatte, nachdem Edward mit dem Lesen fertig gewesen war, legte sie auf den Käfigboden.

Durch das Fenster sah sie jenseits von Sand und Geröll das dunstige Blau der gezackten, schneelosen Gipfel der Paiute Mountains. Als die Sonne tiefer sank und sie näherkamen, veränderte sich die Farbe – von hellblau über violett zu feurigem Orange, so schön wie eine Blume. Mit der hereinbrechenden Dämmerung wurde das feurige Orangerot zu einem leuchtenden Rosa, dann Lavendelblau und schließlich zu Lila. Das Abteilfenster stand nur einen Spalt offen, aber Indigo hielt ihre Nase in den Wind und roch voller Begeisterung den Duft der Büsche und Steine.

Es war noch nicht völlig dunkel, als der Schaffner »Needles« ankündigte. Indigo klopfte das Herz bis zum Hals. Während der Zug in der Bahnstation einfuhr, sah sie das Leuchten der Laternen entlang dem Bahnsteig, auf dem sich die ostwärts Reisenden und die Wartenden versammelt hatten. Wie oft hatte sie von diesem Augenblick geträumt und sich vorgestellt, daß Mama und Sister Salt dort auf ihrem alten Platz neben den Frauen der Walapai und Mohave stehen würden.

Indigo war so aufgeregt, daß sie es kaum erwarten konnte. Noch bevor der Zug mit einem letzten Ruck zum Halten kam, stand sie bereit, das Tuch über dem Papageienkäfig und Linnaeus auf dem Arm, dessen Käfig sich beim übrigen Gepäck befand. Indigo lief Hattie und Edward voraus, aber schon bald verlor sie sich im Gedränge der anderen Reisenden, so daß sie den Vogelkäfig an sich drücken mußte, damit er ihr nicht entglitt. Drinnen erduldete Rainbow schweigend das Geschubse und den Lärm, während sich Linnaeus an ihr festklammerte und das Gesicht an ihrer Schulter barg. Endlich war sie da! Der Geruch nach Kohlefeuer, Teer und heißem Schmieröl war noch der gleiche wie früher. Während die Menge der Reisenden und anderer Leute vom Bahnsteig eilte, klopfte ihr Herz erwartungsvoll. Wie oft hatte sie sich diesen Augenblick ausgemalt, gesehen, wie Mama und Sister Salt zunächt verdutzt aufblickten und ihr dann entgegenstürmten.

Sie blieb stehen, bis sich der Ansturm um sie herum legte, hob dann das Tuch über dem Käfig ein wenig an, damit Rainbow frische Luft bekam. Sie hörte Hatties besorgte Rufe, doch sie starrte unentwegt zum Ende des Bahnsteigs, wo sich noch immer die Menschen drängten. Doch als sich der Bahnsteig leerte, sah sie, daß der Platz in der Nähe des Eingangs, wo Mama und Sister Salt immer gesessen hatten, verwaist war.

Während sie den Bahnsteig absuchte, wurde der brennende Schmerz in ihrer Kehle so schlimm, daß sie weinte, als Hattie schließlich bei ihr ankam. Ihr Schluchzen ängstigte den Affen, der sich noch fester an sie klammerte, so daß sie schließlich den Vogelkäfig hinstellen und Linnaeus in den Arm nehmen mußte. Sie waren fort, alle waren fort, jetzt würde sie Sister und Mama niemals finden!

Im Hotel versuchte Hattie Indigo zu trösten, während sie ihr dabei half, das Bettzeug in der gewohnten Weise auf dem Boden auszubreiten. Beim Abendessen wollte Indigo weder essen noch trinken, bestand aber darauf, daß man ihr Essen einpackte, damit sie es für Linnaeus und Rainbow mitnehmen konnte. Edward, den ihre Unartigkeit ärgerte, wollte sie zurechtweisen, aber Indigo fuhr ihn an, er solle verschwinden, und schwieg dann gänzlich.

Hattie hatte sich eigentlich eine fröhliche Heimkehr vorgestellt und erwartet, daß Indigo glücklich sein würde, wieder in ihrer Heimat zu sein. Das Kind zu seiner Familie zurückzubringen, war ihr zum Wichtigsten geworden, besonders jetzt, wo Edward und sie übereingekommen waren, sich zu trennen. Ihr war klar geworden, daß sie Indigo von ganzem Herzen liebte – Edwards Betrug und alles andere spielten keine Rolle, solange sie dafür sorgen konnte, daß Indigo glücklich war.

Erneut versprach sie dem Mädchen, den Colorado erst zu verlassen, wenn ihre Schwester und ihre Mutter gefunden waren. Aber Indigo war untröstlich. Selbst als sie die Käfige von Papagei und Affen auf beiden Seiten des Bettzeugs aufstellte, damit sie die Tiere während der Nacht streicheln konnte, liefen ihr weiter die Tränen über das Gesicht.

Im angrenzenden Zimmer saß Edward im Schein der Lampe am Tisch und las. Er legte einen Papierstreifen in das Buch, ehe er es zuklappte und mit einem Lächeln zu ihnen herübersah. Jetzt, wo sie beschlossen hatten, sich zu trennen, waren die Spannungen zwischen ihnen verschwunden. Morgen würde Edward den Zug nach Winslow nehmen und dann mit der Kutsche zum Krater weiterreisen, während Hattie und Indigo mit der Suche nach Indigos Schwester und Mutter beginnen würden.

In Riverside waren sie übereingekommen, daß keiner von ihnen für die Ehe geschaffen war, und dabei beließen sie es. Sie sprachen weder über seinen leichtfertigen Betrug noch über sein unverzeihliches Eintreten für den australischen Arzt. Das Kind schien sich nun beruhigt zu haben, es bestand kein Grund zur Sorge. Sie wünschten sich eine gute Nacht, und Edward wandte sich wieder seinem Buch zu, während Hattie die Tür schloß.

Es bedrückte sie immer noch, daß ihr Entschluß Edward derart zu erleichtern schien. Sie mußte sich seine Zuneigung lediglich eingebildet haben, ebenso wie sie auch Mr. Hyslops Absichten mißverstanden hatte. Keinesfalls würde sie diesen Fehler noch einmal begehen. Noch vor ihrer Abfahrt aus Riverside hatte sie ihren Eltern geschrieben und sie ohne lange Erklärungen über ihren beiderseitigen Entschluß informiert, sich sobald wie möglich scheiden zu lassen. Die Einzelheiten würden sie sicherlich von Susan und Colin erfahren.

Hattie erklärte sich mit einer großzügigen Trennungsvereinbarung einverstanden und wies ihre Bank in New York an, Edward einen Kreditrahmen einzuräumen, bis der Verkauf des Anwesens und seine Schulden geregelt waren. Die Suche nach Indigos

Schwester und Mutter waren derzeit ihre einzigen Pläne, doch sie war fest entschlossen, nicht nach New York zurückzukehren. Oyster Bay gehörte zu einem anderen Leben, es war tot und zusammen mit ihrem Manuskript begraben.

Vielleicht würde sie nach England oder Italien zurückgehen – sie träumte oft von den Gärten. In einem dieser Träume tanzten Tante Bronwyns Steine, in einem anderen sangen Lauras Schlangen- und Vogelfrauen ein so wunderschönes Lied, daß sie weinend vor Glück aufwachte.

DER FAHRWEG oberhalb des Flußes war staubig und heiß. Auf den Uferpfaden zwischen den Weiden sei es kühl und schattig, erzählte Indigo ihren Spielgefährten. Die Kutsche hatte ein Segeltuchverdeck, aber es war schwarz und speicherte die Hitze. Indigo vertrieb sich die Zeit damit, auf bestimmte Stellen am Ufer zu deuten und Linnaeus und Rainbow davon zu erzählen, wie sie und Sister Salt an dem Morgen, als die Tänzer angegriffen wurden, flußabwärts entkommen waren.

Sie fühlte sich heute besser als am Vorabend, denn sie hatte davon geträumt, sie sei mit Sister Salt wieder in den alten Gärten, in denen lauter riesengroße Gladiolen in allen Farben des Regenbogens standen. Sister Salt hielt Linnaeus wie ein Baby im Arm, und der Papagei durfte auf Mamas Schulter sitzen. Selbst Hattie kam in diesem Traum vor – sie brachte in einer großen Kürbisflasche, die sie auf dem Kopf balancierte, Wasser von der Quelle.

Auf ihrem Weg aus der Stadt heraus bemerkte Indigo, wie die Leute auf der Straße mit Fingern auf den leeren Affenkäfig oben auf dem Gepäckstapel und auf Linnaeus in ihrem Schoß deuteten. Die Sandhügel waren grün von Gras und Unkraut – ein Anzeichen für reichlich guten Regen in den vergangenen Wochen und ein Lichtblick für die Terrassengärten in den Dünen. Es bedeutete hohes Getreide, dichten Amarant und Bohnen und Sonnenblumen voller Samen, genug, um sie über den Winter zu bringen. Indigo hatte ganz vergessen, wie endlos weit der Himmel und wie blau er sein konnte, wenn keine Wolken ihn bedeckten. »Sand Lizard-Mädchen, jetzt bist du fast zu Hause«, flüsterte sie.

Südlich des Chemehuevi-Reservats machten sie Halt an einem kleinen Handelsposten, der Road's End hieß. Die Frau des Händlers hatte dort in einem kleinen Hinterzimmer Platz für Übernachtungsgäste. Anfänglich zögerte die Frau, die Käfige mit dem Affen und dem Papagei ins Haus zu lassen, aber Hattie gab ihr ein zusätzliches Halbdollarstück und versprach, die Tiere im Käfig zu lassen – ein Versprechen, das Indigo nicht einhielt. Es gab kaum genug Platz für die Käfige und das viele Gepäck rund um das schmale Bett, das sie sich teilten. Hattie tat die ganze Nacht kein Auge zu und spürte bei jeder Bewegung die Roßhaare durch die Matratze stechen. Am Morgen kratzte sich Indigo unentwegt an den Beinen, und als sie nachsahen, entdeckten sie kleine rotgeschwollene Insektenbisse.

Als Hattie in die Küche kam, war dort nur für zwei Personen gedeckt. Den einen Platz belegte der Kutscher, und als Hattie nachfragte, teilte die Frau des Händlers ihr mit, das Indianermädchen könne draußen auf der Veranda sitzen. Hattie erwiderte nichts, aber sie nahm ihren Teller und ihre Tasse vom Tisch und gesellte sich zu Indigo, die draußen schon mit ihren Tieren spielte und die vier Orchideentöpfe aus der Hutschachtel geholt und in die Morgensonne gestellt hatte.

Den ganzen Vormittag über machte Hattie der verlorene Schlaf und die Unhöflichkeit der Frau zu schaffen. Hin und wieder blendeten sie die von den Pferdegeschirren reflektierten Sonnenstrahlen, aber das gleißende Licht verging nicht, wenn sie die Augen schloß, sondern ging bald in Kopfschmerz über. Sie nahm einen Schluck Arznei aus dem Fläschchen in ihrer Handtasche und lehnte sich zurück, um zu schlafen. Aber statt dessen begannen die Gedanken durch ihren Kopf zu schwirren – die Mißbilligung ihrer Mutter, die Enttäuschung ihres Vaters, ihre närrische Annahme, Edward hege tiefere Gefühle für sie. Sie versuchte, ihre Gedanken zu ordnen, indem sie an die wunderschönen reliefverzierten Schmucksteine aus der Quelle in Bath dachte. An den leuchtend orangefarbenen Karneol mit der sitzenden Minerva und der Schlange neben sich, an den blaßgelben Karneol, auf dem ein schwanenhalsiger Wasservogel neben seinem Küken auf dem Nest stand, und an den trüben Chalzedon mit den drei Rindern unter der Eiche.

Eigentlich hatte sich Edward von keinem dieser Steine trennen wollen, doch er gab nach, als Hattie sich bereiterklärte, ihm den Kredit einzuräumen. Er sah seine Steinsammlung durch und gab ihr schließlich drei, die er nicht wollte. »Wunderbar«, dachte sie, »ich will nichts, was er haben will!«

Indigo rief etwas, und Hattie zwang sich, die Augen zu öffnen, um nachzusehen. Vor ihnen, oberhalb des Flusses erhob sich ein mächtiger Erdwall – der Staudamm, der Wasser für Los Angeles sammeln sollte. Indigo staunte über die Veränderung der Landschaft ringsumher. Der Strom war gefangen, und nur ein schmales Rinnsal floß schlammig-rot nach Süden weiter. Der Fluß lag nackt und bloß. Die Weiden und Tamarisken an seinen Ufern waren verschwunden, die roten Lehmufer aufgewühlt. Hier und da bedeckten die aufgehäuften weißen Skelette von Pappeln die durchfurchten roten Ufer. In den tiefen Gräben, die beim Dammbau entstanden waren, hatte sich Regenwasser gesammelt, und nun wuchsen dort Unkraut und Sonnenblumen. Auf dem Hügelkamm über dem Fluß standen lange Reihen mit Armeezelten, ganz in ihrer Nähe befand sich eine Ansammlung von Planwagen, auf deren Verdeck man Preise für Lampenöl und Tabak gepinselt hatte.

Während sie dem Fluß weiter nach Süden folgten, bemerkte Indigo, daß die Pappeln und Weiden verdursteten, weil das Flußwasser so spärlich geworden war. Parker war eigentlich gar keine Stadt, eher eine Postkutschenstation am Ende des Reservats. Ein Stacheldrahtzaun markierte dessen Eingang. Bei ihrer Ankunft liefen ihnen die Kinder entgegen, deuteten auf Indigo, den Affen und den Papagei und riefen und lachten durcheinander.

Auf dem Weg zum Büro des Reservatsleiters begann irgend jemand – vermutlich die älteren Jungen – mit Steinen nach ihrem Fuhrwerk zu werfen, bis der Kutscher sich umdrehte und fluchte, ohne sich bei Hattie zu entschuldigen. Dreckiges Geschmeiß nannte er die Kinder. Er war der Sohn des Mietstallbesitzers, trug ständig einen Zahnstocher im Mund und ließ keinen Zweifel daran, daß er Hattie für eine Närrin oder Schlimmeres hielt. Der Kutscher setzte sie vor dem Büro ab und fuhr ohne ein Wort zurück in Richtung Handelsposten.

Indigo wartete mit dem Papagei auf der Schulter und dem Affen auf der Hüfte vor dem Büro des Reservatsleiters. Sie hatte sich vorsichtshalber um die Ecke verzogen und stand dicht neben der Mauer, wo niemand, der am Büro vorbeikam, sie sehen konnte.

Sie hatte Angst, daß die Kinder Linnaeus oder Rainbow mit Steinen bewerfen könnten.

Der Reservatsleiter machte Hattie Mut. Obwohl er die Position erst seit kurzem innehatte, fand er eine Mappe mit Korrespondenz bezüglich Indigos älterer Schwester, die Salt hieß. Hattie bemerkte, daß Indigos Nachname auf der Akte mit Sand angegeben war. Die letzte bekannte Adresse der Schwester war das Baustellenlager am Parker Canyon Staudamm. Über die Mutter war nichts bekannt, doch der Reservatsleiter räumte ein, daß es am Colorado River wesentlich mehr Indianer gab, als die Statistiken des Büros für Indianerangelegenheiten erfaßt hatten. Viele von ihnen waren nicht seßhaft. Einige Stämme schienen nicht recht miteinander auszukommen, andere klagten, der Ackerboden am Fluß sei vergiftet.

Der Reservatsleiter schüttelte den Kopf. Er war erst vor zwei Monaten von Oklahoma hierher versetzt worden. Dem Büro für Indianische Angelegenheiten fehlte das Geld, um mehr Leute anzustellen, die dafür sorgten, daß die Indianer in den Reservaten blieben, und jene zurückholten, die sich in die Hügel und Canyons davonmachten. Allerdings seien sie für Weiße keine Bedrohung, fügte er eilig hinzu.

Er nahm Indigos Mappe zur Hand und sah sie kurz durch, ehe er den Kopf hob und Hattie fragte, ob sie Indigo adoptieren wolle. Hattie hatte mit dieser Frage nicht gerechnet, sie wurde rot und geriet für einen Moment aus der Fassung.

Es gab keinen Grund, das Kind zu adoptieren, wenn sie eine ältere Schwester in der Nähe hatte, nicht wahr? Der Reservatsleiter schüttelte den Kopf und griff wieder nach Sister Salts Mappe. Die ältere Schwester des Kindes war von seinem Vorgänger wegen Diebstahls inhaftiert worden. Wenn sich kein Dienstherr gefunden hätte, der auf der Suche nach Arbeitskräften für die Baustelle ihre Strafe übernommen hatte, dann würde sie womöglich immer noch einsitzen. Er errötete etwas, als er hinzufügte, daß junge Squaws im Alter der Schwester sich häufig der Prostitution hingaben.

Hattie packte die Handtasche in ihrem Schoß und bedankte sich für seine Unterstützung. Er erinnerte sie noch einmal daran, daß das Kind seiner Aufsicht unterstand. Wenn es nicht ins Internat nach Riverside zurückgebracht wurde, mußte es laut Gesetz ihm übergeben werden. Hattie versicherte ihm, daß sie sich über diese Bedingungen im klaren sei und in Verbindung bleiben werde.

Ihr Kutscher hatte rotunterlaufene Augen, als er endlich zurückkam, um sie abzuholen. Hattie schäumte vor Wut, denn er hatte sie über eine Stunde lang auf der Veranda vor dem Büro des Reservatsleiters warten lassen. Doch in Anbetracht seiner Alkoholfahne schwieg sie lieber. Indigos Aufregung und Freude über die gute Neuigkeit war ihr wichtiger als das ungehobelte Benehmen des Kutschers. Indigo konnte es kaum abwarten, ihre große Schwester wiederzusehen. Wenn sie gleich losfuhren, konnten sie noch vor Anbruch der Dunkelheit am Staudamm sein, also wies Hattie den Kutscher an, wieder flußaufwärts zu fahren.

Ihr gingen die Worte des Reservatsleiters nicht aus dem Kopf. Was wurde aus einem Kind wie Indigo, das sich einmal an ein gutes Heim, schöne Kleidung und ausreichend Essen gewöhnt hatte? Alles, was sie in der Zwischenzeit gelernt hatte, würde umsonst gewesen sein, wenn sie hierher zurückkehrte. Bis auf die hinterhältigen Steinewerfer wirkte das Reservat von Parker wie tot. Die wenigen Frauen und Männer, die sie hier zu Gesicht bekamen, machten kaum einen vertrauenerweckenden Eindruck. Indigos geliebten kleinen Affen und den Papagei würde man hier bestimmt in kürzester Zeit stehlen oder töten. Vielleicht war eine Adoption wirklich das beste für Indigo. Der Reservatsleiter hatte angedeutet, daß er die Adoption persönlich anweisen könne.

Sister Salt erkannte die alte Walapai an der Straßenecke in Needles und rief sie an. Die alte Frau starrte lange ratlos zu ihr hinüber, aber dann erschien mit einem Mal ein breites, zahnloses Grinsen auf ihrem Gesicht und sie winkte Sister zu sich herüber. Zuerst wollte sie Sisters Baby sehen, und sie lobte überschwenglich, was für ein glückliches, gesundes kleines Kerlchen es doch sei. Dann wollte sie wissen, ob Grandma Fleet noch immer diese kleinen Körbe flocht, die aussahen wie Truthähne und Frösche.

Traurig schüttelte Sister Salt den Kopf. Die alte Frau begriff sofort, und die Tränen stiegen ihr in die Augen. »Und deine Mutter?« fragte sie. »Ist sie immer noch mit den Tänzern unterwegs?« Sister Salt nickte, dann fragte sie, ob irgend jemand Nachrichten über den Verbleib der Tänzer habe.

Wie lange war es her – fast zwei Winter, nicht wahr? Sister Salt nickte. Die Menschen hier mochten nicht mehr tanzen, aus Angst vor den Soldaten und der Indianerpolizei. Aber wenn sie es täten, so wie beim letztenmal, dann würden der Messias und die Tänzer zurückkehren.

Maytha und Vedna warteten auf der anderen Straßenseite auf Sister. Sie waren nach Needles gekommen, um Nägel zu kaufen, und um auf der Müllkippe nach Holz- und Wellblechabfällen zu suchen, die sie vielleicht für ihr neues Haus gebrauchen konnten. Sie hatten dafür bezahlt, um hinten auf dem Wagen, der zweimal in der Woche die Post zwischen Parker und Needles hin und her transportierte, mitfahren zu dürfen. Zwei Tage waren sie von Road's End nach Needles unterwegs gewesen, deshalb hatten sie ihr eigenes Essen und Trinken mitbringen müssen. Der kleine schwarze Ahne wurde langsam unruhig, und Sister Salt wollte sich schon verabschieden, als die alte Frau sie am Arm festhielt.

»Warte! Ich habe dir noch etwas Wichtiges zu erzählen«, sagte sie, »es geht um deine kleine Schwester.« Sister Salt hörte ihr mit klopfendem Herzen zu. Vor zwei Tagen habe sie Indigo aus dem Zug nach Osten steigen sehen. Zuerst habe sie das Mädchen nicht erkannt, weil es so groß geworden sei und feine neue Kleider und Schuhe trug. Aber sie war es ganz sicher gewesen! In der Hand hatte sie einen Käfig mit einem bunten Vogel getragen, und ein seltsames haariges Wesen hatte sich an ihr festgeklammert. Sie sei in Gesellschaft eines reichen weißen Paares mit furchtbar viel Gepäck gewesen. Zusammen hatten sie die Station in einer Mietkutsche verlassen.

Die anderen Walapai-Frauen bestätigten den Bericht der alten Frau, sie hatten es auch gesehen. Aber andere Indianerinnen, vor allem Havasupai und Mohave, kamen dazu, um den Walapais zu widersprechen. Sister solle nicht auf sie hören. Die alte Frau sei verrückt, seit ihr ein Kavalleriepferd gegen den Kopf getreten hatte, und ihre Schwestern tranken einfach zuviel Bier.

Sister Salt bedankte sich höflich bei der alten Frau und ihren Schwestern. Ob sie sich wirklich irrten, wie die anderen behaupteten? Indigo war im Internat in Kalifornien, nicht bei einem weißen Paar. Sie mußten ein anderes Mädchen gesehen haben. Dennoch spürte sie tief in ihrem Herzen einen freudigen Hoffnungsschimmer. Und wenn die Walapais nun doch recht hätten?

Später zeigte Sister den Zwillingen die Stelle am Fluß im Süden der Stadt, wo ihre Hütte gestanden hatte. Der Kreis aus geschwärzten Steinen, der ihre Feuerstelle umgeben hatte, war immer noch da, sonst nichts. Wenn Sister mit Big Candy nach Needles gekommen war, hatte sie die Stelle immer gemieden. Lange Zeit konnte sie nicht einmal den Anblick des hohen Sandhügels oberhalb des Flußes ertragen, auf den der Messias und seine Familie an jenem Morgen geflüchtet waren. Sister hatte ihn zwar aus den Augenwinkeln wahrgenommen, aber immer befürchtet, sofort loszuweinen, wenn sie ihn direkt anschaute.

Nach der Verhaftung der Tänzer hatte man alle Unterkünfte niedergerissen und abgebrannt. Die Walapais und die anderen verzogen sich in die Auswaschung hinter der Bahnstation, wo sie das Flußufer neben der Müllhalde für sich hatten. Jetzt, mit dem kleinen munteren Ahnen im Arm, flößte es Sister neue Zuversicht ein, an dem Ort zu sein, wo sie und ihre Lieben zuletzt zusammen und glücklich gewesen waren, selbst wenn es nur Needles war. Außerdem sah der sandige Hügel in der Mittagshitze ganz anders aus als an jenem Morgen, kurz nach Tagesanbruch, als die Eindringlinge kamen.

Die Tage waren jetzt kürzer und die Nächte kühl. In ein, zwei Monaten würden die Schneesturmwolken zu den Berggipfeln zurückkehren und mit ihnen der Messias, seine Familie und die Tänzer. Wenn sich die Menschen hier aufs neue versammeln und tanzen würden, dann kämen bestimmt auch der Christus und die anderen zurück – und Mama mit ihnen.

Die Zwillinge schlugen vor, an Ort und Stelle zu kampieren, bis sie den Postwagen zurück nach Road's End nehmen konnten. Sister Salt war glücklich, als sie an der gleichen Stelle Feuer machte wie früher Mama und Grandma. Aber in der Nacht wurde sie traurig, weil nur ein Kreis verbrannter Steine übriggeblieben war. Big Candy war fort, und mit ihm war die Hilfe verschwunden, die sie brauchte, um Indigo zu finden. Das viele Geld, das sie für die Suche und für ihre Rückkehr in die alten Gärten gespart hatte, war ebenfalls weg. Verfluchtes Geld! Sie haßte es, aber sie brauchte es auch.

Diese verfluchte Mexikanerin mit ihren Hunden! Dieser verfluchte Krieg, der sie ihr in die Arme getrieben hatte! Schließlich wußte Sister nur zu gut, daß man bei Fremden vorsichtig sein mußte, aber Delena hatte ihr so gut gefallen. Auch wenn Big Candy weder ihr noch den Zwillingen einen Vorwurf gemacht hatte, existierte für ihn doch insgeheim eine Verbindung zwischen ihnen und Delena, und das genügte. Selbst wenn Big Candy die Frau erwischte und das Geld zurückbekam, rechnete Sister nicht damit, ihn jemals wiederzusehen.

Soviel zu der Überzeugung der Sand Lizards, Sex mache aus Fremden Freunde. Sie hatte schließlich monatelang mit Candy geschlafen und ihn trotzdem als Freund verloren. Wie ein Verrückter war er der Mexikanerin und dem Geld hinterhergerannt. Geld! Man konnte es weder essen noch trinken, und trotzdem raubte es den Menschen den Verstand.

In dieser Nacht kuschelte sich der kleine Ahne an ihre Brust und sprach im Traum zu ihr. Als sie davon erwachte, wie sie ihm antwortete, bemerkte sie, daß er sie mit seinen glänzenden schwarzen Augen aufmerksam ansah. Die Dämmerung färbte den Horizont im Osten milchig grau. Der kleine schwarze Ahne wollte in die alten Gärten zurück. Dort brauchten sie kein Geld – alles, was sie an Nahrung benötigten, konnten sie dort finden. Auch seine kleine Tante Indigo würde dorthin zurückfinden – sie würde den Weg nach Hause nicht vergessen.

Sister zog den Schal enger um sich und das Kind und schob die alte Decke auf ihren Beinen zurecht, achtete jedoch darauf, daß sie Maytha und Vedna nicht weckte, die in der Nähe leise schnarchten. Als die Sonne aufging, sah sie zu, wie das Licht den Abhang der hohen Düne berührte, und stellte sich vor, wie der Messias und die anderen durch den Sand watend den Hügel herabkamen. Doch die Position der Sonne war noch nicht richtig – sie stand noch zu tief am Himmel, und sie wußte, daß sie den Messias und die anderen noch nicht sehen würde.

Die Zwillinge deckten sich mit allem ein, was sie für das

Leben in Road's End brauchten – alles war so teuer. Sie waren gut zu Sister und teilten das Essen ohne Vorwürfe oder böse Hintergedanken, deshalb machte Sister sich nützlich, indem sie mit dem kleinen Ahnen beim Lagerplatz blieb, um die bereits gekauften Vorräte zu bewachen. Sie band sich den kleinen Ahnen auf den Rücken und suchte am Ufer nach wilden Zwiebeln und Wasserkresse und grub Rohrkolbenwurzeln aus, um daraus Suppe zu kochen.

Inzwischen war sie froh über das viele fette Fleisch, das Big Candy ihr zu essen gegeben hatte, weil es die Milch für das Baby anreicherte, auch wenn sie jetzt nicht viel zu essen hatte. Der kleine Ahne wurde allmählich groß und speckig, er konnte sich hochstemmen und auf den Rücken rollen, aber seine Augen blickten immer noch durchdringend und kauzig wie die eines alten Mannes. Der kleine Ahne wollte zurück in die Heimat der Sand Lizards, weg von der Feuchtigkeit des Flusses, die Fieber hervorrief.

Bright Eyes nannte sie ihn eines Tages, als er glucksend und lachend auf der Decke lag – er liebte es, wenn die frische Luft über seinen nackten Hintern strich. Sie hätte für den kommenden Winter gern etwas Baumwolltuch und eine wärmende Wolldecke für das Kind gekauft, aber sie hatte kein Geld. Wenn sie wieder in Road's End waren, würde sie Yuccablätter schneiden und einweichen und daraus kleine Körbe in Truthahn- oder Hundeform flechten – genau wie Grandma Fleet. Die Körbe konnte sie dann alle zwei, drei Monate bei der Bahnstation verkaufen. Sie übte das Flechten und Umwickeln mit Weidenrinde, während Bright Eyes schlief.

Am Tag bevor der Postwagen wieder nach Süden fuhr und während die Zwillinge ihre Bündel packten und verschnürten, stattete Sister der alten Walapai-Frau einen letzten Besuch ab. Road's End lag so weit abseits, daß sie nicht damit rechnete, so bald wieder nach Needles zu kommen, und sie wollte sehen, ob die alte Frau wirklich noch unter der Kopfverletzung litt, wie die anderen gesagt hatten. Was war, wenn Indigo wirklich mit den reichen Weißen zurückgekehrt war?

Sie hatte vorhin einen Zug aus dem Osten herankommen hören, also hielt Sister auf dem hinteren Teil des Bahnsteigs nach den Indianerinnen Ausschau. Als sie jedoch die Touristen sah, die sich um die Frauen scharrten, um ihre Ketten aus Zedernsamen zu kaufen, drei Stück für einen Dollar, blieb sie stehen.

Sie wollte sich gerade umdrehen und gehen, als zwei Touristen von hinten an sie herantraten und sie um ein Photo mit ihrem »Papoose« baten. Sister wandte sich ab, da gewahrte sie aus den Augenwinkeln heraus einen Silberdollar in der Hand des Weißen. Silberdollar hatte sie bisher nur bei den Gewinnern im Glücksspiel gesehen. Die Spaziergänge am Flußufer hatten die Arbeiter immer mit Nickel und Dime gezahlt. Manchmal brauchte Sister zwei, drei Tage, um einen Dollar zu verdienen, aber es hatte ihr Spaß gemacht, sich nackt mit den Männern am Fluß zu vergnügen.

Sie drehte sich wieder zu den Touristen um und deutete mit dem Kopf auf den Silberdollar in der Hand des Mannes. Sie hielt die Münze fest umklammert, das Gesicht rot vor Scham, und weigerte sich, in die Kamera zu schauen. Statt dessen starrte sie auf ihre Füße. Hastig zog sie dem Baby die Tücher bis über die Ohren, damit das Glasauge der Kamera sein Gesicht nicht sehen und ihm die Kraft rauben konnte. Als der Tourist fertig war, schämte sie sich so sehr, daß sie davonlief, ohne der alten Walapai auf Wiedersehen zu sagen.

Sie schwor sich, so etwas nie wieder zu tun, egal, wieviel Geld man ihr bot. Zum Glück war dem Baby nichts passiert, aber sie fühlte sich nach der Begegnung mit der Kamera elend und matt. Am schlimmsten war das Auge der Kamera! Die Priester verurteilten die bezahlte Liebe, aber Sister fühlte sich nach ihren Spaziergängen mit den Männern immer glücklich. Jedesmal sagten sie ihr, daß sie die Hübscheste sei – viel hübscher als die Matratzenfrauen, die mehr kosteten. Nackt im Sand am Fluß fühlte sie sich so frei und glücklich wie das Flußmädchen aus den alten Geschichten, denen die Zwillinge in Laguna zugehört hatten. Wenn River Girl mit Whirlwind Man spazierenging, gab es Fleisch und Häute für die Armen. Und wenn sie während einer Hungersnot mit Buffalo Man ging, dann waren die Büffel bereit, den hungernden Menschen ihr Fleisch zu geben.

Auf der Fahrt zurück nach Road's End überraschte Sister Salt die Zwillinge mit dem Silberdollar, den sie ihnen als ihren Anteil an den Ausgaben übergab. Maytha wollte wissen, woher das Geld stammte, aber Sister schüttelte den Kopf und wandte die Augen ab. Vedna ließ nicht locker, bis Sister ihnen schließlich beichtete. Die Mattigkeit, die sie unmittelbar nach dem Photographieren verspürt hatte, beunruhigte die Zwillinge. In Laguna hatten sie von alten Leuten gehört, die wenige Tage nach dem Photographieren gestorben waren.

Die in Road's End lebenden Chemehuevi waren konvertierte Christen und lebten sehr zurückgezogen. Die Zwillinge fanden am hintersten Zipfel ihres Landes Schafs- und Ziegenkot, Anzeichen dafür, daß ihre Nachbarn das Land der Tante für eigene Zwecke genutzt hatten – wahrscheinlich hatten sie darauf spekuliert, daß es nach dem Tod der alten Frau niemand für sich beanspruchen würde.

Am Tag, nachdem sie mit ihren Vorräten aus Needles zurückgekehrt waren, bemühten sich die drei Freundinnen mit vereinten Kräften, das Loch im Dach zu flicken. Maytha stand gefährlich vornübergelehnt oben, um das an einem Seil befestigte Wellblech heraufzuziehen, während Vedna von der Leiter aus und Sister Salt unten am Boden das Blech anhoben und in die richtige Richtung lenkten. In diesem Moment kam ein Mann vorbei, sah ihre Schwierigkeiten und bot seine Hilfe an. Er war nicht mehr jung, aber er kletterte behend und kraftvoll die alte Leiter hinauf, packte das Blech und lenkte es an seinen Platz. Offenbar hatte er anderweitig zu tun, denn er trug ein aus einem Seilstück geknotetes Pferdehalfter bei sich. Trotzdem blieb er und half ihnen, auch das andere Blech hinaufzuschaffen. Dann zeigte er ihnen, wie sie die Bleche festnageln mußten, damit kein Wasser eindrang.

Am späten Nachmittag, kurz vor Sonnenuntergang, waren sie fertig und luden den Mann zu Kaninchen in Amarantsuppe ein, und er nahm die Einladung wortlos an. Er schwieg auch, als sich die Freundinnen darüber freuten, wie schnell sie das alte Dach repariert hatten. Jetzt, wo es wieder dicht war, konnten sie den Winterregen willkommen heißen und mußten nicht frieren.

Jede von ihnen bedankte sich bei dem Mann, ehe er, das Halfter über der Schulter, weiterging. Aber am folgenden Morgen sahen sie zu ihrem Entsetzen eine wütende Frau mit ihren beiden Schwestern in den Garten stürmen. Sie hatten die Wanderstöcke gepackt, als wollten sie jemanden verprügeln.

Die Frauen beschimpften Sister und die Zwillinge als Huren und warnten sie, bloß die Hände von den Männern anderer Frauen zu lassen oder sie würden die Indianerpolizei rufen. Sie wußten, daß die Zwillinge und ihre Sand Lizard-Freundin in Yuma im Gefängnis gewesen waren, weil sie Seife gestohlen hatten, also sollten sie besser auch von anderen Dingen die Finger lassen.

Edward war traurig, als er Hattie und das Kind auf dem Bahnsteig zum Abschied winken sah. Der Anblick des kleinen Affen, der fröhlich auf Indigos Rücken herumhopste, trieb ihm die Tränen in die Augen. Er hätte nie gedacht, daß ihre Ehe so enden würde. Vielleicht waren sie zwar füreinander, aber nicht für die Ehe geschaffen. Er empfand kein Bedauern – er war das Junggesellenleben gewohnt, aber Hattie tat ihm leid, denn sie litt offensichtlich an einem jener nervösen Leiden, welche in letzter Zeit in deutschen Wissenschaftsjournalen beschrieben wurden, eine Art Schwermut, die fast nur bei hochgebildeten Frauen auftrat. Sie würden auf jeden Fall weiter auf freundlichem Fuße miteinander verkehren. Wenn Hattie später eine Annullierung der Ehe wünschte, würde er ihr in dieser Hinsicht voll und ganz entgegenkommen. Sie hatte ihm bei ihrer Bank einen großzügigen Kredit eingeräumt, da er und Dr. Gates den Claim des Schürfers so schnell wie möglich erwerben mußten. Dr. Gates befand sich mit dem Schürfer gerade in Verhandlungen.

Während der Zug weiter nach Osten fuhr, machten die kargen Ebenen aus Sand, Geröll und gelegentlichen Beifußsträuchern allmählich den in größeren Höhen wachsenden Lärchen und Kiefern Platz. In der Ferne kamen nun blaßblau die großen, majestätischen Gipfel der San Francisco Mountains in Sicht. Obwohl es erst September war, glitzerten bereits weiße Schneehauben auf den Gipfeln. Edward war froh, daß er trotz der Sperrigkeit die Kamera eingepackt hatte.

In Winslow holte Dr. Gates ihn vom Zug ab und begleitete ihn zum Hotel neben dem Bahnhof. Am nächsten Morgen machten sie sich nach dem Frühstück im Hotelrestaurant mit dem Einspänner auf den Weg zum Krater, der etwa zwanzig Meilen südwestlich der Stadt lag. Die trockene, grasbewachsene Ebene war mit gelblichen Sandsteinbrocken und gelegentlich hervorbrechendem Vulkangestein bedeckt. Immer wieder taten sich tiefe Senken auf, die, obwohl sie zur Zeit ausgetrocknet und sandig waren, in der Regenzeit von gewaltigen Wassermassen durchspült wurden. Die Luft war so rein, daß sich die blauen, schneebedeckten Gipfel der San Francisco Mountains am westlichen Horizont klar und deutlich abzeichneten.

Die Umrisse des Erdwalls, der durch den Meteoriteneinschlag entstanden war, wurden sichtbar, als der Doktor den Kutscher anwies, das Gespann eine sandige Auswaschung hinaufzulenken. Sie folgten dem ausgetrockneten Flußbett bis zu einer goldgelben Sandsteinmesa von knapp vierzig Metern Höhe.

Der Goldgräber hatte die Stelle entdeckt, als er nach indianischen Keramiken suchte. Sie stiegen etwa dreißig, vierzig Meter weit einen sandigen Hang hinauf, bis sie zum Fuß der Sandsteinfelsen gelangten. Dort fanden sie in einem großen Riß genügend Griffe und Tritte, um den Tafelberg zu erklimmen. Unterhalb des letzten Stückes blieb der Doktor auf einem Absatz stehen und mahnte Edward zur Vorsicht. Die Indianer hatten hier vermutlich eine Art Leiter benutzt, denn es gab auf diesem letzten Abschnitt kaum Haltepunkte für einen Kletterer. Edward sah erst nach oben und dann nach unten. Wenn er es soweit geschafft hatte, dann wollte er auch jetzt nicht mehr aufgeben. Er nickte Gates zu, weiterzugehen, und sah, wie sein Gefährte geschickt die Felsen hinaufkletterte und dabei mit Händen und Füßen selbst die kleinsten Felsvorsprünge ausnutzte.

Oben angekommen, beugte sich Gates hinunter und hielt Edward die Hand hin. Dieser holte tief Luft und wagte einen Sprung, wobei er sich an jede Unebenheit klammerte, die ihm lange genug Halt bot, um die Hand des Doktors zu erreichen. Einen Moment lang glaubte er, nicht genügend Schwung zu haben, aber dann reckte er sich mit aller Kraft, und der Doktor zog ihn hinauf in Sicherheit.

Edward war so außer Atem und froh darüber, die Mesa erklommen zu haben, daß er das schmerzhafte Ziehen in seinem verletzten Bein erst bemerkte, als er dem Doktor über die flachen

Grashügel und die Gesteinsbrocken folgte. Er blieb stehen und dehnte das Bein vorsichtig, damit es sich nicht versteifte.

Gates führte ihn zu einem Graswall neben einem mächtigen Felsen, wo man die Umrisse einer ehemaligen Behausung freigelegt hatte. In einer vormaligen Zimmerecke neben dem Felsen lag frisch aufgehäufter Sand. Ein großes Stück Sackleinen bedeckte die Fundstelle, deren Ausmaße bis in die Wand hinein und unter den Felsen reichte.

Gates zog die Abdeckung mit Schwung zurück, und Edward erblickte in einer Steinnische einen höchst bemerkenswerten Gegenstand: einen Eisenmeteorit, eingewickelt in die Überreste eines Gewandes aus Federn und Baumwollschnüren. An einem Ende des Meteoriten hingen winzige Steinperlen, die einmal eine Halskette gewesen waren, daneben standen zwei kleine Tonschüsseln. Der Doktor faßte in eine der Schüsseln und reichte Edward eine winzige Tonpfeife von der Gestalt eines Vogels.

»Unglaublich, nicht wahr?«

»Ja, wunderschön«, erwiderte Edward und besah sich den kleinen Tongegenstand von allen Seiten. Die Gegenstände, die mit dem Meteoriten begraben worden waren – die winzige Steinperlenkette und die Spielzeugpfeife –, waren für ein Kind gedacht.

»Aber das Beste haben Sie noch nicht gesehen«, rief sein Gefährte und entfernte vorsichtig das Federgewand vom »Kopf« des Meteoriten, unter dem ein hellglänzendes »Auge« im tiefschwarzen Eisengestein zum Vorschein kam.

»Weißer Diamant!« verkündete er stolz.

Auf allen Vieren hockend besah sich Edward den Gegenstand und die Fundstelle in allen Einzelheiten. Leider lag seine Kamera unten in der Kutsche und der Aufstieg war zu beschwerlich, sonst hätte er das indianische Begräbnis des Meteoriten ganz genau dokumentieren können. In dem Handbuch über nordamerikanische Meteoriten hatte er mit großem Erstaunen von einem dreitausend Pfund schweren Meteoriten gelesen, den man zusammen mit menschlichen Überresten in einem Begräbnisraum in indianischen Ruinen bei Chihuahua entdeckt hatte. Wie die anderen Leichen war auch er in Baumwolltücher gehüllt. Der Schürfer hatte den Fund auf der Stelle entfernen wollen, aber Dr. Gates konnte ihn überreden, damit zu warten, bis Edward den wunderbaren Fund an Ort und Stelle gesehen hatte. Edward hoffte, ihn von dem Schürfer zu einem vernünftigen Preis erwerben zu können.

Vom Gipfel der Mesa aus deutete der Doktor nach Südosten, wo der runde Kraterrand leicht auszumachen war. Unzählige Tonnen weiteren diamanthaltigen Eisengesteins warteten dort auf sie.

Dank des Seils, das der Kutscher ihnen hinaufwarf und das der Doktor um einen Felsbrocken schlang, war der Abstieg etwas leichter, dennoch spürte Edward die Folgen der Überanstrengung weiter in seinem Bein. Solange er es in der Kutsche hochlegen und ausstrecken konnte, ließen die Schmerzen etwas nach. Später am Abend, im Lager am Kraterrand, besah sich Dr. Gates das Bein und die gerötete Schwellung rund um die Narbe. Er gab Edward eine Handvoll Morphintabletten, die er nach Bedarf einnehmen sollte, sah aber keinen Anlaß zur Besorgnis. Der Kutscher war ein ehemaliger Eisenbahnmechaniker, der sowohl als Fahrer als auch als Lagerkoch angeheuert worden war. An diesem Abend servierte er ein Paar gebratene Wachteln, die er am Vortag geschossen hatte, und Gates holte eine Flasche guten Brandy hervor, um Edwards Ankunft zu feiern. Der Brandy verstärkte die Wirkung der Tabletten, und die Schmerzen verschwanden.

Der Schürfer kam nach Anbruch der Dunkelheit auf einem Maultier ins Lager geritten, gefolgt von einem Esel, der seine Ausrüstung trug. Es war ein großer, drahtiger Mann mit gestutztem Bart. Er trug einen staubigen Arbeitsanzug und ein vergilbtes Hemd, aber seine Stiefel waren neu. Mit seiner von der Sonne gebräunten Haut hätte man ihn fast für einen Schwarzen halten können, aber seine leuchtend blauen Augen und die lange, schmale Nase waren ebenso unverwechselbar wie das Haar, das die Sonne selbst unter dem breitkrempigen Hut weißblond gebleicht hatte. Der Schürfer überließ lieber anderen das Reden, aber seinen blauen Augen hinter der Nickelbrille entging nicht das Geringste.

Am nächsten Morgen erklärte der Arzt Edwards Bein für belastbar, obwohl es immer noch geschwollen und steif war. Edward schluckte weitere Schmerztabletten und hievte sich in den Einspänner, um in das eine halbe Meile entfernte Zentrum des Kraters zu fahren. Die Ausrüstung für die Testbohrung war bereits vor Ort, um an einer neuen Stelle Bohrlöcher anzulegen, und es herrschte allgemein eine erwartungsvolle Spannung. Man beabsichtigte, an verschiedenen Stellen Bohrlöcher anzulegen, um die Lage und die Größe des Meteoritenvorkommens ausfindig zu machen.

Der Boden des Kraters war von merkwürdig weißlich grauem Staub bedeckt – geschmolzene Sandkörner, die beim Aufprall des Meteoriten pulverisiert worden waren. Bei ersten Bohrversuchen hatte eindringendes Wasser die Maschinen lahmgelegt, denn der Krater war ein natürliches Sammelbecken von Regenwasser. Vor einigen Monaten hatten schwere Regenfälle dafür gesorgt, daß die Tümpel überliefen, in die sie das aus dem Bohrloch gepumpte Wasser ableiteten. Nun schlängelten sich lange Feuerwehrschläuche aus dem Teich rund um den Bohrturm. Die Maultiergespanne waren vor einen großen Zylinder gespannt, der die Bilgenpumpen bediente, um eindringendes Wasser aus dem Bohrloch herauszupumpen, aber ein Maschinenschaden brachte alle Bemühungen zum Stillstand.

Dr. Gates und der Vorarbeiter der Bohrmannschaft breiteten die Karte aus, um Edward anhand der Verteilung des Meteoritengesteins zu zeigen, daß die größten Metallvorkommen hier in diesem nordöstlichen Quadranten vermutet wurden. Währenddessen stand der Schürfer mit den Laborberichten in der Hand geduldig daneben. Das größte Vorkommen vermutete man unter dem Erdwall in etwa sechshundert Metern Tiefe, und das Gewicht des Meteoriten wurde auf zehn Millionen Tonnen geschätzt.

Edward konnte seine Aufregung kaum verbergen, als er die Laborberichte las. Die jüngsten Proben bestanden aus fast reinem Kadmium mit Platin, Spuren von Iridium und Palladium, das mit weißen und schwarzen Diamanten in Industriequalität durchsetzt war.

Als sie am folgenden Morgen ins Hotel nach Winslow zurückkehrten, um zu baden und ihre Kleidung zu wechseln, weihte Gates Edward ein, daß der Schürfer die Testbohrungen leid sei und lieber wieder nach Mineralien oder in indianischen Ruinen herumgraben wolle. Er habe beschlossen, seine Schürfrechte zu verkaufen, und hatte sie als erstes dem Doktor angeboten.

Natürlich verstand Edward, wie wichtig es war, die Schürfrechte zu erwerben, damit kein Fremder ihnen die besten Funde vor der Nase wegschnappte. Gleich nachdem sie sich im Hotel frischgemacht hatten, schickte Edward der Bank in New York ein Telegramm mit der Anweisung, Geld nach Albuquerque zu transferieren.

Auf dem Baustellengelände sprach Hattie mit dem diensthabenden Offizier, der ihr lediglich mitteilen konnte, daß eine Reihe von Arbeitern und andere Personen das Lager vor einigen Wochen verlassen hatten, nachdem es dort zu gewalttätigen Ausschreitungen gekommen war. Indigo blieb in der Zwischenzeit in der Kutsche, um sicherzugehen, daß ihre Spielgefährten auch wirklich im Schatten blieben. Sie wollte die beiden aneinander gewöhnen – Linnaeus lernte gerade, Rainbow durch die Gitterstäbe des Käfigs mit Sonnenblumenkernen zu füttern. Solange sie zusah, nahm der Papagei die Kerne brav entgegen, aber sobald sie sich umdrehte, versuchte er, dem Affen in die Finger zu hacken.

Der Offizier wandte sich an seinen Adjutanten, der das Zelt verließ, um den Mexikaner Juanito zu suchen, der vielleicht Bescheid wußte. Der Offizier drängte Hattie, während der Wartezeit Platz zu nehmen und ein Glas Wasser zu trinken. Sein Gesicht leuchtete auf, als Hattie im Gespräch New York und Boston erwähnte. Er kam aus Pennsylvania und tat zum erstenmal im Westen Dienst. Der Staub und die Hitze hier waren fast unerträglich.

Der Adjutant kehrte mit einem jungen Mexikaner zurück, der sich die Beschreibung des Indianermädchens, das sie suchte, genau anhörte. Ja, natürlich erinnere er sich an sie, sagte er mit einem breiten Grinsen. Sie hätten viel Spaß miteinander gehabt. Hattie stieg das Blut in die Wangen, und sie wandte die Augen ab. Der Offizier räusperte sich. Ob er wisse, wohin sie gegangen sei? Juanito nickte. Die beiden Chemehuevi-Schwestern hätten bei Road's End ein Stück Land gekauft, und das andere Mädchen wäre mit ihnen gegangen.

Hattie fragte den Offizier, ob sie in der Nähe ein Nachtquartier finden könnten. Es war halb fünf Uhr nachmittags, viel zu spät, um sich noch auf den Weg nach Road's End zu machen. Der Offizier beriet sich kurz mit seinem Adjutanten, dann bot er Hattie und Indigo an, in seinem Zelt zu übernachten und mit ihm zu Abend zu essen. Der zuvorkommende Captain Higgens fand sogar für den Kutscher noch einen Platz im Mannschaftszelt, aber dieser lehnte das Angebot mit einem mürrischen Kopfschütteln ab. Hattie nahm sich fest vor, einen anderen Fahrer zu mieten, sobald sie nach Needles zurückkämen.

Indigo ging mit den Käfigen zum Fluß hinunter, um sie zu säubern. Der Kutscher brummte etwas von »stinkender Affenscheiße und Indianern« hinter ihr her. Sie fand eine flache Stelle und wusch beide Käfige aus, obwohl Rainbows Behausung gar nicht schmutzig war.

Später beim Abendessen lenkte der Offizier das Gespräch taktvoll auf das ungebührliche Benehmen des Kutschers und auf den Zorn der Bevölkerung über die Anwesenheit der Regierungstruppen. Natürlich dürfe man nicht vergessen, daß Arizona zur Konföderation gehört hatte, und es erboste die Ortsansässigen wahrscheinlich, mitansehen zu müssen, daß die Armee die Grenzen der Indianerreservate beschützte, mutmaßte Captain Higgens. Er lächelte Indigo zu. Sie war wirklich ein intelligentes und wohlerzogenes Mädchen, was zweifellos auf Hatties Bemühungen zurückzuführen war.

Hattie nickte und lächelte, auch wenn ihr die Begeisterung des jungen Offiziers allmählich unheimlich wurde. Ihr Ehering war zwar nicht zu übersehen, aber vielleicht hielt er sie für eine Witwe. Sie wies Indigo an, sich für die Nacht fertig zu machen, und Captain Higgens verabschiedete sich und ging.

Das Feldbett war schrecklich unbequem, so daß Hattie sich mitten in der Nacht mit ihrem Bettzeug neben Indigo auf den Zeltboden legte. Dort fiel sie in einen tiefen Schlaf und träumte davon, wieder in der verborgenen Grotte in Lucca zu sein. Sie war allein mit einem gespaltenen ovalen Stein, der sanft zu leuchten begann. Das Leuchten wurde immer stärker, bis sie vor seinem strahlenden Glanz die Augen abwenden mußte. Nicht der Stein, sondern das Licht sprach zu ihr, doch nicht mit Worten, sondern durch Gefühle.

Selbst im Wachen dauerte das Gefühl von Geborgenheit und Liebe weiter an. Sie weinte über dieses Glücksgefühl, das sie selber nicht verstand. Später überlegte sie, daß es wohl die Aufmerksamkeit des jungen Offiziers gewesen sein mußte, die sich verständlicherweise auf ihren Schlaf ausgewirkt hatte. Was es auch gewesen sein mochte, jedenfalls waren der Offizier und seine Leute bereits fort, als sie und Indigo aufstanden und ihre Sachen zusammenpackten. Der Koch des Captains hatte ihnen in der Offiziersmesse einen Tisch gedeckt. Sie sollten nur kräftig zulangen, riet er ihnen. In Road's End gäbe es weit und breit nichts Anständiges zu essen. Als sie fertig waren, bat Hattie, etwas Gebäck einpacken und mitnehmen zu dürfen, und kurz darauf überreichte ihnen der Koch nicht nur das Gebäck, sondern spülte auch eine Whiskeyflasche aus und füllte sie mit frischem Wasser.

Am frühen Nachmittag ließ der Kutscher die Pferde unter einer einsamen Pappel bei einem Wasserloch neben der Straße ausruhen. Hattie und Indigo gingen zu einem etwas abseits gelegenen Fettholzstrauch, um sich zu erleichtern. Sie hielten abwechselnd Wache für den Fall, daß der Kutscher ihnen folgte.

Anschließend aßen sie in der Kutsche schweigend das Gebäck, ohne auch nur den Versuch zu machen, dem Kutscher davon anzubieten. Wenn sich Hattie nur danach erkundigte, wie weit es noch war, kochte der Mann förmlich vor Zorn. Sobald er irgendwo stehenblieb, holte er augenblicklich sein Messer heraus, um aus den Zweigen des nächsten Baumes weitere Zahnstocher zu schnitzen. Zu Anfang wurde Hattie bei diesem Anblick fast übel vor Angst, doch allmählich gewöhnte sie sich an sein feindseliges Gebahren.

Kurz vor Sonnenuntergang erreichten sie den Handelsposten von Road's End. Eine Indianerin ging mit ihrem kleinen Sohn im Laden auf und ab, doch Hattie sah in den staubigen Regalen kaum etwas, das sich zu kaufen lohnte, nur einige verbeulte Konservendosen, Pfirsiche, Tomaten, Streichhölzer, Lampenzylinder und Nägel. Der Händler und seine Frau schienen in Hattie ihren Übernachtungsgast von vor zwei Tagen nicht wiederzuerkennen, bis Indigo mit dem Papagei auf der Schulter und dem Affen auf dem Arm den Kopf zur Tür hereinsteckte. Ihre Gesichter verdüsterten sich augenblicklich, und die Frau erklärte, Tiere seien im Laden nicht erlaubt.

Hattie erkundigte sich nach den drei jungen Frauen – Zwillingsschwestern und ihre Freundin –, die kürzlich zugezogen seien, aber der Händler schüttelte nur den Kopf, während sich seine Frau voller Verachtung abwandte. Das sollte Hattie lieber den Indianeragenten fragen.

Hattie tat, als wisse sie noch nicht, was sie brauche, war sich jedoch nicht sicher, ob sie überhaupt etwas im Laden berühren wollte. In der dicken grauen Staubschicht auf den Regalen hatte zahlloses Ungeziefer deutliche Spuren hinterlassen. Schließlich entschied sie sich für eine Dose Pfirsiche und eine Dose pürierten Mais und fragte nach Zucker und Mehl. Der Händler deutete auf zwei Holzfässer neben sich, und Hattie bat um jeweils fünf Pfund. Als er das Mehl in die Papiertüte auf der Waage schüttete, konnte Hattie die kleinen, sich ringelnden Maden mit bloßem Auge erkennen. Als letztes erstand sie zwei Liter Lampenöl, bereute diesen Entschluß aber fast augenblicklich, denn das Gefäß stank, egal, wie fest der Deckel aufgeschraubt war. Hattie war überrascht, wie teuer die wenigen Dinge waren, aber dann fiel ihr ein, daß dies der einzige Laden in weitem Umkreis war. Die knallbunten Bonbons im Glas gleich neben der Kasse waren das Verlockendste im ganzen Laden, also kaufte sie auch davon eine Tüte.

Die Frau und der kleine Junge hörten auf, sich umzusehen, und beobachteten Hattie. Die Augen des Jungen wurden groß und rund, als er die große Bonbontüte sah. Auf dem Weg nach draußen ging Hattie an ihnen vorbei, sie griff in die Tüte und reichte dem Jungen eine Handvoll Bonbons. Der Kleine strahlte sie an, und seine Mutter nickte, dann folgten beide Hattie aus dem Laden.

Draußen machten der Junge und seine Mutter große Augen, als Indigo ihnen den Papagei und den Affen zeigte. Sie wollten das Äffchen gern streicheln, deshalb ließ Indigo Linnaeus die Hand ausstrecken und guten Tag sagen. Der kleine Junge schüttelte dem Affen die Hand, dann musterte er Indigo eindringlich und fragte, ob sie eine Indianerin sei. Seine Mutter stubste ihn an und flüsterte ihm etwas ins Ohr. »Oh«, sagte er daraufhin und sah zu Boden.

Hattie erklärte ihnen, das man Indigo in die Schule geschickt habe, aber jetzt seien sie auf der Suche nach ihrer Schwester, die mit zwei anderen Mädchen zusammenlebe, Zwillingsschwestern.

Der Kutscher war wütend über die Verzögerung und fuhr die Kutsche unter der schattigen Pappel heraus, um seine Ungeduld zu zeigen. Hattie und Indigo wollten sich gerade abwenden, da zeigte die Indianerin nach Osten, auf eine Anhöhe über dem Fluß.

»Seht ihr da?« fragte sie mit ausgestrecktem Arm. Hattie

kniff die Augen zusammen und folgte mit dem Blick der Richtung, in die sie wies, aber sie konnte nichts erkennen, was einem Haus ähnlich sah. Sie bedankte sich bei der Frau und stieg nach Indigo in die Kutsche. Sie befahl dem Kutscher, den Weg zu fahren, den die Frau ihnen gezeigt hatte. Kopfschüttelnd schnaubte er verächtlich, als er die Zügel ergriff und die Bremse löste.

Der Fluß war von großen Äckern gesäumt, an deren Rändern man Pflüge und Eggen abgestellt hatte. Unmengen von Melonen, Bohnen und Mais wuchsen dort. Sie sahen noch ein weiteres Gewächs, das Indigo nicht erkannte – es waren dunkelgrüne Büsche mit kleinen weißen Blumen. Aber Hattie erklärte ihr, das dies keine Blüten, sondern Baumwollsamenkapseln waren. Hier und da standen kleine Lauben am Feldrand, um Schatten zu spenden, aber Menschen waren nicht zu sehen.

Oberhalb des Flußes, auf einem uralten Schwemmstreifen, passierten sie eine kleine weiße Holzkirche, um die sich eine Ansammlung niedriger Holzhäuser scharrte, die allesamt ebenfalls weiß gestrichen waren. Vor jedem Haus gab es einen Garten mit Mais und Sonnenblumen. In einigen standen sogar kleine Hühner- oder Ziegenställe.

Fuhr die Kutsche denn so weit oben, fragte sich Indigo, oder sah hier alles so klein aus? So war es also, wenn man sich an den Blickwinkel der Weißen gewöhnte. Hattie hätte gern jemanden gefragt, ob sie wirklich in die richtige Richtung fuhren, aber niemand schien zu Hause zu sein. Indigo sagte nichts dazu. Sie wußte, daß niemand vor die Tür kommen würde, solange sich draußen Weiße aufhielten. Sie fuhren weiter den sandigen Weg hinauf, zu der Anhöhe über dem Fluß, wie die Frau gezeigt hatte.

Als sie näherkamen, steckte Indigo Affen und den Papagei in die Käfige zurück. Ihr Herz klopfte wild, während sie das letzte Stück über Schotter und Sand hinauffuhren, geradewegs zu einem kleinen Haus aus Lehm und Steinen, mit einigen neuen Wellblechstücken auf dem Dach.

Als die Räder der Kutsche oben auf der Kuppe knirschend durch den Kies rollten, tauchten im Türrahmen des Häuschen vorsichtig zwei Köpfe auf. Sie sahen sich zum Verwechseln ähnlich – Zwillinge! Hier waren sie richtig! Indigo packte die Seitenwand des Wagens, schwang sich hinaus, noch ehe die Kutsche ganz zum Stehen gekommen war. Sie landete so hart, daß ihr die Füße weh taten.

Der Anblick des vollbeladenen Gefährts und des dunkelhäutigen Mädchens in dem vornehmen blauen Kleid, das so eilig aus der Kutsche sprang, verschlug den Zwillingen für einen Augenblick die Sprache. Im Haus stillte Sister Salt gerade den kleinen Ahnen, der jedoch aufhorchte und ihre Brustwarze losließ, ohne sich um den Milchtropfen auf seiner Wange zu scheren. Sister bekam es für einen Moment mit der Angst zu tun, sie packte das Kind und war bereit, jederzeit loszurennen, als Vedna sich mit großen Augen zu ihr umwandte. »Ich glaube, da ist deine Schwester«, sagte sie und folgte dann Maytha nach draußen.

Sister wollte gerade aufstehen, als Indigo auch schon im Türrahmen erschien. Sister hätte sie fast nicht wiedererkannt, so groß war sie geworden. Sie hatte jetzt sehr viel Ähnlichkeit mit ihrer Mutter. Indigo umarmte Sister, und diese legte ihren freien Arm um die Schwester, und die beiden hielten sich umklammert, während sich der kleine Ahne zwischen ihnen drehte und wand. Sie hielten sich umschlungen und weinten, bis das Baby vor Unbehagen losschrie und Indigo erschrocken zurücktrat.

»Oh, Sister! Ein Baby!« rief sie, während ihr die Tränen weiter über das Gesicht liefen. »Schau doch nur, was für ein süßer kleiner Kerl!« Die Zwillinge standen in der Tür und sahen abwechselnd auf die beiden Schwestern und nach draußen zur Kutsche. Schließlich wurde auch Sister neugierig und wollte hinaus. Da erinnerte sich Indigo an Hattie und an ihre Tiere in der Kutsche.

»Komm, ich zeig dir meine Freunde«, sagte sie.

Während sie Hattie ins Haus baten, schenkten die Mädchen dem Kutscher, der auf dem Bock saß und sie haßerfüllt anstierte, keinerlei Beachtung. Drinnen boten sie Hattie an, sich auf die Kiste zu setzen, die sie sonst als Tisch benutzten, während sie selbst sich auf ihrem Bettzeug niederließen. Sister und Indigo redeten ununterbrochen in einem Gemisch aus Englisch und der Sand Lizard-Sprache.

Eine Weile hörten Hattie und die Zwillinge den Schwestern einfach zu, aber dann wurde es Maytha zu langweilig und sie fragte Hattie, woher sie kämen und wie sie Sister gefunden hatten.

Hattie erzählte von ihrem Besuch beim Reservatsleiter und dem Aufenthalt auf der Baustelle am Staudamm. Als sie die freundliche Frau mit dem kleinen Jungen erwähnte, die ihnen den Weg gezeigt hatte, sahen sich die Zwillinge an. Dann meinte Vedna: »Anscheinend gibt es hier doch jemanden, der uns nicht haßt!« Und sie lachten.

Draußen in der Kutsche begann Rainbow mit lautem Kreischen nach Indigo zu rufen, und Sister Salt und die Zwillinge verstummten. Oh! Indigo sprang auf und sah Hattie an. Sie gingen zusammen hinaus, Indigo reichte Hattie den Papageienkäfig aus der Kutsche und öffnete Linnaeus' Käfigtür, damit er auf ihren Rücken klettern konnte. Den leeren Käfig konnte sie leichter heben. Dann zog Indigo ihre Tasche hervor und klaubte unter dem Stapel mit Hatties Gepäck hinten in der Kutsche die Hutschachtel mit den Orchideen heraus und übergab sie den Zwillingen. Der Fahrer sah stur geradeaus, kaute auf seinem Zahnstocher herum und machte keine Anstalten, ihnen behilflich zu sein. Maytha und Vedna zogen hinter seinem Rücken Gesichter und lachten.

Hattie bemerkte, daß der Kutscher auf die immer länger werdenden Schatten starrte und ungeduldig zu ihr herübersah. Während die Mädchen Indigos Gepäck hineinbrachten, räusperte er sich schließlich, spuckte aus und wollte wissen, ob sie hierbleiben oder zurückfahren wollte. Sie müsse sich entscheiden – denn *er* würde hier nicht übernachten.

Hattie spürte, wie sie errötete und ihre Handflächen feucht wurden. Ihr Herz klopfte heftig, und sie fühlte sich ein wenig schwindlig. In scharfem Ton, den sie nie zuvor benutzt hatte, befahl sie dem Kutscher zu warten und störte sich nicht an seinem Knurren. Erst jetzt wurde ihr klar, daß sie auf eine Trennung von Indigo nicht vorbereitet war. Sie hatte nicht damit gerechnet, Indigos Schwester so leicht und so schnell zu finden. Sich von Edward zu trennen, war das Beste gewesen. Keiner von ihnen wollte die Ehe fortsetzen. Aber Indigo liebte sie von ganzem Herzen, und sie wußte nicht, was sie ohne das Mädchen tun sollte.

Vom Türrahmen aus beobachtete sie das fröhliche Geplauder und Gelächter der Mädchen. Es war offensichtlich, wie sehr Indigo an ihrer Heimat hing und wie inniglich sie ihre Schwester liebte. Die beiden waren überglücklich miteinander. Noch nie hatte sie Indigo so glücklich gesehen. Sie erkannte das lachende, plappernde Kind kaum wieder.

Aber Hattie empfand auch Erleichterung und Freude darüber, daß sie die Schwestern zusammengeführt hatte. Trotzdem machte sich nun ein weiteres Gefühl bemerkbar – die Erkenntnis, wie schrecklich allein sie war. Aber das war albern, wies sie sich zurecht. Ihre Eltern erfreuten sich bester Gesundheit, und Edward und sie waren einander nicht entfremdet. Sie würden sich weiterhin schreiben.

Um Indigos Willen mußte sie sich zusammenreißen. Die beiden Schwestern waren nun wieder miteinander vereint, aber was war mit deren Mutter? Würden die Behörden gestatten, daß Sister Salt sich um Indigo kümmerte, wenn die Mutter nicht gefunden wurde? Der Reservatsleiter hatte sie eindringlich auf ihre Pflicht hingewiesen, ihn über Indigos Verbleib auf dem laufenden zu halten, darüber, welche Art von Familie die Schwester hatte und welche Schule Indigo besuchen würde.

Aus den Augenwinkeln sah Sister Salt, wie die weiße Frau im Türrahmen stand und ihnen zusah, und sie fragte sich, was die weiße Frau wollte. Warum hatte sie Indigo aus der Indianerschule genommen?

»Auf Wiedersehen«, hörte Indigo Hattie rufen, und sie unterbrach das Auspacken ihrer Sachen.

»Ich dachte, du könntest noch ein bißchen hierbleiben«, sagte sie, als sie Hattie zur Kutsche begleitete. Die anderen Mädchen folgten ihnen. Sister hob den kleinen Ahnen in die Höhe, damit er sich Indigos weiße Freundin genau anschauen konnte. Vielleicht würde er ihr heute nacht, wenn die anderen schliefen, mehr über diese Frau erzählen. Aufmerksam beobachtete er seine kleine Tante und die weiße Frau.

Hattie umarmte Indigo ein erstes und dann ein zweites Mal. Nächste Woche würde sie zurückkommen, um nach ihr zu sehen, und vielleicht hatte sie dann schon Nachricht über den Verbleib ihrer Mutter.

»Du kannst hierbleiben, wenn du willst«, sagte Indigo, während sie rasch zum Kutscher hinüberschaute und Hattie dann in die Augen sah. Sie wußten beide, was sie damit meinte.

»Ich komme schon zurecht, mach dir keine Sorgen«, erwiderte Hattie. Der Abschied schmerzte sie viel zu sehr, um sich über den Kutscher den Kopf zu zerbrechen. Sie bezweifelte, daß er Ärger machen würde, denn er hatte es viel zu eilig, nach Needles zurückzukommen. Sie hatte kaum Platz genommen, als er auch schon losfuhr. Dennoch mußte Hattie lächeln, weil die Mädchen ihr zuliebe hinter seinem Rücken Fratzen zogen. Sie war bereits dabei, einen Plan für die kommenden Wochen zu entwickeln. Dabei drehte sich alles um Indigo und ihre Schwester.

Indigo übergab den Zwillingen das stinkende Lampenöl und das Bündel mit den Einkäufen – den Konserven und dem Mehl und Zucker –, die Hattie im Handelsposten erstanden hatte. Die Reisetasche mit den Samen und Gladiolenknollen machte sie nur auf, um das Futter für Rainbow herauszuholen. Sie streute die Körner in einen Futternapf und füllte dann den anderen an dem Wasserfaß mit dem flachen Sandsteindeckel.

»Seht mal, Bonbons!« rief Maytha und hielt die Tüte hoch.

»Schade, daß sie uns kein Schmalz und keinen Kaffee mitgebracht hat – dann hätte es heute abend Tortillas und Kaffee gegeben!« meinte Vedna und schob sich zwei Bonbons in den Mund. Die anderen bedienten sich ebenfalls.

Indigo holte ihre Buntstifte und ihr Notizbuch heraus, um Sister die Blumenzeichnungen zu zeigen, während die Zwillinge die Unterwäsche aus feinem Leinen und die Unterröcke aus dem Schrankkoffer zogen. Mit »Oooh« und »Aaah« bewunderten sie die Kleider aus feinem Baumwolltuch, das mit Satinbändern eingefaßt war, und machten Witze darüber, für wieviel Geld sie diese Schätze wohl verkaufen konnten – genug für Monate, meinten sie lachend.

Indigo holte ihre zwei neuen Paar Ziegenlederschuhe hervor und hielt sie Maytha an die nackten Füße. Die Schuhe waren zu klein, aber Maytha und Vedna störte das nicht. Sie dehnten das Leder, zwängten die Füße hinein und spazierten stolz darin herum.

Der kleine Ahne lehnte fest verschnürt in der Ecke an der Wand, damit er alles sehen konnte. Sister machte die große Hutschachtel auf und holte ein Orchideentöpfchen heraus, um es sich genauer anzusehen. Indigo bat ihre Schwester, vorsichtig zu sein, was Sister kränkte.

»Glaubst du, ich weiß nicht, was ein Blumentopf ist?« Sie stellte die Pflanze an ihren Platz zurück. Indigo sah Sisters verletzten Gesichtsausdruck und fühlte sich schrecklich. Sie entschuldigte sich ein ums andere Mal, bis Sister meinte, nun sei es genug. Indigo wollte ihr die Hutschachtel mit den Orchideen überreichen, Sister solle sie unbedingt behalten. Aber die schüttelte den Kopf. Sie wußte rein gar nichts über diese Pflanzen und würde sie nur umbringen.

Indigo grämte sich, Sister so verletzt zu haben – sie liebte ihre Schwester mehr als alle anderen Menschen, und genauso innig wie Mama und Grandma Fleet. Wenn Sister die Orchideen nicht haben wollte, dann wollte Indigo sie auch nicht, und sie warf die Hutschachtel zur Tür hinaus. Sie landete kopfüber im Sand, Baumrinde, Orchideen und Töpfe purzelten durcheinander. Später erbarmte sich Sister der armen Orchideen, packte sie wieder in die Töpfe und stellte sie auf die Fensterbank.

Es wurde langsam dunkel, und Maytha füllte das Öl in die Lampe. Sie hatten schon so lange kein Lampenöl mehr gekauft, daß sie sich nicht die Mühe gemacht hatten, den Zylinder zu ersetzen, nachdem er kaputtgegangen war. Als Docht verwendeten sie einen kleinen Lumpen, und Vedna zündete eines ihrer kostbaren Streichhölzer an. Eine wunderschöne orangerote Flamme erleuchtete das dunkle Zimmer. Ohne richtigen Docht und ohne Zylinder verpuffte die Lampe immer wieder rußige Schwaden, aber das störte die Mädchen nicht.

Sie aßen die Bonbons auf, doch für die Dosen mit Pfirsichen und Mais hatten sie keinen Öffner. Sister legte das schlafende Baby hin und ging dann mit den Dosen und der Axt hinaus. Drinnen hörte man ein kurzes Tschack-tschack, und schon kam Sister zurück und hielt die Hände schützend um die Dose, aus der süßer Pfirsichsaft tropfte. Indigo teilte ihren Anteil an Pfirsichen und Mais mit Linnaeus und setzte ihn dann zum Schlafen zurück in seinen Käfig neben Rainbow. Nachdem sie auch die Dose mit Mais geleert hatten, nahmen Sister und die Zwillinge Tabak und Papierchen und gingen nach draußen, um vor dem Schlafengehen noch eine zu rauchen.

Indigo bemerkte unterdessen, daß sie weder Bettzeug noch Decke hatte, und bereitete sich aus ihrem Wollmantel und dem

Regenmantel neben Sisters Schlafplatz ein Lager. Sie deckte sich mit ihren übereinandergelegten Nachthemden zu und schlief in den Kleider, genau wie die anderen Mädchen.

Hattie stellte fest, daß der Kutscher den Händler und dessen Frau kannte. Alle Weißen in dieser Gegend schienen sich untereinander zu kennen. Gemeinsam fühlten sie sich stärker, vermutete sie, denn es gab hier weit mehr Indianer als Weiße. Wahrscheinlich übernachtete er regelmäßig im Handelsposten, wenn er nach Parker oder Yuma fuhr.

Hattie roch gebratenes Hühnchen und frische Brötchen, aber die Frau bot ihr kein Essen an. Allerdings war Hattie ohnehin nicht sehr hungrig. Sie machte sich Sorgen um Indigo. Vielleicht war es ein Fehler gewesen, das Kind in Road's End zu lassen. Indigos Schwester und ihre Freundinnen machten zwar keinen schlechten Eindruck, trotzdem hatten sie sich in der ganzen Gegend einen recht zweifelhaften Ruf erworben.

Die Frau gab ihr das gleiche Zimmer wie an dem Abend zuvor. Auch die Bettwäsche war noch dieselbe. Hattie holte das Fläschchen mit dem schmerzstillenden Saft heraus, das ihr Edward für Notfälle gegeben hatte, weil sie hoffte, damit besser schlafen zu können. Sie zog das Bettzeug von der Roßhaarmatratze auf den Boden und weinte, weil es eigentlich Indigos Angewohnheit war, auf dem Fußboden zu schlafen. Decken! Indigo hatte weder Decken noch sonst etwas!

Hattie rollte sich auf den Bauch und schluchzte ins Kissen, damit niemand sie hörte. Sie nahm zwei kräftige Schlucke aus dem Arzneifläschchen, legte sich mit geschlossenen Augen zurück und lauschte ihrem eigenen Herzschlag. Allmählich beruhigten sich ihre Atmung und ihr Puls, und die Aufregung über Indigo, die keine Decken hatte, legte sich langsam. Ihre Schwester und die anderen Mädchen würden sich um sie kümmern. Es war nicht zu übersehen, wie sehr ihre Schwester sie liebte, und auch die anderen beiden schienen nette Mädchen zu sein.

Hattie würde für Indigo einfach ein paar Decken, und was die Mädchen sonst noch brauchten, kaufen und nächste Woche nach Road's End hinausfahren. Diesmal jedoch mit einem anderen Kutscher. Während sie langsam einschlief, sah sie einen Stapel warmer weißer Wolldecken neben dem Papageienkäfig in dem kleinen Lehmhaus.

Sie träumte von dem leuchtend orangefarbenen Karneol und sah die sitzende Minerva und die Schlange als lebensgroße Skulptur in einem phantastischen Garten aus grünen, schattigen Hainen und Blätterarkaden. Am Wegrand stand ein blaßgelber Karneol mit einem lebensgroßen Wasservogel und seinem Küken. In einem Stechpalmendickicht hörte sie Rascheln und Zweigeknacken, als komme etwas Großes auf sie zu. Seltsamerweise empfand sie gar keine Angst, als sie die alte Maske den grünen Pfad hinabrollen sah, als wäre sie lebendig.

Hattie wachte auf und zündete ein Streichholz an. Es war halb zwölf. Sie machte Licht, öffnete ihren Koffer und holte die kleinen Gemmen heraus und legte sie neben sich. Sie bewunderte die glänzende Oberfläche und das schwache Leuchten der Steine. »Wo warst du in meinem Traum?« fragte sie den trüben Chalzedon mit den drei Rindern. Sie trank einen Schluck Wasser und machte das Licht aus. Eigenartigerweise barg die Blechmaske nun keinen Schrecken mehr für sie.

Hattie aß das Frühstück, das die Frau auftrug, und stellte verwundert fest, wie gut ihr die Eier und der geräucherte Schinken schmeckten. Sie war froh, daß niemand am Tisch sie beachtete. Es gab ohnehin nichts, was sie hätte sagen oder tun können, um die Einstellung der Leute hier zu ändern. Für sie war sie eine weiße Squaw. Zum Glück hatte sie an der Universität genug Gelegenheit gehabt, sich an Gemeinheiten ihr gegenüber zu gewöhnen.

Jetzt, wo sie einen Plan hatte, kam ihr selbst die Rückfahrt nach Needles kürzer vor. Als die Kutsche durch das Geschäftsviertel des Städtchens rollte, bemerkte sie an einer Straßenecke einen großen Gemischtwarenladen. Morgen würde sie dort Indigos Decken und die anderen Sachen besorgen, die sie den Mädchen bringen wollte. Außerdem mußte sie zur Bank, um mehr Geld aus New York anzufordern.

Der Hotelportier betrachtete aufmerksam ihre Unterschrift, als sie sich ins Gästebuch eintrug, und übergab ihr dann einen Brief von Edward, der in Winslow abgestempelt worden war. Edward beschrieb ihr das Lager beim Meteoritenkrater und den erbärmlichen Zustand der Bohrausrüstung, vor allem der großen

Bohrmaschine, die häufiger stillstand als sie arbeitete. Aber all das würde bald behoben sein. Er und der Doktor stünden im Begriff, mit ihrer jüngsten Entdeckung – einem wunderschönen Eisenmeteoriten mit eingelagerten weißen Diamanten – nach Albuquerque zu reisen, um dort eine Untersuchung vornehmen zu lassen. Bei dieser Gelegenheit würden sie auch eine neue Bohrausrüstung erwerben. Er hoffte, den Kreditrahmen, den sie ihm eingeräumt hatte, nicht übersteigen zu müssen.

Er gab ihr eine lebhafte Beschreibung der Ersteigung des Tafelberges und erwähnte eine »leichte Steifheit« im Bein, konzentrierte sich jedoch für den Rest des Briefes darauf, das indianische Begräbnis zu beschreiben. Das »Baby«, beziehungsweise der Eisenmeteorit, war in ein Federgewand eingehüllt gewesen und trug eine winzige Kette und ein passendes Armband aus kleinen Steinperlen. Weitere Grabbeigaben wie Speisen und eine Spielzeugpfeife hatte man zusammen mit dem Eisenmeteoriten sorgfältig in der Felsnische aufgebaut.

In dieser Nacht träumte Hattie, Sister Salts Baby liege in der Nische im Fels, aber Edward und der australische Arzt bestanden darauf, das Kind mit einer großen Spitzhacke und einer schweren Schaufel freizulegen. Zitternd und schweißgebadet wachte sie auf. Einer der beiden hatte im Traum etwas berührt, und Edward schrie. Sie hatte überall Blut gesehen und ein winziges, abgetrenntes Bein. Doch der Säugling in der Nische war unversehrt und hatte sogar gelächelt.

Sie war noch nicht ganz angezogen, als es klopfte und ein Telegramm unter der Tür durchgeschoben wurde. Ihr Herz pochte wild, als sie den Umschlag aufriß. Es war ein Schreiben aus Albuquerque und besagte nichts weiter als: »Gatte im Krankenhaus. Kommen Sie sofort. Dringend.« Unterschrieben hatte es der Kaplan des St. Joseph Krankenhauses.

Wenn sie sich beeilte und nur eine Tasche mitnahm, konnte sie den Zug nach Albuquerque noch erreichen. Schwindelig vor Aufregung mußte sie sich auf die Bettkante setzen.

Indigo erwachte früher als die anderen und ging mit Rainbow und Linnaeus auf einen Spaziergang zum Fluß hinab. Die Sonne war eben erst aufgegangen, und sie hoffte, so früh am Morgen vielleicht etwas Eßbares finden zu können. Gleich bei ihrem ersten Ausflug merkte Indigo, daß auch Leute aus der kleinen Ansiedlung rund um die Kirche hierherkamen, um nach frischem Grünzeug und anderen Pflanzen zu suchen, die sie kochen und essen konnten. Bevor es Reservatsgrenzen gegeben hatte, war genug Nahrung für alle dagewesen, denn die Menschen hatten nach eigenem Gutdünken den Fluß hinauf- und hinabziehen können, um dem Pflanzen- und Tierbestand Gelegenheit zu geben, sich zu erholen. Aber jetzt waren die Menschen in den Reservaten eingesperrt, und alle durchkämmten das gleiche Gebiet nach Nahrung.

Oben in den Sandhügeln und den hohen Gebirgsausläufern hatte Indigo mehr Glück. Mit höhergelegenen Regionen und dem, was dort an Eßbarem zu finden war, kannte sie sich ohnehin besser aus als mit Flußniederungen. Zudem hatte vor langer Zeit, als sie fragten, warum Sand Lizards nie am Fluß leben wollten, Grandma Fleet ihnen geantwortet, die Menschen bekämen Fieber, wenn sie zu lange am Fluß lebten.

Kurz vor der Abzweigung eines Arroyos fand Indigo eine Ansammlung reifer Sonnenblumen. Normalerweise hätte sie nur einen Teil der Kerne genommen und die anderen dem nächsten hungrigen Wesen überlassen, aber sie fürchtete, daß Rainbow darunter leiden könnte, wenn sie nicht alle Samen nahm, und füllte die Taschen ihres Rocks. Auch Linnaeus liebte die Kerne, und Indigo begann, über einen kleinen Wintersaatgarten für Erbsen, Blattgemüse und Bohnen nachzudenken. Wie schade, daß man Sonnenblumen schon im Juni aussähen mußte. Das nächste Mal würde sie dafür um so mehr Reihen mit Sonnenblumen anlegen. Dann konnte sie im nächsten Jahr für alle die großen, flachen Gesichter voller Kerne abernten. Doch dieses Jahr würden sie wohl einige ihrer Kleider und andere Sachen verkaufen müssen, um dafür Lebensmittel einzukaufen.

Als sie mit den Taschen voller Sonnenblumenkerne zurückkam, schnarchten die Zwillinge noch um die Wette, aber Sister saß auf ihrem Bettzeug und stillte den kleinen Ahnen. Stolz zeigte Indigo ihrer Schwester das Gemüse und die Samen, die sie für den Affen und den Papageien gesammelt hatte. »Und was ist mit mir?« fragte Sister. »Willst du mir nicht auch davon abgeben?« Ihre

Worte sollten scherzhaft klingen, aber Indigo wußte, daß durchaus etwas Wahres daran war – wenn sie selbst kaum genug zu essen hatten, wie sollten sie da Nahrung für zwei Haustiere entbehren?

Indigo öffnete die Seite des Schrankkoffers, auf der ihre Kleider hingen. Sie nahm die Kleider von den Bügeln, faltete sie zusammen und legte sie auf ihren offenen Wollmantel. Dann knotete sie die Mantelärmel über dem Bündel zusammen und drehte sich zu Sister um.

»Vielleicht können wir dieses Zeug bei jemandem gegen Bohnen, Mais und ein bißchen Fleisch eintauschen.« Bei dem Wort »Fleisch« lachte Sister kurz und hart auf. Die Leute hier waren zwar Christen, aber arm waren sie trotzdem. Wer konnte es sich schon leisten, Essen für ein Kleid einzutauschen? Nur der Händler und seine Frau hatten vielleicht soviel Geld. Besser wäre es, die Sachen in Needles zu verkaufen, wenn Needles nur nicht soweit weg und die Fahrt auf dem Postwagen nicht so teuer wäre.

An diesem Nachmittag sperrte Indigo Linnaeus und Rainbow in ihre Käfige, und Vedna ließ das große Vorhängeschloß an der Tür des Häuschens einschnappen. Sie wollten mit dem Kleiderbündel zum Handelsposten. Enttäuscht erfuhren sie, daß der Händler nach Yuma gefahren war, und sie wollten gerade den Laden verlassen, als die Frau des Händlers fragte, ob sie etwas zu verkaufen hätten.

Sie griff als erstes nach dem Wollmantel, aber Indigo hielt ihn fest und sagte ihr, er sei nicht zu verkaufen. Der Wollmantel gehörte zu ihrem Bettzeug. Die Frau hielt die Kleider auf Armeslänge von sich und betrachtete sie ganz genau, obwohl einige noch neu waren. Sie kaufte alle Kleider, rief dann ihre Waschfrau aus dem Hinterzimmer, die auch eine Chemehuevi war, und befahl ihr, die Kleider zu waschen. Indigo protestierte, die Kleider seien sauber, aber die anderen Mädchen schüttelten den Kopf, sie sollte still sein. Die Frau hatte ihnen ohnehin nur sieben Dollar für die Kleider zugestanden.

Die Zwillinge bedeuteten Sister, in den hinteren Teil des Ladens zu kommen, wo die drei die Köpfe zusammensteckten und etwas berieten – Indigo wußte nicht genau, worum es ging. Sie verließen den Handelsposten mit großen Säcken voller Bohnen und Gerstenschrot, ein bißchen Kaffee, einer kleinen Dose Schmalz und einer großen Tüte mit bunten Bonbons. Zu Hause hatten sie immer noch den Zucker und das wurmige Mehl, das Hattie ihnen geschenkt hatte.

Es war nicht viel für die zauberhaften Kleider mit den blauen Satinbändern, die extra für Indigo angefertigt worden waren, aber es war besser, als zu hungern. Die grinsenden Münder voller Bonbons marschierten die Mädchen zum Haus zurück. Mit der Gerste wollten sie Bier oder etwas Ähnliches brauen. Sie besaßen zwar nicht alle Zutaten, aber sie hatten Big Candy so oft zugesehen, daß sie sicher waren, das Rezept gut genug im Kopf zu haben, um etwas Bierähnliches hertellen zu können, womit sich die Leute betrinken konnten. Die christlichen Chemehuevi in Road's End würden ihr Gebräu vielleicht nicht kaufen, aber die Zwillinge glaubten fest, daß die Trinker von Gott weiß woher herbeikommen würden. Zumindest konnten sie mit dem Gebräu genug Geld verdienen, um zu überleben, bis sie vom Garten leben konnten.

Sie stellten einen großen Topf Bohnen auf, die bis zum Abend gar werden sollten, und machten sich dann gemeinsam daran, den Garten für die Winteraussaat vorzubereiten. Das Land, das die Zwillinge von ihrer alten Tante gekauft hatten, war nur durch eine Straße vom besten Ackerland der Gegend getrennt, das durch ein Grabensystem vom Fluß bewässert wurde. Früher einmal hatten die Gräben auch ihr Land bewässert, aber jetzt waren sie vom Sand verschüttet.

Auf den fruchtbaren, feuchten Äckern am Fluß waren bereits erste grüne Keime zu sehen. Wenn man die Saat zu früh ausbrachte, verbrannte sie in der heißen Herbstsonne. Aber wenn die Mädchen ihr Saatgut jetzt nicht in die Erde brachten, konnte es im kalten Boden bald nicht mehr keimen.

Zwischen den alten, zerbrochenen Hacken und Rechen hatten die Zwillinge beim Einzug auch ein paar Tabakdosen mit Saatgut gefunden, das ihre alte Tante aufbewahrt hatte. Maytha und Vedna stritten sich, ob die alten Samen überhaupt noch etwas taugten, aber Maytha hatte recht. Das Saatgut war alles, was sie besaßen, wenn man von den Samen absah, die Indigo mitgebracht hatte, und die konnten in diesem Klima vielleicht nicht überleben. Ein Teil des alten Saatgutes würde bestimmt aufgehen, also schwangen sie die Hacken und Rechen.

Als Wintersaat bauten sie Amarant und alle möglichen Bohnen und gesprenkelte Erbsen an, die sie in den Dosen fanden. Indigo verwendete nur wenige ihrer eigenen Samen. Sie sollten für die alten Gärten in den Dünen sein, wenn sie und Sister wieder zu Hause waren.

Linnaeus lernte schnell, Indigo zu folgen und die frischgepflanzten Samenkörner in Ruhe zu lassen. Rainbow dagegen war frech, er hüpfte von ihrer Schulter und fuhr mit dem Schnabel durch den Sand, um die Kerne freizulegen und zu fressen. Sein Watschelgang sah so niedlich aus, daß Indigo es nicht übers Herz brachte, ihn zu schelten oder in seinen Käfig zu sperren. Sie nahm ihn auf, gab ihm einen Kuß auf den Schnabel und befahl ihm, auf ihrer Schulter zu bleiben, ehe sie die aufgefressenen Körner ersetzte. Linnaeus dagegen nutzte seine Augen und Finger und fing geschickt Käfer und Würmer.

Als sie gegen Mittag im Haus eine Rast einlegten, öffnete Indigo die Schublade des Schrankkoffers, in der sie ihre Samensammlung aufbewahrte. Sie band die Kordel der Baumwollsäckchen mit den Gladiolenknollen auf, die Laura ihr geschenkt hatte, und prüfte, ob alle heil geblieben waren. Als Laura ihr die Samen gegeben hatte, notierte Indigo mit Buntstift die Namen der Farben, und jetzt konnte sie der Versuchung nicht widerstehen, ein paar Brutknollen zwischen die Erbsen zu setzen, die Tante Bronwyn ihr gegeben hatte. Da sie und Sister wahrscheinlich in die alten Gärten zurückgehen würden, wenn die Blumen endlich blühten, beschloß sie, nur einige wenige Gladiolen zu pflanzen.

Dann stellte Indigo fest, daß sie sehr viele schwarze Gladiolenknollen besaß, also pflanzte sie die Blumen als Umrandung für die Erbsen. Zwischen die Bohnen und den Spinat setzte sie je zwei purpurrote, rosa- und lavendelfarbene Gladiolen. Während sie die Knollen einpflanzte, stellte sie sich vor, wie dieser Winkel des Feldes wohl aussehen würde, und fügte noch ein paar weiße, gelbe und lilafarbene Knollen hinzu. Da würden die Zwillinge in einigen Monaten große Augen machen!

Später am Nachmittag, als sie mit dem Säen fertig waren, schickte Sister Indigo mit ihren Tieren die Straße hinab zur Pferdekoppel ihres nächsten Nachbarn, um dort nach Schweifhaaren zu suchen, die sich im Zaun verfangen hatten. Daraus flochten Sister und Indigo Roßhaarfallen, wie Grandma es ihnen beigebracht hatte, und befestigten sie überall im Garten zwischen dem Unkraut. Am Abend aßen sie frisches Hasenfleisch und Bohnen.

Nach dem Essen setzten sich die Mädchen nach draußen, um vor dem Zubettgehen zu rauchen und um zu den Sternen hinaufzusehen. Es war eine mondlose Nacht, und die Sterne wirkten näher und heller, als Sister sie je zuvor gesehen hatte. Grandma Fleet hatte immer gesagt, die Sterne seien mit den Menschen verwandt. Ja, stimmten ihr die Zwillinge zu. Sie hatten in Laguna Geschichten vom Nordstern gehört, der für Estoyehmuut, den Pfeiljungen, spioniert hatte, als dessen Frau Kochininako mit Buffalo Man davongerannt war. Der Nordstern hatte Estoyehmuut einen Wink gegeben, sonst hätte dieser die beiden nie gefunden.

Zuerst fühlte er sich nachts draußen im Freien nicht wohl in seiner Haut, doch Big Candy gewöhnte sich schnell wieder an das Leben eines Soldaten im Feld. Er machte kein Feuer und schlief mit dem Gewehr in der Hand. Das Maultier war jung und kräftig, doch am Morgen des vierten Tages seiner Jagd zog es das linke Hinterbein an und weigerte sich, Tonopah zu verlassen. Big Candy tauschte das Maultier gegen getrocknete Aprikosen, etwas Dörrfleisch und einen alten Handkarren ein, den er mit einem um den Bauch gebundenen Strick selbst ziehen konnte. Am ersten Tag lief er sich Blasen an die Füße, aber kurz vor der Dämmerung schoß er einige Wachteln und kochte sich ein Festessen. Nachdem er die Stiefel mit einem Messer an Fersen und Zehen aufgeschnitten hatte, heilten auch seine Füße.

Dies war kein Wettrennen. Er würde der Frau einfach auf den Fersen bleiben und sie finden. Und wenn er ihr bis nach Mexico City und zurück folgen mußte, sie würde mit seinem Geld nicht davonkommen. Es war tagsüber immer noch heiß, wenn auch milder als im Sommer, und in den Nächten wurde es fast so kalt, daß man sich ein Feuer zu wünschen begann.

Am nächsten Tag wurde das Marschieren schwieriger, weil der Pfad das Tal von Aguila verließ und sich durch Steine und

Gestrüpp die Berge von Gila Bend hinaufwand. Die Räder des Handkarrens blieben immer wieder an Lavabrocken hängen, deren Form Candy an die Pilze erinnerten, die er für Wylie einmal gefüllt und zubereitet hatte.

In Gila Bend kampierte er außerhalb der Stadt, um die Wege nach Westen und Süden im Auge zu behalten, damit die Frau nicht am Ende kehrtmachte oder doch nach Yuma weiterzog. Die zusätzlichen Meilen, die er gehen mußte, um die Wege zu kontrollieren, waren so anstrengend, daß er am Abend vor Müdigkeit nichts essen konnte. Nach der ersten Woche war sein Hosenbund so weit, daß er den Gürtel zwei Löcher enger schnallen mußte und ihm Dahlias alte Geschichten über seine Red Stick-Vorfahren wieder einfielen, die ihre Feinde still und unauffällig wie die Wasserschlangen monatelang durch die Sümpfe und Altarme verfolgten. In jenen ersten Tagen träumte er nachts immer und immer wieder von den Pfaden und Spuren, denen er tagsüber gefolgt war. Wenn er überhaupt einmal an Wylie oder an Sister und das Baby dachte, dann lenkte er seine Gedanken schnell wieder auf die Verfolgung.

Als er bei den Sand Tank Mountains nicht umkehrte, wurde Delena klar, wie ernst es ihr Verfolger meinte. Also schlug sie den langen, anstrengenden Weg durch die Berge ein, damit der dicke Kerl etwas zu tun bekam. Nach der ersten Etappe schlich sie zurück, um zu sehen, ob er aufgab und umdrehte. Aber nein, da war er, Essen und Vorräte auf den Rücken geschnallt, trottete er dahin. Den Handkarren hatte er stehen lassen, er war für die schmalen Bergpfade nicht geeignet. Der Mann war jetzt schlanker, wirkte aber immer noch kraftvoll.

Sieben Hunde brauchten eine Menge Wasser, also versuchte Big Candy sich auszurechnen, welche Richtung ihr die Bedürfnisse der Hunde vorgaben. Er wußte nichts von den großen Wassersäcken auf den Rücken der Tiere. Bei Quilitosa wechselten die Spuren der Frau und der Hunde plötzlich die Richtung und folgten einem düsteren alten Pfad nach Westen in die Berge hinauf. Das konnte ein Trick sein, oder sie war tatsächlich auf dem Weg nach Yuma. Wahrscheinlich kannte sie eine Quelle oder eine Stelle, an der sich Regenwasser sammelte, die nicht auf der Karte eingezeichnet war. Wenn es nötig war, würde sein Wasser für drei

Tage reichen, und laut Karte würde er die Sand Tank Mountains in zwei Tagen hinter sich haben. Er irrte sich. Aber als er seinen Fehler erkannte, war es zum Umkehren zu spät.

In den Bergen waren Delena und die Hunde gut geschützt, und es war nicht mehr so heiß, deshalb marschierten sie wieder bei Tag. Jeden Morgen verteilte sie eine Wasserration an die Hunde, die brav nebeneinander saßen und darauf warteten, daß sie an die Reihe kamen. Sie nahm aus jedem Hundepacken den Wasserbeutel und füllte damit die Blechpfanne. Die Hunde schleckten das Wasser gierig auf und bettelten dann mit den Augen nach mehr. Hunger hatten sie auch – denn selbst die Packratten waren in diesen Bergen selten. Seit Vorgestern hatten die Hunde nichts anderes als Insekten und Wurzeln aufstöbern können. Delena zerschlug Kiefernzapfen auf der Suche nach den grünen Kernen und zündete ein Feuer an, um die Agaveherzen und Wurzeln zu rösten, die sie gesammelt hatte. Es war ihr egal, ob der dicke Kerl den Rauch sah oder nicht – er würde sie sowieso nicht einholen.

Später setzte von Südwesten ein leichter Wind ein, dann zogen große, flauschige Wolken auf, die rasch näherkamen. »Verweilt ein wenig über diesen trockenen Hügeln«, sagte sie zu ihnen, obwohl sie mit einem Blick auf die Landschaft um sie herum feststellen konnte, daß hier etwas nicht stimmte. Hier hatte man zuviel genommen und zuwenig zurückgegeben – und die Wolken mieden Orte, denen die Menschen weder Liebe noch Respekt erwiesen.

Entfernungen waren trügerisch in der trockenen, kristallklaren Luft, und Delena hatte nicht damit gerechnet, daß das Gestein so brüchig und der Weg so steil sein würde. Als sie schließlich aus den Bergen herauskamen, war sämtliches Wasser, ihr eigenes und auch das der Hunde, aufgebraucht, obwohl sie immer noch anderthalb bis zwei Tage von der nächsten Wasserstelle entfernt waren. Doch das Risiko für sie und die Hunde würde sich lohnen. Der dicke Kerl würde die Berge bestimmt nicht überstehen. Nachdem er ihr auch dorthin gefolgt war, hatte sie aufgehört, zurückzuschleichen und sein Vorankommen zu überwachen, um ihre eigenen Kräfte zu schonen. Wenn er jetzt noch umkehrte, war es trotzdem zu spät für ihn.

Am nächsten Tag rechnete sie damit, daß der dicke Kerl

inzwischen erledigt sein müsse, aber nun konnten sie und die Hunde froh sein, wenn sie es selbst noch rechtzeitig zum Wasser schafften und nicht auch vorher starben. Sie kamen nur noch langsam voran und mußten sich häufiger ausruhen. Die Wolken zogen immer noch in großen, bauschigen Formationen über sie hinweg, aber nicht mehr so schnell wie zuvor. Während sie zwischen den Hunden im Schatten lag, begann Delena an ihre Kameraden im Süden zu denken. Mit Stöcken und Steinen kämpften sie aus dem Hinterhalt gegen die Bundestruppen. Das würde mit Repetiergewehren ganz anders werden!

Sie bat die Ahnen, sie und die Hunde sicher zum Wasser zu führen, jetzt, wo sie wieder in der heißen Ebene waren. Wie schade wäre es, hier mit dem vielen Geld zu sterben, das die Menschen so dringend brauchten.

Big Candy schaffte es, seinen Wasservorrat bis zum Morgen des vierten Tages zu strecken, als der Pfad ihn aus den Bergen wieder in die trockene Ebene hinabführte. Er blieb stehen und starrte lange Zeit in die Weite hinaus, konnte aber kein Anzeichen von Wasser, nicht einmal ein Schlammloch vom letzten Regen, ausmachen. Kein Wasser hinter oder vor ihm – die Worte wiederholten sich im Takt seiner Schritte auf dem Weg. Beim Militär hatte er viele Geschichten über Verdurstete gehört, denen die Zunge schwarz angeschwollen und blasig aus dem Mund hing. Manche glaubten, daß die Sterbenden in ihren letzten Augenblicken Trost in Halluzinationen fanden – sie träumten davon, in kühlem Wasser zu baden, während sie sich auf dem Boden herumwälzten und Sand zu schlucken versuchten. Big Candy wollte lieber vorher von seinem Gewehr Gebrauch machen.

Nachts erwachte er immer wieder von Wasserträumen: Krüge mit klarem Eiswasser, Quellbäche, die über Felsen hinabstürzten, topasblaue Seen im Schatten hoher Bäume. Selbst das schlammige, rote Colorado-Wasser wirbelte verführerisch um ihn herum. Manchmal sah er in den Träumen das schwarze Baby in der Nähe des Wassers – es konnte laufen und sich bewegen, als wäre es gewachsen, es lachte ihn an, aber es sprach nie. Candy verstand die Bedeutung: Das Kind war am Leben und würde überleben, und er war derjenige, der sterben mußte.

Kurz vor der Dämmerung erwachte er vom Klang einer Trommel. Dies war nicht sein Herzschlag, da war er sicher. Er setzte sich auf und lauschte, aber es war nichts zu hören, außer dem Wind über den Felsen. Als er sich wieder hinlegte, hörte er das Geräusch genau – das Trommeln kam aus dem Untergrund. So fängt es also an, dachte er. Es war nicht im mindesten, wie er sich das Sterben vorgestellt hatte. Wer waren die Trommler, die kamen, um ihn zu begleiten? Wieder fiel er in einen Traum, in dem das kleine schwarze Baby am Rand eines klaren, rauschenden Stroms stand und ihm höhnisch zuwinkte. Du bist es, der halbtot ist, nicht ich!

Er wachte weinend auf, aber seine Tränen waren versiegt. Er hatte das Sand Lizard-Mädchen im Stich gelassen, als das Kind zur Welt kam – in Dahlias Küche hatten sie die winzigen Neugeborenen immer gelobt und ihnen aufmunternd zugesprochen, damit sie Mut faßten. Arme Sister! Er hatte sie im Stich gelassen, und jetzt waren auch noch ihre ganzen Ersparnisse dahin. Er hatte den Drang zu urinieren, war aber so schwach und benommen, daß er nicht aufstehen konnte. Er rollte sich auf die Seite, knöpfte sich die Hose auf, konnte aber nur wenige Tropfen herauspressen. Seine Augen würden zuerst aufgeben, deshalb hatte er das Gewehr stets griffbereit neben sich.

Delena sah zurück zu den Bergen aus lila-gräulichem Gestein und fragte sich, ob der dicke Kerl wohl rechtzeitig umgekehrt war. Als die Sonne hoch am Himmel stand, krochen sie und die Hunde in den Schatten des Fettholzgestrüpps. Sie schüttelte ihre Kürbisflasche und hörte den letzten Schluck Wasser hin- und herschwappen. Die dicken Wolken zogen heute langsamer, ihre silbrigen Rücken und Bäuche hatten blau-violette Streifen. Ihr Ahnen, betete Delena, kümmert euch nicht um mich, aber was ist mit denen, die von mir abhängig sind – erhört ihre Gebete!

An dem Tag vor vielen Monaten, als sie und die Hunde zu ihrer Mission aufgebrochen waren, hatten die alten Leute beim Abschied geweint, während einer nach dem anderen Delena umarmte. Die Alten hatten die Aufgabe, bis zu ihrer Rückkehr ständig für sie zu beten. Andere beteten für diejenigen, die gegen die Bundestruppen kämpften, aber Delenas Mission war so bedeutend, daß diejenigen, die für sie beten sollten, keine andere Aufgabe hatten, als sie und die Gewehre sicher zurückzubringen.

Jetzt, wo sie fast kein Wasser mehr hatte, war es das beste, ruhig im Schatten liegenzubleiben. Dieser Weg durch die Trockenebene wurde nur wenig benutzt, dennoch war vielleicht ein anderer – ein Goldgräber möglicherweise – schneller als der Tod. Sie hatte sich immer gefragt, wie die Karten wohl ihren eigenen Tod ankündigen würden. Sie mischte den Stapel und legte die Karten: zuerst die Karte, die sie selbst repräsentierte: die auf dem Kopf stehende Gitarre. Unbrauchbar zum Spielen – ja das war sie! Als nächstes der Blumentopf, wieder auf dem Kopf – ja, das war wirklich ihre Situation! Selbst der dazugehörige Spruch traf zu: »Wer im Blumentopf geboren wird, kommt nie vor die Tür« – Wer vom Wasser abhängig ist, sollte keine öden Ebenen durchqueren. Und da war sie! Die umgedrehte Glocke, die dritte Karte, die das Hindernis repräsentierte, das es zu überwinden galt, den Tod. Sie mußte lächeln. Die Karten sprachen die Wahrheit, bis zum bitteren Ende.

Sie legte die restlichen Karten. Der auf dem Kopf stehende Singvogel konnte niemanden erfreuen, aber die auf dem Kopf stehende Rose war immer noch schön. Die Mutter der Indianer, die Jungfrau von Guadalupe, war weiter bei ihnen. Aber dann deckte sie den Frosch am Wasserteich auf, gefolgt vom umgekehrt geöffneten Regenschirm, der das Regenwasser auffing, statt es abzuweisen. Schön, den Frosch zu sehen, das Kind des Regens, und den Schirm, der ebenfalls ein Gefährte des Regens war. Die Karte mit dem Trinker lag verkehrt herum, so daß ihm der Alkohol aus der Flasche in den Mund lief. Das Herz lag aufrecht, und sein Spruch klang vielversprechend: »Ich werde zurückkehren.« Die Apachenkarte lag aufrecht unter der Sonnenkarte – der Krieger stand stark und bereit unter der Sonne, der Beschützerin der Armen. Die umgekehrte Glocke sprach die Wahrheit, sie verkündete den Tod, aber die anderen Karten machten Delena Hoffnung.

Sie sah zu den Wolken hinauf. Sie hatten es nicht mehr so eilig, als sie sich nun zu gewaltigen Pyramiden und Türmen zusammenballten.

»Wie schön ihr seid!« Ihre Kehle war so trocken, daß nur ein Krächzen herauskam. Die sieben Hunde wedelten allesamt kraftlos mit den Schwänzen, weil sie das Kompliment auf sich bezogen. Arme Hunde! Einfältig bis zum Schluß!

»Meine treuen Hundesoldaten!« sagte sie und streichelte jedem über den Kopf, ehe sie ihnen die Gepäcktaschen mit den leeren Wasserbeuteln und den in Lumpen gewickelten Geldbündeln abnahm. Jedenfalls sollten sie frei von ihrer Last sterben. Sie packte die Geldbündel zusammen. In weiter Ferne begann ein Kojote um Regen zu heulen, und einer nach dem anderen stimmten die Hunde in den traurigen Gesang ein. Delena wußte, es war ihr Todeslied und ihr eigenes dazu – niemand würde hier rechtzeitig vorbeikommen, um sie zu retten.

Sie knotete alle Bündel auf, so daß die Geldscheine und die Silber- und Goldmünzen zum Vorschein kamen. Die Geldschnüffler-Hündin begann mit dem Schwanz zu wedeln und stand eilfertig auf und steckte die Schnauze in die Geldstapel. Neben den Hunden waren das mexikanische Kartenspiel und die Zigeunerkarten Delenas wertvollster Besitz. Sie zog die beiden Kartensätze aus dem Bauchgurt und legte sie oben auf das Geld.

Wieder sah sie zum Himmel hinauf. Sie konnte jetzt kaum noch schlucken. Sie nahm die Kürbisflasche mit dem letzten Schluck Wasser und versprengte ihn über den Hunden. Dann zog sie sich Kleid und Schuhe aus und legte sie neben die beiden Kartenspiele auf den Geldhaufen. Dies war alles, was sie besaß, außer ihrer Haut und ihrem letzten Atemzug. »Hier, nehmt alles«, sagte sie zum Himmel.

Sie legte sich in den spärlichen Schatten der Fettholzsträucher und sah zu den Wolken hinauf, die sich beim Erklimmen der Pyramiden und Türme schoben und drückten und von ihrem eigenen Gewicht immer dunkler wurden. Delenas Augen fühlten sich jetzt sehr trocken an, und es war besser, sie gar nicht mehr aufzumachen. Die Hunde lagen dicht bei ihr. »Meine gute Hundearmee«, murmelte sie, während sie dahindämmerte.

HATTIE FUHR vom Bahnhof mit einer Droschke direkt zum Krankenhaus. Ihre kleine Reisetasche hatte sie bei sich. Sie war schwer, und Hattie bedauerte, daß sie die Tasche nicht zuerst ins Hotel gebracht hatte. Die Nonne am Empfang begleitete sie hinauf in den dritten Stock, wo die kritischsten Fälle lagen. Drei Ärzte berieten sich in einer Zimmerecke. Hatties Herz setzte vor Schreck für einen Augenblick aus, als sie im allgemeinen Gemurmel den schrecklichen australischen Akzent ausmachte – natürlich würde Dr. Gates hier sein. Edward wirkte fiebrig, aber er erkannte sie sofort und rief ihren Namen. Sie fühlte, wie ihr das Blut in die Wangen stieg, als der Australier sich umdrehte und sie ansah.

Edward wirkte grau und eingefallen, aber sie zwang sich zu lächeln und fragte ihn nach seinem Befinden. Er setzte sich auf und beugte sich vor.

»Wie lieb von dir zu kommen«, sagte er, während er ihre Hand zwischen seine heißen, trockenen Handflächen nahm. Lungenentzündung lautete die Diagnose, berichtete er ihr, aber es gehe ihm schon besser. Dr. Gates mache sich Sorgen, daß er hinterher an Tuberkulose erkranken könne, aber die anderen Ärzte seien nicht dieser Ansicht. Heute habe das Fieber nachgelassen, dank experimenteller Dosierung von Mangan und rohem Drüsengewebeextrakt zur Anreicherung des Blutes.

Obwohl er offensichtlich schwer krank war, wirkte er immer noch munter und keineswegs wie ein Sterbender. Jetzt bereute Hattie ihre Hast – sie hätte Indigo zuerst die Decken und anderen Dinge bringen können, die diese für den Winter brauchte, und danach immer noch nach Edward sehen können. Er war hier in guten Händen, erhielt eine umfassende medizinische Betreuung, nicht zu reden von der moralischen Unterstützung seines Geschäftspartners, der seine Versorgung überwachte.

Als die Ärzte den Raum verließen und der Australier mit ihnen, atmete Hattie erleichtert auf. Es war ihr unerträglich, sich mit Dr. Gates im einem Raum aufzuhalten, und sie war fest entschlossen, kein Wort mit ihm zu wechseln. Falls nötig, würde sie den Krankenhauskaplan heranziehen, um für sie zu sprechen. Edward schien begierig darauf, mit ihr zu plaudern. Er hatte sich neulich Nachmittag bei einer Wanderung entlang des Kraterrandes eine Erkältung zugezogen. Ganz unvermittelt war ein Gewitter aufgekommen. Während er so schnell wie möglich zu seinen Gefährten bei der Bohrstelle zurückzueilen versuchte, war die alte Steifheit in seinem Bein zurückgekehrt und hatte seinen Rückweg verlangsamt. Im allgemeinen Durcheinander von Blitz und Donner waren die anderen ohne ihn davongefahren. Bis sie ihren Fehler bemerkten und umkehrten, um ihn zu holen, war er bis auf die Haut naß und durchgefroren. Die Kälte ließ ihn nicht mehr los, egal, was er tat. Und dann, letzte Woche, als sie mit neuen Proben nach Albuquerque gefahren waren, hatte er hohes Fieber bekommen.

Er begann zu husten und tastete nach dem Spucknapf. Hattie reichte ihn Edward und wandte sich ab, während er spuckte. Es war falsch gewesen, zu kommen – schließlich war die Trennung fast rechtsgültig, gestand sie sich verärgert ein. Warum hatte Edward den Kaplan gebeten, ihr das Telegramm zu schicken?

Hattie fühlte sich erschöpft und fast selbst ein wenig krank. Was konnte sie tun? Was erwartete er? Da schoben Schwestern in weißen Trachten einen Wagen mit medizinischen Instrumenten und einem merkwürdigen Apparat herein, der aussah wie ein Gebläse mit einem daran befestigten Gummischlauch. Es war Zeit für seine Atembehandlung, und die Schwester bat Hattie, doch unten zu warten.

Zurück im Hotel badete Hattie, bis das Wasser kalt wurde, und versuchte, ihre Gefühle zu ordnen. Sie vermißte ihre Eltern, besonders ihren Vater. Es tat ihr von Herzen leid, ihnen mit der Trennung eine solche Enttäuschung bereiten zu müssen, aber sie sah das Ganze positiv – sie taugte nicht für die Ehe. Nach dem Bad schickte sie Susan ein Telegramm mit der Bitte, sofort zu kommen, Edward sei ernsthaft erkrankt. Sie würde bleiben und nach ihm sehen, bis Susan eintraf.

Ihr Brief an die Eltern begann mit einer Beschreibung von Tante Bronwyns weißen Kühen, die unter den alten Apfelbäumen des Klostergartens grasten. Sie beschrieb ihre Verwunderung über den trüben Chalzedon mit den drei weißen Rindern unter einem Baum, den man bei einer heiligen Quelle in Bath ausgegraben hatte. Tante Bronwyn mit ihren alten Gärten und den alten Steinen hatten ihre Weltsicht völlig verändert. Allerdings erzählte sie den Eltern nicht, daß auch Edwards Betrug diese Veränderung beeinflußt hatte.

Hattie wußte, daß sich ihr Vater für ihr Schlafwandeln und für das helle Licht, das sie gesehen hatte, interessieren würde.

Schließlich war sie nicht die erste, die in Bath ein solches Licht erblickt hatte, also erzählte sie ihnen die Geschichte von der Königin, die sich im King's Bath vor dem Leuchten erschreckt hatte. Beim Betrachten des Lichts hatte Hattie einen tiefen Frieden und ein feierliches Wohlbefinden empfunden. Später hatten die alten Steine, die Tante Bronwyn beschützte, einen Anklang dieser Feierlichkeit in ihr ausgelöst. Es war das gleiche Gefühl, das auch die Schmucksteine, die sie besaß, bei ihr hervorriefen.

»Ich wünschte, ihr wärt dabeigewesen und hättet den schwarzen Gladiolengarten der *professoressa* mit den ›Madonnen‹ in den Nischen mit eigenen Augen gesehen«, schrieb sie. »Die Schlangengöttinnen im Regengarten waren wundervoll. Sie haben mich völlig verzaubert. Mutter wird sich freuen zu hören, daß ich meine Forschungsarbeit endgültig aufgegeben habe.« Sie gab keine weiteren Erklärungen, nur daß es besser gewesen wäre, sie hätte statt dessen Archäologie studiert.

»Das Kind war eine angenehme Reisebegleiterin, und der Papagei kam uns nur einmal vorübergehend abhanden«, schrieb Hattie weiter, brachte es aber nicht über sich, mehr von Indigo zu berichten, also erzählte sie von Edwards Krankheit und wie begierig sie darauf sei, nach Arizona zurückzukehren, um nach Indigo und deren Schwester zu sehen. Ihre vorübergehende Inhaftierung durch die Behörden in Livorno erwähnte sie mit keinem Wort.

Susan antwortete nicht auf das Telegramm. Ein weitere Woche ging ins Land, in der Hattie täglich zweimal im Krankenhaus vorbeisah und sich langsam in Albuquerque zurechtfand, wo sie Einkäufe für Indigo erledigen wollte. Auch wenn es Edward besser zu gehen schien, wurde die Behandlung auf Anweisung von Dr. Gates noch verstärkt, so daß Hattie Edward nur selten im Bett vorfand.

Noch Stunden nach der Behandlung konnte Edward den Kampfer schmecken und seine Dämpfe in der Lunge fühlen. Von den Behandlungen selbst blieb ihm außer der Gesichtsmaske und der Kampferpumpe nicht viel in Erinnerung, weil Dr. Gates ihm vor und nach jeder Behandlung eine Injektion verabreichte. Er fragte nicht nach dem Inhalt der Injektionen, aber er erkannte das Morphium am Wohlgefühl und der Euphorie, die das Mittel bei ihm auslöste. In wissenschaftlichen Fachgesprächen unterbreitete Dr. Gates Edward die Theorie hinter seiner experimentellen Behandlung. Gates war der Ansicht, daß nach einer Lungenentzündung ein hohes Risiko für eine Tuberkuloseerkrankung bestand, wenn keine speziellen Maßnahmen ergriffen wurden.

Das Hotel neben dem Bahnhof besaß einen kleinen Hof mit Garten und einem malerischen Brunnen im spanischen Stil. Das Plätschern des Wassers beruhigte Hattie. Sie bekämpfte ihre Anspannung mit langen Spaziergängen durch die Innenstadt von Albuquerque. Hier schienen sämtliche Reinigungsarbeiten und niederen Dienste von Mexikanern ausgeführt zu werden. Hattie begegnete auf ihren Spaziergängen nur wenigen Indianern, außer am Bahnhof, wo Indianerinnen kleine Töpferwaren und perlenverzierte Haarnadeln an die Touristen verkauften. Im großen und ganzen schien es ihnen hier deutlich besser zu gehen als den bitterarmen Frauen, die sie in Needles gesehen hatte. Hattie vervollständigte ihre Einkaufsliste und begann mit den Besorgungen für Indigo und ihre Schwester.

Wo blieben nur Susan und Colin? Waren sie verreist? Oder war ihr Schweigen ein Ausdruck der Mißbilligung gegenüber Edward oder ihr? Dennoch konnte sie Edward nicht einfach zurücklassen. Er war sehr krank und hatte sie gebeten, zu bleiben, bis Susan eintraf. Sie verschwieg ihm, daß Susan nicht geantwortet hatte. Edwards Äußeres hatte sich in den letzten Wochen dramatisch verändert. Das Haar an seinen Schläfen waren sichtlich ergraut. Seine Hände zitterten nun, und er war entsetzlich dünn und ohne jeden Appetit. Dennoch schien er voll guten Mutes zu sein.

Die grünlich gelben Blätter der Pappeln in den Parks der Stadt und entlang des Rio Grande wurden im Laufe der Wochen fahlgelb und schließlich goldgelb. Eines Morgens entdeckte Hattie nach dem Aufwachen Schnee auf den Berggipfeln, aber in Albuquerque blieb es weiterhin sonnig und warm. Es drängte sie, die Decken und Vorräte zu Indigo zu bringen, bevor der Frost einsetzte. Wenn sie bis zum Wochenende nichts von Susan gehört hatte, würde sie unter allen Umständen nach Needles zurückkehren.

Sie unternahm weiterhin lange Spaziergänge vom Hotel an der Central Avenue entlang bis zu dem alten Marktplatz vor der Kirche. Der Geruch von brennendem Kiefernholz erfüllte die

Luft. Sie saß auf einer schattigen Bank beim Musikpavillon und beobachtete, wie die alten, schwarzgekleideten hispanischen Frauen zur Messe in die Kirche drängten. Manchmal hörte sie Bruchstücke eines Liedes oder roch für einen Moment den Weihrauch, wenn die Kirchentür auf- und zuging, aber all das kam ihr inzwischen fremd und merkwürdig vor.

Die unaufhörlichen Behandlungen mit dem Beatmungsgerät zehrten an Edwards Kräften, und die rohen Drüsenextrakte belasteten seine Verdauung. Am Sonntag fand Hattie ihn im Dämmerzustand vor. Er sah noch schwächer aus, und seine Gesichtsfarbe wirkte alles andere als gesund, obwohl das Fieber nachgelassen hatte. Die örtlichen Ärzte lehnten die Behandlungsmethode von Dr. Gates ab und zogen sich aus dem Fall zurück, aber Edward bestand darauf, daß die experimentelle Behandlung fortgesetzt wurde. Man könne den hiesigen Ärzten keinen Vorwurf machen, daß sie nicht ganz auf der Höhe der neuesten wissenschaftlichen Erkenntnisse seien.

Hattie dagegen fürchtete, daß die anderen Ärzte recht hatten, aber wenn Edward nicht einmal medizinischen Fachleuten Gehör schenken wollte, dann würde er auch auf sie nicht hören – es war besser, mit dem Kopf zu nicken und ihm Mut zu machen. Hattie war froh, daß sie Dr. Gates im Krankenhaus nicht begegnete, aber mit der Zeit wurde ihr klar, daß auch er bestrebt zu sein schien, ihr aus dem Weg zu gehen. Schließlich kam ein Telegramm, in dem Susan ihre Ankunft für die kommende Woche ankündigte, aber an dem besagten Tag kam ein weiteres Telegramm, in dem sie ihre Ankunft um drei Wochen verschob.

Die Injektionen ließen Edward stundenlang vor sich hinträumen. In seinem angenehmem Dämmerzustand verlor er immer wieder das Bewußtsein. Die Injektionen verlangsamten seine Atmung, dämpften aber die Hustenanfälle. Später, wenn die Wirkung nachließ, fühlte er sich klar und bei Kräften. Neben dem Bett hatte er Papier und Bleistift bereitliegen und notierte seine Einfälle in bezug auf weitere Minenschächte oder Fragen, die er seinem Freund Dr. Gates stellen wollte.

In diesem Zustand waren seine Gedanken so lebhaft und detailliert wie Träume, und er konnte stundenlang einfach dasitzen und nachdenken. Er mußte nur an die Mine denken, und schon sah er einen langen glitzernden Tunnel ins Innere des Kraters führen, dessen Wände von schwarzen und weißen Diamanten durchsetzt waren. Am Ende des Tunnels befand sich der eherne Kern des Meteoriten selbst, ein strahlendes weiches Gemisch aus reinem Silber mit Goldstreifen.

Er und die Gesellschaft würden in der Lage sein, Hatties Kredite zurückzuzahlen, und er konnte alle seine Verbindlichkeiten gegenüber Susan und Collin begleichen. Er sah Susan vor sich, wie sie in der Ballnacht in ihrem hochherrschaftlichen saphirblauen Seidenbrokatkleid ausgesehen hatte, das Hunderte von Dollar gekostet hatte. Die Erzader des Meteoritenkraters würde ihn wieder mit ihr versöhnen. Livorno, ja selbst Hattie und die Trennung würden angesichts der Wand aus Silber und Gold keine Rolle mehr spielen.

Wenn er jetzt träumte, gehörte ihm nicht nur das gesamte Anwesen in Riverside, auch sein Vater war in diesem Traum wieder lebendig und stand mit ihm inmitten endloser Reihen ausgewachsener Zitronenbäume auf der Westseite des Hauses. Aber wenn er sich umdrehte, sah er lediglich den Brunnen, den Seerosenteich und die Gartenmauern, während das Haus und sämtliche Nebengebäude spurlos verschwunden waren, als seien sie vor langer Zeit abgerissen worden.

In einer seiner wachen Phasen zwischen den Injektionen wollte Edward mit Hattie über die Ausrüstungskäufe und die Überziehung des Kredites reden. Sie sollte wissen, daß ihr Geld durch die Maschinen und die Minenlizenz abgesichert war. Doch als sie an diesem Nachmittag zu ihm kam, war sie verstimmt über Susans Schweigen, und er mußte sie trösten.

Hattie war erbost über Susan. Was war nur mit ihr los? Sie wollte ihre eigenen Pläne nicht länger hinauszögern und begann die Decken und Vorräte für die Mädchen in robuste Blechkisten zu verpacken. Preise und Qualität waren in Albuquerque viel besser, denn die Stadt war erheblich größer als Needles. Hattie hatte große Mengen an Konserven eingekauft und außerdem getrocknete Äpfel, Aprikosen, Bohnen und Mais gefunden, die hier von den örtlichen Farmern verkauft wurden. Als sie alles verpackt hatte, wurde ihr klar, daß ihr Gepäck eine ganze Kutsche füllen würde.

So gut wie in dieser Nacht hatte sie seit Wochen nicht mehr geschlafen, und sie erwachte früh am Morgen, weil sie nach dem Frühstück einen letzten Besuch im Krankenhaus machen wollte, ehe sie den Nachmittagszug nach Westen nahm.

Edward war sicher, nicht sterben zu müssen, aber seit der letzten Behandlung fühlte er sich sonderbar, und er hatte das Gefühl, als gehöre sein Körper nicht mehr ganz zu ihm. Als die Wirkung der letzten Spritze nachließ, begannen ihn Selbstvorwürfe und heftige Gewissensbisse zu quälen. Er hätte die Zollbehörden in Livorno bestechen sollen, ehe sie nach Korsika übersetzten. Und er hätte die Zitronenableger besser verstecken müssen.

Doch was ihn am meisten quälte, waren die Erinnerungen an die Meteoritenstücke, die er in Tampico zurückgelassen hatte. Er hatte immer vorgehabt, zurückzufahren und der bösen blaugesichtigen Frau die Eisenmeteoriten abzukaufen. Oh, was für eine furchtbare Vorstellung, jemand mit Sinn und Verstand könnte den Stapel Steine entdecken und sie vor ihm erwerben! Einmal mehr kehrte er an den Pará-Fluß zurück. Sein Kopf lag, auf Gardenienblüten gebettet, im Schoß der großen Negerin, die im Kanu saß, und als er zu ihr aufblickte, war ihr Gesicht blau wie der Himmel.

Hattie sah den australischen Arzt und die Schwestern vor Edwards Zimmertür und ihr sank das Herz. Sie sah den Arzt nicht an und wollte gerade ins Zimmer gehen, als eine der Nonne ihr sagte, der Priester sei bei Edward und erteile ihm die letzte Ölung. Edward habe in der Nacht das Bewußtsein verloren.

Hattie brach in Tränen aus und war selbst überrascht von der Trauer, die sie empfand. Sie wußte, daß sie sowohl Indigos Abwesenheit als auch den Verlust Edwards betrauerte, der trotz allem immer noch ihr Freund gewesen war. Dr. Gates eilte durch den Gang davon, als spüre er ihren Zorn. Dieser niederträchtige australische Verbrecher! Seine Quacksalbermethoden hatten Edwards Gesundheit ruiniert!

Als der Priester fort war, gestattete man ihr, mit Edward allein zu bleiben. Sein Atem kam in langsamen, mühevollen Stößen, sie nahm seine Hand, hielt sie fest und flüsterte: »Ruhe in Frieden.« Der Arme! Kurz darauf tat er mit drei lauten Schnaufern seinen letzten Atemzug.

Die Nonnen bekundeten ihr Beileid, und der Priester wollte

sie in die Kapelle begleiten, aber Hattie lehnte entschieden ab. Sie schockierte die Umstehenden noch mehr, als sie erklärte, daß Edwards Schwester die Beerdigungsvorkehrungen treffen würde. Sie bezahlte die Krankenhausrechnung und hinterließ dem Buchhalter des Krankenhauses einen Wechsel, mit dem er den Leichenbestatter bezahlen sollte, damit dieser Edwards Sarg bis zu Susans Ankunft im Kühlhaus aufbewahrte.

Zehnter Teil

Jeden Morgen, wenn Indigo mit ihrem Papagei und dem Affen zum Fluß hinunterging, um dort nach Samen und Wurzeln zu suchen, stand das Wasser ein klein wenig höher. Der kleine schwarze Ahne bekam Zähne und brüllte beim leisesten Geräusch, deshalb hielt Indigo ihre Tiere den größten Teil des Vormittags vom Haus fern. Zuerst gediehen die Weiden und Tamarisken durch die zusätzliche Feuchtigkeit, aber als das Wasser dann das Wurzelwerk überschwemmte, wurden die Blätter gelb und starben ab.

Als die Wasserkresse und die anderen empfindlichen Pflanzen verschwunden waren, blieb Indigo am höhergelegenen Ufer, wo Rainbow und Linnaeus herumlaufen und sich an den Sonnenblumenkernen gütlich tun durften. Indigo war ständig auf der Hut vor hungrigen Füchsen, die den vom Hochwasser vertriebenen Hasen und Wasserratten nachstellten. Auch viele Schildkröten und Wasserschlangen verbargen sich im hohen Gras an der Wasseroberfläche.

Zuerst machten sich die Mädchen über Indigo lustig, wenn diese sich fragte, wie hoch das Wasser wohl noch steigen werde, aber sie sahen den Fluß schließlich nicht jeden Tag. Doch als sie eines Morgens alle zusammen mit Eimern in der Hand loszogen, um beim Hydranten neben der Kirche Wasser zu holen, blieben die Zwillinge und Sister wie angewurzelt stehen, als sie sahen, wie hoch das Wasser in kurzer Zeit gestiegen war. Selbst der kleine Ahne, den Sister sich auf den Rücken gebunden hatte, starrte auf die Wassermassen.

»Es wird tatsächlich alles überschwemmt«, sagte Vedna. »Das hätte ich nie geglaubt.« Stumm standen sie eine Weile da, ehe Maytha durch die Zähne pfiff und den Kopf schüttelte. In der Flußaue lag das beste Ackerland, und das Wintergemüse aus Bohnen und Erbsen, das dort bereits kniehoch wuchs, würde sicher bald absterben.

Wenn es so weiterging, würden auch die Häuser und die Kirche mit dem Hydranten bald unter Wasser stehen, und wo sollten sie dann ihr Trinkwasser herholen? Demnächst würde ihr Land noch erstklassiges feuchtes Ackerland werden, scherzte Maytha. Die Pflänzchen in ihrem ausgetrockneten Garten waren winzig im Vergleich zu jenen unten in der Flußaue. Vedna meinte, das sei es wohl, was gemeint war, wenn es in der Bibel hieß: »Die Letzten werden die Ersten sein.« Sister Salt sah zu den Häusern, aus denen die Leute zwar zu ihnen herübersahen, aber nie vor die Haustür traten oder sich mit ihnen unterhielten. Sie schüttelte den Kopf. Wenn das Land hier überflutet wurde, dann würden die Leute sie nur noch mehr hassen.

Den ganzen Vormittag über schleppten sie Wasser, das sie im Eisenkessel und in den beiden Blechwannen erhitzten, um daraus Bier zu brauen. Nachdem das Wasser wieder etwas abgekühlt war, setzten sie die Hefe zu, genau wie Big Candy es gemacht hatte. Was war wohl aus ihm und seiner Jagd auf die Zigeunerin geworden? fragte sich Vedna laut. Sister Salt zuckte mit den Achseln, als ginge sie das alles gar nichts an, obwohl sie sich selbst manchmal die gleiche Frage stellte. Aber es war Charlie, von dem sie immer noch gerne träumte, auch wenn er in Tucson verheiratet war. Manchmal ertappte sie sich mit Wunschträumen, in denen seine Frau krank wurde, einen Unfall erlitt oder starb. Aber nein, auf diese Weise wollte sie ihn nicht bekommen. Wahrscheinlich erinnerte er sich nicht einmal mehr an sie.

Im ganzen Haus stank es nach frisch gegorenem Bier. Sämtliche verfügbaren Behälter waren voll. Sister und Indigo sammelten vertrocknete Kürbisse, leerten und reinigten sie, um daraus Behälter zu machen. Candy hatte Glasflaschen benutzt, um das Gärgas im Bier zu erhalten, aber die Flaschen waren mitunter explodiert. In den Kürbisbehältern dagegen konnte das Gebräu im schlimmsten Falle nur sprudeln und überschäumen.

Die Zwillinge machten sich auf, um ihre alte Tante weiter oben am Fluß zu besuchen, und nahmen etwas Bier mit, das sie verschenken wollten. Sie blieben über Nacht, daher waren die beiden Schwestern seit Indigos Ankunft zum erstenmal allein. Indigo versorgte ihre Tiere für die Nacht und gesellte sich dann nach draußen zu Sister, die das Baby stillte und zu den Sternen hinaufsah. Sie teilten sich Sisters Schal, den sie sich um die Beine wickelten, und später wurde der Wind so kalt, daß sie noch enger zusammenrückten. Sister konnte nicht widerstehen und kitzelte Indigo, die laut aufquietschte, so daß beide lachen mußten. Da ließ der kleine Ahne Sisters Brustwarze los und sah zu ihnen auf. Er und Indigo waren eifersüchtig aufeinander, was Sister Salt komisch fand. Das Baby war speckiger geworden und hatte dicke kleine Hand- und Fußgelenke, die Big Candy gefallen hätten. Es machte Sister immer noch traurig, daß er dem kleinen Ahnen keine Chance gegeben hatte. Der Kleine konnte jetzt krabbeln und war kurz davor, sich auf die Füße zu stellen. Er war ein ernstes Baby und lächelte nur selten, aber er weinte auch nur dann, wenn er zornig, naß oder hungrig war. Seine Ernsthaftigkeit kam daher, daß er ein alter Mann war und kein junger.

Indigo wollte sich gern mit dem kleinen Ahnen anfreunden und Sister zur Hand gehen. Zuerst sah sie den beiden einfach nur zu. Jedesmal wenn Sister in der flachen Schüssel vorsichtig ein wenig warmes Wasser über seine Beine oder sein Hinterteil spritzte, hielt er die Luft an. Wenn Sister versuchte, ihn Indigo zu geben, fing er an zu schreien, also schnappte sich Indigo eines Tages Linnaeus und wiegte ihn zärtlich im Arm, ganz dicht an ihrem Gesicht. Der kleine Ahne sah ihr zu, verzog dann wütend das Gesicht und fing an zu schreien.

»Hast du das gesehen?« Er wußte, daß Indigo sich über ihn lustig machte. Deshalb nannte Sister ihn auch Ahnen. Sie durften ihn nicht ärgern oder sich über ihn lustig machen.

Am darauffolgenden Abend kamen die Zwillinge mit einem Dutzend oder mehr Gästen zurück, hauptsächlich Chemehuevis, aber auch Walapais und befreundeten Havasupais. Sister und Indigo hörten ihr Lachen schon, als sie noch eine halbe Meile entfernt waren. Die Besucher ließen sich mit ihren Decken auf dem festgetretenen Boden vor dem Haus nieder, und als es kühler wurde, zündeten die Zwillinge ein Feuer an. Sie feierten das neue Bier und ihre neuen Freunde. Sie erzählten sich Geschichten über die alten Zeiten, in denen die Menschen Ende Juli immer Kaktuswein getrunken hatten, um mit ihren Ahnen in Verbindung zu treten und sie zu bitten, sie mit ihrer Liebe zu segnen. Sie machten Witze über den immer höher steigenden Fluß und über die Pläne der Regierung, alle Indianer zu ersäufen, und lachten Tränen dabei. Das letzte gute Ackerland, das ihnen geblieben war, versank im Stauwasser des Damms.

Am nächsten Morgen erwachten ihre Gäste vor dem Haus mit allerlei Beschwerden, die das viele, erst halbvergorene Bier, das sie getrunken hatten, mit sich brachte. Die Mädchen wärmten den letzten Rest Kaninchen mit Bohnen auf und buken mit dem letzten Mehl Tortillas, um ihren Gästen ein Frühstück zuzubereiten. Beim Abschied versprachen ihre neuen Freunde, Leuten, die Geld oder etwas zu tauschen hatten, ihr Bier wärmstens zu empfehlen.

Später, beim Säubern der Bierbehälter, fragte Sister Indigo, ob sie den großen Schrankkoffer verkaufen könnten, um Lebensmittel und neue Zutaten zum Bierbrauen zu besorgen. An diesem Abend räumte Indigo die letzten ihr gebliebenen Kleider aus dem Schrankkoffer, ihre Buntstifte, Notizbücher und das Gladiolenbuch. Ihre letzten Besitztümer hatten in den beiden Reisetaschen Platz genug. Sie brauchte den Schrankkoffer nicht mehr. Es war ein schönes Exemplar aus Leder und Holz mit metallenen Beschlägen und vielen Fächern und Schubladen, die Indigo mit Vorliebe auf- und zuzog. Sie streichelte den Kasten und hoffte, daß sie dafür viele Lebensmittel bekommen würden.

In wenigen Wochen würden die jungen Erbsen reif sein. Indigo ging jeden Morgen in den Garten, um festzustellen, wieviele Kaninchen sie mit den Fallen gefangen hatten. In den alten Gärten hatten sie sogar draußen bei den Pflanzen geschlafen, um die kleinen Nager abzuschrecken, aber hier schienen die Fallen auszureichen. Doch als Indigo an diesem Morgen hinkam, sah sie sofort, daß irgend etwas zahlreiche Bohnenreihen kahlgefressen hatte.

Maytha und Vedna schüttelten gleichzeitig die Köpfe, als Indigo vorschlug, mit ihren Tieren im Garten zu schlafen. Sie waren hier nicht in den alten Sand Lizard-Gärten, sondern in Road's

End, wo nachts böse Männer durch die Gegend schlichen und schlafende Frauen überfielen.

Nachdem sie, wie jeden Morgen, am Fluß nach Eßbarem gesucht hatte, ging Indigo mit dem Papagei und dem Affen in den Garten und kontrollierte noch einmal die Kaninchenfallen. Anfangs hatten sie jede Nacht zwei bis drei Tiere gefangen, aber je höher das Wasser stieg, desto seltener wurden die Kaninchen. Die Vögel waren nun die Hauptgefahr, also packte Indigo ihre Buntstifte und den Zeichenblock, ein paar fade gewordene Tortillas und eine Kürbisflasche mit Wasser ein, um die Pflanzen tagsüber zu bewachen. Old Man Stick, die Vogelscheuche, die sie aus Zweigen und Roßhaaren gebastelt hatten, vertrieb zwar die Neulinge für eine Weile, aber die hier heimischen Vögel ließen sich sogar auf ihr nieder.

Geduldig brachte Indigo ihren Spielgefährten bei, die Gartenpflanzen in Ruhe zu lassen und nur das Unkraut auszurupfen. Sie blieb stets in ihrer Nähe, damit die Tiere nichts verwechselten. Wenn ihnen das Unkrautjäten langweilig wurde, genossen sie den Schatten und die Ruhe der Laube. Indigo zeichnete bunte Gladiolen, Sonnenblumen und sogar Stechapfel.

Die Gladiolenknollen schickten leuchtend grüne Sprossen aus, die viel schneller wuchsen als die Bohnen- und Erbsenpflänzchen. Als Sister und die Zwillinge wissen wollten, welche Pflanzen dort wuchsen, sagte Indigo ihnen, das sei eine Überraschung.

Das Wasser stieg weiter, schob sich Stück für Stück an die besten Felder mit den hohen Bohnen- und Erbsenstauden heran, und die Menschen bauten den Erdwall höher und höher, um die Pflanzen zu schützen. Und dann, eines Morgens, als Indigo zum Fluß hinunterging, fing Rainbow an zu kreischen, als habe er einen Habicht oder Adler gesehen. Sie sah zuerst zum Himmel hinauf, konnte aber nichts entdecken. Doch als sie sich umschaute, stellte sie mit Entsetzen fest, daß die Felder in der Flußaue über Nacht in einer glatten Wasserfläche versunken waren. Sie rannte sofort zum Haus zurück, um den Mädchen die Neuigkeit zu erzählen.

Die Mädchen unterbrachen das Bierbrauen, um vom Hügel aus auf die Felder hinabzusehen. Unten sahen sie, wie eine Gruppe Menschen, angeführt vom Priester der Chemehuevi, zu den überfluteten Feldern pilgerte, um zu beten. »Wie hoch will das Wasser denn noch steigen?« fragte sich Sister laut. Die Zwillinge schüttelten den Kopf. In der darauffolgenden Woche wurden noch mehr Felder überschwemmt, und den Menschen blieb nichts anderes übrig, als die welken Stauden auszureißen und sie zum Mittagessen zu kochen.

Unaufhaltsam kam das Wasser näher und bedrohte jetzt auch die Kirche und die kleinen, hübschen Häuser und Gärten. Jetzt machten die Zwillinge keine Witze mehr darüber, daß aus ihrem billigen Land noch bestes bewässertes Ackerland werden würde. Von nun an begleitete Sister sie mit dem Baby auf dem Rücken, wenn Indigo loszog, um den Stand des Wassers zu überprüfen. In der Ferne sahen sie, wie die Leute sich gegenseitig halfen, ihre Habseligkeiten auf höhergelegenes Land zu bringen. Wagenladungen voller Kirchenbänke und Bibeln wurden auf dem alten Schwemmstreifen abgeladen, knapp unterhalb des Hauses der Zwillinge.

Die Mädchen gingen hinunter und halfen beim Entladen der Wagen. Die Leute verzogen keine Miene, aber sie lehnten die Hilfe der Mädchen auch nicht ab. Sister lehnte das Bündel mit dem kleinen Ahnen in sicherer Entfernung gegen einen Felsen, damit er ihr und den anderen zusehen konnte. Seine glänzenden schwarzen Augen verfolgten das Treiben aufmerksam, und Sister mußte ihn nur ansehen, um sich überglücklich zu fühlen – erfüllt von überwältigender Liebe und Stolz auf seine besonderen Gaben. Noch nie hatte sie jemanden so sehr geliebt. Sie hatte ihre Vorfahren schon immer kennenlernen wollen, und jetzt war der kleine Ahne gekommen, um bei ihr zu bleiben und sie zu lieben.

Als die Wagen ausgeladen waren, zogen sich die Zwillinge mit einer höflichen Entschuldigung zurück, aber die Nachbarn nahmen keine Notiz von ihnen. Die Zwillinge gingen voraus, und Sister folgte ihnen mit dem Baby auf dem Rücken. Keine sagte etwas. Da schrie mit einem Mal eine Männerstimme hinter ihnen, es sei ihre Liederlichkeit und ihre Zecherei und die von anderen, die Gott so sehr erzürnt hatten, daß er diese Flut schickte!

Die Mädchen drehten sich um und sahen sich plötzlich einem kleinen, dicken Chemehuevi in einem schwarzen Priestergewand mit weißem Kragen gegenüber. Es hatte ihn so angestrengt, den Mädchen hinterherzurennen, daß er völlig außer Atem war und ihm der Schweiß auf der Stirn stand. Während er sich die Stirn wischte und nach Atem rang, starrte er sie zornig an. Sie seien gar keine richtigen Chemehuevis, sondern Lagunas, und hätten hier nichts verloren. Sie wären verdammt, verdorben – und eine Gefahr für ihre Mitmenschen.

Die Zwillinge rannten davon, und Sister und Indigo folgten ihnen. Selbst mit dem Baby auf dem Rücken war Sister eine gute Läuferin, Indigo rannte neben ihr her. Dem Priester ging die Luft aus und als er stehenblieb, hielt auch seine Gemeinde an.

Bei ihrem Häuschen angelangt, ging es ihnen gleich besser, denn vor dem Haus hatte sich eine ganze Anzahl Besucher eingefunden und für die Nacht niedergelassen. Ihre Gäste vom letztenmal hatten Wort gehalten und die Nachricht vom frischgebrauten Bier am ganzen Fluß entlang verbreitet. Eigentlich war das neue Bier noch nicht ganz reif, um schon getrunken zu werden, aber die Mädchen füllten es trotzdem in die Kürbisbecher, damit die Gäste davon versuchen konnten. Und diese verteilten das mitgebrachte getrocknete Wildbret und den gerösteten Mais.

Als das Baby und die Tiere schliefen, setzte sich Indigo nach draußen zu den Mädchen und hörte zu, welche Neuigkeiten die Besucher mitgebracht hatten. Das Stauwasser des Damms würde einen gewaltigen See bilden und alles, selbst das Land hier oben, überfluten. Nein! widersprachen andere Gäste. So weit würde das Wasser nicht kommen, aber der Leiter des Chemehuevi-Reservats wollte alle vom Hochwasser betroffenen Familien ins Reservat nach Parker verfrachten. Die Nacht war klar und ruhig, aber kalt genug, daß sich alle in Decken und Schals um das Feuer versammelten.

Indigo mochte weder den Geruch noch den Geschmack des frischen Bieres, aber Sister und die Zwillinge tranken kräftig mit den anderen, während Indigo lieber zuhörte. Während die Mitternachtsterne aufzogen und wieder verloschen, redeten und lachten sie über die alten Zeiten, als es noch keine Fremdlinge gab, die Fieber brachten und zahllose Menschen töteten. Irgend jemand, der zuviel Bier getrunken hatte, fing an zu weinen und nach seinen verlorenen Lieben zu rufen.

Indigo mochte das Weinen und Schimpfen nicht, das mit dem Biertrinken verbunden zu sein schien. Sie war müde und wollte sich hinlegen, denn sie wußte, daß ihre Tiere in aller Herrgottsfrühe aufwachen würden und sich dann ihr Frühstück suchen wollten. Doch als Vedna die Bibel herausholte, blieb sie noch.

Vedna schloß die Augen, drehte die Bibel mehrmals in ihren Händen, öffnete sie dann mit einem Finger und sah nach, worauf der Finger zeigte.

»Das Haus aber, das der König Salomo dem HERRN baute, war sechzig Ellen lang, zwanzig Ellen breit und dreißig Ellen hoch«, las sie vor. Dann mußte sie lachen, und Maytha lachte mit ihr und bald auch die Gäste. Sie lachten, weil diese Zwillinge nur mit knapper Not ein Dach über dem Kopf hatten, und nun sagte ihnen die Bibel, sie sollten dem Herrn ein großes Haus bauen. Einer der Besucher wies mit dem Finger hinter sich und meinte, das letzte Haus, das man dem Herrn gebaut hatte, stehe jetzt bis zum Kirchturm unter Wasser, und sie lachten noch mehr.

Sister Salt wartete, bis das Lachen abebbte, dann sagte sie den anderen, mit »Haus« sei lediglich ein Steinkreis gemeint, denn Geister brauchten keine festen Wände oder Dächer. Allerdings brauchte ein echtes Haus des Herrn zwei Feuerstellen statt einer. Die Gäste sahen sie erstaunt an, aber keiner machte sich über sie lustig, denn Sister wirkte sehr ernst. Der Steinkreis mußte wieder an der gleichen Stelle errichtet werden, am Ufer unterhalb des großen Sandhügels in der Nähe von Needles.

»Zu dumm für den Herrn«, meinte Maytha. »Wir können jetzt nicht nach Needles. Wenn wir das Haus auch nur eine Nacht allein lassen, erklären es die heimatlosen Leute hier für verlassen und ziehen ein.«

Der Schaffner meinte, der viele Schnee in Flagstaff sei ungewöhnlich früh für die Jahreszeit. Die hohen Kiefern waren schneebedeckt, und Hattie zitterte, obwohl es im Zugabteil warm war. Wie still und sauber der Schnee wirkte, und wie einladend die Wälder und Berggipfel über der Stadt aussahen. Ob Flagstaff ihr

Reiseziel sei, wollte der Schaffner wissen und schien überrascht zu sein, als sie Needles nannte.

Draußen vor der Bahnstation in Needles fiel Hattie sofort der Zweispänner mit dem griesgrämigen jungen Kutscher ins Auge, doch sie ignorierte ihn und heuerte statt dessen einen Gepäckträger mit einem Handkarren an. Den Bewohnern von Needles entging ihre Rückkehr nicht. Obwohl sie mehr als sechs Wochen in Albuquerque gewesen war, erkannte der Stationsvorsteher sie wieder, und der Hotelportier erinnerte sich ebenfalls an sie und erkundigte sich, ob Mr. Palmer später nachkomme. Sie merkte sofort, daß der Portier nur neugierig war, und stellte sich vor, wie sich alle – der Stationsvorsteher, der Portier und ihre Frauen – über eine alleinreisende weiße Frau die Mäuler zerreißen würden.

Es war ein merkwürdiger Gedanke, daß Edward noch vor wenigen Wochen in diesem Hotel das Anmeldeformular ausgefüllt hatte, quicklebendig und ganz gespannt auf den Meteoritenkrater. Sie spürte, wie ihr ganzer Körper von einer Melancholie erfaßt wurde. Das Leben der Menschen war so beklagenswert kurz und endete so plötzlich. Sie unterdrückte die Tränen, weil sie wußte, daß sie beobachtet wurde.

Der Gepäckträger mußte dreimal zwischen dem Hotel und der Bahnstation hin- und hergehen. Zusammen mit ihrem eigenen Gepäck füllten die Koffer und Kisten mit den Vorräten jeden Winkel des Hotelzimmers. Sobald sie allein war, holte Hattie die reliefverzierten Schmucksteine heraus, die Edward ihr überlassen hatte. Wenn sie sofort etwas unternahm, konnte sie die Schwermut vielleicht bannen. Sie wickelte den Karneol mit dem schwanenhalsigen Wasservogel und seinem Küken aus. Die gelbe, durchlässige Struktur des Steins ließ die Vögel fast lebendig wirken. Vorsichtig plazierte sie den leuchtend orangefarbenen Karneol mit der Minerva und ihrer Schlange neben dem trüben Chalzedon mit den drei Rindern unter der Eiche. Hattie mußte nur einen Blick auf die Steine werfen und schon empfand sie die tiefe Freude, die von der Schönheit und Perfektion dieser Werke ausging.

Trotz des Schnees auf den fernen Berggipfeln war es in Needles noch mild und trocken. Nachdem sie im Speisesaal des Hotels zu abend gegessen hatte, zog Hattie sich einen leichten Mantel über, um ein wenig durch das kleine Geschäftsviertel zu schlendern, das an die Bahnstation grenzte. Sie war auf der Suche nach einer anderen Mietkutsche, die sie am nächsten Tag nach Road's End bringen sollte, aber schon bald wurde ihr klar, daß sie in einer so kleinen Stadt wie Needles keine zweite Kutsche finden würde. Sie beschloß, den Mietstallbesitzer zu bitten, sie persönlich hinzufahren, selbst wenn sie dafür extra bezahlen mußte.

Sie hatte gerade die Straße vor der Bahnstation überquert, als sie lautes Gelächter und Stimmen vernahm. Am Ende der dunklen Gasse erblickte sie ein kleines Feuer, an dem sich drei oder vier Gestalten aufwärmten. An den Stimmen erkannte sie, daß es Indianer sein mußten, dem Tonfall nach allesamt Frauen. Eine von ihnen fing an zu singen, und die anderen sangen mit, offenbar waren sie betrunken. Obwohl es fast dunkel war, verharrte Hattie in sicherem Abstand und beobachtete die Frauen. Was für ein schrecklicher Anblick – ob Indigo und ihre Schwester auf diese Art mit ihrer Mutter gelebt hatten?

Am nächsten Morgen verlangte der Mietstallbesitzer einen Aufpreis, um dann seinen Gehilfen anzuweisen, Hattie zu fahren. Da fiel ihr ein, daß der mürrische Kutscher der Sohn des Mietstallbesitzers war. Der Hilfskutscher betrachtete sie verstohlen, und Hattie fragte sich, ob der andere ihnen von ihr und dem Besuch bei den Indianermädchen erzählt hatte. Andererseits war sie so froh darüber, endlich zu Indigo zu kommen, daß sie den Mann kaum beachtete.

Sie erreichten Road's End noch vor Anbruch der Dunkelheit. Hattie wollte keine weitere Nacht auf der Roßhaarmatratze verbringen oder auch nur die mißbilligenden Blicke des Händlers und seiner Frau sehen, also wies sie den Kutscher an, dem Fluß zu folgen und dann über den alten Schwemmstreifen hinauf zum Haus der Zwillinge zu fahren. Hattie war aufgeregt, aber auch nervös, als sie sich dem Haus näherten – wenn ihr Alptraum von einem verlassenen Haus sich nun bewahrheiten würde?

Noch nie zuvor hatte sie sich so über das Gekreische des Papagei gefreut. Wenig später kam Indigo mit Linnaeus auf der Hüfte und dem Papagei auf der Schulter aus dem Haus. Hattie begann wild zu winken, aber Indigo zögerte einen Moment, ehe sie zurückwinkte. Dieses Zögern steigerte Hatties Anspannung noch. Sie wußte, sie war hier ein Eindringling, aber sie wollte nur die

Decken und Vorräte vorbeibringen, vielleicht ein oder zwei Tage bleiben und dann mit dem Postwagen nach Needles zurückkehren.

Der Affe und der Papagei ließen es nicht zu, daß Hattie Indigo richtig umarmte, daher küßte sie ihr einfach die Stirn und strich ihr das Haar glatt. Sie spürte, daß sie beobachtet wurde, und als sie aufsah, erblickte sie Sister und das Baby. Indigos Schwester mißtraute ihr, das stand ihr deutlich ins Gesicht geschrieben.

Als sie sämtliche Päckchen und Bündel hineingetragen hatten, war der einzige Raum des Häuschens zum Bersten voll. Die Bottiche mit dem frischgebrauten Bier brauchten die Wärme des Hauses, jetzt wo es nachts draußen so kalt war. Nun konnten sie selbst einen Handelsposten aufmachen, scherzten die Zwillinge, während sie die Konserven und die Säcke mit Zucker und Mehl, Zwiebeln und Kartoffeln an den Wänden aufstapelten, und Hattie wurde ein wenig ruhiger.

Vedna neckte Hattie, daß sie den Sack mit Gerste für das Bier vergessen habe, und alle lachten, bis auf Sister. Indigo freute sich über die Päckchen mit Hirse und Sonnenblumenkernen für Rainbow und die große Tüte mit Plätzchen für Linnaeus. Sie packte die beiden neuen Lampen aus, füllte sie mit Öl und zündete sie an, noch ehe es dunkel war.

Sister saß auf ihrem Bettzeug und stillte das Baby, während Maytha und Vedna die mitgebrachten Zwiebeln und Kartoffeln zusammen mit dem Kaninchen brieten, daß sie am Morgen in einer der Fallen gefunden hatten.

Hattie berichtete Indigo erst von Edward, als sie gegessen hatten und die anderen Mädchen zum Rauchen hinausgegangen waren. Indigo brachte Linnaeus zu Bett und zeigte keine Reaktion auf die Neuigkeit, sondern wandte ihre Aufmerksamkeit dem Papageienkäfig zu. Der Klang ihrer Stimme in dem kleinen Raum, als sie die Nachricht noch einmal wiederholte, machte Hattie verlegen. Indigo sah zu Boden und zuckte mit den Schultern, ehe sie Hattie ansah.

»Tut es dir leid?« fragte Indigo.

Die Frage überrumpelte Hattie, aber sie fing sich schnell wieder. Ja, es tat ihr leid, weil Edward ihr einmal viel bedeutet hatte. Indigo sah ihr fest in die Augen, während sie dies sagte. Sie selbst hatte seit ihrem Abschied an der Bahnstation keinen Gedanken mehr an ihn verschwendet. Die Welt, in der Edward gelebt hatte, war eine ganz andere als ihre Welt in Road's End. Indigo erinnerte sich an den Tag, an dem er ihr Linnaeus gegeben und ihr Bilder von Papageienwäldern und Orchideen gezeigt hatte. Er war kein schlechter Mann gewesen, fand Indigo, wenn man von dem großen Glasauge seiner Kamera absah.

»Armer Mann. Wahrscheinlich war er schon alt«, meinte Indigo.

Hattie nickte und kämpfte mit den Tränen. Sie war entsetzt über die Kluft, die sich in nur sechs Wochen zwischen ihnen aufgetan hatte. Was für eine Närrin sie doch war! Indigo war in das Leben zurückgekehrt, das sie gelebt hatte, bevor man sie ins Internat verschleppt hatte. In diesem Moment erkannte Hattie, daß sie es war, die nichts hatte, wohin sie zurückkehren konnte. In ihr Elternhaus zurück wollte sie nicht, auch wenn man sie dort willkommen heißen würde.

Hattie sah sehr müde aus, deshalb zeigte Indigo ihr, wie sie sich aus drei der neuen Decken ein Lager machen konnte – zwei Decken wurden auf dem Boden ausgebreitet und in die dritte rollte man sich ein. Als Hattie ihr Nachthemd aus der Reisetasche nahm, entdeckte sie darunter das Buch mit den Geschichten über den chinesischen Affen. Sie hob es hoch und zeigte es Indigo, die vor Freude strahlte. Sie legte sich neben Hattie auf die Decken, rutschte dicht an sie heran und sah auf das Buch. Und während Hattie laut vorzulesen begann, kehrte endlich das alte Gefühl der Vertrautheit zwischen ihnen zurück.

Nach einer Weile hob Hattie den Kopf und merkte, daß Indigo eingeschlafen war. Doch die anderen Mädchen saßen draußen bei der Tür und hörten ihr zu. Die Zwillinge waren neugierig, wie die Abenteuer des Affen weitergingen, aber Sister Salt schwieg.

Am nächsten Morgen nahm Indigo Hattie mit auf ihren morgendlichen Ausflug mit den Tieren. Der Anblick des aus dem Wasser ragenden Kirchturms deprimierte Hattie. Hatte den Menschen hier niemand von dem See erzählt, der durch den Staudamm entstehen würde? Indigo zuckte mit den Schultern. Das Wasser würde nicht sehr hoch steigen, war alles, was man ihnen erzählt hatte.

Indigo zeigte Hattie die soeben aufgegangenen Gladiolenknollen. Schmale, lange Halme ragten aus der Erde, aber die Blumen würden nicht vor Weihnachten blühen, wenn die Tage wieder länger wurden.

Die Bohnen und die gesprenkelten Erbsen im Garten sahen vielversprechend aus. Doch trotz des Amarants und des anderen Grünzeugs wirkte er immer noch armselig. Die Mädchen müßten noch ein paar Hühner und Ziegen haben, überlegte Hattie, oder eines der Schweine, die ihr Vater züchtete. Da sie Indigos Schwester bei ihrem ersten Besuch nicht unnötig strapazieren wollte, blieb sie nicht lange. Am folgenden Morgen begleiteten Indigo und die Zwillinge sie zum Handelsposten, von wo der Postwagen Passagiere und Fracht nach Needles abholte. Der Kutscher erkannte die Zwillinge wieder und war recht freundlich zu Hattie, als er ihr die Tasche abnahm und ihr in den Wagen half. Der Händler und seine Frau brachten die Postsäcke heraus. Sie starrten, selbst nachdem sie die beiden leise gegrüßt hatte, an Hattie vorbei, als sei sie unsichtbar. Die Zwillinge tuschelten miteinander und lachten dann laut auf. Als auch Indigo losprustete, schienen der Händler und seine Frau förmlich zu versteinern. Der Kutscher schnalzte mit der Zunge, und der Wagen setzte sich knarrend in Bewegung. Mit klirrenden Geschirren verließ das Gefährt Road's End. Hattie drehte sich um und winkte den Mädchen zu, die ihr nachwinkten, bis der Wagen über dem Hügel verschwunden war.

Der Postwagenfahrer war ein redseliger Mann, den Hatties zurückhaltende Erwiderungen nicht störten. Ob sie so eine Art Missionarin sei, die sich hier in der Gegend niederlassen wolle, wollte er wissen. Es sei nämlich nicht erlaubt, sich ohne offizielle Genehmigung in Reservaten niederzulassen, und außer Indianern erhielten nur Händler, Missionare und Lehrer solche Genehmigungen, fügte er hinzu.

Um das Thema zu wechseln, erkundigte sich Hattie nach dem Preis von Ackerland in dieser Gegend, und der Fahrer gab ihr einen ausführlichen Bericht über Lage, Preise und die Verfügbarkeit von Brunnen und Bewässerungsmöglichkeiten. Wenn es ihr nichts ausmachte, mit Indianern zu tun zu haben, pachtete man am besten Indianerland vom Büro für Indianische Angelegenheiten. Vierzigjahrespachten seien billiger als Neunzigjahrespachten und genauso gut, weil man die Möglichkeit hatte, den Vertrag zu verlängern.

Am nächsten Tag wußte der Hotelportier bereits von ihrem Interesse an Land, und auch der Direktor der Bank war im Bilde, als Hattie dort auftauchte, um weiteres Geld anweisen zu lassen. Der Direktor hatte eine Liste mit Ländereien, die zum Verkauf oder zur Verpachtung anstanden, und die er bei Gelegenheit gerne mit ihr durchgehen würde. Bis zum Wochenende erhielt Hattie zwei Einladungen zum Abendessen – eine von der Frau des Bankdirektors und eine von der Frau des Pfarrers. Doch noch ehe sie auf die Einladungen reagieren konnte, erhielt sie auf der Bank eine höchst beunruhigende Nachricht. Ihre New Yorker Bank habe darauf hingewiesen, daß die Höhe der angeforderten Summe das vorhandene Vermögen überstieg.

»Aber das kann doch nicht sein!« sagte Hattie erschrocken und begann in ihrer Handtasche nach dem Scheckbuch zu suchen.

Delena glaubte, den Rand des Totenreiches oder irgendeine Art von Hölle erreicht zu haben, denn ein schrecklicher, heulender Wind fegte ihr Sand und Dreck ins Gesicht. Doch das Husten und Atmen tat so weh, daß sie unmöglich tot sein konnte. Kurz darauf platschten ihr dicke kalte Regentropfen ins Gesicht und auf die Arme, und sie hörte, wie sich die Hunde zu regen begannen. Die Tiere waren schon länger ohne Wasser als sie. Ihre Arme und Beine waren so steif, daß sie bei jeder Bewegung schmerzten, trotzdem schaffte es Delena, sich auf den Rücken zu rollen. Ihre Lippen und Zunge waren geschwollen und aufgerissen. Die ersten Regentropfen taten ihr förmlich weh. Sie legte den Kopf zurück, damit das Wasser ihre ausgetrockneten Augen baden konnte. Blieben die Augen zu lange ohne Feuchtigkeit, wurden sie für immer blind.

Der Wind wurde mit dem Regen stärker und trieb stecknadelkopfgroße Staubkörner durch die Luft und dann erbsengroße Steine. Während das Heulen anschwoll, prasselten schließlich haselnußgroße Geschosse auf Delena nieder. Dann öffnete der Himmel seine Schleusen, und es goß aus Eimern, dann aus Fässern und schließlich schien es, als stürze ein ganzer Fluß, der selbst den Wind davonschwemmte, aus den Wolken auf die Erde.

Regenwasser lief ihr über das Gesicht in den Mund, der so ausgetrocknet war, daß sie sich verschluckte und husten mußte. Es dauerte nicht lange, da spürte sie, wie das Wasser über den harten Erdboden lief, und sie rollte sich auf den Bauch, um das wunderbare kühle Naß aufzusaugen, bis ihr Durst gestillt war.

Nach einer Weile reichte ihr das Wasser bis an die Rippen und dann an die Ohren. Sie rollte sich auf die Seite, zog die Beine an und lag zitternd im kalten Wasser. Ihre angefeuchteten Augen begannen zu brennen. Sie fühlten sich geschwollen an, also versuchte Delena erst gar nicht, sie zu öffnen. Sie konnte auch später herausfinden, ob sie blind war oder nicht.

Als sie wieder erwachte, regnete es nur noch schwach, und die Hunde standen um sie herum und leckten ihr über das Gesicht. Einer von ihnen war ganz und gar mit ihren Augen beschäftigt und löste mit den Zähnen vorsichtig die Kruste, die ihre Augen verklebte. Delena streckte die Arme aus und berührte die krummen Beine der lahmen Hündin. Sie ließ den Hundespeichel eine Zeitlang seine heilende Wirkung tun, dann mußte sie es einfach wissen.

Zuerst war es so dunkel, daß sie wirklich Angst hatte, erblindet zu sein. Aber dann merkte sie, daß es an der Morgendämmerung lag und an den Sturmwolken, die den heller werdenden Horizont überzogen. Allmählich konnte sie Hell und Dunkel unterscheiden, aber das Licht brannte ihr in den Augen und ließ ihr die Tränen über das Gesicht laufen. Dennoch konnte sie nun Umrisse erkennen – alle sieben Hunde standen um sie herum, und sie sah wie sie zur Begrüßung mit den Schwänzen wedelten. »Na, dann haben wir es also doch geschafft, nicht wahr?« sagte sie und erschrak über das Krächzen, das aus ihrer Kehle kam.

Den ganzen Vormittag ruhten sie und die Hunde sich aus, und sie erhoben sich nur, um aus den Regenwasserpfützen zu trinken. Delena hielt die Augen geschlossen und öffnete sie nur hin und wieder, um nachzusehen, welches Nagetier sich die Hunde diesmal geholt hatten. Der Regen lockte sämtliche Wüstenbewohner an die Oberfläche, und die Hunde machten mit allen Karnickeln und Ratten, die ihnen über den Weg liefen, kurzen Prozeß. Delena überließ ihnen die ersten drei oder vier, ehe sie sich selbst ein Kaninchen schnappte. Die Sonne hatte das Gras und die Zweige inzwischen so weit getrocknet, daß sie ein kleines Feuer machen konnte. Es war ihr egal, wer das Feuer sah, sie war viel zu hungrig. Ein großer Mann brauchte mehr Wasser als sie, also war ihr Verfolger vermutlich noch vor dem Regen verdurstet.

Delena und die Hunde blieben, bis alle Pfützen verschwunden waren. In der Zwischenzeit füllte sie die Wasserbeutel für die Weiterreise mit dem frischen Naß. Die ersten Tage taten sie und die Hunde nichts anderes, als sich abwechselnd auszuruhen und auf Hasenjagd zu gehen, doch als Delena und die Geldschnüffler-Hündin wieder zu Kräften kamen, führte sie die Hündin zu dem durchweichten Haufen der Gepäcktaschen und der nassen Tücher, die sie aufgeknotet hatte, um ihren Inhalt den Sturmwolken zum Geschenk zu machen. Der Wind hatte sämtliche Spielkarten und das Geld davongeweht. Die treuen Gold- und Silbermünzen waren zwar im nassen Sand versunken, aber dort hatte weder der peitschende Regen noch das ablaufende Sickerwasser sie davontragen können.

Nicht weit entfernt hatte sich eine der mexikanischen Tarotkarten zwischen zwei Steinen verfangen, und beim Trocknen hatten sich die Ränder aufgerollt. Jetzt werde ich meine armen Karten wohl das letzte Mal lesen, dachte Delena, als sie sich bückte, um die Karte herauszuziehen. Erfreut sah sie *La Estrella*, den Stern, den Gefährten und Führer, und derjenige, der den Regen brachte. Sie fand auf den Stacheln eines Feigenkaktus eine weitere Karte aufgespießt – *El Tambor*, die Trommel, und sein Spruch »Verschrumple mir nicht das alte Leder. Ich brauche es für meine Trommel« erinnerte sie an den Vater des Kindes des Sand Lizard-Mädchens. Jetzt war er aus Wassermangel verschrumpelt und tot. Aber das Sand Lizard-Mädchen hatte ihn ohnehin nicht heiraten wollen.

Nicht weit von der Karte entdeckte der Hund am Fuß einer Ocotillo einen Zwanzigdollarschein, der viele kleine Löcher aufwies, und ganz in der Nähe zwei Fünfdollarscheine. Der Sturm hatte das Geld und die Karten zu den Bergen zurückgeweht, aus denen sie gekommen waren. Delena und die Hündin suchten jeden Tag, und als die Regenwasserpfützen auszutrocken begannen, hatte der Hund bis auf vierzig Dollar alles Geld wiedergefunden.

Mit den Karten hatte Delena weniger Glück, denn diese waren steifer und fester als die Geldscheine, die sich in Zweigen und zwischen Steinen verfingen. Sie fand das Reh, die Mandoline und den Soldaten, aber nicht eine einzige Karte des Zigeunerspiels. Als sie die wiedergefundenen Karten betrachtete, schloß sie aus dem Aufeinandertreffen des Soldaten und des Rehs, daß der dikke Mann noch am Leben war. Trotzdem würde er noch einige Zeit nicht in der Lage sein, ihr Schwierigkeiten zu machen.

Der Sturm hatte auf dem gesamten Weg bis nach Tucson große Wasserpfützen hinterlassen. Delena blieb mit den Hunden in den trockenen Auswaschungen und auf den Wildpfaden, um Soldaten und anderen Ganoven aus dem Weg zu gehen, die sich für das Geld, das die Hunde trugen, interessieren könnten. Noch nie hatte sie die Wüste im Frühherbst so grün gesehen. Der wilde Amarant, der hier und da in großen Stauden wuchs, war so groß wie sie selbst. Außerdem sorgte der Regen für Nachwuchs bei den Kaninchen und Ratten, so daß sie immer reichlich Nahrung fanden. Dennoch war Delena erleichtert, als sie die Sicherheit des Hauses in Tucson erreichte, wo sie nach all den gebratenen Nagern endlich wieder Bohnen, Peperoni und Tortillas essen konnte.

Der riesige gekochte Schinken hatte eine dicke Honigglasur und war mit Preiselbeeren und großen braunen Rosinen garniert. Um den Schinken herum standen üppige Beilagen: frische Zuckererbsen in Buttersoße, kandierte Süßkartoffeln in Apfelbutter, gebackene Birnen mit Zitronengraspudding, schwarzgesprenkelte Erbsen mit Schinkensoße und eine Platte mit luftig-zartem Gebäck, umgeben von kleinen Schüsselchen voller Erdbeer-, Blaubeer- und Himbeermarmelade.

Es war niemand im Zimmer, der ihn bedienen konnte, aber der Schinken war bereits geschnitten, und er wollte sich gerade den Teller füllen, als ihm klar wurde, daß er in Wirklichkeit ein Glas Wasser suchte. Doch die wunderschönen Kristallkelche neben seinem Teller waren leer. Er umrundete den Tisch, fand jedoch kein Wasser, was ihn so verstimmte, daß er die Tür aufmachte.

Vor ihm lag ein wesentlich größerer Raum, ein wundervoller Speisesaal mit hohen Decken und riesigen Erkerfenstern und einem Ausblick auf weitentfernte verschneite Bergkämme. Auf der langen gedeckten Tafel türmten sich Berge von Lamm- und Kalbfleisch, ein Fasan und ein Spanferkel, Platten mit Krabben und heißem Hummer, Kasserollen mit wildem Reis, Silberzwiebeln mit Walnüssen, grünen Bohnen und Mais und Kürbis mit Pinienkernen. Brot, zu Laibern geformt und zu Zöpfen geflochten – süßes Feigenbrot, Apfelbrot, Zucchinibrot und Gewürzbrötchen –, umgab kleine Früchte- und Sahnekuchen und eine hohe Torte mit einem köstlichen Überzug aus Sahne und Schokoladencreme.

Die Speisen dufteten himmlisch, aber auf dem ganzen Tisch fand er weder Wein noch Wasser oder Kaffee. Sein Hunger wurde jetzt bloß noch von seinem Durst übertroffen. Der Schnee auf den fernen Gipfeln sah so einladend aus! Wie gern hätte er die köstlichen Speisen gegen eine Handvoll Schnee eingetauscht, und er sah sich nach einem anderen Ausgang um. Aber die einzige Tür führte zurück in den kleineren Speisesaal. Er würde ein Fenster einschlagen und ein Seil oder etwas Ähnliches auftreiben müssen, an dem er sich die sechs Meter bis zum Boden hinablassen konnte.

Er trat gegen das Fensterglas und sah mit Schrecken, daß die Scherben wie Wasser hinabregneten. Dann riß er einen dicken grünen Samtvorhang herunter und befestigte ihn am Fensterrahmen, um sich daran hinunterzulassen. Draußen war es bitterkalt, aber der steinige Boden war trocken. Von Schnee war nichts zu sehen, und er zitterte unkontrolliert.

Das letzte, an das er sich erinnerte, waren die hitzigen Stimmen, die aufgeregt miteinander debattierten und das Trommelgeräusch übertönten – sie redeten über ihn. Afrikaner und Indianer – alle seine Vorfahren stritten sich darüber, ob sie ihn nun heimholen oder noch etwas länger dortlassen sollten. Er wisse nichts von seinen Vorfahren und kümmere sich nicht um ihre Gefühle. Ja, er war ein lieber Junge gewesen und hatte seine Mama lieb gehabt, aber als Erwachsener war er zu nichts anderem gut gewesen als zum Geldverdienen. Für seine Ahnen hatte er weder einen Tropfen Alkohol, noch ein Maiskorn oder eine Prise Tabak übrig. Seinen Sohn, den kleinen Ahnen, hatte er im Stich gelassen, um dem Geld hinterherzujagen. Und das war überhaupt der Grund, warum er in diese Misere geraten war – er war so verrückt nach dem Geld, daß er nicht einmal genug Wasser mitgenommen hatte. Ein so schwacher Mensch mochte ebensogut sterben.

Candy war erschüttert über die Ungerechtigkeit der Geister, die nicht zu wissen schienen, daß man sich heutzutage die Freiheit Tag für Tag mit Geld erkaufen mußte. Ein Teil des gestohlenen Geldes gehörte Sister Salt, und er hatte immer vorgehabt, es ihr zurückzugeben. Schließlich war er derjenige, der ihr versichert hatte, daß der Tresor besser sei als ein Loch im Sand. Er konnte die Augen nicht mehr öffnen und kaum noch schlucken, aber im stillen fragte er die Geister, warum sie sich noch um ihn stritten, wenn es ohnehin zu spät war, ihn zu retten? Er war fast schon auf der anderen Seite und froh darüber – das Leben war wahrlich schwieriger als der Tod. Aber die Stimmen ignorierten ihn. Vielleicht war er noch gar nicht so erledigt, wie er glaubte.

Niemand würde rechtzeitig mit Wasser vorbeikommen, um ihn zu retten – mit letzter Kraft legte er sich das Gewehr an den Kopf. Das Trommeln war jetzt ohrenbetäubend, und er hörte die Stimmen nicht mehr. Er spürte, daß die Windböen immer heftiger wurden und ihm schließlich kleine spitze Steinchen gegen Gesicht und Hände peitschten.

Er fürchtete zuerst, der Regengeruch könnte wieder eine Halluzination sein, aber dann ließen Blitz und Donner den Erdboden um ihn herum erzittern.

Er trank und trank, dann riß er sich einen Stoffetzen aus dem Hemd, um daraus eine nasse Kompresse für seine Augen zu machen. Als der Sturm vorüber war, kam die Sonne heraus und wärmte ihn. Er trank, aber er verspürte keinerlei Hunger. Die Erinnerung an den merkwürdigen Speisesaal in den Bergen mit all seinen Köstlichkeiten löste kein Verlangen in ihm aus. Statt dessen lag er stundenlang auf dem Bauch und starrte in die klaren, flachen Pfützen, die sich auf den abgeflachten Felsblöcken gebildet hatten. Wie rätselhaft Wasser doch war – ständig veränderte es seine Gestalt, und kleine Regenbögen über seiner Oberfläche fingen das Sonnenlicht ein.

Er war froh, daß seine Nieren durch den Wassermangel keinen Schaden genommen hatten. Während seiner Armeezeit hatte er von allen möglichen schrecklichen Todesarten gehört – Verbrennen, Pfählen und Vergiften – aber die Furcht vor dem Verdursten in der Wüste war der ständige Begleiter aller Soldaten. Jetzt mußte er ihnen recht geben. Am Ende war er so entkräftet gewesen, daß er nicht einmal mehr das Gewehr hatte anheben und abdrükken können. Doch nun kam er langsam wieder zu Kräften. Als er sich aufrichtete und ein Stück zurückrutschte, um sich mit dem Rücken gegen einen Felsblock zu lehnen, glitt ihm die Hose bis zu den Knien. Er sah an sich herab und bemerkte, daß ihn die vergangenen Wochen und vor allem die letzten Tage völlig ausgezehrt hatten. Er tastete über seinen Körper und fand nur noch Haut und Knochen.

Er war eingeschlafen und erwachte vom Geruch von Pferdemist. Als er den feuchten Lappen von seinen Augen nahm, sah er nur verschwommene blaue Umrisse, aber die Gewehre waren unverkennbar. Er war von Soldaten umringt. Sie hatten den Befehl, einen aus Fort Huachuca desertierten schwarzen Soldaten zu suchen. Candy nannte ihnen seinen Namen und woher er kam. Der Sergeant hörte ihm zu, war aber nicht überzeugt. Sie waren seit Tonopah hinter ihm her, nachdem man sie davon unterrichtet hatte, daß dort ein Schwarzer aufgetaucht sei. Candy wies sie darauf hin, daß er viel älter war als der Mann, den sie suchten, trotzdem legten sie ihm Handschellen an und setzten ihn auf ein Maultier.

Er bat um Essen, und sie gaben ihm Schiffszwieback – soviel er wollte. Die flachen, harten Kräcker schmeckten viel besser, als er sie aus seiner Armeezeit in Erinnerung hatte. Nachdem das Nachtlager aufgeschlagen war, brachte man ihm gebratenes Pökelfleisch, aber schon nach wenigen Bissen begann sein Magen zu revoltieren, und er schaffte lediglich den restlichen Zwieback und den heißen Kaffee. Sie schlugen den langen Rückweg ein. Auf dem ganzen Weg nach Tucson versuchte Candy immer wieder, das ihm angebotene Pökelfleisch zu essen, aber die in den Bergen erlittenen Qualen hatten seinen Magen geschwächt, und er vertrug nichts außer Schiffszwieback und Pfannkuchen.

Nach Hatties Abreise malte Indigo für jeden vergangenen Tag einen Punkt in ihr Notizbuch. Aber selbst nach sechsundvierzig Punkten gab es von Hattie keine Spur. Sister Salt sah ihr heimlich über die Schulter und begriff, daß Indigo die Tage bis zur Rückkehr der weißen Frau zählte. Wußte sie denn nicht mehr, daß die Weißen immer kamen und behaupteten, nun würden sie bleiben, und dann waren sie eines Tages wieder verschwunden?

Sister wünschte, die Frau würde nie zurückkommen. Ja, sie war gut zu Indigo und großzügig zu ihnen allen. Dennoch fühlte sich Sister Salt unwohl, sobald sie auftauchte. Sie wußte, daß die Frau daran dachte, Indigo für immer mitzunehmen – sie sah es in ihren Augen, wenn sie Indigo betrachtete.

Ehe sie mit dem Postwagen weggefahren war, hatte Hattie Indigo versprochen, ihr postlagernd zum Handelsposten zu schreiben, falls sich ihre Rückkehr verzögerte. Nun wollte Indigo nachsehen, ob ein Brief für sie gekommen war. Das Wetter schlug um. Der Himmel war bedeckt, und es war an jenem Morgen windig, so daß Sister mit dem Baby nicht hinaus in den Staub wollte. Aber Maytha und Vedna begleiteten Indigo, weil sie mehr Zucker zum Bierbrauen kaufen wollten.

Die Frau des Händlers wühlte oberflächlich durch den Korb, in dem die Post für Indianer aufbewahrt wurde. Indigo wußte, daß Hattie gern kleine, hübsche Briefbogen mit passenden kleinen Umschlägen verwendete, die leicht auf den Boden des Korbes hinabrutschen konnten. Deshalb rührte sie sich nicht vom Verkaufstisch weg, und nach einer Weile fragte sie der Händler selbst, ob sie noch etwas brauche.

»Sie wollte mir ganz bestimmt schreiben«, sagte Indigo.

»Ach, die«, meinte der Händler und schüttelte den Kopf. Er sah zu Maytha und Vedna hinüber, die mit ihren Zuckersäckchen im Arm geduldig auf Indigo warteten.

»Irgend jemand sollte das Mädchen aufklären. Diese feinen Damen aus dem Osten kommen hierher, mischen sich ein, und dann fahren sie wieder weg und lassen nie wieder von sich hören.« Er wandte ihnen den Rücken zu und schob den Postkorb zurück in die Ecke. Indigos Herz klopfte so laut, daß sie kaum merkte, wie Maytha ihre Hand ergriff und sie wegzog. Sie weinte erst, als sie ins Freie traten, wo der kalte Wind Staub und Sandkörner durch die Luft wirbelte.

Als die Mädchen vom Handelsposten zurückkehrten, sah Sister Salt die schmutzigen Streifen auf Indigos Gesicht, wo der feine Staub an ihren feuchten Wangen klebengeblieben war. Trotz der

Purzelbäume des Affen und Rainbows Kreischen, weil er hinausgelassen werden wollte, legte sich Indigo sofort auf ihr Lager. Sister hätte vor Wut auf die weiße Frau heulen können, und sie konnte sich nicht länger beherrschen.

»Sie kommt nicht wieder!« zischte sie halblaut, um den Schlaf des kleinen Ahnen nicht zu stören. Die Zwillinge sahen Indigo an und nickten bedrückt.

»Sie ist wirklich nett –«

»Und sehr großzügig«, mischte Vedna sich ein.

»Aber es ist so, Indigo, daß ...«

»Sie hat nicht *gelogen* ...«

»Nein. Sie meinte es gut, du Arme.«

Sister Salt schüttelte wütend den Kopf. Maytha und Vedna legten sich schnell ihr Schals um und schnappten sich ein paar Äxte, um am Fluß Feuerholz zu hacken, bis die Schwestern sich ausgesprochen hatten. Sie erwarteten am Abend Besuch und wollten nicht, daß ihr Fest durch den Streit oder die Tränen der Sand Lizard-Mädchen verdorben wurde.

Indigo saß auf ihren Decken, und auch der kleine Ahne blickte hellwach aus seinem aufrechtgestellten Bündel und verfolgte aufmerksam das Geschehen. Gut, dachte Indigo, soll er doch sehen, wie seine Mutter-Verwandte die Güte und Großzügigkeit einer Fremden erwidert.

»Aber das Essen, das sie uns gebracht hat, und die Lampen und das Öl von ihr verwendest du gern«, sagte Indigo.

»Du klingst wie eine Weiße! Hör dir nur zu!«

»Hör dir selbst zu! Du bist es doch, die gedankenlos auf den Gefühlen anderer Leute rumtrampelt, genau wie die Weißen!«

Indigo sah, wie die Augen des kleinen Ahnen zwischen ihnen hin und her wanderten, während sie stritten, aber sie konnte nicht erkennen, auf welcher Seite er stand. Selbst wenn Hattie dieses oder das nächste Mal noch zurückkam, würde sie eines Tages nicht mehr zurückkommen.

»Woher willst du das wissen?«

Aus alten Geschichten, die Grandma erzählt hatte. Früher hatten einige Leute für die Mexikaner gearbeitet und bei ihnen Essen und Kleidung gekauft. Viele Jahre lang war es diesen Leuten gutgegangen, aber dann waren eines Tages Apachen aufgetaucht und hatten alle Mexikaner getötet und Schafe und alles mitgenommen. Die Leute, die für die Mexikaner gearbeitet hatten, fingen an zu hungern. Es gab nur wenig Getreide in diesem Jahr, also tauschten diejenigen, die Getreide hatten, eine Handvoll Mais gegen eine Handvoll Silbermünzen ein, und es dauerte nicht lange, da waren die Reichen genauso arm wie alle anderen.

Während Indigo Sister Salt zuhörte, wurde ihr klar, daß ihre Schwester recht hatte. Hattie konnte nicht hier leben und sie Monat für Monat oder Jahr für Jahr besuchen kommen. Grandma Fleet hatte ihnen immer eingeschärft, auch andere Orte parat zu haben, wo sie Wasser und Unterschlupf finden konnten, wenn ihnen etwas zustieß – so wie Mama etwas zugestoßen war oder auch Grandma, die nicht mehr aufwachte.

Das Baby schien sich nicht daran zu stören, aber dem Affen und dem Papagei setzte der Streit zu. Es war zu windig, um sie nach draußen zu bringen, also ließ Indigo sie aus den Käfigen, damit sie sich beruhigten. Sister Salt seufzte, sagte aber nichts, solange Indigo bei den Tieren blieb, um aufzupassen. Sister fürchtete, die Tiere könnten das Baby kratzen oder beißen, aber Indigo war sicher, daß sie ihm nichts zuleide tun würden. Weniger sicher war sie sich da in bezug auf die Wannen mit dem frischen Bier. Beide, der Affe und der Papagei, turnten gern auf den Wannenrändern herum, und einmal hatte sie den Papagei beim Herumknabbern an den Orchideen auf der Fensterbank erwischt. Zum Glück konnte sie Rainbow aufhalten, ehe er großes Unheil anrichtete – er hatte lediglich von zwei oder drei Blattspitzen etwas grüne Haut abgezogen.

Die Mädchen hatten die Orchideen sehr liebgewonnen, denn sie hatten seit der Herbstsonnenwende duftende weiße Flügelblüten ausgetrieben, genau wie Edward gesagt hatte. Sie hatten die Vernachlässigung und selbst Indigos Wutanfall, bei dem sie hingeworfen und aus dem Topf gekippt worden waren, gut überstanden. Ihre spitzen Blätter speicherten das Wasser wie ein Kaktus, und die Blüten hielten sich wochenlang.

Es war ein merkwürdiger Gedanke, daß diese kleinen Pflanzen so weit gereist und so viele Gefahren überstanden hatten, während Edward gestorben war. Grandma Fleet hatte recht – im Vergleich zu Bäumen und Sträuchern waren Menschen schwache Geschöpfe.

Wie es wohl Grandmas Aprikosenbäumchen ging? fragte sich Indigo. Die niedrige Sandsteinhöhle oberhalb der Quelle in den alten Gärten war genau der richtige Platz für die Orchideen, wenn es im nächsten Jahr heiß wurde.

Sie dachte in letzter Zeit immer öfter an die alten Gärten. Sister Salt und den Zwillingen hatte sie zwar nichts davon erzählt, aber vor einigen Tagen, als sie mit ihren Spielgefährten im Garten Unkraut gejätet und die Vögel vertrieben hatte, waren zwei oder drei der neuen, vom Hochwasser vertriebenen Nachbarn vorbeigekommen, hatten die Länge des Gartens abgemessen und an jedes Ende Grenzsteine gesetzt. Kurz darauf war auch der indianische Pfarrer mit einigen anderen aufgetaucht und hatte sich die frischbestellten Felder neben denen der Mädchen angesehen. Der Pfarrer hatte Indigo regelrecht angestarrt, und sogar aus der Entfernung hatte sie seinen Zorn noch erkennen können. Natürlich blühten die Bohnen- und Erbsenpflanzen der Mädchen inzwischen, und der Amarant stand hoch, während die Pflänzchen auf den neuangelegten Feldern soeben erst ausgetrieben hatten. Die Zwillinge meinten, es spiele keine Rolle, daß die vom Hochwasser Vertriebenen so spät gesät hatten, weil die weißen Kirchgänger ihnen jeden Monat eine Wagenladung mit Nahrungsmitteln schickten.

Als die Sonne unterging und der Wind sich legte, kamen Maytha und Vedna zurück. Wenig später trafen bereits die ersten Gäste mit ihren Decken und Feuerholzbündeln ein. Der kleine Ahne war wach, und Sister bat Indigo, auf ihn aufzupassen, während sie den Zwillingen draußen half, das Bier zu verteilen. Als es dunkel wurde, rollte sich Linnaeus neben Indigo zusammen, und Rainbow kletterte auf seinen Käfig und steckte den Kopf unter die Flügel, um zu schlafen.

Der Streit mit Sister hatte Indigo erschöpft. Sie erinnerte sich nicht daran, eingeschlafen zu sein, aber als sie erwachte, stand die Sonne bereits hoch am Himmel, und Linnaeus und Rainbow waren verschwunden. Sie hatte vergessen, die beiden vor dem Einschlafen einzusperren, und nun waren sie weg. Indigo konnte sehen, wo der Affe mit den leeren Bierkrügen gespielt hatte und der Papagei die vollgesogenen Ränder abgeknabbert hatte. Sie hatten ihr Notizbuch entdeckt und die Buntstifte verstreut, aber nichts davon war angeknabbert. Auch die Orchideen auf der Fensterbank hatten sie nicht angerührt.

Sister schlief noch mit dem kleinen Ahnen im Arm, und die Zwillinge lagen draußen bei den Gästen, aber Indigo weckte sie auf. Ob sie den Affen und den Papagei gesehen hatten? Nein. Sie drehten sich um und schliefen weiter – auch Sister machte keine Anstalten wach zu werden.

Indigo ging zwischen den schlafenden Gästen und dem heruntergebrannten Lagerfeuer umher, aber sie fand keine Spur von den beiden. Wenn es doch nur kühler wäre, dann wären die beiden bestimmt im Haus geblieben. Sie spürte, wie ihr die Angst den Rücken hinaufkroch. Linnaeus würde von den Nachbarshunden umgebracht und Rainbow von einem Adler oder Habicht in Stükke gerissen werden. Sie mußte die beiden finden.

Indigo rannte zum Garten. Zwischen den Erbsenranken entdeckte sie vom Papagei zerhäckselte Erbsenschoten und sauber geöffnete Bohnenschoten – das Werk der Affenfinger. Alle waren frischgepflückt. Wie gut, daß die Mädchen nicht oft hierherkamen. Jetzt, wo sie fast jeden Abend Gäste hatten, überließen sie Indigo die Gartenarbeit.

Wahrscheinlich steckten die beiden jetzt im Amarant, der inzwischen hoch und dicht genug war, um sich darin zu verstecken. Sie rief laut ihre Namen, als sie in das Dickicht eintauchte, das ihr stellenweise bis zu den Schultern reichte. Der Amarant wuchs bis zum hinteren Ende des Gartens, wo sie die Roßhaarfallen für die Hasen gespannt hatten. Vielleicht saßen sie dort fest. Aber die netzartigen Fallen waren leer, und Indigo bekam mächtiges Herzklopfen, als ihr klar wurde, daß sich die beiden in die Felder der Nachbarn aufgemacht hatten, wo die Pflanzen noch kleiner und zarter waren.

Sobald sie über den sandigen kleinen Erdwall stieg, der die Felder voneinander abgrenzte, sah sie die Bescherung. Überall lagen ausgerissene, welke Erbsen- und Bohnenpflänzchen herum. In den Bohnenreihen gleich neben der Straße entdeckte sie die beiden Seite an Seite. Der Affe hatte die Händen voller junger Pflänzchen. Der Papagei arbeitete schnell, probierte nur die Triebe und ließ den Rest fallen. Der Affe riß die Sämlinge ein wenig vorsichtiger aus und fraß alles außer den Wurzeln.

»Nein!« rief sie. »Hört auf!« Die beiden sahen ruhig zu ihr herüber und setzten ihr Festmahl fort, bis sie bei ihnen war. Linnaeus schaute mit großen Augen zu ihr auf und bot ihr eine Handvoll Bohnenpflänzchen an, während Rainbow auf sie zuwatschelte und mit dem Schnabel ihren Rocksaum packte, um sich an ihr hochzuziehen, damit sie ihn auf die Schulter setzte. Sie waren so niedlich, und sie liebte sie so sehr, daß sie die beiden nicht ausschimpfen konnte. Woher sollten sie wissen, daß diese Pflanzen den Nachbarn gehörten?

Hastig entfernte sie alle Spuren – abgerissene Pflanzenteile und alles, was auf den Papagei und den Affen hinweisen konnte. Indigo sah sich um, konnte aber niemanden entdecken, dann sah sie zu, daß sie nach Hause kam. Sie hoffte, die Nachbarn würden die fehlenden Sämlinge dem Werk der Erdhörnchen und Spatzen zuschreiben.

Hattie hatte nicht vorgehabt, so lange in Albuquerque zu bleiben, aber es gab wenig, was man auf der Bank dort für sie tun konnte, außer ihr zu raten, sich direkt mit ihrer New Yorker Bank in Verbindung zu setzen. Obwohl ihre Mittel beschränkt waren, nahm sie sich einen Anwalt, Mr. Maxwell, um dahinterzukommen, was ihre Bank unternommen hatte, nachdem Edward den Kreditrahmen überzogen hatte. Mr. Maxwell war ein älterer Herr, dessen Erklärung, daß er Witwer sei, Hattie Unbehagen bereitete, vor allem nachdem er ihr eine Einladung zum Essen ins Hotel geschickt hatte.

Das Warten auf eine Antwort aus New York raubte ihr nachts den Schlaf. Sie hatte sich noch nie darum gekümmert, was passieren würde, wenn der Kreditrahmen einmal überzogen werden sollte. Vor ihrer Hochzeit hatten ihre Eltern darüber debattiert, welche Summe man ihr aus dem Familienvermögen übereignen sollte. Ihre Mutter wollte die Hälfte des Geldes bis zur Geburt eines Kindes zurückhalten, aber die Großzügigkeit ihres Vaters hatte sich durchgesetzt. Das verbliebene Vermögen reichte gerade aus, um ihre Eltern zu versorgen. Wie stolz war ihr Vater gewesen, als er ihre Mutter davon überzeugte, daß Hattie ein kluge, gebildete junge Frau war, die über ihren Besitz nach eigenem Gutdünken befinden konnte.

Oh, falsch verschenktes Vertrauen! Sie hatten sich beide getäuscht!

Während die Wochen vergingen, bereute sie das Versprechen, das sie Indigo gegeben hatte. Sie konnte nicht, wie geplant, binnen Monatsfrist nach Road's End zurückkehren. Ein Dutzend Briefe und Telegramme gingen in Bankangelegenheiten hin und her.

Es war jetzt deutlich kälter in Albuquerque, und sie sehnte sich nach den warmen Stiefeln und Kleidern, die sie bei ihrem Umzug in New York zurückgelassen hatte. Für ihre Spaziergänge entlang der Central Avenue wartete sie, bis es um die Mittagszeit etwas wärmer wurde. Duftender Rauch von *piñon*-Feuern erfüllte die kalte, klare Luft. Sie hoffte nur, daß Indigo und die Mädchen genug Feuerholz hatten. Road's End lag viel weiter im Süden und längst nicht so hoch, also würde der Winter dort milder sein. Normalerweise sei es Anfang Dezember nicht so kalt, meinte der Portier des Hotels.

An den meisten Tagen war es zu kalt, um den ganzen Weg bis zum alten Marktplatz und der Kirche zu laufen, aber heute schlüpfte sie in den hinteren Bereich der Kirche, hinter das Kirchengestühl, um sich aufzuwärmen. Sie ging am Weihwasserbecken neben der Tür vorbei und ignorierte das Kruzifix mitten auf dem Altar. Statt dessen stellte sie sich in den Alkoven mit der Statue der Muttergottes und dem Jesukind auf dem Arm. Wie künstlich dies alles im Vergleich zu den Terrakotta-Madonnen in Lauras schwarzem Garten aussah. *Meine Mutter, mein Geist* – Worte der alten gnostischen Evangelien kamen ihr wieder in den Sinn. *Sie, der Anfang allen Seins, die Mutter ewiger Stille und Gnade* – nach langen Monaten der Vergessenheit in ihrem flachen Grab sprach die Arbeit wieder zu ihr. *Unabänderliche Weisheit, Sophia, irdisches Dasein und das Fleisch sind vergänglich – es gibt keine Sünden des Fleisches, wichtig ist nur der Geist!*

Obwohl sie seine Einladungen beharrlich abwies, setzte sich der Anwalt gewissenhaft für sie ein. Da ihr Kredit durch Edwards Anteil am Meteoritenerzgeschäft abgesichert war, schlug Mr. Maxwell vor, daß sie gemeinsam zum Krater fahren sollten, um sich dort selbst ein Bild davon zu machen, was die Mine wert sein könnte.

Hattie wollte um jeden Preis vermeiden, dem australischen

Arzt zu begegnen, und der Anwalt versicherte ihr, er werde sich um alles kümmern.

Am Tag vor Weihnachten kam ihr Zug mitten in einem Schneesturm in Winslow an. Während Hattie sich in ihrem Zimmer einrichtete, holte Mr. Maxwell in der Stadt Erkundigungen ein und erfuhr, daß man den Australier seit Wochen nicht mehr gesehen hatte. Er hatte zwei kleine Kisten mit Steinen zurückgelassen, die der Hoteldirektor als Gegenleistung für die unbezahlte Hotelrechnung verwahrte.

Es war Hattie zur Gewohnheit geworden, immer zuerst das Kästchen mit den Gemmen auszupacken und diese auf einem Sekretär oder Nachttisch zu plazieren, wo sie die Steine jederzeit sehen konnte. Schon bei der geringsten Hintergrundbeleuchtung schillerten die Steine in fast magischer Lichtdurchlässigkeit. Wie sehr sie die Steine um ihre zeitlose Beständigkeit beneidete, während sich die Sterblichen in all ihrer Schmach dahinschleppten. Ihr Besuch bei der armen Indigo hatte sich um Wochen verzögert! Wenn das, was sie bei der Mine am Meteoritenkrater erwartete, einen guten Eindruck auf den Anwalt machte, dann wollte sie ihm ihren gesamten Anteil zu einem günstigen Preis verkaufen, das Geld mußte lediglich ausreichen, daß sie damit für Indigo sorgen und zu Tante Bronwyn zurück nach England reisen konnte.

Der Weihnachtsmorgen war sonnig, doch als der Schnee dann schmolz, wurden die Straßen in und um Winslow so gut wie unpassierbar. Beim Weihnachtsessen im Hotel waren sie die einzigen Gäste, aber der Hoteldirektor und das Personal waren sehr zuvorkommend. Vielleicht hofften sie, Hattie oder der Anwalt würden sich für die Kisten mit den Steinen interessieren und die Hotelrechnung bezahlen.

Am nächsten Morgen mietete Mr. Maxwell eine Kutsche samt einer schweren Wolldecke, mit der sie sich während der Fahrt zum Krater warmhalten konnten. Der Schnee lag nicht sehr hoch, dennoch veränderte er das Aussehen der Ebene, der flachen Hügel und machte Hattie schwindelig, und der steile, gewundene Pfad hinab ins Kraterinnere ließ ihren Magen revoltieren und verursachte ihr Kopfschmerzen. Was hatte Edward in seinem letzten Brief über ein Meteoritenstück geschrieben, das man wie ein Baby beerdigt hatte? Sie wünschte, sie wäre im Hotel geblieben – an diesem Ort war immer noch zuviel von Edwards und des Australiers Anwesenheit spürbar.

Bei der Mine im Zentrum des Kraters war niemand zu sehen. Nachdem Mr. Maxwell die Maschinen in Augenschein genommen hatte, bezweifelte er, daß man viel Geld in den Erwerb neuer Minenausrüstung gesteckt hatte. Das einzige neuwertige Stück war ein riesiger Preßluftmeißel, mit dem die Gesteinsproben aufgeschnitten wurden. Unter dem schweren, scharfen Schneideblatt entdeckte Hattie Bruchstücke und Überreste von Meteoritengestein, das man gespalten hatte, damit es in seinem Inneren verborgene Diamanten oder wertvolle Metalle preisgab. In der Nähe standen weitere Kisten mit Steinen, die das Schneideblatt erwarteten.

Schlamm und Sickerwasser im Kraterinneren waren bis zum Fahrweg angestiegen. Die Bohrausrüstung und die anderen Geräte wirkten veraltet und schlecht gepflegt. Mr. Maxwell deutete auf die Schläuche und Pumpen und vermutete, daß ständig Wasser in den Schacht eindrang. Während er um die armseligen Zelte und den Schuppen herumging, wies Hattie den Kutscher an, die beiden Kisten mit Meteoriteneisen in die Kutsche zu laden.

Auf der Rückfahrt nach Winslow teilte Mr. Maxwell ihr seinen Eindruck mit. Mit Ausnahme des Preßluftmeißels war die restliche Ausrüstung so gut wie wertlos, und mit der Minenlizenz stand es schlecht, weil vermutlich unaufhörlich Wasser abgepumpt werden mußte, damit der Schacht trocken blieb. Er nahm an, daß er den Meißel und die übrige Ausrüstung verkaufen und von dem Erlös seine und ihre bisher angefallenen Kosten begleichen konnte, vielleicht blieb noch etwas übrig, mit dem sie neue Pläne machen konnte, aber mehr auch nicht.

Mr. Maxwell äußerte sich besorgt über ihre Absicht, nach Needles zurückzukehren. Es war hier draußen nicht sicher für Frauen, allein zu reisen. Sie sollte lieber nach Albuquerque zurückkehren. Unsinn! Sie reiste seit Monaten allein und unbehelligt.

Nach Mr. Maxwells Abreise bat Hattie darum, die Steine zu sehen, die der australische Arzt zurückgelassen hatte. Es waren Eisenmeteorite, wie sie vermutet hatte, und sie beglich trotz ihrer beschränkten Mittel die Hotelrechnung, um die Steine zu bekommen.

An der Bahnstation in Needles stellte sich heraus, daß die

Gesteinskisten für den Handkarren zu schwer waren, auch wenn das Hotel gleich um die Ecke lag. Der Stationsaufseher ging Hilfe herbeiholen, und zu Hatties Verdruß kehrte er mit dem griesgrämigen jungen Mann und seiner Kutsche zurück. Sie überließ dem Stationsaufseher einen Dollar, um die Kisten und ihre Taschen vorauszuschicken – sie ging lieber zu Fuß.

Der Hotelportier schien erstaunt zu sein, sie wiederzusehen, und übergab ihr einen vor Wochen eingetroffenen Brief ihres Vaters. Dann bat er sie, eine Woche im voraus zu zahlen, was ihr seltsam vorkam, bis sie begriff, daß der Bankdirektor oder der Telegrafenbeamte die anderen wohl von ihren finanziellen Schwierigkeiten unterrichtet hatte. Nachdem er sich mit den Steinkästen, ihren Reisetaschen und den Vorratskisten abgekämpft hatte, gab sie dem Pagen ein fürstliches Trinkgeld und hoffte, auf diese Weise die Gerüchte über ihre Zahlungsschwierigkeiten zu entkräften.

Der Brief ihres Vaters rührte sie zu Tränen. Er flehte sie an, nach Hause zurückzukommen. Sie liebten Hattie inniglich und wären stolz auf sie, was immer andere sagen mochten. Sie kämen beide in die Jahre, und eines Tages würden das Haus und der Besitz ihr gehören – also konnte sie genausogut schon jetzt dort leben. Colin hatte ihren Vater von der Überziehung ihres Kontos informiert, da dieser Edwards Nachlaß regelte. Sie solle sich keine Gedanken machen – schließlich gehe es nur um Geld. Und sie solle bitte, bitte nach Hause kommen.

Hattie legte den Brief aufs Bett und packte das Kästchen mit den Gemmen aus. Sie hielt die Steine einzeln in die Höhe und genoß das Spiel des Lichts auf dem Chalzedon und dem Karneol.

Nein, lieber wollte sie es Jesaja gleichtun und jahrelang nackt durch die Wildnis laufen, als nach Oyster Bay zurückzukehren und die Blicke und Mitleidensbekundungen zu ertragen. Sie weigerte sich, als abschreckendes Beispiel für junge Mädchen zu dienen, die sich, nach Meinung anderer, zu sehr für Studien und Bücher interessierten.

Die Sand Lizard-Schwestern packten ihre Sachen und verließen Road's End, nachdem ihnen ein abendlicher Besucher verraten hatte, daß der Pfarrer sie dem Leiter des Chemehuevi-Reservats als illegale indianische Siedler gemeldet hatte.

Die Zwillinge wollten nicht, daß sie gingen, aber Sister und Indigo wußten, daß es Schwierigkeiten geben würde, wenn sie blieben. Sie gehörten nicht hierher. Die Zwillinge logen für sie und erzählten allen, die Sand Lizard-Schwestern seien ins Reservat nach Parker zurückgekehrt. Als sie mit dem Postwagen nach Needles zurückfuhren, deckten sie die Käfige mit einer Plane zu und versteckten sich tief im Wageninneren. Linnaeus und Rainbow hockten bedrückt in ihren Käfigen, als wüßten sie, daß ihre Missetaten auf dem Feld der Nachbarn die Probleme noch verschlimmert hatten.

Die Zwillinge blieben, um den Garten zu bestellen und um ihr Recht auf das Land, das sie von ihrer alten Tante gekauft hatten, zu verteidigen. Die vom Hochwasser vertriebenen Nachbarn hätten den Boden am liebsten für sich selbst reklamiert, was ihnen die Zwillinge nicht verübeln konnten. Gutes Ackerland war rar geworden. Aber auch Maytha und Vedna mußten von irgend etwas leben. Sie hatten ihrer alten Tante zweihundert Silberdollar bezahlt, und sie konnten es beweisen.

Seit jenem Winter, in dem die Soldaten und Indianerpolizisten die Tänze für den Messias unterbunden hatten, war das Flußufer südlich von Needles unbewohnt. Der Fahrer des Postwagens war so freundlich, sie außerhalb der Stadt abzusetzen, und half ihnen sogar, die Käfige und einige Gepäckstücke auszuladen. Sister zeigte Indigo die Herdstelle, an der sie früher mit Mama und Grandma gekocht hatten.

Sie machten sich an die Arbeit, solange das Wetter noch trokken war. Sie verwendeten stabile Bretter von Kisten und andere Holzabfälle, die sie auf der Müllkippe fanden, wo viele nützliche Dinge herumlagen. Natürlich durchstöberten auch die Mohaves, Walapais und andere Indianer aus der Nähe jeden Tag die Müllkippe. Große Blechstücke fanden die Mädchen nicht, aber sie schlugen geduldig eine Blechbüchse nach der anderen platt, und mit den Nägeln, die sie aus alten Brettern zogen, konnten sie schließlich sämtliche Holzwände mit Blech verkleiden.

Am kürzesten Tag des Jahres zog ein schlimmer Sturm auf, der die Hütte, die sie am Flußufer gebaut hatten, mit Regen und sogar mit Graupel- und Hagelschauern auf die Probe stellte. Der Wind heulte und das Holz knarrte und ächzte, während Regen und Hagel gegen die Wände schlugen. Die Hütte war nicht so gemütlich wie das kleine Steinhaus in Road's End, aber sie hielt die Mädchen trocken.

Sie stopften Indigos Strümpfe in die Ritzen und lehnten die Bündel und Indigos verbliebene Reisetaschen gegen die dünnen Wände, um die Wärme besser im Raum zu halten. Dann kauerten sie sich alle zusammen: die Mädchen und das Baby mit dem Affen und dem Papageien – eingewickelt in die guten Decken, die Hattie ihnen geschenkt hatte.

Sister bedauerte ihre mißgünstigen Gedanken und Gefühle ein wenig, die sie für die weiße Frau gehegt hatte, die so großzügig zu ihnen gewesen war. Während der letzten Woche in Road's End waren sie mit Packen so beschäftigt gewesen, daß Indigo keine Zeit gefunden hatte, um im Handelsposten nach Post zu fragen.

Am Morgen nach dem Sturm erwachten die Mädchen vom Krächzen Dutzender von Krähen in den kahlen, weißen Ästen der Pappeln am Fluß. Die Mädchen waren glücklich. Der Messias und seine Familie mußten auf dem Weg sein! Während sie die nötigen Vorbereitungen besprachen, tranken sie den letzten Kaffee.

Später trugen sie abwechselnd den kleinen Ahnen herum, der aufmerksam zusah, wie sie den Sand von den Steinen wischten und die fehlenden Steine ersetzten, um den großen Kreis wiederherzustellen – das geistige Haus des Herrn.

Es mußten noch mehr Krähen kommen, und natürlich mußten die Mädchen Leute herbeiholen, um zu tanzen, sonst konnten der Messias und seine Familie nicht erscheinen. Nachdem sie den Steinkreis vervollständigt hatten, sammelten sie Feuerholz. Wenn der Postwagen nach Süden fuhr, hielten sie Ausschau nach Chemehuevis, die nach Road's End wollten. Ein Mädchen in ihrem Alter fand sich bereit, den Zwillingen diese Nachricht zu überbringen: »Die ersten Krähen sind eingetroffen.«

Das Gezeter der Krähen begleitete die Mädchen, während sie unter den Tamarisken und Weiden am Flußufer nach Treibholz suchten. Linnaeus klammerte sich an Indigos Hüfte fest, bis er irgendeine verlockende Pflanze entdeckte und auf den Boden rutschte. Jetzt, wo Rainbows Flugfedern nachgewachsen waren, flog dieser voraus, um sich vor dem Affen die frische Knospen zu holen. Indigo erzählte Sister, wie die Krähen in Tante Bronwyns Garten sie und Rainbow begrüßt hatten. Auch in Italien hatten die Krähen sie daran erinnert, daß der Messias und seine Familie nicht fern waren. Sister erwiderte nichts, aber Indigo las in ihrem Gesicht, daß sie ihr nicht glaubte.

»Vielleicht war das eine andere Sorte Krähen«, meinte Sister. Sie blieben stehen, um in der Sonne im Sand eine Rast einzulegen. Sister wickelte den kleinen Ahnen aus dem Tuch, in dem sie ihn auf dem Rücken getragen hatte, und breitete es auf dem Boden aus, damit er krabbeln konnte. Indigo schüttelte bedächtig den Kopf. Nein, so war es nicht. Sie hatte es selbst gesehen. In einem kleinen Ort hatten sich die Menschen zum Gebet versammelt, und die Mutter des Messias war auf einer Steinmauer erschienen.

Sister schwieg. Sie streckte den Arm aus, damit der kleine Ahne sich daran hochziehen konnte. Nun gesellten sich auch der Affe und der Papagei wieder zu ihnen. Linnaeus war fasziniert von dem Baby, aber Rainbow hatte nichts anderes im Kopf, als die Decke anzuknabbern, auf der sie saßen.

Indigo erzählte von den alten Steinen, um die sich Tante Bronwyn in ihrem Garten kümmerte. Früher hatten diese Steine gesprochen und waren herumgewandert, bis sie von den Kirchgängern zerschlagen worden waren. Sister nickte, das konnte sie glauben. Eines Nachts hatten die Steine sogar Hattie aus dem Bett geholt, und sie war draußen im Garten aufgewacht! Sister lachte, und Indigo lachte mit ihr. Auch Grandma Fleet hatte Steine gekannt, die mit den Menschen spielten! Da war der Stein, der schwitzte, und der andere, der urinierte! Wieder mußten sie lachen.

In England gebe es sehr viele Kirchen, die »Christ Church« hießen, aber der Messias und seine Familie schienen die meiste Zeit unterwegs zu sein. Sister nickte. Es gab eben zu viele böse und machtgierige Menschen, die Schaden anrichteten, den nur der Messias wiedergutmachen konnte. Es gab an so vielen Orten Probleme, daß er ständig herumreisen mußte, und die Muttergottes ebenfalls, die häufig allein kam, um zu helfen.

Nach dem kalten Wetter, das nach dem Sturm eingesetzt hatte, tat die Sonne gut. Sister streckte sich auf der Decke aus, und das Baby kletterte auf ihre Brust und zog an ihrem Kleid, bis sie es aufknöpfte und ihm eine Brust zum Nuckeln gab, dann lehnte sie sich wieder zurück und sah zum Himmel hinauf. Indigo beschrieb die in schattigen grünen Hainen verborgenen Steinfiguren, halb Mensch, halb Pferd oder Stier, und wie sie und Hattie sich davor erschreckt hatten. Sogar den riesigen Kopf einer Frau mit kleinen Schlangen im Haar hatte sie gesehen. Sister fand das interessant, war aber nicht schockiert. Grandma Fleet hatte immer gesagt, die Menschen könnten sich mit allem und jedem paaren, und da kam es in seltenen Fällen eben vor, daß solche seltsamen Kreaturen geboren wurden. Die Steinfiguren waren der Beweis für diesen merkwürdigen Nachwuchs.

Es wurde windig, und kleine Wolkenfetzen trieben über den Himmel. Das Baby war eingeschlafen und hatte die Brustwarze noch halb im Mund, also legte Sister es vorsichtig neben sich auf die Decke und knöpfte ihr Kleid zu.

Indigo erzählte von den Gärten. Dort gab es nur Blumen? Nichts zu essen? Ja, genau wie die kleinen Blumengärten vor den Häusern in Needles. Nur daß die Gärten ihrer Freundin Laura riesengroß waren – einer stand voller schwarzer Blumen, schwarze Gladiolen, die Laura selbst gezüchtet hatte. Die Blumen huldigten den ersten Müttern – halb Mensch, halb Vogel, halb Bär, halb Schlange, und ihre Lehmfiguren hatte man vorsichtig in kleinen Andachtsnischen im Schwarzen Garten aufgestellt. Aber das schönste war der Regengarten mit seinem Sand und den hohen Sukkulenten. Die orangefarbenen, gelben und roten Blütenzweige beschatteten die Schlangenmädchen, die mit Schalen im Schoß dasaßen, um den Regen herbeizurufen.

Die Sonne wanderte weiter, und es wurde schattig und kühl. Sister setzte sich auf und strahlte vor Begeisterung. Grandma Fleet hatte immer gesagt, Schlangenmädchen und Vogelmütter gebe es auf der ganzen Welt, nicht nur hier!

Die Nachricht von der Rückkehr der Krähen und dem Lager unterhalb von Needles verbreitete sich am ganzen Fluß. Die Menschen kamen von überall her. Einige Paiutes behaupteten, ihnen habe niemand etwas von dem Lager erzählt, sondern ein großer Schwarm Krähen habe sie nach Süden geführt, wie beim letztenmal, bevor die Soldaten die heilige Familie und die Tänzer attakkierten. Schon bald entstanden neben der Blechhütte der Schwestern kleine Lagerplätze mit Zelten aus Weiden- und Pappelzweigen.

Immer mehr Krähenschwärme trafen ein. Die blattlosen Pappeln waren schwarz von brütenden Vögeln. Auf den frischabgeernteten Feldern der weißen Farmer am Fluß suchten sie nach Hafer und Hirse.

Sister Salt holte die Körbe heraus, an denen sie in Road's End das Flechten geübt hatte, und fand sie gut genug, um sie an Zugreisende zu verkaufen. Weil sie das Baby nicht in die Nähe der Fremden bringen wollte, ließ sie es in der Obhut von Indigo und deren Spielgefährten, wenn sie zur Bahnstation ging. Solange das gute Wetter anhielt, stiegen die Touristen während der Aufenthalte gern aus den Zügen, und Sister wurde ihre Körbe jedesmal los.

Die Truthahn-, Hunde- und Schildkrötenkörbe vor sich aufgestellt, wartete Sister Salt mit den anderen Frauen an der Zufahrtsstraße neben dem Bahnsteig. Der Stationsvorsteher vertrieb die Indianer jetzt von der Plattform, aber an der Zufahrtsstraße durften sie bleiben, zur Unterhaltung der Touristen, die von den Indianern mit ihren kunstvoll gefertigten Waren gerne Photos machten. Während sie auf Kundschaft wartete, flocht Sister Salt die feuchten Yuccafasern zu Truthahnfiguren, weil sich diese Körbe am besten verkauften.

Den ganzen Vormittag über, schon vor der Ankunft des Zuges aus dem Osten, wurde Sister von einem unerklärlichen Gefühl der Trauer und Sorge geplagt, obwohl alles sehr gut gegangen war, seit sie Road's End verlassen hatten. Bald würde der Zug aus dem Westen eintreffen, aber diese Reisenden kauften normalerweise weniger als die aus dem Osten, deshalb packte Sister Salt die verbliebenen Körbe zusammen und ging früher nach Hause.

Schon von weitem erblickte sie vor der Hütte einen Haufen Gepäckstücke, daher war sie nicht überrascht, drinnen Maytha und Vedna vorzufinden. Aber der Anblick von Indigo, die den kleinen Ahnen zärtlich auf den Knien wiegte, während ihr die Tränen über das Gesicht liefen, überraschte sie wohl. Sister begrüßte die Zwillinge und fragte Indigo dann, was los sei.

Wieder stiegen Indigo die Tränen in die Augen, und sie sah Maytha und Vedna an.

»Haben sie euch das Land weggenommen?«

»Noch nicht!«

»Warum weint sie dann?«

Die Zwillinge zögerten. Es ging um die weiße Frau, nicht wahr? Sie nickten. Man hatte sie nackt und völlig verwirrt am Straßenrand in der Nähe von Topock aufgegriffen, dem nördlichen Ende des Chemehuevi-Reservats. Die Zwillinge hatten es von einem Gast ihres Festes erfahren. Der Gast, ein freigestellter Indianerpolizist, berichtete, jemand habe mit einem Stein auf sie eingeschlagen, sie für tot gehalten und am Straßenrand liegenlassen. Man hatte den Ort des Geschehens später entdeckt – ihr Gepäck war ausgekippt, durchwühlt und in den Straßengraben geworfen worden. Auf dem schweren Gesteinsbrocken, den ihr Angreifer benutzt hatte, fanden sich blonde Haare und verkrustete Blutreste. Ganz in der Nähe fand man weiteres ähnliches Eisengestein, das aus kleinen Holzkisten ausgekippt worden war.

»Sie muß auf dem Weg nach Road's End gewesen sein«, meinte Maytha, »denn sie haben auch aufgerissene Säcke mit Mehl und Zucker gefunden ...«

»Sogar frische Sachen wie Schinken und Äpfel ...«

»Einfach weggeschmissen!«

Während sich der kleine Ahne an seiner Mutter festhielt und auf ihren Schoß hinüberkrabbelte, um an ihren Brüsten herumzunesteln, kniete Sister sich neben Indigo und nahm sie in die Arme.

»Komm, kleine Schwester, nicht weinen. Wir werden für deine Freundin beten.«

Sie lag erstarrt im grauen Eis, das um sie herumwirbelte. Es bohrte sich in ihren Schädel, bis sie schrie, aber da waren Hände, die ihre Arme festhielten, und etwas Schweres legte sich auf sie, bis sie das Bewußtsein verlor. Später wachte sie auf und schmeckte Blut. Ihre Zunge und Lippen waren zerbissen und bluteten. Was war geschehen? Was für ein Traum war das, in dem die Schmerzen beim Wachwerden schlimmer wurden? Sie tauchte weg von den Schmerzen, hinein in das graue Dämmerlicht und machte lange Zeit keinen Versuch, wieder an die Oberfläche zu gelangen.

Später erwachte sie im Sand neben der Straße, jedoch die

Schmerzen in ihrem Kopf waren so grauenhaft, daß sie zunächst nichts erkennen konnte. Sie wollte aufstehen, sank aber vor Pein und Benommenheit wieder auf die Knie. Die Sonne wärmte sie, und nach einer Weile schaffte sie es, aufzustehen, aber dann mußte sie sich vor Schmerzen übergeben. Sie ging nur wenige Schritte, ehe sie sich wieder an den Straßenrand setzte, um auf Hilfe zu warten.

Indianer fanden sie. Daran erinnerte sie sich. Hatte sie es geschafft, die Straße noch weiter hinunterzulaufen? Männer und Frauen kamen ihr entgegen und ließen ihre Hacken und Rechen fallen, um ihr zu helfen. An den entsetzten Gesichtern merkte sie, daß sie fürchterlich aussehen mußte. Sie spürte, wie ihr etwas Warmes über den Hinterkopf lief, und als sie mit der Hand hinfaßte, war da frisches Blut. Harte Krusten verklebten ihr Haar. Eine der Frauen sprach Englisch und bat sie, keine Angst zu haben. Sie würden sie nach Hause bringen und Hilfe holen. Sie nahmen sie in die Mitte, während sie sich langsam voranarbeiteten. Aber selbst so ließen Schmerzen und Schwindelgefühle sie immer wieder stolpern, und sie mußte sich erneut übergeben. Man half ihr, sich auf ein weiches Lager aus Decken zu legen, wo sie wieder in das graue Licht eintauchte.

Später zogen ihr die Frauen ein viel zu großes blaues Baumwollkleid über, ehe die Männer sie hinten auf einen alten Lastkarren luden, den sie mit Decken ausgepolstert hatten. Obwohl der Wagen ganz langsam fuhr, schossen ihr beim kleinsten Holpern brennende Schmerzen durch den Kopf, so daß sie ihn mit beiden Händen festhalten mußte.

Als der Wagen schließlich stehenblieb und sie die Augen aufmachte, bot sich ihr der bekannte Anblick der Geschäftsstraße von Needles. Sobald der Hilfssheriff zur Stelle war, versammelten sich auch der Kaufmann, der Kassierer der Bank und andere Neugierige um den Wagen und glotzten sie an. Ein weiterer Hilfssheriff half mit, sie vom Wagen auf den Stuhl des Barbiers zu tragen.

Während er vorsichtig die Haare rund um die Wunde entfernte, erklärte ihr der Barbier, daß er in Philadelphia zwei Jahre lang Medizin studiert hatte. Der nächste Arzt befände sich in Kingman. Sie könne von Glück sagen, überhaupt am Leben zu sein, denn ihr Schädel sei gebrochen. Der Alkohol brannte und lief ihr in beide Ohren, während der Mann die Wunde säuberte. Der freundliche Barbier und seine Frau boten ihr an, auf einer Pritsche in der Vorratskammer zu schlafen, bis sie wiederhergestellt war. Außerdem erbot er sich, ihrer Familie ein Telegramm zu schicken, aber sie war zu schwach und benommen, um ihm zu antworten.

Hattie schlief drei Tage lang und wachte nur auf, um Wasser zu trinken oder um den Nachttopf zu benutzen. Am fünften Tag kehrte ihr Appetit zurück, und sie aß einen Teller Kartoffelsuppe. Später setzte die Frau des Barbiers Badewasser auf. Sobald Hattie im warmen Wasser saß, spürte sie auch die anderen Wunden, die der Angreifer ihr zugefügt hatte, und Tränen des Zorns stiegen ihr in die Augen. Ihre Kleider waren voller Dreck und Gras, also zog sie das blaue Baumwollkleid wieder an.

Ihre Retter hatten von den verstreuten Habseligkeiten zusammengesucht, was sie finden konnten, aber das kleine Holzkästchen mit den reliefverzierten Schmucksteinen war verschwunden. Auf gewisse Weise war der Verlust der Gemmen schlimmer als das, was man ihrem Körper angetan hatte. Daran konnte sie sich nicht erinnern, aber ihr Zorn über die verschwundenen Steine wurde immer größer. Die Schmucksteine war schön und vollkommen, das stimmte, vor allem aber fühlte sich Hattie in ihrer Gegenwart auf die gleiche Art geliebt, wie ihr Vater sie liebte. Und nun waren sie verschwunden.

Sie weinte so bitterlich, daß die stechenden Kopfschmerzen zurückkehrten und sie sich wieder übergeben mußte. Der Barbier gab ihr Laudanum, das die Schmerzen milderte. Die niedrige Dekke der Vorratskammer erinnerte sie an eine Gruft. Es tat ihr leid, daß sie den Überfall überlebt hatte – der Tod wäre soviel einfacher als dies hier.

Am nächsten Tag kam der Hilfssheriff, um den Bericht aufzunehmen. Sie durfte den Kopf nur leicht bewegen und konnte seine Fragen nur ganz langsam beantworten, damit sie nicht wieder Kopfschmerzen bekam. Das letzte, an das sie sich erinnerte, war ihr Eintreffen im Hotel, nachdem sie an der Bahnstation angekommen war. Vom Tag des Überfalls aber wußte sie gar nichts mehr. Ob sie außer der Kopfwunde noch weitere Verletzungen habe, wollte der Hilfssheriff wissen, und Hattie sah an seinem abgewandten Blick, daß er wissen wollte, ob man sie vergewaltigt hatte. Sie zögerte, nickte dann, aber sie weinte nicht. Sie spürte überhaupt nichts.

Der Hilfssheriff sah nicht von seinem Berichtsbogen auf. »Ihr ganzes Geld und alle Wertgegenstände wurden entwendet?«

Sie nickte, und als sie das kleine Kästchen mit den Schmucksteinen beschrieb, stiegen ihr wieder die Tränen in die Augen.

Auch wenn sie sich nicht erinnern konnte, schien es offensichtlich, daß sie am Tag des Überfalls auf dem Weg nach Road's End gewesen sein mußte. Bestimmt wußte der Hotelportier noch, wer sie gefahren hatte – schließlich hatte sie das Hotel an jenem Morgen mit vielen, vielen Paketen und ihrem gesamten Gepäck verlassen. Der Hilfssheriff schrieb weiter. Endlich hob er den Kopf und versprach ihr, sie zu informieren, sobald er die Untersuchungen abgeschlossen hatte.

Er brauchte dafür nur einen Nachmittag. Der Portier erinnerte sich daran, daß sie sich ausgetragen hatte, aber weder er noch der Oberpage hatten gesehen, wie sie das Foyer verließ. Hattie konnte es kaum fassen – die Hotelangestellten hatten ihr sicherlich geholfen, ihr Gepäck und die Kisten mit den Eisenmeteoriten einzuladen. Der Hilfssheriff sah sie an. Im Mietstall war für den Tag des Überfalls kein Fahrgast aus dem Hotel verzeichnet.

»Aber das kann doch nicht sein!« schrie sie auf, als ihr klar wurde, daß sich die Leute in der Stadt gegenseitig in Schutz nahmen. Der Hilfssheriff teilte ihr mit, der Fall werde, vom Tag des Überfalls gerechnet, ein Jahr lang offenbleiben. Falls ihr Erinnerungsvermögen zurückkehre, solle sie sämtliche neuen Informationen an sein Büro weiterleiten.

So machte man es also in Needles, Kalifornien. Es war kein großer Unterschied zur Vorgehensweise in Boston. Jetzt war ihr klar, daß sie unmöglich in ihr früheres Leben, zu all den Lügen zurückkehren konnte. Sie mußte auf der Stelle fort.

Die Frau des Barbiers war so freundlich, ihre Kleider zu waschen und zu bügeln, aber Hattie wollte selbst im Bett nur noch das blaue Baumwollkleid tragen. Die Frau versuchte ihr klarzumachen, daß die Leute sie schief ansehen würden, wenn sie weiterhin dieses Kleid trug – ein Squawkleid – das ihr viel zu groß war. Als Hattie keine Antwort gab, mahnte die Frau, es würde die Angelegenheit nicht erleichtern.

»Welche Angelegenheit?«

»Na, mit Ihnen und den Indianern«, erwiderte die Frau. »Die Menschen hier mögen keine Fremden, die sich mit Indianern einlassen.« Sie wich Hatties Blick aus. Seit einer Woche errichteten Indianer unten am Fluß ein neues Lager. Wahrscheinlich sei ihr Peiniger dort zu finden, abgefüllt mit halbvergorenem Bier.

Hattie war so froh, von diesem Lager zu erfahren, daß sie die letzte Bemerkung der Frau einfach überhörte. Sie wußte, sie würde Indigo dort finden. Hatten die Mädchen nicht von einem Wintertreffen in der Nähe von Needles gesprochen? Jetzt, wo sie wußte, daß Indigo und die Mädchen in der Nähe waren, fühlte sie sich gleich besser.

Hattie sandte ihrem Vater ein Telegramm und bat ihn, dem Barbier das Geld zu schicken, das sie diesem für ihre Behandlung und das Logis schuldig war. Sie nahm ihren Wintermantel und sämtliche warme Kleidung, die sie unter dem blauen Kleid tragen konnte, und ließ ihr restliches Gepäck bis zum Eintreffen des Geldes als Pfand bei dem Barbier. Im Telegramm stand auch, wie sehr sie ihre Eltern liebte und sie sollten sich bitte keine Sorgen machen. Sie sei in der Hand Gottes, und ihr könne kein Leid geschehen.

Es war ein milder, sonniger Morgen, als sie sich vom Laden des Barbiers zu Fuß zum Lager unten am Fluß aufmachte. In ihrem geschwächten Zustand war sie froh, nicht mehr tragen zu müssen als eine dicke Wolldecke und eine Tüte voller Bonbons.

Was waren diese Militärpolizisten doch für Idioten! Der Richter sah sofort, daß sie den falschen Neger gebracht hatten. Dieser Mann war doppelt so alt wie der gesuchte Deserteur. Ob es in Tucson irgend jemanden gäbe, der seine Personalien bestätigen könne, fragte er Big Candy.

In Tucson? Candy fiel niemand ein. Er würde an die Adresse, die Wylie ihm gegeben hatte, ein Telegramm schicken müssen, aber es konnte Wochen dauern, ehe eine Antwort zurückkam. Dann fiel ihm der Arbeiter aus Tucson ein – Charlie – wie hieß er noch mal? – Sister Salt hatte ihn doch so geliebt – womöglich war er sogar der Vater des Kindes – Charlie Luna! Wenn sie ihn fänden, könnte er Big Candys Angaben bestätigen.

Big Candy rechnete damit, ein oder zwei Tage warten zu müssen, bis Charlie Luna gefunden wurde, aber er wurde noch am gleichen Tag wieder zum Richter gebracht. Und da stand Charlie Luna. Im ersten Moment erkannte Charlie ihn nicht wieder, weil er soviel Gewicht verloren hatte. Aber dann grinste er über das ganze Gesicht.

»Ja, Sir!« Er kannte diesen Mann!

Der Richter ließ Big Candy frei. Er war völlig abgebrannt und fühlte sich nach den ausgestandenen Qualen immer noch schwach. Er folgte Charlie aus dem Gerichtsgebäude, um sich zu bedanken.

»Ich hätte dich fast nicht wiedererkannt«, meinte Charlie. Candy nickte lächelnd. Er hatte sich selbst fast nicht erkannt, als er das erste Mal in einen Spiegel sah.

»Bist du irgendwo falsch abgebogen?«

»Kann man so sagen. Schon mal von den Sand Tank Mountains gehört?«

Charlie nickte. Er hatte immer befürchtet, daß Big Candy ihm die Sache mit Sister Salt vielleicht übelnahm, daher war er froh, ihm jetzt helfen zu können. Nun war klar, daß nichts zwischen ihnen stand. Vor lauter Erleichterung lud Charlie Candy zum Essen ein.

Die beiden erwähnten Sister Salt mit keinem Wort. In Charlies Haus tummelten sich Kinder, Schwäger und Verwandte aus drei oder vier Generationen. Candy fühlte sich an die Familien seiner Vettern in Louisiana erinnert.

Auf einer langen Bank zwischen alten Frauen und Kindern verspeiste er drei Schüsseln mit *Posole*-Eintopf aus Maisbrei und Chili sowie einen kleinen Stapel Tortillas, was Charlies Frau außerordentlich schmeichelte. Charlie sprach in einer unglaublichen Geschwindigkeit Spanisch und gestikulierte dabei wild mit den Armen, um seinen Verwandten zu zeigen, wie dick Candys Bauch früher gewesen war. Alle möglichen Arten von Federvieh und die üppigsten Gerichte habe er zubereitet – die Essensdüfte seien nachts durch die Arbeiterzelte gewabert und hätten den Männern das Wasser im Mund zusammenlaufen lassen, denn für sie gab es immer nur Tortillas und Bohnen.

Candy erklärte, daß mit seinem Magen irgend etwas nicht stimme, seit er fast verdurstet war, und daß er seither kein Fleisch und Geflügel mehr vertrug. Ein- oder zweimal hatte er einen Bissen mageres Schweine- oder Kalbfleisch probiert, aber schon beim zweiten Happen wurde ihm übel. Selbst vom Geruch von Bratenfleisch oder Fett fühlte er sich auf der Stelle matt und krank. Seine Begeisterung für neue Rezepte und ungewöhnliche Wild- oder Fischgerichte war verschwunden. Wylie wollte, daß er nach Los Angeles kam und mit ihm ein Restaurant eröffnete, aber das war nun nicht mehr möglich.

Charlie Luna schüttelte ernst den Kopf. Ja, auch er hatte schon davon gehört, daß Leute, die etwas Schreckliches erlebten, über Nacht schlohweiße Haare bekamen oder nicht mehr vor die Tür gingen oder sich nicht mehr aus ihren Betten trauten. Die anderen stimmten ihm zu: Ein einschneidendes Erlebnis konnte einen Menschen von einem Tag auf den anderen völlig verändern.

Auf dem Nachbargrundstück sah Candy vor einer Lagerhalle Fuhrwerke und Pferche mit Maultiergespannen im Hof. Charlies Tante betrieb zwischen Tucson und Caborca in Sonora eine Frachtkutschenlinie. Charlie konnte einen Ersatzfahrer gut gebrauchen, der am nächsten Morgen mit ihm nach Hermosillo fuhr.

Die Fracht war irgend etwas Besonderes – Charlie hob vielsagend die Augenbrauen – aber die Bezahlung war gut.

Schmuggelware, vermutete Candy, aber das war ihm egal, solange die Arbeit gut bezahlt wurde.

Delenas Mission war beendet, sobald ihre Kontaktleute in Tucson die Einkäufe getätigt und den Transport der Gewehre nach Hermosillo arrangiert hatten. Sie hatte den Auftrag, nach Caborca zurückzukehren. Die Hunde hatten sich von den vergangenen Strapazen erholt und wurden langsam unruhig, weil sie das Faulenzen nicht gewohnt waren. Als sie unter dem Bretterboden der Scheune eine Ratte witterten, kauten sie die Ecke einer verzogenen Planke ab, während Delena im Haus zu Abend aß. Nachts schlief sie in der Scheune bei den Hunden, damit diese nicht ununterbrochen jaulten und bellten. Die Tiere drängelten sich um sie herum und kämpften um die Ehre, auf ihren Beinen liegen zu dürfen. Zweimal endete die Drängelei in einem lautstarken Hundekampf, der die Nachbarn auf die Straße trieb. Es war höchste Zeit aufzubrechen.

Am letzten Abend ihres Aufenthalts im sicheren Haus erschien draußen ein alter Mann, der ein mit Feuerholz beladenes Maultier mitführte. Der Hausherr ging sofort hinaus und tat, als wolle er das Holz kaufen, damit die Nachbarn nicht mißtrauisch wurden. Delena kannte den Mann nicht, aber er war von ihren Leuten im Süden geschickt worden, um herauszufinden, ob sie noch am Leben war und ob man bald mit Unterstützung rechnen konnte.

Bis spät in der Nacht saßen sie in der Küche zusammen und hörten sich die Berichte des Alten über die letzten Zusammenstöße mit den Regierungssoldaten in den Bergen an. Während sie sich unterhielten, fädelte Delena ihre Knochenahle ein, um die sackleinenen Gepäcktaschen der Hunde zu flicken, und die Frau des Hauses kochte und packte Verpflegung für Delenas langen Weg nach Süden ein.

Als letztes füllte Delena am Brunnen im Garten die Wasserbeutel. Jetzt, wo sie kein Geld mehr tragen mußten, konnten die Hunde soviel Wasser mitnehmen, wie sie brauchten, und sogar einige Knochen. Der leichte Südwestwind trug eine Ahnung von Regen heran – ein guter Begleiter für eine Wüstendurchquerung. Nach Mitternacht war die Frau mit dem Einpacken der Verpflegung fertig, und als Delena hinaus zur Toilette ging, staunte sie über den von unzähligen Sternen erleuchteten Himmel. Sie brauchte keine Zigeunerkarten, um zu wissen, daß dies die beste Zeit zum Aufbruch war.

Der alte Mann schlief in der Scheune tief und fest, als sie ein letztes Mal überprüfte, ob die Gepäcktaschen der Hunde auch richtig saßen. Delena dankte dem Paar für das Essen und die sichere Herberge, aber auch für die Nachsicht gegenüber ihren Hunden. Der Hausherr schüttelte ihr die Hand, und die Frau umarmte sie. Sie beteten jeden Tag für die Leute im Süden und für ihren Kampf, und sie würden Delena nicht vergessen.

In dem hellen Sternenlicht zeichneten sich die Umrisse der

schwarzen Hunde mit den Gepäcktaschen auf den Rücken im Torweg deutlich ab. Aufgeregt hechelnd warteten sie auf den Befehl zum Aufbruch. Als sie sich zum Gehen umwandte, sagte Delena: »Wir werden sie überdauern – wie jedesmal.«

Kurz vor den Sturmwolken kamen weitere Krähenschwärme, und ihnen folgten Menschen, die in Dreier- und Vierergruppen eintrafen. Das Lager war nicht annähernd so groß wie beim letztenmal, aber Sister meinte, das spiele keine Rolle. Vielleicht würden die Behörden sie in Frieden für den Messias tanzen lassen, wenn die Versammlung weniger groß war. Von den alten Mormonen, die beim letztenmal gekommen waren, war bisher noch niemand aufgetaucht, aber wer konnte ihnen das nach der Bestrafung verdenken?

In der Ferne bemerkten die Zwillinge auf der Straße, die von der Stadt herführte, eine Gestalt, die langsam näherkam. Zuerst glaubten sie, es sei eine alte Mormonenfrau, die mutig genug war, um sich zu ihnen zu gesellen, doch dann erkannte Maytha Hattie. Ihre Gebete hatten also tatsächlich etwas bewirkt!

Vedna rannte zu Indigo, die sofort zu Sister Salt hinüberblickte, um zu sehen, wie sie reagierte. Niemand dürfe zurückgewiesen werden, sagte Sister, sonst würde der Messias nicht erscheinen. Indigo sperrte Linnaeus und Rainbow sicherheitshalber in ihre Käfige, während Sister sich den kleinen Ahnen auf den Rücken band. Dann gingen sie Hattie entgegen.

Selbst aus der Ferne konnten sie erkennen, daß sich Hattie nur mühsam auf den Beinen hielt und ihr Gesicht geschwollen und schwer verletzt war. Die Schwellungen entsetzten Indigo – sie sah kaum noch aus wie die Hattie, die sie kannte. Irgend etwas stimmte mit ihren Augen nicht, und zunächst schien sie Indigo nicht erkennen zu können, aber dann stieß Hattie einen Schrei aus, ließ die Decke und die Bonbontüte fallen und umarmte Indigo. Die Zwillinge gingen augenblicklich in die Hocke, um die herumliegenden Bonbons aufzulesen und den Sand abzuwischen, ehe sie die Kugeln wieder in die Tüte steckten.

Hattie weinte und drückte Indigo so fest an sich, daß diese sich schließlich von ihr losmachen mußte, was Hattie derart ins Schwanken brachte, daß Maytha und Vedna sie in die Mitte nahmen, um sie zu stützen. Sister Salt sah, wie ihre Hände zitterten und ihre Augen unstet hin und her irrten.

»Sie haben sie fast umgebracht«, meinte Sister, nachdem sie Hattie geholfen hatten, sich auf Indigos Decken ein wenig hinzulegen. Die arme Frau! Sie war in einer furchtbaren Verfassung, und wer wußte, ob sie sich davon erholen würde. Sister bat Indigo, bei Hattie zu bleiben, bis diese ein wenig ruhiger geworden war. Und sprich nicht über das, was passiert ist – sprich nur von guten Dingen!

Linnaeus saß auf Indigos Schoß und betrachtete Hattie mit ernstem Blick. Er machte nicht einmal Anstalten, Rainbow zu ärgern und ihn an den Schwanzfedern zu ziehen. Hattie hielt Indigos Hand, lag mit geschlossenen Augen da und stöhnte leise. Indigo fing an, ihr von den Krähen zu erzählen, von den Schneewolken und den Menschen, die herkamen, um für die Rückkehr des Messias zu tanzen.

Allmählich lockerte sich Hatties Klammergriff, und Indigo sah, wie sich ihr Körper entspannte, als würden die Schmerzen nachlassen. In diesem Zustand hätte Hattie nicht einmal das kurze Stück bis zum Lager laufen dürfen, hatte Sister Salt gesagt. Als sie eingeschlafen war, zog Indigo ihre Hand vorsichtig aus Hatties Händen. »Wir werden in jeder Nacht des Tanzes für dich beten«, flüsterte sie, dann ging sie mit ihren Tieren hinaus, um sich die Beine zu vertreten.

Draußen vor der Hütte saßen sie um das Feuer und ließen die Bonbontüte herumgehen, die Hattie ihnen mitgebracht hatte. Dikke Schneeflocken begannen herabzusegeln und fielen zischend ins Feuer. Verletzt wie sie war, hatte Hattie ihnen dennoch ein Geschenk mitgebracht. Dicke Tränen sammelten sich in Indigos Augen.

Vedna erbot sich, die Geister über Hattie zu befragen. Sie nahm ihre Bibel, schloß die Augen und drehte sie mehrmals in den Händen. Dann zeigte sie mit dem Finger auf eine Seite und las vor: »Du Menschenkind, siehst du das? Aber du sollst noch größere Greuel sehen als diese.«

»Hesekiel«, sagte Vedna. »Ich weiß nicht – ich finde, das klingt nicht gut, wenn es hier wirklich um Hattie geht. Aber vielleicht geht es eher um uns – und Hesekiel versucht uns zu warnen.«

»Ich denke, es bedeutet, daß sie hinter uns her sein werden, wenn wir zu lange hierbleiben«, meinte Sister Salt.

Die Mädchen teilten sich die Zigarette, die Maytha gerollt hatte, und sahen zu, wie sich die Schneewolken über dem Fluß zusammenballten. In wenigen Stunden würden sie die beiden Feuer anzünden und mit dem Tanz beginnen. Die Leute rieben sich bereits Gesicht und Hände mit der weißen Farbe ein, und ein Mann ging mit der heiligen Tonerde herum, die Wovoka ihm gegeben hatte, und segnete jedes Zelt und jede Hütte mit einem Gran des roten Staubes. Sister sah immer wieder hinüber zu dem hohen Sandhügel oberhalb des Flusses, von wo der Messias und seine Familie das letzte Mal aus dem Schneetreiben erschienen waren.

Dann ging Sister mit dem kleinen Ahnen hinein, um ihn zu stillen, bevor der Tanz begann. Seine Augen leuchteten, und er trank in herzhaften Schlucken, weigerte sich jedoch einzuschlafen, als wolle er den Tanz unbedingt sehen. Du bist zu klein, sagte Sister zu ihm. Vielleicht sehe ich Grandma Fleet oder sonst jemanden und falle hin oder lasse dich fallen. Sie wiegte ihn zärtlich im Arm, während sie hinüberging, um nach Hattie zu sehen. Die Haut rund um die dicken roten Blutergüsse auf ihrer Stirn war erschreckend blaß. Sister mußte lange und genau hinsehen, bevor sie sicher war, daß Hattie auch wirklich atmete. Die Schwellungen an ihren Lippen und Wangen gingen langsam zurück, aber sie tat nichts anderes, als zu schlafen. Gab es denn niemanden außer ihnen, denen Hattie am Herzen lag?

Als die Feuer entfacht wurden, nahm der Schneefall zu – ein Zeichen, daß der Messias und seine Familie auf dem Weg waren. Nicht alle Leute hatten weiße Schals – manche trugen Säcke über den Schultern oder alte Armeedecken, aber der Messias würde das verstehen. Sie mußten mit dem auskommen, was sie hatten. Wovoka, der Prophet, konnte nicht hier sein, weil die Soldaten ihn verhaften wollten.

Während sich alle auf den ersten Tanz in dieser Nacht vorbereiteten, stillte Sister den kleinen Ahnen noch einmal, und Indigo bot Hattie eine Schüssel mit in Wasser angerührtem Maismehl an, das einzige, das sie trotz ihrer Mundverletzungen essen konnte. Hattie wirkte munterer, als sie sich aufsetzte. Sie sah Sister beim Windelwechseln zu und bemerkte Linnaeus und Rainbow in ihrer Käfigen neben dem Bett. Als Indigo ihr erzählte, daß der erste Tanz gleich beginnen würde, brachte Hattie trotz ihrer geschwollenen Lippen ein kleines Lächeln zustande.

Maytha und Vedna versprachen, sich um den kleinen Ahnen zu kümmern und nach Hattie und den Tieren zu sehen, falls Sister oder Indigo von ihren Ahnen besucht wurden. Und wenn sie nun alle zur gleichen Zeit besucht wurden? Das sei unwahrscheinlich, meinte Sister, aber falls doch, würde die Gegenwart der Geister das Baby, Hattie und die Tiere segnen und beschützen.

Der Boden war schneebedeckt, und es schneite leicht weiter, als die Trommel sie zum Haus des Herrn riefen, wo sie die neuen Lieder sangen. Jeder in einer anderen Sprache: Sand Lizard, Paiute, Chemehuevi, Mohave und Walapai – denn in der Gegenwart des Messias verstanden die Menschen alle Sprachen.

Alle gaben sich die Hände und tanzten dem Lauf der Sonne folgend um den Kreis aus Steinen.

»Vorbei an verschneiten Sternen«, sangen sie. Und weitere Stimmen fielen ein, als sie die Worte wiederholten: »Über die Milchstraßenbrücke – kehren die Lieben zurück!«

Sie tanzten langsam, zogen die Füße vorsichtig nach, um Mutter Erde zu streicheln.

Es war jetzt windstill, aber dafür schneite es wieder stärker, und die Hütten und Zelte auf der anderen Seite des Kreises waren kaum noch zu erkennen.

Kahle Pappeln
Schwarz von Krähen.
Sie rufen
Schneewolken mit dem Wind.
Schneewolken mit dem Wind.

Als sich die Schneewolken um sie herum zusammenzogen und den Schein der Feuer reflektierten, bemerkte Indigo, daß die Hände und Gesichter der Menschen durch die weiße Farbe völlig verändert wurden und die weißen Schals, die viele sich umgeschlungen hatten, sie in dem Schneetreiben fast unsichtbar machten.

Wir tanzten vier Nächte.
Wir tanzten vier Nächte.
In der vierten Dämmerung kam der Messias.
In der vierten Dämmerung kam der Messias.

Gegen Mitternacht hörten die Menschen auf zu tanzen, scharten sich um den großen Kessel und tranken heißen Tee aus Süßgras und Bergkräutern. Obwohl sie stundenlang getanzt hatten, schien niemand müde zu sein, schon gar nicht die älteren Frauen und Männer, die in froher Erwartung von ihren Lieben sprachen, die sie in der vierten Nacht wiederzusehen hofften. Ein Mohave ging mit einem großen Korb voller getrocknetem Ziegenfleisch herum, und eine Frau der Walapai ließ einen Korb mit geröstetem Maismehl herumwandern. Dann gingen alle zu ihren Hütten und Zelten, um zu schlafen.

Die Mädchen kuschelten sich unter den Decken und alten Steppdecken eng zusammen und rutschten in Indigos Ecke hinüber, damit sie auch Hattie, den Papagei und den Affen wärmen konnten.

Am Vormittag kam für kurze Zeit die Sonne zum Vorschein, über dem Fluß hing Nebel und zog an ihrem Lager vorbei. Später schmolz der gefallene Schnee, aber schon am frühen Nachmittag trieb der Wind tiefhängende graue Wolken heran, und noch vor Sonnenuntergang peitschten Graupel- und Schneeschauer gegen die Hütten und Zelte.

Hattie schlief stundenlang wie eine Tote, doch als der Wind einsetzte, erwachte sie. Sie fühlte sich schwach, aber die Kopfschmerzen peinigten sie jetzt weniger als zuvor. Sie trank in Wasser aufgelöstes Maismehl und schlief wieder ein.

Die Sturmwolken zogen weiter. Der Nachmittag wurde sonnig und mild, deshalb ging Indigo mit Linnaeus und Rainbow am Flußufer spazieren, um nach den dicken Samenkapseln der Grannenhirse zu suchen und Rohrkolbenwurzeln auszugraben. Die Krähen in den Pappeln schimpften, als sie vorübergingen, also plusterte sich Rainbow auf und schlug mit den Flügeln, um größer zu wirken und Angreifer abzuschrecken. Er krallte sich an Indigos Schulter fest, blieb dicht bei ihrem Kopf und schnappte nicht halb so oft nach dem Schwanz des Äffchens wie sonst. Indigo blieb stehen, um zu den Krähen hinaufzusehen. Ihre glänzenden schwarzen Augen glitzerten fröhlich, während sie frech von Ast zu Ast hüpften. Was wußten sie vom Messias und den anderen? Würde Mama heute nacht mit ihnen zurückkommen?

Der Klang von Indigos Stimme ließ die übermütigen Krähen verstummen. Das Schweigen dauerte genau so lange, wie Indigo zu ihnen aufsah. Schließlich zupfte Linnaeus sie ungeduldig am Rock, weil er endlich am Ufer nach Wurzeln graben wollte.

Selbst nachdem sie eine stattliche Menge Samen und Wurzeln als Reiseproviant für Rainbow und Linnaeus gefunden hatten, wunderte sich Indigo weiter über das Schweigen der Krähen. Als sie zur Hütte zurückkamen, sah sie mit Freude, daß Hattie, eine Decke um die Schulter, mit Maytha und Vedna draußen in der Sonne saß. Sister Salt hockte auf einer Decke und hielt den kleinen Ahnen fest, der in den Mokassins, die ihm ihre Freundin von den Paiute geschenkt hatte, das Stehen übte.

Sie sahen dem kleinen Kerl zu, der vorsichtig einen Schritt und dann noch einen um seine Mutter herumging und sich dabei an ihre Hand klammerte. Sister hatte Indigo anvertraut, sein früher Drang, Laufen zu lernen, sei ein weiterer Hinweis darauf, daß er die zurückgekehrte Seele ihres Urahnen war.

Jeden Morgen gingen die Mädchen abwechselnd um das Lager herum, um nach Spuren von Stadtleuten zu suchen, die ihre Versammlung ausspionierten. Sister Salt befürchtete, jemand könnte nach Hattie suchen und ihnen Ärger machen, aber es kam niemand. Nach der ersten Nacht fanden sie vier Paar Stiefelabdrücke am Rand eines Weidenhains, doch nach der zweiten Nacht fanden sie keine Spuren mehr. Ihre Versammlung war zu klein, um die Weißen in Needles zu beunruhigen.

In der dritten Nacht war der Himmel klar, und die Sandhügel reflektierten mit ihren Schneeresten das Sternenlicht. Der abnehmende Mond ging erst nach Mitternacht auf, aber urplötzlich wurde die Nacht so hell, daß sich die Weiden am Ufer und die Sandhügel im blaßblauen Silberlicht deutlich abzeichneten. Eiskalte Luft kam von den Bergen herab, und vor den Mündern der Tänzer stiegen Dampfwolken auf, als sie sangen:

Ich sah meine erschlagene Schwester, Büffel.
Ich sah meinen erschlagenen Bruder, Kondor.
Weine nicht, sagten sie zu mir.
Weine nicht.

Eine Tänzerin sank wehklagend auf die Knie und legte sich dann flach auf den Bauch, um die Erde zu umarmen. Ihre Gefährten bedeckten sie mit ihrem Schal, damit sie nicht fror, während sie ihre Lieben besuchte. Die Leute stiegen einfach über sie und die anderen hinweg, die zuckend und brabbelnd zu Boden fielen, und tanzten immer weiter, während sich die Sternenbrücke der Milchstraße über ihnen erstreckte.

Als sie sich für das letzte Lied ausruhten, stellten sich die Tänzer dicht um die Lagerfeuer, um warmzubleiben. Indigo ging mit Sister zur Hütte, um nach dem Baby zu sehen und sich zu vergewissern, daß Hattie und die Tiere nicht froren. Alle schliefen tief und fest und waren gut zugedeckt. Sister legte einen Holzscheit auf das Lagerfeuer vor der Hütte, und sie gingen zurück, um das letzte Lied mitzusingen.

Während sie singend im Kreis tanzten, sah Indigo zu dem Sandhügel oberhalb des Flusses auf und sang voller Inbrunst für die Rückkehr von Mama.

Gerade als der Morgenstern über den Bergen aufging, spürte Indigo, wie der Griff ihrer Schwester fester wurde, ehe Sister in den Sand sank und leise weinend und klagend liegenblieb. Indigo spürte ihr Herz im Rhythmus der Trommel schlagen, bis sie ganz und gar von diesem Klang umgeben war, der den Boden unter ihren Füßen erbeben ließ.

Jetzt waren der Messias und seine Anhänger ganz nahe und bereit, die Tänzer in der letzten Nacht zu segnen. Sie hielt die Hände der Zwillinge noch fester, damit sie auf der vibrierenden Erde nicht das Gleichgewicht verlor.

Winde tanzen
Im grünen Gras.
Winde tanzen
In den gelben Blumen.

Sie wärmten Sister Salt mit einer Decke, während sie bewegungslos am Boden lag, und halfen ihr später zurück in die Hütte. Die Ahnenbesuche erschöpften die Tänzer sehr.

Indigo konnte schlecht einschlafen und wollte am nächsten Morgen wach sein, wenn Sister den kleinen Ahnen stillte. Wenn Grandma Fleet Sister letzte Nacht besucht hatte, ob sie dann wohl Nachricht von Mama gebracht hatte? Es war noch dunkel, als Indigo aufwachte und die anderen schnarchen hörte. Durch einen Spalt zwischen Holz und Blech sah sie, daß hinter tiefhängenden Nebelbänken die Dämmerung heraufzog. In der Ferne hörte sie ein wunderschönes leises Singen, und ihr fiel auf, daß der Gesang nicht aus dem Lager kam – alle Tänzer schliefen. Der Klang war weiter entfernt, kam jedoch näher. Vorsichtig, damit niemand wach wurde, nahm Indigo ihren Schal und ging erst hinaus, ehe sie ihn umlegte, um sich gegen die Kälte zu schützen. Auf der hohen Düne glaubte sie, im nebligen Dunst etwas erkennen zu können.

Als sie durch den tiefen Sand den Hang hinaufstieg, wirbelten ihr Nebel und Dunst entgegen. Jetzt war das Singen ganz nah und wunderschön – es war ein Lied in der Sprache der Sand Lizards, das sie noch nie gehört hatte.

Tanzt, kleine Wolken, eure Schwestern sind Nebel!
Tanzt, kleine Wolken, eure Brüder sind Dunst!
Spielt im Wind! Spielt im Wind!

Mama wiegte sie – sie war geborgen und warm. Was für ein schönes, fröhliches Lied! Mama küßte sie und drückte sie zärtlich an sich.

Indigo erwachte in ihrem Bett und merkte, daß es immer noch dunkel war. Sie spürte so viel Liebe, daß sie weinen mußte, und sie begriff, wo Mama war und für immer bleiben würde. Tanzt, kleine Wolken, tanzt! Spielt im Wind!

Einen Moment lang wußte Hattie nicht, wo sie war, dann hörte sie die Trommel und Stimmen. Das sanfte gelbe Licht draußen mußte die anbrechende Morgendämmerung sein. Das zitronengelbe Leuchten hatte die gleiche Farbe wie der verlorengegangene Karneol mit dem Wasservogelrelief. Die bohrenden Schmerzen waren verschwunden, und ihr Kopf war klar. Zum erstenmal seit dem Überfall waren alle ihre Sinne wach. Zur Zeit der Morgendämmerung erwartete man den Messias und seine Familie. Das wollte sie sehen.

Sie konnte im sanften Morgenlicht das schlafende Baby erkennen, seine Decken waren ordentlich festgesteckt. Der Papagei und der Affe saßen wach in ihren Käfigen und schauten zu, wie sie ihre Schuhe anzog. Noch ehe sie die Decke über dem Hütteneingang anheben konnte, wurde das Licht draußen heller und leuchtender – Hattie erkannte es sofort, und ein überwältigendes Glücksgefühl ergriff sie. Wie tröstlich dieses Licht war, und wie fröhlich und heiter sie sich fühlte.

Sie verlor jeden Zeitbegriff und jedes Gespür dafür, wie lange sie so im Eingang verharrte, das wunderbare Leuchten drang rings um die Decke durch jeden Spalt. Hattie war viel zu ergriffen, um in das Licht hinauszutreten.

Die Mädchen waren überrascht, als sie sich am Morgen erhoben und Hattie wach vorfanden. Sie erzählte den Mädchen, daß sie aufgewacht sei und sich viel besser gefühlt habe und dann das wunderschöne Leuchten vor der Hütte bemerkte, genau wie das merkwürdige Licht, das sie schon einmal gesehen hatte.

Das Licht, das sie gesehen hatte, kam vom Morgenstern, der gekommen sei, um sie zu trösten, erklärte Sister. Aber wie konnte sie ein und dasselbe Licht in einem Garten in England und in einem Traum an Bord eines Schiffes gesehen haben? Oh, der Messias und seine Familie reisten um die ganze Welt – sie konnten überall erscheinen. Morgen würde er als Messias mit den anderen kommen und zu ihnen sprechen.

Aber am Morgen des vierten Tages erschienen drei weiße Soldaten und zwei Apachenpolizisten auf Pferden. Während die Soldaten von ihren Pferden aus zusahen, gingen die Apachen durch das Lager und befragten die Leute nach den ihnen zugewiesenen Reservaten. Die Polizisten sprachen freundlich, sogar höflich mit den Leuten, aber sie machten ihnen klar, daß sie die Versammlung auf der Stelle abbrechen mußten, oder man würde sie verhaften.

Viele weinten bei dieser Nachricht, und Sister und einige andere flehten die Polizisten an, sie nur noch diese eine Nacht tanzen zu lassen – der Messias und die anderen waren doch schon so nahe. Aber nein, die Indianerpolizisten taten, als wüßten sie gar nicht, wovon die Leute redeten.

Wehklagen setzte ein, als die Menschen begriffen, daß man ihnen nicht erlauben würde, in dieser Nacht für das Kommen ihrer Vorfahren und des Messias zu tanzen. Wutentbrannt verfluchte Sister Salt die Polizisten und die Soldaten auf Englisch: Wichser! Eselficker! Maytha spuckte sie an, aber Vedna holte die Bibel heraus und fuchtelte den Männern damit vor den Gesichtern herum. Die Soldaten rückten mit ihren Pferden heran, um die Polizisten zu schützen, aber Vedna wich nicht von der Stelle, sie ließ die Bibel fallen und begann dann laut vorzulesen, was auf der aufgeschlagenen Seite stand: »Und wenn ihr auch viel betet, höre ich euch doch nicht; denn eure Hände sind voll Blut.«

Die Apachen verzogen sich eilig zu ihren Pferden, um sich mit den Soldaten zu beraten. Sie hatten Angst, das Mädchen mit der Bibel könnte sie verhexen. Viele Leute weinten, und alle wirkten wie betäubt, nur das Mädchen mit der Bibel schien nicht aufgeben zu wollen.

Indigo weinte unaufhörlich. Jetzt würden sie Mama niemals finden oder Grandma Fleet wiedersehen, außer in ihren Träumen. Der Messias und die anderen waren so nah, und nun konnten sie doch nicht kommen. Heiße bittere Tränen brannten ihr in den Augen, deshalb erkannte sie nicht gleich, wohin Maytha dort in der Ferne deutete. Es war ein Wagen! Kamen dort noch mehr Polizisten, um sie wegzuschleppen?

Hattie war entsetzt, als sie ihren Vater neben dem Indianerpolizisten im Eingang auftauchen sah. Seine Freude darüber, sie so schnell gefunden zu haben, wich bald der Besorgnis über die Wunden in ihrem Gesicht. Er zögerte einen Moment, ehe er eintrat, um nach ihr zu sehen. Der Papagei begann ohrenbetäubend zu kreischen, der Affe schrie, und dann erwachte auch das Baby und fing an zu schreien. Hattie brach in Tränen aus – ihr Vater kniete sich neben sie und nahm sie zärtlich in die Arme, doch sie wehrte ab.

Beim ersten Schrei des Babys war Sister an dem Indianerpolizisten und dem Weißen vorbei in die Hütte gestürzt, um den kleinen Ahnen hochzuheben.

Indigo folgte ihr, sie erkannte Mr. Abbott sofort und begrüßte ihn höflich. Als der Affe und der Papagei die Mädchen sahen, wurden sie ruhiger.

Mr. Abbott hätte Indigo fast nicht wiedererkannt, so sehr war sie gewachsen. Sister hielt das Baby fest an sich gedrückt und war auch dann noch auf der Hut, als Indigo ihr versicherte, Hatties Vater sei ein guter Mann.

Jetzt stellte sich einer der weißen Soldaten neben den Apachenpolizisten am Eingang. Sister spuckte vor ihnen aus und wandte ihnen den Rücken zu. Draußen hörte man Menschen beten, andere weinten über das, was sie verloren hatten – ihre Hoffnung auf den Segen des Messias war zerstört. Wie hatten sie davon geträumt und sich danach gesehnt, ihre verehrten Ahnen und ihre Lieben wiederzusehen, und nun war alles vergebens.

Hattie begriff, daß die Polizisten und Soldaten das Lager ihretwegen auflösten – sie waren hergekommen, um nach ihr zu suchen. Sie wußte ja, daß die Leute in der Stadt Indianer für den Überfall verantwortlich machten. Sie hörte auf zu weinen und bat ihren Vater, sich für die Tänzer einzusetzen. Sie machte keinen Hehl aus ihrer Verärgerung, als sie ihm erzählte, daß die Behörden die Versammlung vielleicht noch einen Tag länger geduldet hätten, wenn er nicht gekommen wäre, um nach ihr zu suchen. Ihr Vater wirkte erschrocken über die Heftigkeit ihres Vorwurfes, die anderen schwiegen, während Hattie fortfuhr. Sie hoffte, in dieser vierten Nacht des Tanzes den Messias zu sehen. Ihr Vater solle nicht zulassen, daß die Behörden sich einmischten!

Mr. Abbott war sichtlich bestürzt, ja förmlich erschüttert darüber, einen solchen Konflikt ausgelöst zu haben. Er gestikulierte zur Tür. Ihre Mutter und der Anwalt aus Albuquerque, Mr. Maxwell, saßen in der Kutsche und warteten. »Holt den Anwalt, damit er etwas unternimmt!« Mit Hilfe ihres Vater erhob sich Hattie. Sie komme gleich zurück, sagte sie zu den Mädchen, und stützte sich auf den Arm ihres Vaters, während sie langsam auf den Ausgang zusteuerte.

Hattie sah dem Kutscher ins Gesicht. Nein, er war es nicht. Sie wußte, nur der Sohn oder der Besitzer des Mietstalls konnte der Täter gewesen sein. Sie fühlte sich wütend und stark. Ihr Peiniger lief in dieser verfluchten Stadt immer noch frei herum!

Der Anwalt zog seinen Mantel aus, und der Vater legte ihn Hattie über die Schultern und rollte die Ärmel auf. Der Mantel roch scheußlich – nach abgestandenem Zigarettenqualm und Männerschweiß –, aber ein kalter Wind hatte eingesetzt, und sie mußte sich warmhalten, um bei Kräften zu bleiben.

Sie nahm sich kaum Zeit, ihre Mutter zu begrüßen, ehe sie zu schimpfen begann. In dieser vierten Nacht des Tanzes sollte der Messias erscheinen! Ob sie das nicht verstehen konnten? Die Dringlichkeit in ihrer Stimme beunruhigte ihre Mutter und den Anwalt, aber der Vater tätschelte ihre Hand.

Die Gebete der Tänzer hatten ihr das Leben gerettet, je näher der Messias kam – mit jeder Nacht des Tanzes –, desto besser fühlte sie sich. Sie weinte vor Zorn, als sie die Mutter und den Anwalt miteinander tuscheln sah – sie hielten sie für krank, verrückt.

»Oh, Hattie, sieh dich nur an! Du hast einen schrecklichen Schock erlitten!« rief ihre Mutter. Hattie wußte, daß sie ihr ungekämmtes Haar und das indianische Kleid meinte. Das gab ihr den Rest. Sie ließ den Arm des Vaters los, drehte sich um und wollte gehen. Aber die Mutter schrie auf, man solle sie zurückhalten – ihre Tochter sei krank und brauche Hilfe! Sie müsse mit dem nächsten Zug ins Krankenhaus nach Albuquerque, ihre Kopfverletzungen müßten augenblicklich behandelt werden.

Hattie riß sich von ihrem Vater los und ließ den Anwalt mit dem leeren Mantel stehen. Doch da stiegen die Soldaten von den Pferden und halfen, sie zu überwältigen. Hattie sah, wie die mit Packen beschäftigten Menschen die Köpfe hoben und zusahen und sich dann noch mehr beeilten, als fürchteten sie, als nächste ergriffen zu werden. Sister Salt und Indigo standen vor der Hütte und sahen, wie Hattie sich gegen ihre Gefangennahme wehrte. Nachdem man sie in die Kutsche gehoben hatte, wo Mr. Maxwell und die Mutter sie an den Armen festhielten, kam Mr. Abbott mit vor Anstrengung bleichem Gesicht zu ihnen herüber, um sich von der weinenden Indigo zu verabschieden. Drinnen kreischte der Papagei vor Wut, seine geliebte Indigo weinen zu hören, und der Affe stieß verzweifelte Rufe aus.

Mr. Abbott wollte gerade den Mund aufmachen, als Sister Salt vortrat und ihm ins Gesicht spuckte. Für einen kurzen Moment wirkte er schockiert, aber dann schloß er die Augen und sah zu

Boden. Erst in der Kutsche machte er Anstalten, sich das Gesicht abzuwischen.

In der Wartehalle des Bahnhofs täuschte Hattie vor, sich sehr schwach zu fühlen, so daß der Vater und der Anwalt sie mit der Mutter allein ließen, um sich um die Fahrkarten und das Gepäck zu kümmern. Hattie wartete, bis die beiden außer Sichtweite waren und die Mutter in ihrer Handtasche kramte, ehe sie die Flucht wagte.

Ihr Zorn gab ihr die Kraft und den Willen, die Gasse hinunterzurennen und eine weitere Straße zu überqueren. Doch sie rannte nicht zum Fluß hinunter, wo die Mädchen waren, sondern bog in eine andere Gasse ab. Sie wollte den Tänzern nicht noch mehr Schwierigkeiten machen.

Hinter einem Stapel Eichenfässer blieb sie stehen, um zu verschnaufen und auf ihre Verfolger zu lauschen. Nach Norden hin säumten schmutzige Schneereste den Straßenrand und machten das Gehen dort gefährlich. Die frische Luft tat ihr gut, ihr Kopf war klar, und die erfolgreiche Flucht ermutigte sie.

Der kalte Wind, der durch die Gasse fegte, ließ sie frösteln, und sie schob beide Hände tief in die Manteltaschen, wo sie auf beiden Seiten Gegenstände fühlte. In der rechten Manteltasche fand sie ein frisch gestärktes Taschentuch und eine kleine Schachtel Streichhölzer. In der linken entdeckte sie einen Schlüssel, den sie in einen schmutzigen Schneehaufen warf, und einen kleinen Tabakbeutel, den sie ebenfalls fallenließ. Das Heftchen mit dem Zigarettenpapier behielt sie. Einen Papierstreifen zog sie heraus und zündete ihn mit einem Streichholz an. Für einen kurzen Augenblick spürte sie die wunderbare Wärme der Flamme, ehe sie das Papier fallenlassen mußte.

Sie sah sich nach beiden Seiten um, ehe sie weiterging. Überall in der Gasse lag Abfall und Unrat – faulender Müll und umgekippte Fässer –, schmutzig wie die ganze Stadt und ihre Bewohner. Pferdegeruch stieg ihr in die Nase, und weiter vorn gewahrte sie Pferche, vor denen altes Stroh und Mist lagen. Es war die Rückseite des Mietstalls.

Hatties Herz begann wild zu klopfen. Noch konnte sie umkehren und durch eine Nebenstraße davongehen, aber sie schlich näher heran, vorsichtig im tiefen Schatten, während sie sich aufmerksam umsah. Die Pferde kauten genüßlich ihr Heu und achteten gar nicht auf sie, als sie näherkam.

Vor dem Hinterausgang herrschte ein ekelhaftes, stinkendes Durcheinander – Hattie stieg über dreckige Lumpen und Pferdemist. Überall lagen Stroh und Heu. Als sie zum offenen Scheunentor hineinsah, war der beißende Ammoniakgestank kaum noch auszuhalten. Sie lauschte und sah sich um, aber es war niemand da. Drinnen war es fast dunkel, dennoch konnte sie an der gegenüberliegenden Wand Kutschen und Wagen ausmachen und darüber einige aufgehängte Pferdegeschirre. Auch hier lagen überall Stroh und Heu auf dem Boden. Vor der Wand neben der Tür befanden sich ein Heuhaufen, Futtersäcke und eine Werkbank. Plötzlich ließ ihr ein vertrauter Anblick die Nackenhaare zu Berge stehen: Mitten unter den herumliegenden Werkzeugen befand sich ein großer Schraubstock, und zwischen seinen Zwingen steckte ein teilweise durchgesägter Eisenmeteorit. Zwischen den Meißeln gewahrte sie weitere Meteoritenstücke und Schneideblätter. Ein Schauer überlief sie – ob von der Kälte oder dem Anblick des Meteoritengesteins, wußte sie nicht.

Aber sie wußte genau, was zu tun war. Die zerknitterten Zigarettenpapierstreifen loderten auf, und die viele Stärke ließ das Taschentuch zwischen dem losen Heu auf dem Boden wunderbar brennen. Kleine geflügelte Flämmchen leuchteten zitronengelb und erinnerten an die verlorene Gemme mit den Wasservögeln. Während sie sich darüber die Hände wärmte, flackerte das Feuer mit einem wunderbaren Leuchten. Doch als die Feuerzungen nach dem Heuhaufen zu lecken begannen, trieb die Hitze Hattie hinaus. Bei den Pferchen ließ sie die verängstigten Tiere frei, folgte ihnen zu einem Hügel östlich der Stadt und sah von dort aus dem Brand zu – stolz und fasziniert von der Schönheit der Feuerfarben am abendlichen Himmel. Als die Flammen zu den Dächern der Gebäude links und rechts des Stalles hinüberzüngelten, leuchtete der Brand in allen Farben – rot wie Blut, strahlend blau und weiß, und orange, so flammend wie Minervas Stein.

Es war schon zu spät, um noch weit nach Süden zu kommen, als sie endlich mit Packen fertig waren und die Hütte abgerissen hatten. Trotz der Hilfe der Zwillinge war es ein Kampf, das ganze

Gepäck, die Tiere und Vorräte, zur Straße zu schleppen, wo sie am nächsten Morgen den Postwagen nehmen wollten.

Indigo mußte immer noch weinen, wenn sie daran dachte, wie man Hattie mit Gewalt in die Kutsche verfrachtet hatte, auch wenn die Zwillinge sie trösteten, daß Hattie eine starke Frau sei. Das Licht des Morgensterns habe sie gesegnet. Sister Salt sagte vor Wut immer noch kein Wort. Nur das Lachen des kleinen Ahnen über die Mätzchen des Affen milderte ihre versteinerte Miene ein wenig.

Als die Sonne unterging, zündeten sie ein kleines Feuer an und teilten sich schweigend kalte Tortillas und einige Streifen getrocknetes Hammelfleisch. Sie waren müde von den Aufregungen. Rainbow sah die Flammen im Norden zuerst, aufgeregt schlug er mit den Flügeln, kreischte und klammerte sich an Indigos Schulter fest.

Die ganze Nacht erhellten die Flammen den Himmel, und sie saßen in Decken und Tücher gewickelt da und sahen zu. Zuerst verstanden sie nicht, was dort brannte, und Maytha witzelte, die Müllkippe habe wohl Feuer gefangen. Aber später loderten die Flammen so hoch auf, daß Vedna meinte, das könne nur die Stadt sein, die dort brenne. Sie konnten noch nicht darüber sprechen, was in dieser Nacht eigentlich hätte geschehen sollen, oder daß der Messias und die Vorfahren irgendwo in den Bergen weiter auf sie warteten und sie liebten.

Am nächsten Morgen stieg blaugrauer Rauch über der Stadt auf, und Vedna scherzte, egal, was passiert sei, zumindest hätten sie mitansehen dürfen, wie die weiße Stadt abbrannte. Oder war es doch nur die Müllkippe gewesen? Sie erfuhren es erst, als sie den Postwagen anhielten und ihre Habseligkeiten aufluden. Es sei kein Witz, meinte der Kutscher – die halbe Stadt sei in dieser Nacht abgebrannt, auch wenn niemand verletzt worden war.

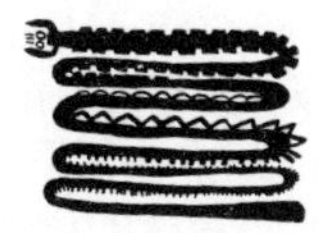

Maytha und Vedna besuchten sie Anfang des Frühjahres, ehe es zu heiß wurde. Sie fanden den Weg ohne Probleme, obwohl sie erst einmal dort gewesen waren, als sie den Mädchen halfen, in die alten Gärten zurückzuziehen.

Die Zwillinge trafen gegen Mittag ein. Selbst aus der Ferne waren die leuchtenden Bänder aus roten, gelben, schwarzen und lilafarbenen Gladiolen deutlich sichtbar, die sich im Zickzack über die Terrassen wanden, durch den Amarant, die Stangenbohnen und Sonnenblumen.

Sister wärmte den Haseneintopf für sie auf, während sich die Zwillinge über die Verschwendung von kostbarem Gartenboden und das Regenwasser für Blumen mokierten. Was hatten sich die Nachbarn geärgert, als sich herausstellte, daß Indigos Pflanzen nichts als Blumen waren.

Sie hatten Indigo zwei der Orchideenpflanzen mitgebracht, die sie hatte zurücklassen müssen. Die beiden größten Exemplare hätten sie für sich behalten, neckten sie Indigo. Die Pflanzen waren mächtig gewachsen und saßen jetzt schön in ihren Töpfen, obwohl sie letztes Jahr durch die Luft geflogen und von Rainbow angeknabbert worden waren.

Der kleine Ahne war schüchtern und versteckte sich zunächst vor den Zwillingen, aber dann begann er, mit Vedna »Guck-guck« zu spielen, und Maytha konnte ihn schließlich zu sich locken und hochheben. Was für ein großer Junge er geworden war!

Als der Eintopf in den Kürbisschalen dampfte, wickelte Sister rote Amarant-Tortillas aus, die zwar kalt, aber dafür frischgebakken waren. Der kleine Ahne biß einmal in seine Tortilla und bot dann Maytha ein Stück an. Vedna gegenüber war er zurückhaltender. Dann gab er Linnaeus ein Stück und den Rest bekam Rainbow. Der kleine Kerl war viel zu aufgeregt, um zu essen, und holte seine Spielsachen heraus – eine Maiskolbenpuppe und eine kleine Kürbisschale voller runder Kiesel.

Die Zwillinge lobten das leckere Essen. Sister deutete mit dem Kinn auf Indigo, die vor Stolz strahlte. Als die Zwillinge wissen wollten, welche Zutaten sie außer Kaninchen noch verwendet hatte, antwortete sie nur: »Ein bißchen von allem.«

Die Zwillinge hatten allerhand Neuigkeiten aus Road's End mitgebracht und einen Brief von Hattie für Indigo. Der Umschlag wies mehrere fremde Marken auf und einen verschmierten Poststempel aus England. Drinnen fand Indigo eine hübsch gezeichnete Ansichtskarte von Bath, einen zusammengefalteten Briefbogen mit einem eingelegten Fünfzigdollarschein und einen Pergaminumschlag mit Briefmarken.

Auf der Postkarte war das große Becken im King's Bath zu sehen und darin die winzigen Gestalten weißer Männer, die im Becken wateten und schwammen. Sie betrachteten die Karte nacheinander und lachten über das Bild, ehe Indigo die Nachricht vorlas.

Hattie schickte liebe Grüße an Indigo und die Mädchen und natürlich an den kleinen Ahnen. Das Wetter sei zu kalt und bedeckt für alles außer Weidenkätzchen, Schneeglöckchen und Nelken.

Nächste Woche würden sie mit dem Zug nach Schottland fahren, um die alten Steine zu besuchen. Und im September wollten sie den Kanal überqueren und den Zug nehmen, um den Herbst bei Laura in Lucca zu verbringen.

Indigo lachte vor Erleichterung. Wie schön, zu wissen, daß es Hattie gut ging. Sie faltete den Geldschein auf, und die Mädchen ließen ihn reihumgehen. Sie hatten noch nie einen Fünfzigdollarschein in der Hand gehabt. Die Briefmarken würde Indigo gleich verwenden. Sie wollte Hattie einen Brief schreiben und ihn den Zwillingen mitgeben.

Und jetzt die Neuigkeiten aus Road's End, neckte Sister die Zwillingsschwestern. Waren sie wenigstens schwanger oder verlobt? Alle lachten und schüttelten den Kopf. Es war wirklich schön, wieder zusammenzusein. Die Neuigkeit war, daß sie genug Geld gespart hatten, um sich nicht mehr Tag für Tag mit Bottichen voller unreifem Bier abplagen zu müssen. Angeblich standen sie sowieso kurz davor, wegen Alkoholschwarzhandels verhaftet zu werden.

Von dem Geld hatten sie zwei Milchziegen, sechs Truthähne und zwei Dutzend Hühner gekauft. Vom Eier- und Milchgeld konnten sie aus einem kalifornischen Bestellkatalog Pfirsich- und Aprikosenbaumsamen ordern. Der einzige Haken war, daß sie nun, sobald sie einmal länger als einen Tag fortbleiben wollten, einen Nachbarn anheuern mußten, der in ihrem Haus schlief und sich um die Tiere kümmerte.

Erinnerten sie sich noch an die Gladiolenknollen, die Indigo im Garten gepflanzt hatte, und alle hatten sie darüber geschimpft, daß sie solche nutzlosen Blumen setzte? Nun, an den ersten warmen Tagen nach Weihnachten waren große Knospen erschienen, und im Handumdrehen hatten sich die weißen, roten, gelben, rosa- und lavendelfarbenen Blütenkelche geöffnet. Niemand ging draußen vorbei, ohne stehenzubleiben und die Blütenpracht zu bewundern – die Blumen waren wirklich ein wundervoller Anblick.

Als niemand zu sehen war, hatten die Zwillinge einen alten Eimer voller frisch geschnittener Blumen zu der reisiggedeckten Unterkunft getragen, die den vom Hochwasser vertriebenen Christen als Kirche diente. Zuerst wußten die Zwillinge nicht, ob ihre Nachbarn das Friedensangebot annehmen würden. Aber in der nächsten Woche hatte der alte Eimer wieder vor ihrem Tor gestanden, also füllten sie ihn ein zweites Mal mit Blumen. Ihre Nachbarn erhielten jeden Monat alle möglichen Essensspenden aus anderen Kirchengemeinden, aber niemand am ganzen Fluß hatte solche wunderschönen großen Blumen in seiner Kirche. Und so hatten sich die Blumen am Ende doch als sehr nützlich erwiesen.

Indigo schaufelte mit einem Stück Tortilla etwas Eintopf aus ihrem Teller.

»Seht mal«, sagte sie zu den Zwillingen. »Erkennt ihr das?«

»Irgendeine Kartoffelsorte, nicht wahr?« Vedna fischte ebenfalls ein Stück aus ihrem Teller und steckte es in den Mund.

»Mmm!«

Maytha rührte mit einem Tortillastückchen im Teller herum und besah sich das Gemüse genauer – es war eine Gladiolenknospe! Sie lachte laut auf.

»Sie sind eßbar!« rief sie. Die Gladiolen waren nicht nur schön, sie schmeckten auch gut!

Nach dem Mittagessen gingen alle gemeinsam hinauf zu den Gärten und der Quelle. Rainbow flog über ihren Köpfen, bis er einen Habicht erspähte und auf Indigos Schulter zurückkehrte. Linnaeus lief vor dem kleinen Ahnen her, um nach Gefahren Ausschau zu halten, wie Sister gerne behauptete. Der Papagei und der Affe warnten sie vor Fremden, selbst wenn diese noch meilenweit entfernt waren.

So wie Indigo die Blumen gepflanzt hatte, gefiel den Zwillingen die Farbzusammenstellung der Gladiolen, die an gesprenkelten Mais erinnerten, besonders gut. Maytha war der gleichen Ansicht wie Indigo. Ihre Lieblingskombination war Lavendel, Lila, Weiß und Schwarz, während Sister und Vedna die Zusammenstellung von Purpurrot, Schwarz, Lila, Rosa und Weiß besser gefiel. Sämtliche Blüten waren jetzt geschlossen, aber am Morgen umsäumten blaue Prunkwinden die Ränder der Terrassen wie Halsketten.

Vom Kamm bis hinab in die Dünentäler leuchteten silberweiße Gladiolen mit blaßblauen und lavendelfarbenen Flecken zwischen den großen dunkelgrünen Blättern des Stechapfels. Sie sollten nur warten, bis die Sonne unterging – der Duft der großen weißen Stechapfelblüten und der Gladiolen würde sie berauschen, versprach Indigo.

Nachdem die Mädchen im vergangenen Winter in die Gärten zurückgekehrt waren, hatten sie Grandma Fleets Erdhaus in gutem Zustand vorgefunden, aber an der Quelle war Furchtbares geschehen. Zum Glück hatte Grandma Fleet Sister bei ihrem Besuch in der dritten Nacht des Tanzes gewarnt, daher waren die Mädchen auf den Schock vorbereitet. Fremde waren in die alten Gärten eingedrungen. An der Quelle hatten sie ohne Grund die große alte Klapperschlange getötet, die dort lebte, und danach die Aprikosenbäumchen über Grandma Fleets Grab gefällt.

Am Tag ihrer Rückkehr hatten die Zwillinge Sister Salt und Indigo geholfen, Hunderte von feinen Knochen aufzusammeln, damit Grandfather Snake neben Grandma Fleet ein ordentliches Grab bekam. Sie weinten beim Auflesen der Knochen, aber Indigo weinte noch mehr, als sie die vertrockneten Überreste der kleinen Aprikosenbäume betrachtete, die man mit der Schlange zerhackt hatte.

Heute lief Indigo mit Linnaeus voraus, während der Papagei über ihnen flog. Am Ende des sandigen Weges blieb Indigo stehen und kniete im Sand vor den Stümpfen der Aprikosenbäume. Aus einem Stumpf ragte ein Trieb mit kleinen grünen Knospen. Wer hätte das im letzten Winter gedacht, als sie sich wegen der Bäume die Augen ausgeweint hatten?

Nacheinander tranken sie das kalte Wasser, das aus dem Spalt in der Felswand drang, und setzten sich dann in den kühlen Sand der Höhle, um eine Weile dem plätschernden Wasser zuzuhören.

Sie saßen so still, daß die Zwillinge und der kleine Ahne einschliefen. Etwas Furchtbares war hier geschehen, aber was oder wer immer es gewesen sein mochte, es war jetzt fort. Sister Salt konnte die Veränderung spüren. Als sie vor einigen Tagen in der Frühe allein zur Quelle gekommen war, um sich zu waschen, hatte dort eine große Klapperschlange getrunken. Die Schlange tauchte ihren Kopf elegant ins Wasser, und beim Schlucken bewegte sich ihre Kehle ganz sacht. Sie sah Sister Salt nur kurz an, und wandte sich wieder dem Wasser zu. Dann machte sie graziös kehrt und schlängelte durch den weißen Sand zu einem lichten Schattenplatz. Old Snakes schöne Tochter war nach Hause zurückgekehrt.

Foto: Douglas Kent Hall

Leslie Marmon Silko, geb. 1948, wuchs in einem Reservat in New Mexico auf. Ihr vielfach preisgekröntes Werk umfaßt Romane, Kurzgeschichten, Essays, Gedichte, Artikel und Drehbücher. Sie lebt in Tuscon, Arizona. Bei R&B bereits erschienen: GESTOHLENES LAND WIRD IHRE HERZEN FRESSEN *und* ALMANACH DER TOTEN.

Dieses Buch wurde auf Recyclingpapier gedruckt.
Es besteht aus 80 % bedrucktem Altpapier.

Das Vorsatzpapier besteht aus 75 % Recyclingpapier,
der Überzug wurde auf 100 % Recyclingpapier gedruckt.

Der Karton des Einbandes ist aus 100 % Altpapier.

Das Kapitelband und das Leseband sind
aus 100 % ungefärbter und ungebleichter Baumwolle.

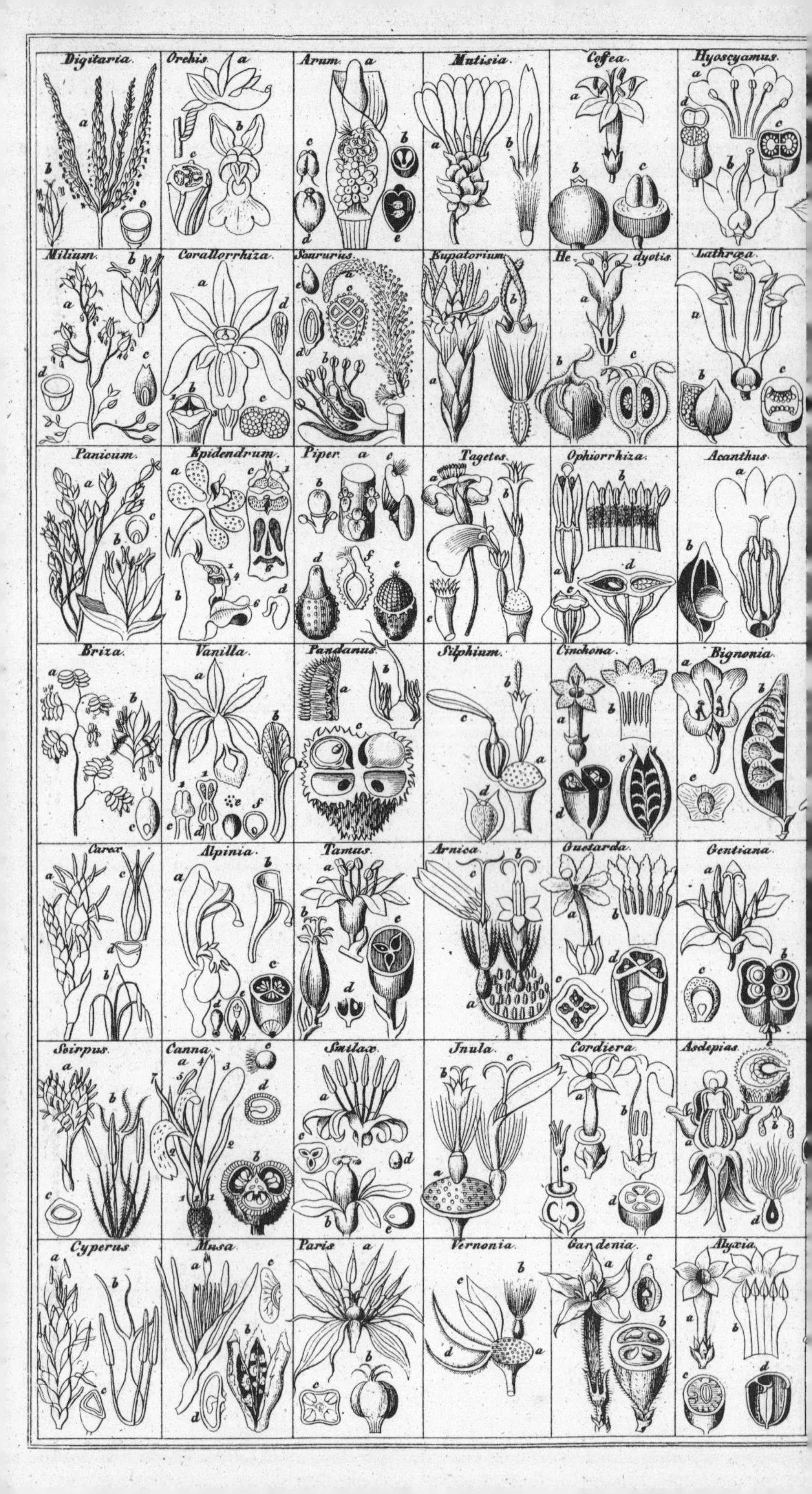

Digitaria
Orchis
Arum
Mutisia
Coffea
Hyoscyamus
Milium
Corallorrhiza
Saururus
Eupatorium
He dyotis
Lathræa
Panicum
Epidendrum
Piper
Tagetes
Ophiorrhiza
Acanthus
Briza
Vanilla
Pandanus
Silphium
Cinchona
Bignonia
Carex
Alpinia
Tamus
Arnica
Guetarda
Gentiana
Scirpus
Canna
Smilax
Jnula
Cordiera
Asclepias
Cyperus
Musa
Paris
Vernonia
Gardenia
Alyxia